D1929982

Ullstein

DAS BUCH

Giacomo Casanova, Chevalier de Seingalt, trat in den Metropolen des 18. Jahrhunderts in jeder nur denkbaren Profession auf. Hochgebildet und zu allem fähig, zog er als Magier, Spieler, Literat, Spion, Diplomat, Börsenspekulant, Projektemacher durch ganz Europa. Der gewandte Weltmann machte mit Esprit und glanzvollem Auftreten die Bekanntschaft aller Berühmtheiten seiner Zeit, von Voltaire, der Pompadour, Friedrich dem Großen bis zu Cagliostro. Die vorliegende Auswahl aus seinen Lebenserinnerungen zeigt mehr als nur den Liebling der Frauen: den aufmerksamen Zeitzeugen und urbaren Menschen, der, obzwar nur einer Komödiantenfamilie entstammend, bis in die höchsten Gesellschaftskreise vordringen konnte. Weltberühmt wurde er durch den tollkühnen Ausbruch aus dem Gefängnis unter den Bleidächern des Dogenpalastes. Mehr als durch seine freizügig beschriebenen Liebesaffären interessiert Casanova uns heute als professioneller Abenteurer großen Stils. Wir erfahren von einem freiheitsdurstigen und genußorientierten Außenseiter, der sich als Exilierter und immer Fremder in den Metropolen zu entfalten und zu behaupten sucht.

Giacomo Casanova

# Chevalier de Seingalt

## Mein Leben

Herausgegeben
und mit einem Nachwort versehen
von Burkhard Brunn

Ullstein

Ullstein Buchverlage GmbH & Co. KG,
Berlin
Taschenbuchnummer: 24326
Die Auswahl erfolgte nach der Gesamtausgabe
»Geschichte meines Lebens«.
Herausgegeben und mit Anmerkungen versehen
von Erich Loos.
Aus dem Französischen
von Heinz von Sauter.
Propyläen Verlag, Berlin.

Originalausgabe
2. Auflage August 1998

Umschlaggestaltung:
Hansbernd Lindemann
Illustration:
Archiv für Kunst und Geschichte, Berlin
Alle Rechte vorbehalten
© 1997 by Ullstein Buchverlage
GmbH, Berlin
Printed in Germany 1998
Gesamtherstellung:
Ebner Ulm
ISBN 3 548 24326 6

Gedruckt auf alterungs-
beständigem Papier mit
chlorfrei gebleichtem Zellstoff

Die Deutsche Bibliothek – CIP-Einheitsaufnahme

Casanova, Giacomo Girolamo:
Mein Leben / Giacomo Casanova. Hrsg.
und mit einem Nachw. vers. von Burkhard Brunn.
[Aus dem Franz. übers. von Heinz von Sauter].
– Orig.-Ausg., 2. Aufl. – Berlin: Ullstein, 1998
(Ullstein-Buch; 24326)
ISBN 3-548-24326-6

## *Inhalt*

## *Vorbemerkung*

Jede Auswahl ist ein schwerwiegender Eingriff in den Textkörper, der ein Flickwerk hinterläßt, das nur schwerlich zu einem neuen Ganzen zusammenwächst. Die Narben bleiben spürbar. Kürzungen und Schnitte verschieben die thematischen Gewichte, verändern die Atmosphäre des Textes und sogar seinen Sinn. Die Auswahl muß sich legitimieren: durch die Schlüssigkeit ihres Konzepts, durch das Geschick, mit dem es umgesetzt wurde, und durch die Möglichkeit, dem Autor neue Leserschichten zu erschließen. Diesem Anspruch versucht die vorliegende Auswahl zu genügen. Die Kriterien werden im Nachwort vorgestellt. Darüber hinaus möchte die Auswahl aus Casanovas »Geschichte meines Lebens« aktuell sein: nicht der zweihundertste Todestag macht Casanova gegenwärtig, sondern die begründbare Vermutung, einige seiner Charakterzüge seien für gewisse Menschen typisch, die schillernd aus gesellschaftlichen Verhältnissen hervortreten, deren Auflösung sich abzuzeichnen beginnt.

Burkhard Brunn, Frankfurt am Main, November 1997

## *Vorrede*

»Nequicquam sapit qui sibi non sapit«. (Wer sich nicht selbst kennt, weiß gar nichts.)[1]

Ich erkläre meinem Leser von vornherein, daß ich bei allem, was ich zeit meines Lebens an Gutem oder Bösem getan habe, sicher bin, entweder verdienstvoll gehandelt oder gesündigt zu haben, und daß ich mich deshalb für ein mit freiem Willen begabtes Wesen halten muß. Die Lehre der Stoiker[2] und jeder anderen Philosophenschule von der Macht des Schicksals ist ein Hirngespinst der Einbildung, das vom Leugnen Gottes herrührt. Nicht nur glaube ich an einen einzigen Gott, sondern bin ein Christ und in meinem Glauben bestärkt durch die Philosophie, die noch nie etwas verdorben hat.

Ich glaube an die Existenz eines unkörperlichen Schöpfergottes, der Herr alles Gestaltgewordenen ist. Der Beweis dafür, daß ich nie daran gezweifelt habe, ist für mich die Tatsache, daß ich stets auf seine Vorsehung zählte, in allen meinen Nöten durch das Gebet Zuflucht bei ihm suchte und auch stets erhört wurde. Verzweiflung tötet; das Gebet macht sie zunichte, und nach dem Gebet schöpft der Mensch Vertrauen und Tatkraft. Welcher Mittel sich das höchste Wesen bedient, um drohendes Unheil von jenen abzuwenden, die seine Hilfe erflehen, das zu erforschen, übersteigt die Kraft des menschlichen Verstandes. Sobald der Mensch über die Unbegreiflichkeit der göttlichen Vorsehung nachsinnt, sieht er, daß ihm nichts bleibt als Anbetung. Unsere Unwissenheit wird zu unserer einzigen Rettung, und wahrhaft glücklich sind jene, die sie in Ehren halten. Wir müssen deshalb Gott bitten und glauben, daß wir seine Gnade erlangt haben, selbst dann, wenn der Anschein uns sagt, daß sie uns nicht zuteil geworden ist. [...]

Der Mensch ist frei; doch er ist es nicht, wenn er nicht auch daran glaubt. Denn je mehr Macht er dem Schicksal beimißt, um so mehr beraubt er sich der Macht, die Gott ihm verliehen hat, als er ihn mit Vernunft begabte.

Die Vernunft ist ein Teil der göttlichen Natur des Schöpfers. Wenn wir uns ihrer bedienen, um demütig und gerecht zu sein, können wir dem, der sie uns geschenkt hat, nur wohlgefällig sein. Gott hört nur für jene auf, Gott zu sein, die seine Nichtexistenz für möglich halten. Eine größere Strafe kann sie gar nicht treffen.

Obwohl der Mensch frei ist, darf man doch nicht glauben, daß er Herr sei, alles zu tun, was er will. Er wird zum Sklaven, wenn er sich im Bann einer Leidenschaft zum Handeln verleiten läßt. [...] Der ist weise, der die Kraft hat, mit dem Handeln zu warten, bis die Ruhe bei ihm eingekehrt ist. Ein solcher ist selten.

Der Leser, der zum Nachdenken neigt, wird aus diesen meinen Erinnerungen ersehen, daß ich nie auf ein bestimmtes Ziel zusteuerte und deshalb nur dem System folgte – wenn es überhaupt eines ist –, mich dahin treiben zu lassen, wohin der Wind blies. Wie viele Wechselfälle birgt doch diese Unabhängigkeit von jeglicher Methode in sich! Meine Mißgeschicke haben mir ebenso wie die Glücksfälle gezeigt, daß auf dieser gleichermaßen körperlichen wie moralischen Welt das Gute aus dem Bösen hervorgeht wie das Böse aus dem Guten. Meine Irrwege werden den Nachdenklichen die entgegengesetzten Pfade weisen oder sie die hohe Kunst lehren, sich stets im Sattel zu halten. Es gilt nur, Mut zu haben, denn Kraft ohne Vertrauen ist zu nichts nütze. Ich habe oft erlebt, daß mir durch einen unbedachten Schritt, der mich eigentlich an den Rand des Abgrunds hätte führen müssen, das Glück in den Schoß fiel. Dann machte ich mir zwar Vorwürfe, dankte aber doch Gott. Umgekehrt habe ich auch erlebt, daß hartes Unglück einem weise erwogenen Verhalten entsprang. Das hat mich gekränkt; aber in der Gewißheit, daß ich im Recht gewesen war, habe ich mich leicht darüber hinweggetröstet.

Trotz des Vorrates an trefflicher Moral als natürlicher Frucht der in meinem Herzen eingewurzelten göttlichen Prinzipien, bin ich mein Leben lang ein Opfer meiner Sinne gewesen. Vom rechten Weg abzuweichen machte mir Vergnügen, und ich habe fortwährend Fehler begangen; dabei hatte ich keinen anderen Trost als den, genau zu wissen, daß ich im Irrtum befangen war. Aus diesem Grunde hoffe ich, lieber Leser, daß du, weit davon entfernt, in meiner Geschichte schamlose Prahlerei zu entdecken, darin solche Züge findest, die einer Generalbeichte zustehen, obschon du im Stil meiner Berichte weder das Gehabe eines Büßers noch das Schuldgefühl eines Menschen finden wirst, der errötend über seine losen Streiche Rechenschaft ablegt. Das sind Jugendtorheiten. Du wirst sehen, daß ich darüber lache, und wenn du wohl gesonnen bist, wirst du mit mir lachen.

Du wirst lachen, wenn du liest, wie ich mir oft kein Gewissen daraus gemacht habe, Windbeutel, Spitzbuben und Dummköpfe hinters Licht zu führen, wenn es in meinem Interesse nötig war. Beim Umgang mit Frauen hingegen handelt es sich nur um gegenseitige Täuschungen, die man nicht rechnen kann; denn wenn die Liebe mit im Spiel ist, sind gewöhnlich beide Teile die Betrogenen. Ganz anders aber ist es mit den Dummköpfen. Ich beglückwünsche mich noch heute, wenn ich daran denke, wie sie mir ins Garn gegangen sind; denn sie sind so unverschämt und anmaßend, daß sie sogar dem Geist die Stirn bieten. Wenn man einen solchen Dummkopf betrügt, rächt man den Geist; der Sieg lohnt die Mühe, denn der andere trägt einen Harnisch, und man weiß nicht, wo man ihn packen kann. Kurz, einen Dummkopf zu übertölpeln, ist eine Tat, die eines Mannes von Geist würdig ist. Seit jeher steckt mir ein unbändiger Haß gegen dieses Gelichter im Blut, weil ich mich jedesmal selbst als dumm empfinde, wenn ich in ihrer Gesellschaft bin. Man muß sie freilich von jenen Menschen unterscheiden, die man einfältig nennt; denn da diese es nur aus mangelnder Bildung sind, mag ich sie recht gern. Ich habe unter ihnen durchaus achtbare Leute gefunden, die in ihrer Einfalt doch auch eine bestimmte Art von Geist besitzen. Sie erinnern an Augen, die sehr schön wären, würde der Star sie nicht trüben.

Wenn du, lieber Leser, dir über die Eigentümlichkeit dieser Vorrede Gedanken machst, wirst du leicht meine Absicht erraten. Ich habe sie geschrieben, weil ich möchte, daß du mich kennenlernst, bevor du mein Buch liest. Nur in Kaffeehäusern und an Wirtshaustischen unterhält man sich mit unbekannten Leuten.

[…]

Ein antiker Autor belehrt mich in schulmeisterlichem Ton: »Wenn du nichts vollbracht hast, was das Aufschreiben lohnt, so schreibe wenigstens etwas, das wert ist, gelesen zu werden.«[3] Diese Vorschrift ist so schön wie ein in England geschliffener Diamant[4] reinsten Wassers, aber sie betrifft mich nicht, weil ich weder die Geschichte eines berühmten Mannes noch einen Roman schreibe. Ob wert oder unwert, mein Leben ist mein Stoff, und mein Stoff ist mein Leben. Da ich es gelebt habe, ohne je daran zu denken, mich könnte einmal die Lust packen, es aufzuzeichnen, mag es ein gewisses Interesse besitzen; das aber hätte es wohl kaum, wenn ich mein Leben in der Absicht geführt hätte, es in meinen alten Tagen niederzuschreiben und, was weit mehr ist, es auch noch zu veröffentlichen.

Heute, im Jahre 1797, im Alter von zweiundsiebzig Jahren, da ich sagen kann, »vixi« (ich habe gelebt)[5], obwohl ich noch atme, wüßte ich mir keinen angenehmeren Zeitvertreib, als mich mit meinen eigenen Erlebnissen zu unterhalten und der freundlichen Gesellschaft, die mir nun zuhört, die mir früher stets Beweise ihrer Gewogenheit geschenkt hat und in der ich immer zu Hause war, einen würdigen Stoff zum Lachen zu geben. Um gut zu schreiben, genügt mir die Vorstellung, daß diese Gesellschaft mein Buch lesen wird. [...] Was die Unberufenen angeht, denen ich es nicht verwehren kann, mich zu lesen, so genügt mir die Gewißheit, daß ich nicht für sie geschrieben habe.

Wenn ich mir die Vergnügen ins Gedächtnis zurückrufe, die ich genossen habe, erlebe ich sie aufs neue und lache über die Mühsale, die ich ausgestanden habe und nun nicht mehr spüre. [...]

Da meine Geschichte mit dem frühesten Ereignis, an das ich mich noch erinnern kann, beginnen soll, fängt sie an, als ich acht Jahre und vier Monate alt war. Wenn es wahr ist, daß »vivere cogitare est« (Leben heißt denken)[6], lebte ich vor dieser Zeit nicht, sondern dämmerte nur dahin. Da das Denken des Menschen nur in Vergleichen besteht, die dem Ergründen der Zusammenhänge dienen, kann es nicht früher da sein als das Gedächtnis. Das hierzu taugliche Organ entwickelte sich in meinem Kopf erst acht Jahre und vier Monate nach meiner Geburt; erst zu diesem Zeitpunkt begann meine Seele für Eindrücke empfänglich zu werden. [...]

Eine tröstliche Philosophie behauptet im Einklang mit der Religion, die Abhängigkeit der Seele von den Sinnen und den Organen des Körpers sei nur zufällig und vorübergehend, und sie werde frei und glücklich sein, wenn der Tod des Leibes sie aus deren tyrannischer Herrschaft entläßt. Das klingt sehr schön, aber es ist, wenn man von der Religion absieht, keineswegs sicher. Da ich mich also erst nach meinem Lebensende in der vollkommenen Gewißheit wiegen darf, unsterblich zu sein, wird man mir verzeihen, wenn ich es nicht eilig habe, zur Erkenntnis dieser Wahrheit zu gelangen. Eine Erkenntnis, die das Leben kostet, ist zu teuer erkauft. Bis dahin verehre ich Gott, indem ich mir jede unrechte Tat untersage und die ungerechten Menschen verabscheue, ohne ihnen indessen Böses zu tun. Mir genügt es, wenn ich unterlasse, ihnen Gutes zu tun. Schlangen soll man nicht auch noch füttern.

Da ich auch noch etwas über mein Temperament und meinen Charakter sagen muß, versichere ich meinen Lesern, daß die nachsichtigen unter ihnen weder zu den am wenigsten Ehrenwerten noch zu den Ärmsten an Geist zählen.

Ich habe alle vier Temperamente besessen; als Kind war ich phlegmatisch, als Jüngling sanguinisch, später cholerisch und schließlich melancholisch, was ich wahrscheinlich auch bleiben werde. Da ich meine Ernährung immer meiner körperlichen Verfassung anpaßte, erfreute ich mich stets einer guten Gesundheit; und nachdem ich gelernt hatte, daß ihr immer Maßlosigkeit, sowohl im Essen wie in der Enthaltsamkeit, abträglich ist, hatte ich nie einen anderen Arzt als mich selbst. Allerdings habe ich die Enthaltsamkeit als weit gefährlicher erkannt. Ein Zuviel verursacht Magenbeschwerden, ein Zuwenig aber führt zum Tod. Heute, als alter Mann, darf ich trotz meines ausgezeichneten Magens nur noch eine Mahlzeit am Tage zu mir nehmen. Was mich für diese Kasteiung entschädigt, sind mein gesunder Schlaf und die Leichtigkeit, mit der ich meine Betrachtungen zu Papier bringe, ohne der Verstiegenheiten zu bedürfen oder Spitzfindigkeiten über Spitzfindigkeiten zu drechseln, die eher dazu geeignet wären, mich selbst zu betrügen als meine Leser; denn niemals könnte ich mich dazu entschließen, ihnen falsche Münze zu geben, wenn ich wüßte, daß sie falsch ist.

Das sanguinische Temperament machte mich sehr empfänglich für jede Art von Sinnenfreude, ließ mich stets vergnügt und unablässig darauf bedacht sein, von einem Genuß zum anderen zu eilen; es machte mich auch einfallsreich im Erfinden neuer Freuden. Die gleiche Wurzel hatten sowohl meine Neigung, neue Bekanntschaften zu schließen, wie auch meine unbeschwerte Art, sie wieder abzubrechen, obwohl stets aus zwingenden Gründen und niemals aus Leichtfertigkeit. Dic aus dem Temperament herrührenden Fehler sind unverbesserlich, weil sich das Temperament selbst unseren moralischen Bemühungen entzieht; mit dem Charakter aber ist es etwas anderes. Ihn bestimmen Herz und Geist; und da das Temperament nur sehr geringen Einfluß auf ihn hat, folgt daraus, daß er von der Erziehung abhängt und daß er gebessert und geformt werden kann.

Ich überlasse es andern zu entscheiden, ob mein Charakter gut oder schlecht ist; aber so wie er ist, zeigt er sich jedem Kenner ohne weiteres in meinem Gesicht. Nur dort wird der Charakter eines Menschen sichtbar, denn dort ist sein Sitz. Wir können feststellen, daß Menschen mit unausgeprägten Gesichtszügen – und deren Zahl ist sehr groß – auch nicht das besitzen, was man Charakter nennt. Folglich muß der physiognomischen Verschiedenheit die Verschiedenheit der Charaktere entsprechen.

In der Erkenntnis, daß mein Handeln zeit meines Lebens mehr durch das Gefühl als durch die Überlegung bestimmt war, bin ich zu dem Schluß gelangt, daß mein Verhalten mehr von meinem Charakter abhing als von meinem Verstand, allerdings nach einem langen Streit zwischen beiden, bei dem ich abwechselnd entweder nicht genug Verstand für meinen Charakter oder nicht genug Charakter für meinen Verstand aufgebracht habe. Doch lassen wir das. [...]

Den Freuden meiner Sinne galt mein Leben lang mein Hauptstreben; etwas Wichtigeres gab es für mich niemals. Da ich mich für das andere Geschlecht geboren fühlte, habe ich es stets geliebt und habe alles darangesetzt, seine Liebe zu gewinnen. Ich liebte auch mit Hingabe eine gute Tafel und überhaupt leidenschaftlich alles, was meine Neugier erregte.

Ich habe Freunde gekannt, die mir Gutes getan haben, und ich war glücklich genug, ihnen bei jeder Gelegenheit Beweise meiner Dankbarkeit geben zu können; ich hatte auch nichtswürdige Feinde, die mir zusetzten, und ich habe sie nur deshalb nicht ausgerottet, weil ich es nicht konnte. Niemals hätte ich ihnen verziehen, hätte ich nicht einfach vergessen, was sie mir Böses angetan haben. Ein Mann, der einen Schimpf vergißt, hat ihn nicht verziehen, sondern eben vergessen; denn die Verzeihung entspringt der heldenmütigen Haltung eines edlen Herzens und eines großzügigen Geistes, das Vergessen aber einer Schwäche des Gedächtnisses oder einer milden Gleichgültigkeit, wie sie zu einem friedfertigen Herzen paßt, und oft nur dem einfachen Bedürfnis nach Ruhe und Frieden; denn auf die Dauer tötet der Haß den Unglücklichen, der Gefallen daran findet, ihn zu nähren.

Wenn man mich sinnlich nennt, geschieht es zu Unrecht, denn die Macht meiner Sinne hat mich nie von meinen Pflichten abgehalten, wenn ich welche hatte. [...]

Ich habe die scharfgewürzten Gerichte geliebt, die von einem guten neapolitanischen Koch zubereiteten Makkaroni, Ogliapotrida[7], Neufundländer Kabeljau, recht klebrig, Wildbret mit Hautgout und Käse, dessen Vortrefflichkeit sich zeigt, wenn die kleinen Wesen, die darin hausen, sichtbar werden. Was die Frauen betrifft, so habe ich immer gefunden, daß die jeweils Geliebte angenehm duftete, und je kräftiger sie schwitzte, desto köstlicher schien sie mir zu sein.

Welch verdorbener Geschmack! Welche Schande, ihn sich selbst einzugestehen und doch nicht zu erröten! Über solche Vorwürfe kann ich nur lachen. Ich bin unverfroren genug, mich dank meiner derben Neigungen für glücklicher zu halten als andere, weil ich davon überzeugt bin, daß meine Neigungen mich zu größerem Genuß befähigen. Glücklich, wer ihn sich zu verschaffen weiß, ohne irgendwem zu schaden, und töricht alle, die sich einbilden, das Höchste Wesen freue sich über Schmerzen, Mühsale und Verzichte, die sie ihm zum Opfer bringen, und wohlgefällig seien ihm nur die Schwärmer, die sie freiwillig auf sich nehmen. Gott kann von seinen Geschöpfen nur die Ausübung der Tugenden fordern, deren Keim er in ihre Seele gelegt hat; und er hat uns alles nur zu dem einzigen Zweck gegeben, uns glücklich zu machen, sowohl Eigenliebe wie Ehrgeiz, Strebsamkeit, Kraft, Mut und sogar eine Macht, die uns keine Tyrannei rauben kann, nämlich die, uns selbst das Leben zu nehmen, wenn wir nach einem richtigen oder falschen Abwägen das Unglück haben, das für die beste Lösung zu halten. Das ist der stärkste Beweis für unsere sittliche Freiheit, die spitzfindige Trugschlüsse so sehr bekämpft haben. Dennoch ist der Selbstmord tatsächlich ein Greuel wider die Natur, und alle Religionen müssen ihn ächten.

[...]

Mir liegt an der Freundschaft, der Achtung und der Dankbarkeit meiner Leser. An ihrer Dankbarkeit, wenn die Lektüre meiner Lebenserinnerungen sie belehrt und ihnen Vergnügen gemacht hat; an ihrer Achtung, wenn sie mir Gerechtigkeit widerfahren lassen und mehr gute Eigenschaften als Fehler an mir finden; an ihrer Freundschaft, sobald sie mich dieser für würdig erachten auf Grund des Freimuts und der Ehrlichkeit, mit denen ich mich ohne jede Verstellung, so wie ich bin, ihrem Urteil anvertraue.

Sie werden erkennen, daß ich die Wahrheit immer so leidenschaftlich geliebt habe, daß ich oft mit Lügen begonnen habe, um ihr Eingang in die Köpfe derer zu verschaffen, die ihren Zauber nicht kannten. Sie werden mich nicht verdammen, wenn sie erfahren, wie ich die Börse meiner Freunde leerte, um auf diese Weise meine Launen zu befriedigen. Jene hatten verstiegene Pläne; und indem ich ihnen Hoffnung auf deren Gelingen machte, hoffte ich zugleich, ihnen die Augen zu öffnen und sie von ihrer Torheit zu heilen. Ich täuschte sie, um sie zur Vernunft zu bringen, und fühlte mich nicht schuldig; denn was mich so handeln hieß, war nicht der Geist der Habsucht. Ich war bestrebt, meine Vergnügen mit Geldern zu zahlen, die zum Erwerb von Dingen bestimmt waren, deren Besitz der Natur nach unmöglich ist. Ich würde mich für schuldig halten, wenn ich heute reich wäre. Aber ich besitze nichts; ich habe alles unbedenklich ausgegeben, und das tröstet und rechtfertigt mich. Jenes Geld war ohnedies für Torheiten bestimmt; ich habe ihm einen anderen Weg gewiesen und damit meine eigenen bestritten.

Mißlingt mir aber mein Bemühen zu gefallen, so würde mir das eingestandenermaßen leid tun, freilich nicht so sehr, daß mich das Schreiben reute, denn auf jeden Fall habe ich mich dabei unterhalten. Grausame Langweile! Es kann nur auf Vergeßlichkeit beruhen, wenn die Dichter sie unter den Höllenqualen nicht angeführt haben.

Ich muß jedoch gestehen, daß ich mich der Angst, ausgepfiffen zu werden, nicht erwehren kann. Sie ist zu natürlich, als daß ich es wagen dürfte, mich darüber erhaben zu dünken; ich finde auch keinerlei Trost in der Hoffnung, daß ich nicht mehr am Leben sein werde, wenn meine Erinnerungen erscheinen. Ich kann mir nicht ohne Grauen vorstellen, daß ich gegenüber dem Tod, der mir verhaßt ist, irgendeine Verpflichtung einginge. Ob glücklich oder unglücklich, das Leben ist der einzige Schatz, den der Mensch besitzt; und wer es nicht liebt, ist seiner nicht wert. Nur die Ehre stellt man höher, weil die Schande das Leben schimpflich macht. Wenn man, vor die Wahl zwischen beide Möglichkeiten gestellt, sich das Leben nimmt, so muß die Philosophie verstummen. O Tod! Grausames Gesetz der Natur, das die Vernunft verwerfen muß, weil es nur dazu geschaffen ist, eben die Vernunft zu vernichten. Cicero sagt, der Tod erlöse uns von unseren Leiden[8]. Dieser große Philosoph bucht die Ausgaben, stellt aber die Einnahmen nicht in Rechnung. Ich kann mich nicht mehr entsinnen, ob seine Tulliola tot war, als er seine »Tusculanae« schrieb. Der Tod ist ein Ungeheuer, das einen aufmerksamen Zuschauer aus dem Welttheater vertreibt, noch bevor das Stück, das ihn ungemein fesselt, zu Ende ist. Dieser Grund allein müßte schon genügen, um ihn zu verabscheuen.

In diesen Erinnerungen wird man nicht alle meine Erlebnisse finden. Ich habe solche ausgelassen, die den daran beteiligten Personen mißfallen hätten, weil sie dabei schlecht abschneiden würden. Dessenungeachtet wird man mich zuweilen nur allzu indiskret finden, und das tut mir leid. Sollte ich vor meinem Ableben noch weise werden und sollte ich noch rechtzeitig dazu fähig sein, so werde ich alles verbrennen. Im Augenblick habe ich nicht die Kraft dazu.

Jene Leser, die meinen, ich würde die Schilderung gewisser Liebesabenteuer allzusehr ausmalen, haben unrecht, sofern sie mich nicht einfach für einen schlechten Maler halten. Ich bitte sie um Verzeihung, wenn mein altes Herz diese Freuden nur mehr in der Erinnerung auskosten kann. Die Tugend mag alle Schilderungen überspringen, die sie beunruhigen könnten; und es erleichtert mein Herz, sie in dieser Vorrede zu warnen. Wer sie nicht liest, dem geschieht ganz recht. Die Vorrede ist für ein Buch das gleiche wie der Anschlagzettel für eine Komödie. Man muß sie lesen. Ich habe diese Lebenserinnerungen nicht für die Jugend geschrieben, die unbefangen bleiben muß, um vor dem Abgleiten bewahrt zu werden, sondern für jene, die lange genug gelebt haben, um gegen Verführung gefeit zu sein und die durch den Aufenthalt im Feuer zu Salamandern[9] geworden sind. Da die wahren Tugenden nur Gewohnheiten sind, wage ich zu behaupten, daß wirklich tugendhaft nur jene Glücklichen sind, denen die Ausübung der Tugend nicht die geringste Mühe macht. Solche Leute kennen keine Unduldsamkeit. Für sie habe ich geschrieben. Ich habe französisch und nicht italienisch geschrieben, weil das Französische verbreiteter ist als meine Muttersprache. Die Puristen, die in meinem Stil Redensarten aus meiner Heimat finden und mich deshalb kritisieren, haben recht, wenn darunter die Klarheit meines Berichtes leiden sollte. [...]

Gern würde ich hier den stolzen Grundsatz darlegen: »Nemo laeditur nisi a se ipso« (Jeder ist seines Unglücks Schmied.)[10], hätte ich nicht Sorge, die ungeheure Zahl derer vor den Kopf zu stoßen, die bei allem, was ihnen in die Quere kommt, ausrufen: »Das ist nicht meine Schuld!« Man muß ihnen diesen kleinen Trost lassen, denn ohne ihn wären sie sich selbst zuwider; diesem Haß auf sich selbst entspringt dann der Vorsatz, sich das Leben zu nehmen.

Da ich mich jederzeit als die Hauptursache aller Widerwärtigkeiten, die mir zustießen, erkannte, habe ich mich stets mit Freuden in der Lage gesehen, mein eigener Schüler zu sein, und pflichtschuldigst meinen Lehrer geliebt.

## *Padua 1737*

[…] Meine Mutter kam aus Petersburg zurück, wo die Zarin Anna Iwanowna[1] die italienische Komödie nicht unterhaltsam genug gefunden hatte. Die ganze Truppe war schon nach Italien zurückgekehrt, und meine Mutter hatte die Reise mit Carlino Bertinazzi gemacht, dem Arlecchino[2], der 1783 in Paris starb. Kaum war sie in Padua, ließ sie Doktor Gozzi[3] ihre Ankunft melden; er führte mich gleich in das Gasthaus, wo sie mit ihrem Reisegefährten wohnte. Wir speisten dort, und vor ihrer Abreise schenkte sie ihm einen Pelz; mir gab sie ein Luchsfell, das ich Bettina[4] zum Geschenk machen sollte. Sechs Monate später ließ sie mich nach Venedig kommen, um mich vor ihrer Abreise nach Dresden, wohin sie der Kurfürst August III. von Sachsen, König von Polen, auf Lebenszeit verpflichtet hatte, noch einmal zu sehen. Sie nahm meinen Bruder Giovanni mit, der damals acht Jahre alt war und beim Abschied herzzerbrechend schluchzte; das ließ mich vermuten, daß er sehr dumm war, denn dieser Abschied hatte gar nichts Tragisches. Er war der einzige, der unserer Mutter sein ganzes Glück verdankte, obwohl er nicht ihr Liebling war.

Anschließend verbrachte ich noch ein Jahr in Padua mit dem Studium der Rechte und erwarb den Doktortitel im Alter von sechzehn Jahren[5]. Im Zivilrecht hatte ich das Thema »De testamentis« und im Kirchenrecht »Utrum hebrei possint construere novas Synagogas« (Ob die Juden neue Synagogen bauen können). Meine eigentliche Berufung wäre das Studium der Medizin und später die Ausübung dieses Berufs gewesen, zu dem ich große Neigung verspürte; aber man hörte nicht auf mich. Man wünschte, daß ich mich weiterhin der Rechtswissenschaft widmen solle, gegen die ich eine unüberwindliche Abneigung empfand. Man behauptete, ich könne mein Glück nur machen, wenn ich Advokat, und was noch schlimmer ist, geistlicher Advokat werde, weil man fand, ich hätte die Gabe der Rede. Wäre man vernünftig gewesen, so hätte man mir den Willen gelassen, und ich wäre Arzt geworden, wo mit Scharlatanerie noch mehr zu erreichen ist als im Advokatenstand. Doch ich bin weder das eine noch das andere geworden; und das konnte auch nicht anders kommen. Es ist möglich, daß ich aus diesem Grunde nie Advokaten hinzuziehen wollte, wenn ich rechtliche Belange vor Gericht zu vertreten hatte, noch Ärzte, wenn ich erkrankt war. Das Prozessieren bringt mehr Familien an den Bettelstab, als es ernährt; und die Menschen, die von Ärzten umgebracht werden, sind viel zahlreicher als diejenigen, die genesen. Notwendiger Schluß ist also, daß die Welt weit weniger unglücklich wäre ohne diese beiden Sippschaften.

Die Pflicht, zur Universität zu gehen, die man »Il Bo«[6] nennt, und die Vorlesungen der Professoren zu besuchen, hatte mich genötigt, allein auszugehen; ich freute mich darüber, denn bisher hatte ich mich noch nie als freier Mensch gefühlt. Da ich die neugewonnene Freiheit hemmungslos genießen wollte, machte ich alle möglichen schlechten Bekanntschaften mit berüchtigten Studenten. Am angesehensten sind natürlich die besonders Liederlichen, Spieler, Besucher verrufener Häuser, Trunkenbolde, Wüstlinge, Verführer ehrbarer Mädchen, gewalttätige Heuchler, unfähig des geringsten Gefühls für Anstand. In der Gesellschaft solcher Leute habe ich zuerst die Welt kennengelernt und sie nach dem unübertrefflichen Buch der Erfahrung studiert.

Theoretische Kenntnisse der Sitten nützen dem Menschen in seinem Leben ebensoviel wie dem, der vor der Lektüre eines Buches das Inhaltsverzeichnis überfliegt; wenn er es gelesen hat, ist er lediglich über den Stoff im Bilde. So steht es mit der moralischen Unterweisung, die uns die Predigten, Lehren und Beispielgeschichten unserer Erzieher angedeihen lassen. Wir hören uns alles aufmerksam an; doch wenn der Fall eintritt, daß wir uns die Ratschläge, die man uns gegeben hat, zunutze machen sollen, dann reizt es uns, selbst festzustellen, ob sich die Sache wirklich so verhalten wird, wie man uns vorausgesagt hat. Wir stürzen uns hinein und büßen es durch die Reue. In solchen Augenblicken ist es uns ein gelinder Trost, daß wir uns für weise und berechtigt halten, anderen gute Ratschläge zu geben. Die aber, die wir belehren, tun nicht mehr und nicht weniger, als auch wir getan haben; daraus ergibt sich, daß die Welt ewig gleich bleibt oder immer schlechter wird.

[...]

Durch das Vorrecht, allein auszugehen, das mir der Doktor Gozzi eingeräumt hatte, wurde ich mit einigen Wahrheiten vertraut, die mir zuvor nicht nur unbekannt waren, sondern deren Vorhandensein ich nicht einmal ahnte. Kaum tauchte ich auf, bemächtigten sich die Hartgesottensten meiner und fragten mich aus. Da ich in allem ein Neuling war, beschlossen sie, mich einzuweihen, und ließen mich dabei in alle Fallen tappen. Sie verleiteten mich zum Spielen, und nachdem sie mir das wenige Geld, das ich besaß, abgenommen hatten, brachten sie mich dazu, auf Ehrenwort zu spielen und zu verlieren; dann verleiteten sie mich zu üblen Machenschaften, damit ich zahlen konnte. Ich lernte zum erstenmal, was es heißt, Sorgen zu haben. Ich lernte, allen zu mißtrauen, die einen ins Gesicht loben, und keinesfalls mit der Hilfe derer zu rechnen, die einem schöntun. Ich lernte, mit Streitsüchtigen auszukommen, deren Gesellschaft man fliehen soll, will man nicht ständig am Rande des Abgrundes stehen. Den berufsmäßigen Straßendirnen ging ich nicht ins Netz, weil ich keine einzige sah, die so hübsch war wie Bettina; aber ich konnte mich nicht von dem Verlangen nach jener Art Ruhm freihalten, den man durch todesverachtenden Mut erringt.

Die Studenten in Padua erfreuten sich damals großer Privilegien. Es waren im Grunde Mißbräuche, die durch ihr Alter den Charakter von Gesetzen gewonnen hatten; das ist das eigentliche Wesen fast aller Privilegien. Sie unterscheiden sich dadurch von den echten Vorrechten. Tatsache ist, daß die Studenten, um ihre Privilegien aufrechtzuerhalten, sogar Verbrechen begingen. Man bestrafte die Schuldigen jedoch nicht hart, weil die Staatsräson nicht wollte, daß infolge solcher Strenge der Zulauf von Studenten, die aus ganz Europa an dieser berühmten Universität zusammenströmten, geringer werde. Der Grundsatz der venezianischen Regierung[7] war der, namhafte Professoren sehr teuer zu bezahlen, und alle, die ihre Vorlesungen besuchten, in größter Freiheit leben zu lassen. Die Studenten waren nur einer Persönlichkeit, dem sogenannten sindaco[8], verantwortlich. Dieser war ein ausländischer Edelmann, der ein Verzeichnis führen und der Regierung für das Betragen der Studenten einstehen mußte. Er hatte die Pflicht, sie den Gerichten auszuliefern, wenn sie sich gegen die Gesetze vergingen, und die Studenten fügten sich seinem Schiedsspruch, weil er sich auch für sie einsetzte, wenn sie nur einen Schein von Recht für sich hatten. So wollten die Studenten beispielsweise nicht zulassen, daß die Zollbeamten ihre Koffer durchsuchten, und die gewöhnlichen Sbirren[9] hätten nie gewagt, einen Studenten zu verhaften. Diese trugen verbotene Waffen, soviel sie wollten; sie verführten alle Mädchen aus guten Familien, deren Eltern sie nicht in sicherem Gewahrsam zu halten verstanden, und störten oft die öffentliche Ruhe durch nächtliche Streiche. Es war eine zügellose Jugend, die nichts im Kopf hatte, als sich auszutoben, sich zu vergnügen und zu lachen.

Damals geschah es, daß ein Sbirre ein Kaffeehaus betrat, in dem zwei Studenten saßen. Einer von diesen befahl ihm zu verschwinden, und da der Sbirre sich nicht daran kehrte, feuerte der Student einen Pistolenschuß auf ihn ab, traf ihn aber nicht. Der Sbirre schoß zurück, verwundete den Studenten und floh. Die Studenten versammelten sich im »Bo« und machten sich, in mehrere Rotten geteilt, auf die Suche nach Sbirren, um den angetanen Schimpf zu rächen und sie niederzumetzeln; aber bei einem Zusammenstoß blieben zwei Studenten tot auf dem Platz. Nun trat die ganze Studentenschaft zusammen, und alle schworen, die Waffen nicht eher niederzulegen, als bis es in Padua keine Sbirren mehr gebe. Die Regierung griff ein, und der »sindaco« verpflichtete sich, die Studenten so weit zu bringen, daß sie die Waffen niederlegten, wenn ihnen Genugtuung gegeben werde, denn die Sbirren seien im Unrecht. Der Sbirre, der den Studenten verwundet hatte, wurde gehenkt, und man schloß wieder Frieden; doch während der acht Tage, bevor dieser Friede geschlossen wurde, zogen alle Studenten rottenweise durch Padua. Ich wollte nicht weniger mannhaft sein als die andern und ließ den Doktor reden. Mit Pistolen und einem Karabiner bewaffnet, ging ich mit meinen Mitstudenten alle Tage auf die Suche nach dem Feind. Ich war sehr verdrossen, daß die Gruppe, zu der ich gehörte, nie einem Sbirren begegnete. Am Ende dieses Krieges machte sich der Doktor über mich lustig; aber Bettina bewunderte meinen Mut.

Bei dieser neuen Lebensweise wollte ich nicht weniger reich erscheinen als meine neuen Freunde und ließ mich daher zu Ausgaben verleiten, die ich mir nicht leisten konnte. Ich verkaufte oder verpfändete alles, was ich besaß, und machte Schulden, die ich nicht bezahlen konnte. Das waren meine ersten Kümmernisse, und zwar die bittersten, die ein junger Mensch empfinden kann.

Ich schrieb an meine gute Großmutter und bat sie um Hilfe; aber statt mir Geld zu schicken, kam sie selbst nach Padua, dankte Doktor Gozzi und Bettina für alles und nahm mich am 1. Oktober 1739 mit nach Venedig.

Beim Abschied schenkte mir der Doktor bitterlich weinend das Teuerste, was er besaß; er hängte mir eine Reliquie um den Hals, ich weiß nicht mehr, von welchem Heiligen. Ich hätte sie vielleicht heute noch, wäre sie nicht in Gold gefaßt gewesen. Das Wunder, das sie vollbrachte, bestand darin, daß sie mir aus einer dringenden Geldnot half. Sooft ich wieder nach Padua kam, um mein Rechtsstudium zu beenden[10], wohnte ich bei ihm; aber jedesmal kränkte es mich, wenn ich Bettina mit dem Strolch sah, der sie heiraten sollte und für den sie mir nicht geschaffen zu sein schien. Es tat mir leid, daß ich sie für ihn geschont hatte. Damals hatte ich noch dieses Vorurteil; aber ich machte mich schon bald davon frei.

[...]

## *Venedig 1739*

[…]

»Er kommt aus Padua, wo er studiert hat«; mit diesen Worten stellte man mich überall vor, und sie trugen mir, kaum ausgesprochen, die stillschweigende Achtung aller jungen Leute meiner Herkunft und meines Alters ein, Glückwünsche von Familienvätern und Liebkosungen von älteren Damen, von denen etliche nicht alt waren, aber gern dafür gegolten hätten, um mich schicklicherweise umarmen zu können. Der Pfarrer von San Samuele[1] namens Tosello übernahm mich in seine Kirche und stellte mich dem Patriarchen von Venedig, Monsignore Correr, vor, der mir eine Tonsur schor und mir aus besonderer Gnade vier Monate später die vier niederen Weihen[2] erteilte. Die Freude meiner Großmutter war grenzenlos. Man fand für mich sogleich gute Lehrer, bei denen ich meine Studien fortsetzen konnte; Signor Baffo[3] wählte außerdem Abate Schiavo[4], um mich ein reines Schriftitalienisch und vor allem die Sprache der Poesie zu lehren, für die ich eine entschiedene Vorliebe hatte. Ich war zusammen mit meinem Bruder Francesco, der Theaterarchitektur studieren sollte, aufs beste untergebracht. Meine Schwester und mein jüngster Bruder lebten bei meiner Großmutter in einem andern Haus, das ihr gehörte und in dem sie sterben wollte, weil ihr Mann darin gestorben war. Ich wohnte im gleichen Haus, in dem ich meinen Vater verloren hatte[5] und für das meine Mutter immer noch die Miete bezahlte. Es war groß und sehr schön möbliert.

Obwohl Abate Grimani[6] mein wichtigster Gönner sein sollte, sah ich ihn doch nur selten. Ich hielt mich mehr an Signor Malipiero, dem mich Pfarrer Tosello zuerst vorgestellt hatte. Er war Senator[7], ohne sich jedoch mit seinen siebzig Jahren noch mit Staatsgeschäften zu befassen, und führte in seinem Palazzo ein glückliches Leben, aß gut und sah allabendlich eine ausgewählte Gesellschaft von Damen bei sich, die einst ein lockeres Leben geführt hatten, und von geistreichen Männern, die alles wußten, was es in der Stadt Neues gab. Der alte Herr war unbeweibt und reich, wurde aber drei- oder viermal jährlich von sehr schmerzhaften Gichtanfällen heimgesucht, die ihm bald das eine, bald das andere Glied lähmten, so daß er schließlich den ganzen Körper nicht mehr bewegen konnte. Nur der Kopf, die Lunge und der Magen waren verschont geblieben. Er war ein schöner Mann, ein Feinschmecker und Schlemmer und sehr geistreich. Er verfügte über große Weltkenntnis, über die den Venezianern eigene Beredsamkeit und über jene scharfsinnige Weisheit, die einem Senator bleibt, wenn er sich nach vierzigjähriger Lenkung der Republik zurückzieht und wenn er erst zu dem Zeitpunkt aufhört, dem schönen Geschlecht den Hof zu machen, nachdem er zwanzig Mätressen gehabt und es als aussichtslos erkannt hat, noch einer gefallen zu können. Diesem fast gelähmten Mann sah man davon nichts an, wenn er saß, wenn er sprach oder bei Tisch war. Er aß täglich nur einmal und ganz allein, weil er keine Zähne mehr hatte und doppelt so viel Zeit brauchte wie ein Gast, der die Mahlzeit mit ihm geteilt hätte; er wollte sich weder aus Höflichkeit gegen seine Gäste beeilen, noch sie zum Warten gezwungen sehen, bis er mit seinen kräftigen Kiefern alles zerkleinert hatte, was er verzehren wollte. Aus diesem einzigen Grunde nahm er die Verdrießlichkeit, allein zu speisen, in Kauf, sehr zum Mißfallen seines vorzüglichen Kochs.

Als mir der Pfarrer zum erstenmal die Ehre erwies, mich Seiner Exzellenz vorzustellen, widersetzte ich mich sehr respektvoll dieser seiner Ansicht, die bisher alle ohne Einwand hinnahmen. Ich sagte ihm, er solle doch einfach solche Leute zu Tisch laden, die ohnehin für zwei äßen.

»Aber wo finde ich solche Leute?«

»Die Sache ist gewiß nicht einfach. Eure Exzellenz sollten einige Tischgenossen erproben, und wenn Sie die gewünschten gefunden haben, sie sich auch zu erhalten verstehen, ohne ihnen den wahren Grund mitzuteilen; denn kein wohlerzogener Mensch auf der Welt möchte, daß man von ihm sagt, er habe nur darum die Ehre, mit Eurer Exzellenz zu speisen, weil er doppelt so viel esse wie andere.«

Seine Exzellenz erfaßte die ganze Beweiskraft meiner Worte und sagte dem Pfarrer, er solle mich am nächsten Tag zum Mittagessen mitbringen. Als er feststellte, daß ich zu den guten Lehren ein noch besseres Beispiel gab, machte er mich zu seinem täglichen Tischgenossen.

Dieser Senator, der auf alles außer auf sich selbst verzichtet hatte, hegte trotz seines Alters und seiner Gicht eine verliebte Neigung. Er liebte Teresa, die Tochter des Schauspielers Imer[8], der unweit seines Palazzo in einem Hause wohnte, dessen Fenster seinem Schlafzimmer gegenüber lagen. Das Mädchen war damals siebzehn Jahre alt, hübsch, launisch und kokett. Sie nahm Musikunterricht, um später zur Bühne zu gehen, saß immerzu am Fenster und hatte den Greis mit ihren Reizen völlig berauscht; aber sie zeigte sich grausam. Fast jeden Tag kam sie zu einem freundlichen Besuch, doch stets in Begleitung ihrer Mutter, einer alten Schauspielerin, die sich von der Bühne zurückgezogen hatte, um sich ihrem Seelenheil zu widmen, und die, wie zu erwarten, bestrebt war, Gott und den Teufel unter einen Hut zu bringen. Sie führte ihre Tochter täglich in die Messe und verlangte, daß sie jeden Sonntag zur Beichte ging; doch am Nachmittag brachte sie das Mädchen zu dem verliebten Greis. Wenn sie ihm einen Kuß verweigerte, geriet er in eine Wut, die mich erschreckte, besonders wenn sie vorschützte, sie habe am Morgen die Kommunion empfangen und könne daher keinesfalls den Gott beleidigen, den sie genossen und vielleicht noch im

Magen habe. Welch ein Anblick für mich damals Fünfzehnjährigen, den der Greis als einzigen stummen Zeugen dieser Szenen duldete! Die abgefeimte Mutter lobte den Widerstand ihrer Tochter und nahm sich sogar heraus, den alten Lüstling abzukanzeln; er seinerseits wagte nicht, ihre allzu oder vielmehr keineswegs christlichen Moralsprüche zu widerlegen, und mußte mit der Versuchung kämpfen, ihr das erste beste, was ihm in die Hände geriet, ins Gesicht zu werfen. Ihm fehlten die Worte. Dann trat der Zorn an die Stelle der Begehrlichkeit; und wenn die beiden gegangen waren, machte er sich mir gegenüber mit tiefsinnigen Reden Luft. Ich mußte ihm darauf antworten, und da ich nicht wußte, was ich ihm sagen sollte, riet ich ihm eines Tages zur Heirat. Zu meinem großen Erstaunen erwiderte er mir, sie wolle nicht seine Frau werden.

»Warum denn nicht?«

»Weil sie sich nicht den Haß meiner Familie zuziehen will.«

»Dann bieten Sie ihr doch eine große Summe, eine standesgemäße Stellung.«

»Sie möchte, nach ihren eigenen Worten, keine Todsünde begehen, nicht einmal, um Königin der Welt zu werden.«

»Dann müssen Sie ihr Gewalt antun oder sie fortjagen und aus Ihrem Haus verbannen.«

»Das eine kann ich nicht, und zum andern kann ich mich nicht entschließen.«

»So bringen Sie sie um.«

»Soweit wird es noch kommen, wenn ich nicht vorher sterbe.«

»Eure Exzellenz sind zu beklagen.«

»Gehst du denn niemals zu ihr?«

»Nein, denn ich könnte mich in sie verlieben; und wenn sie sich gegen mich so benähme, wie ich es hier erlebe, würde ich unglücklich.«

»Du hast recht.«

Nachdem ich Zeuge dieser Szenen gewesen und der Senator mich mit diesem Gespräch beehrt hatte, wurde ich sein Günstling. Er gewährte mir Zutritt zu seinen Abendgesellschaften, die, wie ich schon berichtet habe, aus verlebten Frauen und geistreichen Männern bestanden. Er sagte mir, dabei würde ich eine weit größere Wissenschaft erlernen als die Philosophie Gassendis[9], die er mich damals an Stelle der peripathetischen[10] studieren ließ, von der er nichts hielt. Er gab mir Anweisungen, deren Beachtung er für unerläßlich hielt, damit ich an seinen Gesellschaften teilnehmen könne, denn jeder werde sich wundern, dort einen so jungen Menschen zu treffen. Er gebot mir, nie zu reden außer zur Beantwortung von Fragen, die man an mich richte, vor allem nie meine Ansicht über irgend etwas zu äußern, denn mit fünfzehn Jahren stehe es mir noch nicht zu, eine zu haben. Durch getreues Befolgen seiner Anordnungen gewann ich mir seine Achtung, und binnen weniger Tage war ich für alle Damen, die zu ihm kamen, der Sohn des Hauses. Als junger, unbedeutender Abate sollte ich sie begleiten, wenn sie ihre Töchter oder ihre Nichten an den Sprechgittern der Klöster besuchten, wo diese in Pension lebten. Ich konnte zu jeder Tageszeit unangemeldet zu ihnen kommen; man machte mir Vorwürfe, wenn ich eine Woche verstreichen ließ, ohne mich zu zeigen. Wenn ich in die Zimmer der Töchter ging, hörte ich sie wohl davonlaufen; aber sie schalten sich selbst närrisch, sobald sie sahen, daß nur ich es war. Ich fand ihr Vertrauen reizend.

Signor Malipiero vergnügte sich vor Tisch damit, mich zu fragen, welche Annehmlichkeiten mir der Empfang durch die hochlöblichen Damen verschaffe, die ich bei ihm kennengelernt hätte, fügte aber, bevor ich antworten konnte, hinzu, sie seien die Tugend selbst, und jeder würde mich für einen Lumpen ansehen, wenn ich ihren guten Ruf, den sie in der Gesellschaft genossen, schmälern wollte. Auf diese Weise lehrte er mich unmerklich das weise Gebot der Verschwiegenheit. Bei ihm lernte ich auch Signora Manzoni[11] kennen, die Frau eines Notars, [...]. Diese würdige Dame flößte mir große Zuneigung ein. Sie gab mir sehr weise Lehren und Ratschläge. Hätte ich diese befolgt, so wäre mein Leben gewiß nicht so stürmisch verlaufen; dann würde ich es allerdings heute auch nicht für würdig halten, es niederzuschreiben.

Die vielen angenehmen Bekanntschaften mit Frauen, die man wohlanständig nennt, erweckten in mir das Verlangen, durch mein Äußeres und durch die Eleganz meiner Kleidung zu gefallen; doch mein Pfarrer fand das tadelnswert, und darin war er mit meiner Großmutter einig. Eines Tages nahm er mich beiseite und sagte mit honigsüßen Worten, in dem Stand, den ich gewählt hätte, müsse ich trachten, Gott durch meinen Geist und nicht den Menschen durch mein Äußeres zu gefallen. Er verurteilte meine allzu kunstreiche Frisur und den zarten Duft meiner Pomade. Er meinte, der Teufel habe mich bei den Haaren genommen, und ich würde noch exkommuniziert, wenn ich mein Haupt weiter so pflege, gemäß den Worten eines ökumenischen Konzils: »Clericus qui nutrit comam anathema sit« (Im Kirchenbann sei der Geistliche, der sein Haar lang trägt)[12]. Als Antwort verwies ich auf das Beispiel von hundert Abaten, die man doch nicht als exkommuniziert ansehen könne und die man in Ruhe lasse, obwohl sie dreimal mehr Puder auflegten als ich, der sich nur hauchdünn pudere, und obwohl sie ambraduftende Pomaden verwendeten, die selbst Frauen im Wochenbett dahinschmelzen ließen, während die meine nach Jasmin rieche und mir die Komplimente jeder Gesellschaft eintrage, die ich besuche. Schließlich sagte ich ihm noch, wenn ich hätte stinken wollen, so wäre ich Kapuziner geworden; es tue mir herzlich leid, aber darin könne ich ihm nicht gehorchen.

Drei oder vier Tage später überredete er meine Großmutter, ihn am Morgen zu einer Stunde in mein Zimmer einzulassen, zu der ich noch schlief. Sie hat mir nachher geschworen, wenn sie gewußt hätte, was er tun werde, hätte sie ihm nie die Tür geöffnet. Der überhebliche Priester trat aus lauter Liebe zu mir leise an mein Bett und schnitt mir mit einer scharfen Schere unbarmherzig über der Stirn alle Haare von einem Ohr zum andern ab. Mein Bruder Francesco[13], der im

Zimmer nebenan lag, sah es wohl, ließ ihn jedoch gewähren. Er freute sich sogar diebisch darüber; denn da er eine Perücke trug, mißgönnte er mir meine schönen Haare. Zeitlebens war er neidisch, verstand es aber, ich weiß nicht wie, Neid mit Freundschaft zu verquicken; seine Untugend hat sich wohl im Alter gelegt, ebenso wie alle meine Laster.

Ich erwachte erst, als das Werk schon vollbracht war. Der Pfarrer verschwand, als wäre nichts geschehen. Erst meine beiden Hände ließen mich das ganze Greuel dieser unerhörten Maßregelung erkennen.

Wie grenzenlos waren mein Zorn und meine Entrüstung! Welche Rachepläne brütete ich aus, sobald ich einen Spiegel zur Hand nahm und sah, in welchem Zustand mich der vermessene Priester gebracht hatte! Auf mein Toben hin eilte meine Großmutter herbei, während mein Bruder mich auslachte. Die alte Frau beruhigte mich etwas, als sie zugab, daß der Pfarrer die Grenzen der erlaubten Strafe überschritten habe.

Fest zur Rache entschlossen, zog ich mich an und wälzte dabei hundert finstere Pläne. Ich hielt mich für berechtigt, blutige Rache zu üben, und alle Gesetze würden mich schützen. Da die Theater offen waren, ging ich maskiert[14] aus und begab mich zu dem Advokaten Carrara, den ich bei Signor Malipiero kennengelernt hatte, um mich zu erkundigen, ob ich den Pfarrer gerichtlich belangen könnte. Er sagte mir, erst vor kurzem habe man eine ganze Familie zugrunde gerichtet, weil ihr Oberhaupt einem slawonischen Händler den Schnurrbart abgeschnitten hatte, und das sei doch wesentlich weniger als ein ganzer Schopf; mein Auftrag genüge, wenn ich auf der Stelle dem Pfarrer mit einer außergerichtlichen Klage[15] zu Leibe rücken wolle, die ihm Schrecken einjagen würde. Ich bat ihn, das zu veranlassen und auch am Abend Signor Malipiero zu erzählen, warum ich nicht zum Mittagessen erschienen sei. Selbstverständlich konnte ich nicht mehr ohne Maske ausgehen, bis meine Haare wieder nachgewachsen waren.

Ich aß mit meinem Bruder reichlich schlecht zu Mittag. Mein Mißgeschick brachte mich in die Zwangslage, daß ich auf die vorzügliche Tafel, an die mich Signor Malipiero gewöhnt hatte, verzichten mußte; und das war noch nicht der ärgste Kummer, den ich wegen des gewalttätigen Pfarrers, dessen Taufkind ich war, zu ertragen hatte. Mich erfüllte solche Wut, daß mir die Tränen in die Augen stiegen. Ich war ganz untröstlich, weil dieser Schimpf auch seine komische Seite hatte und mich lächerlich machte; und das hielt ich für ehrenrühriger als ein Verbrechen. Ich ging früh zu Bett, und nach einem guten zehnstündigen Schlaf war ich weniger streitsüchtig, aber nicht minder entschlossen, mich mit Hilfe der zuständigen Autorität zu rächen.

Ich zog mich gerade an, um die außergerichtliche Klage bei Signor Carrara einzusehen, als ein geschickter Friseur erschien, den ich von Signora Contarini her kannte. Er erklärte, Signor Malipiero schicke ihn, damit er mir die Haare so zurechtmache, daß ich ausgehen könne, denn er erwarte mich noch heute bei sich zum Mittagessen. Er sah sich den Schaden an und meinte lächelnd, ich solle ihn nur machen lassen, er könne mich bestimmt so herrichten, daß ich noch eleganter frisiert als zuvor ausgehen könne. Der geschickte Bursche stutzte mir vorn alle Haare ebenso lang wie die abgeschnittenen und machte mir einen so schönen Bürstenschnitt zurecht, daß ich zufrieden, besänftigt und gerächt war.

Ich vergaß den Schimpf auch sofort, ging zum Advokaten, um ihm zu sagen, daß ich mich nicht mehr rächen wolle, und eilte zu Signor Malipiero, wo ich zufällig gerade den Pfarrer antraf, dem ich trotz meiner Schadenfreude einen vernichtenden Blick zuwarf. Man erwähnte die Sache nicht; aber Signor Malipiero blieb nichts verborgen, und der Pfarrer ging voll Reue über seine Tat fort, denn jetzt war meine Frisur so geziert, daß sie tatsächlich die Exkommunikation verdiente.

Als mein herzloser Taufpate fortgegangen war, sprach ich zu Signor Malipiero ganz offen; ich sagte ihm klipp und klar, daß ich mir eine andere Pfarre suchen würde, denn ich wolle um keinen Preis länger jemandem unterstellt sein, der solcher Übergriffe fähig sei. Der verständige Greis sagte mir, ich hätte recht. Das war das beste Mittel, bei mir alles zu erreichen, was man wollte. Am Abend gratulierte mir die ganze Gesellschaft, die schon von der Geschichte wußte; alle versicherten mir, meine Frisur sei ganz besonders hübsch. Ich war hocherfreut; noch zufriedener war ich, daß Signor Malipiero, als schon vierzehn Tage seit dem Vorfall vergangen waren, nie davon sprach, daß ich mich wieder in meiner Kirche melden solle. Nur meine Großmutter langweilte mich dauernd damit, ich müsse wieder hingehen.

Doch als ich schon glaubte, der Senator werde überhaupt nicht mehr davon sprechen, sagte er mir zu meiner großen Überraschung, ich hätte nun eine Gelegenheit, von meinem Pfarrer eine völlige Genugtuung zu erhalten und in die Kirche zurückzukehren. »In meiner Eigenschaft als Präsident der Bruderschaft vom Heiligen Sakrament[16] steht es bei mir«, fuhr er fort, »den Prediger zu wählen, der am vierten Sonntag dieses Monats, also am Tag nach Weihnachten, die Festpredigt hält. Nun werde ich dich vorschlagen; und ich bin überzeugt, er wird es nicht wagen, dich abzulehnen. Was sagst du zu diesem Triumph? Findest du ihn nicht gelungen?«

Über diesen Vorschlag war ich aufs höchste verwundert, denn es war mir niemals in den Sinn gekommen, Prediger zu werden, noch mich für fähig zu halten, eine Predigt zu verfassen und auch zu halten. Ich erwiderte, das sei gewiß nur Spaß; als er mir aber versicherte, er spreche in vollem Ernst, genügte ihm eine einzige Minute, um mich zu überreden und mir die Gewißheit zu geben, daß ich dazu geboren sei, der größte Prediger des Jahrhunderts zu werden, sobald ich etwas Fett angesetzt hätte; denn damals war ich noch sehr mager. Ich zweifelte weder an meiner Stimme noch an meiner Wirkung; und was den Entwurf betraf, so traute ich mir ohne weiteres zu, ein Meisterwerk zu schaffen.

Ich erklärte ihm, ich sei bereit und könne es kaum erwarten, nach Hause zu kommen und mit der Niederschrift meiner Festpredigt zu beginnen. »Zwar bin ich kein Theologe«, sagte ich zu ihm, »aber ich kenne die Materie. Ich werde überraschende und noch nie vernommene Dinge sagen.« Am nächsten Tag berichtete er mir, der Pfarrer sei über seine Wahl hocherfreut und mehr noch über meine Bereitschaft, diesen heiligen Auftrag zu übernehmen; er verlange aber, daß ich ihm meinen Entwurf zeige, sobald ich ihn abgeschlossen hätte, denn da der Stoff in das Gebiet der erhabensten Theologie gehöre, könne er mir erst dann gestatten, auf die Kanzel zu steigen, wenn er die Gewißheit habe, daß ich keine Ketzerei äußere. Ich war damit einverstanden, verfaßte im Verlauf der Woche eine Festpredigt und schrieb sie ins reine. Ich habe sie aufgehoben und finde sie sogar heute noch ausgezeichnet.

Meine arme Großmutter schluchzte vor Erbauung, als sie ihr Enkelkind zu einem Apostel geworden sah. Ich mußte ihr die Predigt vorlesen; sie betete beim Zuhören ihren Rosenkranz und fand sie sehr schön. Signor Malipiero, der beim Zuhören nicht den Rosenkranz betete, meinte, sie werde dem Pfarrer nicht gefallen. Ich hatte mein Thema dem Horaz entnommen: »Ploravere suis non respondere favorem speratum meritis« (Sie beklagten sich bitter, daß die erhoffte Gunst nicht ihren Verdiensten entspreche)[17]. Ich beklagte die Bosheit und den Undank des Menschengeschlechts, das den Plan vereitelt habe, den die göttliche Weisheit zu seiner Erlösung vorgesehen hatte. Es wäre Signor Malipiero lieber gewesen, wenn ich mein Thema nicht gerade einem heidnischen Autor entnommen hätte; doch gefiel ihm, daß meine Predigt nicht mit lateinischen Zitaten gespickt war.

Ich ging zum Pfarrer, um sie ihm vorzulesen; er war nicht zu Hause, und während ich auf ihn wartete, verliebte ich mich in Angela, seine Nichte, die am Stickrahmen arbeitete. Sie sagte mir, sie sei aber schon seit langem darauf gespannt, mich kennenzulernen, und ich solle ihr, damit sie etwas zum Lachen habe, doch die Geschichte von dem Haarschopf erzählen, den ihr verteufelter Onkel mir abgeschnitten hatte.

Diese Liebe wurde mir zum Schicksal; denn sie war schuld an zwei weiteren Liebschaften, die wiederum andere nach sich zogen und schließlich dazu führten, daß ich den geistlichen Stand aufgab. Doch wir wollen nicht vorgreifen.

Als der Pfarrer nach Hause kam, war er offenbar nicht darüber erzürnt, mich im Gespräch mit seiner Nicht vorzufinden, die in meinem Alter war. Nachdem er meine Predigt gelesen hatte, sagte er, das sei eine ganz nette akademische Streitschrift, aber als Kanzelrede nicht geeignet.

»Ich werde Ihnen eine von mir geben, die noch niemand kennt«, sagte er. »Die lernen Sie auswendig, und ich erlaube Ihnen zu sagen, sie sei von Ihnen.«

»Ich danke Ihnen, Hochwürden, aber ich möchte etwas Eigenes vortragen oder gar nichts.«

»Diese werden Sie jedenfalls nicht in meiner Kirche halten.«

»Darüber müssen Sie mit Signor Malipiero sprechen. Vorerst werde ich meine Predigt zur Zensurbehörde bringen, dann zum Herrn Patriarchen, und wenn sie nicht genehm ist, werde ich sie einfach drucken lassen.«

»Unterstehen Sie sich, junger Mann. Der Patriarch wird meine Ansicht teilen.«

Am Abend erzählte ich Signor Malipiero vor allen Gästen meine Auseinandersetzung mit dem Pfarrer. Man bat mich, meine Festpredigt vorzulesen, und sie erntete allgemeinen Beifall. Man lobte meine Bescheidenheit, weil ich keinen einzigen Kirchenvater zitiert hatte, die ich bei meiner Jugend gar nicht kennen konnte, und die Frauen fanden es bewundernswert, daß kein anderes lateinisches Zitat darin vorkam als der Text des Horaz, der zwar ein großer Wüstling gewesen sei, aber dennoch sehr kluge Sachen gesagt habe. Eine Nichte des Patriarchen, die zugegen war, versprach mir, sich für mich bei ihrem Onkel zu verwenden, bei dem ich Einspruch zu erheben gedachte. Doch Signor Malipiero meinte, ich solle mich am nächsten Morgen mit ihm beraten, ehe ich weitere Schritte unternehme.

Ich gehorchte, und er ließ den Pfarrer holen, der auch sofort kam. Zuerst ließ ich diesen reden, soviel er wollte; dann überzeugte ich ihn mit der Feststellung, daß entweder der Patriarch die Zustimmung zu meiner Predigt geben und ich sie halten würde, ohne daß er dabei gefährdet sei, oder daß er sie mir verweigern würde. Dann würde ich mich selbstverständlich beugen.

»Gehen Sie nicht zu ihm«, meinte er, »und ich stimme Ihrer Predigt zu. Ich bitte Sie nur den Text zu ändern, denn Horaz war ein Gottesleugner.«

»Warum zitieren Sie dann Seneca, Origines, Tertullian, Boëthius, die doch samt und sonders Ketzer waren und Ihnen ein noch größeres Greuel sein müssen als Horaz, der ja schließlich kein Christ sein konnte?«

Zuletzt aber gab ich Signor Malipiero zuliebe nach und setzte den Text ein, den der Pfarrer wünschte, obwohl er nicht zu meiner Predigt paßte. Ich gab ihm das Manuskript, um einen Vorwand zu haben, es am nächsten Tag bei ihm abzuholen und dabei mit seiner Nichte zu plaudern.

Großen Spaß machte mir Doktor Gozzi. Ich schickte ihm meine Predigt aus Eitelkeit. Er sandte sie mir mit einer klaren Ablehnung zurück und fragte mich, ob ich verrückt geworden sei. Er fügte hinzu, wenn man mir erlaube, sie von der Kanzel zu verkünden, mache ich mir und auch ihm Schande, denn er sei doch mein Lehrer.

Ich hielt meine Predigt in der Kirche San Samuele vor einer erlesenen Zuhörerschaft. Ich erntete großen Beifall, und alle Welt prophezeite mir, ich würde einmal der erste Prediger des Jahrhunderts werden, da niemals bisher ein Fünfzehnjähriger sich dieser Aufgabe so gut entledigt habe wie ich.

In dem Beutel, in den der Sitte gemäß fromme Gaben für den Prediger gesteckt werden, fand der Sakristan, als er ihn leerte, ungefähr fünfzig Zechinen und ein paar Liebesbriefchen, an denen die Frömmler Anstoß nahmen. Ein anonymes Briefchen, dessen Schreiberin ich zu erraten glaubte, ließ mich einen Fehler begehen, den ich dem Leser lieber ersparen möchte. Diese reiche Ernte ließ mich bei dem großen Geldmangel, an dem ich litt, allen Ernstes daran denken, Prediger zu werden; ich besprach meine Absicht mit dem Pfarrer und bat ihn um seine Hilfe. Dadurch verschaffte ich mir die Möglichkeit, jeden Tag zu ihm zu gehen; dort verliebte ich mich immer mehr in Angela, die sich meine Zuneigung wohl gern gefallen ließ, aber tugendhaft wie ein Drache blieb und sich darauf versteifte, mir nicht die geringste Gunst zu gewähren. Sie wollte, daß ich den geistlichen Stand aufgebe und sie zur Frau nehme. Dazu konnte ich mich nicht entschließen; doch da ich hoffte, sie von ihrer Ansicht abzubringen, ließ ich nicht locker. Ihr Onkel hatte mir den Auftrag gegeben, eine Festpredigt auf den heiligen Joseph zu verfassen und sie am 19. März 1741 zu halten. Ich entwarf sie, und sogar der Pfarrer sprach begeistert davon; doch es stand geschrieben, daß ich nur ein einziges Mal auf Erden predigen sollte. Hier folgte diese unglückliche Geschichte; sie ist nur allzu wahr, und herzlose Menschen fanden sie komisch.

Ich glaubte nicht, mir allzuviel Mühe geben zu müssen, um meine Predigt auswendig zu lernen. Ich war ja der Verfasser und wußte, daß ich sie konnte; daß ich sie dummerweise vergessen könnte, schien mir außer dem Bereich der Möglichkeit zu liegen. Gewiß, ich konnte einen einzelnen Satz vergessen, aber dann würde ich wohl imstande sein, einen anderen dafür einzusetzen. Ebenso wie ich nie steckenblieb, wenn ich vor einer guten Gesellschaft etwas erzählte, hielt ich es für undenkbar, daß mir vor Zuhörern die Sprache versagen könnte, unter denen ich niemanden wußte, der mich hätte einschüchtern und der Fähigkeit klarer Überlegung berauben können. Ich vertrieb mir also die Zeit wie gewöhnlich und begnügte mich damit, abends und morgens meine Predigt durchzulesen, um sie meinem Gedächtnis einzuprägen, über das ich mich bisher nie zu beklagen hatte.

Am 19. März also, dem Tag, an dem ich um vier Uhr nachmittags auf die Kanzel steigen sollte, um meine Predigt zu halten, brachte ich es nicht über mich, mir das Vergnügen zu versagen, mit dem Grafen von Montereale zu speisen; dieser wohnte bei mir und hatte den Patrizier Barozzi eingeladen, der nach Ostern seine Tochter, die Contessa Lucia, heiraten sollte.

Ich saß noch bei Tisch mit der ganzen erlauchten Gesellschaft, als ein Geistlicher erschien und mich daran erinnerte, daß man mich in der Sakristei erwarte. Mit vollem Magen und hohlem Kopf machte ich mich auf, eilte in die Kirche und bestieg die Kanzel.

Den Anfang meiner Predigt brachte ich ganz gut heraus und machte eine Pause. Aber kaum hatte ich dann die ersten hundert Worte der Auslegung gesprochen, wußte ich nicht mehr, was ich gesagt hatte, noch was ich sagen sollte; als ich nun erst recht fortfahren wollte, verhaspelte ich mich. Was mich schließlich völlig aus dem Konzept brachte, war ein dumpfes Gemurmel in der Zuhörerschaft, die nur zu gut merkte, daß ich den Faden verloren hatte. Ich sah mehrere Leute die Kirche verlassen, ich glaubte Lachen zu hören, ich verlor den Kopf und zugleich jede Hoffnung, mich aus der Klemme zu ziehen. Ich kann meinem Leser versichern, daß ich nie genau gewußt habe, ob ich nur so tat, als fiele ich in Ohnmacht, oder ob ich tatsächlich das Bewußtsein verlor. Ich weiß nur noch, daß ich mich auf den Boden der Kanzel fallen ließ und heftig mit dem Kopf gegen die Wand schlug, als wolle ich ihn zerschmettern. Zwei Geistliche eilten herbei, um mir aufzuhelfen, und führten mich in die Sakristei, wo ich, ohne mit irgend jemand ein Wort zu sprechen, Mantel und Hut nahm und nach Hause ging. Dort schloß ich mich in meinem Zimmer ein und zog den kurzen Rock an, wie ihn ein Abate auf dem Lande trägt. Nachdem ich dann das Nötigste in meinen Mantelsack gepackt hatte, ging ich zu meiner Großmutter, um Geld von ihr zu erbitten, und fuhr nach Padua, um mir dort meine Studienbestätigungen zu beschaffen. Ich traf um Mitternacht dort ein und übernachtete bei meinem guten Doktor Gozzi, dem ich aber wohlweislich nichts von meinem Mißgeschick erzählte. Nachdem ich alles, was für mein Doktorat im nächsten Jahr nötig war, getan hatte, kehrte ich zu Ostern nach Venedig zurück, wo inzwischen mein Mißgeschick vergessen war. Aber Predigen kam für mich nicht mehr in Frage. Man sprach mir vergeblich Mut zu; ich hatte diesem Beruf endgültig entsagt.

[...]

Bei meiner Rückkehr nach Venedig mußte ich mein gewohntes Leben unterbrechen, da meine gute Großmutter hoffnungslos krank darniederlag. Ich wich nicht von ihrer Seite, bis sie verschied[18]. Sie konnte mir nichts hinterlassen, denn sie hatte mir noch zu Lebzeiten alles gegeben, was sie besaß. Ihr Tod hatte Folgen, die mich nötigten, eine andere Lebensweise zu beginnen. Einen Monat darauf erhielt ich von meiner Mutter einen Brief, in dem sie schrieb, es habe nicht mehr den Anschein, als könne sie wieder nach Venedig zurückkehren, und so habe sie sich entschlossen, das Haus aufzugeben, das sie dort unterhalte. Sie fügte hinzu, sie habe ihre Absichten Abate Grimani mitgeteilt, und ich solle mich seinen Anordnungen fügen. Er habe Auftrag, alle Möbel zu verkaufen und dafür zu sorgen, daß sowohl ich als auch meine Brüder und meine Schwester in einer guten Pension untergebracht würden. Ich ging zu Signor Grimani und versicherte ihm, ich würde mich stets an seine Weisungen halten. Die Miete des Hauses war bis zum Ende des Jahres bezahlt.

Als ich erfuhr, daß ich am Ende des Jahres kein Haus mehr haben und daß man alle Möbel verkaufen würde, tat ich mir in meinen Bedürfnissen keinerlei Zwang mehr an. Ich hatte bereits Wäsche, Teppiche und einiges Porzellan verkauft; jetzt ging ich daran, Spiegel und Betten zu verkaufen. Ich wußte, daß man es mir übelnehmen würde, aber es handelte sich um das Erbe von meinem Vater her, auf das meine Mutter keinen Anspruch erheben konnte, so daß ich mich als verfügungsberechtigt betrachtete. Was meine Brüder betraf, so hatten wir immer noch Zeit, uns zu einigen.

[…]

Signor Malipiero hatte drei Lieblinge, für deren Erziehung er alles tat, was in seinen Kräften stand. Das war Teresa Imer, deren an Wechselfällen so reiches Schicksal meine Leser teilweise in diesen Erinnerungen miterleben werden. Ich war der zweite; dabei mag man von mir halten, was man will. Die dritte war die Tochter des Gondoliere Gardela[19], drei Jahre jünger als ich und ein auffallend hübsches Mädchen, das der umsichtige Greis, um ihrer Zukunft eine sichere Grundlage zu geben, tanzen lernen ließ; denn unmöglich könne die Kugel ins Loch rollen, meinte er, wenn niemand sie anstoße. Diese Gardela ist die gleiche, die unter dem Namen Agata in Stuttgart glänzte. Sie war 1757 die erste anerkannte Mätresse des Herzogs von Württemberg[20] und eine bezaubernde Frau. Ich sah sie zum letztenmal in Venedig, wo sie vor zwei oder drei Jahren gestorben ist. Ihr Gatte, Michel dell'Agata, vergiftete sich kurze Zeit darauf.

Als wir eines Tages alle drei bei dem Senator zu Mittag gegessen hatten, verließ er uns wie gewöhnlich, um seine Siesta zu halten. Die kleine Gardela, die zu ihrer Tanzstunde gehen mußte, ließ mich mit Teresa allein, die mir, obwohl ich ihr nie den Hof gemacht hatte, ausnehmend gefiel. Wir saßen nebeneinander vor einem Tischchen, mit dem Rücken zur Tür, hinter der wir unsern Gönner schlafend wähnten. Da kam uns im Laufe des Gesprächs in unserer arglosen natürlichen Fröhlichkeit die Lust an, die Unterschiede unserer leiblichen Beschaffenheit zu vergleichen. Wir waren gerade im spannendsten Augenblick unserer Prüfung, als ein heftiger Stockhieb auf meinen Hals niedersauste, gefolgt von einem zweiten, dem noch weitere gefolgt wären, hätte ich mich nicht durch schleunigste Flucht zur Tür dem Hagel entzogen. Ich lief ohne Mantel und ohne Hut nach Hause. Eine Viertelstunde später erhielt ich beides mit einem Briefchen der alten Haushälterin des Senators, in dem sie mir kundtat, ich solle mich nicht mehr unterstehen, den Fuß in den Palazzo Seiner Exzellenz zu setzen.

Ich schrieb an ihn selbst unverzüglich folgende Antwort: »Sie haben mich im Zorn geschlagen, und aus diesem Grunde können Sie sich nicht rühmen, mir eine Lehre erteilt zu haben. Ich möchte sie deshalb nicht zur Kenntnis nehmen. Ich könnte Ihnen nur verzeihen, wenn ich vergäße, daß Sie ein Weiser sind; das aber werde ich nie vergessen.«

Der hohe Herr war vielleicht im Recht; doch trotz all seiner Klugheit benahm er sich falsch, denn alle seine Diener errieten natürlich, aus welchem Grunde er mich hinausgeworfen hatte, und infolgedessen lachte die ganze Stadt über die Geschichte. Er hat es nicht gewagt, Teresa den leisesten Vorwurf zu machen, wie sie mir einige Zeit später erzählte; aber begreiflicherweise wagte sie auch nicht, für mich um Nachsicht zu bitten.

[...]

## *Rom 1743*

[...]

Ich war in Rom angelangt, gut ausgestattet, mit Geld und Schmuck wohlversehen, an Erfahrung reicher, mit vorzüglichen Empfehlungsschreiben, vollkommen unabhängig und in einem Alter, in dem der Mensch auf sein Glück bauen darf, wenn er nur etwas Mut und ein Äußeres hat, das alle, an die er sich wendet, zu seinen Gunsten einnimmt. Es war nicht Schönheit, was ich vorzuweisen hatte, sondern etwas Wertvolleres; ich weiß nicht, was es war. Ich fühlte mich zu allem fähig. Ich wußte, daß Rom die einzige Stadt war, wo schon oft ein Mensch, mit nichts beginnend, die höchsten Höhen erreicht hatte. Es ist auch nicht verwunderlich, daß ich alle dazu nötigen Eigenschaften zu haben glaubte; mein Kapital war eine maßlose Einbildung, der ich in meiner Unerfahrenheit blindlings vertraute.

Der Mensch, der dazu berufen ist, in dieser alten Hauptstadt Italiens sein Glück zu machen, muß wie ein Chamäleon alle Farben annehmen können, die das Licht dort zurückstrahlt. Er muß geschmeidig sein, aalglatt, ein großer Verstellungskünstler, undurchdringlich, zuvorkommend, oft niederträchtig, anscheinend aufrichtig, stets bestrebt, weniger zu sagen, als er weiß, und wenn er spricht, nur im angemessenen Ton, geduldig, selbstbeherrscht, kalt wie Eis, auch dann, wenn ein anderer an seiner Stelle in Hitze geriete; und wenn er zu seinem Unglück die Religion nicht im Herzen hat, muß er sie im Verstand haben, und wenn er ein Ehrenmann ist, stillschweigend die Kränkung hinnehmen, sich selbst als Heuchler zu erkennen. Graut ihm vor dieser Rolle, muß er Rom verlassen und sein Glück in England versuchen. Von all diesen unerläßlichen Eigenschaften – ich weiß dabei nicht, ob ich aufschneide oder ob ich die Wahrheit bekenne – besaß ich nur die Zuvorkommenheit, die für sich allein ein Fehler ist. Ich war ein interessanter Springinsfeld, ein recht schönes Pferd von guter Rasse, aber gar nicht oder, was noch schlimmer ist, schlecht abgerichtet.

Zunächst brachte ich Don Lelios[1] Brief zu Pater Giorgi[2]. Dieser gelehrte Mönch genoß die Achtung der ganzen Stadt. Der Papst hielt große Stücke von ihm, weil er kein Freund der Jesuiten war und daraus kein Hehl machte. Die Jesuiten fühlten sich übrigens stark genug, ihn zu übersehen.

Er las aufmerksam den Brief und sagte mir dann, er sei gewillt, mein Berater zu sein, und folglich liege es nur an mir, ihm die Verantwortung dafür aufzuhalsen, daß ich in keine Klemme gerate; denn wenn sich ein Mensch anständig aufführe, habe er kein Unglück zu befürchten. Als er mich fragte, was ich in Rom vorhätte, antwortete ich, das solle ja gerade er mir sagen.

»Vielleicht kann ich das. Kommen Sie also oft zu mir, und verheimlichen Sie mir nichts, aber auch gar nichts von all dem, was Sie betrifft und was Sie erleben.«

»Don Lelio hat mir auch einen Brief für den Kardinal Acquaviva[3] mitgegeben.«

»Dazu gratuliere ich Ihnen, denn er ist der Mann, der in Rom mehr vermag als der Papst.«

»Soll ich ihn gleich hinbringen?«

»Nein. Ich werde Sie heute abend dort anmelden. Kommen Sie morgen vormittag hierher. Dann sage ich Ihnen, wo und um welche Zeit Sie ihm den Brief überbringen sollen. Haben Sie Geld?«

»Genügend, um mindestens ein Jahr lang auszukommen.«

»Ausgezeichnet. Haben Sie Bekannte?«

»Nein, niemanden.«

»Schließen Sie keine Bekanntschaft, ohne mich um Rat zu fragen; vor allem setzen Sie sich in kein Kaffeehaus und an keinen Wirtshaustisch, und wenn Sie hingehen wollen, hören Sie zu und sprechen Sie nicht. Meiden Sie neugierige Frager, und wenn die Höflichkeit Sie zu einer Antwort nötigt, weichen Sie der Frage aus, wenn Sie Folgen nach sich ziehen kann. Sprechen Sie Französisch?«

»Kein Wort.«

»Schade; Sie müssen es lernen. Haben Sie Ihre Studien abgeschlossen?«

»So leidlich. Aber ich bin jedenfalls so weit gebildet, daß ich in Gesellschaft meinen Mann stehe.«

»Gut. Doch seien Sie auf Ihrer Hut, denn Rom ist die Stadt der Schöngeister, die sich gegenseitig entlarven und einander in einem fort bekämpfen. Ich hoffe, Sie werden dem Kardinal den Brief im Gewand eines bescheidenen Abate überbringen und nicht in diesem eleganten Rock, der nicht gerade geeignet ist, das Glück zu beschwören. Leben Sie also wohl bis morgen.«

[...]

Ich speiste an Wirtshaustischen mit Römern und Ausländern und befolgte getreulich den Rat Pater Giorgis. Man redete viel Schlechtes über den Papst und den Kardinalstaatssekretär, der daran schuld sei, daß der Kirchenstaat mit achtzigtausend Mann, Deutschen und Spaniern, überschwemmt sei. Vor allem war ich überrascht, daß man Fleisch aß, obwohl es Samstag war, aber die zahlreichen Überraschungen in Rom hielten nicht länger als acht Tage an. Es gibt keine christliche und katholische Stadt auf der Welt, in der sich ein Mensch in religiösen Dingen weniger Zwang auferlegen muß als in Rom. Die Römer gleichen den Beamten bei der Tabakregie, denen es erlaubt ist, ohne Gegenleistung so viel zu nehmen, wie sie wollen. Man lebt dort in größter Freiheit, doch sind die »ordini santissimi«[4] ebensosehr zu fürchten, wie es die »lettres de cachet«[5] in Paris vor der entsetzlichen Revolution waren.

Am nächsten Tag, dem 1. Oktober des Jahres 1743, faßte ich endlich den Entschluß, mich rasieren zu lassen. Mein Flaum war zum Bart geworden. Mir schien, ich müsse nachgerade auf gewisse Vorrechte des Jünglingsalters verzichten. Ich kleidete mich ganz und gar nach römischem Brauch, wie es der Schneider Don Antonios[6] gewünscht hatte. Pater Giorgi schien sehr zufrieden, als er mich in dieser Kleidung sah. Er lud mich zu einer Tasse Schokolade ein und sagte mir dabei, der Kardinal sei von Don Lelio selbst durch einen Brief benachrichtigt worden, und Seine Exzellenz werde mich gegen Mittag in der Villa Negroni empfangen, wo er spazierengehe. Ich sagte, daß ich zu Mittag bei Signor Vivaldi[7] eingeladen sei, und er riet mir, ihn oft zu besuchen.

In der Villa Negroni blieb der Kardinal, als er mich sah, sogleich stehen, um meinen Brief entgegenzunehmen, und ließ die beiden Personen, die ihn begleiteten, weitergehen. Er steckte ihn, ohne ihn zu lesen, in die Tasche. Dann musterte er mich eine Weile schweigend und fragte schließlich, ob ich Neigung zur Politik verspüre. Ich antwortete, bisher hätte ich in mir nur leichtfertige Neigungen entdeckt, und folglich könne ich ihm nur für meine größte Beflissenheit einstehen, alles das auszuführen, was Seine Exzellenz mir auftrüge, falls er mich für würdig erachte, in seinen Dienst zu treten. Er wies mich sogleich an, am nächsten Tag in seinen Palazzo[8] zu kommen und mit Abate Gama[9] zu sprechen, dem er seine Absichten bekanntgeben werde. »Sie müssen sich ehestens befleißigen, Französisch zu lernen«, sagte er mir. »Das ist unumgänglich.« Er fragte mich noch, wie es Don Lelio gehe, reichte mir die Hand zum Kuß und ließ mich stehen.

Von dort ging ich zum Campo dei Fiori, wo ich bei Don Gaspare in erlesener Gesellschaft speiste. Er war Junggeselle und hatte keine andere Leidenschaft als die Literatur. Mehr noch als die italienische liebte er die lateinische Poesie, und sein Lieblingsdichter war Horaz, den ich auswendig wußte. Nach dem Mittagessen gab er mir hundert römische Scudi[10] im Auftrag von Don Antonio Casanova. Nachdem er mich die Quittung hatte unterschreiben lassen, sagte er, er werde sich stets sehr freuen, wenn ich am Morgen zu ihm in seine Bibliothek käme und mit ihm Schokolade tränke.

[...]

Am nächsten Tag stellte ich mich Abate Gama vor. Er war Portugiese, dem Aussehen nach etwa vierzigjährig, mit einem hübschen Gesicht, das Freimut, Heiterkeit und Verstand verriet. Seine Leutseligkeit sollte Vertrauen einflößen. Seine Sprache und sein Auftreten waren so, daß er sich für einen Römer hätte ausgeben können. Mit honigsüßen Worten sagte er mir, Seine Exzellenz habe höchstselbst dem Haushofmeister Weisungen bezüglich meiner Unterbringung im Palazzo gegeben. Ich würde mit ihm am Tisch der Kanzleibeamten zu Mittag und zu Abend essen, und bis ich Französisch gelernt hätte, solle ich mich ohne jede Scheu darin üben, Auszüge aus Briefen zu machen, die er mir geben werde. Dann nannte er mir die Adresse des Sprachlehrers, mit dem er bereits gesprochen hatte. Er war ein römischer Advokat namens Dalacqua, der dem Palazzo di Spagna gerade gegenüber wohnte.

Nach dieser kurzen Unterweisung und nachdem er mir versichert hatte, daß ich auf seine Freundschaft zählen könne, ließ er mich zum Haushofmeister führen; der ließ mich meinen Namen unten auf ein Blatt eines großen Buches schreiben, in dem schon viele andere Namen standen, und gab mir im voraus als Gehalt für drei Monate sechzig römische Scudi in Banknoten. Hierauf stieg er mit mir, gefolgt von einem Bedienten, in den dritten Stock hinauf, um mir meine Wohnung zu zeigen. Sie umfaßte ein Vorzimmer, dahinter ein Zimmer mit Alkoven, nebenan einige Kabinette, das Ganze sehr hübsch möbliert. Dann stiegen wir wieder hinab; der Diener gab mir den Schlüssel und sagte, er werde jeden Morgen kommen und mir aufwarten. Er brachte mich noch zum Tor, damit der Pförtner mich kenne. Ohne einen Augenblick zu verlieren, ging ich in meinen Gasthof und ließ meine wenigen Habseligkeiten in den Palazzo die Spagna schaffen. Das ist die ganze Geschichte meiner plötzlichen Übersiedlung in ein Haus, in dem ich es weit hätte bringen können, hätte ich mich so aufgeführt, wie es meiner ganzen Veranlagung nach nicht entsprach. [...]

Ich ging sogleich zu meinem Mentor, dem Pater Giorgi, um ihm über alles Bericht zu erstatten. Er sagte mir, ich dürfe mich als auf dem besten Wege betrachten, und da ich nun hervorragend bestallt sei, könne mein Glück nur mehr von meinem Benehmen abhängen. »Bedenken Sie«, sagte mir dieser weise Mann, »daß Sie, wenn es tadellos sein soll, sich Zwang antun müssen. Alles, was Ihnen an Unerfreulichem geschehen mag, wird niemand als Unglück oder als Verhängnis ansehen. Solche Worte sind sinnlos; man wird Ihnen alle Schuld geben.«

»Es tut mir leid, hochwürdiger Vater, daß meine Jugend und mein Mangel an Erfahrung mich oft nötigen werden, Sie zu behelligen. Ich werde Ihnen zur Last fallen; doch Sie werden mich gelehrig und folgsam finden.«

»Und Sie werden mich oft zu streng finden; aber ich sehe voraus, daß Sie mir nicht alles sagen werden.«

»Alles, alles, rückhaltlos.«

»Daß ich nicht lache! Sie sagen mir ja nicht einmal, wo Sie gestern vier Stunden zugebracht haben.«

»Das ist völlig belanglos. Ich habe diese Bekanntschaft[11] auf der Reise gemacht. Ich glaube, es ist ein ehrenwertes Haus, in dem ich verkehren könnte, wenn Sie mir nicht das Gegenteil sagen.«

»Gott behüte! Es ist ein sehr ehrbares Haus, in dem rechtschaffene Leute verkehren. Man ist dort glücklich, Ihre Bekanntschaft gemacht zu haben. Sie haben der ganzen Gesellschaft gefallen, und man hofft, Sie zu gewinnen. Ich habe heute morgen alles erfahren. Aber Sie dürfen in diesem Hause nicht verkehren.«

»Ich soll es so ohne weiteres verlassen?«

»Nein, das würde Ihnen nicht gut anstehen. Gehen Sie

ein- oder zweimal wöchentlich hin, nicht regelmäßig. Sie seufzen, mein Sohn.«

»Nein, wahrhaftig nicht. Ich werde Ihnen gehorchen.«

»Ich möchte, daß Sie es nicht nur aus Gehorsam tun und daß nicht Ihr Herz dabei leidet; auf jeden Fall aber müssen Sie sich überwinden. Bedenken Sie, daß der Verstand keinen größeren Feind hat als das Herz.«

»Man kann doch beides in Einklang bringen.«

»Man redet sich das gern ein. Hüten Sie sich vor dem›animum‹ Ihres geliebten Horaz. Sie wissen, es kennt keinen Mittelweg,›nisi paret imperat‹ (Wenn das Herz nicht gehorcht, befiehlt es)[12].«

»Ich weiß Compesce catenis‹ (Halte es durch Ketten im Zaum)[13]; und damit hat er recht. Doch im Hause von Donna Cecilia[14] ist mein Herz nicht in Gefahr.«

»Um so besser für Sie. Dann wird es Ihnen also nicht schwerfallen, dort nicht zu verkehren. Vergessen Sie nicht, daß es meine Schuldigkeit ist, Ihnen zu glauben.«

»Und die meine, Ihre Ratschläge zu befolgen. Ich werde Donna Cecilia nur dann und wann besuchen.«

In der Verzweiflung meines Herzens griff ich nach seiner Hand, um sie zu küssen; doch er zog sie zurück, drückte mich an seine Brust und wandte sich ab, um mich seine Tränen nicht sehen zu lassen.

Ich speiste im Palazzo di Spagna neben Abate Gama an einem Tisch mit zehn bis zwölf anderen Abati; denn in Rom ist jedermann Abate oder will es sein. Da es niemandem verwehrt ist, diese Tracht zu tragen, kleiden sich alle so, die sich Achtung verschaffen wollen, außer dem Adel, der sich nicht um kirchliche Ehrenstellen bemüht. Als ich bei Tisch wegen meines Kummers kein Wort sprach, schrieb man mein Schweigen meiner Klugheit zu. Abate Gama lud mich ein, den Tag mit ihm zu verbringen; aber ich entschuldigte mich damit, daß ich Briefe schreiben müsse. [...]

Da ich in Donna Lucrezia verliebt und glücklich war, erschien es mir als die schwärzeste Treulosigkeit, sie zu verlassen. Um meinen vermeintlichen künftigen Erfolg zu sichern, war ich dabei, der Henker meines gegenwärtigen Glückes und der Feind meines Herzens zu werden. Mit dieser Tatsache konnte ich mich nur abfinden, wenn ich mich vor dem Gericht meines Verstandes zum verächtlichen Lumpen herabwürdigte. Ich fand, Pater Giorgi hätte, als er mir dieses Haus verbot, nicht sagen dürfen, es sei ehrbar, dann wäre mein Schmerz geringer gewesen. Am Morgen des nächsten Tages brachte mir Abate Gama eine dicke Mappe mit amtlichen Briefen, die ich zum Zeitvertreib durcharbeiten sollte. Ich ging aus, um meine erste Französischstunde zu nehmen; dann wollte ich ein wenig spazierengehen, und als ich die Via Condotti überquerte, hörte ich, wie mich jemand aus einem Kaffeehaus anrief. Es war Abate Gama. Ich raunte ihm ins Ohr, Minerva habe mir die Kaffeehäuser Roms verboten.

»Minerva«, erwiderte er, »befiehlt Ihnen, sich davon einen Begriff zu bilden. Setzen Sie sich zu mir.«

Ich hörte, wie ein junger Abate mit lauter Stimme eine wahre oder erfundene Begebenheit erzählte, die unmittelbar, doch ohne Gehässigkeit, die Rechtsprechung des Heiligen Vaters angriff. Alles lachte und stimmte ihm bei. Einer wurde gefragt, weshalb er den Dienst beim Kardinal B. aufgegeben habe, und gab zur Antwort, Seine Eminenz fühle sich nicht verpflichtet, ihn zu bezahlen, abgesehen für gewisse außerordentliche Dienstleistungen, die er in der Nachtmütze forderte. Das Gelächter war allgemein. Einer sagte zu Abate Gama, wenn er den Nachmittag in der Villa Medici[15] verbringen wolle, werde er ihn dort in Gesellschaft von zwei jungen römischen Mädchen finden, die sich mit einem quartino zufriedengäben. Das ist eine Goldmünze im Wert einer Viertelzechine. Einer trug ein aufrührerisches Sonett gegen die Regierung vor, das sich etliche abschrieben. Einer las ein selbstverfaßtes satirisches Gedicht, das die Ehre einer Familie zerstörte. Ich sah einen sympathisch aussehenden Abate hereinkommen. Seine Hüften und Schenkel ließen mich glauben, er sei ein verkleidetes Mädchen; das sagte ich zu Abate

Gama, und er erwiderte, das sei Beppino della Mammana, ein berühmter Kastrat. Er winkte ihn herbei und erzählte ihm lachend, ich hätte ihn für ein Mädchen gehalten. Der Unverschämte musterte mich und sagte, wenn ich die Nacht mit ihm verbringen wolle, werde er mir gleichermaßen als Mädchen wie als Knabe aufwarten.

Beim Mittagessen sprachen mich alle Tischgäste an, und mir schien, als hätte ich mich bei meinen Antworten recht gut gehalten. Abate Gama, der mir in seinem Zimmer Kaffee vorsetzte, sagte mir zunächst, alle Tischgenossen seien achtbare Leute, und fragte mich dann, ob ich glaubte, ich hätte allgemein gefallen.

»Ich wage es zu hoffen.«

»Bilden Sie sich das nicht ein. Sie sind manchen Fragen so offensichtlich ausgewichen, daß die ganze Tafelrunde Ihre Zurückhaltung bemerkt hat. Man wird Sie in Zukunft nichts mehr fragen.«

»Das täte mir leid. Hätte ich meine Angelegenheiten ausposaunen sollen?«

»Nein, aber es gibt überall einen goldenen Mittelweg.«

»Gewiß, wie Horaz sagt. Er ist oft recht schwierig.«

»Man muß eben dafür sorgen, daß man zur gleichen Zeit beliebt und geachtet ist.«

»Ich trachte ja nach nichts anderem.«

»Ihr Wort in Gottes Ohr. Heute haben Sie es mehr auf Achtung angelegt als auf Liebe. Das ist ja ganz schön; doch rüsten Sie sich zum Kampf gegen den Neid und seine Tochter, die Verleumdung; wenn es diesen beiden Scheusalen nicht gelingt, Sie zu verderben, werden Sie siegen. Bei Tisch haben Sie den Naturforscher Salicetti[16] völlig zerschmettert, und dazu ist er noch ein Korse. Bestimmt trägt er Ihnen das nach.«

»Sollte ich ihm etwa recht geben, daß die ›voglie‹[17] einer schwangeren Frau nicht den geringsten Einfluß auf die Haut des Fötus haben können? Ich weiß es aus Erfahrung besser. Sind Sie meiner Ansicht?«

»Ich bin weder Ihrer noch seiner Ansicht, denn ich habe sehr viele Kinder mit sogenannten Muttermalen gesehen; doch ich kann nicht beschwören, daß diese Flecken von Gelüsten ihrer Mütter herrühren.«

»Aber ich kann es beschwören.«

»Um so besser, wenn Sie es so sonnenklar wissen, und um so schlimmer für Salicetti, wenn er die Möglichkeit leugnet. Lassen Sie ihn in seinem Irrtum. Das ist besser, als ihn überzeugen zu wollen und ihn sich zum Feind zu machen.«

Gegen Abend besuchte ich Donna Lucrezia. Man wußte schon alles und wünschte mir Glück. Sie sagte, ich sähe traurig aus, und ich antwortete, ich trüge meine Zeit zu Grabe, dürfe ich doch nicht mehr frei über sie verfügen. Ihr Gatte behauptete, ich sei in sie verliebt, und seine Schwiegermutter riet ihm, er solle nicht gar so unerschrocken tun. Nachdem ich nur eine einzige Stunde dort verbracht hatte, kehrte ich in den Palazzo zurück und setzte die Luft mit meinen verliebten Seufzern in Brand. Die Nacht über dichtete ich eine Ode und schickte sie am nächsten Morgen dem Advokaten, denn ich war davon überzeugt, daß er sie seiner Frau geben werde, die für Poesie schwärmte und nicht wußte, daß Dichtung meine Leidenschaft war. Drei Tage ließ ich verstreichen, ohne sie zu besuchen. Ich lernte Französisch und setzte amtliche Schreiben auf.

Jeden Abend war bei Seiner Exzellenz Empfang, und der höchste Adel Roms, Männer und Frauen, fand sich dazu ein; ich ging nie hin. Gama sagte zu mir, ebenso wie er müsse auch ich hingehen und mich nicht zu gut dafür dünken. Das tat ich. Niemand sprach mich an; doch da ich völlig unbekannt war, wollten alle wissen, wer ich sei. Als Gama mich fragte, welche Dame ich für die liebenswerteste halte, zeigte ich sie ihm; doch bereute ich es sogleich, als ich sah, daß der Schmeichler zu ihr ging und es ihr erzählte. Ich sah, daß sie mich betrachtete und dann lächelte. Die Dame war Marchesa G.[18], und ihr lag Kardinal S. C. zu Füßen.

[...]

Abends auf der Gesellschaft bei Seiner Eminenz, zu der ich regelmäßig ging, obwohl ich nur selten erlebte, daß Höhergestellte das Wort an mich richteten, winkte mich der Kardinal zu sich heran. Er sprach eben mit der schönen Marchesa G., der Gama erzählt hatte, daß ich sie weit schöner fände als alle anderen. »Die Signora«, sagte der Kardinal zu mir, »möchte gern wissen, ob Sie gute Fortschritte im Französischen machen, das sie selbst ausgezeichnet spricht.«

Ich antwortete ihm auf italienisch, ich hätte zwar viel gelernt, wage aber noch nicht, es zu sprechen.

»Man muß etwas wagen«, sagte nun die Marchesa, »aber ohne Anmaßung. So schützt man sich vor jedem Verweis.«

Da ich unwillkürlich dem Wort »wagen« eine Bedeutung gab, an die wahrscheinlich die Marchesa nicht gedacht hatte, errötete ich. Sie bemerkte es, begann mit dem Kardinal von etwas anderem zu sprechen, und ich trollte mich.

[…]

## *Venedig 1746*

1746. Meine Erziehung war dazu angetan, mir einen ehrenwerten Beruf zu ermöglichen, durchaus angemessen für einen jungen Mann, der mit einer guten Kenntnis der Literatur glückliche Geistesgaben verband und durch persönliches Auftreten immer und überall Beachtung fand. Dennoch war ich nun im Alter von zwanzig Jahren ein kläglicher Bediensteter einer erhabenen Kunst geworden, in der man zwar den hervorragenden Könner bewundert, den mittelmäßigen aber mit vollem Recht verachtet. Ich war Mitglied eines Theaterorchesters geworden, in dem ich weder Achtung noch Ansehen erwarten konnte und sogar darauf gefaßt sein mußte, von denen verlacht zu werden, die mich als Doktor der Rechte, dann als Anwärter auf die Laufbahn eines Geistlichen, schließlich als Militär[1] gekannt hatten und die wußten, wie ich in den besten und vornehmsten Gesellschaften aufgenommen und gefeiert worden war.

Das alles war mir bekannt; aber die Verachtung, die ich nicht gleichmütig hätte ertragen können, blieb mir erspart. Ich bot ihr Trotz, da ich wußte, daß nur Erbärmlichkeit sie verdient, die ich mir keineswegs vorzuwerfen hatte. Was das Ansehen anlangte, so ließ ich meinen Ehrgeiz ruhen. Zufrieden, von niemandem abhängig zu sein, ging ich meinen Weg, ohne mir über die Zukunft Sorgen zu machen.

Wäre ich gezwungen gewesen, ein Geistlicher zu werden, so hätte ich das nur auf dem Weg der Heuchelei erreichen können und mich selbst verachtet; wäre ich aber weiter beim

Kriegshandwerk geblieben, so hätte ich eine Geduld besitzen müssen, deren ich, wie ich wohl wußte, nicht fähig war. Nach meinem Dafürhalten mußte der gewählte Beruf einen Verdienst abwerfen, der für die Bedürfnisse des Lebens genügte; der Sold aber, den ich als Angehöriger der Armee der Republik erhalten hätte, wäre für mich unzureichend gewesen, denn aufgrund meiner Erziehung waren meine Bedürfnisse größer als die jedes anderen. Durch Geigen verdiente ich genug, um für meinen Unterhalt sorgen zu können, ohne auf irgend jemanden angewiesen zu sein. Glücklich, wer sich rühmen kann, keiner Hilfe zu bedürfen. Meine Anstellung war nicht vornehm, aber daraus machte ich mir nichts. Da ich alles als Vorurteil abtat, nahm ich in kurzer Zeit alle Gewohnheiten meiner nichtswürdigen Kameraden an. Nach der Vorstellung ging ich mit ihnen in die Weinschenke, die wir erst verließen, wenn wir betrunken waren, um dann die Nacht in üblen Häusern zuzubringen. Wenn wir dort Besucher vorfanden, zwangen wir sie, das Feld zu räumen, und prellten die unglücklichen Mädchen, die sich unserem rohen Verlangen fügten, um den mageren Lohn, den das Gesetz ihnen zubilligt. Durch solche Gewalttaten setzten wir uns oft mutwillig großen Gefahren aus.

Wir verbrachten häufig die Nächte damit, die verschiedenen Stadtviertel zu durchstreifen und alle erdenklichen Unverschämtheiten zu ersinnen und durchzuführen. Wir vergnügten uns damit, an der Wasserseite der Häuser die Gondeln loszubinden, die dann leer mit der Strömung des Wassers von einem Ufer des Canal Grande zum anderen getrieben wurden, und lachten im voraus über die Verwünschungen, mit denen die Gondolieri uns am Morgen bedenken würden, wenn sie ihre Gondeln nicht dort fanden, wo sie diese festgemacht hatten.

Häufig weckten wir Hebammen, ließen sie sich ankleiden und mitkommen, um Frauen zu entbinden, die sie bei ihrem Erscheinen für verrückt halten mußten. Den gleichen Streich spielten wir den berühmtesten Ärzten; wir störten ihre Nachtruhe, um sie zu Adligen zu schicken, die angeblich einen Schlaganfall erlitten hatten. Wir trieben auch die Priester aus ihren Betten, um durchaus gesunden Personen die Letzte Ölung bringen zu lassen, weil sie angeblich im Sterben lagen.

In allen Straßen, durch die wir kamen, schnitten wir unweigerlich die Schnüre der Türglocken an den Häusern ab; und wenn wir zufällig eine Tür offen fanden, weil man vergessen hatte, sie zu schließen, tappten wir im Finstern die Stiegen hinauf und erschreckten die Schläfer an den Türen ihrer Wohnungen, um ihnen zu sagen, das Haustor zur Straße stehe offen. Dann machten wir uns schleunigst fort und ließen die Tür offen, wie wir sie vorgefunden hatten.

[...]

Wenn wir in einen Glockenturm eindringen konnten, war es uns ein großer Spaß, die ganze Pfarre durch die Sturmglokke zu alarmieren, die bei einem Brand geläutet wird, oder auch alle Glockenseile abzuschneiden. Wollten wir auf die andere Seite des Canal Grande, so nahmen wir nicht gemeinsam eine Gondel, sondern jeder von uns eine eigene, und wenn wir auf der anderen Seite ausstiegen, liefen wir davon, damit die Schiffer, die wir nicht bezahlt hatten, uns nachsetzten.

Die ganze Stadt beklagte sich über diese nächtlichen Flegeleien, und wir unsererseits machten uns über die Untersuchungen lustig, die man anstellte, um die Störer der öffentlichen Ruhe zu entdecken. Wir mußten das Geheimnis sehr sorgsam hüten, denn wenn man uns erwischte, hätte man uns alle spaßeshalber auf einige Zeit auf die Galeere des Rates der Zehn stecken können, die gegenüber den beiden großen Säulen der Piazza San Marco lag.

[...]

Mitten im Frühling des folgenden Jahres 1746 heiratete Signor Girolamo Cornaro, der älteste Sohn des Hauses Cornaro della Regina[2], ein Mädchen aus der Familie Soranzo di

San Polo. Ich war einer von den Geigenspielern, aus denen sich eines der verschiedenen Orchester auf den Bällen zusammensetzte, die aus Anlaß dieser Hochzeit an drei aufeinanderfolgenden Tagen im Palazzo Soranzo[3] gegeben wurden. Am dritten Tag, gegen Ende des Festes, verließ ich eine Stunde vor Tagesanbruch das Orchester, um nach Hause zu gehen. Als ich die Treppe hinabstieg, fiel mir ein Senator in roter Robe auf[4], der sich gerade zu seiner Gondel begab. Als er sein Taschentuch herauszog, sah ich, daß ein Brief neben ihm zu Boden fiel. Ich beeilte mich, den Brief aufzuheben, holte den edlen Herrn gerade ein, als er die Stufen hinabstieg, und gab ihn ihm zurück. Er dankte mir und fragte mich, wo ich wohne, und ich sagte es ihm. Er wollte mich unbedingt nach Hause bringen; ich nahm die Freundlichkeit an, die er mir erweisen wollte, und setzte mich neben ihn auf die Bank. Drei Minuten später bat er mich, seinen linken Arm zu schütteln, und sagte:

»Der Arm ist so gefühllos, daß es mir tatsächlich so vorkommt, als gehöre er nicht mehr zu mir.« Ich schüttelte ihn mit aller Kraft und hörte ihn mit schlechtartikulierten Worten sagen, er fühle, daß er auch sein Bein verliere, und er meine, den Tod zu spüren.

Voll Schrecken zog ich den Vorhang auf, nahm die Laterne und leuchtete in sein Gesicht. Beim Anblick seines Mundes, der zum linken Ohr hin verzerrt war, und seiner erlöschenden Augen erschrak ich sehr.

Ich rief den Gondelführern zu, sofort anzulegen und mich aussteigen zu lassen, um einen Wundarzt zu holen, der Seine Exzellenz rasch zur Ader lassen solle; denn sicher habe er einen Schlaganfall erlitten.

Ich stieg aus. Wir hielten bei der Brücke der Calle Bernardo. [...] Ich lief in das nächste Café, und man zeigte mir das Haus, in dem ein Arzt wohnte. Ich klopfte stark, ich rief, jemand kam, der Mann wurde geweckt, ich drängte ihn und duldete nicht, daß er sich ankleidete; er nahm sein Etui und kam mit mir in die Gondel, wo er den Sterbenden zur Ader ließ; ich zerriß mein Hemd, um ihm einen Verband anzulegen.

Gleich darauf gelangten wir zu seinem Hause in Santa Marina[5]; wir weckten die Dienerschaft, man hob ihn aus der Gondel heraus, man trug ihn in den ersten Stock seiner Wohnung, man kleidete ihn aus und legte ihn wie tot ins Bett. Ich beauftragte einen Diener, rasch einen Arzt zu holen; er ging hin, der Arzt kam und ließ ihn von neuem zur Ader. Ich setzte mich neben sein Bett und hielt es nun für meine Pflicht, mich nicht mehr zu entfernen.

Eine Stunde später kam ein mit ihm befreundeter Patrizier, dann ein zweiter; sie waren verzweifelt und fragten die Gondelführer aus, die ihnen sagten, ich könne sie viel besser über alles unterrichten als sie. Nun fragten sie mich, und ich sagte ihnen alles, was ich wußte; sie konnten nicht wissen, wer ich war, und wagten auch nicht, mich danach zu fragen; ich sagte ihnen nichts. Der Kranke lag unbeweglich da; das einzige Lebenszeichen war seine Atmung. Man machte ihm warme Umschläge, und der Priester, den man geholt hatte, erwartete seinen Tod. Man empfing keine Besuche, die beiden Patrizier und ich waren die einzigen, die bei ihm blieben. Ich nahm mit ihnen, ohne das Zimmer zu verlassen, ein kleines Mittagessen ein. Gegen Abend sagte der ältere der beiden Patrizier, wenn ich zu tun hätte, könne ich ruhig fortgehen, denn sie würden selbst die ganze Nacht bei dem Kranken bleiben und auf Matratzen schlafen, die sie sich bringen ließen. Ich antwortete ihnen, ich würde in dem Lehnstuhl schlafen, in dem ich saß, denn ich wisse genau, daß der Kranke, wenn ich fortginge, sterben würde, und ebenso sicher sei ich, daß er nicht sterben könne, solange ich hier bliebe. Ich sah, wie sich die beiden wegen dieser Antwort erstaunte Blicke zuwarfen.

Von ihnen erfuhr ich schließlich beim Abendessen, daß der im Sterben liegende Herr Signor Bragadin war, der einzige Bruder des Prokurators gleichen Namens[6]. Signor Bragadin war in Venedig ebensosehr wegen seiner Beredsamkeit und seiner staatsmännischen Fähigkeiten berühmt wie wegen der Liebschaften, mit denen er sich in seiner stürmischen Jugend hervorgetan hatte. Er hatte für Frauen Torheiten begangen, die ihrerseits das gleiche um seinetwillen taten; er hatte viel gespielt und verloren, und sein Bruder, der Prokurator, war sein erbittertster Feind, weil er es sich in den Kopf gesetzt hatte, er habe ihn zu vergiften versucht. Er hatte ihn wegen dieses Verbrechens beim Rate der Zehn angeklagt, der ihn acht Monate später einstimmig für unschuldig erklärt hatte; aber der Prokurator hatte darob seine Meinung nicht geändert. Von seinem ungerechten Bruder bedrängt, der sich widerrechtlich die Hälfte seiner Einkünfte angeeignet hatte, lebte der Unschuldige indes friedlich als liebenswürdiger Philosoph mit aller Welt in Freundschaft. Er hatte zwei Freunde, nämlich die beiden, mit denen ich zusammen war; der eine stammte aus der Familie Dandolo[7], der andere aus der Familie Barbaro[8], und beide waren so ehrenwert und liebenswürdig wie er selbst. Er war schön, gelehrt, ein Spaßvogel und von sehr sanftem Charakter. Damals war er fünfzig Jahre alt.

Der Arzt, der sich bemühte, ihn zu kurieren, nannte sich Ferro. Er stellte sich aufgrund einer ganz eigenartigen Überlegung vor, er könne ihn wieder gesund machen, wenn er ihm die Brust mit Quecksilber einrieb, und man ließ es geschehen. Die rasche Wirkung dieses Heilmittels, die von den beiden Freunden als günstig angesehen wurde, erschreckte mich. Sie zeigte sich darin, daß der Kranke nach weniger als vierundzwanzig Stunden von einem großen Blutandrang im Kopf gequält wurde. Der Arzt sagte, er habe diese Wirkung der Einreibung vorausgesehen, aber die Hitzewallungen im Kopf würden am nächsten Tag abnehmen und in die anderen Körperteile übergehen, die künstlich und durch das Gleichgewicht in der Zirkulation der Säfte belebt werden müßten.

Um Mitternacht glühte Signor Bragadin an allen Gliedern und war in eine lebensgefährliche Wallung geraten; ich erhob mich und sah, daß seine Augen wie erstorben waren und er nur mit Mühe atmen konnte. Auf meine Worte hin, man müsse den Patienten von dem befreien, was ihm den Tod bringen werde, erhoben sich die beiden Freunde von ihren Matratzen. Ohne ihre Antwort abzuwarten, entblößte ich seine Brust, entfernte das Pflaster, wusch ihn hierauf mit lauem Wasser, und drei oder vier Minuten später war er erleichtert, ruhig und in sanften Schlummer gesunken. Wir legten uns wieder nieder.

Der Arzt kam in aller Frühe und freute sich, seinen Kranken in guter Verfassung zu finden, Signor Dandalo sagte ihm, was wir getan hatten und aufgrund welcher Maßnahmen ihm der Kranke weniger krank vorkomme. Der Arzt beklagte sich über die Freiheit, die wir uns herausgenommen hatten, und fragte, wer seine Kur zunichte gemacht habe. Signor Bragadin sagte ihm, von dem Quecksilber, das ihn fast getötet hätte, habe ihn ein Arzt befreit, der mehr verstehe als er; und mit diesen Worten wies er auf mich.

Ich weiß nicht, wer von uns beiden mehr überrascht war, der Arzt beim Anblick eines jungen Mannes, den er nie gesehen hatte und den man ihm als den größeren Kollegen vorstellte, oder ich, der ich nicht glaubte, es zu sein. Ich bewahrte ein bescheidenes Schweigen und hatte mit Lachlust zu kämpfen, die ich aber bezähmte, während der Arzt mich musterte und mich mit Fug und Recht für einen unverschämten Scharlatan hielt, der es gewagt hatte, ihn auszustechen. Er sagte in kaltem Ton zum Kranken, er trete mir demnach seinen Platz ab, und wurde beim Wort genommen. Er ging, und so wurde ich der Arzt eines der hervorragendsten Mitglieder des Senates von Venedig. Im Grunde genommen war ich darüber hoch erfreut. Ich sagte nun dem Kranken, er brauche nur Diät zu halten, dann werde die Natur in der schönen Jahreszeit, der wir uns näherten, ein übriges tun.

Der entlassene Arzt Ferro erzählte diese Geschichte schnurstracks in der ganzen Stadt herum. Da das Befinden des Kranken sich von Tag zu Tag besserte, sagte ihm einer seiner Verwandten, der ihn gerade besuchte, jedermann wundere sich, daß er einen Geiger aus dem Theaterorchester als Arzt gewählt habe. Signor Bragadin antwortete ihm lachend, ein Geigenspieler könne mehr von der Heilkunst verstehen als alle Ärzte Venedigs.

Mir lauschte er wie einem Orakel. Seine beiden erstaunten Freunde schenkten mir die gleiche Beachtung. Da diese Ehrerbietung meine Kühnheit steigerte, sprach ich wie ein Naturkundiger, schulmeisterte und zitierte Autoren, die ich niemals gelesen hatte.

Signor Bragadin hatte die Schwäche, sich in die höheren Wissenschaften zu vertiefen, und sagte mir eines Tages, ich sei für einen jungen Mann zu gelehrt und müsse daher irgendwelche übernatürlichen Fähigkeiten besitzen. Er bat mich, ihm die Wahrheit zu sagen. Um seine Selbstgefälligkeit nicht durch die Antwort zu verletzen, er täusche sich, verfiel ich in diesem Augenblick auf den absonderlichen Ausweg, ihm in Gegenwart seiner beiden Freunde das falsche und verrückte Geständnis zu machen, ich sei einer Rechenmethode mächtig, mit deren Hilfe ich auf eine Frage, die ich niederschrieb und in Zahlen verwandelte, gleichfalls in Zahlen eine Antwort erhielte, die mich über alles unterrichte, was ich wissen wolle und was mir niemand in der Welt vorher hätte sagen können. Signor Bragadin meinte, das sei der Schlüssel Salomons[9], den das gewöhnliche Volk Kabbala nene. Er fragte mich, von wem ich dieses Wissen hätte; und als ich antwortete, ich hätte es von einem Eremiten gelernt, der auf dem Monte Carpegna[10] zu der Zeit hauste, als ich bei der spanischen Armee im Arrest saß, sagte er, der Eremit habe ohne mein Wissen mit der Rechenmethode eine unsichtbare Intelligenz verbunden, denn die einfachen Zahlen könnten unmöglich vernunftbegabt sein. »Du besitzt einen Schatz«, sagte er; »es liegt nur an dir, daraus den größten Vorteil zu ziehen.«

Ich antwortete ihm, ich wisse nicht, auf welchem Wege ich daraus diesen großen Vorteil ziehen könnte, um so mehr als die Antworten, die meine Berechnung mir liefere, dunkel seien. Das habe mich so abgestoßen, daß ich seit einiger Zeit fast nie mehr Fragen stelle.

»Es ist indessen richtig«, fügte ich hinzu, »daß ich nicht das Glück gehabt hätte, Eurer Exzellenz zu begegnen, wenn ich nicht vor drei Wochen meine Pyramide gestellt hätte[11].«

»Wie ging das zu?«

»Als ich am zweiten Tag des Festes im Hause Soranzo mein Orakel befragte, ob ich auf diesem Ball jemanden treffen würde, den ich zu treffen nicht im Sinn hatte, gab es mir zur Antwort, daß ich das Fest genau um die zehnte Stunde verlassen müsse[12]. Das war eine Stunde vor Tagesanbruch. Ich gehorchte und traf Eure Exzellenz.«

Signor Bragadin und seine beiden Freunde waren fassungslos. Nun bat mich Signor Dandolo, eine Frage zu beantworten, die er mir selbst stellen wolle und die nur er auslegen könne, da er als einziger den Sachverhalt kenne. Er schrieb die Frage auf, reichte sie mir, ich las sie und verstand nichts davon, nicht einmal, worum es sich handelte; aber es half mir nichts, ich mußte antworten. Wenn die Frage mir so unklar war, daß ich nicht das geringste davon verstand, mußte ich auch von der Antwort keineswegs etwas verstehen. Ich schrieb also als Antwort vier Verse in gewöhnlichen Zahlen, die er sich allein auslegen konnte, und zeigte mich der Auslegung gegenüber vollkommen gleichgültig. Signor Dandalo las sie, las sie nochmals und zeigte sich überrascht. Er verstehe alles, es sei überirdisch, es sei einzigartig, es sei ein Schatz des Himmels. Die Zahlen seien nur die Träger, aber die Antwort könne nur von einem unsterblichen Geistwesen stammen. Nach Signor Dandalo stellten auch Signor Barbaro und Signor Bragadin Fragen über alles mögliche; alle meine Antworten erschienen ihnen als überirdisch. Ich sagte ihnen einige verbindliche Worte und beglückwünschte mich, eine Gabe zu besitzen, von der ich bis zu eben diesem Augenblick keinen Gebrauch gemacht hätte, was ich jedoch in Zukunft tun wolle, angesichts der Tatsache, daß ich mich damit ihren Exzellenzen nützlich erweisen könne.

Nun fragten mich alle drei einstimmig, binnen welcher Frist ich ihnen die Regel dieser Rechenkunst beibringen könne. Ich antwortete, das sei eine Angelegenheit von sehr kurzer Zeit, und ich stünde gern zu Diensten, obwohl der Eremit mich gewarnt habe, ich würde, wenn ich vor Erreichen des fünfzigsten Lebensjahres irgend jemanden darin unterwiese, drei Tage später eines plötzlichen Todes sterben.

»Ich glaube nicht an diese Drohung«, erklärte ich ihnen.

Daraufhin meinte Signor Bragadin in sehr ernstem Ton, ich müsse daran glauben, und von diesem Augenblick an ließ es sich keiner der drei mehr einfallen, mich zu bitten, ihm die Kunst der Kabbala beizubringen. Sie dachten, wenn es ihnen gelänge, mich für sich zu gewinnen, sei das ebensogut, als ob sie die Kunst selbst beherrschten. Auf diese Weise wurde ich der Hierophant[13] der drei äußerst ehrenwerten Männer, die denkbar liebenswert, aber keineswegs weise waren, denn alle drei verloren sich in Dinge, die man Hirngespinste der Wissenschaft nennt; sie hielten das nach allen Gründen der Wahrscheinlichkeit Unmögliche für möglich. Da sie mich zu ihrer Verfügung hatten, glaubten sie sich im Besitz des Steines der Weisen, des Allheilmittels[14], vermeinten, mit den Elementargeistern[15] und allen Engeln in Verbindung zu stehen und alle Staatsgeheimnisse Europas zu besitzen. Sie glaubten auch an die Magie[16] und gaben ihr den besonderen Namen »okkulte Physik«.

Nachdem sie sich der überirdischen Herkunft meiner Kabbala durch Fragen über die Vergangenheit versichert hatten, gingen sie dazu über, sie auf diese Weise für sich zu nutzen, daß sie diese ständig über Gegenwart und Zukunft zu Rate zogen. Die Vorhersagen waren für mich nicht schwierig, denn ich gab niemals eine Antwort, die nicht zwei Deutungen gehabt hätte, von denen man jedoch die eine, die nur ich wußte, erst nach dem Ereignis erkennen konnte. Meine Kabbala war niemals falsch. Ich verstand nun, wie leicht es für die alten heidnischen Priester gewesen war, einer unwissenden und leichtgläubigen Welt Ehrfurcht einzuflößen. Hingegen habe ich mich immer darüber gewundert, daß die christlichen Kirchenväter, die doch nicht einfältig und unwissend wie unsere Evangelisten waren, die überirdische Herkunft der Orakel nicht leugnen zu können meinten und sie dem Teufel zuschrieben. Sie wären nicht dieser Überzeugung gewesen, hätten sie sich der Kabbala zu bedienen gewußt. Meine drei Freunde glichen den Kirchenvätern; da sie der überirdischen Herkunft meiner Antworten gewahr wurden und sie nicht böswillig genug waren, mich für einen Teufel zu halten, glaubten sie, mein Orakel sei durch einen Engel inspiriert.

Die drei Herren waren nicht nur überaus gläubige Anhänger der christlichen Religion, sondern auch gottesfürchtig und gewissenhaft; alle drei waren Junggesellen, und alle drei waren zu unversöhnlichen Feinden der Frauen geworden, nachdem sie ihnen entsagt hatten. Ihrer Meinung nach war das die grundlegende Voraussetzung, welche die Elementargeister von allen erwarten, die mit ihnen in Verbindung treten wollten. Das eine schloß das andere aus.

Zu Beginn meiner Bekanntschaft mit den drei Patriziern erschien es mir als sehr ungewöhnlich, daß sie durchaus das besaßen, was man Geist nennt. Aber ein voreingenommener Geist verwendet seine Vernunft schlecht; und es gilt doch, vernünftig und gut zu urteilen. Häufig lachte ich innerlich, wenn ich sie über die Mysterien unserer Religion sprechen hörte, und sie sich über jene lustig machten, die in ihren geistigen Fähigkeiten so beschränkt waren, daß sie diese Mysterien unbegreiflich fanden. [...]

Mit diesen drei Sonderlingen, die aufgrund ihrer Rechtschaffenheit, ihrer Geburt, ihres Einflusses und ihres Alters Achtung genossen, fühlte ich mich unbeschreiblich wohl, obwohl ihre Wißbegierde unersättlich war und sie mich häufig acht bis zehn Stunden am Tag in Anspruch nahmen; dabei blieben wir zu viert eingeschlossen und für jedermann unerreichbar. Ich hatte sie dadurch zu meinen vertrauten Freunden gewonnen, daß ich ihnen alles erzählte, was mir in meinem bisherigen Leben zugestoßen war; ich berichtete ziemlich wahrheitsgetreu, wenn auch nicht alle Einzelheiten, wie ich sie hier niedergeschrieben habe, um sie vor Todsünden zu bewahren.

Um ein ganz reines Gewissen zu haben, hätte ich, so sagt man, mich mit ihnen nicht befreunden dürfen oder sie aufklären müssen. Sie aufklären konnte ich nicht, erwidere ich, denn ich fühlte mich nicht stark genug, um das zu erreichen. Sie hätten über mich gelacht, mich als Dummkopf behandelt und fortgeschickt. Sie hätten es mir nicht gelohnt, und ich fühlte mich nicht berufen, den Apostel zu spielen. Und was den heroischen Entschluß betrifft, den ich hätte fassen können, sie gleich zu verlassen, nachdem mir ihre Geisterseherei bekannt geworden war, so würde ich entgegenhalten, daß ich für diesen Entschluß die Moral eines Misanthropen gebraucht hätte, die Moral eines Feindes der Menschen, der Natur, der Höflichkeit und meiner selbst. Hätte ich als junger Mann mit dem Verlangen, gut zu leben und die Freuden zu genießen, welche diesem Alter gemäß sind, das Leben von Signor Bragadin aufs Spiel setzen und so grausam sein dürfen, diese drei ehrenwerten Personen den Betrügereien irgendeines unredlichen Gauners auszusetzen, der sich in ihre Gesellschaft gedrängt und sie ruiniert hätte, indem er sie zur trügerischen Suche nach dem Stein der Weisen verleitete? Überdies hinderte mich meine unüberwindliche Eigenliebe daran, mich durch Unwissenheit, durch Stolz oder durch Unhöflichkeit, die ich ihnen durch Mißachtung ihrer Gesellschaft unleugbar bezeugt hätte, ihrer Freundschaft als unwürdig zu erweisen.

Ich wählte den schönsten, edelsten und einzig natürlichen Weg, nämlich den, dafür zu sorgen, daß ich das Nötige nicht mehr entbehrte; und was mir nötig war, konnte niemand besser beurteilen als ich selbst. Mit der Freundschaft dieser drei Persönlichkeiten wurde ich zu einem Mann, der in seiner eigenen Heimat zu Ansehen und Einfluß kommen mußte. Außerdem war es für mich natürlich sehr schmeichelhaft, zum Mittelpunkt der Gespräche und Spekulationen jener zu werden, die in ihrer unbegrenzten Muße die Ursachen aller ihnen sichtbaren sittlichen Erscheinungen ergründen wollen. Man konnte in Venedig nicht verstehen, wie meine Verbindung mit drei Menschen ihrer Veranlagung fortdauern konnte, sie ganz dem Himmel zugeneigt, und ich ganz der Welt, sie sehr streng in ihren Sitten, ich der größten Zügellosigkeit huldigend.

Zu Beginn des Sommers war Signor Bragadin imstande, wieder im Senat zu erscheinen. Am Vorabend des Tages, an dem er zum erstenmal das Haus verließ, hielt er mir folgende Ansprache:

»Wer immer du seist, ich verdanke dir mein Leben. Deine Gönner, die dich zum Priester, Doktor, Advokaten, Soldaten, schließlich zum Geigenspieler machen wollten, waren nur Narren, die deinen Wert nicht erkannten. Gott befahl seinem Engel, dich in meine Hände zu geben. Ich habe dich erkannt; wenn du mein Sohn sein willst, mußt du mich nur als Vater anerkennen, und von Stund an werde ich dich in meinem Hause bis zu meinem Tode wie einen solchen halten. Räume für dich stehen bereit; laß deine Habseligkeiten herbringen, du hast einen Diener, deine Gondel wird bezahlt, du speist an unserem Tisch und erhältst zehn Zechinen im Monat. In deinem Alter gab mir mein Vater kein größeres Taschengeld. Sorge dich nicht um die Zukunft! Geh deinen Vergnügungen nach und mach mich zu deinem Vertrauten in allem, was dir zustoßen mag oder was du vorhast; du wirst in mir immer einen guten Freund finden.«

Ich warf mich ihm sofort zu Füßen, versicherte ihn meiner Dankbarkeit und beglückte ihn mit dem holden Namen Vater. Ich schwor ihm Gehorsam als Sohn. Die beiden Freunde, die im Palazzo blieben, umarmten mich, und wir schworen uns ewige Freundschaft.

Das, mein lieber Leser, ist die ganze Geschichte meiner Metamorphose und der glücklichen Zeit, in der ich vom schäbigen Stand eines Geigenspielers zu dem eines vornehmen Herrn aufstieg.

Die gleiche Fortuna, der es beliebt hatte, mir eine Probe ihrer Willkür zu geben und mich auf einem der Vernunft gänzlich unbegreiflichen Weg glücklich zu machen, besaß nicht die Macht, mich ein System erkennen zu lassen, mit dessen Hilfe ich in meinem zukünftigen Leben niemanden mehr nötig gehabt hätte. Ich begann in völliger Unabhängigkeit von allem zu leben, was meinen Neigungen Grenzen setzen konnte. Solange ich die Gesetze achtete, glaubte ich, mich über Vorurteile hinwegsetzen zu können. Ich glaubte, in einem Lande mit einer aristokratischen Regierung vollkommen frei leben zu können. Ich hätte mich darin getäuscht, selbst wenn mich die Glücksgöttin ein Mitglied der Regierung hätte werden lassen. Die Republik Venedig weiß, daß ihre erste Pflicht darin besteht, ihren Bestand zu sichern, und ist selbst Sklavin der gebieterischen Staatsräson. Sie muß bei gegebener Gelegenheit alles dieser Pflicht opfern, der gegenüber sogar die Gesetze ihre Unverletzlichkeit verlieren. Aber lassen wir diese mittlerweile nur allzu bekannte Materie. Das ganze Menschengeschlecht weiß, daß es nirgendwo eine wahre Freiheit gibt oder geben kann. Ich habe diese Frage nur berührt, um dem Leser eine Vorstellung von meinem Verhalten in meiner Heimat zu geben; in diesem Jahr geriet ich dort auf eine Bahn, die in einem Staatsgefängnis enden mußte, dem man, gerade wegen seiner Verfassungswidrigkeit, nicht entrinnen konnte. Ich war ziemlich reich, von der Natur mit stattlichem Aussehen begabt, ein leidenschaftlicher Spieler, ein Verschwender, ein großer Plauderer mit stets schneidenden Formulierungen, keinesfalls bescheiden und kannte keine Furcht. Ich machte den hübschen Frauen den Hof, stach Rivalen aus und ließ nur die Gesellschaft gelten, die mich unterhielt. So zog ich mir unweigerlich Haß zu. Da ich bereit war, mit meinem Leben zu bezahlen, glaubte ich, mir sei alles erlaubt, denn Amtsanmaßungen, die mich störten, forderten meinen Widerstand geradezu heraus.

Dieses mein Verhalten konnte den drei Weisen, deren Orakel ich geworden war, nur mißfallen. Aber sie wagten nicht, mich zu tadeln. Signor Bragadin sagte mir lächelnd, ich zeige ihm noch einmal das verrückte Leben, das er in meinem Alter geführt habe, aber ich müsse bereit sein, die Buße hierfür zu bezahlen und mich, wenn ich schließlich sein Alter erreicht hätte, ebenso bestraft zu sehen wie er sich. Ohne es am schuldigen Respekt fehlen zu lassen, scherzte ich über seine furchterregenden Prophezeiungen und ließ alles beim alten. […]

## *Paris 1750*

[...]

Eine ehrenwerte Persönlichkeit, die ich in Lyon bei Monsieur de Rochebaron[1] kennenlernte, verschaffte mir die Vergünstigung, unter die Erleuchteten aufgenommen zu werden[2]. Ich wurde Lehrling bei den Freimaurern. Zwei Monate später empfing ich in Paris den zweiten Grad[3] und einige Monate darauf den dritten, den eines Meisters. Dieser ist der höchste. Alle anderen Titel, die man mich im Lauf der Zeit annehmen ließ, sind angenehme Erfindungen, die trotz ihrer Symbolhaftigkeit die Würde eines Meisters nicht erhöhen.

Es gibt auf der Welt keinen Menschen, der es so weit brächte, alles zu wissen, aber alle Menschen sollen danach streben. Jeder junge Mann, der reist, um die große Welt kennenzulernen, der sich heutzutage niemandem unterlegen und sich nicht vom Verkehr mit seinesgleichen ausgeschlossen sehen will, muß sich in das einführen lassen, was man die Freimaurerei nennt, und sei es auch nur, um wenigstens oberflächlich zu wissen, was das ist. Er muß jedoch darauf achten, sich die Loge gut auszuwählen, in die er aufgenommen werden will, denn wenn auch schlechte Gesellschaft in der Loge nicht wirksam werden kann, so kann sie doch vorhanden sein, und der Kandidat muß sich vor gefährlichen Verbindungen hüten. Wer sich nur deshalb entschließt, Freimaurer zu werden, um hinter das Geheimnis zu kommen, täuscht sich leicht, denn es kann ihm widerfahren, daß er fünfzig Jahre als Meister lebt, ohne daß es ihm je gelingt, das Geheimnis dieser Bruderschaft zu ergründen.

Das Geheimnis der Freimaurerei ist durch seine besondere Art unverletzlich, da es der Freimaurer, der es kennt, nur deshalb kennt, weil er es erraten hat. Er hat es von niemandem erfahren. Er hat es entdeckt durch regelmäßigen Verkehr in der Loge, durch Beobachtung, Überdenken und Schlußfolgerung. Wenn er dahin gelangt ist, hütet er sich wohl, diese Entdeckung wem immer mitzuteilen, selbst nicht seinem engsten Freund unter den Brüdern; denn wer nicht die Fähigkeit besitzt, es zu ergründen, dem nützt es auch nichts, wenn er es durch Mitteilung erfährt. Das Geheimnis wird also stets Geheimnis bleiben.

Alles, was in der Loge geschieht, soll geheimgehalten werden; wer sich aber in ehrloser Schwatzhaftigkeit kein Gewissen daraus macht zu verraten, was dort geschieht, hat nichts Wesentliches verraten. Wie könnte er auch verraten, was er selbst nicht weiß. Hätte er es gewußt, so hätte er die Zeremonien nicht der Öffentlichkeit preisgegeben.

[...]

Die Weihe dauerte neun Tage, die Zeremonien waren sehr eindrucksvoll, die Gesellschaft sehr geachtet. [...]

Wir nahmen zwei Plätze in der Postkutsche, die in fünf Tagen in Paris sein sollte. Balletti teilte seiner Familie den Zeitpunkt seiner Abreise mit, und so wußte man die Stunde unserer Ankunft.

Wir waren zu acht in diesem Wagen, den man Diligence[4] nennt. Alle saßen, aber recht unbequem, denn das Innere hatte eine ovale Form; niemand hatte einen Eckplatz, weil es keine Ecken gab. Ich fand das schlecht ausgedacht, aber ich sagte nichts, denn als Italiener mußte ich alles, was es in Frankreich gab, großartig finden. Ein ovaler Wagen! Ich achtete die Mode und verfluchte sie, denn bei der ungewöhnlichen Bewegung dieses Wagens wurde mir schrecklich übel; er war zu gut gefedert. Das Rütteln hätte mir weniger ausgemacht. Bei dem scharfen Tempo auf der guten Straße schaukelte er, und man nannte ihn deshalb auch »Gondel«; aber eine richtige venezianische Gondel mit zwei Ruderern fährt ebenso schnell, und doch wird man dabei nicht seekrank, daß einem das Herz pocht. In meinem Kopf drehte sich alles. Die wiegende Bewegung, die mich nicht einmal allzusehr schüttelte, störte doch mein Wohlbefinden, und ich mußte alles von mir geben, was ich im Magen hatte. Man fand in mir einen schlechten Reisegefährten, aber man sagte es nicht. Man begnügte sich mit der Vermutung, ich hätte abends zu viel gegessen; ein Abbé aus Paris sagte zu meiner Verteidigung, ich hätte wohl einen schwachen Magen, und man stritt sich darüber. Verärgert brachte ich sie mit den Worten zum Schweigen:

»Sie haben alle beide unrecht, denn ich habe einen ausgezeichneten Magen, und ich habe nichts zu Abend gegessen.«

Ein älterer Herr, der einen Knaben von zwölf oder dreizehn Jahren neben sich hatte, sagte mir in honigsüßem Ton, ich solle zu den Herren nicht sagen »Sie haben unrecht«; ich hätte ihnen vielmehr sagen können, sie hätten nicht recht, in Nachahmung Ciceros, der den Römern nicht sagte, Catilina[5] und die übrigen Verschwörer seien tot, sondern sie hätten gelebt.

»Ist das nicht dasselbe?«

»Verzeihen Sie, aber das eine ist unhöflich, das andere höflich.« Sodann hielt er mir einen wunderschönen Vortrag über die Höflichkeit, den er lächelnd mit folgenden Worten schloß:

»Ich wette, der Herr ist Italiener.«

»Ja, aber dürfte ich fragen, wie Sie es erraten haben?«

»Oh, an der Aufmerksamkeit, mit der Sie mein langes Geschwätz beehrt haben.«

Die ganze Gesellschaft brach daraufhin in Lachen aus, und ich begann, diesem originellen Mann, der der Erzieher des Jünglings an seiner Seite war, um den Bart zu gehen, und nutzte die Gelegenheit aus, mir die ganzen fünf Tage von ihm

Unterricht in französischer Höflichkeit geben zu lassen. Als wir uns trennen mußten, rief er mich beiseite und sagte, er wolle mir ein kleines Geschenk machen.

»Und das wäre?«

»Sie müssen das Wörtchen ›non‹, das Sie ohne Erbarmen kreuz und quer verwenden, aufgeben und vergessen. ›Non‹ ist kein französisches Wort. Sagen Sie ›pardon‹, das kommt aufs gleiche heraus und beleidigt nicht. Mit ›non‹ strafen sie jemanden Lügen. Legen Sie es ab, oder machen Sie sich darauf gefaßt, in Paris an jeder Ecke den Degen zu ziehen.«

»Vielen Dank, ich verspreche, nie mehr ›non‹ zu sagen.«

Zu Beginn meines Aufenthaltes in Paris fühlte ich mich wie der Schuldbeladenste aller Menschen, denn ich bat nur noch um Verzeihung. Eines Tages glaubte ich sogar, in einen Streit zu geraten, weil ich bei unpassender Gelegenheit um Verzeihung gebeten hatte. Im Theater trat mir ein Stutzer aus Versehen auf den Fuß.

»Verzeihen Sie bitte«, sagte ich schnell.

»Ich muß Sie um Verzeihung bitten.«

»Nein, ich Sie.«

»Nein, ich Sie.«

»Ach, Monsieur, verzeihen wir einer dem anderen und umarmen wir uns!«

So endete unser Streit.

Eines Tages, als ich eben in der schnell dahinrollenden Gondel-Postkutsche aufrecht sitzend leidlich gut schlief, rüttelte mich mein Nachbar wach.

»Was gibt es?«

»Ach, sehen Sie doch dieses Schloß!«

»Ich sehe es; es ist doch nichts Besonderes. Was finden Sie daran außergewöhnlich?«

»Nichts, außer daß wir vierzig Meilen von Paris sind. Werden es mir meine schaulustigen Mitbürger glauben, wenn ich ihnen erzähle, daß ich vierzig Meilen außerhalb der Stadt ein so schönes Schloß gesehen habe? Wie unwissend ist man doch, wenn man nicht ein wenig gereist ist!«

»Sie haben ganz recht!«

Der Mann war selbst Pariser und schaulustig bis in die tiefste Seele, wie ein Gallier zur Zeit Cäsars.

Wenn schon die Pariser von früh bis spät alles begaffen, ihren Spaß daran haben und alles bewundern, so mußte ein Fremder wie ich noch viel schaulustiger sein als sie. Da ich jedoch zum Unterschied von ihnen gewohnt war, die Dinge so zu sehen, wie sie sind, wunderte es mich, sie unter einer Maske zu sehen, die sie veränderte, während die Pariser mehr darüber staunen, daß man sie das unter der Maske Verborgene ahnen läßt.

Besonders gefiel mir die Schönheit der großen Landstraßen, ein unsterbliches Werk Ludwigs XV., die Sauberkeit der Gasthöfe, die gute Küche und die Schnelligkeit, mit der man bedient wurde, die ausgezeichneten Betten, das bescheidene Auftreten der Person, die bei Tisch bediente; meistens war es die anmutigste Tochter des Hauses, deren Haltung, Sauberkeit und Benehmen es jedem unmöglich machte, sich irgendwelche Freiheiten zu erlauben. Wer von uns in Italien sieht schon gern die Hausknechte unserer Gasthöfe, ihre unverschämten Gesichter und ihre Frechheit? Damals wußte man in Frankreich noch nicht, was es heißt, jemanden übers Ohr zu hauen; Frankreich war die Heimat der Ausländer. Ist es heute noch die Heimat der Franzosen? Damals gab es gewiß oft eine widerwärtige Tyrannei, die in den »lettres de cachet«[6] ihren Ausdruck fand; es war die Despotie eines Königs. Nun wird man sehen, was der Despotismus eines stets unbändigen, heißblütigen und unbezähmbaren Volkes bedeutet, das sich zusammenrottet, Leute aufhängt, Köpfe abhackt und alle umbringt, die aus der Masse hervorragen und ihre Meinung zu sagen wagen[7].

Wir übernachteten in Fontainebleau. Eine Stunde vor unserer Ankunft in Paris kam uns eine Berline von dort entgegen.

»Das ist meine Mutter«, rief Balletti, »halt, halt!«

Wir stiegen aus, und nach der üblichen herzlichen Begrüßung zwischen Mutter und Sohn stellte er mich vor; seine Mutter, die berühmte Schauspielerin Silvia[8], sagte zur Begrüßung nur:

»Ich hoffe, der Freund meines Sohnen gibt uns heute zum Souper die Ehre.«

Mit diesen Worten stieg sie mit ihrem Sohn und ihrer neunjährigen Tochter wieder in den Wagen. Ich stieg wieder in die Diligence.

Bei der Ankunft in Paris erwartete mich ein Diener Silvias mit einer Kutsche, kümmerte sich um alles und brachte mich in ein sehr ordentliches Quartier[9]. Dort stellte er meinen Koffer und meine sonstigen Habseligkeiten ab und führte mich dann zu seiner Herrin, die fünfzig Schritt weiter wohnte. Balletti stellte mich seinem Vater vor, der sich Mario nannte und von einer Krankheit noch nicht ganz genesen war. Die Namen Mario[10] und Silvia trugen sie auch in den Stegreifkomödien, die sie spielten. Die Franzosen nannten die italienischen Komödianten übrigens im Leben nie mit einem anderen Namen, als mit dem, den sie von der Bühne kannten. »Bonjour, Monsieur Arlequin, bonjour, Monsieur Pantalon«, sagte man im Palais-Royal[11] zu denen, die diese Rollen spielten.

Silvia hatte zur Feier der Ankunft ihres Sohnes ihre Verwandten zum Abendessen eingeladen. Ich freute mich, gerade rechtzeitig nach Paris gekommen zu sein, um sie kennenzulernen. […]

Während des Essens richtete ich mein Hauptaugenmerk auf Silvia, deren Ruhm in den Himmel ragte. Ich fand sie über jedes Lob noch weit erhaben. Sie war fünfzig Jahre alt, von schlankem Wuchs, vornehm in Haltung und Gehaben, ungezwungen, herzlich und heiter. Sie drückte sich gewählt aus, bezauberte jedermann und sprühte vor Geist, ohne das geringste Anzeichen von Überheblichkeit. Ihr Gesicht war ein Rätsel; es war interessant und gefiel allen, und doch konnte man es bei näherem Zusehen nicht schön finden. Niemand hat aber je gewagt, es häßlich zu nennen. Man konnte auch nicht sagen, sie sei weder schön noch häßlich, denn der Reiz ihrer Persönlichkeit überstrahlte alles. Was war sie also? Schön, aber nach Gesetzen und Maßstäben, die allen verborgen blieben außer jenen, die sich durch eine geheime Macht in Liebe zu ihr hingezogen fühlten, die deshalb das Herz hatten, sie zu ergründen, und damit die Macht, diese Gesetze zu erkennen.

Als Schauspielerin war sie das Idol von ganz Frankreich, und ihr Talent war die Stütze aller Komödien, die von den berühmtesten Autoren, vor allem von Marivaux[12], für sie geschrieben wurden. Ohne sie wären diese Komödien nicht an die Nachwelt gelangt. Nie fand man eine Schauspielerin, die an ihre Stelle hätte treten können; man wird auch nie eine finden, denn sie müßte in sich alles vereinen, was Silvia an Fähigkeiten in der allzu schweren Kunst des Theaters besaß, Lebendigkeit, Stimme, Ausdruck, Geist, Haltung und Kenntnis des menschlichen Herzens. Alles an ihr war natürlich; die Kunst, die alles begleitete und vervollkommnete, wurde nie als Anstrengung sichtbar.

Um ganz unvergleichlich zu sein, fügte sie den bereits erwähnten Vorzügen noch einen hinzu, ohne den sie als Schauspielerin dennoch zum Gipfel des Ruhmes gelangt wäre. Ihr Lebenswandel war makellos. Sie wollte Freunde haben, aber niemals Liebhaber; sie verschmähte ein Vorrecht, das sie hätte genießen können, denn sie hätte sich dabei selbst verachtet. So gewann sie einen ehrbaren Ruf schon in einem Alter, in dem er allen Frauen ihres Standes lächerlich, ja fast beleidigend erschienen wäre. Deshalb zeichneten sie einige Damen höchsten Standes sogar mit ihrer Freundschaft und nicht nur mit ihrer Gunst aus. Das launische Pariser Publikum wagte daher auch nie, sie auszupfeifen, wenn sie in einer Rolle nicht gefiel. Alle sagten einstimmig, daß sich Silvia als Frau weit über ihren Stand erhob.

Da sie nicht der Meinung war, ihr mustergültiger Lebenswandel könne ihr als besonderes Verdienst angerechnet werden, weil sie wußte, daß er nur ihrer Selbstachtung entsprang, entdeckte man an ihr auch nie irgendeine Spur von Hochmut oder Überheblichkeit im unvermeidlichen Umgang mit ihren Kolleginnen vom Theater, die sich mit ihrem glänzenden Talent begnügten und gar nicht daran dachten, auch durch Tugend berühmt zu werden. Silvia liebte sie alle und war bei allen beliebt; sie ließ ihnen in der Öffentlichkeit Gerechtigkeit widerfahren und spendete ihnen Lob. Aber sie hatte recht; sie hatte nichts zu fürchten, und keine konnte ihr irgend etwas Übles nachsagen.

Die Natur hat diese einzigartige Frau um zehn Jahre ihres Lebens betrogen. Im Alter von sechzig Jahren magerte sie völlig ab, zehn Jahre nachdem ich sie kennengelernt hatte. Das Klima von Paris setzt den italienischen Frauen manchmal in dieser Art zu. Zwei Jahre vor ihrem Tod sah ich sie in der Rolle der Marianne in der Komödie von Marivaux[13]; sie schien nicht älter zu sein als die Marianne. Ich war dabei, als sie starb; sie hielt ihre Tochter in den Armen und gab ihr fünf Minuten, bevor ihr Leben verlosch, noch den letzten Rat. Sie wurde in St.-Sauveur[14] ehrbar und ohne den geringsten Einwand des Pfarrers beerdigt; er sagte, ihr Beruf als Schauspielerin habe sie nie daran gehindert, Christin zu sein[15].

Verzeih, lieber Leser, wenn ich Silvia die Grabrede gehalten habe, zehn Jahre bevor ich von ihrem Tode berichten werde. Wenn es soweit ist, werde ich sie dir ersparen. Ihre einzige Tochter, der ihre ganze Zärtlichkeit galt, saß beim Abendessen neben ihr. Sie war erst neun Jahre alt. Die Vorzüge der Mutter nahmen mich jedoch so vollständig gefangen, daß ich mich nicht damit aufhielt, die Tochter irgendwie zu beachten. Das sollte erst später kommen. Sehr befriedigt von diesem ersten Abend, kehrte ich in mein Zimmer bei Madame Quinson zurück. Das war der Name meiner Wirtin.

Als ich erwachte, kam Mademoiselle Quinson und sagte, draußen sei ein Diener, der mir seine Dienste anbieten wolle. Es erschien ein ungewöhnlich kleiner Mann; das gefiel mir nicht, und ich sagte es ihm.

»Meine kleine Statur, Durchlaucht, bietet Ihnen die Gewähr, daß ich nicht Ihre Kleider anziehen werde, um auf Abenteuer auszugehen.«

»Ihr Name?«

»Welchen Sie wünschen.«

»Wieso? Ich frage Sie nach dem Namen, den Sie tragen.«

»Ich habe keinen. Jeder Herr, dem ich diene, gibt mir einen, und ich habe in meinem Leben schon mehr als fünfzig gehabt. Ich werde so heißen, wie Sie mich nennen.«

»Aber Sie müssen doch schließlich einen eigenen Namen haben, den Ihrer Familie?«

»Familie? Ich habe nie eine Familie gehabt. In meiner Jugend hatte ich einen Namen; aber in den zwanzig Jahren, die ich nun diene, habe ich stets die Herren gewechselt und habe ihn vergessen.«

»Ich werde Sie Esprit nennen.«

»Sie tun mir zuviel Ehre an.«

»Hier! Besorgen Sie mir Kleingeld für diesen Louis.«

»Das kann ich Ihnen gleich geben.«

»Ich sehe, Sie sind reich.«

»Stets zu Ihren Diensten, Monsieur.«

»Bei wem kann ich mich über Sie erkundigen?«

»Beim Dienstbotenbüro und auch bei Madame Quinson. Ganz Paris kennt mich.«

»Das genügt. Ich gebe Ihnen dreißig Sous je Tag. Für Ihre Kleidung sorgen Sie selbst. Sie werden bei sich zu Hause schlafen und jeden Morgen ab sieben Uhr zu meinen Diensten stehen.«

Balletti kam mich besuchen und lud mich ein, täglich mittags und abends mit ihm zu essen. Ich ließ mich zum Palais Royal[16] führen, wo ich Esprit am Eingang zurückließ. Ich war schon neugierig auf diese so viel gepriesene Promenade und begann sogleich, alles zu betrachten. Ich sah einen recht schönen Garten, Alleen mit großen Bäumen, Wasserbecken, und ringsum hohe Häuser. Viele Herren und Damen spazierten umher; da und dort gab es Stände, an denen man neue Flugschriften, Riechwässer, Zahnstocher und allerlei Tand verkaufte. Man vermietete strohgeflochtene Stühle für einen Sou; ich sah Zeitungsleser im Schatten der Bäume sitzen, Mädchen und Männer, die allein oder in Gesellschaft frühstückten, Kellner, die geschäftig eine kleine, hinter einer Buchenhecke verborgene Treppe auf und ab liefen. Ich setzte mich an einen kleinen freien Tisch, und ein Kellner fragte mich nach meinen Wünschen; ich bestellte Schokolade ohne Milch, und er brachte mir ein abscheuliches Zeug in einer silbernen Tasse. Ich ließ es stehen und sagte dem Kellner, er solle mir Kaffee bringen, wenn er gut sei.

»Er ist ausgezeichnet, ich habe ihn gestern selbst zubereitet.«

»Gestern? Dann will ich ihn nicht.«

»Aber die Milch darin ist ausgezeichnet.«

»Milch? Die trinke ich nie. Machen Sie mir rasch eine Tasse Kaffee mit Wasser.«

»Mit Wasser? Den machen wir erst nach dem Essen. Möchten Sie einen Bavaroise[17]? Oder eine Karaffe Mandelmilch?«

»Gut, Mandelmilch.«

Ich fand das Getränk ausgezeichnet und beschloß, es täglich zum Frühstück zu nehmen. Ich fragte den Kellner, was es Neues gebe, und er antwortete, Madame la Dauphine sei mit einem Prinzen niedergekommen. Ein Abbé meinte, er sei nicht bei Trost; sie sei mit einer Prinzessin niedergekommen. Ein Dritter trat hinzu und sagte:

»Ich komme gerade aus Versailles; Madame la Dauphine ist doch nicht niedergekommen, weder mit einem Prinzen noch mit einer Prinzessin.«

Er meinte, ich sei wohl ein Ausländer; ich antwortete, ich sei Italiener und erst am Abend zuvor angekommen. Daraufhin erzählte er mir vom Hof, von der Stadt und dem Theater und machte sich erbötig, mich überall einzuführen; ich dankte ihm und entfernte mich, begleitet von dem Abbé, der mir im Vorbeigehen die Namen aller galanten Mädchen nannte, die dort herumspazierten.

Ein Mann in Amtsrobe[18] begegnete uns; der Abbé umarmte ihn und stellte ihn mir als Kenner der italienischen Literatur vor. Ich sprach ihn auf italienisch an, und er antwortete mir auf geistvolle Weise; doch mußte ich über seinen Stil lachen und sagte ihm auch, weshalb. Er sprach ganz im Stil Boccaccios. Meine Bemerkung gefiel ihm; ich überzeugte ihn davon, daß man nicht mehr so sprechen dürfe, obgleich die Sprache dieses alten Dichters vollkommen sei. In weniger als einer Viertelstunde schlossen wir Freundschaft, weil wir die gleichen Neigungen bei uns entdeckten. Er war Dichter, ich war Dichter, er interessierte sich für die italienische Literatur, ich mich für die französische. Wir tauschten unsere Adressen aus und versprachen, uns gegenseitig zu besuchen.

Ich entdeckte dichtgedrängt in einer Ecke des Gartens viele Männer und Frauen, die nach oben starrten. Ich fragte meinen neuen Freund, was es da Wunderbares gebe. Er sagte, jedermann beobachte mit der Uhr in der Hand gespannt die Sonnenuhr, um den Augenblick abzupassen, in dem der Schatten des Zeigers den Mittagspunkt treffe, und danach die Uhr zu richten.

»Gibt es nicht überall Sonnenuhren?«

»Ja, aber berühmt ist nur die vom Palais Royal.«

Da konnte ich mir ein Lachen nicht verbeißen.

»Warum lachen Sie?«

»Weil ja alle Sonnenuhren gleich sein müssen; man hält also nur nach allen Regeln der Kunst Maulaffen feil.«

Er überlegte ein wenig und lachte dann auch; so machte er mir Mut, die guten Pariser zu kritisieren. Als wir das Palais Royal durch das große Tor verließen, drängte sich zu unserer Rechten eine Menschenmenge vor einem Laden, dessen Schild eine Zibetkatze zeigte[19].

»Was gibt es da?«

»Jetzt werden Sie gewiß lachen. Alle diese Leute warten darauf, Tabak zu kaufen.«

»Verkauft man ihn denn nur in diesem Laden?«

»Er wird überall verkauft, aber seit drei Wochen will man in seiner Tabatiere nur noch Tabak aus diesem Laden haben.«

»Ist er besser als anderswo?«

»Keineswegs, vielleicht sogar schlechter; aber seit die Herzogin von Chartres[20] ihn in Mode gebracht hat, will man nur noch diesen.«

»Was hat sie getan, um ihn in Mode zu bringen?«

»Sie hielt zwei- oder dreimal ihren Wagen vor dem Laden an und kaufte gerade genug, um ihre Tabatiere zu füllen; dabei sagte sie laut zu der jungen Frau, die ihn verkauft, es sei der beste Tabak von ganz Paris. Die herumstehenden Gaffer sagten es weiter, und ganz Paris erfuhr, daß man, wenn man guten Tabak wolle, ihn im Laden ›Zur Zibetkatze‹ kaufen müsse. Die Frau wird ihr Glück machen, denn sie verkauft täglich für mehr als hundert Taler.«

»Die Herzogin von Chartres weiß vielleicht gar nicht, daß sie dieser Frau Glück gebracht hat.«

»Im Gegenteil, es war ein geistreicher Einfall der Herzogin. Sie schätzte diese Frau, die eben geheiratet hatte; und als sie überlegte, was sie tun könne, um ihr zu helfen, kam ihr der Gedanke, was für gutgläubige Leute die Pariser sind. Sie sind in dem einzigen Land der Welt, wo man mit Esprit sein Glück machen kann, ob er sich nun durch wirkliche Leistungen beweist und deshalb bei den Intelligenten Widerhall findet oder ob er sich durch Falschmünzerei Beachtung verschafft und dann von der Dummheit belohnt wird. Diese Dummheit ist charakteristisch für die ganze Nation, und erstaunlicherweise ist sie eine Tochter des Esprit, so daß es kein Paradox ist zu behaupten, die französische Nation wäre gescheiter, wenn sie weniger Esprit besäße.

Die Götter, die man hier verehrt, auch wenn man ihnen keine Altäre errichtet, sind die Mode und überhaupt alles Neue. Ein Mann braucht nur zu laufen, und alle, die ihn sehen, laufen hinterher. Man würde nur stehenbleiben, wenn man feststellen könnte, daß er verrückt ist; eine derartige Erkenntnis ist aber ein Ding der Unmöglichkeit. Es gibt hier Narren, die es schon von Geburt an sind und die man noch immer für Weise hält. Die Geschichte mit dem Tabak ist nur ein kleines Beispiel der Verrücktheit dieser Stadt. Auf einem Jagdausflug hatte unser König an der Brücke von Neuilly[21] plötzlich Lust, Ratafia[22] zu trinken. Er hielt beim Wirtshaus an und verlangte diesen Likör; ganz zufällig hatte der arme Wirt auch eine Flasche vorrätig. Der König trank ein Glas und kam dann auf die Idee, zu seinen Begleitern zu sagen, der Likör sei ausgezeichnet und er wünsche ein zweites Glas. Mehr brauchte es nicht, um das Glück des Wirtes zu sichern. In weniger als vierundzwanzig Stunden wußten der ganze Hof und die ganze Stadt, daß der Ratafia von Neuilly der beste Likör von Europa sei, denn der König hatte es ja gesagt. Die glänzendsten Gesellschaften fuhren um Mitternacht nach Neuilly, um Ratafia zu trinken; in weniger als drei Jahren wurde der Wirt ein reicher Mann und ließ sich an der gleichen Stelle ein Haus bauen, an dem die reichlich komische Inschrift zu lesen ist »ex liquidis solidum« (aus dem Flüssigen das Feste), die einer unserer Herren von der Akademie dem Mann geliefert hat. Welchen Heiligen verdankt dieser Mann seinen glänzenden und raschen Aufstieg? Der Dummheit, der Leichtglaubigkeit, der Freude am Lachen.«

»Mir scheint«, sagte ich, »die Nation pflichtet den Ansichten des Königs und der königlichen Prinzen aus überwältigender Zuneigung und einer so großen Verehrung bei, daß man sie für unfehlbar hält.«

»Das ist richtig. Alles, was in Frankreich geschieht, läßt den Fremden glauben, daß das Volk seinen König verehrt; wer von uns aber nachdenkt, erkennt bald, daß die Liebe des Volkes für den Monarchen nur falscher Glanz ist. Was kann man auf einer Liebe gründen, die keine Grundlage hat? Der Hof verläßt sich nicht darauf. Der König kommt nach Paris, und alles schreit ›Es lebe der König‹, weil irgendein Nichtstuer damit angefangen hat. Es ist ein Ruf aus Fröhlichkeit, vielleicht auch aus Furcht, den der König selbst, Sie können es mir glauben, niemals für bare Münze nimmt. Er hat es eilig, nach Versailles zurückzukehren, wo fünfundzwanzigtausend Mann bereitstehen, ihn vor der Wut des gleichen Volkes zu schützen, das, einmal klüger geworden, auf die Idee kommen könnte, zu schreien ›Tod dem König‹. Ludwig XIV. kannte das Volk. […] Der heute regierende König sagte einmal während seiner Genesung arglos: ›Ich wundere mich über die allgemeine Freude, daß ich meine Gesundheit wiedererlangt habe; denn ich kann nicht verstehen, warum man mich so sehr lieben sollte.‹ Diesen Ausspruch unseres Monarchen hat man in den Himmel gehoben. Der König machte sich darüber Gedanken. Ein Philosoph[23] unter den Höflingen mußte ihm schließlich erklären, man liebe ihn so sehr, weil er den Beinamen ›der Vielgeliebte‹ trage.«

»Gibt es denn Philosophen unter den Höflingen?«

»Philosophen gibt es keinen, denn als Höfling kann er das nicht sein; aber es gibt sehr kluge Leute, die sich in ihrem eigenen Interesse jede Kritik verbeißen. Vor nicht allzulanger Zeit schwärmte der König einem Höfling gegenüber, dessen Namen ich nicht nennen möchte, von den nächtlichen Freuden, die er bei Madame la M.[24] genieße, und sagte, es gebe keine Frau auf der ganzen Welt, die gleiches zu bieten wisse. Der Höfling antwortete ihm, das glaube Seine Majestät nur, weil er noch nie im B… gewesen sei. Der Höfling wurde auf sein Landgut verbannt.«

»Die Könige von Frankreich scheuen wohl mit Recht die Einberufung der Generalstände[25], denn sie kämen dann in die gleiche Lage wie ein Papst, der ein Konzil einberuft.«

»Nicht ganz, aber es fehlt nicht viel. Die Generalstäbe wären gefährlich, wenn das Volk, der dritte Stand, den Stimmen des Adels und der Geistlichkeit die Waage halten könnte, aber das ist nicht der Fall, und das wird es auch niemals geben, denn es ist kaum wahrscheinlich, daß die Staatsklugheit jemals den Wüterichen eine Waffe in die Hand gibt. Das Volk möchte wohl den gleichen Einfluß erlangen; aber es wird sich nie ein König oder ein Minister finden, der dem zustimmt. Ein solcher Minister wäre dumm oder verräterisch.«

Der junge Mann, der mir mit diesem Vortrag sogleich einen richtigen Begriff von der Nation und den Parisern, vom Hof und dem Herrscher gab, nannte sich Patu[26]. Ich werde noch von ihm zu erzählen haben. Während wir uns unterhielten, begleitete er mich zu Silvias Haustür und beglückwünschte mich, daß ich bei ihr Zutritt hatte.

Ich fand die liebenswürdige Schauspielerin in großer Gesellschaft. Sie stellte mich allen ihren Gästen vor und sagte mir immer, wem sie mich vorstellte. Der name Crébillon[27] ließ mich aufhorchen.

»Ist es möglich«, rief ich, »daß ich schon so bald das Glück habe! Seit acht Jahren bin ich von Ihnen begeistert. Hören Sie bitte zu!«

Ich rezitierte nun die schönste Szene aus seiner »Zénobie et Rhadamiste«[28], die ich in Blankverse übersetzt hatte. Silvia war entzückt, mit welcher Freude der achtzigjährige Crébillon sein Werk in einer Sprache vortragen hörte, die er mehr liebte als seine eigene. Er rezitierte die gleiche Szene auf französisch und hob höflich die Stellen hervor, die ich, wie er sagte, verschönt hatte. Ich dankte ihm, ohne sein Kompliment wörtlich zu nehmen. Wir setzten uns zu Tisch, und auf die Frage, was ich in Paris Schönes gesehen habe, erzählte ich alles, was ich beobachtet und gelernt hatte; nur die Unterhaltung mit Patu verschwieg ich. Ich redete mindestens zwei Stunden. Dann wandte sich Crébillon, der besser als alle andern erfaßt hatte, welchen Weg ich einschlug, um die guten und schlechten Seiten seiner Landsleute kennenzulernen, mit den folgenden Worten an mich: »Für einen Neuling sind Sie, meine ich, recht vielversprechend. Sie werden rasche Fortschritte machen. Ich finde, Sie erzählen gut. Sie sprechen ein Französisch, das man völlig versteht; aber alles, was sie sagen, drücken Sie mit italienischen Redewendungen aus. Man hört Ihnen gern zu, Sie erregen Interesse, und Sie sichern sich durch diesen ungewohnten Stil eine doppelte Aufmerksamkeit Ihrer Zuhörer. Ich würde sogar sagen, Ihre Ausdrucksweise ist dazu angetan, die Gunst Ihrer Zuhörer zu erringen, weil sie ungewöhnlich und neu ist; und Sie befinden sich in dem Land, wo man hinter allem herrennt, was ungewöhnlich und neu ist. Aber trotz alledem müssen Sie gleich morgen und nicht später beginnen, mit Anspannung aller Kräfte unsere Sprache gut sprechen zu lernen, denn in zwei oder drei Monaten werden die gleichen Leute, die Ihnen heute Beifall zollen, anfangen, sich über Sie lustig zu machen.«

»Ich glaube und fürchte es; deshalb war der Hauptzweck meines Herkommens, mich mit aller Kraft der französischen Sprache und Literatur zu widmen. Aber was soll ich tun, um einen Lehrer zu finden? Ich bin ein unausstehlicher Schüler, stelle dauernd Fragen, bin neugierig, lästig und unersättlich. Ich bin nicht reich genug, um einen so guten Lehrer zu bezahlen, selbst wenn ich einen fände.«

»Seit fünfzig Jahren suche ich einen solchen Schüler, wie Sie sich schilderten; ich werde Sie meinerseits bezahlen, wenn Sie kommen wollen, um bei mir Stunden zu nehmen. Ich wohne im Marais[29] in der Rue des Douze Portes, ich besitze Ausgaben der besten italienischen Dichter; die werde ich Sie ins Französische übertragen lassen, und unersättlich werde ich Sie nie finden.«

Ich nahm an, ohne recht zu wissen, wie ich ihm meine Dankbarkeit ausdrücken sollte. Crébillon war sechs Fuß groß und überragte mich noch um vier Zoll[30]; er aß gut, erzählte lustig, ohne selbst zu lachen, und war seiner treffenden Bemerkungen wegen berühmt. Er verbrachte sein Leben zu Hause, ging nur sehr selten aus und verkehrte fast mit niemandem, denn er hatte ständig die Pfeife im Munde und rings um sich achtzehn oder zwanzig Katzen, mit denen er sich den größten Teil des Tages beschäftigte. Er hatte eine alte Wirtschafterin, eine Köchin und einen Diener. Die Wirtschafterin dachte an alles und verwaltete sein Geld; da sie es nie an etwas fehlen ließ, verlangte er von ihr nie Rechenschaft. Eines fiel mir besonders auf. Der Gesichtsausdruck Crébillons war der eines Löwen oder einer Katze, was ja das gleiche ist. Er war königlicher Zensor[31] und sagte mir, das mache ihm Spaß. Seine Wirtschafterin las ihm die Werke vor, die man ihm brachte, und hielt mit dem Lesen inne, wenn ihr eine Stelle zensurreif schien; ich lachte über seine Wortgefechte mit der Wirtschafterin, wenn er anderer Ansicht war. Ich hörte einmal, wie sie jemanden, der sein durchgesehenes Manuskript abholen wollte, mit den Worten fortschickte:

»Kommen Sie nächste Woche, denn wir hatten noch keine Zeit, Ihr Werk zu prüfen.«

Ich ging ein ganzes Jahr hindurch dreimal wöchentlich zu Crébillon und lernte bei ihm das ganze Französisch, das ich beherrsche; aber es ist mir nie gelungen, mich von italienischen Wendungen freizumachen. Ich erkenne sie, wenn ich sie bei anderen finde; aber wenn sie aus meiner Feder fließen, fallen sie mir nicht auf. Ich werde gewiß nie lernen, sie zu erkennen, wie mir auch nie klargeworden ist, inwiefern Titus Livius[32] angeblich gegen die Latinität verstieß.

Ich hatte einen Achtzeiler in freien Versen über ein bestimmtes Thema verfaßt und brachte ihn Crébillon, damit er ihn korrigiere. Er las aufmerksam meine acht Verse und sagte dann:

»Ihr Einfall ist schön und sehr poetisch, Ihre Sprache ist fehlerlos, Ihre Verse sind gut und treffend; dennoch ist Ihr Achtzeiler schlecht.«

»Wieso?«

»Ich weiß es nicht. Was ihm fehlt, ist ›das gewisse Etwas‹[33]. Stellen Sie sich vor, Sie finden einen Mann, schön, gut gebaut, liebenswürdig, geistvoll, überhaupt fehlerlos nach Ihrem strengsten Urteil. Eine Frau kommt hinzu, betrachtet den Mann und geht nach eingehender Prüfung fort mit den Worten, der Mann gefalle ihr nicht. ›Aber Madame, sagen Sie doch, welchen Fehler finden Sie an ihm?‹ – ›Das weiß ich nicht.‹ Sie kehren zu dem Mann zurück, mustern ihn noch genauer und entdecken zu guter Letzt, daß er ein Kastrat ist. Aha, werden Sie sagen, nun weiß ich, warum ihn die Frau nicht nach ihrem Geschmack fand.«

Durch diesen Vergleich machte mir Crébillon begreiflich, warum mein Achtzeiler möglicherweise keinen Anklang finden würde.

[...]

An jedem Abend gab man im italienischen Theater »Cénie«[34], ein Stück von Madame de Graffigny[35]. Ich ging frühzeitig hin, um einen guten Platz im Rang[36] zu erhalten.

Die mit Diamanten behangenen Damen, die die Logen des ersten Ranges betraten, erregten mein Interesse, und ich musterte sie aufmerksam. Ich trug einen schönen Schoßrock, aber da er offene Ärmel hatte und durchgehend mit Knöpfen versehen war, erkannte mich jeder sofort als Ausländer; diese Mode gab es in Paris nicht mehr. Während ich also aufmerksam umherblickte, kam ein reichgekleideter und dreimal so dicker Mann wie ich auf mich zu und fragte mich höflich, ob ich Ausländer sei. Ich bejahte, und er fragte mich sogleich, ob es mir in Paris gefalle. Ich antwortete mit Lobsprüchen; gerade in diesem Augenblick tauchte in der Loge zu meiner Linken eine mit Edelsteinen übersäte, aber maßlos dicke Dame auf.

»Wer ist denn jenes fette Ferkel dort?« fragte ich meinen dicken Nachbarn.

»Sie ist die Frau dieses dicken Schweines hier!«

»Oh, da bitte ich vieltausendmal um Verzeihung!«

Ich hätte jedoch den Mann gar nicht um Verzeihung bitten müssen, denn weit davon entfernt, beleidigt zu sein, erstickte er fast vor Lachen. Ich war verzweifelt. Nachdem er ausgiebig gelacht hatte, erhob er sich und verließ den Rang; einen Augenblick später erschien er in der Loge und sprach mit seiner Frau. Ich sah, wie sie beide lachten, und war schon entschlossen, mich davonzumachen, als ich ihn rufen hörte: »Monsieur, Monsieur!«

Ich konnte das, ohne unhöflich zu sein, nicht überhören

und ging zu seiner Loge. Mit nunmehr ganz ernster und sehr würdiger Miene bat er mich um Verzeihung, daß er so gelacht habe, und lud mich auf die liebenswürdigste Weise noch für den gleichen Abend zu sich zum Souper. Ich dankte und sagte, ich sei bereits vergeben. Er drängte erneut, die Dame schloß sich den Bitten an, und um ihnen zu beweisen, daß es keine Ausrede war, sagte ich, ich sei bei Silvia eingeladen.

»Ich bin sicher«, sagte er, »Sie von Ihrer Verpflichtung zu befreien, wenn Sie nichts dagegen haben; ich werde selbst zu ihr gehen.«

Ich gab nach; er ging und kam mit Balletti zurück, der mir von seiner Mutter ausrichtete, sie freue sich, daß ich so gute Bekanntschaften mache, und sie erwarte mich für den folgenden Tag zum Mittagessen. Balletti flüsterte mir zu, das sei Monsieur de Beauchamp[37], der Generalsteuereinnehmer.

Nach der Aufführung reichte ich Madame den Arm und stieg mit in ihren Wagen. Ich fand in diesem Haus den gleichen verschwenderischen Reichtum wie bei allen Leuten dieser Schicht in Paris. Große Gesellschaft, angeregte Geselligkeit und große Heiterkeit bei Tisch. Eine Stunde nach Mitternacht hob man die Tafel auf und ließ mich nach Hause bringen. Das Haus stand mir während der ganzen Zeit meines Aufenthalts in Paris offen, und das half mir sehr. Wer behauptet, daß ein Ausländer sich die ersten vierzehn Tage nach seiner Ankunft in Paris langweilt, sagt die Wahrheit, denn um sich einzuführen, braucht es seine Zeit. Was mich betrifft, weiß ich, daß ich bereits nach vierundzwanzig Stunden voll in Anspruch genommen war und daß es mir dort unzweifelhaft gefiel.

[...]

Patu führte mich zu einer berühmten Opernsängerin, die unter dem Namen Le Fel der Liebling von ganz Paris und weibliches Mitglied der königlichen Musikakademie war. Sie hatte drei reizende kleine Kinder, die im Hause herumtollten.

»Ich vergöttere sie«, sagte sie.

»Die Schönheit der Gesichtszüge«, antwortete ich, »ist bei jedem der drei von anderer Art.«

»Das glaube ich gern. Der Älteste ist ein Sohn des Herzogs von Aneci, dieser hier ist vom Grafen d'Eguemont, und der Jüngste ist ein Sohn von Maisonrouge, der eben die Romainville geheiratet hat.«

»Ah, ich bitte vielmals um Entschuldigung. Ich dachte, Sie seien die Mutter von allen dreien.«

»Das bin ich auch.«

Bei diesen Worten blickte sie Patu an und stimmte mit ihm in ein Gelächter ein, das mich bis zu den Ohren rot werden ließ. Ich war ein Neuling. Ich war nicht gewohnt, eine Dame so mit den Rechten der Männer umspringen zu hören. Mademoiselle Le Fel war nicht etwa schamlos, sie war freimütig und über jedes Vorurteil erhaben. Die Herren, denen die kleinen Bastarde gehörten, ließen sie in den Händen der Mutter und zahlten dieser eine Pension für die Erziehung; die Mutter selbst hatte reichlich zu leben. So ließ mich meine Unerfahrenheit in den Pariser Sitten schwere Mißgriffe tun. Die Le Fel hätte jedem ins Gesicht gelacht, der ihr nach meinen ungeschickten Fragen noch hätte erzählen wollen, ich sei ein gescheiter Mann.

Ein anderes Mal traf ich bei Lany, dem Ballettmeister der Oper, in Begleitung ihrer Mütter vier oder fünf Mädchen, denen er Tanzunterricht gab. Sie waren etwa dreizehn oder vierzehn Jahre alt, und ihr bescheidenes Wesen ließ auf gute Erziehung schließen. Ich gab ihnen süße Worte, und bei ihren Antworten schlugen sie die Augen nieder. Eine von ihnen hatte Kopfschmerzen, und ich gab ihr Karmelitergeist zu riechen; ihre Freundin fragte sie, ob sie gut geschlafen habe.

»Das ist es nicht«, antwortete die Kleine, »ich glaube, ich bin schwanger.«

Auf diese unerwartete Antwort sagte ich wie ein rechter Tölpel:

»Ich hätte nie gedacht, daß Madame verheiratet sind.«

Sie schaute mich an; dann drehte sie sich zur andern, und beide begannen aus vollem Halse zu lachen. Ganz betreten machte ich mich davon, fest entschlossen, in Zukunft bei Mädchen vom Theater keinerlei Schamgefühl mehr zu erwarten. Sie sind stolz darauf, keins zu haben, und behandeln jeden als Dummkopf, der so etwas bei ihnen vermutet.

Patu führte mich bei allen einigermaßen bekannten Freudenmädchen von Paris ein; er liebte das schöne Geschlecht ebensosehr wie ich, war aber zu seinem Unglück körperlich nicht so kräftig und bezahlte mit seinem Leben. Hätte er länger gelebt, wäre er an Voltaires Stelle getreten. Er starb im Alter von dreißig Jahren in St.-Jean-de-Maurienne, als er von Rom zurück nach Frankreich reiste. [...]

Patu brannte darauf, mich in die Oper zu führen, um zu sehen, wie die Aufführung auf mich wirke; denn ein Italiener muß sie ja wirklich außergewöhnlich finden. Man gab eine Oper mit dem Titel »Venezianische Feste«[38]. Ein für mich interessanter Titel. Wir zahlten vierzig Sous und gingen ins Parterre; man hat dort nur einen Stehplatz, findet aber gute Gesellschaft. Die Oper ist das Entzücken der Franzosen. »Solus Gallus cantat« (Nur der Hahn singt).

Nach einer in ihrer Art sehr schönen Symphonie, die von einem ausgezeichneten Orchester gespielt wurde, ging der Vorhang auf, und ich erblickte ein Bühnenbild, das die Piazzetta vor San Marco von der Insel San Giorgio Maggiore aus gesehen darstellte; aber zu meiner Überraschung sah ich den Dogenpalast links und die Prokuratien und den Campanile rechts. Dieser reichlich komische Fehler, eine Schande in unserem Jahrhundert, brachte mich gleich anfangs zum Lachen, und als ich es Patu sagte, mußte er auch darüber lachen. Die Musik mochte nach dem Geschmack der Alten recht schön sein und gefiel mir auch, solange sie mir neu war. Bald aber langweilte sie mich, und der Sprechgesang mit seiner Eintönigkeit und seinem zusammenhanglosen Schreien brachte mich zur Verzweiflung. Der Sprechgesang ersetzt nach Meinung der Franzosen sowohl den griechischen Chor wie auch unser Rezitativ, das sie verachten, aber nicht verachten würden, wenn sie unsere Sprache verstünden.

Den Irrtum im Bühnenbild schrieb ich der krassen Unwissenheit des Malers zu, der einen Stich schlecht kopiert hatte. Hätte er darauf Männer mit dem Degen an der rechten Seite gefunden, wäre ihm wohl auch nicht eingefallen, daß alles, was er rechts sieht, in Wirklichkeit auf der linken Seite ist.

Die Handlung spielte an einem Tag im Karneval, an dem die Venezianer maskiert über den Markusplatz schlendern; es traten Schürzenjäger, Kupplerinnen und Mädchen auf, die Intrigen knüpften und auflösten; alles an den Kostümen war falsch, aber lustig. Wirklich lachen mußte ich aber beim Anblick des Dogen und der zwölf Räte, die in wunderliche Togen gehüllt aus den Kulissen traten und die große Passacaglia[39] zu tanzen begannen. Plötzlich hörte ich Applaus im Parterre, und ein schöner, maskierter Tänzer in schwarzer Perücke mit Locken bis zum Gürtel und in einer vorn offenen, bis zu den Fersen herabreichenden Robe erschien auf der Bühne. Patu sagte mir ehrfürchtig und ergriffen, das sei der große Dupré[40]. Ich hatte von ihm gehört und paßte genau auf. Die schöne Gestalt schritt gemessen nach vorn bis an den Rand der Bühne, hob langsam die gebogenen Arme, bewegte sie anmutig, streckte sie aus, zog sie wieder an den Leib, bewegte die Füße, machte ein paar kleine Schritte, schlug die Unterschenkel zusammen, drehte eine Pirouette und verschwand schließlich rückwärts schreitend in den Kulissen. Der ganze Auftritt Duprés hatte nur dreißig Sekunden gedauert. Der Beifall vom Parterre und den Logen war allgemein; ich fragte Patu, was dieser Applaus bedeute, und er antwortete ernsthaft, man bewundere die Anmut Duprés und die göttliche Harmonie seiner Bewegungen. Er sei jetzt sechzig Jahre alt und tanze noch immer wie vor vierzig Jahren.

»Wie? Er hat nie anders getanzt?«

»Er kann nicht besser getanzt haben, denn die Darbietung, die du gesehen hast, ist vollendet. Was könnte wohl die Vollendung übertreffen? Er macht stets das gleiche, und wir finden es stets neu, so stark durchdringt die Macht des Schönen, des Guten, des Wahren die Seele. Das ist wirklicher Tanz, ein Hymnus; ihr habt in Italien keine Ahnung davon.«

Gegen Ende des zweiten Aktes erschien Dupré erneut, selbstverständlich wieder mit einer Maske vor dem Gesicht, und tanzte zu einer anderen Melodie, jedoch meiner Ansicht nach das gleiche wie vorhin. Er trat zum Orchester vor, und seine, wie ich zugeben muß, wohlgebaute Gestalt verharrte dort einen Augenblick in Ruhe; plötzlich hörte ich hundert Stimmen im Parterre leise flüstern:

»O Gott, o Gott, er wächst, er wächst!«

Tatsächlich schien sein Körper dehnbar zu sein und bei seinen Bewegungen immer größer zu werden. Ich pflichtete Patu bei, daß alles recht anmutig sei, und er war sichtlich befriedigt. Gleich nach Dupré kam eine Tänzerin, die wie wild mit raschen Luftsprüngen nach rechts und links auf der ganzen Bühne herumwirbelte, ohne allerdings sehr hoch zu springen; sie erntete stürmischen Beifall.

»Das ist die berühmte Camargo[41]; du bist gerade rechtzeitig nach Paris gekommen, um sie zu sehen. Sie ist ebenfalls sechzig Jahre alt und die erste Tänzerin, die Sprünge gewagt hat. Vor ihr sprangen die Tänzerinnen nie; das Erstaunlichste ist, daß sie keine Hose trägt.«

»Pardon, das habe ich gesehen!«

»Was hast du gesehen? Ihre Haut ist allerdings nicht mehr weiß.«

»Die Camargo«, sagte ich in entschuldigendem Ton, »gefällt mir nicht; Dupré ist mir lieber.«

Ein sehr alter Verehrer zu meinen Linken sagte, in ihrer Jugend habe sie die Pirouette und sogar die Gargouillade[42] gezeigt; er habe aber nie ihre Schenkel gesehen, obwohl sie ohne Hose tanzte.

»Aber wenn Sie nie ihre Schenkel gesehen haben, wie können Sie dann schwören, daß sie keine Hose anhatte?«

»Oh, solche Dinge erfährt man. Ich sehe, der Herr ist hier fremd.«

»Was das betrifft, ja.«

Gut gefiel mir in der französischen Oper die Exaktheit beim Szenenwechsel auf ein Pfeifsignal hin, auch der Einsatz des Orchesters mit dem gleichen Bogenstrich. Aber der dirigierende Komponist mit seinem Stab in der Hand und seinen heftigen Bewegungen nach rechts und links, als müsse er die einzelnen Instrumente durch Zugleinen betätigen, stieß mich ab. Ich empfand es auch als angenehm, daß alle Zuschauer still waren. In Italien ist man mit Recht über den unverschämten Lärm empört, der während des Gesanges herrscht; dort muß man dann über das andächtige Schweigen lachen, das man beim Auftritt des Balletts wahrt. Es gibt keinen Ort auf der ganzen Welt, an dem ein Fremder nicht irgendwelche Seltsamkeiten beobachten kann; den Einheimischen fallen sie allerdings nicht auf.

Die Comédie Française[43] befriedigte mich sehr. Am liebsten ging ich dann hin, wenn man alte Stücke spielte und es keine zweihundert Zuschauer gab. Ich sah »Le Misanthrope«, »L'Avare«, »Le Joueur«, »Le Glorieux«[44] und stellte mir dabei vor, ich sähe die Erstaufführung. Ich war noch rechtzeitig nach Paris gekommen, um Sarrazin, Grandval, seine Frau, die Dangeville, die Dumesnil, die Gaussin, die Clairon und Préville zu sehen, auch mehrere Schauspielerinnen, die nach ihrem Abschied vom Theater von ihren Pensionen lebten, darunter die Le Vasseur.

Ich unterhielt mich gern mit ihnen, denn sie erzählten mir die köstlichsten Anekdoten. Außerdem waren sie überaus hilfsbereit. Man gab eine Tragödie, in der eine hübsche Schauspielerin die stumme Rolle einer Priesterin zu spielen hatte.

»Wie hübsch sie ist«, sagte ich zu einer dieser Matronen.

»Ja, sie ist zum Anbeißen. Sie ist die Tochter des Schauspielers, der die Rolle des ›Confidente‹ hat. Im Umgang ist sie sehr nett, und ihre Zukunft ist vielversprechend.«

»Ich würde gern ihre Bekanntschaft machen.«

»Guter Gott, das ist nicht schwierig. Ihr Vater und ihre

Mutter sind die Anständigkeit in Person; ich bin davon überzeugt, daß sie sich über eine Einladung zum Souper freuen werden und Ihnen nicht lästig fallen. Die beiden gehen gewiß schlafen und lassen Sie bei Tisch mit der Kleinen plaudern, solange Sie wollen. Sie sind in Frankreich, wo man den Wert des Lebens kennt und versucht, es zu genießen. Wir lieben die Freuden und schätzen uns glücklich, wenn wir sie jemandem bereiten können.«

»Diese Einstellung ist wunderbar, aber wie könnte ich mich erkühnen, ehrenwerte Leute, die mich nicht kennen, zum Abendessen einzuladen?«

»Guter Gott, was reden Sie da? Wir kennen jedermann. Sie sehen doch, wie ich Sie behandle. Tue ich vielleicht so, als kennte ich Sie nicht? Nach der Aufführung werde ich Sie vorstellen.«

»Ich möchte Sie bitten, mir diese Ehre ein anderes Mal zu erweisen.«

»Wann immer es Ihnen recht ist.«

Alle italienischen Schauspieler in Paris wollten mir ihre Freigebigkeit beweisen. Sie luden mich zu Mahlzeiten ein und bewirteten mich festlich. Carlino Bertinazzi, der Harlekin, den ganz Paris vergötterte, erinnerte mich daran, daß er mich vor dreizehn Jahren in Padua getroffen hatte, als er mit meiner Mutter aus Petersburg kam. Er gab mir ein schönes Mittagessen bei Madame de La Caillerie[45], in deren Haus er wohnte. Seine Hausfrau war in ihn verliebt. Sie hatte vier Kinder, die im Haus herumtollten; ich machte ihrem Gatten Komplimente über die Anmut der Kleinen, und der Gatte erwiderte mir, sie gehörten Carlino.

»Das mag wohl sein, aber einstweilen stehen sie in Ihrer Obhut; sie werden Sie für ihren Vater halten und Ihren Namen tragen.«

»Gewiß, das gehört sich so; aber Carlino ist auch anständig genug, sich ihrer anzunehmen, wenn es mir in den Sinn käme, mich von ihnen loszusagen. Er weiß genau, daß sie von ihm sind, und meine Frau würde sich als erste entrüsten, wenn er es nicht zugäbe.«

So dachte dieser wackere Mann, und das sagte er auch in aller Ruhe. Er liebte Carlino ebensosehr, wie seine Frau es tat, mit dem einzigen Unterschied, daß seine Zärtlichkeiten nicht dazu angetan waren, Kinder hervorzubringen. Derartige Verhältnisse sind bei einer gewissen Art von Leuten in Paris nicht selten. Zwei der vornehmsten Adligen Frankreichs vertauschten in bestem Einvernehmen ihre Frauen und hatten Kinder, die nicht den Namen ihres wirklichen Vaters, sondern den des Gatten ihrer Mutter trugen; das geschah vor nicht einmal einem Jahrhundert, [...] und die Nachkommen dieser Kinder tragen heute den gleichen Namen. Wer Bescheid weiß, lacht darüber; aber nur wer zu denen gehört, die die Hintergründe kennen, hat das Recht zu lachen.

Der wohlhabendste unter den italienischen Schauspielern war Pantalone[46], der Vater von Coralina und Camilla; außerdem verstand und betrieb er das Gewerbe eines Pfandleihers. Er wollte mich zu einem Essen im Kreis der Familie einladen. Die beiden Schwestern bezauberten mich. Coralina wurde vom Fürsten von Monaco, dem Sohn des Herzogs von Valentinois, der damals noch lebte, ausgehalten, und Camilla liebte den Grafen von Melfort, den Günstling der Herzogin von Chartres, die durch den Tod ihres Schwiegervaters gerade Herzogin von Orléans geworden war.

Coralina war nicht so lebhaft wie Camilla, aber sie war hübscher; ich begann, ihr außerhalb der üblichen Zeit als Lückenbüßer meine Aufwartung zu machen. Aber diese Stunden gehörten auch meinem Widersacher; so befand ich mich einige Male gerade zu der Zeit bei ihr, als der Fürst zu Besuch kam. Bei den ersten Zusammentreffen machte ich einen Kratzfuß und empfahl mich; später aber bat man mich dazubleiben, denn die Fürsten wissen meistens nicht, was sie allein mit ihren Mätressen anfangen sollen. Wir speisten zu dritt; ihre Rolle war, mich anzusehen, mir zuzuhören und zu lachen, die meine, zu essen und zu reden.

Ich hielt mich für verpflichtet, dem Fürsten im Palais Matignon in der Rue de Varenne meine Aufwartung zu machen. »Ich freue mich, daß Sie gekommen sind«, sagte er eines Morgens, »denn ich habe der Herzogin von Ruffec versprochen, Sie zu ihr zu bringen; wir fahren gleich hin.«

Also noch eine Herzogin. Mehr begehrte ich nicht. Wir stiegen in einen neumodischen Wagen, den man »Diable«[47] nannte, und um elf Uhr vormittags waren wir bei der Herzogin. Ich erblickte eine Frau von sechzig Jahren, mit einem Gesicht voll Rouge, mit blaurotem Teint, mager, häßlich und verwelkt; sie saß in anstößiger Haltung auf einem Sofa und rief bei meinem Anblick aus:

»Ah, was für ein hübsches Bürschchen! Fürst, du bist ein Schatz. Komm, setz dich her, mein junger Freund.«

Völlig verdutzt gehorchte ich und fühlte mich sogleich durch einen unausstehlichen Moschusgestank abgestoßen. Mein Blick fiel auf einen abscheulichen Busen, den das Scheusal zur Gänze zeigte; Schönheitspflaster verdeckten die zahlreichen Pickel. Wo war ich hingeraten? Der Fürst empfahl sich und sagte, er werde mir seinen Wagen in einer halben Stunde wieder schicken, und er erwarte mich bei Coralina.

Kaum war der Prinz fort, überfiel mich dieser Drache mit zwei geifernden Lippen, die sich mir zu einem Kusse boten, den ich vielleicht hätte hinunterschlucken müssen; aber im gleichen Augenblick faßte sie mit ihrer knochigen Hand dorthin, wonach ihre schändliche Seele in höllischer Tollheit gierte, und sagte:

»Laß mich sehen, hast du einen schönen …?«

»Mein Gott! Aber Madame!«

»Was, du willst nicht? Sei doch nicht kindisch!«

»Doch, Madame, weil …«

»Was denn?«

»Ich habe, ich kann nicht, ich wage nicht …«

»Was hast du?«

»Ich habe den Tr …«

»O du elendes Schwein!«

Wütend erhob sie sich und ich mich auch; ich machte, daß ich schnellstens zur Tür hinaus und aus dem Hause kam, aus Angst, der Türhüter könnte mich noch aufhalten. Ich nahm einen Fiaker, um Coralina das finstere Abenteuer mit entsprechenden Ausdrücken zu erzählen. Sie lachte ausgiebig darüber, pflichtete mir aber auch bei, daß der Fürst mir einen üblen Streich gespielt habe. Sie lobte die Geistesgegenwart, mit der ich mich aus der leidigen Affäre gezogen hatte; aber sie gab mir keine Gelegenheit, sie davon zu überzeugen, daß ich der Herzogin nur etwas vorgeschwindelt hatte. Trotzdem gab ich die Hoffnung nicht auf. Ich wußte, daß ich mich in ihren Augen zuwenig verliebt zeigte.

Drei oder vier Tage später schüttete ich ihr beim Abendessen mein Herz aus und bat mit so eindeutigen Worten um meinen Abschied, daß sie mir für den folgenden Tag den Lohn für meine Zärtlichkeit verhieß.

»Der Fürst von Monaco«, sagte sie, »wird erst übermorgen von Versailles zurückkommen. Wir fahren morgen zum Wildgehege[48], essen zusammen, veranstalten eine Frettchenjagd und kehren zufrieden nach Paris zurück.«

»Ausgezeichnet.«

Am nächsten Morgen bestiegen wir um zehn Uhr einen Wagen und waren bald an der Schranke von Vaugirard[49]. Eben als wir sie passierten, rief jemand aus einem entgegenkommenden Zweisitzer mit einem seltsam livrierten Kutscher: »Halt, halt!«

Es war der Freiherr von Württemberg, der mich keines Blickes würdigte und sogleich Coralina Schmeicheleien sagte. Dann streckte er seinen Kopf ganz heraus und flüsterte ihr etwas ins Ohr; sie antwortete auf die gleiche Weise, er sprach weiter auf sie ein, sie dachte ein wenig nach, schließlich griff sie fröhlich lachend nach meiner Hand und sagte:

»Ich habe ein wichtiges Geschäft mit dem Fürsten; fahren Sie zum Gehege, lieber Freund, essen Sie dort, jagen Sie, und kommen Sie morgen zu mir.«

Mit diesen Worten stieg sie aus, nahm in dem Zweisitzer Platz und ließ mich stehen.

Dem Leser, der sich je in einer solchen Situation befunden hat, brauche ich den Zorn nicht näher zu beschreiben, der in diesem empörenden Augenblick in mir kochte; und dem, der so etwas nie erlebt hat, wüßte ich ihn nicht zu beschreiben. Ich wollte keinen Augenblick länger in diesem verfluchten Wagen bleiben und sagte dem Diener, er solle sich zu allen Teufeln scheren. Ich nahm den erstbesten Fiaker, den ich fand, und fuhr zu Patu, dem ich wutschnaubend mein Erlebnis erzählte. Patu fand das Erlebnis komisch, keineswegs neu und völlig in der Ordnung.

»Inwiefern denn das?«

»Nun, weil jeder Schürzenjäger zwangsläufig das gleiche erlebt und, wenn er klug ist, sich mit den Schattenseiten abfindet. Ich meinerseits beneide dich um ein derartiges Mißgeschick; ich hätte nichts dagegen, morgen eines zu erleben. Ich beglückwünsche dich. Morgen gehört Coralina bestimmt dir.«

»Ich will sie nicht mehr.«

»Das ist etwas anderes. Wollen wir ins Hôtel du Roule zum Essen fahren?«

»Nichts lieber als das. Ein ausgezeichneter Gedanke. Fahren wir hin.«

Das Hôtel du Roule war in Paris berühmt. In den zwei Monaten, die ich hier war, hatte ich es noch nie gesehen und war schon sehr neugierig darauf. Die Leiterin, die das Haus gemietet und sehr gut eingerichtet hatte, unterhielt dort zwölf oder vierzehn ausgesuchte Mädchen. Sie hatte einen guten Koch, gute Weine, ausgezeichnete Betten und hieß jeden willkommen, der zu Besuch kam. Sie nannte sich Madame Paris und war Liebkind bei der Polizei. Das Haus stand etwas außerhalb von Paris; so hatte sie die Gewißheit, daß nur vornehmere Gäste zu ihr kamen, denn es war zu weit, um zu Fuß hinzugehen. Alles war bei ihr ausgezeichnet geregelt; jedes Vergnügen hatte einen festen, keineswegs hohen Preis. Man zahlte sechs Francs für ein Mittagessen mit einem Mädchen, zwölf Francs für ein Abendessen und einen Louis für ein Souper mit Übernachtung. Es war ein wohlgeordnetes Haus, von dem man nur mit Bewunderung sprach. Ich konnte kaum erwarten hinzukommen und hielt es für viel besser als das Gehege.

Wir stiegen in einen Fiaker. Patu sagte zum Kutscher:

»Zur Porte Chaillot.«

»Sehr wohl, der Herr.«

Nach einer halben Stunde waren wir dort. Wir hielten vor einer Toreinfahrt, über der ich las »Hôtel du Roule«. Das Tor war geschlossen. Ein schnauzbärtiger Diener trat aus einer Hintertür, um uns zu mustern. Zufrieden mit unserem Aussehen öffnete er. Wir schickten den Fiaker fort und traten ein. Eine gutgekleidete, höfliche Frau mit nur einem Auge, die fünfzig Jahre zählen mochte, fragte uns, ob wir gekommen seien, um bei ihr zu speisen und die Damen ihrer Gesellschaft zu sehen. Wir bejahten, und sie führte uns in eine Halle, wo wir vierzehn einheitlich in weißen Musselin gekleidete Mädchen erblickten; sie saßen im Halbkreis, jede mit einer Stickarbeit beschäftigt, erhoben sich bei unserem Eintreten und machten uns zugleich eine tiefe Verbeugung. Alle waren gut frisiert, alle fast von gleichem Alter und alle sehr hübsch, mochten sie nun groß, mittel oder klein, brünett, blond oder dunkelhaarig sein. Wir musterten sie der Reihe nach und wechselten mit jeder drei oder vier Worte; im gleichen Augenblick, als Patu die seine erwählte, bemächtigte ich mich der meinen. Die zwei Auserwählten stießen einen Freudenschrei aus, sprangen uns in die Arme und führten uns aus der Halle, um uns den Garten zu zeigen, bis man uns zum Essen rufe. Madame Paris verließ uns mit den Worten:

»Ergehen Sie sich in meinem Garten, meine Herren, genießen Sie die gute Luft, den Frieden, die Ruhe und die Stille, die in meinem Hause herrschen; ich bürge für einwandfreie Gesundheit der Mädchen, die Sie gewählt haben.«

Nach einem kurzen Spaziergang führte jeder von uns die

seine in ein Zimmer zu ebener Erde. Meine Erwählte hatte etwas von der Art Coralinas; so erwies ich ihr gleich meine Schuldigkeit. Man rief uns zu Tisch, wo wir recht gut speisten, aber kaum hatten wir den Kaffee getrunken, erschien schon die Einäugige mit der Uhr in der Hand, rief die zwei Mädchen und sagte, unsere Runde sei zu Ende, aber wir könnten uns gegen weitere sechs Francs bis zum Abend unterhalten. Patu antwortete, das wolle er gern, er wolle aber eine andere wählen; ich schloß mich seiner Ansicht an. »Gut, das steht Ihnen frei.«

Wir kehrten also in das Serail zurück, wählten von neuem und gingen wieder spazieren. Wie nicht anders zu erwarten, wurde uns auch bei diesem zweiten Gefecht die Zeit zu kurz. Man verkündete uns das Ende zu ungelegener Zeit, aber wir mußten uns fügen und den Gesetzen gehorchen. Ich nahm Patu beiseite, und, philosophisch betrachtet, fanden wir diese nach der Uhr bemessenen Freuden sehr unvollkommen.

»Gehen wir also noch einmal ins Serail«, sagte ich, »suchen wir uns eine dritte und vergewissern wir uns, daß wir sie bis morgen zur Verfügung haben.«

Patu fand den Plan nach seinem Geschmack, und wir teilten ihn gleich der Äbtissin mit, die uns daraufhin für verständige Leute hielt. Als wir aber wieder in die Halle traten, um eine neue Wahl zu treffen, und jene, die wir bereits gehabt hatten, dabei ausschlossen, hatten sie die Neckereien der anderen zu erdulden; um sich zu rächen, fauchten sie uns an und nannten uns Tölpel.

Ich war ganz überrascht, als ich die dritte entdeckte, denn sie war eine Schönheit. Ich dankte dem Himmel, daß sie mir vorhin entgangen war, denn nun war ich sicher, sie für vierzehn Stunden zu besitzen. Sie nannte sich St.-Hilaire; unter dem gleichen Namen wurde sie ein Jahr später durch einen Lord bekannt, der sie nach England entführte. Sie blickte mich stolz und voll Verachtung an. Ich mußte beim Spazierengehen mehr als eine Stunde darauf verwenden, sie zu besänftigen. Sie fand mich nicht würdig, mit ihr zu schlafen, weil ich so unverschämt gewesen war, sie weder beim ersten noch beim zweiten Male zu nehmen. Als ich ihr aber bewies, daß wir gerade durch meine Unaufmerksamkeit beide gewännen, begann sie zu lachen und wurde sehr nett zu mir. Das Mädchen besaß Verstand, Bildung und alles, was es brauchte, um in dem von ihm gewählten Beruf sein Glück zu machen. Beim Souper sagte mir Patu auf italienisch, ich sei ihm nur um eine Nasenlänge zuvorgekommen, aber er wolle die St.-Hilaire fünf oder sechs Tage später für sich wählen. Er versicherte mir am nächsten Morgen, er habe die ganze Nacht nur geschlafen; ich aber tat es ihm keineswegs gleich. Das Mädchen war mit mir sehr zufrieden und brüstete sich damit vor ihren Freundinnen. Ich kehrte noch mehr als zehnmal bei Madame Paris ein, bevor ich nach Fontainebleau ging, und ich brachte es nicht über mich, eine andere zu nehmen. Die St.-Hilaire war stolz darauf, daß sie es verstanden hatte, mich zu fesseln.

Das Hôtel du Roule war der Grund dafür, daß mein Werben um Coralina erkaltete. [...]

König Ludwig XV., der die Jagd leidenschaftlich liebte, war gewohnt, jeden Herbst sechs Wochen in Fontainebleau[50] zu verbringen. Mitte November war er stets wieder zurück in Versailles. Diese Reise kostete ihn fünf Millionen, denn er nahm alles mit, was zum Vergnügen der ganzen ausländischen Gesandten und des Hofes beitragen konnte. Die französischen und italienischen Schauspieler und auch die Sänger und Sängerinnen der Oper bestellte er dorthin. Fontainebleau überstrahlte in diesen sechs Wochen Versailles bei weitem. Trotzdem blieb die große Stadt Paris nicht ohne Aufführungen. Man spielte sowohl Opern wie auch französische und italienische Komödien, denn es gab genügend Schauspieler, so daß sich der eine oder andere ersetzen ließ.

Mario, Ballettis Vater, der wieder vollkommen genesen war, sollte mit seiner Frau Silvia und der ganzen Familie hinfahren; er lud mich ein, mitzukommen und in dem Haus zu wohnen, das er gemietet hatte, und ich nahm gern an. Ich hätte keine schönere Gelegenheit finden können, um den ganzen Hof Ludwigs XV. und alle ausländischen Gesandten kennenzulernen. Daher machte ich Signor Morosini meine Aufwartung, dem heutigen Prokurator von San Marco, damals Gesandter der Republik Venedig beim König von Frankreich[51]. Am ersten Tag, als man eine Oper spielte, gestattete er mir, ihn zu begleiten; die Musik war von Lulli[52]. Ich saß im Parkett, genau unter der Loge der Madame de Pompadour[53], die ich nicht kannte. Gleich in der ersten Szene erschien die berühmte Le Maure[54] auf der Bühne und stieß beim zweiten Vers einen so lauten und unerwarteten Schrei aus, daß ich glaubte, sie sei verrückt geworden; unbefangen lachte ich kurz hellauf, ohne zu ahnen, daß man es mir übelnehmen könne. Ein Blaubebänderter[55], der neben der Marquise saß, fragte mich streng, aus welchem Lande ich sei; ich antwortete ihm trocken, ich sei aus Venedig.

»Als ich in Venedig war, habe ich beim Rezitativ Ihrer Opern auch sehr gelacht.«

»Ich glaube es gern, und ich bin auch davon überzeugt, daß es niemandem eingefallen ist, Sie daran zu hindern.«

Meine etwas unverfrorene Antwort brachte Madame de Pompadour zum Lachen, und sie fragte mich, ob ich wirklich von da unten sei.

»Von wo?«

»Aus Venedig.«

»Venedig ist nicht da unten; es ist da oben.«

Man fand diese Antwort noch ungewöhnlicher als die erste, und die ganze Loge beratschlagte, um herauszubringen, ob Venedig da unten oder da oben sei. Man fand anscheinend, daß ich recht hatte, und man ließ mich in Ruhe. Ich lauschte der Oper, ohne zu lachen, aber da ich erkältet war, schneuzte ich mich allzuoft. Der gleiche Blaubebänderte, von dem ich nicht wußte, daß er der Marschall von Richelieu[56] war, sagte zu mir, anscheinend schlössen die Fenster meines Zimmers nicht gut!

»Ich bitte um Verzeihung, sie sind sogar luftdicht zugestopft.«

Da gab es ein großes Gelächter, und ich schämte mich, weil ich merkte, daß ich das letzte Wort durch schlechte Aussprache übel verdreht hatte[57]. Ich machte einen sehr betretenen Eindruck. Eine halbe Stunde später fragte mich Monsieur de Richelieu, welche der beiden Schauspielerinnen mir in bezug auf Schönheit besser gefalle.

»Diese dort.«

»Sie hat häßliche Beine.«

»Man sieht sie ja nicht; außerdem sind die Beine einer Frau das erste, was ich beiseite schiebe[58], wenn ich ihre Schönheit beurteilen will.«

Dieses unfreiwillige und ungeahnt kräftige Bonmot machte mich interessant und ließ die Gesellschaft in der Loge auf mich neugierig werden. Wer ich war, erfuhr der Marschall von Signor Morosini selbst, der mir sagte, ich solle ihm doch meine Aufwartung machen. Mein Bonmot machte die Runde, und Monsieur de Richelieu bereitete mir einen huldvollen Empfang. Unter den ausländischen Gesandten schloß ich mich vor allem dem Marschall von Schottland Lord Keith[59] an, der den König von Preußen vertrat. Ich werde noch von ihm zu sprechen haben.

Am zweiten Tag meiner Ankunft in Fontainebleau begab ich mich allein an den Hof. Ich sah den schönen König, als er zur Messe ging, dazu die ganze königliche Familie und alle Hofdamen, die mich durch ihre Häßlichkeit ebenso überraschten wie die am Hofe von Turin durch ihre Schönheit. Als ich jedoch unter so vielen häßlichen Wesen eine auffallende Schönheit erblickte, fragte ich jemanden nach dem Namen der Dame.

»Das ist Madame de Brionne, deren Tugend noch ihre Schönheit übertrifft; denn es gibt nicht nur keine Geschichten über sie, sondern sie hat auch bösen Zungen nie Anlaß gegeben, solche zu erfinden.«

»Vielleicht hat man nur nichts davon erfahren.«

»Ach, am Hof erfährt man alles.«

Ich streifte allein umher bis in die eigentlichen königlichen Gemächer, als ich plötzlich zehn oder zwölf häßliche Damen erblickte, die mehr zu laufen als zu gehen schienen, und das so ungeschickt, als würden sie gleich mit dem Gesicht vornüber hinfallen. Ich fragte, woher sie kämen und weshalb sie so ungeschickt gingen.

»Sie kommen aus den Gemächern der Königin, die sich zu Tisch begibt, und sie gehen so schlecht, weil die Absätze ihrer Pantoffeln einen halben Fuß[60] hoch sind, so daß sie mit krummen Knien gehen müssen.«

»Weshalb tragen sie nicht niedrigere Absätze?«

»Weil sie glauben, sie sähen so größer aus.«

Ich betrat eine Galerie und sah den König vorübergehen. Er stützte sich mit einem Arm auf die Schultern von Monsieur d'Argenson[61]. Der Kopf Ludwigs XV. war hinreißend schön und saß in idealer Weise auf seinem Nacken. Kein noch so geschickter Maler hat je die Kopfwendung des Monarchen auf die Leinwand zu bannen vermocht, wenn er sich jemandem zuwandte, um ihn anzusehen. Man fühlte sich unwillentlich sofort von Liebe zu ihm erfüllt. Damals glaubte ich, die Majestät zu finden, die ich in den Zügen des Königs von Sardinien vergeblich gesucht hatte. Ich war ganz sicher, daß Madame de Pompadour sich in dieses Antlitz verliebt hatte, als es ihr gelungen war, sich seine Bekanntschaft zu verschaffen. Das war vielleicht nicht wahr, aber das Gesicht Ludwigs XV. zwang den Betrachter, so zu denken[62].

Ich betrat einen Saal, in dem zehn oder zwölf Höflinge herumstanden, und sah eine Tafel, groß genug für zwölf, die zur Mahlzeit gedeckt war, aber nur für eine Person.

»Für wen ist diese Tafel?«

»Für die Königin, die gleich speisen wird. Da ist sie schon.«

Die Königin von Frankreich[63] erschien ohne Rouge, mit einer großen Haube, und sah alt und fromm aus. Sie dankte zwei Nonnen, die einen Teller mit frischer Butter auf den

Tisch stellten, und setzte sich. Die zehn oder zwölf Höflinge, die bisher auf und ab gegangen waren, stellten sich zehn Schritt vom Tisch entfernt im Halbkreis auf; ich gesellte mich in tiefstem Schweigen zu ihnen.

Die Königin begann zu essen, ohne jemanden anzusehen oder die Augen vom Teller zu erheben. Sie hatte von einem Gericht gegessen, und da es ihr schmeckte, nahm sie noch einmal davon. Dabei musterte sie jedoch alle Anwesenden, anscheinend um zu sehen, ob sie einem von ihnen Rechenschaft über ihre Naschhaftigkeit geben müsse. Sie fand einen und richtete das Wort an ihn:

»Monsieur de Lowendal[64]! «

Auf diese Anrede hin verbeugte sich ein stattlicher, mich um zwei Zoll überragender Herr, trat drei Schritte zum Tisch und antwortete:

»Madame?«

»Ich glaube, das Hühnerfrikassee ist jedem anderen Ragout vorzuziehen.«

»Ich bin der gleichen Meinung, Madame.«

Nach dieser im ernstesten Ton gegebenen Antwort aß die Königin weiter, Monsieur de Lowendal trat drei Schritte zurück und stellte sich wieder an seinen Platz. Die Königin sagte kein Wort mehr, aß zu Ende und kehrte in ihre Gemächer zurück.

Neugierig wie ich war, den berühmten Eroberer von Bergen-op-Zoom[65] kennenzulernen, freute ich mich sehr, diese Gelegenheit gefunden zu haben. Als die Königin von Frankreich ihn über die Güte eines Hühnerfrikassees zu Rate zog, tat er seine Ansicht im gleichen Ton kund wie ein Kriegsrat ein Todesurteil ausspricht. Um diese Anekdote reicher, gab ich sie bei Silvia während eines eleganten Essens, bei dem sich die Blüte der guten Gesellschaft eingefunden hatte, zum besten.

[...]

In Paris nahm ich weiterhin Stunden beim alten Crébillon;

dennoch ließ mich meine mit Italianismen gespickte Sprechweise in Gesellschaft häufig Dinge sagen, die ich nicht meinte, und fast tagtäglich kamen bei meinen Reden sehr naseweise Scherze heraus, die man sich nachher weitererzählte. Meine Redeweise beeinträchtigte jedoch nicht die gute Meinung, die man sich über meine Geistesgaben bilden mochte, im Gegenteil, sie verschaffte mir angenehme Bekanntschaften. […]

Im Foyer der Italienischen Komödie finden sich während der Pausen die höchsten Herren ein, im Winter, um sich aufzuwärmen, und das ganze Jahr über, um sich mit den Schauspielerinnen zu unterhalten, die dort herumsitzen und warten, bis sie mit der Rolle, die sie spielen, an der Reihe sind. Ich saß bei Camilla, der Schwester Coralinas, und sagte ihr Schmeicheleien. Ein junger Ratsherr verübelte mir, daß ich sie mit Beschlag belegt hatte, griff mit anmaßenden Worten meine Ansicht über ein italienisches Stück an und ließ seine schlechte Laune allzu deutlich in einer abfälligen Kritik an meinem Volk aus. Ich ließ sie von mir abprallen, ohne meinen Blick von Camilla zu wenden, die darüber lachte. Die Umstehenden verfolgten gespannt den Angriff, der bislang nur geistreich und nicht weiter beunruhigend war. Es schien aber ernst zu werden, als der Stutzer das Thema der Sicherheit in der Stadt anschnitt und behauptete, seit einiger Zeit sei es gefährlich, bei Nacht zu Fuß durch Paris zu gehen.

»Letzten Monat«, sagte er, »sah man auf der Place de la Grève sieben Gehenkte, darunter fünf Italiener. Das ist erstaunlich.«

»Keineswegs erstaunlich«, antwortete ich, »denn anständige Leute gehen ins Ausland, um sich aufhängen zu lassen. Das bewiesen die sechzig Franzosen, die im Lauf des letzten Jahres zwischen Neapel, Rom und Venedig aufgeknüpft wurden. Fünf mal zwölf macht sechzig, Sie sehen also, es war nur ein Tauschgeschäft.«

Ich hatte die Lacher alle auf meiner Seite, und der junge Ratsherr machte sich fort. Ein freundlicher Herr, dem meine

Antwort gefiel, trat zu Camilla und fragte sie ins Ohr, wer ich sei, und so wurde ich mit Monsieur de Marigny[66] bekannt, dem Bruder von Madame la Marquise.

[...]

Der Herzog von Matalona machte mich mit den Fürsten Don Marcantonio und Don Giambattista Borghese[67] aus Rom bekannt, die sich in Paris vergnügten und ohne großen Aufwand dort lebten. Mir fiel auf, daß man die römischen Fürsten, als sie bei Hof vorgestellt wurden, nur mit dem Titel eines Marquis anerkannte. Aus dem gleichen Grund wollte man auch den russischen Fürsten bei der Vorstellung nicht den Fürstentitel zugestehen; man nannte sie »Knez[68]«. Ihnen war es gleich, denn das Wort bedeutet Fürst. Der französische Hof nahm es stets mit den Titeln sehr genau. Um das festzustellen, genügt es, die Gazetten zu lesen. Man geizt mit dem Titel »Monsieur«, der sonst gang und gäbe ist; man sagt »Sieur« zu jedermann, der nicht von Stand ist. Ich beobachtete, daß der König keinen seiner Bischöfe als Bischof anredete, er nannte sie Abbé. Er tat auch, als kenne er keinen Adligen des Landes, wenn er dessen Namen nicht in der Liste jener fand, die in seinen Diensten standen.

Die Unnahbarkeit Ludwigs XV. war jedoch nur das Ergebnis seiner Erziehung, sie war ihm nicht angeboren. Wenn ein Gesandter ihm jemanden vorstellte, kehrte der Vorgestellte mit dem sicheren Bewußtsein nach Hause zurück, daß der König ihn gesehen hatte, und das war alles. Er war der höflichste unter allen Franzosen, in erster Linie im Umgang mit Damen und auch in der Öffentlichkeit mit seinen Mätressen; wer es ihnen gegenüber im geringsten an Achtung fehlen ließ, fiel bei ihm in Ungnade. Und niemand besaß mehr als er die königliche Gabe der Verstellung, der getreulichen Bewahrung eines Geheimnisses. Er freute sich, wenn er sicher war, daß er etwas wußte, was allen anderen unbekannt war. Daß Monsieur d'Éon eine Frau war[69], ist ein kleines Beispiel dafür. Der König allein wußte und hatte immer gewußt, daß es sich um eine Frau handelte, und der ganze Streit dieses falschen Edelmannes mit dem Außenministerium war eine richtige Komödie, die der König zu seiner Belustigung bis zu Ende spielen ließ.

Ludwig XV. war in jeder Hinsicht groß, und er hätte keinen Fehler gehabt, wenn die Schmeichelei ihn nicht dazu gezwungen hätte. Wie konnte er seine Fehler erkennen, wenn man ihm stets sagte, er sei der trefflichste aller Könige? Die Fürstin von Ardore brachte damals einen Knaben zur Welt. Ihr Gatte, der Gesandte von Neapel, wünschte Ludwig XV. als Paten, und der König war gern dazu bereit. Das Patengeschenk war ein Regiment. Die Wöchnerin wollte davon nichts wissen, denn sie konnte das Militär nicht leiden. Monsieur de Richelieu erzählte mir, er habe den König noch nie so lachen gesehen wie damals, als er von dieser Weigerung erfuhr.

[...]

Die jüngere Tochter von Madame Quinson, bei der ich wohnte, kam oft ungerufen in mein Zimmer, und da ich merkte, daß sie mich liebte, wäre ich mir täppisch vorgekommen, hätte ich mir einfallen lassen, den Grausamen zu spielen, um so mehr, als es ihr nicht an Reizen fehlte. Sie hatte eine hübsche Stimme, las alle neuen Broschüren und plauderte über alles und jedes in einer entzückenden Lebhaftigkeit. Sei stand im köstlichen Alter von fünfzehn oder sechzehn Jahren.

Während der ersten vier oder fünf Monate gab es zwischen ihr und mir nur unschuldige Spiele; aber als ich eines Abends zufällig sehr spät nach Hause kam, fand ich sie schlafend auf meinem Bett. Neugierig, ob sie wohl erwachen würde, kleidete ich mich ganz allein aus und legte mich zu ihr; das Weitere versteht sich von selbst. Am frühen Morgen ging sie hinunter, um sich wieder in ihr eigenes Bett zu legen. Sie hieß Mimi. Zwei oder drei Stunden später wollte es der Zufall, daß eine Modistin mit einem Mädchen kam, um mich zu einem

Frühstück aufzufordern. Das Mädchen war hübsch, aber da ich mich schon allzusehr mit Mimi beschäftigt hatte, schickte ich die beiden fort, nachdem ich eine Stunde mit ihnen plaudernd verbracht hatte. Als sie mein Zimmer verließen, erschien Madame Quinson mit Mimi, um mein Bett zu machen. Ich machte mich ans Schreiben; da hörte ich sie sagen:

»Ach, diese Weibsbilder!«

»Wen meinen Sie damit?«

»Das Rätsel ist gar nicht schwierig. Die Leintücher sind befleckt.«

»Das tut mir leid, entschuldigen Sie. Sagen Sie nichts, und tauschen Sie sie aus!«

»Nichts sagen soll ich? Die sollen nur wiederkommen!«

Sie ging hinunter, um frische Leintücher zu holen. Da Mimi blieb, warf ich ihr Unvorsichtigkeit vor; sie lachte und meinte, der Himmel habe die Unschuld des Geschehenen beschützt. Von diesem Tag an zierte sich Mimi nicht mehr; sie legte sich zu mir ins Bett, wenn es sie danach gelüstete, und ungeniert schickte ich sie fort, wenn ich nicht wollte. So lebten wir ganz friedlich miteinander. Im vierten Monat unseres Bundes teilte sie mir mit, daß sie schwanger sei; ich antwortete, ich wisse nicht, was da zu tun sei.

»Man muß sich etwas ausdenken!«

»Denk also nach!«

»Warum soll ich nachdenken? Es wird kommen, wie es kommt. Ich für meinen Teil bin entschlossen, nicht darüber nachzudenken.«

Im fünften oder sechsten Monat verriet Mimis Bauch ihrer Mutter, was geschehen war; sie packte sie bei den Haaren, schlug sie, zwang sie zum Geständnis und wollte wissen, wer schuld an dieser Leibesfülle sei. Mimi sagte, vielleicht nicht zu Unrecht, daß ich es sei.

Madame Quinson stürmte wütend in mein Zimmer herauf, warf sich in einen Lehnsessel, holte tief Atem und entlud ihren Zorn in Beschimpfungen gegen mich. Schließlich sagte sie, ich müsse mich bereit finden, ihre Tochter zu heiraten.

Bei dieser Eröffnung wurde mir klar, worum es sich handelte, und anwortete ihr, ich sei in Italien verheiratet.

»Und warum haben Sie dann meiner Tochter ein Kind gemacht?«

»Ich versichere Ihnen, daß es keineswegs meine Absicht war; und außerdem, wer sagt Ihnen, daß ich es war?«

»Mimi selbst, sie ist ganz sicher.«

»Meinen Glückwunsch. Ich meinerseits bin bereit zu schwören, daß ich nicht so sicher bin.«

»Was also?«

»Nichts also. Wenn sie schwanger ist, wird sie niederkommen.«

Mit Drohungen ging sie hinunter, und vom Fenster aus sah ich sie in einen Fiaker steigen. Am folgenden Tag erhielt ich eine Vorladung zum Bezirkskommissar[70]; ich ging hin und fand bei ihm Madame Quinson, die sich entsprechend gewappnet hatte. Der Kommissar fragte nach meinem Namen, wie lange ich schon in Paris sei und verschiedenes andere und schrieb alle meine Antworten nieder. Dann fragte er mich, ob ich zugäbe, der Tochter der hier anwesenden Dame den Schimpf angetan zu haben, dessen man mich beschuldige.

»Herr Kommissar, wollen Sie bitte die Güte haben, meine Antwort Wort für Wort niederzuschreiben.«

»Sehr wohl.«

»Ich habe Mimi, der Tochter der hier anwesenden Madame Quinson, keinen Schimpf angetan und berufe mich dabei auf Mimi selbst, die für mich die gleiche Freundschaft empfand wie ich für sie.«

»Sie sagt, Sie hatten sie geschwängert.«

»Das ist möglich, aber nicht sicher.«

»Sie sagt, sie sei sicher, weil sie mit keinem anderen Mann verkehrt habe als mit Ihnen.«

»Wenn das stimmt, ist sie zu bedauern, denn in diesen Dingen kann ein Mann nur seiner eigenen Frau glauben schenken.«

»Was haben Sie ihr gegeben, um sie zu verführen?«

»Nichts, denn verführt hat sie mich, und wir waren uns sehr rasch einig.«

»War sie Jungfrau?«

»Ich interessierte mich dafür weder vorher noch nachher; also weiß ich es nicht.«

»Ihre Mutter verlangt Genugtuung, und das Gesetz verurteilt Sie dazu.«

»Ich schulde ihr keinerlei Genugtuung; und was das Gesetz angeht, so beuge ich mich ihm ungern, sobald ich es sehen und mich davon überzeugen kann, daß ich es verletzt habe.«

»Das haben Sie bereits zugegeben. Finden Sie nicht, daß ein Mann, der in dem Haus, in dem er wohnt, einem anständigen Mädchen ein Kind anhängt, die Gesetze der Gesellschaft verletzt?«

»Sie hätten recht, wenn die Mutter dabei hintergangen wurde; aber wenn sie mir ihre Tochter in mein eigenes Zimmer schickt, muß ich da nicht annehmen, daß sie geneigt ist, ohne weiteres alle Folgen der Unterhaltung zu dulden?«

»Sie hat sie Ihnen nur zur Bedienung geschickt.«

»Sie hat mir auch gedient, so wie ich ihr in den Bedürfnissen der menschlichen Natur zu Diensten stand; und wenn man sie mir heute abend schickt, werde ich es vielleicht wieder tun, wenn es Mimi recht ist. Nichts geschieht unter Zwang oder außerhalb meines Zimmers, dessen Miete ich stets pünktlich entrichtet habe.«

»Sie können sagen, was Sie wollen, aber Sie werden die Strafe bezahlen.«

»Ich werde nichts bezahlen, denn man kann keine Geldstrafe verhängen, wenn man keine Rechtsverletzung findet. Und wenn man mich verurteilt, werde ich bis zur letzten Instanz Berufung einlegen, bis ich billigerweise recht bekomme; denn so wie ich mich kenne, brächte ich es nie über mich, einem Mädchen meine Zärtlichkeit zu verweigern, das mir gefällt und das mit solcher Absicht zu mir ins Zimmer kommt, besonders wenn ich davon überzeugt bin, daß sie mit Zustimmung ihrer Mutter kommt.«

Das war ziemlich wortgetreu meine Einvernahme. Ich las sie und unterschrieb, und der Kommissar überbrachte sie dem Polizeipräsidenten[71]. Dieser verlangte meine Stellungnahme, befragte auch Mutter und Tochter, sprach mich dann frei und verurteilte die unvorsichtige Mutter, die Kosten des Verfahrens zu tragen. Trotzdem ließ ich mich durch Mimis Tränen erweichen, ihrer Mutter die Entbindungskosten zu ersetzen. Sie kam mit einem Knaben nieder, den ich im Hôtel-Dieu[72] der Obsorge der Nation überließ. Danach floh Mimi aus dem Haus ihrer Mutter, um bei Monnet in der komischen Oper[73] auf dem Jahrmarkt von St-Laurent[74] aufzutreten. Da niemand sie kannte, fand sie unschwer einen Liebhaber, der sie für eine Jungfrau hielt. Ich war entzückt von ihrer Erscheinung auf der Schaubühne und fand sie überaus hübsch.

»Ich wußte nicht«, sagte ich, »daß du musikalisch bist.«

»Wie alle meine Kameradinnen. Die Mädchen der Pariser Oper kennen nicht eine Note; trotzdem singen sie. Man muß nur eine schöne Stimme haben.«

Ich bat Mimi, Patu einmal zum Souper einzuladen, und er fand sie bezaubernd. Später geriet sie jedoch auf die schiefe Bahn. Sie verliebte sich in einen Geiger namens Bérard, der alles durchbrachte, was sie besaß; seitdem ist sie verschollen.

[...]

Graf vom Loss[75], der Gesandte des Kurfürsten von Sachsen und Königs von Polen[76], beauftragte mich im gleichen Jahr 1751, eine französische Oper ins Italienische zu übersetzen, die sich für eine weitgehende Neugestaltung und für die Einfügung großer Ballette in den Gang der Handlung eignete; ich wählte dazu den »Zoroaster«[77] von Cahusac. Ich mußte die italienischen Worte der französischen Chormusik anpassen. Die Musik blieb schön, doch fehlte dem italienischen Text der Glanz. Trotzdem erhielt ich von dem großzügigen

Monarchen eine schöne goldene Tabaksdose; und meiner Mutter machte ich eine große Freude.

Um diese Zeit kam auch Mademoiselle Vesian[78] zusammen mit ihrem Bruder nach Paris. Sie war sehr jung, aus gutem Hause und wohlerzogen, sehr hübsch, unberührt und äußerst liebenswert. Ihr Vater, der in Frankreich in der Armee gedient hatte, war in Parma, seiner Heimat, gestorben. Die Tochter blieb als Waise zurück, und da sie nichts zum Leben hatte, folgte sie dem Rat, den ihr irgend jemand gab; sie verkaufte alles und schlug sich mit ihrem Bruder nach Versailles durch, um das Herz des Kriegsministers[79] zu rühren und eine Rente zu erhalten. Nach dem Verlassen der Postkutsche sagte sie einem Fiaker, er solle sie zu einem möblierten Zimmer in der Nähe des Italienischen Theaters führen, und der Fiaker brachte sie zum Hôtel de Bourgogne[80] in der Rue Mauconseil, wo ich wohnte.

Am Morgen hörte ich, daß im rückwärtigen Zimmer des gleichen Stockwerks, in dem ich wohnte, zwei eben angekommene Italiener untergebracht seien, Bruder und Schwester, sehr hübsch, aber ohne mehr Gepäck als ein kleiner Reisesack fassen konnte. Italiener, eben angekommen, hübsch, arm und meine Nachbarn, das waren für mich fünf Gründe, um persönlich nach ihnen zu sehen. Ich klopfte; auf mein zweites Klopfen hin öffnete mir ein Bursche die Tür und bat um Entschuldigung, daß er noch im Hemd sei.

»Ich meinerseits muß mich entschuldigen. Ich komme als Italiener und Nachbar, um Ihnen meine Hilfe anzubieten.«

Ich erblickte auf dem Boden eine Matratze, auf der der junge Bursche, ihr Bruder, geschlafen hatte, und ein Bett mit zugezogenen Vorhängen, in dem wohl seine Schwester sein mußte; ohne sie zu sehen, sagte ich, ich hätte sie um neun Uhr morgens nicht mehr im Bett vermutet, sonst hätte ich nicht gewagt, an die Tür zu klopfen. Sie antwortete, ohne sich zu zeigen, sie habe länger als gewöhnlich geschlafen, weil sie von der Reise ermüdet gewesen sei; sie werde aber gleich aufstehen, wenn ich mich gedulden wolle.

»Ich gehe in mein Zimmer zurück; lassen Sie mich bitte rufen, sobald Sie sich zeigen können. Ich bin Ihr Nachbar.«

Anstatt mich rufen zu lassen, kam sie nach einer Viertelstunde selbst und sagte mit einer anmutigen Verbeugung, sie sei gekommen, meinen Besuch zu erwidern; ihr Bruder werde folgen, sobald er fertig sei. Ich dankte ihr, bat sie, Platz zu nehmen und versicherte sie sogleich der aufrichtigen Anteilnahme, die sie mir einflöße. Sie freute sich darüber und wartete keine langen Fragen ab, sondern erzählte mir kurz und einfach die Geschichte, die ich vorhin berichtet habe; zum Schluß sagte sie, sie müsse sich noch am gleichen Tag nach einem billigeren Quartier umsehen, denn sie habe nur noch sechs Francs übrig, und sie habe nichts zu verkaufen. Sie müsse das Zimmer, das sie bewohne, auf einen Monat im voraus bezahlen. Als ich sie fragte, ob sie irgendwelche Empfehlungsschreiben besitze, zog sie ein Bündel aus der Tasche, das ich rasch durchgesehen hatte. Es enthielt sieben oder acht Dienstzeugnisse ihres Vaters, Taufregisterauszüge, Leumundszeugnis, Armutszeugnis und Pässe. Das war alles.

»Ich werde mich«, sagte sie, »gemeinsam mit meinem Bruder dem Kriegsminister vorstellen, und ich hoffe, er wird sich unser erbarmen.«

»Kennen Sie denn niemanden?«

»Nein, Sie sind der erste Mensch in Frankreich, dem ich meine Geschichte erzählt habe.«

»Wir sind Landsleute. Ihre augenblickliche Lage und Ihr Aussehen sind mir Empfehlung genug, und ich möchte, wenn es Ihnen recht ist, Ihr Ratgeber sein. Geben Sie mir Ihre Papiere, und erlauben Sie mir, daß ich mich erkundige. Sagen Sie niemandem etwas davon, daß Sie in Not sind, und bleiben Sie hier im Hotel! Diese zwei Louis leihe ich Ihnen.« Voller Dankbarkeit nahm sie das Geld an.

Mademoiselle Vesian war eine sechzehnjährige Brünette und überaus anziehend, ohne eine vollendete Schönheit zu sein. In gutem Französisch unterrichtete sie mich über ihre klägliche Lage, ohne Hintergedanken und ohne jene Zaghaftigkeit, die wohl der Furcht entspringt, der Zuhörer werde die Notlage, die man ihm anvertraut, nur auszunutzen suchen. Sie wirkte weder unterwürfig noch dreist; sie ließ nicht den Kopf hängen und spielte auch nicht die Mutige. Sie gab sich mit edlem Anstand und pochte nicht im geringsten auf ihre Tugend, dennoch ging ein gewisses Etwas von ihr aus, das einen Verführer entmutigte. Beweis dafür war, daß alles, ihre Augen, ihre schöne Gestalt, ihr zarter Teint, ihre Frische, ihr Morgenkleid, mich verlockte; trotzdem nahm sie vom ersten Augenblick an mein ganzes Gefühl in Anspruch. Ich habe nicht nur nicht mit ihr getändelt, sondern nahm mir auch vor, nicht der erste zu sein, der sie auf eine schiefe Bahn brächte. Ich verschob es auf später, sie gesprächsweise über diesen Punkt auszuholen und mir vielleicht eine andere Einstellung zu dieser Frage zu überlegen; fürs erste sagte ich ihr weiter nichts, als daß sie in eine Stadt gekommen sei, in der sie ihren Weg machen müsse, in der aber alle Vorzüge, die ihr als Gaben der Natur anscheinend den Weg zum Glück ebneten, sie auch unwiderruflich ins Verderben stürzen könnten.

»Sie sind in eine Stadt gekommen«, sagte ich, »in der die reichen Männer alle willigen Mädchen geringschätzen, außer denen, die ihnen ihre Tugend geopfert haben. Wenn Sie tugendhaft sind und entschlossen, es zu bleiben, dann machen Sie sich darauf gefaßt, Not zu leiden; wenn Sie sich über Vorurteile erhaben fühlen und zu allem bereit sind, um zu Wohlstand zu gelangen, dann versuchen Sie wenigstens, nicht betrogen zu werden. Trauen Sie nicht den goldenen Worten, die ein liebesglühender Mann Ihnen sagt, um schließlich Ihre Gunst zu erlangen; glauben Sie ihm nur, wenn Taten den Worten vorausgegangen sind, denn nach dem Sinnengenuß erlischt die Glut, und Sie sind die Betrogene. Hüten Sie sich auch davor, uneigennützige Gefühle bei jemandem zu vermuten, der sichtlich im Bann Ihrer Reize steht; er wird Ihnen falsche Münze in Menge bieten, um Sie dazu zu bringen, ihm echte zu gewähren. Seien Sie nicht leichtfertig! Ich meinerseits werde Ihnen bestimmt nichts zuleide tun und hoffe sogar, Ihnen zu nützen; und um Sie dessen zu versichern, werde ich Sie wie meine Schwester behandeln, denn ich bin noch zu jung, um Ihnen ein Vater zu sein. Ich spräche nicht so zu Ihnen, wenn ich Sie nicht reizend fände.«

Da kam ihr Bruder und erwies sich als ein hübscher, wohlgebauter Bursche von achtzehn Jahren, aber ohne jeden Schwung, mundfaul und mit nichtssagendem Gesicht. Wir frühstückten, und als ich von ihm wissen wollte, was er zu unternehmen gedenke, meinte er, er sei bereit, alles zu tun, um sich ehrlich sein Brot zu verdienen.

»Haben Sie irgend etwas gelernt?«

»Ich schreibe ziemlich gut.«

»Das ist immerhin etwas. Nehmen Sie sich, wenn Sie ausgehen, vor allen Leuten in acht; gehen Sie in kein Café, und sprechen Sie auf Ihren Gängen mit niemandem! Essen Sie zu Hause mit Ihrer Schwester, und lassen Sie sich gleich ein kleines Zimmer im vierten Stock geben. Schreiben Sie noch heute etwas in französischer Sprache, geben Sie es mir morgen früh, und haben Sie Vertrauen. Für Sie, Mademoiselle, habe ich hier Bücher, wählen Sie. Ich habe Ihre Papiere und kann Ihnen morgen mehr sagen, denn ich komme erst spät abends zurück.«

Sie nahm einige Bücher und verließ mich in allen Ehren, nachdem sie mir gesagt hatte, sie habe volles Vertrauen zu mir.

Da ich sehr darauf bedacht war, dem Mädchen nützlich zu sein, sprach ich während des ganzen Tages überall, wohin ich ging, über ihre Sorgen; von allen Damen und Herren erhielt ich zur Antwort, sie werde, wenn sie hübsch sei, zweifellos auf irgendeine Art ihren Weg machen, und sie täte jedenfalls gut daran, sich vorzustellen; ihren Bruder werde man, wenn er schreiben könne, sicher auch in irgendeiner Kanzlei unterbringen. Ich beabsichtigte, eine untadelige Frau zu finden, die das Mädchen Monsieur d'Argenson empfehlen und vorstellen könnte. Das war der richtige Weg, und ich fühlte mich in der Lage, sie bis dahin zu unterstützen. Ich bat Silvia, mit Madame de Monconseil[81] darüber zu sprechen, die großen Einfluß auf die Meinung des Kriegsministers hatte. Sie versprach es, wünschte das Mädchen jedoch vorher zu sehen.

Ich kam um elf Uhr nach Hause, und da ich im Zimmer der Vesian noch Licht sah, klopfte ich an; sie öffnete mir gleich und sagte, sie sei aufgeblieben, weil sie mich noch zu sehen hoffte. Ich berichtete ihr, was ich für sie unternommen hatte; ich fand sie zu allem bereit und von Dankbarkeit erfüllt. Sie sprach über ihre Lage mit dem Anschein vornehmen Gleichmuts, an den sie sich klammerte, um ihre Tränen zurückzuhalten, denen sie nicht freien Lauf lassen wollte; aber ich sah, wie ihre tränenfeuchten Augen noch stärker glänzten als sonst, und dieser Anblick entriß mir einen Seufzer, dessen ich mich schämte. Unsere Überlegungen beschäftigten uns schon seit zwei Stunden. Bei dem Gespräch forschte ich mit Anstand und erfuhr, daß sie noch nie geliebt hatte und daß sie demzufolge einen Liebhaber verdiente, der sie gebührend entschädigte, wenn sie ihm ihre Tugend zum Opfer brachte. Es war lächerlich zu fordern, daß diese Belohnung in einer Heirat bestehen müsse. Die junge Vesian hatte noch nie einen Fehltritt getan, aber sie gab sich auch nicht so prüde zu behaupten, sie hätte ihn nicht um alles Gold der Welt getan; sie war nur abgeneigt, sich aus Verliebtheit oder um einen Pappenstiel zu verschenken.

Seufzend lauschte ich ihren vernünftigen Reden, deren Freimut man bei ihrem Alter kaum erwartet hätte, und ich brannte lichterloh. Ich erinnerte mich an die arme Lucia in Pasiano, an meine Reue und an das Unrecht meines damaligen Verhaltens ihr gegenüber; und nun saß ich hier wieder bei einem Schäfchen, das bald irgendeinem gierigen Wolf zur Beute fallen würde. Dafür war sie nicht geboren; die Erziehung hatte ihr Empfindungen vermittelt, die es wert gewesen wären, in Tugend und Ehrbarkeit gehegt zu werden. Es bedrückte mich, daß ich weder imstande war, ihre Zukunft zu sichern, indem ich sie zu meiner Geliebten machte, noch sie auf andere Weise zu behüten. Ich erkannte sogar, daß ich ihr als Beschützer eher geschadet als genützt hätte und daß ich, anstatt ihr zu helfen, sich ein anständiges Vermögen zu schaffen, vielleicht zu ihrem Untergang beigetragen hätte. Ich ließ sie an meiner Seite sitzen und sprach von Empfindungen, aber niemals von Liebe; allzuoft küßte ich ihre Hand und ihren Arm, kam aber zu keinem Entschluß und auch zu keinem Anfang, der allzu rasch zu Weiterungen geführt hätte. Dann wäre ich verpflichtet gewesen, sie für mich zu behalten; für sie wäre jede Hoffnung auf ein Vermögen geschwunden, und für mich jede Möglichkeit, mich von ihr zu lösen. Ich habe die Frauen bis zum Wahnsinn geliebt, aber stets zog ich ihnen meine Freiheit vor. Wenn ich mich in Gefahr befand, sie einzubüßen, gelang es mir stets, wenn auch mit knapper Not, mich zu retten.

Erst drei Stunden nach Mitternacht verabschiedete ich mich von Mademoiselle Vesian, die natürlich meine Zurückhaltung nicht als einen Ausfluß meiner Tugend auffassen konnte, sondern als Grund dafür wohl Schüchternheit, Unvermögen oder eine verschwiegene Krankheit annehmen mußte, keineswegs aber einen Mangel an Zuneigung, denn meine Liebesglut sprach deutlich genug aus meinen Augen und aus der lächerlichen Inbrunst, mit der ich ihre Hände und Arme küßte. So tat ich mir bei diesem bezaubernden Mädchen Gewalt an und bereute es später. Ich wünschte ihr süße Träume und sagte ihr, wir würden am folgenden Tag zusammen essen.

Wir saßen in heiterster Stimmung bei Tisch; nach dem Essen ging ihr Bruder spazieren. Von den Fenstern meines Zimmers, von denen aus wir die ganze Rue Française überblickten, sahen wir auch alle Wagen, die an der Tür des Italienischen Theaters vorfuhren, das an diesem Tag großen Zulauf hatte. Ich fragte meine Landsmännin, ob ich sie in die Komödie führen solle, und sie stimmte gern zu. Ich setzte sie auf einen Platz im Rang, ließ sie dort allein und sagte, wir sähen uns um elf Uhr zu Hause wieder. Ich wollte nicht neben ihr bleiben, um allen neugierigen Fragen auszuweichen, denn gerade weil sie einfacher gekleidet war, erregte sie um so größeres Interesse.

Ich aß bei Silvia zu Abend. Als ich nach Hause kam, fand ich vor der Haustür eine überaus elegante Kutsche vor; man sagte mir, sie gehöre einem jungen Edelmann, der mit Mademoiselle Vesian gespeist habe und noch bei ihr sei. Sie war also schon auf dem Strich. Ich scherte mich nicht darum und legte mich schlafen.

Als ich am nächsten Morgen aufstand, sah ich einen Fiaker vor dem Tor des Hotels halten. Ihm entstieg ein junger Mann im Morgenanzug, kam herauf und trat bei meiner Nachbarin ein. Mir war das einerlei. Ich kleidete mich zum Ausgehen an; da kam Vesian herein und sagte, er wolle seine Schwester nicht stören, weil der Herr, der ihnen gestern ein Souper gegeben hatte, bei ihr sei.

»Das versteht sich.«

»Er ist reich und äußerst höflich. Er will uns selbst nach Versailles bringen und mir gleich eine Anstellung verschaffen.«

»Wie heißt er?«

»Ich weiß es nicht.«

Ich steckte ihre Papiere in einen Umschlag, den ich versiegelte, und reichte ihm das Päckchen, damit er es seiner Schwester übergebe. Dann ging ich aus. Als ich um drei Uhr wieder nach Hause kam, händigte mir die Wirtin ein Briefchen aus; das Mädchen sei inzwischen fortgegangen und habe sie gebeten, es mir zu geben. Ich ging in mein Zimmer, öffnete es und fand darin zwei Louis und die folgenden Zeilen: »Ich gebe Ihnen das Geld zurück, das Sie mir geliehen haben, und danke Ihnen dafür. Graf von Narbonne[82] interessiert sich für mich und will zweifellos mein Bestes, ebenso wie für meinen Bruder; ich werde Ihnen alles von dem Haus aus schreiben, wo er mich unterbringen will und wo es mir an nichts fehlen soll. Aber ich lege sehr großen Wert auf Ihre Freundschaft und möchte Sie bitten, sie mir zu bewahren.

Mein Bruder bleibt in seinem kleinen Gemach im vierten Stock wohnen; mein Zimmer gehört mir für den ganzen Monat, denn ich habe alles bezahlt.«

Die Trennung vom Bruder sagte alles. Sie hatte sich wahrscheinlich beeilt. Ich beschloß, mich nicht mehr einzumischen, und bereute, sie für den jungen Grafen unberührt gelassen zu haben, der weiß Gott was aus ihr machen würde. Ich kleidete mich an, um ins Théâtre Français zu gehen und mich über diesen Narbonne zu erkundigen; denn trotz meines Ärgers verspürte ich ein gewisses Interesse, alles zu erfahren. Im Theater teilte mir der erste, den ich traf, mit, daß Narbonne der Sohn eines reichen Vaters sei und von ihm abhänge, daß er bis über den Hals in Schulden stecke und hinter allen Mädchen von Paris her sei.

Ich ging täglich zwei- oder dreimal ins Theater, mehr um Narbonne zu treffen, den ich gern kennengelernt hätte, als die Vesian, die ich zu verachten glaubte; aber acht Tage vergingen, ohne daß es mir gelang, irgend etwas zu erfahren oder den jungen Mann zu treffen. Ich begann schon, die Sache zu vergessen; da kam Vesian eines Morgens um acht Uhr zu mir, um mir zu sagen, daß seine Schwester in ihrem Zimmer sei und mich gern sprechen würde. Ohne einen Augenblick zu verlieren, ging ich hinüber und fand sie sehr traurig und mit verweinten Augen. Sie bat ihren Bruder, spazierenzugehen, und erzählte mir folgendes:

»Monsieur de Narbonne, den ich für anständig hielt, weil ich einen anständigen Menschen brauchte, setzte sich, als Sie mich verlassen hatten, neben mich. Er sagte, mein Gesicht interessiere ihn, und fragte, wer ich sei. Ich erzählte ihm alles, was ich auch Ihnen erzählt hatte. Sie versprachen mir, an mich zu denken; aber Narbonne sagte, er brauche nicht lange nachzudenken, sondern werde alles sogleich erledigen. Ich glaubte ihm und fiel auf ihn herein; er hat mich betrogen, er ist ein Schuft!«

Da sie die Tränen nicht mehr zurückhalten konnte, trat ich ans Fenster, um ihr Zeit zu lassen, sich in Ruhe auszuweinen; einige Minuten später setzte ich mich wieder an ihre Seite.

»Erzählen Sie mir alles, liebe Vesian, und erleichtern Sie unbekümmert Ihr Herz. Glauben Sie nicht, Sie hätten mich gekränkt, denn im Grunde genommen bin ich an Ihrem Unglück schuld. Sie hätten jetzt nicht den Kummer, der Ihnen das Herz zerreißt, wäre ich nicht so unklug gewesen, Sie ins Theater zu führen.«

»Ach nein, sagen Sie das nicht. Darf ich es Ihnen verübeln, daß Sie mich für vernünftig hielten? Kurz, er versprach, sich um alles zu kümmern, vorausgesetzt, daß ich ihm einen sicheren Beweis meines Vertrauens gäbe, das er durchaus verdiene. Dieser Beweis bestand darin, zu einer ehrbaren Frau in ein kleines Haus zu ziehen, das er mieten würde; vor allem müsse ich das ohne meinen Bruder tun, denn böswillige Leute könnten ihn für meinen Geliebten halten. Ich Unglückliche ließ mich überreden. Wie konnte ich hingehen, ohne Ihren Rat einzuholen? Er sagte zu mir, und betrog mich auch darin, daß die Frau, zu der er mich führe, mich dann nach Versailles bringen werde; dorthin wolle er auch meinen Bruder bestellen, damit wir gemeinsam dem Minister vorgestellt würden. Nach dem Souper verabschiedete er sich mit den Worten, er komme am nächsten Morgen, um mich in einem Fiaker abzuholen, und gab mir zwei Louis und eine goldene Uhr, die ich, ohne mich zu etwas zu verpflichten, von einem reichen Edelmann, der angeblich völlig uneigennützig nur mein Bestes wollte, annehmen zu können glaubte.

Bei der Ankunft in dem kleinen Haus stellte er mich einer Frau vor, die mir keinen recht ehrbaren Eindruck machte. Dort hielt er mich diese acht Tage lang fest; dabei ging er immer wieder fort, kehrte zurück, ging aus und ein, ohne je etwas zu erledigen, bis mir schließlich heute früh um sieben Uhr die Frau sagte, familiäre Gründe hätten den Herrn Grafen genötigt, aufs Land zu fahren. Vor der Tür stehe ein Fiaker, um mich ins Hôtel de Bourgogne zurückzubringen, von wo er mich abgeholt hatte, und dort werde er mich nach seiner Rückkehr wieder aufsuchen. Mit geheucheltem Bedauern sagte sie, ich müsse ihr die goldene Uhr aushändigen, die er mir geschenkt hatte, denn sie müsse sie dem Uhrmacher zurückbringen, weil Monsieur vergessen habe, sie zu bezahlen. Ich übergab sie ihr sofort, ohne ein einziges Wort zu erwidern, packte alles, was ich mitgebracht hatte, in ein Tuch und bin vor einer halben Stunde wieder hier angekommen.«

Eine Minute später fragte ich sie, ob sie hoffe, ihn nach seiner Rückkehr vom Land zu sehen.

»Ich ihn wiedersehen? Nochmals mit ihm sprechen?«

Ich trat schnell zum Fenster zurück, damit sie ihren Tränen freien Lauf lassen konnte, an denen sie erstickte. Kein unglückliches Mädchen in bedauernswerter Lage hat mich je so sehr gerührt wie sie. Das Mitleid trat an die Stelle der Zuneigung, die sie mir acht Tage vorher eingeflößt hatte; obwohl sie mich nicht beschuldigte, erkannte ich mich als den Hauptschuldigen an ihrem Unglück. Deshalb hielt ich mich für verpflichtet, ihr dieselbe Freundschaft entgegenzubringen. Das niederträchtige Verhalten Narbonnes empörte mich derart, daß ich sicherlich, ohne der Vesian etwas davon zu sagen, mit ihm aneinandergeraten wäre, hätte ich ihn nur allein zu finden gewußt.

Ich hütete mich wohl, sie nach den genauen Einzelheiten der acht Tage zu fragen, die sie in dem kleinen Haus verbracht hatte. Es war eine Geschichte, die ich auswendig kannte, ohne das Mädchen dadurch in Verlegenheit bringen zu müssen, daß ich sozusagen auf einem Bericht bestand. Die zurückgeforderte Uhr bewies mir die Niedertracht, die gemeine Hinterlist, die Filzigkeit, die Lumperei dieses Unglücksmenschen. Die Vesian ließ mich länger als eine Viertelstunde am Fenster stehen; ich wandte mich ihr wieder zu, als sich mich rief, und fand sie etwas getröstet. Sich in großem Schmerz durch Tränen zu erleichtern ist ein unfehlbares Heilmittel. Sie bat mich, an ihr Vaterstelle zu vertreten, und versicherte, sie werde sich dessen nie wieder als unwürdig erweisen; ich möge ihr sagen, was sie tun solle.

»Jetzt müssen Sie«, sagte ich, »nicht nur die Freveltat Narbonnes vergessen, sondern auch Ihren eigenen Fehler, daß Sie ihm dazu Gelegenheit gaben. Was geschehen ist, ist geschehen, meine liebe Vesian; Sie müssen sich wieder selbst achten und jene Haltung wiederfinden, die vor acht Tagen aus Ihrem schönen Antlitz leuchtete. Man las darin Tugend, Unschuld, Aufrichtigkeit und jenes edle Selbstvertrauen, das die Teilnahme eines jeden erweckt, der es zu würdigen weiß. Alles das muß wieder in Ihrem Gesicht zu sehen sein, denn nur dafür interessieren sich Menschen von Ehre, und dieses Interesse brauchen Sie mehr denn je. Gewiß, meine Freundschaft vermag nicht viel, aber ich gelobe sie Ihnen uneingeschränkt, und ich möchte Sie wissen lassen, daß Sie jetzt einen Anspruch darauf haben, den Sie vor acht Tagen noch nicht hatten. Ich verspreche Ihnen, Sie niemals zu verlassen, bevor Ihre Zukunft nicht gesichert ist. Im Augenblick kann ich Ihnen nicht mehr sagen, aber seien Sie davon überzeugt, daß ich an Sie denken werde.«

»Ach, lieber Freund, versprechen Sie mir nur, an mich zu denken, mehr verlange ich gar nicht. Ich Unglückliche! Niemand denkt sonst an mich.«

Dieser Gedanke ging ihr offenbar so nahe, daß ihr Kinn zitterte und die quälende Angst sie ohnmächtig werden ließ. Ich bemühte mich um sie, ohne jemanden zu rufen, bis sie sich wieder erholt und beruhigt hatte. Ich erzählte ihr wahre und erfundene Geschichten von Spitzbuben, die in Paris nur vom Betrug an Mädchen leben; ich erzählte ihr auch Späße, um sie aufzuheitern. Schließlich sagte ich noch, sie müsse dem Himmel für das Erlebnis mit Narbonne danken, denn sie habe dieses Unglück gebraucht, um in Zukunft bestimmt achtsamer zu sein.

Während der ganzen Zeit dieses Zwiegespräches, durch das ich wahrhaft Balsam in ihr Gemüt träufelte, versagte ich mir ohne große Mühe, sie bei der Hand zu nehmen oder ihr Beweise meiner Zärtlichkeit zu geben; denn in Wahrheit bewegte mich kein anderes Gefühl als das Mitleid. Ich empfand wirkliche Freude, als ich nach zwei Stunden sah, daß sie entschlossen und willens war, ihr Unglück heldenhaft zu tragen. Plötzlich sprang sie auf, blickte mich teils vertrauensvoll, teils zweifelnd an und fragte, ob ich für den Tag etwas Wichtiges vorhätte; ich verneinte.

»Nun gut«, meinte sie; »führen Sie mich irgendwohin in die Umgebung von Paris, wo ich frische Luft atmen und jenes Aussehen wiedererlangen kann, das ich Ihrer Meinung nach haben muß, um jene, denen ich begegne, wieder für mich zu interessieren. Wenn es mir heute nacht gelingt, gut zu schlafen, hoffe ich bestimmt, wieder glücklich zu werden.«

»Ich danke Ihnen für Ihr Vertrauen; ich ziehe mich gleich um, und wir fahren irgendwohin. Inzwischen wird auch Ihr Bruder zurück sein.«

»Was soll mein Bruder dabei?«

»Denken Sie daran, liebe Freundin, daß Sie durch Ihr Verhalten Narbonne für sein ganzes Leben beschämen und demütigen müssen. Bedenken Sie, wie er triumphieren würde, wenn er erführe, daß Sie an dem Tag, an dem er Sie fortgeschickt hat, allein mit mir aufs Land gefahren sind. Er wird sagen, er habe Sie behandelt, wie Sie es verdienten. Aber in Gesellschaft Ihres Bruders und mit mir als Landsmann bieten Sie keinen Angriffspunkt für üble Nachrede und keinen Anlaß zur Verleumdung.«

Das gute Kind errötete und ließ sich herbei, auf ihren Bruder zu warten, der eine Viertelstunde später zurückkehrte. Ich schickte sogleich nach einem Fiaker. Gerade als wir einsteigen wollten, kam Balletti zu Besuch. Ich stellte ihn dem Mädchen vor und lud ihn auch zum Mitkommen ein; ihm war es recht. Wir fuhren nach Gros Caillou[83], um Fischragout, Schmorbraten, Omeletten und Tauben zu essen; es gelang mir, das Mädchen in heitere Stimmung zu versetzen, und so unsere kunterbunte Mahlzeit zu würzen.

Nach dem Essen ging Vesian allein spazieren; seine Schwester blieb bei uns. Ich sah mit Freude, daß sie Balletti gefiel, und ohne sie zu fragen, kam mir der Gedanke, mein

Freund solle ihr das Tanzen beibringen. Ich berichtete ihm von ihrer Lage, von den Gründen, warum sie Italien verlassen hatte, von ihrer schwachen Hoffnung, am Hof eine Pension zu erlangen, und daß sie zu ihrem Unterhalt eine ihrem Geschlecht angemessene Anstellung brauche. Balletti dachte nach und erklärte sich dann zu allem bereit. Er prüfte eingehend Figur und Anstelligkeit des Mädchens und versprach ihr, einen Weg zu finden, damit Lany[84] sie als Figurine für die Ballette der Oper nehme.

»Du mußt also schon morgen beginnen, ihr Stunden zu geben«, sagte ich. »Das Mädchen wohnt im Zimmer neben dem meinen.«

Als dieser aus dem Augenblick geborene Plan beschlossen war, schüttelte sich die Vesian vor Lachen bei dem Gedanken, Tänzerin zu werden; denn das wäre ihr nie in den Sinn gekommen.

»Aber kann man denn so von heute auf morgen tanzen lernen? Ich kann nur Menuett tanzen und habe ein gutes Gehör für Kontertänze; aber darüber hinaus kann ich nicht einen Schritt.«

»Die Figurinen der Oper können auch nicht mehr als Sie«, antwortete Balletti.

»Und wieviel soll ich von Monsieur Lany verlangen? Ich werde wohl keine großen Ansprüche stellen können.«

»Nichts. Die Figurinen an der Oper werden nicht bezahlt.«

»Wovon soll ich dann leben?«

»Machen Sie sich darum keine Sorgen. Bei Ihrem Aussehen werden Sie binnen kurzem zehn reiche Adlige zu Ihren Füßen finden. Sie müssen nur gut wählen. Wir werden Sie noch mit Diamanten bedeckt erleben.«

»Jetzt verstehe ich. Man wird mich annehmen; außerdem wird man mich als Mätresse aushalten.«

»So ist es. Das ist weit besser, als die vierhundert Francs Pension, die Sie vielleicht mit viel Mühe erlangen könnten.«

Nun blickte sie mich ganz erstaunt an, um zu erraten, ob das wirklich ernst gemeint oder nur als Scherz aufzufassen war; da sich Balletti entfernt hatte, versicherte ich ihr, das sei der beste Entschluß, den sie fassen könne, wenn sie nicht den traurigen Posten einer Zofe bei irgendeiner großen Dame vorziehe, den man ihr verschaffen könne. Sie sagte, sie möchte nicht einmal Kammerfrau der Königin sein.

»Und Figurine an der Oper?«

»Schon eher!«

»Sie lachen?«

»Das ist zum Totlachen; Mätresse eines großen Herrn, der mich mit Diamanten überhäuft! Ich werde mir den ältesten aussuchen.«

»Ausgezeichnet, meine Liebe; aber hüten Sie sich, ihm Hörner aufzusetzen.«

»Ich verspreche Ihnen, daß ich ihm treu sein werde. Er wird auch eine Stelle für meinen Bruder finden.«

»Zweifellos.«

»Aber wer wird inzwischen für meinen Unterhalt sorgen, bis ich an der Oper aufgenommen werde und bis mein betagter Liebhaber sich einstellt?«

»Ich, Balletti und alle meine Freunde, und alle nur um Ihrer schönen Augen willen, um sicher zu sein, daß Sie vernünftig bleiben, und um zu Ihrem Glück beizutragen. Sind Sie überzeugt davon?«

»Vollkommen überzeugt; ich werde tun, was Sie mir sagen. Bleiben Sie nur immer mein Freund.«

Es war bereits Nacht, als wir nach Paris zurückkehrten. Ich setzte die Vesian im Hotel ab und ging mit meinem Freund zum Abendessen, wo er bei Tisch seine Mutter bewog, mit Lany zu sprechen. Silvia hielt das für besser, als beim Kriegsministerium um eine armselige Pension einzukommen. Man sprach von einem Plan, den man in der Verwaltung der Oper beriet. Danach war vorgesehen, alle Stellen der Figurinen und Chorsängerinnen an der Oper zum Verkauf auszuschreiben; man wollte sogar die Preise recht hoch ansetzen, denn je höher sie wären, desto mehr würde man die Mädchen schätzen, die diese Stellen kauften. Bei den herrschenden skandalösen Zuständen klang der Plan immerhin recht vernünftig. Er hätte den Stand dieses nach wie vor minderwertigen Gelichters in gewisser Hinsicht erhöht.

Mir fielen damals mehrere häßliche, unbegabte Figurinen und Sängerinnen auf, die trotzdem bequem zu leben hatten, denn es versteht sich von selbst, daß sie schon von Berufs wegen auf das verzichten müssen, was man gemeinhin als Sittsamkeit bezeichnet. Wenn eine von ihnen sittsam leben wollte, stürbe sie Hungers. Wenn aber eine Neue so schlau ist, auch nur einen Monat lang anständig zu bleiben, hat sie mit Sicherheit ihr Glück gemacht; denn dann bemühen sich die geachtetsten Herren darum, einer so achtbaren Sittsamkeit habhaft zu werden. Ein Mann von Stand hört es gern, wenn das Publikum seinen Namen beim Auftritt des Mädchens nennt. Er läßt ihr auch eine gelegentliche Untreue durchgehen, vorausgesetzt, daß sie nicht verschleudert, was er ihr gibt, und daß es nicht zu auffällig geschieht. Gegen einen Herzensfreund hat man kaum je etwas einzuwenden; übrigens erscheint der Aushaltende nie zum Souper bei seiner Mätresse, ohne sich vorher anzumelden. Die französischen Adligen sind besonders darauf erpicht, sich ein Mädchen von der Oper zu halten, weil alle diese Mädchen als Angehörige der königlichen Musikakademie dem Hof angehören.

Ich kehrte um elf Uhr zurück, und da ich die Zimmertür der Vesian nur angelehnt fand, trat ich ein. Sie war im Bett.

»Ich werde aufstehen, denn ich möchte mit Ihnen sprechen.«

»Bleiben Sie im Bett, Sie können auch so mit mir sprechen. Ich finde Sie so viel schöner.«

»Dann ist es mir recht.«

»Was wollen Sie mir sagen?«

»Nichts, nur ein wenig über den Beruf reden, den ich ergreifen soll. Ich werde also Tugend üben, um den Mann zu finden, der sie nur liebt, um sie zu verderben.«

»So ist es. Glauben Sie mir, das ganze Leben ist so. Wir beziehen alles auf uns selbst, und jeder ist ein Tyrann. Das ist der Grund, weshalb der nachsichtige Mensch der beste ist. Ich sehe mit Freude, daß Sie im Begriff sind, eine Philosophin zu werden.«

»Was muß man dazu tun?«

»Man denkt.«

»Wie lange?«

»Das ganze Leben lang.«

»Man kommt also zu keinem Ende?«

»Niemals, aber man schlägt heraus, was man kann, und man verschafft sich den Anteil an Glück, den man zu erleben fähig ist.«

»Und wie erfährt man dieses Glück?«

»Der Philosoph erfährt es in jeder Lust, die er sich verschafft und von der er weiß, daß er sie sich durch eigenes Bemühen verschafft hat, und dadurch, daß er alle Vorurteile über Bord wirft.«

»Was heißt Lust? Und was ist ein Vorurteil?«

»Lust ist das Erlebnis eines Sinnengenusses, ist die vollkommene Befriedigung, die man den Sinnen in allem gewährt, was sie begehren; und wenn diese erschöpft oder ermüdet nach Ruhe verlangen, um Atem zu holen oder neue Kräfte zu sammeln, dann fließt die Lust aus der Phantasie, die sich darin gefällt, über das Glück nachzusinnen, das der innere Friede gewährt. Ein Philosoph ist also, wer sich keine Lust versagt, außer wenn das nachfolgende Leid überwiegt, und wer stets neue zu ersinnen weiß.«

»Und Sie sagen, man müsse dazu die Vorurteile über Bord werfen. Was heißt Vorurteil, und was muß man tun, um sie über Bord zu werfen und die Kraft dazu zu haben?«

»Liebe Freundin, die Frage, die Sie mir stellen, ist die schwierigste der Moralphilosophie; ihr Studium dauert das ganze Leben. Ich möchte Ihnen jedoch ganz kurz sagen, daß man als Vorurteil jede vermeintliche Pflicht bezeichnet, die nicht in der Natur begründet ist.«

»Der Philosoph muß sich also hauptsächlich mit dem Studium der Natur befassen?«

»Das ist alles, was er zu tun hat. Am weisesten ist, wer am wenigsten irrt.«

»Welcher Philosoph hat sich Ihrer Ansicht nach am wenigsten geirrt?«

»Sokrates.«

»Aber er hat doch geirrt!«

»Ja, in der Metaphysik.«

»Oh, das ist mir gleich. Ich finde, er hätte sich dieses Gebiet sparen können.«

»Da irren Sie, denn gerade die Moral ist die Metaphysik des Physischen, denn alles ist Natur. Aus diesem Grund dürfen Sie von mir aus auch jeden für verrückt halten, der Ihnen weismachen will, er habe in der Metaphysik etwas Neues entdeckt. Aber jetzt mute ich Ihnen wohl etwas zuviel zu. Gehen Sie bedächtig vor! Denken Sie nach, eignen Sie sich Lebensregeln durch wohlbegründete Überlegungen an, und haben Sie dabei stets Ihr Wohl im Auge; dann werden Sie glücklich sein.«

»Ihr Unterricht gefällt mir weit besser als die Tanzstunde, die Balletti mir morgen geben wird, denn ich sehe voraus, daß ich mich dabei langweilen werde; und jetzt mit Ihnen langweile ich mich nicht.«

»Woran erkennen Sie, daß Sie sich nicht langweilen?«

»Am Wunsch, Sie möchten nicht fortgehen.«

»Ich will tot umfallen, liebe Vesian, wenn je ein Philosoph die Langeweile besser definiert hat als Sie: Welches Vergnügen! Wie kommt es, daß mich danach verlangt, es Ihnen zu beweisen, indem ich Sie in meine Arme schließe?«

»Das kommt daher, daß unsere Seele nur glücklich sein kann, wenn sie mit unseren Sinnen im Einklang steht.«

»Was ihr Verstand doch alles gebiert, herrliche Vesian!«

»Sie, mein herrlicher Freund, sind der Geburtshelfer, und ich bin Ihnen so dankbar dafür, daß ich in mir dasselbe Verlangen spüre wie Sie.«

»Befriedigen wir also unser Verlangen, liebe Freundin, und umarmen wir uns fest!«

Mit solchen Beweisführungen verbrachten wir die ganze Nacht, und im Morgengrauen wußten wir gewiß, daß unsere Freuden vollkommen gewesen waren; denn wir hatten vergessen, daß die Zimmertür offenstand, ein Beweis dafür, daß wir nie auf den Gedanken kamen, sie abzuschließen.

Balletti gab ihr einige Stunden; sie wurde an der Oper aufgenommen und trat nur zwei oder drei Monate dort auf. Dabei hielt sie sich immer an die Regeln, die ich ihr eingeschärft hatte und die ihr kluger Verstand als die einzig richtigen anerkannte. Sie wies alle zurück, die sich um sie bemühten, denn alle waren in irgendeiner Weise Narbonne ähnlich. Der Mann ihrer Wahl unterschied sich gänzlich von allen anderen, denn er tat für sie, was keiner der anderen je getan hätte. Er veranlaßte sie zunächst, das Theater aufzugeben. Er mietete ihr eine kleine Loge, in der sie sich an allen Spieltagen der Oper einfand und ihren Beschützer und alle seine Freunde empfing. Es war der Graf von Tressan, wenn ich mich nicht täusche, oder Trean[85], denn bei diesem Namen ist meine Erinnerung unsicher. Sie lebte stets glücklich mit ihm bis zu seinem Tode und machte auch ihn stets glücklich. Sie lebt noch in Paris und ist auf niemanden angewiesen, denn ihr Liebhaber hat für sie gesorgt. Man spricht nicht mehr von ihr, denn in Paris ist eine Frau von fünfundsechzig Jahren so gut wie vergessen. Nach ihrem Auszug aus dem Hôtel de Bourgogne habe ich nie mehr mit ihr gesprochen; wenn ich sie diamantengeschmückt sah und sie mir begegnete, grüßten unsere Seelen einander. Ihr Bruder erhielt einen Posten; er brachte es aber zu weiter nichts, als die Piccinelli[86] zu heiraten, und ist vielleicht schon gestorben.

Meinen Freund Patu überkam auf dem Jahrmarkt von St.-Laurent die Lust, mit einer flämischen Schauspielerin namens Morphy[87] zu soupieren, und lud mich ein, mich an dem Abenteuer zu beteiligen; ich willigte ein. Die Morphy reizte mich nicht; aber das war gleichgültig, das Vergnügen des Freundes war wichtig genug. Er bot also zwei Louis, die sofort angenommen wurden, und wir gingen nach der Oper zum Hause der Schönen in der Rue des Deux-Portes-St.-Sauveur. Nach dem Souper hatte Patu Lust, mit ihr zu schlafen; ich bat für mich um ein Sofa in irgendeinem Winkel des Hauses. Die kleine Schwester der Morphy, ein hübscher Dreckspatz, sagte, sie gebe mir ihr Bett, aber sie wolle einen kleinen Taler[88] dafür; den bewilligte ich ihr. Sie führte mich in einen Raum, in dem ich nur einen Strohsack auf drei oder vier Brettern entdeckte.

»Und das nennst du ein Bett?«

»Das ist mein Bett.«

»Das gefällt mir gar nicht; dafür gebe ich keinen Taler.«

»Wollten Sie sich denn ausziehen, um hier zu schlafen?«

»Natürlich.«

»So eine Idee! Wir haben keine Leintücher.«

»Schläfst du denn in den Kleidern?«

»Mit gar nichts.«

»Nun! Dann leg du dich ins Bett, und du bekommst den kleinen Taler. Ich will dich sehen.«

»Gut. Aber Sie werden mir nichts tun.«

»Nicht das geringste.«

Sie zieht sich aus, legt sich hin und deckt sich mit einem alten Vorhang zu. Sie ist dreizehn Jahre alt. Ich schaue das Mädchen an und schüttle jedes Vorurteil ab; die Lumpendirne ist verschwunden, und ich entdecke eine vollkommene Schönheit. Ich will alles in Augenschein nehmen. Sie widerstrebt, sie lacht, sie will nicht; aber ein Taler zu sechs Francs macht sie fromm wie ein Lamm. Da sie keinen anderen Fehler hat, als schmutzig zu sein, wasche ich sie von oben bis unten mit eigener Hand. Mein Leser weiß, daß die Bewunderung unfehlbar eine weitere Beweisführung verlangt, und ich finde die kleine Morphy gewillt, mich alles tun zu lassen, was ich möchte, außer das, wozu ich keine Lust hatte. Sie sagt mir von vornherein, daß sie mir das nicht erlauben werde, denn das sei nach der Meinung ihrer älteren Schwester fünfundzwanzig Louisdors wert. Ich sage ihr, darüber könnten wir uns ein anderes Mal einig werden; und nun gibt sie mir alle Beweise für ihre zukünftige Willfährigkeit und zeigt sich in allem, was ich nur wünschen mochte, äußerst großzügig.

Die kleine Helena[89], mit der ich mich, ohne sie zu entjungfern, vergnügt hatte, gab die sechs Francs ihrer Schwester und erzählte ihr, was sie von mir erhoffe. Bevor ich ging, rief diese mich zu sich und sagte, sie brauche Geld und werde etwas nachlassen. Ich antwortete, ich käme am nächsten Tag, um es mit ihr zu besprechen. Ich wollte, daß Patu die Jüngere so sah, wie ich sie gesehen hatte, damit er mir beipflichtete, daß man unmöglich eine vollkommenere Schönheit finden könne. Helena, weiß wie eine Lilie, besaß alles, was Natur und Malerkunst an Schönstem zusammenbringen konnten. Überdies schenkte die Anmut ihrer Gesichtszüge dem Herzen dessen, der sie bewunderte, den köstlichsten Frieden. Sie war blond. Abends ging ich hin, und da ich nicht zu dem Preis bereit war, gab ich ihr zwölf Francs, damit ihr die Schwester das Bett lieh, und kam schließlich überein, ihr jedesmal zwölf Francs zu geben, bis ich mich entscheiden würde, die sechshundert zu zahlen. Das war unverschämter Wucher, aber die Morphy war griechischer Abstammung und hatte in dieser Hinsicht keinerlei Hemmungen. Es stand fest, daß ich mich niemals entschließen würde, die fünfundzwanzig Louisdors auszugeben, denn ich hätte geglaubt, dabei zu verlieren. Die große Morphy hielt mich für den allergrößten Trottel, weil ich in zwei Monaten dreihundert Francs für nichts ausgab. Sie schrieb das meinem Geiz zu. Ich und geizig! Ich habe sechs Louisdors dafür ausgegeben, die Kleine ganz nackt nach der Natur von einem deutschen Maler[90] malen zu lassen; das Bild war sprechend ähnlich. Sie lag seitlich, stützte Arme und Busen auf ein Kissen und hielt ihren Kopf, als ob sie auf dem Rücken liege. Der geschickte Künstler hatte ihre Beine und Schenkel so dargestellt, daß dem Auge nichts zu wünschen übrigblieb. Ich ließ darunter schreiben:

O-Morphi[91]. Das Wort steht nicht im Homer, ist aber nichtsdestoweniger griechisch. Es bedeutet »die Schöne«.

Aber das allmächtige Schicksal wirkt auf verborgenen Wegen. Mein Freund Patu wollte gern eine Kopie dieses Porträts haben. Verweigert man das einem Freund? Der gleiche Maler fertigte sie an, ging nach Versailles und zeigte sie mit mehreren anderen Porträts Monsieur de St.-Quentin[92], der sie dem König vorführte; dieser wünschte zu sehen, ob das Porträt der Griechin naturgetreu sei. Wenn das der Fall war, forderte der Monarch sein Recht zu dem Urteilsspruch, das Original solle das Feuer löschen, das es in seinem Herzen entfacht habe.

Monsieur de St-Quentin fragte den Maler, ob er die Griechin in natura nach Versailles bringen könne, und dieser antwortete, er halte das für nicht weiter schwierig. Er suchte mich auf und berichtete mir von der Angelegenheit; ich fand die Lage günstig. Die Morphy bekam einen freudigen Schreck, als ich ihr sagte, sie solle mit ihrer Schwester in Begleitung des Malers an den Hof gehen und sich dort den Ratschlüssen der Vorsehung fügen. Eines schönen Morgens also wusch sie die Kleine, zog sie anständig an und ging mit dem Maler nach Versailles; dort hieß er sie, bis zu seiner Wiederkehr im Park spazierenzugehen.

Er kam mit dem Kammerdiener zurück. Dieser sagte, er solle im Gasthaus warten, und führte die beiden Schwestern in eine Gartenlaube, wo er sie einschloß. Am übernächsten Tag erzählte mir die Morphy selbst, daß der Monarch eine halbe Stunde später ganz allein erschien, sie fragte, ob sie Griechin sei, das Porträt aus der Tasche zog, die Kleine genau in Augenschein nahm und sagte:

»Ich habe noch nie eine größere Ähnlichkeit gesehen.«

Er setzte sich, nahm sie zwischen die Knie, streichelte sie und gab ihr, nachdem er sich mit seiner königlichen Hand vergewissert hatte, daß sie ganz unberührt war, einen Kuß. O-Morphi schaute ihn an und lachte.

»Worüber lachst du?«

»Ich lache, weil Sie einem großen Taler so ähnlich sehen wie ein Tropfen Wasser dem anderen[93].«

Über diese Einfalt brach der Monarch in schallendes Gelächter aus und fragte sie, ob sie in Versailles bleiben wolle. Sie antwortete, das müsse er mit ihrer Schwester ausmachen, und die Schwester sagte dem König, sie könne sich kein größeres Glück wünschen. Dann ging der König fort und sperrte sie ein. Eine Viertelstunde später kam St.-Quentin, um sie abzuholen, übergab die Kleine in einem ebenerdigen Gemach der Obhut einer Zofe und ging mit der Älteren zu dem Deutschen zurück, dem er fünfzig Louisdor für das Porträt gab, der Morphy jedoch nichts. Er ließ sich nur ihre Adresse sagen und versprach ihr, daß sie von ihm hören werde. Sie erhielt tausend Louisdor, die sie mir am übernächsten Tag zeigte. Der Deutsche war so anständig, mir fünfundzwanzig Louisdor für mein Porträt zu geben, und fertigte mir ein neues an, indem er das von Patu kopierte. Er erbot sich, mir umsonst Bilder von allen hübschen Mädchen zu machen, die in mir einen solchen Wunsch entstehen lassen würden. Den größten Spaß machte es mir, die Freude der guten Flämin zu sehen, die sich angesichts der fünfhundert Doppel-Louisdor[94] reich geworden glaubte und in mir den Urheber ihres Glücks sah.

»Ich erwartete nicht so viel, denn Helena ist zwar hübsch, aber ich glaubte nicht, was sie mir von Ihnen erzählte. Ist es möglich, lieber Freund, daß Sie sie jungfräulich ließen? Sagen Sie mir die Wahrheit.«

»Wenn sie es war, so kann ich Ihnen versichern, daß sich das durch mich nicht geändert hat.«

»Gewiß war sie es, denn nur Ihnen habe ich sie anvertraut. Oh, wackerer Mann! Sie war für den König bestimmt. Wer hätte das gedacht! Bei Gott ist nichts unmöglich. Ich bewundere Ihre Tugend. Lassen Sie sich umarmen.«

O-Morphi, denn nie nannte der König sie anders, gefiel ihm mehr noch durch ihre dem Monarchen ganz ungewohnte Naivität als durch ihre Schönheit, obwohl diese von größtem Ebenmaß war. Er brachte sie in einer Wohnung des

»Parc aux Cerfs«[95] unter, wo Seine Majestät sozusagen seinen Harem hielt und wo nur die bei Hof vorgestellten Damen zugelassen wurden. Nach einem Jahr kam die Kleine mit einem Sohn[96] nieder, dessen Verbleib unbekannt ist, denn der König wollte, solange die Königin Maria lebte, nie etwas von den Bastarden wissen, die ihm geboren wurden.

O-Morphi fiel nach drei Jahren in Ungnade. Der König schenkte ihr vierhunderttausend Francs, die sie einem Stabsoffizier aus der Bretagne[97] als Mitgift brachte. 1783 traf ich in Fontainebleau einen Sohn aus dieser Ehe. Er war fünfundzwanzig Jahre und wußte nichts von der Geschichte seiner Mutter, deren Ebenbild er war. Ich bat ihn, sie zu grüßen, und schrieb meinen Namen in sein Notizbuch.

Schuld an der Verstoßung dieser hübschen Person war die boshafte Madame de Valentinois[98], die Schwägerin des Prinzen von Monaco. Diese in ganz Paris bekannte Dame sagte der O-Morphi bei einem Besuch, sie könne den König zum Lachen bringen, wenn sie ihn frage, wie er seine alte Frau[99] behandle. Die O-Morphi, deren Gemüt allzu arglos war, stellte dem König ebendiese unverschämte und beleidigende Frage, die den Monarchen so sehr befremdete, daß er aufsprang und sie zornentflammt anblickte.

»Unglückliche«, sagte er, »wer hat Sie angestiftet, mir diese Frage zu stellen?«

O-Morphi sagte ihm zitternd die Wahrheit; der König wandte ihr den Rücken, und sie sah ihn nicht wieder. Die Comtesse de Valentinois wurde erst zwei Jahre später wieder bei Hof gesehen. Ludwig XV. wußte, daß er als Gatte seine Frau vernachlässigte, und wollte sie wenigstens als König entschädigen. Wehe, wenn jemand wagte, sie zu kränken.

[...]

Graf von Melfort, damals Oberst im Regiment von Orléans, ließ mich durch Camilla, die Schwester Coralinas, die ich nicht mehr besuchte, bitten, mit Hilfe meiner Kabbala die Antwort auf zwei Fragen zu errechnen. Ich verfaßte zwei sehr unklare, aber vieldeutige Antworten, siegelte sie und übergab sie Camilla; diese bat mich am nächsten Tag, sie an einen Ort zu begleiten, den sie mir nicht nennen wollte. Sie führte mich in das Palais Royal und dort über eine kleine Treppe hinauf bis zu den Gemächern der Herzogin von Chartres[100]. Diese kam eine Viertelstunde später, liebkoste meine kleine Königin zärtlich und dankte ihr, daß sie mich zu ihr gebracht habe. Nach einer kurzen, durchaus vornehmen und huldvollen Einleitung, aber ohne Umschweife, begann sie, mich auf alle Schwierigkeiten in den beiden Antworten hinzuweisen, die ich verfaßt hatte und die sie nun in der Hand hielt. Ich zeigte mich ein wenig überrascht, daß diese Fragen von Ihrer Hoheit stammten, und sagte ihr, ich könne die Kabbala wohl stellen, aber ich tauge nichts bei der Auslegung; sie müsse sich deshalb der Mühe unterziehen, selbst neue geeignete Fragen zu stellen, um die Antworten zu klären. Sie schrieb nun alles auf, was sie nicht verstand und was sie wissen wollte; ich sagte ihr, sie müsse die Fragen trennen, denn man könne das Orakel nicht nach zwei Dingen zugleich fragen. Sie meinte, ich solle die Fragen besser selbst stellen; ich antwortete ihr, sie müsse alles eigenhändig niederschreiben und sich vorstellen, einen Geist zu befragen, der ihre ganzen Geheimnisse kenne. Sie schrieb alles, was sie wissen wollte, in sieben oder acht Fragen auf; diese las sie für sich noch einmal durch und sagte mit vornehmer Miene, sie wolle die Sicherheit haben, daß außer mir niemand je sehen würde, was sie eben geschrieben habe. Ich versprach es ihr bei meiner Ehre. Beim Lesen erkannte ich, daß sie nicht nur Grund dazu hatte, sondern daß ich, wenn ich die Fragen in meine Tasche steckte, um sie ihr am folgenden Tag mit den Antworten zuzustellen, Gefahr lief, mich Unannehmlichkeiten auszusetzen.

»Madame, ich brauche für die ganze Arbeit nur drei Stunden und möchte Ihre Hoheit nicht beunruhigen. Falls Sie zu tun haben, können Sie fortgehen und mich hier allein lassen, sofern mich niemand stört. Wenn ich fertig bin, werde ich alles unter Siegel geben; ich muß nur noch wissen, wem ich das Päckchen aushändigen soll.«

»Mir selbst oder Madame de Polignac[101], wenn Sie sie kennen.«

»Ja, ich kenne sie.«

Die Herzogin gab mir eigenhändig ein Feuerzeug, damit ich eine kleine Kerze anzünden könne, wenn ich sie zum Siegeln brauchte, und ging mit Camilla fort. Ich blieb eingesperrt zurück; drei Stunden später, als ich gerade fertig war, trat Madame de Polignac ein. Ich übergab ihr das Päckchen und ging.

Die Herzogin von Chartres, eine Tochter des Prinzen von Conti, war sechsundzwanzig Jahre alt. Sie steckte voll von jener Art Verstand, den man an Frauen besonders schätzt. Sie war sehr lebhaft, vorurteilsfrei, lustig, schlagfertig, liebte das Vergnügen und zog es der Hoffnung auf ein langes Leben vor. »Kurz und gut« war ein Wort, das sie allzeit auf der Zunge hatte. Überdies war sie gut, edel, geduldig und in allen ihren Neigungen beständig. Dazu war sie bildhübsch. Sie hielt sich schlecht und machte sich über den Tanzmeister Marcel lustig, der ihr das abgewöhnen wollte. Beim Tanzen hielt sie den Kopf nach vorn gebeugt und setzte die Füße einwärts; trotz allem war sie reizend. Ein schlimmer Fehler, der sie verdroß und ihr schönes Gesicht verunzierte, waren Pusteln, die angeblich von der Leber herrührten; sie kamen aber von einer Blutkrankheit, die ihr schließlich den Tod brachte, dem sie bis zum letzten Atemzug trotzte.

Die Fragen, die sie meinem Orakel stellte, betrafen eigene Herzensangelegenheiten; unter anderem wollte sie ein Mittel wissen, das die kleinen Pickel auf ihrer schönen Haut zum Verschwinden brächte. Alle, die zur Herzogin kamen, litten unter diesem Anblick. Meine Orakel waren immer dann dunkel, wenn ich die näheren Umstände nicht kannte; über ihre Krankheit aber waren sie es nicht, und das machte ihr mein Orakel lieb und unentbehrlich.

Am nächsten Tag nach dem Mittagessen schickte mir, wie ich erwartet hatte, Camilla ein Briefchen, in dem sie mich bat, alles liegen und stehen zu lassen und um fünf Uhr im Palais Royal im gleichen Raum zu sein, in den sie mich geführt hatte. Ich ging hin; ein alter Kammerdiener, der auf mich gewartet hatte, eilte fort, und fünf Minuten später erschien die reizende Prinzessin.

Nach einer kurzen, aber überaus huldvollen Begrüßung zog sie alle meine Antworten aus der Tasche und fragte mich, ob ich etwas vorhätte; ich versicherte ihr, ich stünde ausschließlich ihr zu Diensten.

»Sehr gut; ich werde auch nicht ausgehen, und wir werden arbeiten.«

Daraufhin zeigte sie mir sämtliche neuen Fragen, die sie über alle Angelegenheiten und besonders über das Heilmittel gegen die Pickel vorbereitet hatte. Mein Orakel hatte bei ihr Glauben gefunden, weil es etwas ausgesagt hatte, was niemand wissen konnte. Ich hatte gemutmaßt, und ich hatte richtig geraten; es wäre gleich gewesen, hätte ich es nicht erraten. Ich hatte die gleiche Unpäßlichkeit gehabt und war hinlänglich naturkundig, um zu wissen, daß eine Gewaltkur gegen eine Hautkrankheit mit äußeren Mitteln die Prinzessin umbringen konnte. Ich hatte schon geantwortet, daß sie nicht unter acht Tagen von den äußeren Spuren der Krankheit im Gesicht gesunden könne und daß sie ein Jahr Diät brauche, um sie gründlich auszuheilen, daß sie aber nach acht Tagen geheilt scheinen werde. Wir wendeten nun drei Stunden darauf, um zu erfahren, was sie alles tun mußte. Gespannt, ob das Orakel recht habe, unterwarf sie sich allem, und acht Tage später verschwanden sämtliche Pickel. Sie mußte alle Tage Abführmittel nehmen; ich schrieb ihr vor, was sie essen sollte, auch verbot ich ihr alle Pomaden und verordnete nur, daß sie sich vor dem Schlafengehen und morgens mit Wegerichwasser[102] waschen solle. Das sittsame Orakel verordnete der Prinzessin, sie solle sich überall in gleicher Weise waschen, wo sie die gleiche Wirkung anstrebe, und die Prinzessin gehorchte voll Freude über die Verschwiegenheit des Geistes.

An dem Tag, da die Prinzessin mit völlig reinem Gesicht

in die Oper kam, ging ich eigens hin. Nach der Oper wandelte sie, in Begleitung der ersten Damen des Hofes und von aller Welt gefeiert, durch die Allee des Palais Royal; als sie mich erblickte, beehrte sie mich mit einem Lächeln. Ich kam mir vor wie der glücklichste Mensch auf der Welt. Nur Camilla, Monsieur de Melfort und Madame de Polignac wußten, daß ich die Ehre hatte, das Orakel der Prinzessin zu sein. Aber am nächsten Tag nach dem Opernbesuch verunzierten kleine Pickel neuerlich ihre Haut, und ich erhielt Bescheid, vormittags ins Palais Royal zu kommen. Der alte Kammerdiener, der mich nicht kannte, führte mich in ein reizendes Zimmer neben einem anderen, in dem eine Badewanne stand; die Herzogin erschien mit betrübter Miene, denn sie hatte kleine Pickel auf Kinn und Stirn. Sie hielt eine Frage an das Orakel in der Hand, und da sie kurz war, machte ich mir den Spaß, sie die Antwort selbst finden zu lassen; zu ihrer Überraschung fand sie bei der Umsetzung der Zahlen in Buchstaben heraus, daß ihr der Engel vorwarf, sie habe gegen die vorgeschriebene Diät verstoßen. Sie konnte es nicht leugnen. Sie hatte Schinken gegessen und mehrere Liköre getrunken. Da kam eine ihrer Kammerzofen und flüsterte ihr etwas ins Ohr. Sie sagte ihr, man möge einen Augenblick draußen warten.

»Sie werden es nicht übelnehmen«, wandte sie sich an mich, »jemand hier zu treffen, der ihnen wohl will und verschwiegen ist.«

Bei diesen Worten streckte sie alle Papiere, die mit ihrer Krankheit nichts zu tun hatten, in ihre Tasche und klingelte. Den Mann, der nun eintrat, hätte ich bestimmt für einen Stallknecht gehalten. Es war Monsieur de Melfort.

»Sehen Sie«, sagte sie zu ihm, »Monsieur Casanova hat mich die Anwendung der Kabbala gelehrt.« Und sie zeigte ihm die Antwort, die sie ermittelt hatte. Der Graf war ungläubig.

»Wir müssen ihn wohl überzeugen«, sagte sie zu mir. »Was soll ich fragen?«

»Was immer Ihrer Hoheit beliebt.«

Sie dachte nach; dann zog sie eine Elfenbeindose aus der Tasche und schrieb: »Sag mir, warum diese Pomade bei mir nicht mehr wirkt.«

Sie machte die Pyramide, die Reihen und Schlüssel, wie ich es sie schon gelehrt hatte; als sie daranging, die Antwort zu ermitteln, zeigte ich ihr, welche Additionen und Subtraktionen sie vornehmen müsse, was aus den Zahlen hervorzugehen schien und trotzdem willkürlich war. Danach trug ich ihr auf, selbst die Zahlen in Buchstaben umzusetzen, und verließ, ein Bedürfnis vorschützend, den Raum. Ich kehrte zurück, als ich annehmen konnte, daß die Übertragung fertig war, und sah die Herzogin fassungslos vor Erstaunen.

»Ach, Monsieur! Was für eine Antwort!«

»Falsch vielleicht; aber das kann vorkommen.«

»Keineswegs, sie ist göttlich. Lesen Sie: ›Sie wirkt nur auf der Haut einer Frau, die keine Kinder gehabt hat.‹«

»Ich finde diese Antwort nicht weiter erstaunlich.«

»Weil Sie nicht wissen, daß dies die Pomade von Abbé de Brosses[103] ist, mit der er mich vor fünf Jahren heilte, zehn Monate bevor ich mit dem Herzog von Montpensier[104] niederkam. Ich würde alles, was ich auf der Welt besitze, dafür geben, wenn ich lernen könnte, selbst die Kabbala anzuwenden.«

»Wie«, fragte der Graf, »ist das die Pomade, deren Geschichte ich kenne?«

»Ganz recht.«

»Das ist erstaunlich.«

»Ich möchte noch etwas über eine Frau fragen, deren Namen ich nicht nennen will.«

»Sagen Sie, ›die Frau, an die ich denke‹.«

Sie fragte nun, welche Krankheit diese Frau habe, und ich ließ sie als Antwort finden, daß jene damit nur auf ihren Mann Eindruck machen wolle. Daraufhin äußerte die Herzogin laut ihre Mißbilligung.

Es war sehr spät, und nachdem Monsieur de Melfort mit

Madame abseits leise gesprochen hatte, ging ich mit ihm fort. Er sagte mir, die Antwort der Kabbala über die Pomade sei verblüffend; hier deren Geschichte.

»Die Herzogin«, erzählte er mir, »hatte trotz ihrer Schönheit das Gesicht so voller Pickel, daß der Herzog abgeschreckt wurde und es nicht über sich brachte, mit ihr zu schlafen; nie hätte sie daher ein Kind bekommen. Abbé de Brosses heilte sie mit dieser Salbe, und in ihrer ganzen Schönheit begab sie sich in die Loge der Königin in der Comédie Française. Nun ging zufällig auch der Herzog von Chartres an diesem Tag ins Theater, ohne zu wissen, daß seine Frau dort war, und begab sich in die Loge des Königs. Er erblickte gegenüber eine Frau, fand sie hübsch und fragte, wer sie sei; man sagte ihm, daß es seine eigene Frau sei, aber er glaubte es nicht. Er verließ die Loge, ging zu ihr hin und machte ihr ein Kompliment über ihre Schönheit; dann kehrte er in seine Loge zurück. Um halb zwölf waren wir alle im Palais Royal beim Spiel in den Räumen der Herzogin. Plötzlich, ganz unerwartet, meldete ein Page der Herzogin die Ankunft ihres herzoglichen Gemahls; sie erhob sich, um ihn zu empfangen. Der Herzog sagte ihr, er habe sie im Theater so schön gefunden, daß er voll Liebesglut mit der Bitte komme, ob er ihr ein Kind machen dürfe. Bei diesen Worten zogen wir uns alle sofort zurück. Das war im Sommer sechsundvierzig, und im Frühjahr siebenundvierzig kam sie mit dem Herzog von Montpensier nieder, der jetzt fünf Jahre alt und wohlauf ist. Aber nach ihrer Niederkunft kamen die Pickel wieder, und die Pomade hatte keine Wirkung mehr.«

Nach diesem Bericht zog der Graf eine ovale Schildpattkapsel mit einem gut getroffenen Porträt der Herzogin aus der Tasche, übergab es mir in ihrem Auftrag mit den Worten, sie schicke mir, wenn ich es in Gold fassen wolle, auch das Gold; außerdem gab er mir noch eine Rolle mit hundert Louis. Ich nahm es entgegen und bat ihn untertänigst, der Prinzessin meine große Dankbarkeit zu beteuern; aber ich ließ das

Porträt nicht in Gold fassen, denn ich brauchte damals dringend Geld. Wenn mich in der Folge die Herzogin ins Palais Royal rufen ließ, war keine Rede mehr davon, die Pickel zu heilen; sie wollte sich nämlich keiner Diät unterwerfen. Sie ließ mich vielmehr fünf oder sechs Stunden bald in diesem, bald in jenem Winkel verbringen, ging und kam wieder und ließ mir von dem guten Alten, der nie ein einziges Wort mit mir sprach, mittags oder abends die Mahlzeit bringen. Die Kabbala drehte sich nur um verschwiegene Angelegenheiten, eigene oder fremde, auf die sie neugierig war, und sie entdeckte Wahrheiten, von denen ich keine Ahnung hatte. Sie hätte von mir gern gelernt, wie man es macht, aber sie bestand nie darauf; sie ließ mir nur durch Monsieur de Melfort sagen, sie werde mir eine Stelle verschaffen, die mir fünfundzwanzigtausend Francs Rente einbringe, wenn ich sie meine Berechnung lehren wolle. Leider war das unmöglich! Ich war in sie bis zum Wahnsinn verliebt, aber ich machte ihr nie die geringste Andeutung von meiner Leidenschaft. Eine solche Gunst erschien mir als zu groß; ich hatte Angst, durch eine allzu deutliche Abfuhr gedemütigt zu werden. Vielleicht war ich ein Trottel; ich weiß nur, daß ich es stets bereut habe, mich nicht erklärt zu haben. Gewiß genoß ich mehrere Vorrechte, die sie mir vielleicht nicht eingeräumt hätte, wenn sie von meiner Liebe gewußt hätte. Ich fürchtete, diese einzubüßen, wenn ich mir etwas anmerken ließ. Eines Tages wollte sie von der Kabbala wissen, ob man den Krebs heilen könne, von dem eine Brust der Madame la Popelinière[105] befallen sei. Ich hatte den Einfall, ihr zu antworten, diese Dame habe keinen Krebs, und es gehe ihr sehr gut.

»Wirklich?« fragte sie. »Ganz Paris glaubt es doch, und sie selbst fragt alle Welt um Rat; trotzdem glaube ich der Kabbala.«

Bei Hof traf sie Monsieur de Richelieu und sagte ihm, sie sei sicher, daß Madame la Popelinière ihre Krankheit vortäusche; der Marschall, der um das Geheimnis wußte, sagte der Herzogin, sie irre sich. Sie bot ihm eine Wette von hunderttausend Francs an und jagte mir einen gewaltigen Schreck ein, als sie mir das erzählte.

»Hat er die Wette angenommen?«

»Nein. Er war überrascht; im übrigen muß er es ja wissen.«

Drei oder vier Tage später berichtete sie mir, Monsieur de Richelieu habe zugegeben, daß dieser Krebs eine List sei, um das Mitleid des Gatten zu erregen, zu dem sie gern zurückkehren würde; aber der Marschall habe gesagt, er gäbe tausend Louis, um zu erfahren, wie sie dahintergekommen sei.

»Wenn Sie sie verdienen wollen«, meinte sie, »werde ich ihm alles erzählen.«

»Nein, nein, Madame, ich bitte Sie inständig.«

Ich fürchtete eine Falle. Ich kannte den Stolz des Marschalls; von der Affäre mit dem Loch in der Kaminwand[106], durch das dieser hohe Herr die Dame besuchte, wußte ganz Paris. Monsieur de la Popelinière selbst hatte die Geschichte überall erzählt; denn er wollte seine Frau, der er jährlich zwölftausend Francs gab, nicht mehr sehen. Die Herzogin hatte über diese Geschichte sehr hübsche Verse verfaßt; aber außer ihrer engsten Gesellschaft hat sie niemand zu Gesicht bekommen, nur der König, der die Herzogin sehr schätzte, obwohl sie ihn von Zeit zu Zeit mit bissigen Bemerkungen bedachte. Sie fragte ihn eines Tages, ob es wahr sei, daß der König von Preußen nach Paris komme; als ihr der König antwortete, das sei ein Märchen, erwiderte sie, das tue ihr sehr leid, denn sie vergehe vor Sehnsucht, einen König zu sehen.

[…]

## *Wien 1753*

Nun war ich, im schönen Alter von achtundzwanzig Jahren, zum erstenmal in der Hauptstadt Österreichs. Ich besaß wohl einige Sachen, aber ich hatte fast gar kein Geld; ich mußte also leisetreten, bis der Wechsel, den ich sofort auf Signor Bragadin zog, eingelöst war. [...]

Da ich nicht wußte, wohin ich gehen sollte, und Lust hatte, mich zu unterhalten, ging ich zu einer Probe in die Oper[1], die nach Ostern eröffnet werden sollte. Dort traf ich den Solotänzer Bodin, der mit der Geoffroi verheiratet war. Ich hatte die beiden in Turin gesehen. Ich traf dort auch Campioni, den Mann der schönen Ancilla, der mir erzählte, er habe sich scheiden lassen, denn sie habe ihn betrogen. Campioni war ein großer Tänzer und ein großer Spieler. Ich zog zu ihm.

Alles in Wien war schön; es gab dort viel Geld und viel Luxus, aber große Hemmnisse für die Anbeter der Venus. Schändliche Spione, die man Keuschheitskommissare[2] nannte, waren die unerbittlichen Quälgeister aller hübschen Mädchen; die Kaiserin hatte alle Tugenden, nicht aber die der Duldsamkeit, wenn es sich um unerlaubte Liebe zwischen Mann und Frau handelte. Die große, sehr fromme Herrscherin haßte die Todsünde ganz allgemein, und in dem Wunsch, sich vor Gott durch deren Ausrottung ein Verdienst zu erwerben, glaubte sie füglich, man müsse jede einzelne streng bestrafen. Sie nahm also das Verzeichnis der sogenannten Todsünden in ihre königlichen Hände, fand ihrer sieben und beschloß, daß sie sechs übersehen könne; die Unzucht aber erschien ihr unverzeihlich, und gegen diese wandte sich ihr Eifer und überschlug sich.

[...]

Man verhaftete zu jeder Tageszeit in den Straßen Wiens alle Mädchen, die unbegleitet einem durchaus achtbaren Broterwerb nachgingen, und warf sie ins Gefängnis. Aber woher sollte man wissen, ob sich diese Mädchen nicht von jemandem trösten ließen oder nach einem Tröster Ausschau hielten? Ein Spion folgte ihnen von fern; die Polizei hatte ihrer fünfhundert im Sold, und sie trugen keine Uniform. Wenn ein Mädchen in ein Haus eintrat, konnte der Spion, der sie gesehen hatte, nicht wissen, in welches Stockwerk sie gestiegen war; er wartete also unten auf sie und hielt sie an, um festzustellen, wen sie aufgesucht und was sie dort getan hatte. Bei der geringsten Unklarheit in ihren Antworten schleppte der Scherge sie ins Gefängnis und nahm ihr gleich das ganze Geld und den Schmuck fort, ohne daß sie je wieder etwas davon hörte. In der Leopoldstadt drückte mir einmal bei einem Tumult ein mir unbekanntes Mädchen auf der Flucht eine goldene Uhr in die Hand, die sonst sicher jenen zur Beute gefallen wäre, die sie ins Stockhaus[3] schleppen wollten. Einen Monat später brachte ich sie ihr zurück, nachdem ich ihre Geschichte erfahren und gehört hatte, unter welchen Opfern sie sich vor der Strafe gerettet hatte. Mit einem Wort, alle Mädchen, die durch die Straßen Wiens gingen, waren genötigt, einen Rosenkranz in der Hand zu halten. Dann konnte man sie nicht ohne weiteres verhaften, denn sie erklärten, sie gingen zur Kirche; und dann hätte Maria Theresia den Kommissar aufknüpfen lassen. Wien war von diesem Lumpenpack so überlaufen, daß ein Mann, der Wasser lassen mußte, nur schwer einen Ort fand, wo ihn niemand sehen konnte. Ich war eines Tages sehr überrascht, von einem Halunken mit Stutzperücke unterbrochen zu werden, der mir androhte, mich verhaften zu lassen, wenn ich nicht für den Rest anderswohin ginge.

»Warum, wenn ich fragen darf?«

»Weil links von Ihnen eine Frau am Fenster steht, die Sie sieht.«

Ich schaute auf und sah tatsächlich im vierten Stock eines Hauses an einem Fenster eine weibliche Gestalt, die mit einem Fernglas hätte feststellen können, ob ich Jude oder Christ war. Ich lachte über den Vorfall und fügte mich; ich erzählte die Geschichte überall, aber niemand fand sie komisch.

[…]

Baron Weiß[4] machte mir freundschaftliche Anerbieten und versprach, mir in Wien alle Vergnügen zu verschaffen, die in seiner Macht stünden. Wirklich stellte er mich abends einer Gräfin vor, bei der ich den Abate Testagrossa kennenlernte, den man auch Grossatesta[5] nannte; er war Minister des Herzogs von Modena und bei Hof gern gesehen, weil er die Heirat des Erzherzogs mit der Prinzessin Beatrice d'Este[6] vermittelt hatte. In dieser Gesellschaft lernte ich einen Grafen Roggendorf[7] und einen Grafen Sarotin[8] sowie mehrere Fräulein[9] kennen, darunter eine Baronin, die ein lockeres Leben geführt, aber nicht alle Reize eingebüßt hatte. Beim Souper machte man mich zum Baron. Vergebens beteuerte ich, daß ich keinerlei Titel hätte. Man antwortete, ich müsse in dieser Welt wohl irgend etwas sein und wenigstens ein Baron; das müsse ich mir gefallen lassen, wenn ich in Wien irgendwo aufgenommen werden wolle. Ich fügte mich. Die Baronin gab mir ohne Hemmungen zu verstehen, daß ich ihr gefiele und daß sie mir erlauben würde, ihr den Hof zu machen; ich machte ihr am nächsten Tag einen Besuch. Sie meinte, wenn ich das Spiel liebe, solle ich abends kommen.

Dort lernte ich mehrere Spieler kennen, auch Tramontini[10], dessen Frau ich unter dem Namen Madame Tesi kannte. In diesem Haus begegnete ich auch drei oder vier Fräulein, die ohne irgendeine Angst vor den Keuschheitskommissaren der Liebe huldigten, und das so gründlich, daß sie nicht einmal befürchteten, durch Annahme von Geld ihre Vornehmheit einzubüßen. Als ich die Vorrechte dieser Mädchen entdeckte, kam ich darauf, daß die Kommissare nur denen lästig fielen, die nicht in die guten Häuser gingen.

[...]

Die Kaiserin liebte das Spiel, auch der Kaiser, aber nicht um zu setzen, sondern nur, um eine Bank auflegen zu lassen. Er war ein guter Fürst, prachtvoll aussehend und sparsam. Ich sah ihn im kaiserlichen Ornat und war verwundert, ihn spanisch gekleidet[11] zu sehen. Ich meinte, Karl V. zu erblicken, der diese Sitte eingeführt hatte, die immer noch galt, obwohl nach ihm kein Kaiser mehr Spanier war, und Franz I. mit dieser Nation nichts gemein hatte. [...]

Kaiser Franz I. war schön, und sein lebensfrohes Gesicht wäre mir auch aufgefallen, wenn ich ihn nicht als Monarchen gesehen hätte. Er erwies seiner Frau große Achtung und verwehrte ihr nicht, verschwenderisch zu sein, weil es nur Kremnitzer[12] waren, die sie verspielte oder als Gnadengabe verschenkte; er ließ es auch zu, daß sie den Staat verschuldete, weil er das Geschick hatte, selbst dessen Gläubiger zu werden. Er förderte den Handel, weil er einen guten Teil des Gewinnes, den dieser abwarf, in die eigene Tasche steckte. Er war auch den Frauen hold, und die Kaiserin, die ihn immer ihren Gebieter nannte, ließ es sich nicht anmerken. Sie wollte vielleicht der Welt nicht verraten, daß ihre Reize dem Temperament ihres Gemahls nicht genügten, um so mehr, als jedermann die Schönheit ihrer vielen Kinder bewunderte. [...]

Begeistert von dem Aufenthalt in Wien und von den Freuden, die ich mir bei den schönen Fräulein aus der Gesellschaft der Baronin verschaffte, war ich schon zur Abreise entschlossen, als mich Baron Weiß auf dem Hochzeitsfest des Grafen Durazzo[13] entdeckte und mich zu einem Picknick in Schönbrunn überredete. Wir gingen hin, und ich unterhielt mich in jeder Weise; aber ich kehrte mit einem so verdorbenen Magen nach Wien zurück, daß ich bereits vierundzwanzig Stunden später am Rande des Grabes stand.

Ich wandte den letzten Rest des mir gebliebenen Verstandes darauf, mein Leben zu retten. Ich hatte Campioni, bei dem ich wohnte, und die Herren Roggendorf und Sarotin an meinem Bett. Der letztere, der eine innige Freundschaft zu mir gefaßt hatte, war mit einem Arzt erschienen, obwohl ich ausdrücklich erklärt hatte, daß ich keinen wolle. Der Arzt glaubte, mit der Eigenmächtigkeit seiner Zunft vorgehen zu können, und hatte nach einem Bader geschickt, der mich gegen und ohne meine Zustimmung zur Ader lassen sollte. Ich weiß nicht, was mich Halbtoten veranlaßte, die Augen zu öffnen; da sah ich den Mann mit der Lanzette, der dabei war, mir die Vene aufzustechen. »Nein, nein«, sagte ich, und matt entzog ich ihm meinen Arm. Aber der Schinder wollte, wie es der Arzt verlangte, mir gegen meinen Willen das Leben retten, und ich fühlte meinen Arm von neuem gepackt. Rasch brachte ich die Hand an eine der beiden Pistolen, die ich auf dem Nachttisch liegen hatte, und drückte auf jenen ab, der dem Arzt Gehorsam gelobt hatte. Die Kugel stutzte ihm ein Haarbüschel, und das war mehr als ausreichend, um den Bader, den Arzt und alle übrigen Anwesenden zu vertreiben. Nur die Dienerin ließ mich nicht im Stich und brachte mir so viel Wasser zu trinken, wie ich verlangte; in vier Tagen war ich völlig gesund.

Ganz Wien erfuhr diese Geschichte, und Abate Testagrossa versicherte mir, wenn ich den Kerl getötet hätte, wäre mir nichts geschehen, denn die beiden anwesenden Herren wären Zeugen gewesen, daß man mich mit Gewalt zur Ader lassen wollte. Außerdem hörte ich überall, daß die Wiener Ärzte sagten, ich wäre gestorben, wenn man mich zur Ader gelassen hätte. Es ist freilich richtig, daß ich mich hüten mußte, krank zu werden, denn kein Arzt hätte es mehr gewagt, mich zu besuchen. Dieser Zwischenfall erregte Aufsehen. Als ich in die Oper ging, wollten mich viele kennenlernen; man sah in mir einen Mann, der sich des Todes erwehrt hatte, indem er eine Pistole auf ihn abfeuerte. Ein mit mir befreundeter Miniaturmaler namens Marolles[14], der an verdorbenem Magen infolge eines Aderlasses starb, hatte mir eingeschärft, man müsse, um von dieser Krankheit zu genesen, nur Wasser trinken und Geduld haben. Man hat die Empfindung unbeschreiblicher Beklemmung, möchte auch nicht erbrechen, weil das Erbrechen nicht hilft. Ich werde niemals die treffende Bemerkung aus dem Munde eines Mannes vergessen, der sonst nie zu Scherzen neigte; sie stammt von Monsieur de Maisonrouge, den man nach Hause fuhr, weil er sich wegen zu reichlichen Essens sterbenselend fühlte. Da mehrere Karren die Straße versperrten, mußte sein Kutscher gegenüber dem Quinze-Vingts-Hospiz[15] anhalten. Ein Bettler näherte sich dem Wagen und bat um einen Sou, weil er vor Hunger sterbe. Maisonrouge öffnete die Augen, sah ihn an und sagte:

»Da hast du aber Glück, Freundchen.«

[…]

## *Venedig 1753*

[...]

Als ich von Laura[1] erfuhr, daß man an einem bestimmten Tag im großen Sprechzimmer einen Ball gab, entschloß ich mich, ihn so gut maskiert zu besuchen, daß mich meine Freundinnen nicht erkennen konnten. Ich war sicher, daß ich sie sehen würde. In Venedig gestattet man den Nonnen der Klöster während des Karnevals dieses unschuldige Vergnügen. Man tanzt im Sprechzimmer, und sie schauen dem schönen Fest hinter ihren großen Gittern zu. Wenn der Abend hereinbricht, ist das Fest zu Ende; alle gehen nach Hause, und die Nonnen ziehen sich sehr befriedigt zurück, daß sie diese Lustbarkeit der Weltkinder miterlebt haben. Der Ball wurde am gleichen Tag gegeben, für den mich M. M. zum Abendessen in ihre Villa eingeladen hatte; aber das hinderte mich nicht daran, maskiert in das Sprechzimmer zu gehen, wo ich gewiß auch meine liebe C. C. sehen würde.

Da ich sicher sein wollte, daß mich die beiden Freundinnen nicht erkannten, beschloß ich, mich als Pierrot[2] zu maskieren. Es gibt keine geeignetere Maske, jemanden zu vermummen, sofern er weder bucklig ist noch hinkt. Das weitgeschnittene Pierrotkostüm, seine langen, bauschigen Ärmel, seine weiten Hosenbeine, die bis zu den Knöcheln reichen, verbergen jedes etwaige Merkmal seiner Gestalt, an dem ihn einer seiner persönlichen Freunde erkennen könnte. Eine Mütze, die den ganzen Kopf, die Ohren und den Hals bedeckt, verbirgt nicht nur die Haare, sondern auch die Farbe der Haut, und eine Gaze vor den Augen der Maske verhindert, daß man sieht, ob sie schwarz oder blau sind.

Nachdem ich also eine Suppe gegessen hatte, maskierte ich mich trotz der Kälte so; denn da das ganze Kostüm aus weißem Leinen besteht, gibt es kaum eine leichtere Gewandung. Ich bestieg eine Gondel, ließ mich an einem Traghetto absetzen und nahm dort eine andere Gondel, die mich nach Murano brachte. Ich trug keinen Mantel. In den Taschen meiner Hose hatte ich nur ein Taschentuch, die Schlüssel der Villa und meine Börse.

Ich betrat das Sprechzimmer; es war voll, aber alle machten dieser ungewöhnlichen Maske Platz, über die in Venedig niemand Bescheid wußte. Dem Charakter der Maske entsprechend, bewegte ich mich mit täppischen Schritten weiter und strebte dem Kreis der Tanzenden zu. Hier gab es manchen Pulcinella, Scaramuccia, Pantalone und Arlecchino. Hinter den Gittern erblickte ich alle Nonnen und alle Pensionärinnen, die einen sitzend, die andern stehend; ohne sie einzeln zu mustern, entdeckte ich doch M. M. und auf der andern Seite stehend die liebliche C. C., die das Schauspiel genoß. Ich ahmte den Gang eines Betrunkenen nach, umkreiste die Tanzenden und blickte jeden von Kopf bis Fuß an; aber ich selbst wurde noch bedeutend mehr betrachtet und gemustert. Alle Blicke folgten mir.

Ich blieb vor einer hübschen Arlecchina stehen, nahm sie derb bei der Hand und nötigte sie, mit mir ein Menuett zu tanzen. Jeder lachte und machte uns gern Platz. Die Arlecchina tanzte wunderbar, nach dem Charakter ihrer Maske, und ich nach dem der meinen; ich bereitete der ganzen Gesellschaft das größte Vergnügen, weil ich beständig zu fallen drohte, aber stets mein Gleichgewicht wiedergewann. Auf die allgemeine Besorgnis folgte Gelächter.

Nach dem Menuett tanzte ich zwölf Furlanen[3] mit außerordentlicher Lebhaftigkeit. Außer Atem ließ ich mich fallen und tat so, als ob ich schliefe; und als man mich schnarchen hörte, achtete jedermann den Schlaf des Pierrot. Man tanzte einen Kontertanz, der eine Stunde dauerte und an dem ich nicht teilnehmen zu müssen glaubte. Aber nach dem Kontertanz kommt ein Arlecchino auf mich zu und schlägt mich dreist, wie es seiner Maske zusteht, mit einer Pritsche, die seine Waffe ist. Da ich als Pierrot keine Waffe habe, packe ich ihn am Gürtel und trage ihn im Laufschritt durch das ganze Sprechzimmer, während er mir weiterhin mit seiner Pritsche den Hintern versohlt. Seine Arlecchina, das hübsche Kind, mit dem ich getanzt hatte, kommt ihrem Freund zu Hilfe und schlägt mich ebenfalls mit ihrer Pritsche. Nun setze ich den Arlecchino ab, entreiße ihm seine Waffe, lade mir die Arlecchina auf die Schultern, klopfe ihr auf den Hintern und laufe so mit großen Schritten durch das Sprechzimmer, unter dem brausenden Gelächter und den Angstschreien der Kleinen, die bei einem Sturz ihre Schenkel oder Hosen zu zeigen fürchtete. Aber ein unverschämter Pulcinella störte dieses ganze komische Geplänkel. Er stellte mir von hinten so grob ein Bein, daß ich fallen mußte. Alle zischten ihn aus. Ich sprang rasch auf und begann, aufs äußerste gereizt, mit dem Flegel einen regelrechten Ringkampf. Er war ebenso groß wie ich. Da er ungeschickt war und nur seine Kraft zu brauchen wußte, zwang ich ihn zu Boden und bearbeitete ihn so, daß die Knöpfe seines Gewandes aufsprangen und er seinen Bukkel und seinen falschen Bauch verlor. Unter dem Händeklatschen und dem Gelächter aller Nonnen, die vielleicht noch niemals ein ähnliches Schauspiel genossen hatten, nützte ich den Augenblick, bahnte mir einen Weg durch die Menge und machte mich davon.

Völlig schweißgebadet nahm ich eine Gondel, zog die Vorhänge zu und ließ mich ins Ridotto[4] fahren, um mich nicht zu erkälten. Die Nacht war angebrochen, und ich sollte erst zwei Stunden später in der Villa in Murano sein. Ich konnte es kaum erwarten, die Überraschung M. M.s zu erleben, wenn sie den Pierrot vor sich sehen würde. Ich verbrachte also diese beiden Stunden beim Spielen an allen kleinen Tischen; ich eilte von einem zum andern, gewann, verlor und trieb in aller Freiheit meines Körpers und meines Geistes Narreteien; ich war sicher, von niemandem erkannt zu werden und genoß die Gegenwart, der Zukunft und allen jenen zum Trotz, denen es Spaß macht, ihr Denkvermögen auf die traurige Rolle zu beschränken, diese vorauszusehen.

Aber als die zweite Nachtstunde schlägt, werde ich daran erinnert, daß mich die Liebe und ein köstliches Abendessen mit neuen Genüssen erwarten. Die Taschen voll Silbermünzen verlasse ich das Ridotto, eile nach Murano, gehe in die Villa und betrete das Zimmer, wo ich M. M. in Nonnentracht aufrecht mit dem Rücken zum Kamin zu finden wähne. Ich trete näher, um zu sehen, wie sich die Überraschung in ihren Zügen malt; da erstarre ich zu Stein. Nicht M. M. steht vor mir, sondern C. C., als Nonne gekleidet, die noch bestürzter als ich ist, kein Wort herausbringt und sich nicht von der Stelle rührt. Ich lasse mich in einen Lehnstuhl fallen, um Zeit zu gewinnen, mich von meinen Erstaunen zu erholen und wieder zu Verstand zu kommen. Als ich C. C. erblickte, war ich wie vom Blitz getroffen. Geist und Körper versagten mir gleichermaßen den Dienst, da ich mir wie in einem unentrinnbaren Labyrinth vorkam.

M. M. spielt mir diesen Streich, sagte ich mir. [...]

Da ich in M. M. verliebt und nur ihretwegen hergekommen war, befand ich mich nicht in der angenehmen Lage eines Mannes, den man vernünftig nennt, wenn er sich damit abfindet, eine Frau für die andere einzutauschen, obwohl ich weit davon entfernt war, C. C. zu verschmähen, deren Vorzüge mindestens ebenso groß waren, wie die von M. M. Ich liebte sie, ich betete sie an; aber in diesem Augenblick war nicht sie es, die ich besitzen wollte. Gegen eine solche gewaltsame Verleugnung der Liebe mußte sich meine Vernunft empören. Es schien mir, als würde ich mich durch den Entschluß, C. C. freudig zu umarmen, verächtlich machen; denn es schien mir, als verbiete mir die Ehre, auf diesen Streich einzugehen. [...]

Ich sagte ihr unverholen, ihre Freundin habe mir, abgesehen von der Freude, sie zu sehen, offensichtlich einen grausamen Streich gespielt; da ich die darin liegende Beleidigung deutlich empfände, müsse er mich kränken.

»Das finde ich nicht«, antwortete C. C. »Meine liebe Freundin muß, ich weiß nicht wie, herausbekommen haben, daß du mein Geliebter warst, bevor du sie kennengelernt hast. Sie durfte annehmen, daß du mich immer noch liebst, und sie hat geglaubt, soweit kenne ich ihr Herz, uns einen feierlichen Beweis ihrer vollkommenen Liebe zu geben, als sie uns, ohne uns vorher etwas zu sagen, all das verschaffte, was sich zwei Liebende vom Glück nur wünschen können. Ich kann ihr deshalb nur dankbar sein. [...] Ihre Seele ist nicht weniger edel und groß, als ihr Herz gütig ist; und ebenso, wie es mich nicht kränkt, wenn ich weiß, daß du sie liebst und von ihr wiedergeliebt wirst und daß ihr einander allem Anschein nach glücklich gemacht habt, so kränkt es sie auch nicht zu wissen, daß wir uns lieben. Sie ist im Gegenteil glücklich über die Möglichkeit, uns von ihrem Einverständnis zu überzeugen. Sie will dir begreiflich machen, daß sie dich um deiner selbst willen liebt, daß deine Freuden die ihren sind und daß sie auf mich, ihre zärtlichste Freundin, nicht eifersüchtig ist. Um dich davon zu überzeugen, daß du über die Entdeckung unseres Geheimnisses nicht böse sein mußt, zeigt sie dir dadurch, daß sie mich hierhergeschickt hat, wie gern sie dein Herz mit mir teilt. Du weißt doch, daß sie mich liebt und daß ich oft ihre Frau oder ihr kleiner Gatte bin; so wie nun du nichts dagegen hast, daß ich deine Rivalin bin und daß ich sie, soweit das möglich ist, oft glücklich mache, so will auch sie nicht, daß du meinen könntest, ihre Liebe sei dem Haß verwandt, denn diesem kommt die Liebe eines eifersüchtigen Herzens gleich.«

»Du verteidigst die Sache deiner Freundin wie ein Engel, meine liebe Frau, aber du siehst die Angelegenheit nicht im richtigen Licht. Du hast Geist und ein reines Herz; aber du hast nicht meine Erfahrung. M. M. liebt mich nur zum Spott, denn sie weiß recht gut, daß ich nicht einfältig genug bin, mich durch ihr jetziges Verhalten irreführen zu lassen. Ich bin unglücklich, und sie ist schuld daran.«

[…]

Als die Uhr schlug und ich nicht mehr hoffen konnte, daß M. M. erscheinen würde, um sich zu rechtfertigen, umarmte ich C. C. und setzte die Maske wieder auf, um meinen Kopf zu verhüllen und mich auf diese Weise vor dem heftigen Wind zu schützen, den ich pfeifen hörte. Ich gab C. C. den Schlüssel zur Villa und sagte ihr, sie solle ihn M. M. zurückgeben; dann stieg ich rasch die Treppe hinunter. […]

In der Hoffnung, eine Gondel zu finden, lief ich rasch zum Traghetto, fand aber keine vor.

Nach den Vorschriften der venezianischen Polizei darf das niemals vorkommen, denn an jedem Traghetto müssen jederzeit mindestens zwei Gondeln für den allgemeinen Verkehr bereitstehen[5]; dennoch kommt es vor, wenn auch selten, daß keine da ist. Das war in diesem Augenblick der Fall. Ein besonders heftiger Landwind blies, und die verdrossenen Gondoliere waren anscheinend schlafen gegangen. Was sollte ich eine Stunde vor Tag halbnackt auf dem ungeschützten Kai tun? Ich wäre vielleicht in die Villa zurückgekehrt, wenn ich noch den Schlüssel gehabt hätte. Der Wind zerrte an mir, aber ich konnte in keinem Haus Zuflucht vor ihm suchen.

Ich hatte in meinen Taschen mindestens dreihundert Filippi[6], die ich im Ridotto gewonnen hatte, dazu eine mit Goldstücken gefüllte Börse; deshalb mußte ich die Räuber von Murano fürchten, sehr gefährliche Halsabschneider und hartherzige Totschläger. Sie genießen und mißbrauchen verschiedene Vorrechte, die ihnen die Staatsräson auf Grund des Handwerks zugesteht, das sie in den zahlreichen Glasfabriken der Insel ausüben; um ihre Auswanderung zu verhindern, gewährt die Regierung allen diesen Leuten das Bürgerrecht von Venedig. Ich war darauf gefaßt, einer solchen Bande zu begegnen, die mich bis aufs Hemd ausgeplündert hätte; denn ich hatte nicht einmal das übliche Messer in der Tasche, das sonst alle ehrlichen Leute in Venedig bei sich tragen, um ihr Leben zu verteidigen. Unglückseliger Augenblick! Ich war zu beklagen und zitterte vor Kälte.

Durch die Ritzen der Fensterläden eines armseligen ebenerdigen Hauses sah ich Licht. Ich entschloß mich, bescheiden an die Tür dieses kleinen Hauses zu klopfen. Eine Stimme rief: »Wer klopft?«

Der Fensterladen wurde geöffnet.

»Was wollen Sie?« fragte mich ein Mann erstaunt, als er mich so gekleidet sah. Ich bat ihn, mich einzulassen, gab ihm gleichzeitig einen Filippo, eine Münze, die elf Lire wert ist, und schilderte ihm in wenigen Worten die verzweifelte Lage, in der ich mich befand. Er öffnete mir daraufhin die Türe, und ich bat ihn, mir eine Gondel zu holen, die mich für eine Zechine nach Venedig bringen könnte. Der göttlichen Vorsehung dankend, zog er sich rasch an und versicherte mir, er werde sofort für eine sorgen. Er warf seinen Mantel um und ließ mich in sein Zimmer, wo ich in einem einzigen Bett seine ganze Familie erblickte, die mich erstaunt betrachtete. Eine halbe Stunde später war mein Mann zurück und sagte, am Kai sei eine zweirudrige Gondel, aber die Gondoliere würden die Zechine im voraus verlangen. Ich willigte ein, dankte ihm und fuhr unbesorgt los, da die beiden Ruderer sehr tüchtig aussahen.

Wir kamen gut bis San Michele[7]; aber kaum waren wir an der Insel vorüber, wurde der Sturm so heftig, daß ich für mein Leben fürchtete, wenn ich weiterfuhr. Obwohl ich ein guter Schwimmer war, vertraute ich weder meinen Kräften, noch hielt ich es für möglich, die Strömung zu überwinden. Ich befahl den Schiffern, an der Insel festzumachen; aber sie antworteten mir, ich hätte es nicht mit Hasenfüßen zu tun und solle keine Angst haben. Da ich den Charakter unserer Schiffer kannte, hielt ich es für besser, den Mund zu halten; aber die Windstöße wurden heftiger, schäumende Wellen schlugen von der Seite an die Gondel, und meine Leute kamen trotz ihrer kräftigen Arme nicht voran.

Wir waren nur hundert Schritt von der Einmündung des Rio dei Gesuiti[8] entfernt, als ein besonders heftiger Windstoß den hinteren Ruderer ins Wasser stürzen ließ; er hielt sich an der Gondel und kletterte leicht wieder herein. Da er das Ruder verloren hatte, nahm er ein anderes. Aber die Gondel hatte sich gedreht und war in einer einzigen Minute bereits zweihundert Schritte nach links abgetrieben worden. Es galt, rasch zu handeln. Ich schrie, man solle den Aufbau[9] kappen; dabei warf ich eine Handvoll Silbermünzen auf den Teppich der Gondel. Sie gehorchten mir sofort, und nun strengten meine beiden wackeren Männer alle ihre Kräfte an und zeigten Äolus[10], daß seine Stärke der ihren weichen mußte. In weniger als vier Minuten fuhren wir in den Rio dei Mendicanti[11] ein; ich zollte ihnen Beifall und befahl ihnen, mich an der Wassertreppe des Palazzo Bragadin bei Santa Marina[12] abzusetzen, wo ich mich, kaum angekommen, gut zugedeckt ins Bett legte, um wieder warm zu werden. Ein glücklicher Schlaf hätte meine Gesundheit wiederhergestellt; aber nichts konnte ihn mir verschaffen. Fünf oder sechs Stunden später besuchte mich Signor Bragadin mit den beiden Unzertrennlichen und fand mich in Fieberschauern; aber das hinderte Signor Bragadin nicht zu lachen, als er auf dem Sofa das Pierrotkostüm erblickte. Sie beglückwünschten mich, daß es mir gelungen war, der Gefahr zu entrinnen, und ließen mich in Ruhe. [...]

Sechs Tage später ging ich vor dem Mittagessen in die Villa von Murano, wo mir die Hausbesorgerin einen Brief von M. M. übergab.

»Voll Ungeduld«, schrieb sie mir, »von Deiner Wiederherstellung zu erfahren und die Gewißheit zu haben, daß Du die Villa, in der Du im Augenblick weilst, und Dein Dir zustehendes Recht auf sie wieder in Anspruch nimmst, schreibe ich Dir diese wenigen Worte, mein lieber Freund, um Dich um eine Nachricht zu bitten, wann wir uns wiedersehen werden und wo. Ob Du mich in Venedig treffen willst oder hier, ist mir einerlei. Wir werden weder hier noch dort irgendeinen Zeugen haben.«

Ich antwortete ihr, daß es mir wieder gutgehe, und daß wir uns am übernächsten Tag zur gewohnten Stunde an dem Ort wiedersehen würden, von dem aus ich ihr schriebe. Ich brannte darauf, sie wiederzusehen. Ich empfand mein Unrecht so stark, daß ich mich schämte. In Kenntnis ihres Charakters hätte mir in die Augen springen müssen, daß ihr Handeln keineswegs ein Zeichen von Verachtung, sondern ein besonders fein eingefädeltes Werk ihrer Liebe war, die mehr mein Glück zum Ziel hatte als das ihre. Sie konnte nicht ahnen, daß ich sie ausschließlich liebte. Ebenso, wie ihre Liebe zu mir sie nicht daran hinderte, dem Gesandten gefällig zu sein, nahm sie an, daß ich es auch C. C. gegenüber sein könnte. Sie bedachte nicht die verschiedenartige Veranlagung der beiden Geschlechter und die der Frau von der Natur gewährten Vorrechte.

Zwei Tage darauf, am vierten Tag des Februar 1754, stand ich meinem schönen Engel gegenüber. Sie war als Nonne gekleidet. In unserer gegenseitigen Liebe hielten wir uns gleichermaßen für schuldig und fielen im gleichen Augenblick voreinander auf die Knie. Wir hatten beide die Liebe verunglimpft; sie hatte zu kindlich gehandelt und ich als Jansenist[13]. Die Verzeihung, die wir voneinander erbitten mußten, vermochte keine Worte zu finden und konnte sich nur in einer Flut von gegebenen und empfangenen Küssen äußern, deren tiefsten Sinn wir in unseren liebenden Herzen fühlten; und diese waren glücklich, in solchen Augenblicken keiner anderen Sprache zu bedürfen, um ihr Verlangen und die Empfindung überquellender Freude auszudrücken.

Von Zärtlichkeit überwältigt und voll Ungeduld, uns gegenseitig unsere aufrichtige Versöhnung und das Feuer, das in uns loderte, zu beweisen, erhoben wir uns, ohne uns voneinander zu lösen, und sanken vereint auf das Sofa; eng umschlungen blieben wir liegen, bis sich uns ein langer Seufzer entrang, den wir nicht unterdrücken mochten, selbst wenn er uns den sicheren Tod verkündet hätte. So stellte sich unsere wiedergewonnene Liebe dar, entworfen, verkörpert und vollendet vom großen Künstler, der weisen Natur, die, von der Liebe beseelt, nie ein wahreres noch ein reizvolleres Bild herzustellen vermochte.

In der Entspannung, die eine befriedigende Beweisführung dem Herzen beschert, lachte ich mit M. M., als ich merkte, daß ich weder meinen Mantel noch meine Kapuze abgelegt hatte.

»Ist es sicher«, fragte ich sie, während ich mich dieser Kleidungsstücke entledigte, »daß unsere Versöhnung keinen Zeugen hat?«

Da ergriff sie einen Leuchter, nahm mich bei der Hand und führte mich in das Zimmer, in dem der mächtige Schrank stand, den ich schon immer für die Tarnung des großen Geheimnisses gehalten hatte. Sie öffnete ihn und schob ein Brett beiseite, das seine Rückwand verbarg; ich erblickte eine Tür, durch die wir in ein Kabinett eintraten, in dem alles vorhanden war, was jemand nötig haben mochte, der mehrere Stunden darin hätte verbringen müssen. Ein Sofa, das auf Wunsch als Bett diente, Tisch, Lehnsessel, Schreibtisch, Kerzen auf Handleuchtern, kurz alles, was ein neugieriger Lüstling brauchte, dessen Hauptvergnügen darin bestand, hier als ungesehener Zuschauer der Freuden anderer zu weilen. Neben dem Sofa entdeckte ich das bewegliche Brett. M. M. zog es zur Seite, und durch zwanzig Löcher, die in gewissen Abständen voneinander gebohrt waren, überblickte ich das ganze Zimmer, in dem der Betrachter Schauspiele gesehen haben mußte, die die Natur geschrieben hatte und mit deren Akteuren er keineswegs unzufrieden gewesen sein konnte.

»Nun werde ich die Neugier befriedigen«, sagte M. M., »die du wohlweislich dem Papier nicht anzuvertrauen gewagt hast.«

»Du kannst nicht wissen . . .«

»Schweig. Die Liebe ist göttlich und hellseherisch; sie

weiß alles. Gib zu, daß du wissen möchtest, ob unser Freund in der verhängnisvollen Nacht, die mich so viele Tränen gekostet hat, hier gewesen ist.«

»Ich gebe es zu.«

»Nun gut! Er war hier; du wirst darüber nicht böse sein, wenn du erfährst, daß du ihn vollends bezaubert hast und daß du seine ganze Freundschaft besitzt. Er hat deinen Charakter, deine Liebe, deine Gefühle und deine Lauterkeit bewundert; er hat die leidenschaftliche Liebe gutgeheißen, die du mir eingeflößt hast. Er hat mich auch am Morgen mit der Versicherung getröstet, daß du bestimmt zu mir zurückkehren würdest, sobald ich dir meine wahren Gefühle, meine Absicht und meine Arglosigkeit geschildert hätte.«

»Aber ihr müßt oft eingeschlafen sein; denn ohne eine gewisse Anteilnahme kann man unmöglich acht Stunden im Dunkeln schweigend verbringen.«

»Seine Anteilnahme konnte, ebenso wie meine, nicht lebhafter sein; im übrigen blieben wir im Dunkeln nur so lange, wie ihr auf dem Sofa saßet, weil ihr dort die Lichtstrahlen hättet bemerken können, die durch die Löcher dieser Blumen gedrungen wären. Wir zogen diesen Vorhang vor und aßen zu Abend, während wir aufmerksam euren Gesprächen lauschten. Er nahm noch mehr Interesse an ihnen als ich und sagte, er habe das menschliche Herz noch nie so gut kennengelernt wie bei dieser Gelegenheit, und du hättest wohl nie so sehr gelitten wie in dieser Nacht; daher tätetst du ihm leid. Aber über C. C. hat er ebenso gestaunt wie ich, weil man unmöglich von einem fünfzehnjährigen Mädchen die vernünftigen Einwendungen erwarten konnte, die sie dir gegenüber vorgebracht hat, als sie mich verteidigen wollte; und alles, was sie sagte, war ungekünstelt, wie es ihr die Natur und die Wahrheit eingaben, dabei ohne engelhafte Abgeklärtheit. Wenn du sie heiratest, wirst du eine himmlische Ehefrau haben. Wenn ich sie verliere, werde ich unglücklich sein; aber dein Glück wird mich entschädigen. Ich verstehe weder, wie du dich trotz deiner Liebe zu ihr in mich verlieben konntest, noch warum sie trotz des Wissens, daß ich ihr dein Herz geraubt habe, mich nicht zu hassen vermag. C. C. ist ein göttliches Geschöpf. Sie hat mir gesagt, daß sie dir ihre unfruchtbare Liebschaft mit mir nur gestanden habe, um ihr Gewissen von dem vermeintlichen Verstoß gegen die Treue, die sie dir zu schulden glaubt, zu entlasten.«

Als wir uns zu Tisch setzten, bemerkte M. M., daß ich abgemagert war. Wir gewannen unsere Heiterkeit zurück, als wir uns an die überstandenen Gefahren erinnerten, an die Pierrot-Maskerade, an den Ball der Briati, auf dem, wie man ihr versichert hatte, auch ein Pierrot gewesen sei, und an die unglaubliche Wirksamkeit dieser Verkleidung, die ein Erkennen unmöglich machte; denn der Pierrot im Sprechzimmer war ihr kleiner und magerer als ich erschienen. Nachdenklich meinte sie, daß sie nie erfahren hätte, wer ich war, wenn ich nicht zufällig die Gondel des Klosters genommen hätte und nicht als Pierrot verkleidet im Sprechzimmer gewesen wäre, denn die Nonnen hätten sonst an meinem Schicksal keinen Anteil genommen. Sie fügte hinzu, sie habe aufgeatmet, als sie erfuhr, daß ich kein Patrizier war, wie sie es befürchtet hatte; denn das hätte ihr mit der Zeit Unannehmlichkeiten bringen können, über die sie verzweifelt gewesen wäre.

Ich wußte wohl, was sie befürchten mochte; aber ich stellte mich ahnungslos.

»Ich begreife nicht«, sagte ich, »was du befürchten könntest, wenn ich Patrizier wäre.«

»Mein lieber Freund, der Grund ist solcher Art, daß ich ihn dir nur erklären kann, wenn du mir dein Ehrenwort gibst, daß du mir eine Freude machst, um die ich dich bitten möchte.«

»Wie sollte es mir schwerfallen, dir jede Freude zu bereiten, um die du mich auch bitten magst, sofern das von mir abhängt und meine Ehre nicht beeinträchtigt, da es nun zwischen uns beiden kein Geheimnis mehr gibt? Sag es mir, meine Liebe; erkläre mir diesen Grund und zähle auf meine Liebe und damit auf meine Bereitwilligkeit zu allem, was dir Freude machen kann.«

»Ausgezeichnet. Ich bitte dich um ein Souper in deinem Haus. Ich werde mit meinem Freund hinkommen, der nichts sehnlicher wünscht, als deine Bekanntschaft zu machen.«

»Und nach dem Abendessen wirst du mit ihm fortgehen?«

»Du siehst wohl ein, daß es unvermeidlich ist.«

»Und dein Freund weiß bereits, wer ich bin.«

»Ich glaubte, es ihm sagen zu müssen. Sonst hätte er nicht gewagt, zum Souper zu dir zu kommen.«

»Nun verstehe ich. Dein Freund ist ein ausländischer Gesandter[14].«

»Ganz recht.«

»Aber wenn er mir die Ehre gibt, mit mir zu soupieren, wird er doch nicht inkognito bleiben.«

»Das wäre eine Zumutung. Ich werde ihn dir mit Rang und Namen vorstellen.«

»Wie konntest du annehmen, es fiele mir schwer, dir diese Freude zu bereiten? Sage doch selbst, ob du mir eine größere machen kannst. Bestimme du den Tag und sei überzeugt, daß ich dich mit Ungeduld erwarten werde.«

»Ich wäre deiner Bereitwilligkeit gewiß gewesen, hättest du mich nicht ans Zweifeln gewöhnt.«

»Diesen Stich habe ich verdient.«

»Bitte nimm ihn nicht ernst! Nun bin ich zufrieden. Mit dir wird Signor de Bernis, der französische Gesandte, soupieren. Ich werde ihn dir vorstellen, sobald er seine Maske abgenommen hat. Vergiß nicht: es ist ihm zwar bekannt, daß du weißt, daß er mein Liebhaber ist; aber du darfst nicht wissen, daß er von unserer gegenseitigen Liebe Kenntnis hat.«

»Ich kenne meine Pflicht, liebe Freundin. Dieses Souper macht mich überglücklich. Du warst mit Recht über meinen Stand beunruhigt; denn wenn ich Patrizier wäre, hätten sich die Staatsinquisitoren energisch eingemischt, und die schrecklichen Folgen lassen mich schaudern. Ich unter den Bleidächern, du entehrt, die Äbtissin, das Kloster, gerechter

Himmel! Du hast recht. Hättest du mir deine Sorgen gleich mitgeteilt, so hätte ich dir gesagt, wer ich bin; denn schließlich entsprang meine Zurückhaltung nur der Furcht, ich könne erkannt werden, und der Vater werde C. C. dann in ein anderes Kloster stecken. Kannst du mir für das Souper einen Tag nennen? Ich brenne darauf.«

»Heute ist der vierte; wir könnten am achten zusammen speisen. Wir werden nach dem zweiten Opernballett zu dir kommen. Sage mir nur, wie wir das Haus finden können, ohne jemanden fragen zu müssen.«

Ich schrieb ihr nun alles auf, was nötig war, damit sie die Türe meines Hauses sowohl vom Wasser aus als auch zu Fuß fand. Entzückt über diese schöne und ehrenvolle Aussicht, drängte ich meinen Engel, zu Bett zu gehen. Ich bat sie um Verständnis, daß ich als Rekonvaleszent nach dem reichlichen Abendessen dort möglicherweise zuerst Morpheus würde huldigen müssen. Sie stellte also den Wecker auf drei Uhr nachts, und wir gingen in die Bettkammer schlafen. Von drei bis fünf huldigten wir, da die Nächte schon kürzer wurden, der Liebe.

Wir waren nicht nur, ohne uns zu trennen, eingeschlafen, sondern auch, ohne unsere Lippen voneinander zu lösen, deren letzten Seufzer wir noch aufgespart hatten. Diese Stellung verhinderte uns, den Wecker zu verwünschen, der uns sechs Stunden später das Zeichen gab, daß wir unsere Karriere, die wir nur unterbrochen hatten, zu Ende bringen mußten. M. M. sah strahlend aus. Auf ihren freudeglühenden Wangen erschienen die schimmernden Rosen der Venus, die es ankündigten. Ich sagte ihr das, woraufhin sie mich, in dem Wunsch, mich ganz glücklich zu machen, aufforderte, meine Aufmerksamkeit ihren schönen Brüsten zuzuwenden, die mich durch ihr ungewöhnliches Wogen einzuladen schienen, sie mit meinen Lippen von der Liebessehnsucht zu erlösen, die sie erregte. Nachdem ich mich ihnen nach besten Kräften gewidmet hatte, eilte ich, um von ihrem verlangenden Mund den Kuß zu empfangen, der mir ihre Niederlage kundtat, die von der meinen begleitet war. Nun hätte Morpheus vielleicht einen zweiten Sieg über uns errungen, wenn uns die Uhr nicht ermahnt hätte, daß wir nur noch Zeit hatten, uns anzuziehen.

Sie kehrte ins Kloster zurück, nachdem sie mich an die Verabredung vom achten erinnert hatte. Ich schlief bis Mittag und kehrte dann nach Venedig zurück, wo ich meinem Koch die Anweisungen für das Souper gab, auf das ich mich außerordentlich freute.

[...]

Am achten Februar ging ich abends in mein Haus, und zur vereinbarten Stunde erschien M. M. mit ihrem ehrenwerten Anbeter, den sie mir mit Rang und Namen vorstellte, sobald er die Maske abnahm. Er sagte, er habe es kaum erwarten können, die Bekanntschaft mit mir zu erneuern, da er von der Signora erfahren habe, daß wir uns in Paris kennengelernt hätten.

Bei diesen Worten musterte er mich mit jener aufmerksamen Miene, die man zeigt, wenn man sich an ein Gesicht erinnern will. Dann klagte er über sein schlechtes Gedächtnis. Ich beruhigte ihn diesbezüglich, indem ich ihm sagte, daß wir nicht miteinander gesprochen hätten und er mich folglich nicht genau genug betrachtet habe, als daß ihm mein Gesicht im Gedächtnis hätte bleiben können.

»An dem Tag«, sagte ich, »da ich die Ehre hatte, mit Eurer Exzellenz bei Signor Mocenigo zu speisen, hat Sie der preußische Gesandte Lord-Marschall Keith ständig in Anspruch genommen. Sie mußten vier Tage später aufbrechen, um sich hierher zu begeben. Nach dem Diner empfahlen Sie sich.« Nun erkannte er mich und erinnerte sich, jemanden gefragt zu haben, ob ich der Botschaftssekretär sei.

»Ab heute jedoch«, sagte er, »werden wir einander nie mehr vergessen können. Die Geheimnisse, die uns verbinden, sind stark genug, um uns zu innigen Freunden zu machen.«

Nachdem sich das ungewöhnliche Paar umgesehen hatte, setzten wir uns zu Tisch, wo natürlich ich der Gastgeber war. Der Minister, ein guter Weinkenner, fand den Burgunder, den Champagner und den Graves, den ich ihm nach den Austern vom Arsenal kredenzte, ausgezeichnet und fragte mich, woher ich ihn hätte. Er war entzückt, als er hörte, daß er vom Grafen Algarotti stammte.

Mein ganzes Souper war vortrefflich, und meine Haltung den beiden gegenüber war die eines Privatmannes, dem ein König mit seiner Mätresse die allergrößte Ehre erweist. Ich sah, wie entzückt M. M. über mein achtungsvolles Verhalten ihr gegenüber und über die ganzen Gespräche war, mit denen ich das Interesse des Gesandten erregte, so daß er mir mit der allergrößten Aufmerksamkeit zuhörte. Für ihn schloß der Ernst einen Scherz nie aus, und hierin war er Meister des französischen Esprit. Alles wurde von einem witzigen Wort begleitet. M. M., die das Gespräch geschickt lenkte, brachte es schließlich auf die Umstände, denen sie meine Bekanntschaft verdankte.

Sie erzählte von meiner Liebe zu C. C. und gab ihm dabei eine überaus einnehmende Beschreibung ihrer Gestalt und ihres Charakters, der er lauschte, als hätte er keine Ahnung von diesem Mädchen. Das war die ihm zustehende Rolle, denn er wußte ja nicht, daß mir seine Anwesenheit im Versteck bekannt war. Er meinte, M. M. hätte mir das reizendste Geschenk gemacht, wenn sie C. C. zu unserem Souper mitgebracht hätte. Sie antwortete ihm, sie hätte dabei zuviel aufs Spiel setzen müssen.

»Aber wenn es Ihnen Vergnügen bereitet«, fügte sie an mich gewandt mit eher hoheitsvoller als bereitwilliger Miene hinzu, »könnte ich Sie beide gemeinsam zu mir zum Souper einladen, denn sie schläft in meiner Zelle.«

Dieses Anerbieten überraschte mich sehr; aber es war nicht der Augenblick, mir die Überraschung anmerken zu lassen. »Man kann das Vergnügen, Signora, das man in Ihrer Nähe empfindet, durch nichts steigern«, antwortete ich ihr;

»dennoch könnte mich diese Gunst nicht gleichgültig lassen.«

»Nun gut, ich werde daran denken.«

»Aber wenn ich mit dabeisein soll«, meinte da der Gesandte, »müssen Sie ihr meiner Meinung nach wohl sagen, daß außer ihrem Geliebten noch einer Ihrer Freunde zugegen sein wird.«

»Das wird nicht notwendig sein«, sagte ich daraufhin zu ihm, »denn ich werde ihr schreiben, daß sie unbedenklich alles tun soll, was die Signora sie tun heißt. Ich werde mich dieser Pflicht morgen entledigen.«

»Dann lade ich Sie also für übermorgen zum Souper ein.«

Daraufhin bat ich den Gesandten, er möge gütigst mit einem fünfzehnjährigen Mädchen, das keine Welterfahrung besitze, Nachsicht üben.

Anschließend berichtete ich ihm ausführlich die Geschichte der O-Morphi[15]. Diese Erzählung bereitete ihm das allergrößte Vergnügen. Er bat mich, ihm ihr Bild zu zeigen, und sagte, sie wohne immer noch im »Parc aux Cerfs«[16], wo der König, dem sie schon ein Kind[17] geschenkt hätte, die höchsten Wonnen mit ihr genieße. Gegen ein Uhr früh brachen sie sehr befriedigt auf; ich blieb im Hause zurück. [...]

Zur gleichen Zeit ließ mich mein Unstern mit dem Patrizier Marcantonio Zorzi[18] bekannt werden, einem geistvollen Mann, der ob seiner Kunst, Verse in venezianischer Mundart zu schreiben, berühmt war. Dieser Mann liebte auch das Theater, und nach Autorenruhm strebend, hatte er eine Komödie geschrieben, die vom Publikum ausgepfiffen worden war. Da er sich in den Kopf setzte, sein Stück sei nur auf Grund einer Kabale durchgefallen, die Abate Chiari[19], ein Dichter am Teatro di Sant' Angelo[20], gegen ihn angezettelt habe, wurde er ein erklärter Gegner aller Komödien dieses Abate. Ich fand unschwer Zugang zur Gesellschaft dieses Signor Zorzi, der einen guten Koch und eine hübsche Frau hatte. Er wußte, daß ich Chiari als Autor nicht schatzte; übrigens bezahlte er Leute, die alle Stücke Chiaris unbarmherzig auspfiffen. Mein Beitrag bestand nun darin, sie in martellianischen Versen[21], schlechten Versen, die damals sehr in Mode waren, zu kritisieren, und Signor Zorzi verteilte Abschriften meiner Kritiken. Dieses Treiben verschaffte mir einen mächtigen Feind in der Person Signor Condulmers[22], der auch deshalb auf mich böse war, weil ich anscheinend die Gunst Signora Zorzis genoß, der er vor meinem Auftauchen eifrig den Hof gemacht hatte. Dieser Signor Condulmer hatte auch allen Grund, auf mich böse zu sein, denn da ihm das Teatro di Sant' Angelo zum großen Teil gehörte, brachte ihm der Mißerfolg der Stücke des Dichters Verluste. Man konnte die Logen nur zu einem sehr niedrigen Preis vermieten. Er war sechzig Jahre alt, liebte die Frauen, das Spiel und den Wucher; aber er galt als Heiliger, weil er jeden Morgen in San Marco zur Messe erschienen und vor einem Kruzifix Tränen vergoß. Im darauffolgenden Jahr wurde er zum Ratsherrn[23] ernannt, und als solcher war er acht Monate lang Staatsinquisitor. In dieser überragenden Stellung war es für ihn nicht schwierig, seinen beiden Kollegen einzureden, daß man mich als Störer der öffentlichen Ruhe unter die Bleidächer stecken müsse. [...]

Damals machte ich auch die Bekanntschaft eines gewissen Manuzzi[24], von Beruf Goldschmied und, ohne daß ich es wußte, Spitzel der Staatsinquisitoren. Er versprach mir schmeichlerisch, er wolle mir Diamanten auf Kredit liefern, allerdings unter bestimmten Bedingungen, die mich nötigten, ihn in meiner Wohnung zu empfangen. Er sah sich mehrere Bücher an, die ich da und dort herumliegen hatte, und geriet an Manuskripte, die von Magie handelten. Da mir sein Staunen Vergnügen machte, zeigte ich ihm auch solche, in denen angegeben war, wie man sich mit allen Elementargeistern[25] in Verbindung setzen konnte.

Der Leser kann sich wohl denken, daß ich diese Bücher verachtete, aber ich besaß sie. Fünf oder sechs Tage später kam der Verräter zu mir mit der Bitte, ein Wißbegieriger, dessen Namen er nicht nennen könne, sei bereit, mir tausend Zechinen für meine fünf Bücher zu geben; aber er wolle sie vorher sehen, um sich zu vergewissern, daß sie authentisch seien. Da er sich verpflichtete, sie mir innerhalb von vierundzwanzig Stunden zurückzubringen, und ich im Grunde nichts von ihnen hielt, vertraute ich sie ihm an. Er brachte sie mir prompt am nächsten Tag wieder und sagte, die Person halte sie für gefälscht; aber ich erfuhr einige Jahre später, daß er sie dem Sekretär der Staatsinquisitoren gebracht hatte, die auf diesem Wege erfuhren, daß ich ein Erzmagier war.

Im gleichen verhängnisvollen Monat hatte sich Signora Memmo[26], die Mutter von Andrea, Bernardo und Lorenzo, in den Kopf gesetzt, ich brächte ihre Kinder auf den Weg des Atheismus. Sie vertraute sich dem alten Cavaliere Antonio Mocenigo[27], einem Onkel Signor Bragadins, an, der mir grollte, weil ich seiner Meinung nach seinen Neffen mit Hilfe der Kabbala verführt hätte. Der Fall betraf das Heilige Offizium[28]; aber da es schwer gewesen wäre, mich in den Gefängnissen der kirchlichen Inquisition einsperren zu lassen, entschlossen sie sich, die Angelegenheit den Staatsinquisitoren vorzulegen, die es unternahmen, mein Verhalten zu überprüfen. Mehr brauchte er nicht zu tun, um mich zugrunde zu richten.

Signor Antonio Condulmer, als Freund des Abate Chiari mein Feind, zudem roter Staatsinquisitor[29], ergriff die Gelegenheit, mich als Störer der öffentlichen Ordnung zu brandmarken. Ein Gesandtschaftssekretär sagte mir einige Jahre später, ein Denunziant habe mich unter Beibringung zweier Zeugen beschuldigt, nur an den Teufel zu glauben. Sie sagten aus, wenn ich beim Spiel Geld verliere, würde ich nicht wie alle Gläubigen Gott lästern, vielmehr habe mich niemand andere Verwünschungen ausstoßen hören als gegen den Teufel. Ich wurde beschuldigt, alle Tage Fleisch zu essen und nur in schöne Messen zu gehen; auch hätte man triftige Gründe, mich für einen Freimaurer zu halten. Zum Überfluß fügte man hinzu, ich würde mit fremden Gesandten verkehren, und da ich bei drei Patriziern wohne, wisse ich sicherlich alles, was im Senat verhandelt werde, und verriete es für die großen Geldsummen, die man mich verlieren sehe.

Diese ganzen Anklagepunkte bestimmten das allmächtige Tribunal, mich als Feind der Republik zu behandeln, als Verschwörer, als Verbrecher schlimmster Sorte. Seit zwei oder drei Wochen sagten mir verschiedene Leute, denen ich glauben mußte, ich solle eine Reise in fremde Länder machen, denn das Tribunal beschäftige sich mit mir. Das sagte alles; denn nur jene leben in Venedig glücklich, von deren Existenz das gefürchtete Tribunal nichts weiß. Aber ich schlug alle Ratschläge in den Wind. Wenn ich auf sie geachtet hätte, wäre ich unruhig geworden, und ich war der Feind jeglicher Unruhe. Ich sagte mir, wenn ich keine Gewissensbisse hätte, könne ich nicht schuldig sein, und wenn ich nicht schuldig sei, hätte ich nichts zu fürchten. Ich war vernagelt. Ich überlegte wie ein freier Mensch. Daß ich nicht ernsthaft an ein noch ungewisses Unglück dachte, daran hinderte mich ein wirkliches Unglück, das mich früh und spät bedrückte. Ich verlor alle Tage, hatte überall Schulden, hatte alle meine Juwelen verpfändet, sogar die bildgeschmückten Dosen[30], diese jedoch anderweitig, und zwar, indem ich sie den Händen von Signora Manzoni anvertraute, die auch alle meine wichtigen Papiere und meine Liebesbriefe aufbewahrte. Ich bemerkte, daß man mich mied. [...]

Drei oder vier Tage vor dem Fest des heiligen Jacobus[31], dessen Namen ich trage, machte mir M. M. mehrere Ellen Silberspitze zum Geschenk, die ich am Vorabend meines Festes anlegen sollte. Ich machte ihr in dem hübschen Gewand einen Besuch und sagte ihr, ich würde am nächsten Tag mit der Bitte zu ihr kommen, sie möge mir Geld leihen, da ich nicht mehr wisse, an wen ich mich sonst noch wenden solle. Sie hatte fünfhundert Zechinen beiseite gelegt, als ich ihre Diamanten verkauft hatte.

In der Gewißheit, daß ich diese Summe am nächsten Tag erhalten würde, verbrachte ich den Tag damit, zu spielen und zu verlieren, und nachts hatte ich schließlich fünfhundert Zechinen auf Ehrenwort verloren. Bei Tagesanbruch mußte ich mich beruhigen und ging zur Erberia[32]. Der Platz, den man Erberia nennt, liegt am Ufer des Canal Grande, der die Stadt durchquert; man nennt ihn so, weil er tatsächlich der Markt für Gemüse, Früchte und Blumen ist.

Wer dort zu so früher Stunde spazierengeht, behauptet, er tue das wegen des unschuldigen Vergnügens, in zwei- oder dreihundert Booten aller Art alles ankommen zu sehen, was die Bewohner der kleinen Inseln rings um die Hauptstadt an Gemüse, Früchten aller Art und Blumen der Jahreszeit hereinbringen und billig an die Großhändler verkaufen, die es mit einem Aufschlag an die Zwischenhändler weiterverkaufen, die es ihrerseits an die kleinen teuer abgeben, welche es schließlich zu noch höheren Preisen in der ganzen Stadt verteilen. Aber es ist nicht wahr, daß die Jugend von Venedig vor Sonnenaufgang zur Erberia kommt, um dieses Vergnügen zu haben; das dient ihnen nur als Vorwand.

Die dorthin kommen, sind Lebemänner und Frauen, die die Nacht in Villen, Gaststätten oder Gärten bei den Freuden der Tafel oder den Leidenschaften des Spiels verbracht haben. Die Neigung zu diesem Spaziergang zeigt, daß eine Nation ihren Charakter ändern kann.

Die Venezianer von einst, die im Frauendienst ebenso geheimnisvoll taten wie in der Politik, sind den modernen gewichen, deren vorherrschender Zug es ist, aus nichts ein Geheimnis zu machen. Die Männer, die in Gesellschaft von Frauen dorthin gehen, wollen den Neid von ihresgleichen dadurch erwecken, daß sie ihr Glück zur Schau tragen. Wer ganz allein hingeht, sucht Eroberungen zu machen oder Eifersucht zu erwecken; und die Frauen erscheinen dort mehr, um sich sehen zu lassen, als um selbst etwas zu sehen. Es macht ihnen Vergnügen, wenn alle Welt erfährt, daß sie sich keinen Zwang antun. Die Putzsucht hat dort keinen Platz, weil die abendliche Aufmachung dahin ist. Es hat im Gegenteil den Anschein, als wollten die Frauen sich an diesem Ort unter der Devise der Unordnung zeigen und als wollten sie, daß alle, die sie sehen, darüber reden. Die Männer, die sie am Arm führen, müssen die Unlust nach zu häufiger Willfährigkeit zeigen und so tun, als sei es ihnen gleichgültig, wenn man aus den Resten der Aufmachung vom Abend vorher, die ihre Schönen zur Schau tragen, die Anzeichen ihres Triumphes errät. Alle auf dieser Promenade müssen sehr erschöpft aussehen und den Wunsch erkennen lassen, zu Bett zu gehen.

Ich spazierte eine halbe Stunde lang auf und ab; dann ging ich zu meinem Haus, wo alle noch im Bett liegen mußten. Ich zog den Schlüssel aus der Tasche, aber ich hatte ihn nicht nötig. Ich fand die Tür offen, und nicht nur das, sondern das Schloß war erbrochen. Ich ging hinein und fand die ganze Familie auf; meine Wirtin beklagte sich bei mir. Sie erzählte, der Messergrande[33] sei mit einem Trupp Sbirren mit Gewalt in das Haus eingedrungen, habe das Unterste zuoberst gekehrt und gesagt, daß er einen Koffer suche, der mit Salz gefüllt sein müsse, einer wichtigen Schmuggelware. Er wisse, daß man diesen Koffer am Vorabend gebracht habe. Sie berichtete, daß tatsächlich ein Koffer ausgeladen worden sei; aber er gehöre dem Grafen S., und es seien nur seine Kleider darin gewesen. Der Messergrande hätte ihn sich angesehen und wäre fortgegangen, ohne etwas zu sagen. Er hätte auch mein Zimmer untersucht. Sie verlangte Genugtuung, und da sie offenbar im Recht war, versprach ich ihr, noch am gleichen Tag mit Signor Bragadin zu sprechen; dann legte ich mich schlafen; aber der Schimpf, den man diesem Hause angetan hatte, ging mir zu Herzen, und ich konnte nur drei oder vier Stunden schlafen.

Ich ging zu Signor Bragadin, erzählte ihm die ganze Geschichte und verlangte Genugtuung. Ich legte ihm mit eindringlichen Worten alle Gründe dar, die meine ehrenwerte Wirtin hatte, eine der Beleidigung angemessene Genugtuung zu verlangen, denn die Gesetze gewährleisteten die Ruhe für jede Familie, deren Verhalten untadelig war. Ich hatte ihm all das in Gegenwart seiner beiden Freunde vorgetragen und bemerkte, wie alle drei nachdenklich wurden. Der weise Greis sagte mir, er werde mir nach dem Essen antworten.

Bei Tisch [...] hatten alle traurige Mienen. Ich glaubte, das der Freundschaft zuschreiben zu müssen, die sie für mich empfanden. Die Verbindung dieser drei achtbaren Persönlichkeiten mit mir war stets ein Anlaß der Verwunderung für die ganze Stadt gewesen. Man war der Meinung, daß dies keinen natürlichen Grund haben könne; es müsse die Wirkung irgendeiner Hexerei sein. Die drei waren über die Maßen fromm, und in Venedig gab es keinen größeren Libertin als mich. Die Tugend, so sagte man, könne dem Laster gegenüber nachsichtig sein, aber sie könne es nicht lieben.

Nach dem Essen bat Signor Bragadin mich und die beiden anderen Freunde, die stets hinzugehörten, in sein Arbeitszimmer. Dort sagte er mir in aller Ruhe, ich solle nicht an Rache für die Kränkung denken, die der Messergrande dem Haus, in dem ich wohne, angetan habe, sondern ich solle daran denken, mich in Sicherheit zu bringen.

»Der Koffer voll Salz ist nur ein Vorwand«, erklärte er. »Dich suchte man, und dich glaubte man zu finden. Dein Engel hat dich davor bewahrt; rette dich!« [...]

Ich verließ den Palazzo ohne den geringsten Schatten von Furcht in der Seele, aber mit sehr viel Sorgen wegen meiner Schulden. Ich hatte nicht das Herz, nach Murano zu gehen und M. M. die fünfhundert Zechinen fortzunehmen, die ich dort sofort demjenigen hätte zahlen müssen, der sie mir am Vorabend abgewonnen hatte; ich zog es vor, ihn aufzusuchen und zu bitten, acht Tage zu warten. Nach diesem Schritt ging ich nach Hause, tröstete, so gut ich konnte, meine Wirtin, umarmte ihre Tochter und legte mich schlafen. Es war bei Einbruch der Nacht, am 25. Juli 1755.

Am nächsten Morgen bei Tagesanbruch trat der Messergrande in mein Zimmer. Aufwachen, ihn sehen und seine Frage hören, ob ich Giacomo Casanova sei, war Sache eines Augenblicks. Kaum hatte ich geantwortet, ich sei der Genannte, befahl er mir, ihm alles zu geben, was ich an Geschriebenem hätte, von mir wie von anderen, mich anzuziehen und mit ihm zu kommen. Als ich ihn fragte, in wessen Auftrag er mir diesen Befehl erteile, antwortete er, das geschehe im Auftrag des Tribunals.

Das Wort Tribunal lähmte mich vollkommen und ließ mir nur die körperliche Fähigkeit, die für den Gehorsam nötig ist. Mein Sekretär stand offen, und alle meine Papiere lagen auf der Platte, an der ich schrieb; ich sagte dem Messergrande, er könne sie an sich nehmen. Er füllte damit einen Sack, den einer seiner Leute ihm brachte, und sagte mir, ich hätte ihm auch alle zu Büchern gebundenen Manuskripte auszuliefern, die ich haben müsse; ich zeigte ihm, wo sie waren. Dabei wurde mir klar, daß der Goldschmied Manuzzi der gemeine Spitzel gewesen war, der mich angezeigt hatte, diese Bücher zu besitzen, als er sich an mich herangemacht und angeboten hatte, mir Diamanten zu liefern, und, wie ich schon erzählt habe, diese Bücher zu verkaufen; es waren der Schlüssel Salomons[34], der Zecor-ben[35], ein Picatrix[36], ausführliche Angaben über die Planetenstellungen[37], mit deren Hilfe man Rauchopfer und die notwendigen Beschwörungen vollbringen konnte, um Dämonen aller Art zu beschwören. Wer wußte, daß ich diese Bücher besaß, hielt mich für einen Magier, und ich war darüber nicht ungehalten. Der Messergrande nahm auch die Bücher, die auf meinem Nachttisch lagen: Ariost, Horaz, Petrarca, den »Soldat als Philosoph«[38], ein Manuskript, das Mathilde[39] mir gegeben hatte, den »Pförtner der Karthäuser«, und auch das kleine Buch des Aretino über die Liebesstellungen, das Manuzzi angegeben hatte, denn der Messergrande verlangte es ebenfalls von mir. Der Spitzel hatte wie ein anständiger Mensch ausgesehen, eine notwendige Eigenschaft für seinen Beruf. [...]

Während der Messergrande meine Handschriften, meine Bücher und Briefe zusammenraffte, zog ich mich mechanisch an, weder schnell noch langsam. Ich machte Toilette, ich rasierte mich, C. D.[40] kämmte mich, ich zog ein Spitzenhemd und meinen hübschen Rock an, alles ganz gedankenlos und ohne das geringste zu sagen; der Messergrande, der mich keinen Augenblick aus den Augen ließ, wagte auch nichts daran auszusetzen, daß ich mich anzog, als solle ich zu einer Hochzeit gehen.

Beim Verlassen meines Zimmers fand ich zu meiner Überraschung dreißig oder vierzig Büttel in der Halle. Es war eine Ehre für mich, daß man sie für nötig hielt, um sich meiner Person zu versichern, während nach dem Axiom »ne Hercules quidam contra duos« (Selbst ein Herkules kann nicht gegen zwei kämpfen)[41] eigentlich nur zwei nötig waren. Es ist eigenartig, daß man in London, wo jedermann tapfer ist, nur einen einzigen Mann braucht, um einen anderen festzunehmen, und daß man in meinem lieben Heimatland, wo man eher feige ist, dreißig nötig hat. Der Grund liegt vielleicht darin, daß der Feigling, wenn er angreifen soll, wahrscheinlich mehr Angst hat als der Angegriffene, und weil der Angegriffene aus diesem Grund mutig werden kann; tatsächlich sieht man in Venedig häufig, wie ein einziger Mann sich gegen zwanzig Sbirren verteidigt und sich in Sicherheit bringt, nachdem er sie verprügelt hat. Ich half in Paris einem meiner Freunde, vierzig Polizisten[42] zu entrinnen, die wir in die Flucht schlugen.

Der Messergrande ließ mich in eine Gondel steigen, nahm neben mir Platz und behielt nur vier Mann. Die anderen schickte er fort. Als wir bei ihm angekommen waren, bot er mir einen Kaffee an, den ich ablehnte, und schloß mich in ein Zimmer ein. Ich verbrachte dort vier Stunden mit Schlafen, wachte aber jede Viertelstunde auf, um Wasser zu lassen; das war eine außergewöhnliche Erscheinung, denn ich kannte keinen Harnzwang. Es herrschte eine erdrückende Hitze, und ich hatte nichts zu Abend gegessen; dennoch füllte ich zwei große Nachttöpfe mit Urin. [...]

Offenbar mußte zur gleichen Zeit, da mein bedrängter Geist Zeichen der Schwäche bei der Ausübung seiner Denkfähigkeit zeigte, auch mein Körper, gleichsam wie in einer Kelter, einen guten Teil jener Flüssigkeit von sich geben, die mit ihrem ständigen Umlauf unserer Denkfähigkeit Kraft verleiht; so kann auch ein unvorhergesehener Schrecken zur Ursache eines plötzlichen Todes werden und uns, Gott bewahre, ins Paradies befördern, denn er kann das Blut stocken lassen.

Beim Schlag der Campana di Terza[43] trat der Anführer der Büttel ein und sagte, er habe Befehl, mich unter die Bleidächer[44] zu bringen. Ich folgte ihm. Wir stiegen in eine andere Gondel und gelangten nach einem großen Umweg über kleine Kanäle in den Canal Grande und stiegen am Rio delle Prigioni[45] aus. Wir gingen mehrere Treppen hinauf und über eine hohe geschlossene Brücke[46], welche die Verbindung zwischen den Gefängnissen und dem Dogenpalast über den Kanal bildet, den man Rio di Palazzo[47] nennt. Jenseits der Brücke gingen wir durch eine Galerie, betraten ein Zimmer, dann ein anderes, wo er mich einem in Patrizierrobe gekleideten Mann vorführte, der nach einem Blick auf mich sagte: »Das ist er. Führt ihn ins Gefängnis!«[48]

Dieser Mann war der Sekretär der Inquisitoren, der Circospetto[49] Domenico Cavalli, der sich offenbar schämte, in meiner Gegenwart venezianisch zu reden, denn er ordnete meine Haft in toskanischer Mundart an. Der Messergrande übergab mich nun dem Aufseher über die Bleikammern, der mit einem Schlüsselbund in der Hand wartete. Dieser führte mich, gefolgt von zwei Bütteln, über zwei kleine Treppen, durch eine Galerie, dann durch eine andere, die durch eine verschlossene Tür von der ersten getrennt war, dann noch durch eine weitere, an deren Ende er mit einem anderen Schlüssel wieder eine Tür aufsperrte; durch diese betrat ich einen großen, häßlichen und schmutzigen Dachboden, sechs Klafter lang und zwei Klafter breit[50], der durch eine vorgebaute Dachluke spärlich erleuchtet wurde. Diesen Raum hielt ich für mein Gefängnis, aber ich täuschte mich. Der Mann, der mein Kerkermeister war, nahm einen schweren

Schlüssel, schloß eine dicke, eisenbeschlagene Tür von dreieinhalb Fuß Höhe auf, die in der Mitte ein rundes Loch von acht Zoll[51] Durchmesser hatte, und befahl mir hineinzugehen. Ich musterte gerade aufmerksam einen an der starken Zwischenwand angenagelten Apparat, der die Form eines Hufeisens hatte; er war ein Zoll dick, und die parallelen Enden hatten voneinander einen Abstand von fünf Zoll. Ich überlegte, was das wohl sein könne; da sagte mir der Büttel grinsend:

»Ich sehe, Signor, daß Sie wissen wollen, zu was dieser Apparat dient, und ich kann es Ihnen sagen. Wenn Ihre Exzellenzen anordnen, jemanden zu erdrosseln, setzt man ihn mit dem Rücken zu dem Eisen auf einen Hocker; der Kopf wird so in den Bügel hineingeschoben, daß dieser die Hälfte des Halses umfaßt. Ein seidenes Band, das die andere Hälfte umschließt, wird mit seinen zwei Enden durch dieses Loch gezogen und zu einer Haspel geführt, an der man es befestigt. Und ein Mann dreht sie, bis der arme Sünder seine Seele unserem Herrgott befiehlt, denn der Beichtvater verläßt ihn Gott sei Dank nicht, bevor er tot ist.«

»Das ist sehr sinnreich, und ich denke, Signor, daß Sie selbst die Ehre haben, die Haspel zu drehen.«

Er antwortete mir nicht. Da ich fünf Fuß neun Zoll[52] groß bin, mußte ich mich tief bücken, um hineinzugehen; er schloß mich ein. Durch das Gitter fragte er mich, was ich essen wolle, und ich antwortete, daran hätte ich noch nicht gedacht. Er ging fort und schloß alle Türen hinter sich zu.

Niedergeschlagen und benommen stützte ich die Ellbogen auf die Brüstung des Gitters. Dieses maß in jeder Richtung zwei Fuß und bestand aus sechs gekreuzten, einzölligen Eisenstangen, die sechzehn quadratische Öffnungen von fünf Zoll frei ließen. Sie hätten das Gefängnis genügend erhellt, wenn nicht ein rechteckiger Balken, ein Hauptträger des Dachstuhles von eineinhalb Fuß Stärke, unterhalb der Luke, die mir schräg gegenüber lag, in die Mauer geführt und das Licht abgefangen hätte, das in den Dachboden fiel. Als ich die Runde in diesem abscheulichen Gefängnis machte, mußte ich den Kopf gebeugt halten, denn es war nur fünfeinhalb Fuß hoch. Fast nur durch Tasten fand ich heraus, daß es dreiviertel von zwei mal zwei Klaftern groß war.[53] Das restliche fehlende Viertel war offenbar ein Alkoven, der ein Bett aufnehmen konnte, aber ich fand weder Bett noch Stuhl, noch Tisch, noch irgendein Möbel, außer einem Kübel für die natürlichen Bedürfnisse, und einer an der Wand befestigten, fußbreiten Planke, vier Fuß über dem Boden. Dorthin legte ich meinen schönen Seidenmantel, meinen hübschen, schlecht eingeweihten Rock und meinen mit einer spanischen Spitze und einer weißen Feder geschmückten Hut. Es herrschte eine furchtbare Hitze. In meiner Bestürzung führte die Natur mich zu dem Gitter, dem einzigen Ort, wo ich meine Ellbogen aufstützen konnte; ich konnte die Luke nicht sehen, aber ich sah das Licht, das den Dachboden erhellte, und Ratten groß wie Hasen, die dort herumliefen. Diese scheußlichen Tiere, deren Anblick mir verhaßt war, kamen bis unter mein Gitter, ohne irgendeine Spur von Angst zu zeigen. Ich verschloß rasch mit einer inneren Klappe das runde Loch, das in der Mitte der Tür war, denn bei ihrem Besuch hätte mir das Blut gestockt. In tiefstes Nachsinnen versunken, stützte ich mich mit gekreuzten Armen auf die Brüstung und verharrte so acht Stunden unbeweglich, schweigend und ohne mich je zu rühren.

Als es sechs Uhr schlug, begann ich mich zu beunruhigen, weil niemand kam, um mich zu fragen, ob ich essen wolle, und weil man mir kein Bett brachte, keinen Stuhl oder wenigstens Brot und Wasser. Ich hatte keinen Appetit, aber mir schien, das ginge niemanden etwas an; nie in meinem Leben hatte ich einen so bitteren Geschmack im Mund gehabt. Ich nahm jedoch mit Sicherheit an, daß vor Einbruch der Nacht jemand kommen würde; aber als ich es neun Uhr schlagen hörte, überfiel mich eine rasende Wut. Ich stampfte mit den Füßen, fluchte und begleitete den ganzen nutzlosen Lärm, zu dem meine seltsame Lage mich trieb, mit lautem Jammern.

Als ich nach mehr als einer Stunde des Tobens niemanden erblickte und auch nicht das geringste Anzeichen feststellte, das mich hätte darauf schließen lassen, irgend jemand könne mein Rasen hören, und es ringsum finster wurde, schloß ich das Gitter, weil ich fürchtete, die Ratten würden in meinen Kerker springen. Ich hüllte meine Haare in ein Taschentuch und warf mich ausgestreckt auf den Fußboden. Eine derartige unbarmherzige Vernachlässigung kam mir unwahrscheinlich vor, selbst wenn man beschlossen hätte, mich sterben zu lassen. Die Überlegung, was ich getan haben mochte, um eine so grausame Behandlung zu verdienen, konnte nicht länger als einen Augenblick dauern, denn ich fand nichts von Belang. Als großer Libertin, der kein Blatt vor den Mund nahm, als Mann, der nur daran dachte, das Leben zu genießen, konnte ich mich nicht für schuldig halten, sah mich aber dennoch derartig behandelt. Ich erspare dem Leser, was die Wut, die Entrüstung, die Verzweiflung mich gegen den schrecklichen Despotismus, der mich knechtete, aussprechen oder denken ließ. Indessen hinderte mich die dumpfe Wut, der Kummer, der mich verzehrte, und der harte Boden, auf dem ich lag, nicht daran einzuschlafen. Meine Natur verlangte nach Schlaf; und wenn der Mensch, der von ihr belebt wird, jung und gesund ist, weiß sie sich zu verschaffen, was sie braucht, ohne daß er eigens daran denken müßte.

Das Schlagen der Mitternachtsstunde weckte mich. Schreckliches Erwachen, wenn man dabei dem Nichts oder der Illusion des Traumes nachtrauern muß. Ich konnte nicht glauben, daß ich drei Stunden verbracht hatte, ohne irgendein Unglück zu fühlen. Ich lag auf der linken Seite und streckte, ohne meine Stellung zu ändern, den rechten Arm aus, um nach meinem Taschentuch zu greifen, das ich meiner Erinnerung nach bestimmt dorthin gelegt hatte. Als meine Hand sich vortastete, mein Gott, wie erschrak ich, als ich dort eine andere vorfand, die kalt war wie Eis. Das Entsetzen schüttelte mich von Kopf bis zu den Füßen, und alle meine Haare sträubten sich. Nie in meinem Leben war meine Seele so von Schrecken erfüllt, und ich hätte das auch nie für möglich gehalten. Ich verbrachte sicherlich drei oder vier Minuten nicht nur unbeweglich, sondern auch unfähig, irgend etwas zu denken. Als ich mich wieder etwas gefaßt hatte, wollte ich mir einreden, daß die Hand, die ich berührt zu haben glaubte, nur in meiner Einbildung existierte; in dieser festen Annahme griff ich von neuem mit der Hand nach der gleichen Stelle und fand die gleiche Hand. Mir lief es kalt über den Rücken, ich stieß einen durchdringenden Schrei aus, ich faßte sie an und ließ sie zurückzuckend wieder los. Ich erbebte; als ich wieder Herr meiner Überlegung war, kam ich zu dem Schluß, daß man, während ich schlief, eine Leiche neben mich gelegt hatte; denn ich war sicher, daß der Boden leer war, als ich mich niederlegte. Ich dachte sogleich an die Leiche irgendeines schuldlosen Unglücklichen, vielleicht eines Freundes, den man erdrosselt und so neben mich gelegt hatte, damit ich ihn bei meinem Erwachen neben mir finden sollte als Beispiel des Loses, das ich zu erwarten hatte. Dieser Gedanke machte mich rasend; ich streckte zum drittenmal meinen Arm nach der Hand aus, ich ergreife sie und will mich gleichzeit erheben, die Leiche heranziehen und mich von der ganzen Grausamkeit dieser Tatsache überzeugen; aber als ich mich auf meinen linken Ellbogen stützen will, wird die kalte Hand, die ich erfaßt hatte, lebendig und zieht sich zurück. Im gleichen Augenblick stellte ich zu meiner großen Überraschung fest, daß ich in meiner rechten Hand nichts anderes hielt als meine linke Hand, die eingeschlafen und abgestorben war und ihre Bewegungsfähigkeit, Gefühl und Wärme verloren hatte, eine Folge des sanften, anschmiegsamen und weichen Bettes, auf dem mein armer Körper ruhte.

Obwohl dieses Abenteuer komisch war, erheiterte es mich nicht. Es gab mir im Gegenteil Anlaß zu den schwärzesten Gedanken. Mir wurde klar, daß ich mich an einem Ort befand, wo das Falsche als wahr und die Wirklichkeit als Traum erscheinen mußte, wo die Erkenntnis die Hälfte ihrer Vorzüge einbüßen mußte, wo eine überhitzte Phantasie die Vernunft zum Opfer sinnloser Hoffnungen oder schrecklicher Verzweiflung machen mußte. Ich war sogleich auf der Hut vor allem, was diesen Punkt betraf; und zum erstenmal in meinem Leben, im Alter von dreißig Jahren, nahm ich meine Zuflucht zur Philosophie, für die ich alle Veranlagung in mir trug, ohne bisher Gelegenheit gehabt zu haben, sie wertzuschätzen oder von ihr Gebrauch zu machen. Ich glaube, daß der größte Teil der Menschheit stirbt, ohne je nachgedacht zu haben. Ich blieb bis gegen fünf Uhr sitzen; der neue Morgen begann zu dämmern. Die Sonne mußte bald aufgehen; mich verlangte nach dem Anblick des Tageslichts. Ein Vorgefühl, das ich für untrüglich hielt, ließ mich glauben, daß man mich nach Hause schicken würde; ich kochte vor Rachegelüsten, die ich mir nicht verheimlichte. Ich sah mich schon an der Spitze des Volkes, um die Regierung auszutilgen und die Aristokraten niederzumetzeln; alles mußte zermalmt werden. Ich begnügte mich nicht damit, Henkern das Abschlachten meiner Unterdrücker zu befehlen, sondern ich mußte das Gemetzel eigenhändig durchführen. So ist der Mensch; er ahnt nicht, daß keineswegs die Vernunft in ihm in solcher Weise spricht, sondern ihr größter Feind, der Zorn.

Ich wartete weniger lang, als ich geglaubt hatte; und schon hatte ich Anlaß, meine Wut zu dämpfen. Um sechs Uhr wurde die tiefe Stille dieser Räume, der Hölle des lebenden Menschengeschlechts, durch das Kreischen der Schlösser in den Vorräumen der Korridore unterbrochen, die man durchqueren mußte, um zu meinem Kerker zu gelangen. Vor meinem Gitter erschien der Wärter und fragte mich, ob ich Zeit gehabt hätte nachzudenken, was ich essen wolle. Man ist recht glücklich, wenn sich die Unverschämtheit eines Nichtswürdigen hinter der Maske des Scherzes verbirgt. Ich antwortete, ich wolle eine Reissuppe, gekochtes Rindfleisch, Braten, Brot, Wasser und Wein. Ich bemerkte das Erstaunen des Lümmels, daß er nicht die erwarteten Klagen hörte. Er entfernte sich; aber eine Viertelstunde später kam er zurück, um mir zu sagen, er wundere sich, daß ich kein Bett verlange und was ich sonst brauche.

»Denn wenn Sie sich einbilden«, sagte er, »daß man Sie nur für eine Nacht hierhergebracht hat, täuschen Sie sich.«

»Bringen Sie mir also alles, was Sie für nötig halten.«

»Wohin muß ich gehen? Hier ist Bleistift und Papier. Schreiben Sie alles auf!«

Ich gab ihm schriftlich den Ort an, wo er mir alles holen sollte, ein Bett, Hemden, Strümpfe, einen Hausrock, Pantoffeln, Hauben, einen Lehnstuhl, Tisch, Kämme, Spiegel, Rasiermesser, Taschentücher, meine Bücher, die der Messergrande mir fortgenommen hatte, Tinte, Federn und Papier. Als ich ihm alle diese Artikel vorlas, denn der Flegel konnte nicht lesen, sagte er mir, ich solle Bücher, Tinte, Papier, Spiegel und Rasiermesser streichen, denn alles das sei unter den Bleidächern nach den Satzungen verboten; er verlangte auch Geld von mir, um das Essen zu kaufen. Ich hatte drei Zechinen, und davon gab ich ihm eine. Er verließ den Dachboden, und ich hörte ihn eine Stunde später fortgehen. Während dieser Stunde bediente er, wie ich in der Folge erfuhr, sieben andere Gefangene, die hier oben in Kerkern eingesperrt waren, die voneinander entfernt lagen, um jede Verständigung zu verhindern.

Gegen Mittag erschien der Wärter mit fünf Bütteln, die für die Staatsgefangenen zur Verfügung standen. Er schloß den Kerker auf, um die Möbel hereinzubringen, die ich verlangt hatte, und mein Essen. Man stellte das Bett in den Alkoven und das Essen auf einen kleinen Tisch. Mein Besteck bestand aus einem Elfenbeinlöffel, den er von meinem Geld gekauft hatte; Messer und Gabel waren, wie alle Gegenstände aus Metall, verboten.

»Bestellen Sie, was Sie morgen essen wollen«, sagte er, »denn ich kann nur einmal am Tag bei Sonnenaufgang hierherkommen. Der ehrenwerte Herr Segretario hat mir aufgetragen, Ihnen zu sagen, er werde Ihnen passende Bücher schicken, weil die, sie Sie verlangen, verboten sind.«

»Danken Sie ihm dafür, daß er so gütig war, mir eine Einzelzelle zu geben.«

»Ich werde Ihren Auftrag ausrichten, aber es ist nicht angebracht, sich in dieser Weise lustig zu machen.«

»Ich mache mich nicht lustig, denn mir scheint es besser, allein zu sein als mit Verbrechern zusammen, die auch hier sein müssen.«

»Inwiefern Verbrecher, Signore? Darüber wäre ich sehr erbost. Hier gibt es nur ehrenwerte Leute, die man jedoch aus Gründen, die nur Ihren Exzellenzen bekannt sind, von der Gesellschaft trennen muß. Man hat Sie ganz allein eingesperrt, um Sie strenger zu bestrafen; und Sie wollen, daß ich in Ihrem Auftrag danke?«

»Das wußte ich nicht.«

Dieser ungebildete Tropf hatte recht, und ich stellte es nur allzu deutlich einige Tage später fest. Ich erkannte, daß ein Mann, der ganz allein eingesperrt ist und sich mit nichts beschäftigen kann, allein in einem fast ganz dunklen Raum, wo er den, der ihm das Essen bringt, nicht oder nur ein einziges Mal am Tag zu Gesicht bekommt, und wo er nicht aufrecht umhergehen kann, der unglücklichste aller Sterblichen ist. Er wünscht sich in die Hölle, wenn er an sie glaubt, nur um Gesellschaft zu haben. Ich bin in meinem Kerker so weit gekommen, mir die eines Mörders, eines Verrückten, eines ekligen Kranken, eines Bären zu wünschen. Die Einsamkeit unter den Bleidächern treibt zur Verzweiflung; aber um das zu wissen, muß man selbst die Erfahrung gemacht haben. Wenn der Gefangene gebildet ist, sollte man ihm Schreibzeug und Papier geben; sein Unglück würde dann um neun Zehntel vermindert.

Als der Wärter gegangen war, stellte ich den Tisch in die Nähe der Öffnung, um ein wenig Licht zu haben, und setzte mich bei dem schwachen Schein, der durch die Dachluke fiel, zum Essen; aber ich konnte nur ein wenig Suppe hinunterbringen. Da ich seit fünfundvierzig Stunden nichts gegessen hatte, war es nicht verwunderlich, wenn ich krank war.

Ich verbrachte den Tag ohne Wutanfall auf meinem Lehnstuhl, sehnte den nächsten Tag herbei und fand mich im Geist mit der Lektüre der Bücher ab, die man so gnädig war, mir zu versprechen. Ich verbrachte die Nacht schlaflos bei dem widerwärtigen Geräusch, das die Ratten auf dem Dachboden machten, und in Gesellschaft der Uhr von San Marco, die ich beim Schlag der Stunden in meinem Zimmer zu haben glaubte. Eine Art Folter, die wenige Leser sich vorstellen können, verursachte mir unerträgliche Qualen; eine Million Flöhe stürzten sich hocherfreut auf meinen Körper, voll Gier nach meinem Blut und meiner Haut, die sie mit einem Fanatismus durchlöcherten, von der ich keine Ahnung gehabt hatte. Diese verfluchten Insekten ließen mich ständig zusammenzucken, verursachten mir krampfhafte Zustände und vergifteten mir das Blut.

Bei Tagesanbruch erschien Lorenzo[54], so hieß der Wärter, um mein Bett zu machen, auszufegen, aufzuräumen, und einer seiner Sbirren brachte mir Wasser zum Waschen. Ich wollte auf den Dachboden hinausgehen, aber Lorenzo sagte mir, das sei nicht erlaubt. Er gab mir zwei dicke Bücher, die ich ungeöffnet ließ, da ich keineswegs sicher war, eine erste Regung des Unwillens unterdrücken zu können, die sie vielleicht in mir erwecken würden und über die der Spitzel berichtet hätte. Er ließ mir noch meine Verpflegung da und schnitt mir zwei Zitronen auf; dann ging er.

Ich aß rasch meine Suppe, solange sie warm war, dann hielt ich ein Buch in das Licht, das durch die Dachluke bis zu dem Loch in der Tür gelangte, und stellte fest, daß ich gut lesen konnte. Ich schlug den Titel auf und las »Die mystische Gottesstadt«, von Schwester Maria de Agreda[55]. Ich hatte keine Ahnung von dem Buch. Das zweite war von einem Jesuiten, dessen Namen ich vergessen habe. Es begründete eine neue Anbetung, die sich unmittelbar an das Herz unseres Herrn Jesu Christi richtete. Von allen Körperteilen unseres göttlichen Mittlers sollte man, so forderte der Autor, dieses besonders anbeten; sonderbare Idee eines verrückten

Schwachkopfs, deren Lektüre mich schon auf der ersten Seite aufbrachte, denn das Herz schien mir kein achtbareres Organ als die Lunge. Die mystische Stadt interessierte mich etwas mehr.

Ich las alles, was die überhitzte Phantasie einer äußerst frommen und melancholischen spanischen Jungfrau hinter den Mauern eines Klosters und unter dem Einfluß von unwissenden und kriecherischen Beichtvätern in ihrer Überspanntheit aushecken konnte. Alle ihre Hirngespinste und haarsträubenden Visionen waren als Offenbarungen verbrämt; sie hatte als geliebte und vertraute Freundin der Heiligen Jungfrau von Gott selbst den Auftrag erhalten, das Leben der göttlichen Mutter zu beschreiben. Die Anweisungen, die ihr hierfür nötig waren und die niemand hätte irgendwo nachlesen können, waren ihr vom Heiligen Geist geliefert worden.

Sie begann also die Lebensgeschichte der Großmutter nicht mit dem Augenblick ihrer Geburt, sondern mit der Unbefleckten Empfängnis im Leibe der heiligen Anna. Die Schwester Maria de Agreda war Oberin eines Klosters von Klarissinnen, das sie selbst in ihrem Heimatort gegründet hatte. Zuerst erzählte sie in allen Einzelheiten, was ihre große Heldin in den neun Monaten vor ihrer Geburt getan hatte; dann schilderte sie, wie sie im Alter von drei Jahren das Haus fegte, unterstützt von neunhundert dienstbaren Engeln, die Gott ihr zugedacht hatte und die von ihrem eigenen Fürsten Michael persönlich befehligt wurden. Dieser eilte zwischen ihr und Gott und zwischen Gott und ihr mit ihren gegenseitigen Botschaften hin und her. […]

Genötigt, mich mit irgend etwas zu beschäftigen, verbrachte ich eine Woche über diesem Meisterwerk eines überspannten und ausschweifenden Geistes; ich sagte dem dummen Wärter nichts, aber ich war schließlich völlig am Ende meiner Kraft. Sobald ich einschlief, wurde mir deutlich, mit welcher Pest die Schwester de Agreda meinen durch die Melancholie und die schlechte Nahrung geschwächten Verstand angesteckt hatte. Meine ausschweifenden Träume brachten mich zum Lachen, wenn ich sie mir beim Erwachen vergegenwärtigte, weil mich die Lust anwandelte, sie niederzuschreiben; hätte ich dazu das nötige Material gehabt, so hätte ich da oben vielleicht ein Werk zustande gebracht, das noch verrückter gewesen wäre als das, was Signor Cavalli mir geschickt hatte. Seit damals ist mir klar, wie sehr sich diejenigen täuschen, die dem Geist des Menschen eine gewisse Kraft zusprechen; sie ist nur relativ, und der Mensch, der sich genau prüft, wird in sich nur Schwäche finden. Ich stellte auch fest, daß es zwar selten dazu kommt, daß ein Mensch verrückt wird; doch ist es sicher richtig, daß nicht viel dazu fehlt. Unser Verstand ist wie Schießpulver, das zwar sehr leicht zu entzünden ist, sich jedoch niemals entzündet, wenn man es nicht in Brand setzt; oder wie ein Trinkglas, das niemals zerbricht, wenn man es nicht selbst zerbricht. Das Buch dieser Spanierin enthält alles, was nötig ist, um einen Menschen verrückt zu machen; aber damit das Gift diese Wirkung hat, muß man ihn ganz allein unter die Bleidächer sperren und ihn jeder anderen Beschäftigung berauben.

[...]

Nach Ablauf von neun bis zehn Tagen hatte ich kein Geld mehr. Lorenzo fragte mich, wohin er gehen solle, um welches zu holen, und ich antwortete ihm lakonisch: »Nirgendswohin.« Diesem ungebildeten, habgierigen und geschwätzigen Mann mißfiel meine Schweigsamkeit. Am nächsten Tag erklärte er mir, das Tribunal bewillige mir fünfzig Soldi je Tag, die er zu verwalten habe und die er jeden Monat mit mir abrechnen werde. Das Ersparte werde er nach meinen Angaben verwenden. Ich beauftragte ihn, mir zweimal wöchentlich die Gazette de Leyde[56] zu bringen; er antwortete mir, das sei nicht gestattet. Fünfundsiebzig Lire im Monat waren mehr, als ich brauchte, denn ich konnte nichts mehr essen. Die unbeschreibliche Hitze und die Entkräftung infolge des Mangels an Nahrung hatte mich erschöpft. Es war die Zeit der drückendsten Hundstage. Durch die Kraft der Sonnenstrahlen, die auf das bleigedeckte Dach meines Gefängnisses niederbrannten, war ich wie in einem Schwitzbad; der Schweiß, der durch meine Haut drang, rieselte auf den Fußboden rechts und links von meinem Lehnstuhl, in dem ich ganz nackt saß.

Die ersten vierzehn Tage, die ich dort war, hatte ich keinen Stuhlgang gehabt. Als er nun kam, glaubte ich, vor unvorstellbaren Schmerzen zu sterben. Sie kamen von inneren Hämorrhoiden. Hier habe ich mir diese qualvolle Krankheit zugezogen, von der ich nicht mehr genesen bin. [...]

Ein heftiger Schüttelfrost brachte mir am gleichen Tag zum Bewußtsein, daß ich mir ein Fieber zugezogen hatte. Ich blieb im Bett, und am nächsten Tag sagte ich nichts davon; aber am übernächsten Tag fragte mich Lorenzo, als er wieder mein ganzes Essen unberührt fand, wie es mir gehe.

»Ausgezeichnet.«

»Nein, Signore, denn Sie essen nicht. Sie sind krank, und Sie werden die Großzügigkeit des Tribunals erleben, das Ihnen kostenlos einen Arzt, Arzneien, Medikamente und einen Wundarzt schicken wird.«

Drei Stunden später erschien er ohne Trabanten mit einer Kerze in der Hand und hinter ihm eine würdige Persönlichkeit, deren ehrfurchtgebietendes Antlitz mir den Arzt verriet. Ich glühte vor Fieber, das seit drei Tagen in meinem Blut wütete. Er befragte mich, und ich antwortete, mit einem Beichtvater und einem Arzt würde ich nur ohne Zeugen sprechen. Er befahl Lorenzo hinauszugehen. Lorenzo wollte nicht, und der Doktor verabschiedete sich mit den Worten, daß ich in Lebensgefahr schwebe. Das war, was ich wollte. Ich empfand auch eine gewisse Genugtuung bei meinem Verhalten, das den unerbittlichen Tyrannen, die mich hier festhielten, ihr unmenschliches Vorgehen vor Augen führen konnte.

Vier Stunden später hörte ich das Kreischen der Schlösser. Der Arzt trat ein mit einer Leuchte in der Hand, und Lorenzo blieb draußen. Ich befand mich im Zustand größter Erschöpfung, die mir eine wirkliche Ruhe verschaffte. Ein ernsthaft Kranker ist frei von der Qual der Langeweile. Es freute mich zu sehen, daß der Schurke draußen blieb, den ich nicht leiden konnte, seit er mir das eiserne Halsband erklärt hatte.

In einer Viertelstunde berichtete ich dem Arzt alles.

»Wenn Sie die Gesundheit wiedererlangen wollen«, erklärte er, »müssen Sie sich der Traurigkeit entschlagen.«

»Schreiben Sie mir ein Rezept dafür, und bringen Sie es dem einzigen Apotheker, der es zur Ausführung bringen kann! Signor Cavalli ist der schlechte Arzt, der mir das ›Herz Jesu‹ und die ›Mystische Stadt‹ gegeben hat.«

»Diese beiden Drogen können sehr wohl bei Ihnen das Fieber und die Hämorrhoiden bewirkt haben; ich werde Sie nicht im Stich lassen.«

Er entfernte sich, nachdem er mir persönlich eine sehr verdünnte Limonade zubereitet hatte, von der ich häufig trinken sollte. Ich verbrachte die Nacht in bleiernem Schlaf und träumte von mystischen Überspanntheiten.

Am nächsten Tag erschien er zwei Stunden später als gewöhnlich mit Lorenzo und einem Wundarzt, der mich zur Ader ließ. Er übergab mir eine Medizin, die ich abends nehmen sollte, und eine Flasche mit Fleischbrühe.

»Ich habe die Erlaubnis erhalten«, sagte er, »Sie auf den Dachboden bringen zu lassen, wo die Hitze nicht so groß ist wie hier und die Luft nicht so erstickend.«

»Ich verzichte auf diese Vergünstigung, denn ich verabscheue die Ratten, von denen Sie nichts wissen und die sicher in mein Bett kämen.«

»Wie schrecklich! Ich habe zu Signor Cavalli gesagt, daß er Sie mit seinen Büchern fast umgebracht hätte, und er hat mich beauftragt, sie ihm zurückzubringen. An ihrer Stelle gibt er Ihnen einen Boethius[57]; hier ist er.«

»Das ist ein Autor, der noch besser ist als Seneca; ich danke Ihnen.«

»Ich lasse Ihnen eine Spritze und Gerstenwasser hier; vertreiben Sie sich die Zeit mit Darmeinläufen.«

Er besuchte mich viermal und brachte mich wieder in Ordnung; mein Appetit kehrte wieder. Zu Anfang September war ich gesund. Ich litt an keinem anderen wirklichen Übel als an der unmäßigen Hitze, den Flöhen und der Langeweile, denn ich konnte nicht immer Boethius lesen. Lorenzo sagte mir, ich hätte Erlaubnis, meinen Kerker zu verlassen, um mich zu waschen, während man mein Bett mache und auskehre, das einzige Mittel, um die Flöhe zu verringern, die mich zerfleischten. Das war eine Vergünstigung. Ich machte mir die acht bis zehn Minuten zunutze, um kräftig auf und ab zu gehen. Die erschreckten Ratten wagten nicht, sich zu zeigen. Am gleichen Tag, als Lorenzo mir diese Erleichterung gestattete, gab er mir die Abrechnung über mein Geld. Er schuldete mir noch fünfundzwanzig oder dreißig Lire, die ich nicht in meine Geldbörse stecken durfte. Ich überließ sie ihm und sagte, er solle für mich Messen lesen lassen. Er dankte mir so, als sei er selbst der Priester, der sie lesen sollte. In gleicher Weise verhielt ich mich alle Monate, und nie sah ich eine Quittung irgendeines Priesters; von allem, was Lorenzo an Unrecht tat, war es sicherlich das geringste, daß er sich mein Geld aneignete und die Messen in einer Kneipe selbst las.

So lebte ich vor mich hin und redete mir alle Tage ein, man werde mich nach Hause schicken; ich legte mich nie ohne eine Art von Gewißheit nieder, man werde am nächsten Tag kommen und mir sagen, ich sei frei. Aber da ich in meinen Hoffnungen immer enttäuscht wurde, überlegte ich, daß man für mich einen Termin festgesetzt haben könne, und kam zu dem Schluß, es könne sich spätestens um den ersten Oktober handeln, weil dann die neuen Inquisitoren[58] ihr Amt antraten. Meine Haft sollte also meiner Meinung nach so lange dauern, als die derzeitigen Inquisitoren im Amt waren; darin sah ich auch den Grund dafür, daß ich den Sekretär nie zu Gesicht bekam, der, wenn der Beschluß nicht so gelautet hätte, gekommen wäre, um mich zu verhören, mich meiner Verbrechen zu überführen und mir meine Verurteilung[59] zu verkünden. Das schien mir unwiderlegbar, weil natürlich; ein schlechtes Argument unter den Bleidächern, wo nichts der Natur gemäß sein kann. Ich stellte mir vor, daß die Inquisitoren meine Unschuld und ihre Ungerechtigkeit erkannt haben müßten, daß sie mich nun nur noch der Form halber hier festhielten, und um ihren Ruf zu wahren, daß sie mich aber unbedingt am Ende ihrer Amtszeit in Freiheit setzen mußten. Ich fühlte mich sogar imstande, ihnen zu verzeihen und das Unrecht zu vergessen, das sie mir angetan hatten. Wie könnten sie, überlegte ich, mich hier dem Urteil ihrer Nachfolger überlassen, denen sie keinen ausreichenden Grund für meine Verurteilung hätten mitteilen können? Ich hielt es für unmöglich, daß sie mich hätten verurteilen und den Stab über mich brechen können, ohne es mir mitzuteilen und ohne mich die Begründung wissen zu lassen. Mein Recht schien mir unanfechtbar, und dem entsprachen meine Überlegungen; aber sie galten nicht gegenüber den Regeln eines Tribunals, das sich von allen rechtmäßigen Gerichten aller Regierungen der Erde unterscheidet. Wenn dieses Tribunal gegen einen Verbrecher einschreitet, ist es bereits davon überzeugt, daß er einer ist; was sollte es also noch mit ihm sprechen? Und wenn es ihn verurteilt hat, welche Notwendigkeit besteht, ihm die schlechte Nachricht von dem Richterspruch zu bringen? Seine Zustimmung ist nicht notwendig; es ist besser, so sagt man, ihn hoffen zu lassen, denn wenn man ihn unterrichten würde, bliebe er deshalb nicht eine Stunde weniger im Gefängnis. Wer klug ist, gibt über seine Angelegenheiten niemandem Rechenschaft; und die Angelegenheiten des Tribunals von Venedig bestehen nur darin, zu richten und zu verurteilen. Der Schuldige ist ein Maschinenteil, der sich nicht einmischen soll, um bei der Sache mitzuwirken; er ist wie ein Nagel, der, um in ein Brett einzudringen, nur Hammerschläge braucht.

Ich kannte zum Teil diese Gewohnheiten des Kolosses, unter dessen Füßen ich mich befand; aber es gibt auf der Erde Dinge, von denen man nicht eher behaupten kann, sie gut zu kennen, als bis man sie selbst erlebt hat. Wenn unter meinen Lesern einer ist, dem diese Regeln ungerecht erscheinen, so vergebe ich ihm, denn sie erwecken wirklich ziemlich stark diesen Eindruck; aber er muß wissen, daß sie, weil sie kodifiziert sind, zu einer Notwendigkeit werden, denn ein Tribunal dieses Schlages kann nur durch sie bestehen. Sie werden von Senatoren aufrechterhalten, die man unter den Fähigsten und anerkannt Tugendhaftesten wählt.

Am letzten Tag des September verbrachte ich die Nacht, ohne schlafen zu können; ich war ungeduldig, den neuen Tag heraufkommen zu sehen, denn ich fühlte mit Gewißheit, daß er mir die Freiheit bringen werde. Die Unerbittlichen, die mich hier festhalten ließen, hatten ihre Amtszeit beendet. Aber es wurde Tag, Lorenzo kam und brachte mir mein Essen und verkündete mir keine Neuigkeit. Ich verbrachte fünf oder sechs Tage voll Wut, voll Verzweiflung. Ich hielt es für möglich, daß man aus Gründen, die ich nicht erraten konnte, beschlossen hatte, mich hier für den Rest meiner Tage festzuhalten. Diese schreckliche Idee brachte mich zum Lachen, denn ich wußte, daß ich in der Lage war, nur sehr kurze Zeit hierzubleiben, sobald ich mich entschlossen hatte, mir die Freiheit unter Einsatz meines Lebens zu verschaffen. Entweder würde man mich töten, oder ich erreichte mein Ziel.

»Deliberata morte ferocior« (Kühner geworden durch die Bereitschaft zu sterben) faßte ich zu Anfang November den Entschluß, mit Gewalt den Ort zu verlassen, an dem man mich mit Gewalt festhielt; dieser Gedanke wurde mein einziger. Ich begann hundert Mittel zu suchen, zu erfinden, zu prüfen, um mein Unterfangen zum Ziel zu führen, das vor mir mehrere versucht haben mochten, ohne daß ein einziger Erfolg gehabt hätte.

In den gleichen Tagen brachte mir ein ungewöhnliches Ereignis die erbärmliche Verfassung zu Bewußtsein, in der mein Geist sich befand.

Ich stand aufrecht auf dem Dachboden, blickte nach oben zur Luke und sah auch den gewaltigen Balken daneben. Lorenzo kam gerade mit zweien seiner Leute aus meinem Kerker, als ich sah, wie der ungeheure Balken zwar nicht schwankte, aber sich nach der rechten Seite hin drehte und kurz darauf mit einer entgegengesetzten, langsamen, ruckweisen Bewegung wieder in die alte Lage zurückkehrte; da ich zu gleicher Zeit fühlte, wie ich meinen Stand verlor, war ich überzeugt, daß es ein Erdbebenstoß gewesen war, und die verblüfften Büttel meinten das auch. Da mich freudige Gefühle über dieses Phänomen bewegten, äußerte ich kein Wort. Vier oder fünf Sekunden später wiederholte sich die Bewegung, und nun konnte ich mich des Rufes nicht enthalten: »Un' altra, un' altra, gran Dio, ma più forte« (Noch einer, noch einer, lieber Gott, aber stärker)! Die Büttel erschraken darüber, da sie es als Frevel eines verzweifelten Narren und Lästerers ansahen. Sie flohen schreckerfüllt. Als ich später darüber nachdachte, wurde mir klar, daß ich den Einsturz des Dogenpalastes als Mittel zur Wiedergewinnung meiner Freiheit zu den möglichen Ereignissen zählte; der niederbrechende Palazzo hätte mich ohne den geringsten Schaden gesund, heil und frei auf das gute Pflaster des Markusplatzes werfen sollen. So verrückt begann ich zu werden. Der Stoß kam von dem gleichen Erdbeben, das in diesen Tagen Lissabon[60] zerstörte.

Damit mein Leser die Flucht aus einem derartigen Ort besser versteht, muß ich ihm zur Vorbereitung die Örtlichkeit beschreiben. Die Gefängnisse, die dazu bestimmt sind, die Staatsverbrecher aufzunehmen, sind tatsächlich im Dachboden des Dogenpalastes untergebracht. Sein Dach ist weder mit Schiefer noch mit Ziegeln gedeckt, sondern mit Bleiplatten von drei Fuß im Geviert und ein zwölftel Zoll[61] stark, die diesen Gefängnissen den Namen Bleikammern geben. Man kann zu ihnen nur durch die Tore des Palazzo oder durch das Gefängnisgebäude gelangen, durch das man mich über die Brücke, die man die Seufzerbrücke nennt und von der ich schon gesprochen habe, hereingeführt hatte. Zu diesen Gefängnissen kann man nur hinaufsteigen, wenn man den Saal durchquert, in dem sich die Staatsinquisitoren versammeln; ihr Sekretär hat als einziger den Schlüssel, den der Wärter der Bleikammern ihm zurückgeben muß, sobald er am frühen Morgen seinen Dienst bei den Häftlingen versehen hat. Das geschieht bei Tagesanbruch, denn später würde das Kommen und Gehen der Büttel an einem Ort zu sehr auffallen, wo sich alle diejenigen drängen, die Anliegen an die Herren vom Rate der Zehn haben. Diese halten alle Tage Sitzung im anschließenden Saal, der die Bussola[62] heißt und den die Büttel zwangsläufig durchqueren müssen.

Die Gefängnisse befinden sich zu beiden Seiten des Dachfirstes des Palazzo. Drei liegen westwärts, zu denen das meine gehörte, und vier ostwärts. Die Traufe am Dachrand derer, die nach dem Westen zu liegen, geht in den Hof des Palazzo; die im Osten ist lotrecht über dem Kanal, den man Rio di Palazzo nennt. Auf dieser Seite sind die Kerker sehr hell, und man kann dort aufrecht stehen, ein Vorzug, der dem Gefängnis, in dem ich war, fehlte und das man deshalb »il trave«[63] nannte. Der Fußboden meines Kerkers befand sich genau über der Decke des Saales, in dem sich die Inquisitoren gewöhnlich nur während der Nacht nach der täglichen Sitzung des Rates der Zehn versammeln, dem sie alle drei angehören.

Da ich das alles wußte und eine genaue Vorstellung von der Örtlichkeit hatte, bestand nach meinem Dafürhalten der einzige aussichtsreiche Weg zu einer Flucht darin, daß ich den Fußboden meines Gefängnisses durchbrach; aber dazu brauchte ich Werkzeuge, eine schwierige Angelegenheit an einem Ort, wo jede Verbindung mit der Außenwelt verboten war, wo man keine Besuche gestattete, nicht einmal brieflichen Verkehr mit jemandem. Da ich kein Geld hatte, um einen Büttel zu bestechen, konnte ich auf niemanden zählen. Selbst wenn ich annahm, daß der Wärter und die beiden Trabanten, die ihn begleiteten, so willfährig gewesen wären, sich erdrosseln zu lassen, denn ich hatte ja keine Waffen, so stand ein weiterer Büttel vor der verschlossenen Tür des

Ganges und öffnete diese erst, wenn der Kamerad, der hinausgehen wollte, ihm das Losungswort nannte. Der einzige Gedanke, der mich beherrschte, war die Flucht, und da ich im Boethius keinen Weg dazu fand, las ich ihn nicht mehr. Ich dachte ständig darüber nach, da ich überzeugt war, daß mir nur dann etwas einfallen würde, wenn ich nachdachte. Ich habe immer daran geglaubt, daß ein Mensch, der es sich in den Kopf setzt, irgendeinen Plan auszuführen, und sich mit nichts anderem beschäftigt, trotz aller Schwierigkeiten zum Ziel kommen muß; ein solcher Mensch wird Großwesir, er wird Papst, er stürzt einen Monarchen, vorausgesetzt, daß er sich beizeiten damit befaßt; denn ein Mensch in vorgerücktem Alter kommt zu nichts mehr, weil das Glück ihn übersieht. Ohne dessen Hilfe aber hat man nichts zu erhoffen. Es ist nötig, auf das Glück zu bauen, aber gleichzeitig Rückschlägen Trotz zu bieten. Das ist einer der schwierigsten politischen Leitsätze.

[…]

Eine Stunde, nachdem die Terza geschlagen hatte, hörte ich das Kreischen der Schlösser. Lorenzo kam, gefolgt von zwei Bütteln, die an Handfesseln einen weinenden jungen Mann führten. Sie sperrten ihn bei mir ein und entfernten sich, ohne ein einziges Wort zu sprechen.

Ich lag auf meinem Bett, wo er mich nicht sehen konnte. Seine Bestürzung machte mir Spaß. Da er das Glück hatte, nur fünf Fuß groß zu sein, stand er aufrecht und musterte aufmerksam meinen Lehnstuhl, den er für seinen Gebrauch bestimmt halten mußte. Er entdeckt auf der Brüstung des Gitters den Boethius. Er trocknet seine Tränen, öffnet ihn und wirft ihn unwillig zurück, vielleicht empört darüber, Latein gesehen zu haben. Er geht zur linken Seite der Zelle und wundert sich, Kleidungsstücke zu finden; er nähert sich dem Alkoven, glaubt, ein Bett zu entdecken, streckt die Hand aus, fühlt mich und bittet um Verzeihung. Ich sage ihm, er solle sich setzen; damit war unsere Bekanntschaft gemacht.

»Wer sind Sie?« fragte ich.

»Ich bin aus Vizenca und heiße Maggiorin; mein Vater ist Kutscher im Palazzo Poggiana[64]. Er hat mich bis zu meinem elften Lebensjahr in die Schule gehen lassen, und dort habe ich lesen und schreiben gelernt; dann wurde ich im Laden eines Perückenmachers angestellt und habe dort in fünf Jahren gut frisieren gelernt. Ich wurde Kammerdiener beim Grafen XX. Zwei Jahre später kam dessen einzige Tochter aus dem Kloster zurück; als ich sie kämmte, verliebte ich mich in sie und sie sich in mich. Wir gaben uns das Heiratsversprechen; dann überließen wir uns dem natürlichen Verlangen, und die Contessa, die achtzehn Jahre alt war wie ich, wurde schwanger. [...] Ich bin also unter den Bleidächern?«

»Wie ich.«

Er begann heiße Tränen zu vergießen. Er war ein hübscher Bursche, treuherzig, rechtschaffen und über die Maßen verliebt; innerlich vergab ich der Contessa, verurteilte aber den Unverstand des Vaters, der sie durch eine Frau hätte frisieren lassen können. Unter Tränen und Klagen sprach er nur von der armen Contessa, und er tat mir sehr leid. [...]

Am nächsten Tag brachte man ihm eine Matratze und ein Essen für fünfzehn Soldi, die das Tribunal ihm aus Mildtätigkeit zukommen ließ. Ich sagte dem Wärter, daß mein Essen für uns beide genüge und daß er das, was das Tribunal ihm für den Burschen gebe, verwenden könne, um für ihn drei Messen in der Woche lesen zu lassen. Er übernahm diesen Auftrag gern, beglückwünschte ihn dazu, daß er bei mir sei, und erlaubte uns, auf dem Dachboden eine halbe Stunde auf und ab zu gehen. Ich fand diesen Spaziergang für meine Gesundheit sehr zuträglich und auch für meinen Fluchtplan, der erst elf Monate später zur Reife gelangte. In einer Ecke dieses Rattennestes bemerkte ich einen Haufen alten Gerümpels, das man links und rechts von zwei Kisten auf den Boden geworfen hatte, davor einen großen Stoß Hefte. Ich nahm davon zehn oder zwölf mit, um mir mit ihrer Lektüre die Zeit zu vertreiben. Es waren lauter Strafprozesse, die ich sehr unterhaltsam fand, denn ich durfte lesen, was zu seiner Zeit sehr geheim gewesen sein mußte. Ich fand eigenartige Antworten auf suggestive Fragen über die Verführung von Jungfrauen, über zu weitgehende Aufmerksamkeiten von Männern in den Waisenhäusern für Mädchen, Anschuldigungen gegen Beichtväter, die von der Buße ungebührlichen Gebrauch gemacht hatten, gegen Schulmeister, die der Päderastie überführt worden waren, und gegen Vormünder, die ihre Schützlinge betrogen hatten; es waren Prozesse von vor zwei oder drei Jahrhunderten dabei, deren Stil und Auffassungen mir einige vergnügliche Stunden bereiteten. Unter den Gegenständen am Boden bemerkte ich eine Wärmpfanne, einen Wasserkessel, eine Ofenschaufel, Feuerzangen, alte Leuchter, Tontöpfe und eine Spritze aus Zinn. Vermutlich war ein vornehmer Gefangener durch die Erlaubnis ausgezeichnet worden, diese Dinge zu gebrauchen. Ich bemerkte auch eine Art Riegel, ganz gerade, daumendick und eineinhalb Fuß[65] lang. Ich habe nichts von alledem angerührt. Die Zeit war noch nicht gekommen, um mein Auge auf irgend etwas zu werfen.

Mein Kamerad wurde mir eines schönen Morgens gegen Ende des Monats entrissen. Lorenzo sagte mir, man habe ihn zu den Gefängnissen verurteilt, die man die »Quattro«[66] nennt. [...]

Die Vergünstigung, alle Tage eine halbe Stunde auf dem Dachboden auf und ab zu gehen, ist mir jedoch geblieben. Ich erforschte alles, was es dort gab. Eine Kiste war mit schönem Papier gefüllt, mit Pappen, mit ungeschnittenen Gänsefedern und mit Knäueln von Bindfaden; die andere war zugenagelt. Ein Stück polierten schwarzen Marmors, ein Zoll dick, sechs Zoll lang und drei Zoll breit[67], fiel mir auf; ich nahm es ohne bestimmte Absichten an mich und legte es in meiner Zelle unter meine Hemden.

[...]

Am Neujahrstag 1756 erhielt ich Geschenke, Lorenzo brachte mir ein mit Fuchspelz gefüttertes Hausgewand, eine mit Baumwolle gefüllte Seidendecke und einen Sack aus Bärenfell, um die Füße bei der großen Kälte hineinzustecken, die ebenso übermäßig war wie die Hitze, unter der ich im August gelitten hatte. Als er mir die Sachen übergab, sagte er mir im Auftrag des Sekretärs, ich könne jeden Monat sechs Zechinen zum Kauf aller Bücher, die ich haben wolle, verwenden, auch der Gazette, und das sei ein Geschenk von Signor Bragadin. Ich bat Lorenzo um einen Bleistift und schrieb auf ein Stück Papier: »Ich bin dem Tribunal für seine Gnade und Signor Bragadin für seine Freundlichkeit dankbar.«

Man muß in meiner Lage gewesen sein, um die Gefühle zu verstehen, die dieses Erlebnis in meinem Gemüt erweckte; im Grunde meines Herzens vergab ich meinen Bedrückern und hatte den Plan zu meiner Flucht fast aufgegeben. So anpassungsfähig ist der Mensch, wenn das Unglück ihn übermannt und mutlos macht. Lorenzo erzählte mir, Signor Bragadin habe bei den drei Inquisitoren vorgesprochen und sie auf den Knien und unter Tränen um die Gnade gebeten, mir diesen Beweis seiner immerwährenden Zuneigung zukommen zu lassen, wenn ich noch zu den Lebenden zählen würde; sie hätten es ihm in ihrer Rührung nicht verweigern können. Ich habe sogleich alle Titel der Bücher aufgeschrieben, die ich haben wollte.

Als ich eines schönen Morgens auf dem Dachboden auf und ab ging, blieben meine Augen auf dem langen Riegel haften, der auf dem Boden lag, und er schien mir als Angriffs- und Verteidigungswaffe geeignet. Ich nahm ihn an mich, trug ihn in die Zelle und legte ihn zu dem Stück schwarzen Marmor unter meine Kleider. Sobald ich mich allein sah, stellte ich fest, daß dieses ein ausgezeichneter Schleifstein war; denn als ich eine Ecke des Riegels lange genug am Stein rieb, zeigte sich an dieser Ecke eine Fläche.

Diese seltsame Arbeit, die für mich ganz neu war, regte mich an, und ich fühlte mich dazu durch die Hoffnung angespornt, einen Gegenstand zu besitzen, der hier oben streng verboten sein mußte; auch reizte mich das eitle Verlangen, eine Waffe ohne die nötigen Geräte herzustellen. Die Schwierigkeiten stachelten mich sogar an, denn ich mußte den Riegel fast im Dunkeln auf der Brüstung reiben, ohne den Stein anders als mit der linken Hand festhalten zu können und ohne Öl zur Befeuchtung zu haben, um das Eisen, das ich spitz machen wollte, leichter zu schleifen; ich verwendete dazu nur meinen Speichel und arbeitete vierzehn Tage lang, um acht pyramidenförmige Flächen von einem halben Zoll Länge anzuschleifen, die an ihrem Ende eine vollkommene Spitze bildeten. Dadurch erhielt ich ein achteckiges Stilett, das ebenso wohlgeformt war, wie man es von einem guten Messerschmied nicht besser hätte verlangen können. Man kann sich nicht vorstellen, welche Mühe und welchen Verdruß es mich kostete und welche Geduld ich bei dieser beschwerlichen Tätigkeit haben mußte, ohne ein anderes Werkzeug als einen losen Stein; es war für mich eine solche Quälerei, »quam siculi non invenere tyranni« (wie sie die sizilianischen Tyrannen nicht erfunden haben)[68]. Ich konnte meinen rechten Arm kaum mehr bewegen, und meine Schulter schien mir wie ausgerenkt. Das Innere meiner Hand war zu einer einzigen großen Wunde geworden, als die Blasen aufgingen. Trotz meiner Schmerzen habe ich jedoch meine Arbeit nicht unterbrochen: Ich wollte sie beendet sehen.

Stolz auf mein Werk und unentschlossen, wie und in welcher Weise ich davon Gebrauch machen konnte, sann ich auf ein Versteck an einem Ort, wo das Eisen sogar einer Durchsuchung entgehen konnte. Ich dachte daran, es im Stroh meines Lehnstuhls unterzubringen, aber nicht gleich unter dem Sitz, wo man nach Wegnahme des Kissens Anzeichen einer Unebenheit hätte entdecken können; vielmehr drehte ich den Lehnstuhl um und schob den Riegel von unten ganz hinein, so daß man, um ihn zu finden, hätte wissen müssen, daß er dort war. So versorgte mich Gott mit dem Nötigen für eine Flucht, die bewundernswert, wenn nicht erstaunlich erscheinen muß. Ich rühme mich ihrer voll Stolz. Aber mein Stolz rührt nicht daher, daß sie mir gelungen ist, denn das Glück war daran stark beteiligt; er rührt daher, daß ich die Sache für durchführbar hielt und den Mut hatte, sie zu wagen.

Nach drei oder vier Tagen des Nachdenkens, welchen Gebrauch ich von meinem Riegel machen sollte, der zu einem Spuntone[69] geworden war, dick wie ein Stock und zwanzig Zoll lang, und dessen hübsche scharfe Spitze mir zeigte, daß es nicht nötig ist, das Eisen zu Stahl zu machen, um dieses Ergebnis zu erreichen, wurde mir klar, daß ich nur ein Loch in den Fußboden unter meinem Bett machen mußte.

Ich war überzeugt, daß der Raum darunter nur der sein konnte, in dem ich Signor Cavalli gesehen hatte; ich war überzeugt, daß man dieses Zimmer jeden Morgen aufschloß, und ich war überzeugt, daß ich mich, sobald das Loch fertig war, leicht von oben hinunterlassen konnte, wenn ich meine Bettücher zu Hilfe nahm, aus ihnen eine Art Seil machte und dessen Ende oben an einem Bettfuß befestigte. In diesem Zimmer würde ich mich dann unter dem großen Tisch des Tribunals verborgen halten; am Morgen, sobald ich sah, daß die Tür offen war, hätte ich es verlassen, und bevor man mir hätte folgen können, wäre es mir gelungen, mich in Sicherheit zu bringen. Ich vermutete, daß wahrscheinlich Lorenzo in diesem Zimmer einen seiner Büttel als Wache ließ; den hätte ich sogleich getötet, indem ich ihm meinen Spuntone in die Kehle stieß. Alles war gut ausgedacht, aber der Fußboden konnte einfach oder dreifach sein; die Arbeit konnte mich ein oder zwei Monate beschäftigen. Mir wurde klar, wie schwierig es war, die Büttel so lange daran zu hindern, den Kerker zu fegen. Wenn ich es ihnen verwehrt hätte, wäre ein Verdacht entstanden, um so mehr, als ich zur Befreiung von den Flöhen gefordert hatte, daß sie alle Tage fegten. Sie hätten mit dem Besen das Loch entdeckt; ich brauchte die größte Gewißheit, daß mir dieses Mißgeschick nicht zustieß.

Zunächst verbot ich das Ausfegen, ohne zu sagen, warum

ich es verbot. Acht bis zehn Tage später fragte mich Lorenzo nach dem Grund; ich sagte ihm, der vom Fußboden aufgewirbelte Staub gerate mir in die Lunge und könne zu Tuberkeln führen.

»Wir werden Wasser auf den Boden spritzen«, antwortete er.

»Keineswegs, denn die Feuchtigkeit kann zu hohen Blutdruck erzeugen.«

Aber eine Woche später befahl er auszukehren; er ließ das Bett aus der Zelle hinaustragen, und unter dem Vorwand, überall sauber zu machen, zündete er eine Kerze an. Ich bemerkte, daß ihm der Verdacht diesen Schritt eingab; aber ich zeigte mich gleichgültig. Ich sann nun auf ein Mittel, meinen Wunsch durchzusetzen. Am Morgen des nächsten Tages stach ich mich in einen Finger, machte mein Taschentuch blutig und erwartete Lorenzo im Bett.

»Mich hat ein Husten mit solcher Macht überfallen«, sagte ich, »daß mir eine Ader in der Brust geplatzt ist und ich das ganze Blut hier von mir gegeben habe; lassen Sie mir einen Arzt holen.«

Der Arzt kam, verordnete einen Aderlaß und schrieb mir ein Rezept. Ich erklärte ihm, daß Lorenzo an meinem Unglück schuld sei, weil er fegen wolle. Er machte ihm Vorwürfe und erzählte, daß gerade ein junger Perückenmacher aus dem gleichen Grund an einem Brustleiden gestorben sie, denn seiner Meinung nach atme man den eingeatmeten Staub niemals aus. Lorenzo schwor, er habe geglaubt, mir einen Dienst zu erweisen, und er werde nie mehr in seinem ganzen Leben fegen lassen. Ich lachte insgeheim darüber, daß der Arzt nicht besser hätte sprechen können, wenn er mit mir im Einverständnis gewesen wäre. Die Büttel, die bei dieser Belehrung zugegen waren, freuten sich über diese Neuerung und fügten ihren Akten von Mildtätigkeit noch den zu, nur in den Kerkern derer zu kehren, denen sie übelwollten.

Nach dem Fortgehen des Arztes bat Lorenzo mich um Verzeihung und versicherte mir, daß alle anderen Gefangenen gesund seien, obwohl er ihre Zimmer alle Tage fegen ließe. Er sprach wirklich von Zimmern.

»Aber der Punkt ist wichtig«, sagte er; »ich werde sie darüber aufklären, denn ich betrachte sie alle als meine Kinder.«

Den Aderlaß hatte ich übrigens nötig gehabt; er gab mir den Schlaf zurück und heilte mich von krampfartigen Zukkungen, die mich beunruhigten.

Ich hatte einen großen Fortschritt gemacht; aber die Zeit, mein Werk zu beginnen, war noch nicht gekommen. Es war sehr kalt, und meine Hände konnten den Spieß nicht umfassen, ohne zu erstarren. [...]

Die allzulangen Winternächte machten mich mutlos. Ich war gezwungen, neunzehn tödliche Stunden tatsächlich im Dunkeln zu verbringen; und an nebligen Tagen, die in Venedig nicht selten sind, erhellte das Licht, das durch das Fenster und das Loch in der Tür fiel, mein Buch nicht genügend, um darin lesen zu können. Da ich nicht lesen konnte, verrannte ich mich in den Gedanken an meine Flucht; und wenn ein Gehirn stets an dem gleichen Gedanken klebt, kann das zum Wahnsinn führen. Der Besitz einer Öllampe hätte mich glücklich gemacht; ich dachte darüber nach und freute mich sehr, als ich einen Weg gefunden zu haben glaubte, sie durch Schliche zu erlangen. Um diese Lampe zu schaffen, hatte ich die Dinge nötig, aus denen sie sich zusammensetzte. Ich brauchte ein Gefäß, Dochte aus Fasern oder Baumwolle, Öl, einen Flintstein, einen Feuerstrahl, Späne und Zunder. Als Gefäß konnte ein kleiner Tontopf dienen, und ich hatte einen, in dem man mir Eier in Butter briet. Ich ließ mir Öl aus Lucca[70] besorgen unter dem Vorwand, daß der mit dem gewöhnlichen Öl zubereitete Salat mir nicht bekomme. Ich zog aus meiner Steppdecke genügend Baumwolle, um mir Dochte zu machen. Ich täuschte vor, ich sei von starkem Zahnweh geplagt, und sagte Lorenzo, ich hätte einen Bimsstein nötig; der war ihm unbekannt. So verlangte ich statt dessen einen Flintstein und behauptete, dieser habe die gleiche Wirkung, wenn man ihn einen Tag lang in sehr starken Essig gebe.

Nachher auf den Zahn gelegt, würde er meinen Schmerz lindern. Lorenzo antwortete, mein Essig sei ausgezeichnet, und ich könne selbst einige Steine hineintun; er warf mir drei oder vier zu. Eine Stahlschnalle, die ich am Gürtel meiner Hose hatte, mußte mir als Feuerstahl dienen; nun brauchte ich nur noch Schwefel und Zunder, deren Beschaffung mich in Verlegenheit setzte. Aber durch scharfes Nachdenken fand ich folgenden Weg, den das Glück begünstigte.

Ich hatte eine Art Masern gehabt, die nach ihrer Abtrocknung auf den Armen einen Ausschlag zurückließen, der mir ein unangenehmes Jucken verursachte; ich beauftragte Lorenzo, den Arzt um ein Heilmittel zu bitten. Am nächsten Tag brachte er mir ein Briefchen, das der Sekretär gelesen hatte und in dem der Arzt schrieb: »Ein Tag Diät und vier Unzen Öl von süßen Mandeln, dann wird die Haut heilen; oder eine Einreibung mit einer Salbe aus Schwefelblüte, aber dieses Gewaltmittel ist gefährlich.«

»Die Gefahr ist mir einerlei«, sagte ich zu Lorenzo; »kaufen Sie mir diese Salbe und bringen Sie sie mir morgen. Oder bringen Sie mir noch besser Schwefel; ich habe Butter hier und werde mir die Salbe selbst machen. Haben Sie Holzspäne? Geben Sie mir welche!«

Er zog alle, die er bei sich hatte, aus der Tasche und gab sie mir. Wie leicht ist es, Trost zu finden, wenn man in Bedrängnis ist!

Zwei oder drei Stunden lang dachte ich darüber nach, was ich an Stelle des Zunders verwenden könnte, des einzigen Bestandteils, der mir fehlte und zu dessen Beschaffung ich keinen Vorwand fand; schließlich erinnerte ich mich, daß ich meinem Schneider aufgetragen hatte, meinen Taftrock unter den Achselhöhlen mit Zunder zu füttern und diesen mit Wachsleinwand zu überdecken, um den Schweißfleck an dieser Stelle zu verhindern, der hauptsächlich im Sommer alle Röcke verdirbt. Ich hatte meinen Rock vor mir; er war ganz neu, und mein Herz klopfte. Der Schneider konnte meinen Auftrag vergessen haben, und ich schwebte zwischen

Hoffnung und Furcht. Nur zwei Schritte waren nötig, um mich vergewissern zu können, aber ich wagte es nicht. Ich hatte Angst, den Zunder nicht vorzufinden und eine so schöne Hoffnung aufgeben zu müssen. Endlich entschloß ich mich, trat zu dem Bett, auf dem mein Rock lag, und fand mich plötzlich eines solchen Glückes unwürdig. Ich warf mich auf die Knie und flehte zu Gott, daß der Schneider meinen Auftrag nicht vergessen haben möge. Nach dieser heißen Bitte faltete ich meinen Rock auseinander, trennte das Wachstuch ab und fand den Zunder. Meine Freude war groß. Es verstand sich von selbst, daß ich Gott dankte, denn ich hatte nach dem Zunder im Vertrauen auf seine Güte gesucht; und ich tat es mit überströmendem Herzen.

[...]

Sobald ich mich im Besitz des Zunders sah, goß ich Öl in den Topf, tat einen Docht hinein und hatte eine Lampe vor mir. Welche Genugtuung war es für mich, diese Wohltat niemand anderem danken zu müssen als mir selbst und damit die allergrausamste Anordnung zu übertreten! Es gab für mich keine Nächte mehr. Leb wohl, Salat! Ich liebte ihn sehr, aber ich weinte ihm nicht nach; mir schien das Öl nur dafür gemacht zu sein, uns zu leuchten. Ich beschloß, mit dem Aufbrechen des Fußbodens am ersten Fastensonntag zu beginnen, denn in dem Durcheinander des Karnevals fürchtete ich alle Tage Besuch. [...]

Ich trug Lorenzo auf, mir für den nächsten Tag einen Beichtvater kommen zu lassen.

Am folgenden Tag kam ein Jesuit, um mir die Beichte abzunehmen, und am Karsamstag erschien ein Priester von San Marco, um mir die Heilige Eucharistie zu reichen. Meine Beichte kam dem Eiferer, der sie abhörte, zu lakonisch vor, und so hielt er es für nötig, mir einige Ermahnungen zu geben, bevor er mich lossprach.

»Beten Sie zu Gott?« fragte er.

»Ich bete zu ihm vom Morgen bis zum Abend, und vom Abend bis zum Morgen, sogar während ich esse und während ich schlafe; denn in der Lage, in der ich mich befinde, kann alles, was sich in mir abspielt, einschließlich meiner Gemütsbewegungen, meiner Ungeduld und meiner Geistesverwirrung, nichts anderes sein als ein Gebet vor der göttlichen Weisheit, die allein mein Herz kennt.«

Der Jesuit hörte sich meine trügerische Lehre über das Gebet mit einem leichten Lächeln an und vergalt sie mir mit einem metaphysischen Vortrag von einer Art, die mit der meinen in keiner Weise übereinstimmte. Ich hätte ihm alles widerlegt, wenn er, in seinem Handwerk wohlerfahren, nicht das Geschick gehabt hätte, mich zu verblüffen und mich durch eine Art von Prophezeiung, die mich tief beeindruckte, kleiner gemacht hätte als einen Floh.

»Da Sie die Religion«, sagte er, »die Sie bekennen, durch uns gelernt haben, so üben Sie sie auch aus wie wir! Beten Sie zu Gott, wie wir es Sie gelehrt haben, und bedenken Sie, daß Sie diesen Ort nicht verlassen werden, wenn nicht an dem Tag, der Ihrem heiligen Schutzpatron geweiht ist!«

Nach diesen Worten gab er mir die Absolution und ging. Der Eindruck, den sie mir machten, ist kaum zu fassen; ich gab mir alle Mühe, aber es gelang mir nicht, sie mir aus dem Kopf zu schlagen. Ich ging alle Heiligen durch, die ich im Almanach fand.

Dieser Jesuit war der geistliche Ratgeber von Signor Flaminio Corner[71], einem alten Senator, der damals gerade Staatsinquisitor war. Der Senator war ein berühmter Gelehrter, großer Politiker, sehr gläubiger Christ und Autor von lauter frommen und außergewöhnlichen Werken in lateinischer Sprache. Sein Ruf war ohne jeden Makel.

Da ein Mann, der es vielleicht wissen konnte, mir mitgeteilt hatte, ich würde von hier am Tag meines heiligen Schutzpatrons herauskommen, freute ich mich, erfahren zu haben, daß ich einen besaß, und zu wissen, daß ich ihn interessierte; aber wenn ich ihn bitten sollte, mußte ich ihn kennen. Wer war es? Sogar der Jesuit hätte es mir nicht sagen können, wenn er es gewußt hätte; denn er hätte dann die

Schweigepflicht verletzt. Aber vielleicht, sagte ich mir, kann ich ihn erraten. Es konnte nicht Santiago de Compostela[72] sein, dessen Namen ich trug; denn gerade an seinem Festtag hatte der Messergrande meine Tür aufgebrochen. Ich nahm den Almanach zur Hand, und auf der Suche nach dem nächstfolgenden fand ich den heiligen Georg[73], der einen gewissen Ruf genoß, an den ich jedoch niemals gedacht hatte. Ich hielt mich deshalb an den heiligen Markus, der am fünfundzwanzigsten des Monats folgte und dessen Wohlwollen ich als gebürtiger Venezianer beanspruchen konnte; ich richtete deshalb meine Bitten an ihn, aber vergeblich. Sein Fest verging, und ich war immer noch da. Ich versuchte es mit dem anderen heiligen Jakobus[74], dem Apostel, der gleichzeitig mit dem heiligen Philippus gefeiert wird; aber ich täuschte mich wieder. Nun hielt ich mich an den heiligen Antonius[75], der, wie man in Padua sagt, jeden Tag dreizehn Wunder wirkt; aber ebenfalls vergeblich. So ging ich von einem zum anderen über und gewöhnte mich allmählich daran, vergeblich auf die Hilfe der Heiligen zu hoffen. Ich gelangte zu der Überzeugung, daß der Heilige, in den ich mein Vertrauen setzen müsse, mein zugespitzter Riegel war. Dennoch bewahrheitete sich die Prophezeiung des Jesuiten. Ich kam, wie der Leser sehen wird, zu Allerheiligen heraus; und wenn ich einen Beschützer hatte, wurde er sicherlich an diesem Tage gefeiert, an dem alle inbegriffen sind.

[...]

Ich zog mein Bett heraus, zündete meine Lampe an und legte mich mit meinem Spuntone in der Hand auf den Boden. Neben mir breitete ich ein Tuch aus, um die kleinen Holzsplitter aufzusammeln, die ich mit der Spitze des Riegels absprengte. Es ging darum, das Brett zu durchstoßen, indem ich das Eisen hineintrieb. Die Splitter waren zu Beginn meiner Arbeit nicht größer als ein Weizenkorn; aber später wurden sie zu großen Spänen. Der Boden bestand aus Lärchenholzbrettern von sechzehn Zoll Breite[76]. Ich begann an der Trennfuge zwischen zwei Bohlen; kein Nagel und keine Eisenzwinge hinderten mich, und mein Werk ging gleichmäßig vonstatten. Nach sechsstündiger Arbeit knotete ich mein Tuch zusammen und legte es beiseite, um es am nächsten Tag hinter dem Stoß Hefte zu leeren, der am Ende des Dachbodens lag. Die losgesprengten Stücke bildeten einen vier- bis fünfmal so großen Haufen als die Höhlung, aus der ich sie herausgebrochen hatte; der Einschnitt mochte etwa dreißig Grad eines Kreises haben, dessen Durchmesser ungefähr zehn Zoll[77] war. Ich schob mein Bett wieder an seinen Platz, und als ich am nächsten Tag mein Tuch ausleerte, stellte ich fest, daß ich keinen Anlaß zur Sorge hatte, meine Späne entdeckt zu sehen.

Am zweiten Tag fand ich unter dem ersten Brett, das eine Stärke von zwei Zoll hatte, ein zweites Brett, das mir ebenso dick vorkam wie das erste. Da ich nie das Unglück hatte, durch einen neuen Besucher gestört zu werden, obwohl mich ständig die Angst davor quälte, gelang es mir in drei Wochen, drei Bretter ganz zu durchbohren; unter ihnen fand ich einen mit kleinen Marmorstücken ausgelegten Boden, den man in Venedig »Terrazzo marmorin«[78] nennt. Es ist der gewöhnliche Fußboden der Wohnungen in allen Häusern Venedigs, die nicht gerade armen Leuten gehören. Die großen Herren ziehen den Terrazzo sogar einem Parkett vor. Mit Bestürzung stellte ich fest, daß mein Riegel in ihn nicht eindrang; ich mochte mich noch so sehr dagegenstemmen und stoßen, die Spitze glitt aus. Dieser Umstand machte mich verzagt. Ich erinnerte mich daran, wie Hannibal nach Titus Livius[79] sich einen Weg quer durch die Alpen gebahnt hatte. Dabei soll er den Felsen, den er mit Hilfe von Essig mürbe gemacht hatte, mit Axtschlägen ausgebrochen haben; ich hatte die Sache unglaublich gefunden, weniger hinsichtlich der Schärfe der Säure, vielmehr wegen der ungeheuren Menge Essig, die er gehabt haben müßte. Ich hatte geglaubt, daß Hannibal sein Ziel nicht durch »aceto« (Essig) erreichte, sondern durch »asceta«, das im Paduaner Latein das gleiche bedeuten konnte wie »ascia« (Axt), und daß der Irrtum beim

Abschreiben entstanden sein mochte[80]. Dennoch goß ich in die Höhlung eine Flasche mit starkem Weinessig, die ich besaß; sei es nun infolge des Essigs oder infolge meiner größeren Beharrlichkeit, am nächsten Tag merkte ich, daß ich Erfolg haben würde, denn es war nicht nötig, die kleinen Marmorstücke zu zerbrechen, sondern es genügte, mit der Spitze meines Werkzeugs den Zement zu zerkleinern, der sie verband. Ich war sehr befriedigt, als ich merkte, daß nur die Oberfläche eine so große Schwierigkeit bot; in vier Tagen durchbrach ich den ganzen Boden, ohne daß die Spitze meines Spuntone Schaden nahm. Die geschliffenen Flächen glänzten im Gegenteil viel schöner.

Unter dem Terrazzo marmorin fand ich, wie erwartet, ein weiteres Brett; dieses mußte das letzte sein beziehungsweise das erste von unten her in jedem Raum, in welchem Balken die Decke tragen. Ich machte mich an dieses Brett mit größeren Schwierigkeiten, weil mein Loch bereits zehn Zoll tief war. Ich empfahl mich ohne Unterlaß der Barmherzigkeit Gottes. Die Freigeister, die behaupten, das Gebet sei zu nichts nütze, bedenken nicht, was sie sagen. Ich weiß, daß ich mich immer viel stärker fühlte, wenn ich zu Gott gebetet hatte, und das genügt, die Nützlichkeit des Betens zu beweisen, ob nun die Vermehrung meiner Kraft unmittelbar von Gott stammte oder ob sie eine physische Folge des Vertrauens in ihn war.

So kam der fünfundzwanzigste Juni heran, der Tag, an dem einzig und allein die Republik Venedig den Evangelisten Markus feiert, der gegen Ende des elften Jahrhunderts unter der sinnbildlichen Gestalt eines geflügelten Löwen in der Kapelle des Dogen erschienen war. […]

An diesem Tag lag ich um drei Uhr nachmittags vollkommen nackt und schweißgebadet ausgestreckt auf dem Bauch und arbeitete in dem Loch, neben das ich, um sehen zu können, meine angezündete Lampe gestellt hatte, als ich mit tödlichem Erschrecken das kreischende Schnappen des Riegels an der Tür des ersten Korridors hörte. Das war ein Augenblick! Ich blies die Lampe aus, ließ meinen Spuntone in der Höhlung, warf mein Tuch hinein, sprang auf, schob in aller Eile die Böcke und Bretter meines Bettes in den Alkoven, warf den Strohsack und die Matratzen darauf und ließ mich, weil ich nicht mehr die Zeit hatte, das Leintuch darüber zu breiten, wie ein Toter auf das Bett fallen, gerade als Lorenzo bereits meine Zelle aufschloß. Einen einzigen Augenblick früher hätte er mich ertappt. [...]

Lorenzo rechnete mit mir die Ausgaben des Monats Juni ab; ich stellte fest, daß mir vier Zechinen übrigblieben. Er war gerührt, als ich ihm sagte, seine Frau möge sie als Geschenk behalten. Ich sagte ihm nicht, daß ich damit die Miete für meine Lampe bezahlte; aber er hat es sich vielleicht gedacht.

Ich ging ganz in meiner Arbeit auf und erlebte am dreiundzwanzigsten August ihre Vollendung. Diese lange Dauer wurde durch einen sehr natürlichen Umstand hervorgerufen. Als ich das letzte Brett wie stets mit größer Vorsicht aushöhlte, ließ ich nur eine ganz dünne Schicht stehen; als ich nun ganz nahe bis zur anderen Seite vorgedrungen war, legte ich das Auge auf ein kleines Loch, durch das ich das Zimmer der Inquisitoren sehen mußte, was auch tatsächlich der Fall war; aber zur gleichen Zeit bemerkte ich nur wenig von diesem kleinen Loch entfernt, das nicht größer als eine Fliege war, eine senkrechte Fläche von ungefähr acht Zoll. Das war, was ich immer gefürchtet hatte, einer der Balken, die die Decke trugen. Ich sah mich gezwungen, das Loch nach der Richtung vom Balken weg zu vergrößern; denn er machte den Durchschlupf so eng, daß ich mit meinem immerhin beträchtlichen Umfang nie hindurchgekommen wäre. Ich mußte die Öffnung um ein Viertel erweitern, immer noch in Sorge, daß der Abstand zwischen zwei Balken nicht breit genug war. Nach der Vergrößerung zeigte mir ein zweites kleines Loch gleicher Größe, daß Gott meine Arbeit gesegnet hatte. Ich verstopfte die beiden Löcher, um zu verhindern, daß kleine Splitter in das Zimmer hinunterfielen oder daß ein

Lichtstrahl meiner Lampe durchschimmerte und jemandem, der das durch Zufall bemerkt hätte, mein Vorhaben verriet.

Ich setzte den Zeitpunkt meiner Flucht auf die Nacht vor dem Fest des heiligen Augustinus[81] fest, weil ich wußte, daß sich aus diesem Anlaß der große Rat versammelte und deshalb niemand in der Bussola sein würde, die neben dem Zimmer lag, durch das ich notwendigerweise auf meiner Flucht kommen mußte. Ich nahm mir also vor, in der Nacht des siebenundzwanzigsten August zu fliehen.

Am Mittag des fünfundzwanzigsten stieß mir etwas zu, was mich noch jetzt erschauern läßt, daß ich es niederschreibe. Genau zur Mittagszeit hörte ich das Kreischen der Schlösser; ich glaubte mich dem Tode nahe. Mein Herz schlug heftig, drei oder vier Daumen breit tiefer, als wo es hingehörte, und ich fürchtete, mein letztes Stündlein sei gekommen. Ich warf mich bestürzt in meinen Lehnstuhl. Lorenzo betrat den Dachboden, brachte sein Gesicht dicht an das Gitter und sagte mir in freudigem Ton:

»Ich beglückwünsche Sie zu der guten Nachricht, die ich Ihnen bringe.«

Da ich zuerst glaubte, es handle sich um meine Freiheit, fühlte ich mich verloren; denn ich wußte nicht, was eine gute Nachricht anders hätte bedeuten sollen. Die Entdekkung des Loches hätte zum Widerruf meiner Begnadigung geführt.

Lorenzo kam herein und hieß mich, ihm zu folgen.

»Warten Sie, bis ich mich angezogen habe.«

»Nicht nötig, denn Sie kommen nur aus diesem garstigen Kerker in einen anderen, hellen und ganz neuen, von dem aus Sie durch zwei Fenster halb Venedig sehen werden, wo Sie aufrecht werden stehen können, wo ...«

Aber ich konnte nicht mehr, mir war sterbenselend.

»Geben Sie mir Essig«, sagte ich. »Und sagen Sie dem Signor Segretario, daß ich dem Tribunal für diese Vergünstigung danke, daß ich es aber anflehe, mich um Gottes willen hier zu lassen.«

»Sie sind komisch. Sind Sie verrückt geworden? Man will Sie aus der Hölle befreien und in ein Paradies versetzen, und Sie weigern sich? Auf, auf, Sie müssen gehorchen; stehen Sie auf! Ich werde Sie stützen und Ihnen Ihre Sachen und Ihre Bücher nachbringen lassen.«

Wie vor den Kopf geschlagen und ohne den geringsten Widerspruch erhob ich mich, verließ die Zelle und fühlte sogleich eine gewisse Erleichterung, als ich hörte, wie Lorenzo einem seiner Männer befahl, mit dem Lehnstuhl nachzukommen. Mein Spuntone war wie immer im Stroh verborgen, und das war immerhin etwas. Ich hätte gern gesehen, wenn mir auch das schöne Loch gefolgt wäre, das ich mit solcher Mühe gemacht hatte und das ich nun zurücklassen mußte; aber meine Seele blieb zurück.

Ich stützte den Arm auf die Schulter dieses Mannes, der mir durch seine Scherze Mut zuzusprechen glaubte. So ging ich durch zwei enge Korridore, stieg drei Stufen hinunter und betrat einen sehr großen hellen Saal. An dessen Ende in der Ecke linker Hand betrat ich durch eine kleine Tür einen Gang, der zwei Fuß breit und zwölf Fuß lang war und zwei vergitterte Fenster zur Rechten hatte, durch die man deutlich die Dächer des Teiles der großen Stadt sah, der zum Lido hin lag. Aber ich war nicht in der Verfassung, mich mit einem schönen Anblick zu trösten.

Die Tür des Kerkers befand sich in der Ecke des Ganges; ich bemerkte ein vergittertes Fenster, das dem einen der beiden, die den Gang erhellten, gegenüberlag, so daß der Gefangene, obgleich er eingeschlossen war, einen guten Teil dieser angenehmen Aussicht genießen konnte. Noch wichtiger war, daß dieses Fenster offenstand und einen sanften frischen Luftzug einließ, der die unerträgliche Hitze milderte und besonders zu dieser Jahreszeit ein wahres Labsal für die arme Kreatur war, die hier atmen mußte.

Derartige Erwägungen stellte ich nicht in diesem Augenblick an, wie sich der Leser wohl vorstellen kann. Sobald Lorenzo mich in meine Zelle gebracht hatte, ließ er den Lehnstuhl hineinstellen, in den ich mich sofort fallen ließ; dann ging er mit den Worten, er werde mir gleich mein Bett mit allem, was mir gehörte, bringen lassen.

[...]

Ich saß in meinem Lehnstuhl, von Entsetzen betäubt. Erstarrt wie eine Statue, wurde mir bewußt, daß alle Mühen, denen ich mich unterzogen hatte, umsonst gewesen waren; aber sie konnten mich nicht gereuen. Ich fand mich aller Hoffnung beraubt; die einzige Erleichterung, die ich mir verschaffen konnte, war, nicht an die Zukunft zu denken.

[...]

Eine Minute später brachten mir zwei Sbirren mein Bett und entfernten sich wieder, um sogleich mit allen meinen sonstigen Sachen zurückzukommen; aber zwei Stunden vergingen, ohne daß jemand wiederauftauchte, obwohl die Türen meines Kerkers offenstanden. Diese Säumnis stürzte mich in einen Wust von Gedanken; aber ich konnte keine Lösung finden. Da ich alles befürchten mußte, versuchte ich, mich in einen Zustand der Ruhe zu versetzen, der mich befähigte, alles, was mir an Unangenehmem zustoßen konnte, zu überstehen.

Außer den Bleikammern und den »Quattro« verfügen die Staatsinquisitoren noch über neunzehn andere schreckliche unterirdische Gefängnisse im Dogenpalast selbst, zu denen sie die Verbrecher verurteilen, die den Tod verdient haben. [...]

Diese neunzehn unterirdischen Gefängnisse glichen in jeder Weise einer Gruft; aber man nennt sie die »Pozzi«, denn in ihnen steht immer zwei Fuß hoch das Meerwasser, das durch das gleiche vergitterte Loch hereinströmt, durch das sie etwas Licht erhalten; diese Löcher sind einen Quadratfuß groß. Wenn der Gefangene nicht den ganzen Tag bis zum Knie in Salzwasser baden will, ist er gezwungen, auf einem Gestell zu hocken, auf dem sein Strohsack liegt und auf das man ihm bei Tagesanbruch sein Wasser, seine Suppe und seinen Schiffszwieback stellt; er muß das sofort essen, denn wenn er zögert, erscheinen die riesigen Meeresratten und reißen es ihm aus den Händen. In diesem schrecklichen Gefängnis, zu dem die Häftlinge gewöhnlich für den Rest ihrer Tage verurteilt werden, leben verschiedene mit einer derartigen Nahrung bis in ein hohes Alter. [...]

Während dieses zweistündigen Wartens konnte ich nicht umhin, mir vorzustellen, daß man mich vielleicht in die »Pozzi« bringen würde. An einem Ort, wo sich der Unglückliche von eingebildeten Hoffnungen nährt, muß er auch panische wahnwitzige Ängste ausstehen. Das Tribunal, das über Dach und Keller des großen Palazzo verfügt, hätte sehr gut jemanden in die Hölle schicken können, der versucht hatte, dem Fegefeuer zu entfliehen.

Schließlich hörte ich jemanden mit stürmischen Schritten kommen. Lorenzo erschien, vom Zorn entstellt. Schäumend vor Wut, Gott und alle Heiligen verfluchend, verlangte er sogleich von mir, ich solle ihm die Hacke und die Werkzeuge geben, die ich benutzt hätte, um den Fußboden zu durchbohren, und ihm sagen, welcher von seinen Sbirren sie mir gegeben habe. Ich antwortete ihm, ohne mich zu rühren, daß ich nicht wisse, wovon er spreche. Er befahl nun, daß man mich durchsuche. Bei diesem Befehl stand ich rasch auf, bedrohte die Strolche, zog mich ganz nackt aus und sagte ihnen, sie sollten ihres Amtes walten. Er ließ meine Matratze untersuchen, meinen Strochsack ausleeren, er ließ sogar in meinen stinkenden Fäßchen nachsehen. Er nahm das Kissen meines Lehnstuhls in die Hand, und da er darin nichts Hartes fühlte, warf er es aus Verdruß auf die Erde.

»Sie wollen mir also nicht verraten«, sagte er, »wo die Werkzeuge sind, mit denen Sie die Höhlung gemacht haben; aber Sie werden durch jemanden zum Sprechen gezwungen werden.« – »Wenn ich wirklich ein Loch in den Fußboden gemacht habe, so werde ich sagen, daß ich die Werkzeuge von Ihnen selbst erhalten und sie Ihnen zurückgegeben habe.«

Bei dieser Antwort nickten die Leute, die er offenbar verärgert hatte, beifällig; er brüllte, schlug den Kopf gegen die Zwischenwand und stampfte mit den Füßen. Ich glaubte, er würde tobsüchtig; dann ging er auf den Flur. Seine Leute brachten mir meine Sachen, meine Bücher, meine Flaschen und alles übrige, außer meiner Lampe und meinem Stein. Als das geschehen war, schloß er, bevor er den Gang verließ, die Flügel der beiden Fenster, durch die ich etwas frische Luft bekam. Dadurch war ich in einen kleinen Raum eingeschlossen, in den durch keine andere Öffnung Luft gelangte. Ich gestehe, daß ich nach seinem Fortgehen fand, ich sei billig davongekommen. Obwohl er sein Handwerk verstand, hatte er nicht daran gedacht, den Lehnstuhl umzudrehen. Da ich also im Besitz meines Riegels blieb, dankte ich der Vorsehung, weil ich noch mit ihm rechnen und ihn zum Werkzeug meiner Flucht machen konnte.

Die große Hitze und die Aufregungen dieses Tages hinderten mich am Schlaf. Am nächsten Tag in aller Frühe brachte mir Lorenzo Wein, der zu Essig geworden war, stinkendes Wasser, verfaulten Salat, verdorbenes Fleisch und sehr hartes Brot; er ließ nicht ausfegen, und als ich ihn bat, die Fenster zu öffnen, würdigte er mich keiner Antwort. Am gleichen Tag begann man mit einer außerordentlichen Vorsichtsmaßnahme; ein Büttel machte nämlich mit einer Eisenstange die Runde durch meine Zelle und klopfte überall den Fußboden und die Wände ab, hauptsächlich unter dem Bett. Ich bemerkte, daß der Büttel, der damit beauftragt war, nie an die Decke klopfte. Diese Beobachtung brachte mich auf den Plan, durch das Dach zu fliehen; aber um das Projekt zur Reife zu bringen, waren Umstände nötig, die nicht von mir abhingen, denn ich konnte nichts tun, das nicht aufgefallen wäre. Die Zelle war neu gemacht; der geringste Kratzer wäre jedem der Büttel gleich beim Eintritt in die Augen gesprungen.

Ich verbrachte einen qualvollen Tag. Die große Hitze begann gegen Mittag. Ich glaubte tatsächlich zu ersticken. Ich befand mich in einem richtigen Ofen. Ich konnte nichts essen oder trinken, denn alles war verdorben. Durch die Hitze und den Schweiß, der in großen Tropfen aus meinem Körper quoll, war ich so schwach, daß ich weder gehen noch lesen konnte. Am nächsten Tag war das Essen im gleichen Zustand; der Gestank des Kalbfleisches, das er mir brachte, stieg mir sogleich in die Nase. Ich fragte ihn, ob er Befehl habe, mich an Hunger und Hitze sterben zu lassen; aber er entfernte sich, ohne zu antworten. Das gleiche tat er am folgenden Tag. Ich bat ihn, mir einen Bleistift zu geben, denn ich wolle einige Zeilen an den Segretario schreiben; aber er ging fort, ohne mir zu antworten. Aus Ärger aß ich die Suppe und weichte das Brot in Zyperwein auf, um mich bei Kräften zu erhalten und ihn am nächsten Tag umzubringen, indem ich ihm den Spuntone in die Gurgel stieß. Die Lage war so ernst geworden, daß ich fand, ich hätte keine andere Wahl; aber statt am nächsten Morgen meinen Plan auszuführen, begnügte ich mich damit, ihm zu schwören, ich würde ihn töten, sobald man mich in Freiheit setze. Er lachte darüber und entfernte sich ohne Antwort. Ich begann es für möglich zu halten, daß er im Auftrag des Segretario so handelte, dem er vielleicht den Ausbruchsversuch angezeigt hatte. Ich wußte nicht, was ich tun sollte; meine Geduld kämpfte mit der Verzweiflung, und ich fühlte mich dem Hungertode nahe.

Am achten Tag verlangte ich mit grimmiger Stimme und in Gegenwart seiner Büttel von ihm die Abrechnung über mein Geld und nannte ihn dabei einen gemeinen Henker. Er antwortete mir, ich bekäme die Abrechnung am nächsten Tag; aber bevor er die Zelle abschloß, ergriff ich mit Ungestüm den Kübel mit dem Unrat und ließ ihn durch meine Haltung merken, daß ich ihn in den Gang ausleeren würde. Nun befahl er einem Büttel, ihn fortzutragen, und da die Luft verpestet war, öffnete er ein Fenster; aber als ihn mir der Büttel zurückbrachte, schloß er es wieder und ging, ungeachtet meiner Rufe. So war meine Lage; aber da ich gesehen hatte, was ich durch die Beleidigungen, die ich ihm gesagt hatte, erreichen konnte, beschloß ich, ihn am nächsten Tag noch viel schlechter zu behandeln.

Am nächsten Tag wurde mein Zorn besänftigt. Bevor er mit mir abrechnete, gab er mir einen Korb voll Zitronen, den Signor Bragadin mir schickte; außerdem erhielt ich eine große Flasche Wasser, das offenbar gut war, und bei meinem Essen war ein Hühnchen, das delikat aussah. Schließlich öffnete ein Büttel die beiden Fenster. Als er mir die Abrechnung vorlegte, blickte ich nur flüchtig auf die Schlußsumme und sagte, er möge den Rest seiner Frau geben; eine Zechine solle er unter seine Leute verteilen, die zugegen waren und mir dankten. Als er mit mir allein geblieben war, sagte er mir mit recht heiterer Miene folgendes:

»Sie haben mir bereits gesagt, daß Sie von mir selbst alles Nötige bekommen haben, um das riesige Loch in dem anderen Kerker zu machen; deshalb interessiert mich das nicht mehr. Aber möchten Sie mir vielleicht gütigst erklären, wer Ihnen das Nötige gegeben hat, um eine Lampe anzufertigen?«

»Sie selbst.«

»Meiner Treu, ich hätte nicht gedacht, daß Geist sich durch Unverschämtheit beweist.«

»Ich lüge nicht. Sie ganz allein haben mir mit eigenen Händen alles gegeben, was ich brauchte: Öl, Flintsteine und Holzspäne; alles übrige hatte ich.«

»Sie haben recht. Könnten Sie mich mit der gleichen Leichtigkeit davon überzeugen, daß ich Ihnen auch alles Nötige besorgt habe, um das Loch zu machen?«

»Ja, mit der gleichen Leichtigkeit. Ich habe hier nichts erhalten, wenn nicht von Ihnen.«

»Möge der Himmel Mitleid mit mir haben! Was höre ich? Erklären Sie mir doch, wie ich Ihnen ein Beil besorgt habe!«

»Das werde ich Ihnen alles erklären, wenn Sie wollen, aber in Gegenwart des Segretario.«

»Ich will nichts mehr wissen, und ich glaube Ihnen. Schweigen Sie und denken Sie daran, daß ich ein armer Mann bin und daß ich Kinder habe.«

Er griff sich an den Kopf und entfernte sich.

Ich war sehr befriedigt, daß ich ein Mittel entdeckt hatte, diesem Halunken Angst einzujagen, dem es bestimmt war, durch mich sein Leben einzubüßen. Nun wurde mir klar, daß sein eigenes Interesse ihn zwang, dem Segretario nichts von alledem zu sagen, was ich getan hatte.

Ich hatte Lorenzo aufgetragen, alle Werke des Marchese Maffei zu kaufen. Diese hohe Ausgabe war ihm nicht recht; aber er wagte nicht, es mir zu sagen. Er fragte mich, wozu ich Bücher brauche, wenn ich schon so viele hätte.

»Ich habe alle gelesen und brauche neue.«

»Ich werde Ihnen Bücher von jemand anderem ausleihen, der hier ist, wenn Sie ihm auch welche von sich leihen wollen; so werden Sie Ihr Geld sparen.«

»Das sind doch nur Romane, die ich nicht schätze.«

»Es sind wissenschaftliche Bücher; und wenn Sie glauben, der einzige gescheite Kopf hier zu sein, so täuschen Sie sich.«

»Das soll mir recht sein. Wir werden sehen. Dieses Buch hier will ich dem gescheiten Kopf leihen. Bringen Sie mir auch eines!«

Ich gab ihm das Rationarium von Pétau[82], und vier Minuten später brachte er mir den ersten Band von Wolf[83]. Recht befriedigt widerrief ich meinen Auftrag, den Maffei zu besorgen; er verließ mich, sehr froh darüber, daß er mich in diesem wichtigen Punkt zur Vernunft gebracht hatte.

Ich war weniger darauf aus, mich dieser gelehrten Lektüre hinzugeben, als die Gelegenheit zu ergreifen, einen Briefwechsel mit irgend jemandem einzufädeln, der mir bei einem Fluchtplan helfen konnte, den ich bereits im Kopf entworfen hatte. Beim Öffnen des Buches fand ich auf einem Papier in sechs guten Versen eine Auslegung des Satzes von Seneca: »Calamitosus est animus futuri anxius« (Jeder Geist, der sich um Zukünftiges sorgt, ist unglücklich)[84]. Ich schrieb sogleich sechs neue Verse. Ich hatte den Nagel des kleinen Fingers meiner rechten Hand wachsen lassen, um mir das Ohr zu reinigen. Ich spitzte ihn zu und machte eine Feder daraus: anstelle der Tinte verwendete ich den Saft von schwarzen

Maulbeeren und schrieb meine sechs Verse auf das gleiche Papier. Außerdem schrieb ich eine Liste der Bücher auf, die ich hatte, und steckte sie unter den Rücken des gleichen Buches. Alle in Italien in Karton gebundenen Bücher haben rückwärts im Einband eine Art Tasche. Auf den Rücken des Buches, dort, wo der Titel steht, schrieb ich »latet« (es ist versteckt). Ungeduldig, eine Antwort zu erhalten, sagte ich Lorenzo gleich am nächsten Tag, ich hätte bereits das ganze Buch gelesen und würde mich freuen, wenn derselbe Mann mir ein anderes schicken würde. Er brachte mir sogleich den zweiten Band.

Ein loser Zettel zwischen den Blättern des Buches besagte in lateinischer Sprache folgendes: »Wir beide, die gemeinsam in diesem Gefängnis sind, empfinden die größte Freude über die Dummheit eines Geizhalses, die uns eine beispiellose Vergünstigung verschafft. Ich, der ich dieses schreibe, bin Marin Balbi[85], ein adliger Venezianer, und gehöre dem Orden der Somasker an. Mein Gefährte ist Graf Andrea Asquin aus Udine, der Hauptstadt des Friaul. Er trägt mir auf, Ihnen zu sagen, Sie könnten gern über alle seine Bücher verfügen, über die Sie eine Liste im Rücken des Einbandes finden. Wir müssen in jeder Weise vorsichtig sein, um unsern kleinen Briefwechsel vor Lorenzo zu verbergen.«

Daß wir beide die gleiche Idee hatten, uns die Bücherliste zu schicken und ebenso das Geschriebene in der Höhlung unter dem Rücken des Buches zu verbergen, überraschte mich nicht, denn dazu schien mir nur guter Hausverstand nötig; aber die Mahnung zur Vorsicht erschien mir ungewöhnlich, da doch der Brief, der sie aussprach, nur lose im Buch lag. Lorenzo konnte nicht nur, sondern mußte das Buch öffnen; und wenn er den Brief fand und ihn nicht lesen konnte, hätte er ihn in die Tasche gesteckt, um ihn sich von dem ersten Priester, den er auf der Straße traf, auf italienisch vorlesen zu lassen. Damit wäre bereits alles im Anfangsstadium entdeckt worden. Ich schloß daraus sogleich, daß dieser Pater Balbi recht unbedacht sein mußte.

Ich las die Liste und schrieb ihnen auf der anderen Hälfte des Blattes, wer ich war, wie man mich verhaftet hatte, daß ich nicht wisse, worin mein Verbrechen bestehe, und daß ich hoffte, bald nach Hause entlassen zu werden. Mit einem neuen Buch schickte mir Pater Balbi einen Brief von sechzehn Seiten. Graf Asquin schrieb mir niemals. Der Mönch ließ es sich einfallen, mir die ganze Geschichte seines Mißgeschicks zu berichten. Er war seit vier Jahren unter den Bleidächern, weil er von drei armen Mädchen, lauter Jungfrauen, drei Bastarde gehabt und sie auf seinen Namen hatte taufen lassen. Sein Pater Superior hatte ihn das erste Mal getadelt, das zweite Mal mit Strafe gedroht, beim dritten Mal aber vor dem Tribunal Klage geführt, das ihn hatte einsperren lassen. Der Pater Superior schickte ihm jeden Morgen zu essen. Seine Verteidigung beanspruchte die Hälfte des Briefes und bestand aus hundert Plattheiten. Er behauptete, sein Superior und ebenso das Tribunal seien nichts als Tyrannen, denn sie hätten keine Gewalt über sein Gewissen. Er meinte, daß er die Bastarde, die sicherlich von ihm stammten, nicht der Vorteile berauben könne, die ihnen sein Name bieten werde; ihre Mütter seien achtbar, wenn auch arm, denn sie hätten vor ihm keinen anderen Mann erkannt. Er schloß damit, daß ihn sein Gewissen verpflichtete, die Kinder, die diese anständigen Mädchen ihm geschenkt hätten, öffentlich als die seinen anzuerkennen, um Verleumdungen zu verhindern, die sie anderen zugeschrieben hätten. Und übrigens könne er weder die Natur noch das Herz des Vaters verleugnen, das er in sich für die armen Unschuldigen schlagen fühle. Es bestehe keine Gefahr, setzte er hinzu, daß sich sein Superior den gleichen Fehler zuschulden kommen lasse, da sich dessen fromme Zärtlichkeit nur seinen Schülern gegenüber äußere.

Mehr brauchte ich nicht, um den Mann kennenzulernen; ein wunderlicher Kauz, sinnlich, mäßig klug, boshaft, albern, unvorsichtig und undankbar. [...] Außerhalb des Gefängnisses hätte ich einem Menschen dieser Art nicht geantwortet; aber hier oben mußte ich Nutzen aus allem ziehen. Ich fand im Rücken des Buches einen Bleistift, Federn und Papier, was mich in die Lage setzte, mit aller Bequemlichkeit zu schreiben.

Der ganze Rest seines langen Briefes handelte von der Geschichte aller Gefangenen, die unter den Bleidächern waren oder während der vier Jahre, die er selbst hier war, da gewesen waren. Er erzählte mir, daß der Sbirre Niccolo ihm heimlich alles kaufe, was er wolle, und ihm die Namen aller jener sage, die man verhafte, und alles, was in den anderen Kerkern vor sich gehe; um mich davon zu überzeugen, berichtete er mir alles, was er über das Loch, das ich gemacht hatte, wußte. »Man hat Sie dort herausgenommen«, schrieb er, »um den Patrizier Priuli Gran Can[86] darin unterzubringen, und Lorenzo hat zwei Stunden darauf gewendet, die Höhlung, die Sie gemacht hatten, durch einen Tischler und einen Schlosser schließen zu lassen, denen er, ebenso wie auch allen seinen Bütteln, unter Todesstrafe Stillschweigen gebot. Niccolo versicherte mir, daß Sie einen einzigen Tag später auf einem Weg verschwunden wären, der viel von sich reden gemacht hätte, und daß man Lorenzo erdrosselt hätte. Es sei ganz klar gewesen, daß er zwar beim Anblick des Loches überrascht getan und sich den Anschein gegeben hätte, auf Sie erbost zu sein, daß aber nur er es gewesen sein konnte, der Ihnen die Werkzeuge zum Durchbrechen des Fußbodens geliefert hatte, die Sie ihm wohl zurückgegeben haben. Niccolo erzählte mir auch, daß Signor Bragadin Lorenzo tausend Zechinen versprochen habe, wenn er Ihnen den Weg zur Flucht ebnen könne; Lorenzo bilde sich nun ein, diese mit Unterstützung von Signor Diedo, dem Liebhaber seiner Frau, verdienen zu können, ohne seine Stellung zu verlieren. Er sagte mir noch, daß keiner der Sbirren gewagt habe, dem Segretario den Vorfall zu erzählen, aus Angst, daß Lorenzo, wenn er sich aus der Affäre ziehe, sich an dem Hinterbringer durch Entlassung rächen werde. Ich bitte Sie, Vertrauen in mich zu haben und mir in allen Einzelheiten die Geschichte dieser Ereignisse zu erzählen, besonders wie Sie es angestellt haben, um die notgen Werkzeuge zu bekommen. Ich verspreche Ihnen, daß meine Verschwiegenheit ebenso groß sein wird wie meine Neugier.«

Ich zweifelte keineswegs an seiner Neugier, aber sehr an seiner Verschwiegenheit, denn bereits seine Bitte verriet mir, daß er ein sehr schwatzhafter Mann war. Indessen sah ich ein, daß ich mich mit ihm abfinden mußte, denn ein Mannsbild mit diesen Eigenschaften schien mir wie dafür geschaffen, alles zu tun, was ich ihm auftrug und was mir zur Wiedererlangung der Freiheit nützen konnte. Ich verbrachte den Tag damit, ihm zu antworten; aber ein arger Verdacht ließ mich die Übersendung der Antwort verschieben. Mir kam der Gedanke, dieser briefliche Verkehr könne eine List Lorenzos sein, um herauszubringen, wer mir die Werkzeuge für den Durchbruch gegeben habe und wo ich sie verberge. [...]

Als mein Verdacht zerstreut war, kam ich bei meiner Gemütsverfassung zu folgenden Überlegungen. Ich wollte mir die Freiheit verschaffen. Mein Spuntone war ausgezeichnet; aber ich konnte mich seiner unmöglich bedienen, denn jeden Morgen wurde mein Kerker mit Stockschlägen in allen Ecken mit Ausnahme der Decke abgeklopft. Mir blieb daher nur die Möglichkeit, durch diese Decke zu entweichen, indem ich sie von außen durchbrechen ließ. Derjenige, der sie durchbrach, konnte mit mir fliehen und mir helfen, in der gleichen Nacht ein Loch in das große Dach des Palazzo zu brechen. Ich konnte mir zutrauen, mein Ziel zu erreichen, wenn ich für den Durchbruch einen Gefährten fand. Sobald ich auf dem Dach war, konnte ich feststellen, was zu tun war; es war also nötig, einen Entschluß zu fassen und ihn auszuführen. Ich hatte niemanden als diesen Mönch, der achtunddreißig Jahre alt war; und wenn er auch keinen besonderen Verstand hatte, konnte er doch meine Anweisungen ausführen. Ich mußte mich also entschließen, ihm vollkommen zu vertrauen und auf ein Mittel zu sinnen, ihm meinen Riegel zu schicken. Zunächst fragte ich ihn, ob er sich die Freiheit wünsche und ob er bereit sei, alles zu tun, um sie sich zu verschaffen und mit mir zu fliehen. Er antwortete mir, sowohl er wie sein Gefährte seien bereit, alles zu tun, um ihre Ketten zu brechen; aber es sei nutzlos, an etwas Unmögliches zu denken; dabei zählte er mir eine lange Liste von Schwierigkeiten auf, die vier Seiten füllten und mit denen ich niemals fertig werden würde, wenn ich sie überwinden wollte. Ich antwortete ihm, daß die allgemeinen Schwierigkeiten mich nicht kümmern sollten; und da ich bereits einen Plan gemacht hätte, dächte ich nur an die Lösung der speziellen, die ich dem Papier nicht anvertrauen könne. Ich stellte ihm die Freiheit in Aussicht, wenn er mir sein Ehrenwort gäbe, blind meinen Befehlen zu gehorchen. Er versprach mir, alles zu tun.

Ich schrieb ihm also, ich hätte ein zugespitztes Eisenstück von zwanzig Zoll Länge; damit müsse er die Decke seines Kerkers durchbrechen und hinaussteigen. Wenn er einmal draußen wäre, müsse er die Zwischenwand durchstoßen, die uns trenne, durch diese Öffnung schlüpfen, um auf die Decke meiner Zelle zu gelangen, diese von obenher durchbrechen und mich hinaufziehen. Sobald er das alles getan habe, schrieb ich ihm, habe er nichts mehr zu tun, denn alles übrige wäre dann mein Werk. Ich würde ihn und den Grafen Asquin befreien.

Er antwortete mir, wenn er mich aus meinem Kerker befreit habe, sei ich immer noch im gleichen Gefängnis, das sich von dem ersten nur durch die Größe unterscheide. Er schrieb, wir würden uns auf den Dachböden hinter drei verschlossenen Türen befinden. »Das weiß ich, ehrwürdiger Vater«, antwortete ich; »es ist auch nicht meine Absicht, daß wir durch diese Türen fliehen. Ich habe meinen Plan, und er wird sicher gelingen; von Ihnen erwarte ich nur Genauigkeit in der Ausführung und keine Einwände. Denken Sie nur über einen Weg nach, wie ich Ihnen mein zwanzig Zoll langes Eisenstück in die Hände spielen kann, ohne daß der Überbringer weiß, daß er es Ihnen bringt, und teilen Sie mir Ihre Gedanken darüber mit. Inzwischen lassen Sie von Lorenzo vierzig oder fünfzig genügend große Heiligenbilder kaufen, um die ganzen Innenwände Ihres Kerkers zu verkleiden. Diese vielen Kupferstiche religiösen Inhalts werden Lorenzo nicht auf den Verdacht kommen lassen, daß sie Ihnen nur dazu dienen, das Loch zu verbergen, das Sie in die Decke schlagen und durch das Sie fliehen werden. Sie werden mehrere Tage brauchen, um dieses Loch zu machen; Lorenzo aber wird am Morgen die am Vortag gemachte Öffnung nicht sehen können, denn Sie werden den Kupferstich an seinem früheren Platz befestigen, und er wird Ihre Arbeit verdecken. Ich kann es nicht tun, denn ich bin verdächtig, und man glaubt mir nicht, daß ich Kupferstiche verehre. Tun Sie das, und denken Sie über einen Weg nach, damit mein Eisen in Ihre Hände gelangt.«

Auch ich dachte darüber nach und trug Lorenzo auf, mir eine Bibel zu kaufen, die man neuerdings in Folio gedruckt hatte und in der die Vulgata[87] und die Septuaginta[88] enthalten waren. Ich hatte an dieses Buch gedacht, weil dessen Größe mich hoffen ließ, daß ich in seinem Rücken meinen Spuntone würde verbergen und dem Mönch schicken können; aber als ich es erhielt, stellte ich fest, daß der Riegel zwei Zoll länger war als die Bibel, die gerade anderthalb Fuß maß. Der Mönch hatte mir geschrieben, daß sein Kerker bereits mit Kupferstichen vollgeklebt sei; ich hatte ihm meinerseits meinen Plan mit der Bibel mitgeteilt, ihn auch über die große Schwierigkeit unterrichtet, die von der Länge meines Riegels herrührte, da ich ihn ohne eine Schmiede nicht verkürzen konnte. In seiner Antwort machte er sich über die Unfruchtbarkeit meiner Phantasie lustig und meinte, ich könne ihm den Riegel doch in meinem Fuchspelz schicken. Er schrieb, Lorenzo habe ihm erzählt, daß ich diesen schönen Pelz besäße, und der Graf Asquin könne keinerlei Verdacht erregen, wenn er ihn zu sehen wünsche, um sich einen gleichen besorgen zu lassen. Ich solle ihn nur zusammengelegt schicken. Ich war jedoch sicher, daß Lorenzo ihn unterwegs auseinanderfalten würde, denn ein zusammengelegter Pelz ist dem Träger lästiger als ein offener. Aber um den Mönch nicht zu entmutigen und ihn gleichzeitig davon zu überzeugen, daß ich weniger unbesonnen war als er, schrieb ich ihm, er solle den Pelz nur holen lassen. Lorenzo verlangte ihn am folgenden Morgen von mir, und ich gab ihn ihm zusammengelegt, aber ohne den Riegel. Eine Viertelstunde später brachte er ihn mir zurück und sagte, man habe ihn sehr schön gefunden.

Der Mönch schrieb mir am nächsten Tag einen Brief, in dem er zugab, daß sein Rat schlecht gewesen war; aber er sagte mir auch, ich hätte ihn nicht befolgen sollen. Seiner Meinung nach war der Spuntone verloren; Lorenzo habe den Pelz bereits auseinandergefaltet gebracht und müsse das Eisen in die Tasche gesteckt haben. Alle Hoffnung sei demnach verloren. Ich klärte ihn auf und tröstete ihn damit, bat ihn aber gleichzeitig, mit seinen Ratschlägen in Zukunft vorsichtiger zu sein. Nun entschloß ich mich, dem Mönch meinen Riegel in der Bibel zu schicken und Lorenzo durch ein sicheres Mittel daran zu hindern, die Ecken des großen Bandes zu mustern. Ich sagte ihm also, ich wolle den Tag des heiligen Michael[89] mit zwei großen Schüsseln Makkaroni[90] in Butter und Parmesan feiern. Ich würde zwei Schüsseln brauchen, denn ich wolle die eine davon dem würdigen Mann zum Geschenk machen, der mir die Bücher leihe. Bei dieser Gelegenheit sagte mir Lorenzo, daß der besagte würdige Mann das dicke Buch zu lesen wünsche, das drei Zechinen gekostet habe. Ich antwortete ihm, ich würde es ihm mit einer Platte Makkaroni schicken; ich wolle dazu aber die größte Platte, die er im Hause habe, und ich wolle auch selbst zurichten. Er versprach mir, alles getreulich auszuführen. Inzwischen wikkelte ich den Riegel in Papier und steckte ihn in den Rücken des Einbandes der Bibel. Ich teilte die zwei Zoll auf; jedes Ende des Riegels stand einen Zoll aus der Bibel vor. Wenn ich auf die Bibel eine große Platte Makkaroni in Butter stellte, war ich überzeugt, daß Lorenzo sein Augenmerk ganz auf die Butter konzentrieren würde, aus Angst, er könne sie über die Bibel gießen, so daß er keine Zeit hatte, nach den Ecken des Bandes zu blicken. Ich unterrichtete Pater Balbi über alles und empfahl ihm, beim Empfang der Makkaroni aus Lorenzos Händen geschickt vorzugehen und auf keinen Fall zuerst die Platte zu nehmen und die Bibel nachher, sondern beide gemeinsam; denn wenn er die Platte allein abnähme, wäre die Bibel unbedeckt geblieben, und Lorenzo hätte leicht die beiden hervorstehenden Enden entdecken können.

Am Tag des heiligen Michael erschien Lorenzo in aller Frühe mit einem großen Kessel, in dem die Makkaroni kochten; ich stellte sogleich Butter auf ein Kohlenbecken, um sie zu schmelzen, und bereitete meine zwei Platten vor, die ich mit Parmesan bestreute, den er mir fertig gerieben gebracht hatte. Ich nahm die Schaumkelle und begann anzurichten, wobei ich nach jedem Löffel Butter dazugab und Käse darüberstreute; ich hörte nicht eher auf, als bis die große Platte, die für den Mönch bestimmt war, nichts mehr faßte. Die Nudeln schwammen in Butter, die bis zum äußersten Rand reichte. Der Durchmesser der Platte war fast doppelt so groß wie die Breite des Buches[91]. Ich nahm die Schüssel und stellte sie auf die Bibel, die neben der Tür meines Kerkers lag, nahm diese mit dem Buchrücken gegen Lorenzo in meine Hände, hieß ihn die Arme heben und die Hände aufhalten und übergab ihm alles mit großer Sorgfalt und vorsichtig, damit die Butter nicht über den Rand lief. Als ich ihm diese ansehnliche Last übergab, blickte ich scharf auf seine Augen und stellte mit großer Freude fest, daß er sie nicht von der Butter wandte, die er zu verschütten fürchtete. Er wollte die Makkaroni überbringen und für die Bibel nochmals zurückkommen; aber ich sagte ihm lachend, daß mein Geschenk dadurch seinen ganzen Reiz verlöre. Er übernahm es endlich, beklagte sich, ich hätte zuviel Butter darauf getan, und meinte, wenn sie über die Bibel liefe, so sei das nicht seine Schuld. Ich war von meinem Sieg überzeugt, sobald ich die Bibel in seinen Händen sah, denn die beiden Enden des Riegels, die, von mir aus gesehen, auf der anderen Seite des Buches waren, blieben ihm so, wie er sie hielt, verborgen; sie befanden sich neben seinen Schultern, und es bestand kein Grund, der ihn hätte veranlassen können, nach der einen oder der anderen Ecke zu blicken, die ihn in keiner Weise interessieren konnten. Er mußte sich einzig darum bemühen, seine Schüssel waagrecht zu halten. Ich folgte ihm mit den Augen, bis er die drei Stufen hinunterstieg, die zum Vorraum des Kerkers führten, in dem der Mönch untergebracht war. Dieser schneuzte sich dreimal und gab mir damit das verabredete Zeichen, daß alles ordnungsgemäß in seine Hände gelangt war. Lorenzo kam zurück, um mir zu berichten, daß er alles getreulich übergeben habe.

Pater Balbi benötigte acht Tage, um ein genügend großes Loch in die Decke zu machen; ohne Schwierigkeiten verdeckte er es jeden Tag durch einen Kupferstich, den er herunternahm und mit Brotkrumen wieder anklebte.

Am achten Oktober schrieb er mir, er habe die ganze Nacht mit der Arbeit an der Mauer zugebracht, die uns trenne, es sei ihm jedoch erst gelungen, einen einzigen Stein herauszubrechen; er übertrieb mir gegenüber die Schwierigkeit, die durch einen allzu festen Mörtel verbundenen Ziegel zu lösen. Er versprach mir weiterzumachen, wiederholte mir aber in allen seinen Briefen, wir würden unsere Lage nur verschlimmern, denn wir könnten nicht mit Erfolg rechnen. Ich antwortete ihm, ich sei vom Gegenteil überzeugt.

Leider war ich von nichts überzeugt; aber ich mußte so tun oder alles aufgeben. Wie hätte ich ihm sagen können, daß ich selbst nicht weiter wußte? Ich wollte hier heraus, das war alles, was ich wußte. Ich dachte nur daran, Schritte zu unternehmen und weiterzukommen; und nichts hätte mich aufgehalten, außer ich wäre auf ein unüberwindliches Hindernis gestoßen. Ich hatte in dem großen Buch der Erfahrung gelesen und gelernt, daß es nicht genügt, große Unternehmungen zu beraten; man muß sie ausführen, ohne der Glücksgöttin die Herrschaft abzuerkennen, die sie über alle Taten der Menschen ausübt. Hätte ich diese großen Geheimnisse der

Moralphilosophie Pater Balbi mitgeteilt, so hätte er behauptet, ich sei verrückt.

Seine Arbeit war einzig und allein in der ersten Nacht schwierig; je mehr Ziegel er in den folgenden Nächten herausbrach, um so leichter fiel es ihm, weitere zu lockern. Bei Beendigung seiner Arbeit hatte er sechsunddreißig Ziegel entfernt.

Am sechzehnten Oktober um ein Uhr mittags, gerade als ich mir mit der Übersetzung einer Ode von Horaz die Zeit vertrieb, hörte ich ein Scharren oberhalb meiner Zelle und ein dreimaliges Pochen. Ich antwortete sogleich mit drei gleichen Schlägen; das war das vereinbarte Zeichen, um sicher zu sein, daß wir uns nicht getäuscht hatten. Er arbeitete bis zum Abend; am nächsten Tag schrieb er mir, daß er, wenn meine Decke nur aus zwei Lagen Bretter bestehe, seine Arbeit am gleichen Tag beenden werde, denn ein Brett sei nur einen Zoll stark. Er versicherte mir, er werde den kleinen Durchschlupf kreisförmig machen, wie ich es ihm aufgetragen habe, und unbedingt darauf bedacht sein, das letzte Brett nicht ganz zu durchstoßen. Das hatte ich ihm besonders ans Herz gelegt; denn das geringste Anzeichen einer Beschädigung im Innern meiner Zelle hätte den Verdacht einer Beschädigung von außen nahegelegt. Er teilte mir mit, er habe das Loch so weit vorgetrieben, daß er in der Lage sei, es in einer Viertelstunde zu vollenden. Diesen Zeitpunkt hatte ich bereits für zwei Tage später festgesetzt; dann wollte ich meinen Kerker bei Nacht verlassen, um nie mehr dorthin zurückzukehren, denn im Verein mit einem zweiten war ich überzeugt, in drei oder vier Stunden eine Öffnung in das große Dach des Dogenpalastes brechen zu können, hindurchzusteigen und dann die nächstbeste, vom Zufall gebotene Möglichkeit zu nutzen, um hinabzusteigen.

Gerade an diesem Tag, einem Montag, zwei Stunden nach Mittag, während Pater Balbi an der Arbeit war, hörte ich, wie die Tür des an meine Zelle anschließenden Raumes geöffnet wurde; mir stockte das Blut. Ich hatte aber die Geistesgegenwart, zweimal zu klopfen, das vereinbarte Zeichen der Gefahr, auf das hin Pater Balbi rasch durch das Loch in der Mauer schlüpfen und in seinen Kerker zurückkehren mußte. Eine Minute später erschien Lorenzo und bat mich um Entschuldigung, daß er mir einen Strolch, einen üblen Kerl, zur Gesellschaft gebe. Dieser war ein Mann von vierzig bis fünfzig Jahren, klein, mager, häßlich, schlecht gekleidet, mit einer schwarzen runden Perücke. Zwei Büttel lösten seine Fesseln. Ich zweifelte nicht daran, daß er ein Spitzbube war, denn Lorenzo bezeichnete ihn in meiner Gegenwart als solchen, ohne daß dieser sich durch die Bezeichnung gekränkt fühlte. Ich entgegnete, das Tribunal habe zu bestimmen. Lorenzo ließ ihm nun einen Strohsack bringen und entfernte sich mit den Worten, daß ihm das Tribunal zehn Soldi täglich gebe. Mein neuer Gefährte antwortete: »Gott möge sie ihm ersetzen.«

Voll Bestürzung über diesen verhängnisvollen Streich des Schicksals, betrachtete ich den Spitzbuben, den sein Gesicht schon als solchen verriet. Ich hatte vor, ihn zum Reden zu bringen, aber da begann er bereits von selbst, mir für den Strohsack zu danken, den ich ihm hatte bringen lassen. Als ich ihm erklärte, er könne mit mir essen, küßte er mir die Hand und fragte, ob er sich trotzdem die zehn Soldi auszahlen lassen könne, die das Tribunal ihm zumaß; ich sagte ja. Nun warf er sich auf die Knie, zog einen Rosenkranz aus der Tasche und blickte in alle Winkel der Zelle.

»Was suchen Sie, mein Freund?«

»Ich suche, Sie werden es mir verzeihen, irgendein Bild der unbefleckten Jungfrau Maria, oder wenigstens ein armseliges Kruzifix, denn ich bin Christ und hatte es noch nie so nötig wie in diesem Augenblick, mich dem heiligen Franz von Assisi zu empfehlen, dessen Namen ich unwürdigerweise trage.«

Ich hatte Mühe, einen Lachanfall zu unterdrücken, nicht wegen seiner christlichen Frömmigkeit, die ich achtete, sondern wegen seiner Ausdrucksweise; seine Bitte um Verzeihung ließ mich annehmen, daß er mich für einen Juden hielt. Ich beeilte mich, ihm das Offizium der Heiligen Jungfrau[92] zu geben; aber nachdem er das Bild geküßt hatte, reichte er mir das Buch zurück und sagte, sein Vater, ein Galeerenprofoß, habe versäumt, ihm das Lesen beibringen zu lassen. Er erzählte, er sei ein Verehrer des heiligen Rosenkranzes, von dem er mir allerhand Wunder berichtete, die ich mit Engelsgeduld anhörte, und bat mich um Erlaubnis, ihn angesichts des heiligen Bildes auf dem Titelblatt meines Stundenbuches hersagen zu dürfen. Nach dem Rosenkranz, den ich mit ihm betete, fragte ich ihn, ob er gegessen habe, und er antwortete, er sterbe vor Hunger. Ich gab ihm, was ich hatte; er verschlang alles mit Wolfshunger und trank meinen ganzen Wein dazu. Als er davon beschwipst war, begann er zu weinen und dabei durcheinander über alles und jedes zu reden. [...]

Eine halbe Stunde später schlief er ein. Ich schrieb Pater Balbi alles und betonte, daß es notwendig sei, unsere Arbeit bis zu einem günstigeren Zeitpunkt zu unterbrechen. Tags darauf befahl ich Lorenzo, mir ein hölzernes Kruzifix und einen Kupferstich der Heiligen Jungfrau zu kaufen sowie ein Fläschchen Weihwasser zu besorgen. Soradaci verlangte seine zehn Soldi, und Lorenzo gab ihm mit verächtlicher Miene zwanzig. Außerdem hieß ich ihn, viermal soviel Wein und Knoblauch zu bringen, den mein Gefährte über alles liebte. Nachdem er gegangen war, zog ich geschickt aus dem Buch den Brief Pater Balbis hervor, in dem er mir seinen Schrekken beschrieb. Er war mehr tot als lebendig in seinen Kerker zurückgekehrt und hatte schnell das Loch wieder mit dem Heiligenbild verdeckt. Alles wäre verloren gewesen, meinte er, wenn es Lorenzo eingefallen wäre, Soradaci in seine Zelle zu stecken, anstatt zu mir. Er hätte Balbi nicht in seiner Zelle angetroffen, und er hätte das Loch entdeckt.

[...]

In der Nacht schrieb ich Pater Balbi, er solle genau um zwei Uhr mittags kommen, keine Minute früher oder später, um seine Arbeit zu vollenden, und nur vier Stunden arbeiten; er müsse sich unbedingt zurückziehen, sobald er sechs Uhr schlagen höre. Ich betonte, unsere Freiheit hänge von der getreulichen Erfüllung ab, und er habe nichts zu befürchten.

Es war der 25. Oktober, und die Tage näherten sich, an denen ich meinen Plan ausführen oder für immer aufgeben mußte. Jedes Jahr verbrachten die Staatsinquisitoren und sogar der Sekretär die ersten Tage des November in irgendeinem Ort der »Terra ferma[93]«. An diesen drei Ferientagen seiner Vorgesetzten betrank sich Lorenzo am Abend, schlief bis zur Terza und erschien erst sehr spät unter den Bleidächern. Schon vor einem Jahr hatte ich das alles festgestellt. Wenn ich fliehen wollte, mußte ich vernünftigerweise eine dieser drei Nächte wählen, um sicher zu sein, daß meine Flucht erst ziemlich spät am Morgen entdeckt würde. [...]

Den ganzen Vormittag hindurch bis ein Uhr tat ich nun alles, um das Denkvermögen dieser [...] Kreatur zu erschüttern, durch Wunderbilder seinen schwachen Verstand zu verwirren und ihn dadurch unfähig zu machen, mir zu schaden. Am Morgen, nachdem Lorenzo gegangen war, sagte ich zu Soradaci, er solle kommen und seine Suppe essen. [...]

Ich gab meinem Gesicht plötzlich einen verklärten Ausdruck und gebot ihm, sich zu setzen.

»Essen wir die Suppe«, sagte ich; »dann werde ich Ihnen Ihr Heil verkünden. Hören Sie zu! Mir ist bei Tagesanbruch die Heilige Jungfrau vom Rosenkranz erschienen. Sie werden nicht sterben, und Sie werden zusammen mit mir hier herauskommen.«

Völlig verwirrt löffelte er kniend mit mir die Suppe, weil es keine Stühle gab; dann setzte er sich auf den Strohsack, um mir zuzuhören. [...]

»Ich hatte, während ich im Morgengrauen kurz einnickte, wahrhaftig eine Erscheinung. Ich sah, wie die Heilige Jungfrau, deren Bild Sie dort sehen, lebendig wurde, sich bewegte, auf mich zukam, den Mund öffnete und die folgenden Worte zu mir sprach: »Soradaci verehrt meinen heiligen Rosenkranz; ich beschütze ihn. [...] Ich werde einem meiner Engel befehlen, Menschengestalt anzunehmen und sogleich vom Himmel herabzusteigen, um das Dach dieses Kerkers aufzubrechen und dich in fünf oder sechs Tagen daraus zu befreien. Der Engel wird sein Werk heute um zwei Uhr beginnen und bis eine halbe Stunde vor Sonnenuntergang arbeiten, denn er muß noch bei hellem Tageslicht wieder zum Himmel emporsteigen. Wenn du, geleitet von meinem Engel, diesen Raum verläßt, wirst du Soradaci mit dir nehmen und für ihn sorgen, vorausgesetzt, daß er den Beruf eines Spitzels aufgibt. Du wirst ihm alles mitteilen.‹ Kaum hatte die Heilige Jungfrau diese Worte gesprochen, verschwand sie, und ich bemerkte, daß ich wach war.«

Ich setzte meine ernsteste Miene auf und blickte dem Verräter, der wie versteinert wirkte, scharf ins Gesicht. Dann nahm ich mein Stundenbuch, besprengte den Kerker mit Weihwasser und begann so zu tun, als bete ich zu GOTT; dabei küßte ich von Zeit zu Zeit das Bildnis der Jungfrau. Nach einer Stunde fragte mich die Kreatur rundheraus, um welche Zeit der Engel vom Himmel kommen sollte, und ob wir ihn hören würden, wenn er den Kerker aufbreche.

»Ich bin überzeugt, daß er um zwei Uhr kommen wird, daß wir ihn arbeiten hören werden und daß er um sechs Uhr wieder gehen wird; ich glaube, vier Stunden Arbeit müßten für einen Engel genügen.«

»Vielleicht haben Sie geträumt.«

»Bestimmt nicht. Sind Sie bereit, mir zu schwören, daß Sie den Beruf eines Spions aufgeben?«

Statt mir zu antworten, schlief er ein, und erst zwei Stunden später, als er erwachte, fragte er mich, ob er den Eid, daß er seinen Beruf aufgebe, nicht verschieben könne.

»Das können Sie tun«, antwortete ich, »bis der Engel hier erscheint, um mich mit sich zu nehmen; aber ich mache Sie darauf aufmerksam, daß ich Sie hierlassen werde, wenn Sie nicht durch Eid Ihrem üblen Beruf abschwören; denn so lautet der Auftrag der Heiligen Jungfrau an mich.«

Ich sah ihm seine Befriedigung darüber an; denn er hielt es für sicher, daß der Engel nicht kommen würde. Seine Miene verriet Mitleid mit mir. Ich konnte kaum erwarten, bis es zwei Uhr schlug; die Komödie machte mir ungeheuren Spaß, denn ich war überzeugt, daß die Ankunft des Engels den armseligen Verstand dieser Kreatur völlig durcheinanderbringen mußte. Sie konnte nur ausbleiben, wenn Lorenzo zu meinem großen Bedauern vergessen haben sollte, das Buch zu überbringen.

Um ein Uhr wollte ich essen und trank dazu nur Wasser. Soradaci trank den ganzen Wein und aß als Nachspeise meinen ganzen Knoblauch; für ihn war er Konfekt. Als ich zwei Uhr schlagen hörte, warf ich mich auf die Knie und gebot ihm mit furchterregender Stimme, das gleiche zu tun. Er gehorchte und blickte mich dabei verstört und mit schwimmenden Augen an. Als ich das leise Geräusch hörte, das mir den Durchstieg durch die Mauer anzeigte, sagte ich: »Der Engel kommt.«

Dann legte ich mich auf den Bauch und versetzte ihm gleichzeitig einen solchen Stoß auf die Schultern, daß er in die gleiche Stellung fiel. Das Durchbrechen der Decke verursachte einen starken Lärm, und ich blieb eine gute Viertelstunde hingestreckt liegen. War es nicht zum Lachen, wie der Schurke regungslos in der gleichen Stellung verharrte? Aber ich lachte nicht; es handelte sich um die höchst verdienstvolle Aufgabe, ihn verrückt zu machen oder zumindest zu behexen. Seine schwarze Seele konnte nur menschlich werden, wenn man sie mit Schrecken überschwemmte. Ich verbrachte dreieinhalb Stunden damit, den Rosenkranz vorzusagen, und er, ihn nachzubeten, wobei er von Zeit zu Zeit einschlief; sonst wagte er nicht, den Mund zu öffnen. Er blickte nur zur Decke, wenn er hörte, wie der Mönch geräuschvoll das Brett zersplitterte. In seiner Bestürzung machte er mit dem Kopf Zeichen zum Bild der Heiligen Jungfrau hinüber, was mehr als komisch war. Als es sechs Uhr schlug, gebot ich ihm, es mir gleichzutun, denn der Engel werde nun verschwinden. Wir warfen uns zu Boden; Pater Balbi zog sich zurück, und wir hörten nicht mehr das leiseste Geräusch. Als ich mich erhob, sah ich auf dem Gesicht des üblen Kerls mehr Schrecken als Erstaunen.

Ich unterhielt mich eine Weile damit, im Gespräch mit ihm herauszubringen, was er dachte. Unter andauerndem Schluchzen führte er Reden, die nur durch ihre Narrheit zusammenhingen; es war ein Gemisch nicht zu Ende geführter Gedanken. Er sprach von seinen Sünden, von seinen besonderen Andachten, von seinem Eifer für den heiligen Markus, von seinen Pflichten gegenüber der Obrigkeit; diesen Verdiensten schrieb er auch die Gnade zu, die ihm nun durch die Heilige Jungfrau zuteil werde. [...]

»Hören Sie zu: Morgen, wenn Lorenzo kommt, bleiben Sie regungslos auf dem Strohsack mit dem Gesicht zur Wand liegen, ohne Lorenzo je anzusehen. Wenn er Sie anspricht, antworten Sie ihm, ohne ihn anzusehen, daß Sie nicht schlafen konnten. Versprechen Sie mir, gehorsam zu sein?«

»Ich verspreche, alles zu tun, was Sie mir sagen.«

»Versprechen Sie es hier diesem heiligen Bild. Schnell!«

»Ich verspreche dir, Heiligste Jungfrau, daß ich Lorenzo nicht ansehen werde, wenn er kommt, und daß ich mich nicht von meinem Strohsack rühren werde.«

»Und ich, Heiligste Jungfrau, schwöre dir beim Herzen Jesu Christi, deines göttlichen Sohnes, daß ich, sobald Soradaci sich Lorenzo zuwendet, auf ihn zuspringen und ihn erwürgen werde, dir zur Ehre und zum Ruhm.«

Ich fragte ihn, ob er etwas gegen meinen Schwur einzuwenden habe, und er antwortete, das genüge ihm. Ich gab ihm nun zu essen und gebot ihm, sich hinzulegen, weil ich schlafen müsse. Ich brachte zwei Stunden damit zu, dem Mönch die ganze Geschichte zu berichten; ich schrieb ihm, wenn seine Arbeit beendet sei, solle er erst wieder auf das Dach meiner Zelle kommen, um das Brett zu durchstoßen und einzusteigen. Ich fügte hinzu, wir würden in der Nacht des 31. Oktober ausbrechen, und zwar zu viert, seinen und meinen Gefährten mitgerechnet. Wir hatten den 28. Oktober. Früh am Morgen des nächsten Tages unterrichtete mich der Mönch, der Durchschlupf sei fertig und er brauche nur noch auf das Zellendach zu steigen, um das Loch zu öffnen; dazu werde er höchstens vier Minuten benötigen. Soradaci spielte seine Rolle aufs beste. Er stellte sich schlafend, und Lorenzo sprach ihn nicht einmal an. Ich behielt ihn scharf im Auge. Ich glaube, ich hätte ihn tatsächlich erwürgt, wenn ich bemerkt hätte, daß er Lorenzo den Kopf zuwandte; um mich zu verraten, hätte ein Wink mit den Augen genügt.

Ich verbrachte den Tag damit, durch feierliche Reden seinen Glaubenseifer zu schüren, und ließ ihn nur in Frieden, wenn ich sah, daß er angetrunken und am Einschlafen oder aber nahe daran war, unter der Wucht einer Metaphysik, die seinem bisher nur an die Schliche eines Spitzels gewohnten Kopf gänzlich neu war, in Krämpfe zu verfallen.

Er brachte mich in Verlegenheit, als er sagte, er verstünde nicht, wieso ein Engel so lange zu arbeiten hätte, um das Dach meiner Zelle aufzubrechen; aber ich redete mich damit heraus, daß ich erklärte, er arbeite nicht als Engel, sondern in Menschengestalt. Zu allem übrigen sagte ich ihm noch, daß sein tückischer Gedanke die Heilige Jungfrau schon wieder beleidigt habe.

»Und Sie werden sehen«, fügte ich hinzu, »daß wegen dieser Sünde der Engel heute nicht mehr kommen wird. Sie denken nie wie ein ehrlicher, frommer und ergebener Mensch, sondern wie ein abgefeimter Sünder, der glaubt, es mit dem Messergrande und den Sbirren zu tun zu haben.«

Da begann er zu weinen, und zu meiner Freude sah ich ihm die Verzweiflung an, als es zwei Uhr schlug und nichts von der Ankunft des Engels zu hören war. Ich stimmte nun Klagen an, die ihn tief bekümmerten, und ließ ihn den ganzen Rest des Tages in seinem Kummer schmoren. Am nächsten Morgen befolgte er genau meine Anweisungen, und als Lorenzo ihn nach seinem Gesundheitszustand fragte, antwortete er, ohne ihn anzusehen. Auch am folgenden Tag verhielt er sich so, bis ich endlich Lorenzo am Morgen des einunddreißigsten zum letztenmal sah und ihm dabei das Buch gab, durch das ich den Mönch anwies, um elf Uhr vormittags zu kommen und die Öffnung durchzustoßen. Diesmal fürchtete ich kein Mißgeschick mehr, denn von Lorenzo selbst hatte ich erfahren, daß nicht nur die Inquisitoren, sondern auch der Sekretär aufs Land gefahren waren. Die Einlieferung eines neuen Häftlings hatte ich nicht mehr zu befürchten, und es war auch nicht mehr nötig, auf diesen niederträchtigen Schurken Rücksicht zu nehmen.

[...]

Nachdem Lorenzo gegangen war, sagte ich zu Soradaci, der Engel werde um elf Uhr kommen und ein Loch in die Decke meiner Zelle brechen. »Er wird auch eine Schere bringen«, fügte ich hinzu, »und Sie werden mir und dem Engel den Bart scheren.«

»Hat denn der Engel einen Bart?«

»Ja, Sie werden es sehen. Dann machen wir uns auf und durchbrechen das Dach des Palazzo; und in der Nacht steigen wir zum Markusplatz hinunter und gehen nach Deutschland.«

Er antwortete nicht; er aß ganz allein, denn mein Herz und mein Verstand waren zu sehr von der Sache erfüllt, als daß ich imstande gewesen wäre zu essen. Ich hatte nicht einmal schlafen können.

Schlag elf Uhr erschien der Engel. Soradaci wollte sich zu Boden werfen, aber ich sagte ihm, das sei nun nicht mehr nötig. In weniger als drei Minuten durchstieß er die Öffnung, ein schönes rundes Brett fiel mir vor die Füße, und Pater Balbi sank mir in die Arme.

»Damit«, sagte ich, als ich ihn umarmte, »ist Ihre Arbeit beendet; nun beginnt die meine.«

Er übergab mir den Spuntone und die Schere, die ich an Soradaci weiterreichte, damit er uns gleich hier den Bart stutze. Diesmal konnte ich mich des Lachens nicht mehr enthalten, als ich sah, wie dieser Schafskopf völlig verdutzt den Engel anglotzte, der eher einem Teufel glich. Völlig verwirrt befreite er uns mit der Schere auf mustergültige Weise von unseren Bärten.

Begierig, die Örtlichkeiten zu erkunden, gebot ich dem Mönch, mit Soradaci hierzubleiben, denn ich wollte diesen nicht allein lassen. Ich stieg hinaus und fand das Loch in der Mauer zwar eng, aber ich kam durch; ich befand mich nun auf der Decke der Zelle des Grafen, stieg hinunter und begrüßte den armen Greis herzlich. Ich sah an seiner Gestalt, daß er nicht imstande sein würde, den Schwierigkeiten und Gefahren zu trotzen, denen wir uns bei einer solchen Flucht über ein schräges, ganz mit Bleiplatten bedecktes Dach aussetzten. Er fragte mich sogleich, was für einen Plan ich hätte, wobei er nicht verschwieg, daß ich seiner Meinung nach allzu leichtfertig vorgegangen wäre.

»Ich will nicht ruhen noch rasten«, antwortete ich, »bis ich die Freiheit finde oder den Tod.«

Er drückte mir die Hand und meinte, falls ich beabsichtigen sollte, das Dach aufzubrechen und auf den Bleiplatten herumlaufend einen Weg nach unten zu suchen, sehe er keine Möglichkeit, es sei denn, ich hätte Flügel.

»Ich habe nicht den Mut, mit Ihnen zu gehen«, fügte er hinzu; »ich werde hierbleiben und für Sie zu Gott beten.«

Ich stieg nun hinaus, um das große Dach zu untersuchen, dabei näherte ich mich, so weit es ging, den seitlichen Rändern des Dachbodens. Es gelang mir, im innersten Winkel die Unterseite des Daches zu erreichen, und ich setzte mich ins Gebälk, das die Dachböden aller großen Palazzi ausfüllt. Ich untersuchte die Bretter mit der Spitze meines Spuntone und fand sie ganz morsch. Bei jedem Stoß mit dem Spieß zerfiel, wo ich hintraf, alles zu Staub. Als ich die Gewißheit hatte, daß ich in weniger als einer Stunde ein ziemlich großes Loch machen konnte, kehrte ich in meine Zelle zurück, wo ich vier Stunden darauf verwandte, Leintücher, Handtücher, Matratzen und alles, was ich hatte, zu zerschneiden und daraus ein Seil zu machen. Ich bestand darauf, alle Stücke selbst durch Weberknoten zusammenzuknüpfen, denn ein schlechter Knoten hätte sich lösen können, und der Mann, der in diesem Augenblick am Seil hing, wäre abgestürzt. Insgesamt brachte ich es auf hundert Armlängen[94] Seil. Bei großen Wagnissen gibt es Punkte, die alles entscheiden und in denen sich ein Führer, der Erfolg verdient, auf niemand andern verläßt.

Als das Seil fertig war, schnürte ich meinen Anzug, meinen seidenverbrämten Mantel, einige Hemden, Strümpfe und Taschentücher in ein Bündel; dann begaben wir uns alle drei mit dem ganzen Gepäck in die Zelle des Grafen. Der Graf beglückwünschte sogleich Soradaci, daß er das Glück gehabt habe, zu mir gesteckt zu werden, und nun im Begriffe sei, mir zu folgen. Dieser war so verdutzt, daß ich kaum das Lachen verbeißen konnte. Ich tat mir keinen Zwang mehr an; ich schickte die Maske des Tartüff[95], die ich seit einer Woche den ganzen Tag lang getragen hatte, um diesen [...] Schurken am Verrat zu hindern, zum Teufel. Ich sah ihm an, daß er sich für betrogen hielt; aber er begriff nichts davon, denn er kam nicht dahinter, wie ich mich mit dem angeblichen Engel hatte verständigen können, um ihn zur gewünschten Stunde kommen und gehen zu lassen. [...] Ich sagte dem Mönch, er solle sein Bündel schnüren, während ich beginnen würde, am Rande des Dachbodens ein Loch zu machen.

Ohne irgendwelcher Hilfe zu bedürfen, hatte ich die Öffnung gegen acht Uhr abends fertig. Ich zerstieß die Bretter zu Pulver. Der Durchbruch war zweimal so groß wie nötig, und ich legte eine ganze Bleiplatte frei. Der Mönch half mir, sie hochzuheben, denn sie war angenietet oder um den Rand der marmornen Dachrinne gebogen; aber mit dem Spuntone, den ich kräftig zwischen die Dachrinne und die Platte stieß, brach ich sie los. Dann bogen wir sie mit den Schultern so weit auf, daß die Öffnung, durch die wir hinausschlüpfen sollten, groß genug war. Als ich den Kopf durch das Loch steckte, sah ich zu meiner großen Betrübnis den hellen Schein der Mondsichel, die tags darauf ihr erstes Viertel erreichen mußte. Das war ein Hindernis, das nur mit Geduld zu überwinden war; wir mußten mit dem Hinaussteigen bis Mitternacht warten, bis der Mond weitergewandert war, um die andere Seite der Erde zu beleuchten. In einer wundervollen Nacht, in der jedermann, der etwas auf sich hielt, auf dem Markusplatz promenieren mußte, konnte ich es nicht darauf ankommen lassen, daß man mich da oben herumspazieren sah. Man hätte unseren stark verlängerten Schatten auf dem Pflaster des Platzes bemerkt; man hätte nach oben geblickt, und unsere Gestalten hätten ein recht außergewöhnliches Schauspiel geboten, das die Neugier erweckt hätte, besonders diejenige des Messergrande, dessen Sbirren, die einzige Bewachung der großen Stadt Venedig, die ganze Nacht hindurch wachsam sind. Er hätte bald Mittel und Wege gefunden, einen Trupp von ihnen hier heraufzuschicken, die meinen ganzen schönen Plan vereitelt hätten. Ich entschied daher gebieterisch, daß wir erst nach Untergang des Mondes aufbrechen würden. Ich rief die Hilfe GOTTES an, aber ich bat nicht um Wunder. Den Launen Fortunas ausgesetzt, durfte ich ihr so wenig wie möglich überlassen. Falls mein Unternehmen scheiterte, wollte ich mir selbst nicht den geringsten Fehler vorzuwerfen haben. Der Mond mußte unweigerlich um elf Uhr untergehen, und die Sonne mußte um halb acht aufgehen; es verblieben uns sieben Stunden vollster Dunkelheit, in denen wir handeln konnten.

[...]

Ich streckte öfter die Hand nach Soradaci aus, um mich zu vergewissern, daß er noch da war, denn er sprach die ganze Zeit über kein einziges Wort; ich lachte bei dem Gedanken, was in seinem Schandhirn, das nun erkannt haben mußte, wie ich ihn hineingelegt hatte, wohl vorgehen mochte. Gegen halb elf Uhr hieß ich ihn nachzusehen, an welcher Stelle des Himmels der Mond stehe. Als er zurückkam, berichtete er, in einer halben Stunde werde er verschwunden sein; außerdem mache ein dichter Nebel das Bleidach sicher sehr gefährlich.

»Es genügt mir, mein Lieber, daß der Nebel nicht aus Öl besteht. Rollen Sie Ihren Mantel mit einem Teil unserer Seile, die wir unter uns teilen müssen, zu einem Bündel.«

Zu meiner Überraschung spürte ich in diesem Augenblick, wie der Mann mir zu Füßen meine Hände ergriff, sie küßte und mich weinend anflehte, nicht seinen Tod zu wollen.

»Ich falle bestimmt in den Kanal«, erklärte er; »ich kann Ihnen in keiner Weise nützlich sein. Ach, lassen Sie mich doch hier! Ich werde auch die ganze Nacht hindurch für Sie zum heiligen Franziskus beten. Sie haben die Macht, mich umzubringen; aber ich werde mich nie entschließen, Ihnen zu folgen.«

Der Dummkopf wußte nicht, daß ich der Meinung war, seine Gesellschaft bringe mir Unheil.

»Sie haben recht«, sagte ich, »bleiben Sie hier, aber unter der Bedingung, daß Sie zum heiligen Franziskus beten; und gehen Sie gleich alle meine Bücher holen, die ich dem Grafen hinterlassen will.«

Er gehorchte augenblicklich. Meine Bücher waren mindestens hundert Scudi[96] wert. Der Graf sagte, er werde sie mir bei meiner Rückkehr wiedergeben.

»Seien Sie fest davon überzeugt, daß Sie mich hier nicht wiedersehen werden«, antwortete ich; »ich bin sehr froh, daß dieser Feigling nicht den Mut hat mitzukommen. Er würde mir zur Last fallen, und außerdem ist ein Feigling nicht würdig, sich mit Pater Balbi und mir in die Ehre einer so schönen Flucht zu teilen, nicht wahr, mein wackerer Gefährte«, sagte ich zu dem Mönch, einem anderen Feigling, den ich bei der Ehre packen wollte.

»Das stimmt«, antwortete dieser, »vorausgesetzt, daß er morgen nicht Grund hat, sich zu beglückwünschen.«

[...]

Aber es war Zeit zum Aufbruch. Der Mond war nicht mehr zu sehen. Ich band Pater Balbi die Hälfte der Seile auf der einen Seite auf den Nacken und das Bündel mit seinem armseligen Plunder auf die andere Schulter. Das gleiche tat ich an mir selbst. Beide in Weste, den Hut auf dem Kopf, machten wir uns zu unserem Abenteuer auf den Weg.

»E quindi uscimmo a rimirar le stelle«
(Dann traten wir hinaus und sahn die Sterne.)[97]

Ich stieg als erster hinaus; Pater Balbi folgte mir. Ich gebot Soradaci, die Platte wieder in ihre ursprüngliche Lage zu bringen, dann schickte ich ihn, damit er zum heiligen Franziskus bete. Kniend und auf allen vieren umklammerte ich mit der Hand den Spuntone, stieß ihn mit ausgestrecktem Arm jeweils schräg in die Verbindungsstelle zweier Bleiplatten und bog sie hoch, bis ich mich mit vier Fingern am Plattenrand festhalten und auf diese Weise zum Dachfirst hinaufsteigen konnte. Um mir zu folgen, hatte sich der Mönch mit vier Fingern seiner rechten Hand an der Schnalle meines Gürtels angeklammert, so daß mir das traurige Los des Lasttieres beschieden war, das zugleich trägt und zieht, und das beim Aufstieg über eine infolge des Nebels schlüpfrige Schräge.

Mitten in dieser ziemlich gefährlichen Kletterei bat mich der Mönch einzuhalten, weil eines der Bündel sich von seinem Hals losgelöst habe und hinabgerollt sei, vielleicht nur bis zur Dachrinne. In der ersten Aufwallung war ich versucht, ihm einen Tritt zu versetzen; mehr hätte es nicht bedurft, um ihn blitzschnell seinem Bündel nachzuschicken; aber GOTT gab mir die Kraft, mich zu beherrschen. Die Strafe wäre für beide Teile zu hart gewesen, denn allein hätte ich auf keinen Fall entkommen können. Ich fragte ihn, ob es das Bündel mit den Seilen gewesen sei; aber als er mir erklärte, es sei das mit seinem schwarzen Gehrock, zwei Hemden und einem kostbaren Manuskript, das er unter den Bleidächern gefunden habe und von dem er behauptete, er werde sein Glück damit machen, sagte ich ihm in aller Ruhe, wir müßten uns damit abfinden und den eingeschlagenen Weg fortsetzen. Er seufzte und folgte mir, indem er sich weiter an meinem Hinterteil festhielt.

Ich kletterte über fünfzehn oder sechzehn Platten hinauf, bis ich den Dachfirst erreicht hatte; dort spreizte ich die Beine und setzte mich bequem rittlings hin. Der Mönch tat hinter mir dasselbe. Wir hatten die kleine Insel San Giorgio Maggiore[98] im Rücken und zweihundert Schritte vor uns die vielen Kuppeln der Markuskirche, die einen Teil des Dogenpalastes bildet. Sie ist die Kapelle des Dogen, und kein Monarch der Erde kann sich rühmen, eine ähnliche zu besitzen. Ich entledigte mich sogleich meines Gepäcks und sagte zu meinem Gefährten, er könne das gleiche tun. Er legte das Bündel mit den Seilen recht ordentlich zwischen die Oberschenkel; aber sein Hut, den er noch drauflegen wollte, verlor das Gleichgewicht und fiel, nachdem er alle erdenklichen Purzelbäume geschlagen hatte, um bis zur Dachrinne zu gelangen, in den Kanal. Mein Gefährte war verzweifelt.

»Ein schlechtes Zeichen«, sagte er; »kaum hat das Unternehmen begonnen, habe ich schon meine Hemden, meinen Hut und das Manuskript verloren, das die kostbare und für jedermann neue Geschichte aller Feste des Palazzo der Republik enthielt.«

Weniger erbittert als während des Aufstieges sagte ich in beruhigendem Ton, daß die beiden Mißgeschicke, die ihm eben zugestoßen seien, weiter nichts Besonderes seien, und daß auch ein Abergläubischer sie nicht als schlechte Zeichen werten könne; ich würde sie jedenfalls nicht als solche auffassen und mich durch sie nicht entmutigen lassen. Sie sollten ihm aber eine letzte Lehre sein, sich vorsichtig und besonnen zu verhalten. Auch solle er sich überlegen, daß wir verloren gewesen wären, wenn sein Hut anstatt nach rechts nach links gerollt wäre; denn dann wäre er in den Hof des Palazzo gefallen, wo ihn die Arsenalotti aufgelesen und in der richtigen Annahme, daß sich Leute auf dem Dach des Dogenpalastes befinden müßten, zweifellos ihrer Pflicht gemäß Mittel und Wege gefunden hätten, um uns einen Besuch abzustatten.

Nachdem ich mich einige Minuten lang nach allen Seiten

umgesehen hatte, sagte ich dem Mönch, er solle bis zu meiner Rückkehr, ohne sich von der Stelle zu rühren, mit den Bündeln dort bleiben. Nur mit dem Spuntone in der Hand und ohne die geringste Schwierigkeit rittlings auf dem Dachfirst weiterrutschend, entfernte ich mich. Ich verwandte fast eine Stunde darauf, alles zu untersuchen, zu beobachten und zu prüfen; da ich aber an keinem der Ränder etwas fand, woran ich ein Seilende hätte befestigen können, um an einer Stelle, die mir sicher schien, hinunterzuklettern, war ich in größter Verlegenheit. An den Kanal und auch an den Hof des Palastes war nicht zu denken. Das Dach der Kirche bot meinen Augen nur Abgründe zwischen den Kuppeln, die in lauter ausweglose Stellen führten. Um über die Kirche hinaus zur Calle Canonica[99] zu gelangen, hätte ich über gekrümmte abschüssige Flächen klettern müssen; selbstverständlich schloß ich alles als unmöglich aus, was ich als undurchführbar erkannte. Ich war genötigt, Verwegenheit mit Vorsicht zu verbinden. In der Praxis gibt es, wie ich glaube, wohl keinen Mittelweg, der schwieriger einzuhalten wäre.

Mein Blick und meine Gedanken blieben an einer Luke haften, die etwa auf zwei Drittel der Dachschräge gegen den Rio di Palazzo zu lag. Sie war weit genug von der Stelle entfernt, an der ich ausgestiegen war, um mich überzeugt sein zu lassen, daß der von ihr erhellte Dachboden nicht mehr zum abgeschlossenen Bereich der Gefängnisse gehörte, aus denen ich ausgebrochen war. Sie konnte nur irgendeiner bewohnten oder unbewohnten Dachkammer über irgendeiner Wohnung des Palazzo Licht geben, in der ich bei Tagesanbruch die Türen selbstverständlich offen finden würde. Ich war so gut wie sicher, daß die Diener des Palazzo oder die der Familie des Dogen[100], die uns hätten sehen können, uns rasch hinausgelassen und alles eher getan hätten, als uns der Gewalt der Inquisition auszuliefern, selbst wenn sie in uns die größten Staatsverbrecher erkannt hätten. Entsprechend diesen Erwägungen mußte ich die Vorderseite der Dachluke untersuchen und machte mich sogleich daran, indem ich das eine

Bein über den Dachfirst hob und mich hinabgleiten ließ, bis ich sozusagen auf dem kleinen Giebeldach saß, das etwa drei Fuß lang und eineinhalb Fuß breit war[101]. Ich beugte mich sogleich weit vor, hielt mich mit den Händen an den Rändern fest und reckte den Hals. Ich sah, oder besser gesagt spürte tastend ein dünnes Eisengitter und dahinter ein Fenster aus bleigefaßten Butzenscheiben. Das Fenster, obwohl geschlossen, machte mir keine Sorgen, aber das Gitter, so dünn es auch war, erforderte eine Feile, und ich besaß nichts als meinen Spuntone.

Nachdenklich, traurig und verwirrt, wußte ich nicht, was ich tun sollte, als zu meinem Erstaunen ein ganz natürliches Geschehen auf meine Seele wie ein richtiges Wunder wirkte. Ich hoffte, mein aufrichtiges Geständnis setzt mich nicht in den Augen eines philosophisch veranlagten Lesers herab, wenn er bedenkt, daß ein Mensch im Zustand der Unruhe und der Bedrängnis nicht die Hälfte von dem ist, was er in ausgeglichenem Zustand sein kann. Das die Glocke von San Marco gerade in diesem Augenblick Mitternacht schlug, war das Ereignis, das meinen Verstand beeindruckte und ihn durch eine heftige Erschütterung aus der gefährlichen und lähmenden Unschlüssigkeit aufrüttelte. Die Glocke erinnerte mich daran, daß der eben beginnende Tag Allerheiligen war, der Tag, an dem auch mein Schutzpatron, wenn ich einen hatte, eingeschlossen sein mußte. [...]

Der Klang der Glocke sprach zu mir, befahl mir zu handeln und verhieß mir den Sieg. Flach auf dem Bauch liegend, den Kopf gegen das kleine Gitter geneigt, stieß ich meinen Riegel in den Holzrahmen, in den es eingelassen war, denn ich war entschlossen, ihn zu zerbrechen, um das Gitter als Ganzes zu entfernen. Ich brauchte nur eine Viertelstunde, um den ganzen Rahmen auf allen vier Seiten in Stücke zu brechen. Das Gitter, das mir unversehrt in den Händen blieb, legte ich neben die Dachluke. Ich hatte auch nicht die geringste Schwierigkeit, das ganze Butzenscheibenfenster einzudrücken, ohne dabei auf das Blut an meiner linken Hand zu achten, die ich mir beim Herausreißen einer Glasscheibe leicht verletzte.

Mit Hilfe meines Riegels kehrte ich nach der schon vorher geübten Methode auf den Dachfirst zurück und rutschte rittlings zu der Stelle hin, an der ich meinen Gefährten verlassen hatte. Ich fand ihn verzweifelt, voller Grimm und wütend; er beschimpfte mich, weil ich ihn gut zwei Stunden allein gelassen hatte. Er versicherte mir, er hätte nur noch bis ein Uhr gewartet und wäre dann in sein Gefängnis zurückgekehrt.

»Was dachten Sie von mir?«

»Ich glaubte, Sie seien in irgendeinen Abgrund gestürzt.«

»Und Sie freuen sich nicht, wenn Sie sehen, daß ich nicht abgestürzt bin?«

»Was haben Sie denn so lange getrieben?«

»Sie werden sehen. Folgen Sie mir.«

Ich band mir wieder das Gepäck und die Seile um den Hals und machte mich gegen die Luke zu auf den Weg. [...]

Uns an den Händen haltend, machten wir die Runde durch den finsteren Raum, in dem wir uns befanden; er mochte etwa dreißig Fuß lang und zehn Fuß breit sein.

An dem einen Ende fanden wir eine zweiflügelige Tür aus eisernen Stäben; sie ließ sich durch Drehen einer Türklinke in der Mitte öffnen. Wir tasteten uns an den Wänden entlang, und als wir den Raum durchqueren wollten, stießen wir auf einen großen Tisch, der von Hockern und Stühlen umgeben war. Wir kehrten dorthin zurück, wo wir Fenster festgestellt hatten; ich öffnete eines, auch die Läden, und im Schein der Sterne erblickten wir Abgründe zwischen Kuppeln. Ich verschwendete keinen Augenblick auf den Gedanken, dorthin abzusteigen; ich wollte wissen, wohin ich ging, und diese Stelle kannte ich nicht. Ich schloß die Läden wieder; wir verließen den Saal und kehrten dorthin zurück, wo wir unsere Bündel gelassen hatte. Müde zum Umfallen, ließ ich mich auf den Boden nieder, legte mir eine Seilrolle unter den Kopf, streckte mich aus und fiel, an Körper und Geist vollkommen erschöpft, in einen äußerst sanften Schlummer; so unwiderstehlich übermannte mich der Schlaf, daß ich wohl auch zum Sterben bereit gewesen wäre, und selbst in der sicheren Erwartung des Todes hätte ich mich nicht dagegen gewehrt, denn die Wonne, die ich beim Einschlafen empfand, war unbeschreiblich.

Mein Schlaf dauerte dreieinhalb Stunden. Durch Rütteln und lautes Geschrei weckte der Mönch mich auf. Er sagte, es habe eben sechs Uhr geschlagen; wie ich in unserer Lage schlafen könne, sei ihm unbegreiflich. [...]

Ich verließ den kleinen Raum und fand mich in einem Gang, dessen Nischen mit Akten angefüllt waren. Er diente als Archiv. Ich entdeckte eine kurze, schmale Treppe in Stein, die ich hinabstieg; an deren Ende fand ich eine weitere mit einer Glastür. Ich öffnete sie und gelangte endlich in einen Saal, den ich kannte; wir waren in der Cancelleria ducale[102]. Ich öffnete ein Fenster und sah, daß es leicht gewesen wäre, sich dort hinabzulassen; aber ich wäre in das Labyrinth der kleinen Höfe gelangt, die die Markuskirche umgeben. Gott bewahre mich davor! Auf einem Schreibtisch entdeckte ich ein eisernes Werkzeug mit einem Holzgriff und abgerundeter Spitze, wie es die Sekretäre der Cancelleria benützen, um die Pergamente zu durchbohren, an denen mit einer Schnur bleierne Siegel[103] befestigt werden sollen. Ich öffnete den Schreibtisch und fand die Abschrift eines Briefes, der dem Provveditore Generale[104] in Korfu dreitausend Zechinen zur Instandsetzung der alten Festung ankündigte. Ich sah nach, ob ich nicht auch das Geld finden würde, aber es war nicht da. Gott weiß, mit welchen Vergnügen ich es an mich genommen und wie wenig ich mich um den Mönch gekümmert hätte, wenn er es gewagt hätte zu sagen, das sei Diebstahl. Ich hätte es für ein Geschenk der Vorsehung gehalten und mich seiner mit dem Recht des Eroberers bemächtigt.

Ich ging zur Tür der Cancelleria und steckte den Spuntone in das Schloß, erkannte aber in weniger als einer Minute, daß ich es damit nicht aufbrechen konnte; so beschloß ich, rasch ein Loch in einen der beiden Türflügel zu stoßen. Ich wählte die Stelle, wo das Holz am wenigsten Äste hatte. Ich nahm ein Brett an der Spalte zum anderen Flügel hin in Angriff, und die Sache ging gut. Ich ließ den Mönch das Werkzeug mit dem Holzgriff in die Fugen hineintreiben, die ich mit dem Spuntone aufsprengte; diesen riß ich mit aller Kraft hin und her. So brach, spaltete und zersprengte ich das Holz, ohne auf den gewaltigen Lärm zu achten, der bei dieser Art des Arbeitens entstand; der Mönch zitterte, denn es mußte weithin zu hören sein. Ich kannte die Gefahr, aber ich war gezwungen, ihr zu trotzen.

Nach einer halben Stunde war das Loch groß genug, und zum Glück reichte es für uns, denn es wäre recht schwierig gewesen, es noch größer zu machen. Äste rechts, links, oben und unten hätten eine Säge erfordert. Die Umrandung des Loches sah angsterregend aus, denn sie war ringsum mit Splittern gespickt, die die Kleider zerreißen und die Haut verletzen konnten. Es befand sich in einer Höhe von fünf Fuß[105]; ich stellte einen Hocker davor, und der Mönch stieg hinauf. […] Sobald mein Gefährte draußen war, warf ich ihm alles hinaus, was mir gehörte; nur die Seile ließ ich in der Cancelleria zurück.

Dann stellte ich zwei Hocker nebeneinander unter das Loch, einen dritten darauf und stieg hinauf; so befand sich die Öffnung etwa in Höhe meiner Oberschenkel. Mit Mühe zwängte ich mich bis zum Unterleib hindurch und holte mir wegen der Enge einige böse Schrammen; da ich niemanden hinter mir hatte, der mir hätte weiterhelfen können, sagte ich dem Mönch, er solle mich packen und ohne Erbarmen herausziehen, wenn es sein müßte, stückweise. Er führte den Auftrag aus, und ich verbiß schweigend die großen Schmerzen, die mir die aufgerissene Haut an den Hüften und an den Oberschenkeln verursachte.

Sobald ich draußen war, raffte ich schnell meine Habseligkeiten zusammen, stieg zwei Treppen hinab und öffnete ohne die geringste Schwierigkeit die Tür zu dem Wandelgang, in dem sich neben dem Arbeitszimmer des Savio alla scrittura[106] das Tor zur Prachttreppe[107] befindet. Diese große Tür war, wie auch die Tür zur Sala delle Quattro Porte[108], verschlossen. Die Tür zur Treppe war mächtig wie ein Stadttor; schon ein kurzer Blick darauf ließ mich erkennen, daß ihm ohne Rammbock oder Sprengladung nicht beizukommen war, und mein Riegel schien mir in diesem Augenblick zu sagen: »Hic fines posuit (hier hat er die Grenzen gesetzt), ich kann dir nicht mehr weiterhelfen.« O du Werkzeug meiner heißbegehrten Freiheit, du würdest es verdienen, als ex-voto[109] am Altar der Schutzgottheit aufgehängt zu werden! Ruhig und gelassen setzte ich mich hin und sagte zu dem Mönch, mein Werk sei getan; es liege nun an GOTT oder dem Glück, das übrige zu tun.

[...]

Vor allem erschien es mir wichtig, mich vollständig umzuziehen. Pater Balbi sah aus wie ein Bauer, aber er war unversehrt. Er war weder zerfetzt, noch blutete er; seine Weste aus rotem Flanell und seine kurzen Hosen aus violettem Leder waren nicht zerrissen. Ich hingegen sah jämmerlich, ja abscheulich aus. Alles hing in Fetzen und war voll Blut. Als ich meine Seidenstrümpfe von den Wunden an meinen beiden Knien losriß, bluteten sie. [...]

Ich zog meinen hübschen Anzug an, der an dem ziemlich kalten Tag komisch aussah; ich ordnete, so gut es ging, meine Haare und legte sie in den Beutel; ich zog meine Strümpfe und ein Spitzenhemd an, weil ich kein anderes hatte, und steckte mir zwei weitere Hemden, Taschentücher und Strümpfe in die Taschen; die alte Hose, das zerrissene Hemd und alles übrige warf ich hinter einen Stuhl. Meinen schönen Mantel hing ich dem Mönch um die Schultern, was ihm den Anschein gab, als hätte er ihn gestohlen. Ich glich einem Mann, der nach einem Ball in eine Lasterhöhle geraten war, wo man ihn gerupft hatte. Die sichtbaren Verbände um die Knie störten die sonstige Eleganz meiner Erscheinung.

So gekleidet und mit meinem schönen goldbetreßten spanischen Dreispitz samt weißem Federbusch auf dem Kopf, öffnete ich ein Fenster. Einige Nichtstuer im Hof des Palazzo entdeckten sogleich mein Gesicht, und da sie sich nicht erklären konnten, wie ein Mann meines Aussehens zu so früher Stunde an diesem Fenster auftauchen konnte, benachrichtigten sie denjenigen, der die Schlüssel zu dem Raum hatte. Der Mann glaubte, er hätte vielleicht, ohne es zu bemerken, am Vorabend jemanden eingeschlossen; er holte seine Schlüssel und kam herbei. Das alles erfuhr ich erst fünf oder sechs Monate später in Paris.

Ärgerlich darüber, daß ich mich am Fenster hatte sehen lassen, setzte ich mich neben den Mönch, der mir Frechheiten an den Kopf warf. Da hörte ich jemanden schlüsselklappernd die Prachttreppe heraufkommen. Aufgeregt erhob ich mich, blickte durch einen Spalt in dem großen Tor und sah, wie ein Mann in schwarzer Perücke und ohne Hut, ganz allein[110], mit einem Schlüsselbund in der Hand gemächlich herauftrottete. Ich gebot dem Mönch strengstens, den Mund zu halten, sich hinter mich zu stellen und mir auf dem Fuß zu folgen. Unter den Kleidern versteckt, umfaßte ich fest den Spuntone und stellte mich so hinter die Tür, daß ich beim Öffnen gleich die Treppe erreichen konnte. Ich schickte ein Stoßgebet zum Himmel, der Mann möge keinen Widerstand leisten; denn andernfalls hätte ich mich genötigt gesehen, ihm an den Kragen zu gehen. Ich war zum Äußersten entschlossen.

Als die Tür sich öffnete, sah ich, daß er mich entgeistert anstarrte. Ohne mich aufzuhalten und ohne ein einziges Wort zu sagen, ging ich, gefolgt von dem Mönch, in größter Eile an ihm vorüber. Ohne zu zaudern, aber auch ohne zu laufen, stieg ich die prachtvolle Treppe hinab, die man die Scala dei Giganti nennt. [...]

Ich ging geradewegs zur Porta della Carta[111], dem Prachttor des Dogenpalastes, und ohne jemanden anzublicken (ein Mittel, um weniger aufzufallen) überquerte ich die Piazzetta, ging zum Ufer und sprang in die erstbeste Gondel; dabei sagte ich ganz laut zum Gondoliere im Heck des Bootes: »Ich möchte nach Fusina. Rufen Sie rasch einen zweiten Mann!«

Der zweite Mann kam sofort; ich warf mich lässig auf das Kissen in der Mitte, der Mönch nahm auf dem Sitz Platz, und die Gondel stieß vom Ufer ab. Die Gestalt dieses Mönches ohne Hut und mit meinem Mantel trug viel dazu bei, daß man mich für einen Scharlatan oder einen Astrologen hielt.

Kaum hatten wir die Dogana[112] umrundet, da beganen meine Gondoliere kraftvoll die Wasser des großen Canale della Giudecca zu zerteilen, den man auf jeden Fall durchfahren muß, ob man nun nach Fusina oder, wie ich in Wirklichkeit vorhatte, nach Mestre will. [...]

Ich blickte nun hinter mich den ganzen schönen Kanal entlang; als ich kein einziges Boot entdeckte, den prachtvollsten Tag sah, den man sich nur wünschen konnte, die ersten Strahlen eines herrlichen Sonnenaufgangs, die beiden jungen Gondoliere, die kraftvoll dahinruderten, und dabei an die grauenvolle Nacht dachte, die ich hinter mir hatte, an den Ort, an dem ich noch tags zuvor gewesen war, und an das Zusammentreffen so vieler glücklicher Umstände, da durchströmte ein Gefühl meine Seele, das sie zu GOTT erhob, in mir die Saiten der Dankbarkeit zum Klingen brachte und mich mit solcher Macht rührte, daß die Tränen sich plötzlich freie Bahn brachen, um das Herz zu erleichtern, das am Übermaß der Freude zu ersticken drohte. Ich schluchzte, ich weinte wie ein Kind, das man gewaltsam zur Schule schleppt. [...]

## *Paris 1757*

[...]

Wir erreichten Paris am Morgen des 5. Januar 1757, einem Mittwoch, und ich stieg bei meinem Freund Balletti ab, der mich mit offenen Armen aufnahm und mir versicherte, er habe mich bereits erwartet, obwohl ich ihm nie geschrieben hätte; denn da ich mich wegen meiner Flucht von Venedig fernhalten und sogar die Verbannung auf mich nehmen mußte, hatte er nichts anderes erwartet, als daß ich die Stadt, in der ich zwei Jahre hindurch alle Annehmlichkeiten des Lebens genossen hatte, als Aufenthaltsort wählen würde. Als man meine Ankunft erfuhr, herrschte im ganzen Haus allgemeine Freude; ich umarmte Vater und Mutter, die ich unverändert fand, so, wie ich sie 1752 verlassen hatte. Den größten Eindruck auf mich machte jedoch Mademoiselle Balletti, die Schwester meines Freundes. Sie war fünfzehn Jahre alt[1] und überaus hübsch geworden; ihre Mutter hatte sie erzogen und ihr alles mitgegeben, was eine zärtliche und geistvolle Mutter ihrer Tochter zu vermitteln vermag, auch alles, was ihre Begabung, ihre Anmut, Klugheit und Lebensart fördern konnte. Ich mietete mir ein Zimmer in der gleichen Straße und ging sogleich in das Palais Bourbon, um mich bei Monsieur l'Abbé de Bernis, dem Leiter des Amtes für Auswärtige Angelegenheiten[2], vorzustellen; ich hatte die begründete Hoffnung, mit seiner Hilfe mein Glück zu machen. Als ich hinkam, sagte man mir, er sei in Versailles; ungeduldig, ihn zu sehen, ging ich zum Pont Royal[3], um mir einen der Wagen zu nehmen, die man ›pot de chambre‹[4] nennt, und traf um halb sieben in Versailles ein. Dort erfuhr ich, daß er mit Graf von Cantillana, dem neapolitanischen Gesandten, nach Paris zurückgekehrt war, und so blieb mir nichts anderes übrig, als dasselbe zu tun. Ich fuhr also im gleichen Wagen zurück; aber kaum war ich beim Gittertor angekommen, sah ich eine große Menschenmenge in größter Verwirrung durcheinanderlaufen und hörte von links und rechts rufen:

»Attentat auf den König. Man hat Seine Majestät ermordet.« Der Kutscher dachte in seinem Schrecken nur daran, seinen Weg fortzusetzen; aber man hielt den Wagen an, hieß mich aussteigen und brachte mich zur Wachstube, wo ich mich innerhalb von drei oder vier Minuten in Gesellschaft von mehr als zwanzig verhafteten Personen befand, die ganz verstört und nicht schuldiger waren als ich. Ich wußte nicht, was ich davon halten sollte, und da ich nicht an Zauberei glaubte, meinte ich zu träumen. Wir standen da und sahen einander an, ohne zu wagen, miteinander zu sprechen; die Überraschung machte uns stumm, und jeder hatte Angst, obwohl er sich unschuldig wußte.

Vier oder fünf Minuten später kam jedoch ein Offizier herein; er bat uns sehr höflich um Entschuldigung und sagte, wir könnten gehen.

»Der König«, erklärte er, »ist verletzt, und man hat ihn in seine Gemächer gebracht. Der Attentäter[5], den niemand kennt, ist verhaftet. Man sucht überall nach Monsieur de la Martinière[6].«

Als ich glücklich wieder im Wagen saß, bat mich ein sehr gut gekleideter junger Mann von durchaus gewinnendem Äußeren, ihn gegen Bezahlung der Hälfte mitzunehmen; aber den Gesetzen der Höflichkeit zum Trotz verweigerte ich diese Gefälligkeit. Es gibt Augenblicke, wo man nicht höflich sein darf.

In den drei Stunden, die ich für die Rückfahrt nach Paris brauchte, denn die »pots de chambre« fahren sehr langsam, überholten mich mindestens zweihundert Kuriere in vollem

Galopp. Jede Minute sah ich einen neuen, und jeder verkündete laut der Öffentlichkeit seine Nachricht. Die ersten sagten, was ich bereits wußte; eine Viertelstunde später erfuhr ich, daß man den König zur Ader gelassen habe; dann hörte ich, daß die Verletzung nicht tödlich sei, und eine Stunde darauf, die Verletzung sei so leicht, daß Majestät sich sogar nach Trianon begeben könne, wenn es ihr beliebe.

Mit dieser interessanten Neuigkeit ging ich zu Silvia, wo ich die ganze Familie bei Tisch fand, denn es war noch nicht elf Uhr. Beim Eintreten sah ich alle niedergeschlagen.

»Ich komme aus Versailles«, sagte ich.

»Der König wurde ermordet.«

»Keineswegs. Er könnte sich nach Trianon begeben, wenn er Lust dazu hätte. Monsieur de la Martinière hat ihn zur Ader gelassen, der Mörder ist verhaftet und wird verbrannt werden, nachdem man ihn vorher gefoltert und bei lebendigem Leib gevierteilt hat.«

Auf diese Nachricht hin, die Silvias Dienerschaft sogleich verbreitete, eilten alle Nachbarn herbei, um mir zuzuhören, und das ganze Stadtviertel hatte es mir zu verdanken, daß man in jener Nacht ruhig schlief. Damals bildeten sich die Franzosen noch ein, ihren König zu lieben, und zeigten es in übertriebener Weise; heute hat man sie etwas besser kennengelernt. Aber im Grunde bleiben sich die Franzosen immer gleich. Diese Nation kann nicht anders als immer im Zustand des Aufruhrs leben; bei ihr ist nichts echt, alles ist nur Schein. Sie gleicht einem Schiff, das nichts als segeln will und dazu Wind braucht; und der Wind, der gerade bläst, ist immer gut. Ein Schiff ist auch im Wappen von Paris[7].

Nun war ich also wiederum in dem großen Paris und mußte, da ich nicht mehr auf meine Heimatstadt zählen konnte, hier mein Glück machen. Ich hatte zwei Jahre in Paris verbracht, aber da ich damals kein anderes Ziel hatte, als das Leben zu genießen, hatte ich die Stadt nicht studiert. Dieses zweite Mal war ich darauf angewiesen, jenen Leuten den Hof zu machen, bei denen die blinde Göttin zu Hause war. Ich erkannte, daß ich, um es zu irgend etwas zu bringen, meine gesamten körperlichen und geistigen Fähigkeiten einsetzen, die Großen und Mächtigen kennenlernen, klaren Verstand behalten und mich allen jenen anpassen mußte, deren Wohlwollen mir von Nutzen sein konnte. Diese Maxime verlangte auch, daß ich alles vermied, was man in Paris schlechte Gesellschaft nennt, auf alle meine früheren Gewohnheiten verzichtete und mich vor allem jeder Überheblichkeit enthielt; sie hätte mir Feinde machen können, die mich leicht in den Ruf gebracht hätten, ich sei für eine ernsthafte Beschäftigung wenig geeignet. Diesen Überlegungen entsprechend legte ich mir, sowohl für mein Betragen als auch für meine Redeweise, ein System der Zurückhaltung zurecht, das mich für Angelegenheiten von Belang geeigneter erscheinen ließ, als ich mir selbst einbilden konnte, es zu sein. Was die Bedürfnisse meines Unterhalts betraf, konnte ich immer mit hundert Talern im Monat rechnen, die Signor Bragadin mir regelmäßig auszahlen ließ. Ich hatte nur dafür zu sorgen, daß ich gut gekleidet und anständig untergebracht war; aber für den Anfang brauchte ich eine Summe Geldes, denn ich besaß weder Anzüge noch Hemden.

Am nächsten Tag ging ich also wieder ins Palais Bourbon. Da ich voraussah, daß der Türhüter mir sagen würde, der Minister sei beschäftigt, nahm ich ein Briefchen mit, das ich für ihn hinterließ. Ich meldete mich an und teilte ihm mit, wo ich wohnte. Es war unnötig, ihm mehr zu sagen. Inzwischen sah ich mich überall, wohin ich kam, gezwungen, die Geschichte meiner Flucht zu erzählen. Das war eine Fronarbeit, denn ich brauchte zwei Stunden dazu; aber ich mußte allen, die sich interessiert zeigten, gefällig sein, denn sie bewiesen damit eine lebhafte Anteilnahme an meiner Person.

Während des Soupers bei Silvia empfand ich ungetrübter als am Vorabend alle Beweise der Freundschaft, die ich mir wünschen konnte, und der Liebreiz ihrer Tochter nahm mich gefangen. Mit ihren fünfzehn Jahren besaß sie bereits alle Eigenschaften, um zu bezaubern. Ich beglückwünschte ihre Mutter, die sie erzogen hatte, und dachte damals nicht daran, mich irgendwie gegen ihre Reize zur Wehr zu setzen; ich fühlte mich noch nicht wohl genug, um mir vorzustellen, daß sie mir gefährlich werden könnten. Ich zog mich bald zurück, denn ich brannte darauf zu erfahren, was der Minister auf meinen Brief antworten würde.

Das Schreiben kam um acht Uhr. Darin teilte er mir mit, daß ich ihn um zwei Uhr nachmittags allein finden würde. Er empfing mich, wie ich es erwartet hatte, und ließ mich nicht nur seine Befriedigung über meinen Erfolg fühlen, sondern auch die ganze Freude seines Herzens über das Bewußtsein, mir nützlich sein zu können. Er sagte mir, er sei, sobald er durch einen Brief M. M.s von meiner Flucht erfahren habe, überzeugt gewesen, daß ich auf jeden Fall nach Paris kommen und ihm meinen ersten Besuch abstatten würde. Er ließ mich den Brief lesen, in dem sie ihm meine Verhaftung mitgeteilt hatte, und den letzten, in dem sie ihm die Geschichte meiner Flucht erzählte, wie man sie ihr berichtet hatte. Sie schrieb, daß ihr das Leben zur Last geworden sei, seitdem sie die Gewißheit habe, weder den einen noch den anderen der beiden einzigen Männer wiederzusehen, auf die sie zählen konnte, und klagte darüber, daß sie in der Frömmigkeit keine Zuflucht finden könne. Sie berichtete auch, C. C. besuche sie oft; sie sei mit dem Mann, der sie geheiratet habe, nicht glücklich.

Beim Durchlesen dessen, was M. M. über meine Flucht geschrieben hatte, fand ich alle Einzelheiten unrichtig; ich verpflichtete mich daher, ihm einen vollständigen und wahrheitsgetreuen Bericht zu schicken. Er nahm mich beim Wort und versprach mir, diesen unserer unglücklichen Freundin zu senden; dabei überreichte er mir auf vollendet weltmännische Art eine Rolle mit hundert Louisdors. Er versprach auch, an mich zu denken und mich rufen zu lassen, wenn er mit mir zu sprechen habe. Mit dem Geld kleidete ich mich neu ein; und acht Tage später schickte ich ihm die Geschichte meiner Flucht mit der Erlaubnis, sie abschreiben zu lassen und davon Gebrauch zu machen, wenn es ihm günstig scheine, um Leute dafür zu interessieren, die mir nützlich sein konnten. Drei Wochen später rief er mich zu sich, um mir mitzuteilen, daß er mit Signor Erizzo, dem venezianischen Gesandten, über mich gesprochen habe, und daß dieser nichts Nachteiliges über mich sagen würde; da er sich aber nicht die Ungnade der Staatsinquisitoren zuziehen wolle, könne er mich nicht empfangen. Auf ihn war ich nicht angewiesen. Des weiteren erzählte er mir, er habe Madame la Marquise[8], die mich kannte, meinen Bericht gegeben und werde versuchen, eine Unterredung mit ihr herbeizuführen; schließlich bemerkte er noch, wenn ich mich Monsieur de Choiseul[9] vorstellen wolle, werde er mich gut empfangen, ebenso der Generalkontrolleur Monsieur de Boulogne[10], da ich nicht unbegabt sei, könne ich ihm irgendwie nützlich sein.

»Er wird Ihnen selbst einige Hinweise geben«, sagte er, »und Sie werden sehen, daß der etwas erreicht, der sich Gehör verschafft. Versuchen Sie, sich etwas einfallen zu lassen, was der königlichen Kasse nützt, und vermeiden Sie dabei alles, was kompliziert oder unrealistisch ist; wenn Ihr Entwurf nicht allzu lang ist, werde ich Ihnen sagen, was ich davon halte.«

Ich verließ ihn dankerfüllt, aber auch in größter Verlegenheit, wie ich etwas ersinnen solle, um die Einkünfte des Königs zu erhöhen. Da ich von den Finanzen keine Ahnung hatte, zermarterte ich mir vergebens den Kopf; alles, was mir einfiel, lief auf neue Steuern hinaus. Da mir alle diese Ideen unerfreulich oder absurd erschienen, verwarf ich sie wieder.

Mein erster Besuch galt Monsieur de Choiseul, sobald ich erfuhr, daß er in Paris war. Er empfing mich bei der Morgentoilette und schrieb, während man ihn frisierte. Die Höflichkeit, die er mir zuteil werden ließ, bestand darin, von Zeit zu Zeit seinen Brief zu unterbrechen, um mir Fragen zu stellen, auf die ich, allerdings vergeblich, antwortete; denn anstatt mir zuzuhören, schrieb er weiter. Manchmal blickte er mich an, aber das bedeutete nichts, denn die Augen sehen zwar, hören aber nichts.

Trotzdem war der Herzog ein sehr gescheiter Mann.

Nachdem er seinen Brief beendet hatte, sagte er mir auf italienisch, Monsieur l'Abbé de Bernis habe ihm einen Teil der Geschichte meiner Flucht erzählt.

»Sagen Sie mir also, auf welche Weise sie Ihnen gelungen ist.«

»Diese Geschichte, Monsieur, dauert zwei Stunden, und Eure Exzellenz scheinen in Eile zu sein.«

»Machen Sie es kurz!«

»Selbst bei allergrößter Kürzung dauert sie zwei Stunden.«

»Sie könen mir die Einzelheiten ja ein anderes Mal erzählen.«

»Ohne die Einzelheiten ist die Geschichte nicht interessant.«

»Zugegeben. Man kann aber alles abkürzen, und zwar soviel man will.«

»Sehr wohl. Ich berichte also Eurer Exzellenz, daß die Staatsinquisitoren mich unter den Bleidächern einsperren ließen. Nach fünfzehn Monaten und fünf Tagen habe ich ein Loch in das Dach gebrochen; durch eine Luke drang ich in die Cancelleria[11], deren Tür ich aufbrach. Ich stieg zur Piazzetta hinab und nahm eine Gondel, die mich aufs Festland brachte; von dort begab ich mich nach München, und von dort aus bin ich nach Paris gekommen, wo ich die Ehre habe, Ihnen meine Aufwartung zu machen.«

»Aber was versteht man unter Bleidächern?«

»Das, Monsignore, dauert eine Viertelstunde.«

»Wie haben Sie es angestellt, das Dach zu durchbrechen?«

»Das dauert eine halbe Stunde.«

»Warum hat man Sie dort eingesperrt?«

»Noch eine halbe Stunde.«

»Ich glaube, Sie haben recht. Diese Sache wird erst durch die Einzelheiten interessant. Ich muß nach Versailles. Es würde mir Vergnügen machen, wenn Sie sich gelegentlich sehen ließen. Denken Sie inzwischen nach, wie ich Ihnen behilflich sein könnte.«

Nach diesem Besuch ging ich sofort zu Monsieur de Boulogne. Ich lernte in ihm einen Menschen kennen, der sich vom Herzog in jeder Hinsicht unterschied, im Aussehen, in der Kleidung, in der Haltung. Er beglückwünschte mich sogleich dazu, daß Abbé de Bernis sich so für mich einsetzte, auch zu meiner Begabung für Finanzangelegenheiten. Es hätte nicht viel gefehlt und ich wäre herausgeplatzt. Er befand sich in Gesellschaft eines Achtzigjährigen, dem man das Genie ansah.

»Teilen Sie mir bitte Ihre Ansichten mündlich oder schriftlich mit«, sagte er; »Sie werden mich aufmerksam und bereit finden, Ihre Gedanken anzunehmen. Sie sehen hier Monsieur Pâris-Duverney[12], der zwanzig Millionen für seine Militärakademie[13] braucht. Es gilt, sie aufzutreiben, ohne den Staat zu belasten und ohne die köngigliche Schatulle zu beanspruchen.

»Nur Gott allein, Monsieur, besitzt die Gabe des Erschaffens.«

»Ich bin nicht der liebe Gott«, sagte Monsieur Duverney; »dennoch habe ich zuweilen etwas geschaffen, aber die Zeiten haben sich geändert.«

»Ich weiß, alles ist schwieriger geworden«, antwortete ich; »aber trotzdem wüßte ich ein Verfahren, das dem König den Zins von hundert Millionen einbrächte.«

»Wieviel würde das Ergebnis den König kosten?«

»Weiter nichts als die Erhebungsspesen.«

»Das bedeutet also, daß die Nation die Einnahmen liefern müßte?«

»Ja, aber freiwillig.«

»Ich weiß, woran Sie denken.«

»Ich müßte Sie bewundern, Monsieur, denn ich habe meine Idee niemandem mitgeteilt.«

»Wenn Sie frei sind, kommen Sie doch morgen zu mir zum

Diner, und ich werde Ihnen zeigen, daß Ihr Projekt schön ist, aber fast unüberwindliche Schwierigkeiten bietet. Sprechen wir aber trotzdem darüber. Werden Sie kommen?«

»Es wird mir eine Ehre ein.«

»Ich erwarte Sie also in Plaisance[14].«

Nachdem er gegangen war, rühmte der Generalkontrolleur sein Geschick und seine Rechtschaffenheit. Er war der Bruder von Monsieur Pâris de Montmartel[15], von dem man sich im geheimen erzählte, er sei der Vater der Madame de Pompadour, denn er hatte Madame Poisson zur gleichen Zeit geliebt wie Monsieur Le Normand[16].

Ich ging in den Tuilerien spazieren, um über diese seltsame Gelegenheit nachzudenken, die das Schicksal mir bot. Man sagt mir, man brauche zwanzig Millionen, ich brüste mich, hundert zu liefern, ohne zu wissen wie, und ein berühmter und in geschäftlichen Dingen versierter Mann lädt mich zum Essen ein, um mir nachzuweisen, daß er mein Projekt kenne. Wenn er die Absicht hatte, mir die Würmer aus der Nase zu ziehen, würde ich ihn abblitzen lassen; sollte er mir das Seine mitteilen, würde es mir freistehen zu sagen, daß er es erraten habe oder auch nicht. Wenn mir die Sache nicht zu hoch war, konnte ich vielleicht etwas Neues dazu sagen; sollte ich nichts davon verstehen, würde ich mich in geheimnisvolles Schweigen hüllen.

Abbé de Bernis hatte mich nur deshalb als Finanzfachmann angekündigt, um mir diese Unterredung zu verschaffen; sonst hätte man mich gar nicht empfangen. Es ärgerte mich, daß ich nicht wenigstens den Fachjargon beherrschte. Am nächsten Tag nahm ich einen Mietwagen, und ernst und bedrückt befahl ich dem Kutscher, mich nach Plaisance zu Monsieur Duverney zu bringen. Der Ort lag noch jenseits von Vincennes.

Nun stand ich also vor der Tür dieses berühmten Mannes, der vierzig Jahre zuvor Frankreich vor dem Abgrund gerettet hatte, in den es durch das System Laws[17] geraten war. Ich fand ihn in Gesellschaft von sieben oder acht Persönlichkeiten vor einem großen Feuer. Er führte mich mit meinem Namen ein, wobei er mich als Freund des Außenministers und des Generalkontrolleurs bezeichnete. Sodann stellte er mir die Anwesenden vor, von denen drei oder vier Finanzintendanten[18] waren. Ich machte meine Verbeugungen und hielt mich daraufhin an Harpokrates[19].

Nachdem man über die Seine gesprochen hatte, die fußdick zugefroren war, über Monsieur de Fontenelle[20], der eben gestorben war, über Damiens, der nichts gestehen wollte, und über die fünf Millionen, die dieser Strafprozeß den König kosten würde, kam die Rede auf den Krieg, und man pries Monsieur de Soubise[21], den der König als Oberkommandierenden ausersehen hatte. Damit war man bei den Kosten und den Einnahmequellen, die alles decken sollten. Ich langweilte mich anderthalb Stunden lang, denn alle ihre Überlegungen waren derart mit Fachausdrücken gespickt, daß ich nichts davon verstand. Nach weiteren eineinhalb Stunden bei Tisch, wo ich den Mund nur zum Essen auftat, gingen wir in einen Saal. Dort verließ Monsieur de Duverney die Gesellschaft und führte mich zusammen mit einem gutaussehenden Mann von etwa fünfzig Jahren, den er mir unter dem Namen Calzabigi[22] vorgestellt hatte, in ein Kabinett. Einen Augenblick später kamen noch zwei Finanzintendanten hinzu. Mit lächelnder und höflicher Miene übergab mir Monsieur Duverney ein Heft im Folien-Format und sagte dazu:

»Hier haben Sie Ihr Projekt.«

Auf dem Titelblatt las ich »Lotterie[23] mit 90 Losen, deren monatlich einmal gezogene Lose nur auf fünf Nummern fallen können etc. etc.« Ich gab ihm das Heft zurück und zögerte keinen Augenblick zu sagen, es sei mein Projekt.

»Monsieur«, sagte er, »man ist Ihnen zuvorgekommen: Das Projekt ist von Monsieur de Calzabigi.«

»Es freut mich zu sehen, daß ich die gleiche Idee hatte wie Monsieur; aber wenn Sie sie nicht angenommen haben, dürfte ich vielleicht den Grund dafür erfahren?«

»Man bringt gegen das Projekt mehrere recht einleuchtende Einwände vor, die nur unzureichend widerlegt werden.«

»Ich kenne nur einen einzigen Einwand auf der ganzen Welt«, entgegnete ich kühl, »gegen den ich nichts zu sagen wüßte; der wäre, daß der König seinen Untertanen nicht gestatten würde zu spielen.«

»Von diesem Einwand ist keine Rede. Der König wird seinen Untertanen gestatten zu spielen; aber werden sie spielen?«

»Ich bin überrascht, daß man daran zweifelt, wenn das Volk die Gewißheit hat, sein Geld im Falle des Gewinnens auch zu erhalten.«

»Nehmen wir also an, die Leute spielen, sobald sie sicher sind, daß Geld da ist. Wie soll man diesen Fonds bilden?«

»Der königliche Schatz. Ein Dekret des Rates. Mir würde genügen, wenn man annimmt, der König sei imstande, hundert Millionen zu bezahlen.«

»Hundert Millionen?«

»Ja, Monsieur. Man muß Aufsehen erregen.«

»Sie glauben also, der König könnte so viel verlieren?«

»Ja, das nehme ich an; aber nachdem er hundertfünfzig eingenommen hat. Wenn Ihnen das Wesen der politischen Arithmetik bekannt ist, können Sie nur davon ausgehen.«

»Ich kann das nicht allein entscheiden. Sie müssen doch zugeben, daß der König schon bei der ersten Ziehung eine gewaltige Summe verlieren kann?«

»Zwischen der Möglichkeit und der Tatsache liegt das Unwägbare; aber ich gebe es zu. Wenn der König bei der ersten Ziehung eine Riesensumme verliert, ist der Erfolg der Lotterie gesichert. Es wäre ein wünschenswertes Mißgeschick. Man berechnet die psychologischen Einflüsse wie Wahrscheinlichkeiten. Sie wissen doch, daß alle Versicherungsinstitute[24] reich sind. Da Gott neutral ist, werde ich Ihnen vor allen Mathematikern Europas beweisen, daß der König unmöglich bei dieser Lotterie weniger als eins zu fünf gewinnt. Hierin liegt das Geheimnis. Geben Sie zu, daß die

Vernunft eine mathematische Beweisführung anerkennen muß?«

»Ich gebe es zu. Aber sagen Sie mir, weshalb das ›Castelletto‹[25] nicht den Gewinn des Königs garantieren kann?«

»Es gibt kein ›Castelletto‹ auf der ganzen Welt, das mit klarer und absoluter Sicherheit garantieren könnte, daß der König jedesmal gewinnt. Es dient nur dazu, eine vorläufige Bilanz für eine, zwei oder drei Nummern zu ziehen, die beim Herauskommen dem Unternehmer großen Verlust bringen könnten, wenn sie übermäßig stark besetzt wären. In diesem Fall erklärt das ›Castelletto‹ die Nummern für geschlossen. Es könnte Ihnen nur dann einen Gewinn garantieren, wenn man die Ziehung so lange hinausschiebt, bis alle Chancen gleichmäßig verteilt sind; aber auf diese Art würde die Lotterie nicht funktionieren, denn man müßte eventuell zehn Jahre auf die Ziehung warten. Außerdem bin ich der Meinung, daß eine solche Lotterie zu einem richtigen Betrug würde. Gerade die monatlich einmal festgesetzte Ziehung bewahrt sie vor dieser entehrenden Bezeichnung, denn so ist das Publikum sicher, daß der Unternehmer ebenfalls verlieren kann.«

»Wären Sie bereit, auch vor dem ganzen Rat[26] darüber zu sprechen?«

»Mit Vergnügen.«

»Und auf alle Einwände zu antworten?«

»Auf alle.«

»Wollen Sie mir Ihren Plan übergeben?«

»Ich werde meinen Plan erst bekannt geben, wenn die Grundsätze anerkannt sind und ich sicher sein kann, daß man ihn annehmen und mir die Vergünstigung gewährt wird, die ich dafür verlange.«

»›Aber Ihr Plan kann doch nur der gleiche sein wie dieser hier?«

»Das bezweifle ich. In meinem Plan lege ich fest, wieviel der König annähernd im Jahr gewinnen wird, und ich beweise es.«

»Man könnte die Lotterie also an eine Gesellschaft verkaufen, die dem König eine bestimmte Summe entrichtet.«

»Ich bitte um Verzeihung. Die Lotterie kann nur unter Prämissen gedeihen, die unfehlbar wirken. Ich möchte mich nicht darauf einlassen, einem Gremium zu dienen, das zur Steigerung des Gewinns an häufige Eingriffe denken könnte. Das würde den Zustrom verringern, dessen bin ich sicher. Die Lotterie, wenn ich mich mit ihr befassen soll, muß königlich sein oder überhaupt nichts.«

»Monsieur de Calzabigi ist ebenfalls Ihrer Ansicht.«

»Das freut mich wirklich außerordentlich.«

»Verfügen Sie über geeignete Personen zur Aufstellung des ›Castelletto‹?«

»Ich brauche nur einige intelligente Hilfskräfte, an denen es in Frankreich nicht fehlen kann.«

»Wie hoch setzen Sie den Gewinn an?«

»Auf zwanzig von hundert bei jeder Ausschüttung. Wer dem König ein Geldstück im Werte von sechs Francs bringt, wird fünf Francs zurückerhalten, und der Zustrom wird so groß sein, daß ›caeteris paribus‹[27] die ganze Nation dem König mindestens fünfhunderttausend Francs im Monat zahlen wird. Ich werde es dem Rat beweisen, vorausgesetzt, daß er sich aus Mitgliedern zusammensetzt, die keine Ausflüchte machen, sobald sie eine aus mathematischen oder politischen Berechnungen resultierende Wahrheit anerkannt haben.«

Voll Freude darüber, alles halten zu können, wozu ich mich verpflichtet hatte, ging ich für eine Weile hinaus: Als ich zurückkam, sah ich, wie sie sich stehend über die Sache unterhielten. Calzabigi trat freundschaftlich auf mich zu und fragte, ob ich in meinem Plan auch die Quaterne vorsehe. Ich antwortete, dem Publikum müsse es freistehen, auch auf eine Quinterne zu setzen; aber nach meinem Plan würde der Einsatz höher sein, denn der Spieler sollte weder auf eine Quaterne noch auf eine Quinterne setzen, ohne sie gleichzeitig als Terne zu spielen. Er antwortete darauf, in seinem Syasse er die einfache Quaterne mit einem Gewinn von zu fünfzigtausend zu. Ich machte ihn schonend darauf merksam, daß es in Frankreich gute Rechner gebe, die ch untereinander verabreden könnten, wenn sie die Gewinnmöglichkeiten nicht in allen Kombinationen gleich fänden. Da drückte er mir die Hand und sagte, er würde sehr gern mit mir darüber reden. Nachdem ich Monsieur Duverney meine Adresse hinterlassen hatte, ging ich bei Einbruch der Nacht fort, hochbefriedigt und überzeugt, auf den alten Mann einen guten Eindruck gemacht zu haben.

Drei oder vier Tage darauf fand sich Calzabigi bei mir ein, den ich mit der Versicherung empfing, ich sei nur deshalb nicht zu ihm gekommen, weil ich es nicht gewagt habe. Er erklärte mir ohne Umschweife, die Art, wie ich den Herren die Sache vorgetragen hätte, habe großen Eindruck gemacht, und er sei überzeugt, daß wir, wenn ich mich beim Generalkontrolleur darum bewerben wolle, die Lotterie errichten und großen Nutzen daraus ziehen könnten.

»Das glaube ich wohl«, antwortete ich; »aber der Gewinn, den die Herren selbst daraus ziehen würden, wäre noch weit größer, und dennoch haben sie es nicht eilig. Sie haben mich noch nicht holen lassen, und außerdem betrachte ich es nicht als meine wichtigste Angelegenheit.«

»Sie werden heute Neues darüber erfahren. Ich weiß, daß Monsieur de Boulogne mit Monsieur de Courteuil[28] über Sie gesprochen hat.«

»Sie können versichert sein, daß ich ihn nicht darum gebeten habe.«

Auf die liebenswürdigste Art der Welt lud er mich zum Essen ein, und ich nahm an. Gerade als wir das Haus verließen, erhielt ich ein kurzes Briefchen von Abbé de Bernis mit der Mitteilung, er würde mir ein Gespräch mit Madame la Marquise verschaffen, wenn ich am nächsten Tag in Versailles sein könnte; ich würde dort auch Monsieur de Boulogne treffen. Es war nicht Eitelkeit, sondern nur Berechnung, daß ich Calzabigi das Schreiben zu lesen gab. Er sagte, es läge alles in meiner Hand, um sogar Duverney zu zwingen, die Lotterie einzurichten.

»Und Ihr Glück ist gemacht«, sagte er, »wenn Sie nicht so reich sind, es zu verachten. Seit zwei Jahren geben wir uns jede erdenkliche Mühe, diese Angelegenheit durchzusetzen, und erreichen nie mehr als die törichten Einwände, die Sie vorige Woche hinweggefegt haben. Ihr Projekt muß dem meinen sehr nahekommen. Machen wir gemeinsame Sache, glauben Sie mir! Denken Sie daran, daß Sie allein unüberwindlichen Schwierigkeiten begegnen werden und daß die intelligenten Hilfskräfte, die Sie benötigen, in Paris nicht vorhanden sind. Mein Bruder[29] wird die ganze Last dieser Angelegenheit auf sich nehmen; überzeugen Sie die Herren, und begnügen Sie sich damit, die Hälfte der Erträge aus der Leitung einzustreichen, während Sie Ihren Zerstreuungen nachgehen.«

»Ihr Bruder ist also der Urheber des Planes?«

»Ja, mein Bruder. Er ist krank, aber geistig voll auf der Höhe. Gehen wir zu ihm!«

Ich fand den Mann im Bett liegend, über und über mit Flechten bedeckt, was ihn jedoch nicht daran hinderte, mit hervorragendem Appetit zu essen, zu schreiben, sich zu unterhalten und überhaupt alle Verrichtungen eines Mannes zu erfüllen, der bei guter Gesundheit ist. Er zeigte sich nicht in der Öffentlichkeit, denn seine Flechten entstellten ihn nicht nur, sondern er mußte sich auch alle Augenblicke bald hier, bald dort kratzen, was in Paris als abscheulich und unverzeihlich gilt, ob man es nun infolge einer Krankheit oder nur aus schlechter Gewohnheit tut. Calzabigi erklärte mir, er bleibe deshalb zu Hause, ohne mit irgend jemandem zu verkehren, denn die Haut jucke ihn, und er finde keine andere Erleichterung, als sich zu kratzen.

»Gott kann mir die Nägel nur zu diesem Zweck gegeben haben«, meinte er.

»Sie glauben also an die Zweckmäßigkeit alles Erschaffenen, ich beglückwünsche Sie dazu. Trotzdem glaube ich, Sie

...en sich auch kratzen, wenn Gott vergessen hätte, Ihnen ...gel zu geben.«

Nun sah ich ihn lächeln, und wir sprachen über unser Ge...häft. In weniger als einer Stunde erkannte ich in ihm einen ...ochbegabten Mann. Er war der ältere der beiden und Junggeselle, ein hervorragender Rechner, sehr bewandert in Theorie und Praxis des Geldwesens, mit dem Handel aller Nationen vertraut, gelehrter Historiker, Schöngeist, Anbeter des schönen Geschlechts und Dichter. Er stammte aus Livorno, hatte in Neapel im Ministerium gearbeitet und war mit Monsieur de l'Hôpital[30] nach Paris gekommen. Auch sein Bruder war sehr geschickt, stand ihm aber in jeder Hinsicht nach.

Er zeigte mir eine Menge Schriften, in denen er alles, was die Lotterie betraf, klargelegt hatte.

»Wenn Sie glauben«, sagte er, »alles ohne meine Hilfe machen zu können, dann wünsche ich Ihnen viel Glück; aber Sie schmeicheln sich vergebens, denn wenn Sie nicht über die Praxis und eigene Leute verfügen, die sich in der Sache auskennen, wird Ihnen Ihre Theorie nichts nützen. Was werden Sie tun, wenn Sie das Dekret erreicht haben? Wenn Sie im Rat darüber sprechen, werden Sie gut daran tun, einen Termin zu nennen, nach welchem Sie sich von der Sache zurückziehen; sonst wird man sie ›ad Kalendas graecas‹[31] vertrösten. Ich kann Ihnen auch versichern, daß Monsieur Durverney sehr zufrieden wäre, uns zusammenarbeiten zu sehen. Bezüglich der rechnerischen Beziehungen gleicher Gewinne in allen Kombinationen werde ich Sie davon überzeugen, daß man sie bei der Quaterne nicht in Betracht ziehen darf.«

Fest dazu entschlossen, mich mit ihnen zusammenzutun, ohne jedoch erkennen zu lassen, daß ich sie für unentbehrlich hielt, ging ich mit seinem Bruder hinunter, der mich vor dem Essen noch seiner Frau vorstellen wollte. Ich lernte eine alte Dame kennen, die in Paris als Generalin La Mothe sehr bekannt und wegen ihrer früheren Schönheit und ihrer Heiltropfen[32] berühmt war. [...] Bei diesem Essen glänzte ich nicht. Es war das erste Mal, daß ich dabei eine wichtige Angelegenheit im Kopf hatte. Ich sagte kein Wort. Auch am Abend bei Silvia fand man mich zerstreut, trotz der Liebe, die die junge Balletti mir immer stärker einflößte.

Am folgenden Morgen fuhr ich zwei Stunden vor Tagesanbruch nach Versailles, wo Minister de Bernis mich aufgeräumt empfing und mir sagte, er wette, daß ich ohne ihn nie bemerkt hätte, wieviel ich vom Finanzwesen verstünde.

»Monsieur de Boulogne erzählte mir, Sie hätten Monsieur Duverney, übrigens einen der bedeutendsten Männer Frankreichs, in Erstaunen gesetzt. Gehen Sie gleich zu ihm, und machen Sie ihm in Paris Ihre Aufwartung. Die Lotterie wird errichtet werden, und es liegt an Ihnen, daraus Gewinn zu ziehen. Seien Sie, sobald der König auf der Jagd ist, in den kleinen Appartements[33]; wenn mir der Augenblick geeignet erscheint, werde ich Madame la Marquise auf Sie aufmerksam machen. Hernach gehen Sie ins Außenministerium und stellen sich Abbé de Laville vor; er ist der Erste Sekretär und wird Sie gut empfangen.«

Monsieur de Boulogne versprach mir, das Dekret über die Errichtung der Lotterie zu erlassen, sobald Monsieur Duverney ihm mitgeteilt habe, daß die Verwaltung der Militärakademie einverstanden sei, und ermutigte mich, ihm weitere Vorschläge zu unterbreiten, wenn ich welche hätte.

Zu Mittag begab sich Madame de Pompadour mit dem Fürsten von Soubise und meinem Protektor, der die hohe Frau sogleich auf mich aufmerksam machte, in die kleinen Appartements. Nachdem sie mich, wie üblich, begrüßt hatte, sagte sie, die Geschichte meiner Flucht habe sie sehr interessiert.

»Die Herren dort oben«[34], meinte sie lächelnd, »sind wohl sehr zu fürchten. Besuchen Sie den Gesandten?«

»Ich könnte ihm keinen besseren Beweis meiner Achtung liefern, Madame, als nicht hinzugehen.«

»Ich hoffe, Sie haben jetzt die Absicht, sich bei uns in Paris niederzulassen.«

»Es würde das Glück meines Lebens bedeuten, aber ich

…ne Protektion, und ich habe erfahren, daß man sie in …m Land nur den Begabten zuteil werden läßt. Das …mt mir den Mut.«

…Ich glaube, Sie können sich alles erhoffen, denn Sie ha…n gute Freunde. Ich werde mich gern bemühen, Ihnen bei …gebener Gelegenheit behilflich zu sein.«

Abbé de Laville empfing mich sehr wohlwollend und ent…ließ mich erst, nachdem er mir versichert hatte, er werde sich bei erster sich bietender Gelegenheit meiner erinnern. Ich ging zum Essen in einen Gasthof, wo ein gutaussehender Abbé sich mit der Frage an mich wandte, ob es mir recht sei, wenn wir gemeinsam essen würden. Die Höflichkeit gestattete mir nicht, es abzuschlagen. Als wir uns zu Tisch setzten, beglückwünschte er mich zu dem freundlichen Empfang, den Abbé de Laville mir bereitet hatte.

»Ich war dort«, erklärte er, »und schrieb eben einen Brief; aber ich habe fast alles gehört, was er Ihnen an Freundlichkeiten sagte. Dürfte ich Sie fragen, wer Ihnen zu diesem hochgeachteten Abbé Zutritt verschafft hat?«

»Wenn Sie sehr neugierig darauf sind, Monsieur l'Abbé, werde ich nicht zögern, es Ihnen zu sagen.«

»Oh, keineswegs. Ich bitte um Entschuldigung.«

Nach diesem Seitenhieb sprach er mit mir nur noch über gleichgültige und angenehme Dinge. Wir fuhren gemeinsam in einem »pot de chambre« ab und gelangten um acht Uhr nach Paris; dort trennten wir uns, nachdem wir uns einander vorgestellt und gegenseitige Besuche versprochen hatten. Er stieg in der Rue des Bons Enfants aus, und ich ging zu Silvia in der Rue du Petit Lion zum Abendessen. Diese bedeutende Frau beglückwünschte mich zu meinen neuen Bekanntschaften und empfahl mir, sie zu pflegen.

Zu Hause fand ich ein Schreiben von Monsieur Duverney vor, in dem er mich ersuchte, am nächsten Tag um elf Uhr in der Militärakademie zu sein. Um neun Uhr kam Calzabigi zu mir, um mir ein von seinem Bruder ausgearbeitetes großes Blatt mit den arithmetischen Grundlagen der ganzen Lotterie zu überreichen, die ich dem Rat vorschlagen konnte. Es war eine Wahrscheinlichkeitsrechnung, die, auf Tatsachen gestützt, bewies, was ich nur angedeutet hatte. Das wesentlichste daran war, daß die Lotterie im Hinblick auf die Auszahlung der Gewinnlose genau ausgeglichen gewesen wäre, wenn man anstatt fünf Nummern deren sechs gezogen hätte. Man zog jedoch nur fünf, und das ergab die mathematische Gewißheit, stets eins zu fünf zu gewinnen, was achtzehn von neunzig, also von dem gesamten Unfang der Lotterie, ausmachte. Aus dieser Beweisführung ergab sich ferner, daß die Lotterie sich nicht würde behaupten können, wenn man sechs Nummern gezogen hätte, da sich dann die Betriebskosten auf hunderttausend Taler beliefen.

Mit solchen Unterlagen versehen und vollkommen überzeugt, diesem Plan folgen zu müssen, begab ich mich in die Militärakademie, wo wir sogleich mit den Verhandlungen begannen. Monsieur d'Alembert[35] war als großer Gelehrter der Arithmetik gebeten worden, daran teilzunehmen. Man hätte das nicht für nötig erachtet, wäre Monsieur Duverney allein gewesen; aber es waren Leute dabei, die die Beweiskraft politischer Berechnungen leugneten, um sich ihnen nicht beugen zu müssen. Die Besprechung dauerte drei Stunden.

Nach meinen Darlegungen, die nur eine halbe Stunde in Anspruch nahmen, faßte Monsieur de Courteuil alles von mir Gesagte noch einmal zusammen; dann brachte man eine Stunde lang leere Einwände vor, die ich leicht entkräftete. Ich erklärte ihnen, wenn die Kunst der Berechnung im allgemeinen darin bestehe, eine Kombination aus mehreren Beziehungen durch eine einzige Beziehung auszudrücken, dann treffe diese Definition auch für psychologische Berechnungen mit gleicher Sicherheit zu wie für mathematische. Ich überzeugte sie davon, daß es ohne diese Gewißheit auf der ganzen Welt keine Versicherungsinstitute gäbe, die doch alle reich und blühend wären und sich weder um Zufälle kümmerten noch um Schwachköpfe, die vor ihnen Angst hätten.

Schließlich betonte ich noch, daß es auf der ganzen Welt keinen erfahrenen und ehrenhaften Menschen gebe, der sich als Leiter der Lotterie anbieten und dabei versprechen könnte, daß sie bei jeder Ziehung gewinnen würde; wenn ein dreister Kerl mit dieser Behauptung vor sie hintrete, müßten sie ihn zum Teufel jagen, denn entweder werde er nicht Wort halten oder wäre, wenn er es hielte, ein Betrüger.

Monsieur Duverney erhob sich mit den Worten, man hätte es ja in der Hand, die Lotterie gegebenenfalls einzustellen. Er legte den Herren ein Schriftstück zur Unterschrift vor; dann gingen sie auseinander. Calzabigi kam am nächsten Tag mit der Mitteilung, daß die Sache bewilligt sei und daß man nur noch die Herausgabe des Dekrets erwarte. Ich versprach ihm, jeden Tag zu Monsieur de Boulogne zu gehen und ihm zum Direktor bestellen zu lassen, sobald ich von Monsieur Duverney persönlich erfahren hätte, was man mir zubilligen werde.

Man bot mir sechs Annahmebüros und viertausend Francs[36] jährliche Vergütung aus der Lotterie selbst; ich nahm sofort an. Das entsprach dem Ertrag aus einem Kapital von hunderttausend Francs, die ich bei Verzicht auf die Büros hätte herausziehen können; denn dieses Kapital ersetzte für mich die Kaution.

Acht Tage darauf wurde das Dekret des Rates erlassen. Calzabigi erhielt die Leitung mit Bezügen von dreitausend Francs je Ziehung und eine Vergütung von viertausend Francs jährlich gleich mir, dazu das Hauptbüro des Unternehmens im Hotel de la Loterie in der Rue Montmartre. Von meinen sechs Büros verkaufte ich sogleich fünf zu je zweitausend Francs und öffnete das sechste, prunkvoll eingerichtete in der Rue St. Denis. Als Gehilfen stellte ich meinen Kammerdiener ein, einen jungen, sehr intelligenten Italiener, der schon beim Fürsten della Cattolica, dem Gesandten von Neapel, als solcher gearbeitet hatte. Man setzte den Tag der ersten Ziehung fest und gab bekannt, die Gewinne würden acht Tage nach der Ziehung im Hauptbüro der Lotterie ausbezahlt.

Ich ließ bereits am nächsten Tag anschlagen, daß ich alle von mir gegengezeichneten Gewinnlose vierundzwanzig Stunden nach der Ziehung in meinem Büro in der Rue St. Denis ausbezahlen würde. Der Erfolg war, daß jedermann zum Spielen in mein Büro kam. Mein Verdienst betrug sechs Prozent von den Einnahmen. Fünfzig oder sechzig Agenten anderer Büros waren einfältig genug, sich bei Calzabigi über mein Vorgehen zu beschweren. Er konnte ihnen weiter nichts antworten, als daß es ihnen freistehe, mich mit meinen eigenen Methoden zu schlagen; aber dazu brauchten sie Geld.

Meine Einnahmen bei der ersten Ziehung betrugen vierzigtausend Francs. Eine Stunde nach der Ziehung brachte mir mein Gehilfe die Liste und zeigte mir, daß wir auf Amben[37] siebzehntausend oder achtzehntausend Francs zu bezahlen hatten; ich gab ihm das Geld dazu. Mein Gehilfe zog daraus Nutzen, denn obwohl er nie etwas verlangte, steckte er stets die Geschenke ein, die man ihm gab und über die ich keine Abrechnung verlangte. Die Lotterie brachte sechshunderttausend Francs bei einer Gesamteinnahme von zwei Millionen. Paris allein spielte vierhunderttausend Francs. Am folgenden Tag speiste ich mit Calzabigi bei Monsieur Duverney. Wir hatten das Vergnügen, ihn darüber klagen zu hören, daß man zuviel gewonnen habe. In Paris gab es nur achtzehn oder zwanzig Gewinne auf Ternen, die, obwohl sie klein waren, der Lotterie einen glänzenden Ruf verschafften. Da die Spielwut bereits eingesetzt hatte, sahen wir für die nächste Ziehung die doppelte Einnahme voraus. Bei Tisch machte mir das hübsche Geplänkel über mein Vorgehen Spaß. Calzabigi rechnete vor, daß ich mir durch diesen guten Einfall eine Rente von hundertzwanzigtausend Francs im Jahr verschafft hätte, die alle anderen Einnehmer ruinierte. Monsieur Duverney antwortete ihm, er habe selbst häufig derartige Einfälle gehabt, und es stehe ja allen Einnehmern frei, dasselbe zu tun; das könne nur den Ruf der Lotterie erhöhen. Bei der zweiten Ziehung zwang mich eine Terne von vierzigtausend Francs, Geld auszuleihen. Meine Einnahme hatte zwar sechzigtausend betragen, aber ich hatte meine Kasse am Vorabend der Ziehung im Gewinnbüro hinterlegen müssen. In allen vornehmen Häusern, in denen ich verkehrte, oder im Foyer eines Theaters, gaben mir alle Leute, sobald sie meiner ansichtig wurden, Geld mit der Bitte, es nach Gutdünken für sie zu setzen und ihnen dafür Lose zu geben, da sie nichts davon verstünden. Ich trug stets große und kleine Lose bei mir, aus denen ich sie auswählen ließ, und kam mit den Taschen voll Geld nach Hause zurück. Die anderen Einnehmer genossen nicht dieses Vorrecht. Sie waren keine Leute, denen man nachlief. Ich war der einzige, der in einem Wagen fuhr; das gab mir Namen und Kredit. Paris war eine Stadt und ist es heute noch, wo man alles nach dem äußeren Schein beurteilt; in keiner Stadt der Welt ist es so leicht, Eindruck zu machen. Aber da nun der Leser ganz im Bilde ist, werde ich von dieser Lotterie nur noch gelegentlich sprechen.

Einen Monat nach meiner Ankunft in Paris traf in Begleitung von Madame Silvestre[38] auch mein Bruder Francesco, der Maler, mit dem zusammen ich diese Stadt im Jahre 1752 verlassen hatte, aus Dresden ein. Er hatte dort vier Jahre damit verbracht, die schönsten Schlachtenbilder der berühmten Galerie[39] zu kopieren. Wir sahen uns mit Freuden wieder, aber als ich ihm den Einfluß aller meiner mächtigen Bekannten anbot, um ihn in die Akademie aufnehmen zu lassen, antwortete er, er brauche keine Protektion. Er malte ein Schlachtenbild, stellte es im Louvre aus und wurde durch Akklamation aufgenommen. Die Akademie erwarb sein Gemälde für zwölftausend Francs. Nach seiner Aufnahme wurde mein Bruder berühmt und verdiente in sechsundzwanzig Jahren fast eine Million; doch der Luxus und zwei schlechte Heiraten haben ihn zugrunde gerichtet.

Anfang März stellte sich bei mir ein hübscher junger Mann von heiterem, anständigem und vornehmem Aussehen in

Überrock und mit einem Brief in der Hand vor. An der Art, wie er ihn mir überreichte, erkannte ich ihn als Venezianer. Ich öffnete das Schreiben und war hocherfreut, denn es war von meiner lieben und hochgeschätzten Signora Manzoni[40]. Sie empfahl mir den Überbringer, den Grafen Tiretta[41] aus Treviso, der mir selbst seine traurige Geschichte erzählen werde. Da sie sicher sei, mich nie mehr wieder zu sehen, schickte sie mir eine Kassette, in der ich, wie sie schrieb, alle meine Papiere finden würde.

Ich erhob mich sogleich und sagte ihm, wenn er etwas von mir wünsche, könne er keine wirksamere Empfehlung haben.

»Sagen Sie mir also, Graf, worin ich Ihnen behilfich sein könnte!«

»Ich brauche Ihre Freundschaft. Im vorigen Jahr hat mich der Rat meiner Heimatstadt auf einen gefährlichen Posten gewählt. Man machte mich zusammen mit zwei anderen Adligen meines Alters zum Verwalter des Monte di Pietà[42]. Da uns die Karnevalsfeste in Geldnöte brachten, entnahmen wir der Kasse einen Teil des Inhalts in der sicheren Hoffnung, wir würden das fehlende Geld zurücklegen können, bevor wir darüber Rechenschaft ablegen mußten. Wir hofften vergeblich. Die Väter meiner beiden Mitarbeiter waren reicher als der meine und retteten sie, indem sie gleich alles bezahlten; da ich meinerseits nicht zahlen konnte, entschloß ich mich zur Flucht. Signora Manzoni riet mir, mich Ihnen anzuvertrauen, und beauftragte mich, Ihnen eine Kassette zu überbringen, die Sie noch heute erhalten werden. Ich bin gestern mit der Postkutsche aus Lyon angekommen. Mir sind nicht mehr als zwei Louis geblieben; ich besitze Hemden, aber sonst keine Kleidung als diese hier. Ich bin fünfundzwanzig Jahre alt, von eiserner Gesundheit und fest entschlossen, alles zu tun, um standesgemäß zu leben; aber ich habe nichts gelernt und besitze keine besonderen Fähigkeiten. Ich spiele die Querflöte, aber nur zu meinem Vergnügen; ich spreche und schreibe nur meine Muttersprache und verstehe nichts von Literatur. Was glauben Sie, für mich tun zu können? Ich muß Ihnen auch sagen, daß ich auf keinerlei Unterstützung von irgendeiner Seite hoffen kann, am wenigsten von meinem Vater, der zur Rettung der Familienehre über mein Pflichtteil verfügen wird, auf das ich für alle Zeiten verzichten muß.«

Diese kurze Erzählung setzte mich in Erstaunen, aber die Aufrichtigkeit gefiel mir. Ich sagte ihm, er solle sogleich sein Gepäck in ein freies Zimmer in der Nähe des meinen schaffen und sich etwas zum Essen dorthin bringen lassen.

»Das alles, lieber Graf, wird Sie nichts kosten, und inzwischen werde ich an Sie denken. Morgen sprechen wir weiter. Ich esse nie zu Hause. Lassen Sie mich jetzt allein, denn ich habe zu arbeiten. Wenn Sie spazierengehen, hüten Sie sich vor schlechten Bekanntschaften, und vor allem erzählen Sie niemandem etwas von Ihrer Angelegenheit. Sie lieben wohl das Spiel?«

»Ich verabscheue es, denn es ist zur Hälfte schuld an meinem Verderben.«

»Und zur anderen Hälfte?«

»Die Frauen.«

»Die Frauen? Die sind dazu da, Sie mit Geld zu versehen.«

»Gott gebe, daß ich eine finde. Bei uns gibt es nur Bettelweiber.«

»Wenn Sie in dieser Hinsicht nicht zimperlich sind, können Sie es in Paris zu etwas bringen.«

»Was verstehen Sie unter zimperlich? Ich könnte nie Zuh... werden.«

»Sie haben recht. Unter zimperlich verstehe ich einen Mann, der nur zärtlich sein kann, wenn er verliebt ist, der sich also nicht mit einem alten Wrack in den Armen abfinden kann.«

»Wenn es nur das ist, bin ich nicht zimperlich. Ich glaube, eine reiche Frau würde mich verliebt finden, und wäre sie das Abscheulichste, was man sich denken kann.«

»Bravo! Sie werden Ihren Weg machen. Wollen Sie zum Gesandten gehen?«

»Gott bewahre!«

»Ganz Paris ist derzeit in Trauer[43]. Gehen Sie in den zweiten Stock hinauf; dort arbeitet ein Schneider. Lassen Sie sich einen schwarzen Anzug machen, und richten Sie ihm von mir aus, daß Sie ihn bis morgen früh brauchen. Leben Sie wohl.«

Als ich um Mitternacht zurückkehrte, fand ich in meinem Zimmer die Kassette mit meiner ganzen Korrespondenz und den Porträtminiaturen, an denen mir so viel lag. Ich habe nie im Leben eine Tabakdose versetzt, ohne das darin enthaltene Porträt herauszunehmen. Am nächsten Morgen erschien Tiretta ganz in Schwarz gekleidet.

»Sehen Sie«, sagte ich, »wie schnell das in Paris geht.«

Im gleichen Augenblick meldete man mir den Abbé de Lacoste. Ich erinnerte mich nicht an den Namen, ließ den Gast aber eintreten. Es war der gleiche Abbé, der mich bei Abbé de Laville gesehen hatte. Ich bat ihn um Entschuldigung, daß ich ihm aus Zeitmangel noch keinen Besuch abgestattet hätte. Er beglückwünschte mich zu meiner Lotterie. Er sagte, er habe erfahren, daß ich im Palais Koelen für mehr als zweitausend Taler Lose verkauft hätte.

»Ja, ich habe stets Lose für acht- bis zehntausend Francs in der Tasche.«

»Ich werde ebenfalls Lose für tausend Taler nehmen.«

»Wann es Ihnen beliebt. In meinem Büro können Sie die Nummern aussuchen.«

»Darauf lege ich keinen Wert. Geben Sie mir, was Sie haben.«

»Gern. Hier, wählen Sie!«

Nachdem er gewählt hatte, bat er mich um Schreibzeug, um mir eine Quittung auszustellen.

»Von Quittung ist keine Rede«, sagte ich lachend und nahm meine Lose zurück; »ich gebe sie nur gegen bares Geld.«

»Ich bringe es Ihnen morgen.«

»Dann erhalten Sie morgen die Lose. Da sie im Büro eingetragen sind, kann ich keine Ausnahme machen.«

»Geben Sie mir welche, die nicht eingetragen sind.«

»Das tue ich nicht, denn wenn die Lose gewinnen würden, müßte ich die Treffer aus meiner Tasche bezahlen.«

»Ich glaube, dieses Risiko könnten Sie auf sich nehmen.«

»Das glaube ich nicht.«

Nun unterhielt er sich auf italienisch mit Tiretta und machte sich erbötig, ihn Madame de Lambertini, der Witwe eines Neffen des Papstes, vorzustellen. Ich sagte, ich wolle mitgehen, und so fuhren wir hin.

Wir stiegen vor ihrer Tür in der Rue Christine aus. Ich lernte eine Frau kennen, die ich trotz ihres jugendlichen Aussehens auf vierzig Jahre schätzte; sie war schmächtig, schwarzäugig, lebhaft, leichtfertig, stets zum Lachen bereit, kurz und gut, sie konnte wohl verliebte Gefühle erregen. Ich brachte sie zum Schwatzen und fand heraus, daß sie weder Witwe noch Nichte des Papstes war; sie stammte aus Modena und war ganz einfach eine Abenteurerin. Ich sah, daß sich Tiretta in sie vergaffte. Sie wollte uns zum Essen nötigen, aber wir entschuldigten uns. Nur Tiretta blieb. Ich setzte den Abbé am Quai de la Ferraille ab und ging zu Calzabigi zum Essen.

Nach dem Essen nahm mich Calzabigi beiseite und sagte, Monsieur Duverney habe ihn beauftragt, mich darauf hinzuweisen, daß es unstatthaft sei, Lose auf eigene Rechnung zu verkaufen.

»Er hält mich also für einen Dummkopf oder einen Betrüger. Ich werde mich bei Monsieur de Boulogne beschweren.«

»Sie täten Unrecht, denn ein Hinweis ist keine Beleidigung.«

»Mit diesem Rat beleidigen auch Sie mich; aber man wird mir kein zweitesmal damit kommen.«

Er beruhigte mich und redete mir zu, wir sollten gemeinsam mit Monsieur Duverney darüber sprechen. Als der gute alte Mann meine Verärgerung bemerkte, bat er mich um Entschuldigung und erzählte, ein angeblicher Abbé de Lacoste hätte ihm hinterbracht, daß ich mir diese Feiheit herausnähme. Ich bin diesem Abbé nirgends mehr begegnet; aber gerade er wurde drei Jahre später, weil er in Paris Lose einer Lotterie von Trévoux verkauft hatte, die es nicht gab, zu einer Galeerenstrafe verurteilt, die er nicht überlebte.

Am Tag nach dem Besuch des Abbé kam Tiretta, der eben erst zurückgekehrt war, in mein Zimmer. Er erzählte mir, er habe die Nacht mit der Nichte des Papstes verbracht, und er glaube, sie sei mit ihm zufrieden gewesen, denn sie wolle ihn bei sich wohnen lassen und aushalten, wenn er Monsieur Lenoir, ihrem Geliebten, bestätigen wolle, daß er ihr Vetter sei.

»Sie behauptete«, sagte er, »er würde mir eine Anstellung in der Steuerpacht [44] verschaffen. Ich erwiderte ihr, daß ich mich, ohne Sie als meinen engsten Freund zu Rate zu ziehen, zu nichts entschließen könne. Sie beschwor mich, Sie unbedingt für den Sonntag zum Mittagessen einzuladen.«

»Ich werde mit Vergnügen kommen.«

Ich stellte fest, daß die Dame rasend in meinen Freund verliebt war, den sie Graf »Sechsmal« nannte, ein Name, den er nicht mehr loswurde, solange er in Paris blieb. Sie hatte in ihm den Herrn über ein Lehen gefunden, das in Frankreich ungemein geschätzt wird, und sie wollte seine Herzensdame werden. Sie schilderte mir seine nächtlichen Heldentaten, als wäre ich ihr ältester Freund, und sagte, sie wolle ihn bei sich unterbringen; sie habe bereits die Zustimmung von Monsieur Lenoir, der geradezu entzückt sei, ihren Vetter bei ihr wohnen zu wissen. Sie erwartete ihn nach dem Essen und brenne darauf, die beiden miteinander bekannt zu machen.

Nach Tisch reizte sie meinen Landsmann erneut durch Hinweise auf seine Leistungsfähigkeit, und in seinem Ehrgeiz, mich von seiner Tüchtigkeit zu überzeugen, tat er ihr in meiner Gegenwart Genüge. Dieser Anblick machte auf mich nicht den geringsten Eindruck; aber als ich das erstaunliche Werkzeug meines Freundes sah, erkannte ich, daß er damit rechnen konnte, überall dort sein Glück zu machen, wo er wohlhabende Damen fand.

Um drei Uhr kamen zwei ältliche Damen zum Spiel. Die

Lambertini stellte ihnen Graf »Sechsmal« als ihren Vetter vor. Dieser vielversprechende Name machte ihn zum Gegenstand einer eingehenden Musterung, und das um so mehr, als man sein Kauderwelsch unverständlich fand. Die Heldin verfehlte keineswegs, ihren Freundinnen die Erklärung für diesen schönen Namen ins Ohr zu flüstern und ihnen den außerordentlichen Reichtum des Verwalters eines solchen Lehens zu rühmen. »Das ist ja unglaublich«, meinten die Matronen und beäugten ihn durch ihre Lorgnons; und Tiretta schien zu sagen: »Zweifeln Sie nicht daran, meine Damen.«

Da fuhr ein Fiaker vor; ihm entstiegen eine beleibte Frau, die schon mehr als verblüht war, ihre zum Anbeißen hübsche Nichte und ein blasser, schwarzgekleideter Herr mit runder Perücke. Nach der üblichen Küsserei stellte die Lambertini ihren Vetter »Sechsmal« vor. Der Name erregte Verwunderung, aber man überging die Erklärung mit Stillschweigen; man fand nur ungewöhnlich, daß ein Mann nach Paris zu kommen wagte, ohne ein Wort Französisch zu können, und daß er trotzdem mit der ganzen Gesellschaft radebrechte und sie zum Lachen brachte, weil man ihn nicht verstand. Die Lambertini regte eine Partie Brelan[45] an und bestand nicht darauf, daß ich mitspielte; aber sie wollte ihren lieben Vetter beim Spiel neben sich haben und mit ihm Halbpart machen. Er kannte das Spiel zwar nicht, aber, wie sie sagte, mache das nichts aus, er werde es schon lernen; sie wollte es ihm beibringen. Da die reizende Demoiselle überhaupt kein Spiel kannte, bot ich mich an, ihr vor dem Kamin Gesellschaft zu leisten. Die Tante meinte lächelnd, ich würde Mühe haben, genügend interessante Themen zu finden, um sie zum Reden zu bringen; aber ich müsse ihr verzeihen, weil sie erst vor einem Monat aus dem Kloster gekommen sei.

Sobald ich sah, daß das Spiel im Gange war, setzte ich mich mit ihr vor das Feuer. Sie brach als erste das Schweigen und fragte mich, wer der schöne Herr sei, der nicht reden könne.

»Er ist ein Adliger aus meiner Heimat, der wegen eines

Ehrenhandels das Land verlassen mußte. Er wird französisch sprechen, sobald er es gelernt hat, und dann wird man sich nicht mehr über ihn lustig machen. Es reut mich, daß ich ihn hierhergebracht habe, denn in weniger als vierundzwanzig Stunden hat man ihn mir verdorben.«

»Auf welche Weise?«

»Ich wage es nicht zu sagen, denn Ihre Tante könnte es vielleicht übel vermerken.«

»Ich beabsichtigte nicht, es ihr weiterzuerzählen; doch verdiene ich vielleicht für meine Neugierde diesen Verweis.«

»Ich sehe ein, daß es mein Fehler war, Mademoiselle, aber ich will ehrlich dafür büßen, indem ich Ihnen alles sage; Madame Lambertini hat ihn dazu verführt, mit ihr zu schlafen, und hat ihm diesen lächerlichen Namen ›Sechsmal‹ gegeben. Das ist alles. Ich ärgere mich darüber, weil er bisher kein Libertin gewesen ist.«

Woher hätte ich wissen sollen, daß ich mich mit einem wohlerzogenen Mädchen von Stand unterhielt, das man eben erst ins Haus der Lambertini eingeführt hatte? Zu meiner Überraschung sah ich ihr Gesicht vor Scham brennend rot werden. Ich wollte es nicht glauben. Zwei Minuten darauf setzte sie mich durch eine Frage in Erstaunen, die ich nie erwartet hätte.

»Welcher Zusammenhang besteht zwischen ›sechsmal‹ und ›mit Madame zu schlafen‹?«

»Er tat mit ihr sechsmal hintereinander, was ein ehrbarer Gatte mit seiner Frau nur einmal in der Woche tut.«

»Und Sie halten mich für so naiv, daß ich meiner Tante hinterbringen würde, was Sie mir da eben erzählt haben?«

»Aber mich ärgert noch etwas anderes.«

»Entschuldigen Sie, ich komme gleich wieder.«

Nachdem sie einen kleinen Gang getan hatte, der bei ihr offenbar nach meiner hübschen Geschichte nötig geworden war, kam sie zurück und stellte sich hinter den Stuhl ihrer Tante, um das Gesicht des Helden zu mustern; dann setzte sie sich schließlich, feuerrot im Gesicht, wieder an ihren Platz.

»Was ist denn das andere, das Sie, wie Sie andeuten, so sehr gekränkt hat?«

»Soll ich wagen, Ihnen alles zu sagen?«

»Sie haben mir schon so viel gesagt, daß mir scheint, Sie könnten keine Bedenken mehr haben.«

»Nun gut, heute nach dem Mittagessen hat sie ihn dazu gebracht, es ihr in meiner Gegenwart zu besorgen.«

»Und wenn Ihnen das mißfallen hat, ist es klar, daß Sie eifersüchtig auf ihn waren.«

»Das ist es nicht. Ich fand mich durch einen Umstand beschämt, über den ich nicht zu sprechen wage.«

»Mir scheint, daß Sie sich mit Ihrem ›ich wage nicht‹ über mich lustig machen!«

»Gott bewahre, Mademoiselle. Ich stellte dabei fest, daß er mich um zwei Zoll[46] übertrifft.«

»Ich glaube im Gegenteil, daß Sie um zwei Zoll größer sind als er.«

»Es handelt sich nicht um die Körpergröße, sondern um eine andere, die Sie sich denken können, und in der mein Freund wahrhaft ungeheuerlich ist.«

»Ungeheuerlich! Und was macht Ihnen das aus? Es ist doch wohl besser, nicht ungeheuerlich zu sein?«

»Das ist wahr und richtig; aber gewisse Frauen, die von anderer Art sind als Sie, lieben in diesem Zusammenhang das Ungeheuerliche.«

»Meine Vorstellungen davon reichen nicht aus, um mir einen Begriff zu machen, welche Größe man als ungeheuerlich bezeichnen kann. Außerdem finde ich es seltsam, daß Sie das beschämt.«

»Hätten Sie das geglaubt, als Sie mich sahen?«

»Als ich Sie beim Eintreten erblickte, habe ich nicht daran gedacht. Sie sehen durchaus wohlgebaut aus; wenn Sie wissen, daß Sie es nicht sind, bedaure ich Sie.«

»Bitte, sehen Sie doch selbst!«

»Ich glaube, Sie sind das Ungeheuer, denn Sie machen mir angst!«

Sie stellte sich nun wieder hinter den Stuhl ihrer Tante, aber ich zweifelte nicht daran, daß sie zurückkommen würde, denn ich war weit davon entfernt, sie für naiv und unerfahren zu halten. Ich nahm an, sie wolle so tun, als sei sie es, und da ich nicht neugierig darauf war, ob sie die Rolle gut oder schlecht gespielt hatte, war ich sehr zufrieden, die Situation ausgenutzt zu haben. Ich hatte sie dafür bestraft, daß sie mir imponieren wollte, und da ich sie reizend fand, freute ich mich darüber, daß ihr meine Bestrafung sicherlich nicht mißfallen hatte. Konnte ich an ihrer Intelligenz zweifeln? Unser ganzes Gespräch war ja von ihr herausgefordert worden, und alles, was ich gesagt oder getan hatte, war nur die Folge ihrer geschickten Einwände.

Als ihre beleibte Tante vier oder fünf Minuten darauf einen Brelan verlor, sagte sie zu ihrer Nichte, sie bringe ihr Unglück, und es sei kein Benehmen, mich so allein zu lassen. Sie antwortete nichts und kehrte lächelnd zu mir zurück.

»Wenn meine Tante wüßte«, sagte sie, »was Sie getan haben, hätte sie mich nicht der Unhöflichkeit beschuldigt.«

»Wenn Sie wüßten, wie beschämt ich jetzt bin. Als einziger Beweis meiner Reue bleibt mir nur, mich zu entfernen. Aber wäre Ihnen das wohl recht?«

»Wenn Sie fortgehen, wird meine Tante sagen, ich sei eine dumme Gans und hätte Sie gelangweilt.«

»Also bleibe ich. Hatten Sie wirklich bisher keinen Begriff von dem, was ich Ihnen zeigen zu können glaubte?«

»Ich hatte nur eine recht unklare Vorstellung davon. Meine Tante ließ mich ja erst vor einem Monat aus Melun[47] kommen, wo ich seit meinem achten Lebensjahr im Kloster war; jetzt bin ich siebzehn. Man wollte mich dazu überreden, den Schleier zu nehmen, aber ich ließ mich nicht dazu verleiten.«

»Zürnen Sie mir für das, was ich getan habe? Wenn ich sündigte, so geschah es in gutem Glauben.«

»Ich darf Ihnen nicht böse sein, denn es war meine Schuld. Ich bitte Sie nur, darüber zu schweigen.«

»Zweifeln Sie nicht an meiner Diskretion, denn ich hätte ja als erster die Folgen zu tragen.«

»Sie haben mir eine Lektion erteilt, die mir in Zukunft von Nutzen sein wird. Aber Sie machen ja weiter! Hören Sie auf, oder ich gehe wirklich fort.«

»Bleiben Sie, es ist vorüber. Hier auf dem Taschentuch sehen Sie das sichere Anzeichen meiner Lust.«

»Was ist das?«

»Es ist der Stoff, der, in den entsprechenden Ofen gebracht, nach neun Monaten zu einem Männlein oder Weiblein wird.«

»Ihr Unterricht ist ausgezeichnet. Sie erzählen mir das wie ein Lehrer. Muß ich Ihnen für Ihren Eifer danken?«

»Nein. Sie müssen mir verzeihen, denn ich hätte nie getan, was ich getan habe, wenn ich mich nicht vom ersten Augenblick an in Sie verliebt hätte.«

»Soll ich das also als eine Liebeserklärung auffassen?«

»Ja, mein Engel. Sie ist zwar kühn, aber sie läßt keinen Zweifel offen. Käme sie nicht aus übermächtiger Liebe, wäre ich ein Schuft, der den Tod verdiente. Darf ich auf Ihre Gegenliebe hoffen?«

»Das weiß ich nicht. Derzeit weiß ich nur, daß ich Sie verabscheuen muß. In weniger als einer Stunde haben Sie mich eine Reise machen lassen, deren Ende ich erst nach der Hochzeit für möglich gehalten hätte. Sie haben mich auf allergenaueste Weise in einem Gegenstand unterrichtet, an den ich bisher nicht einmal zu denken wagte, und ich fühle mich schuldig, daß ich mich dazu habe verleiten lassen. Aber woher kommt es, daß Sie jetzt ganz ruhig und ehrbar geworden sind?«

»Das kommt daher, daß wir jetzt vernünftig reden, und weil sich die Liebe nach dem Übermaß der Freude ausruht. Sehen Sie!«

»Noch kein Ende! Ist das der Schluß der Lektion? So wie ich Sie jetzt sehe, machen Sie mir keine angst mehr. Das Feuer wird gleich erlöschen.«

Sie legte ein Bündel Holz nach und kniete nieder, um das Feuer neu zu schüren. Die gebeugte Haltung nutzte ich aus, um mit festem Griff unter ihren Rock zu fassen; ich fand mich sogleich vor einer vollkommen verschlossenen Pforte, die erst bewältigt werden mußte, wollte ich zu meinem Glück gelangen. Aber im gleichen Augenblick erhob sie sich, setzte sich nieder und sagte mit rührender Sanftmut, sie sei ein Mädchen von Stand und glaube, Achtung beanspruchen zu können. Da bat ich sie tausendmal um Entschuldigung, und der Schluß meiner Rede besänftigte sie. Ich sagte, meine kekke Hand habe mir die Gewißheit verschafft, daß sie noch nie mit einem Manne das Glück genossen habe. Sie entgegnete, sie könne nur mit dem glücklich werden, der sie heirate; als Beweis ihres Verzeihens duldete sie, daß ich ihre Hand mit Küssen bedeckte. Ich wäre noch weiter gegangen, wenn nicht jemand gekommen wäre. Es war Monsieur Lenoir, der auf das Briefchen hin erschien, um zu hören, was Madame Lambertini ihm zu sagen habe.

Er war ein Herr in mittleren Jahren, einfach und bescheiden, der die Gesellschaft sehr höflich bat, Platz zu behalten und das Spiel nicht zu unterbrechen. Die Lambertini stellte mich vor, und als er meinen Namen hörte, fragte er mich, ob ich der Maler sei. Als er erfuhr, daß ich der ältere Bruder war, beglückwunschte er mich zu meiner Lotterie und auch dazu, daß Monsieur Duverney so große Stücke auf mich hielt; noch mehr aber interessierte er sich für den Vetter, den die Lambertini ihm diesmal als Graf Tiretta vorstellte. Ich meinerseits berichtete ihm, daß er mir empfohlen worden sei und daß er wegen eines Ehrenhandels sein Heimatland habe verlassen müssen. An dieser Stelle fügte die Lambertini hinzu, sie wolle ihn bei sich unterbringen, aber erst, wenn sie wisse, daß er damit einverstanden sei. Er erwiderte, in ihrem Hause sei sie unbeschränkte Herrin, und ihm bereite es ehrliche Freude, ihn in ihrer Gesellschaft zu wissen. Zu Tirettas großer Erleichterung sprach er sehr gut Italienisch. Er verließ den Spieltisch, und wir setzten uns alle vier vor das Feuer, wo die hübsche Demoiselle, sobald die Reihe an ihr war, sich sehr verständig mit Monsieur Lenoir unterhielt. Er ließ sie über ihr Kloster berichten, und als sei ihm ihren Namen nannte, erzählte er von ihrem Vater, den er gekannt hatte. Er war Rat im Parlament von Rouen[48] gewesen. Das reizende Mädchen war groß von Gestalt, mit zweifellos echtem blondem Haar und sehr regelmäßigen Zügen, in denen Unschuld und Bescheidenheit ausgeprägt waren. Ihre allerliebsten großen, runden blauen Augen verrieten die lebhaften Regungen ihrer Seele. Das auf Taille gearbeitete und vorn geknöpfte Kleid ließ die Zierlichkeit ihrer Gestalt und die Schönheit ihres Busens erkennen. Ich bemerkte daß Monsieur Lenoir, ohne es zu sagen, ihr die gleiche Anerkennung zollte wie ich. Aber er kam nicht in die Lage, sie ihr so zu zeigen, wie ich es getan hatte. Um acht Uhr verabschiedete er sich. Wenig später ging auch Madame XXX mit ihrer Nichte, die sie Mademoiselle de la M-re nannte, und mit dem blassen Herrn, der mit ihnen gekommen war. Auch ich ging mit Tiretta, der Madame Lambertini versprach, vom nächsten Tag an bei ihr zu wohnen; er hielt Wort.

Drei oder vier Tage nach dieser Abmachung brachte man mir einen Brief, der an mein Büro gerichtet war. Dieser Brief kam von Mademoiselle de la M-re und lautete wie folgt:

»Madame XXX, meine Tante, eine Schwester meiner verstorbenen Mutter, ist fromm, aufs Spiel versessen, reich, geizig und ungerecht. Sie mag mich nicht, und da es ihr nicht gelungen ist, mich zum Ablegen der Gelübde zu überreden, will sie mich an einen Kaufmann aus Dünkirchen verheiraten, den ich nicht kenne. Wohlgemerkt, sie kennt ihn auch nicht. Der Vermittler dieser Heirat lobt ihn jedenfalls sehr. In der Gewißheit, daß ich bei ihrem Tod fünfzigtausend Taler erben werde, begnügt er sich damit, daß sie ihm, solange sie lebt, jährlich zwölfhundert Taler zusichert. Sie müssen aber wissen, daß sie mir aufgrund des Testamentes meiner Mutter im Fall meiner Verheiratung fünfundzwanzigtausend geben müßte. Wenn ich durch das, was zwischen Ihnen und mir vorgefallen ist, in Ihren Augen nicht zum Gegenstand der Verachtung geworden bin, biete ich Ihnen meine Hand mit fünfundzwanzigtausend Talern und weitere fünfundzwanzigtausend beim Tod meiner Tante. Antworten Sie mir nicht, denn ich wüßte nicht wie, wo oder durch wen ich Ihren Brief erhalten sollte. Sie werden mir mündlich am Sonntag bei Madame Lambertini antworten. Auf diese Weise haben Sie vier Tage vor sich, um die Sache zu überdenken. Ich weiß nicht, ob ich Sie liebe, aber ich weiß, daß ich Sie schon um meiner selbst willen jedem anderen vorziehen muß. Ich fühle mich verpflichtet, Ihre Achtung zu erringen und Sie in die Lage zu versetzen, die meine zu gewinnen. Ich bin übrigens sicher, daß Sie mir das Leben angenehm machen werden. Wenn Sie der Meinung sind, daß das Glück, das ich erstrebe, zu dem Ihren beitragen könnte, würde ich Ihnen raten, einen Advokaten zu nehmen, denn meine Tante ist geizig und prozeßsüchtig. Sobald Sie sich entschlossen haben, müßten Sie mir fürs erste ein Kloster suchen, in dem ich mich verbergen kann, bevor ich den geringsten Schritt unternehme, denn sonst müßte ich die ärgsten Mißhandlungen befürchten, und schon der Gedanke daran ist mir unerträglich. Wenn Ihnen mein Vorschlag nicht zusagt, erbitte ich nur eine Gnade, die Sie mir hoffentlich gewähren werden und für die ich Ihnen dankbar wäre. Bemühen Sie sich, mir nicht mehr zu begegnen, indem Sie sorgfältig jeden Ort meiden, wo Sie mich vermuten könnten. Auf diese Weise würden Sie mir helfen, Sie zu vergessen. Sind Sie sich dessen bewußt, daß ich nur glücklich sein kann, wenn ich Sie heirate oder Sie vergesse? Leben Sie wohl. Ich rechne damit, Sie am Sonntag zu treffen.«

Dieser Brief stimmte mich weich. Ich sah in ihm den Ausdruck der Tugend, des Ehrgefühls und der Klugheit. Ich erkannte, daß bei Mademoiselle de la M-re die geistigen Vorzüge die körperlichen noch übertrafen. Ich schämte mich, sie verführt zu haben, und würde schlimme Strafe verdienen, wenn ich die Hand zurückwies, die sie mir so edelmütig anbot; zugleich wurde mir klar, daß sie mir ein größeres Vermögen anbot, als ich vernünftigerweise je erhoffen konnte. Andererseits schauderte mich bei dem Gedanken an eine Heirat; ich kannte mich zu gut, um nicht vorauszusehen, daß ich in einem geordneten Ehestand unglücklich werden würde und damit auch meine Partnerin. Meine Unentschlossenheit während der vier Tage, die sie mir als Bedenkzeit eingeräumt hatte, überzeugte mich davon, daß ich nicht in sie verliebt war; dennoch konnte ich mich nicht dazu bereitfinden, ihren Vorschlag zurückzuweisen, und noch weniger, es ihr zu sagen. In diesen vier Tagen dachte ich stets an sie, fühlte, daß ich sie schätzte, und bereute es, sie schmählich behandelt zu haben; aber ich brachte nie die Kraft zu dem Entschluß auf, die Schmach gutzumachen. Der Gedanke, daß sie mich andernfalls hassen würde, war mir nicht weniger unerträglich; kurz und gut, ich befand mich in der stets unglücklichen Lage eines Mannes, der einen Entschluß fassen soll und dazu nicht imstande ist.

Da ich fürchtete, irgendein böser Geist könnte mich dazu verleiten, Mademoiselle de la M-re zu versetzen, indem er mich in die Komödie oder in die Oper trieb, ging ich, ohne mich zu irgend etwas entschlossen zu haben, zur Lambertini zum Mittagessen. Sie war bei der Messe. Tiretta spielte in seinem Zimmer Flöte; sobald er mich sah, legte er sie beiseite und gab mir das Geld, das ich für seinen schwarzen Anzug ausgelegt hatte.

»Ich gratuliere, du bist ja bei Kasse!«

»Kondoliere mir lieber, denn es ist gestohlenes Geld, wenn ich auch nur der Komplize bin. Hier wird falsch gespielt, und man hat mir beigebracht, dabei mitzuwirken; damit man mich nicht für einen Dummkopf hält, nehme ich mir meinen Anteil. Meine Gastgeberin im Verein mit drei oder vier anderen Frauen bringt arglose Gimpel um ihr Geld. Dieses Handwerk ist mir widerlich, ich eigne mich nicht dafür. Früher oder später wird man mich umbringen, oder ich bringe jemanden um, was mich so oder so das Leben kosten wird; ich möchte möglichst bald diese Räuberhöhle verlassen.«

»Das rate ich dir sogar dringend, mein Freund. Du verschwindest besser heute als morgen.«

»Ich möchte nichts überstürzen, denn Monsieur Lenoir, ein wirklicher Kavalier und mein Freund, hält mich für den Vetter dieses Luders. Er weiß nichts von ihrer Niedertracht; aber er würde etwas merken und sie vielleicht verlassen, wenn er die Gründe hörte, die mich forttreiben. In fünf oder sechs Tagen werde ich einen Vorwand finden und zu dir zurückkehren.«

Die Lambertini zeigte sich entzückt, mich überraschend in ihrer Tischrunde zu finden; sie sagte, ich würde Mademoiselle de la M-re mit ihrer Tante zur Gesellschaft haben. Ich fragte sie, ob sie mit Graf »Sechsmal« zufrieden sei, und sie erwiderte, er sei seinem Namen nicht immer treu, aber sie liebe ihn deshalb nicht weniger.

Madame XXX kam mit ihrer Nichte, die ihre Freude verbarg, als sie mich erblickte. Sie trug Halbtrauer und war so schön, daß ich mich über meine Unentschlossenheit wunderte. Tiretta ging fort, und da kein Grund mich hindern konnte, Mademoiselle de la M-re meine Zuneigung zu zeigen, erwies ich ihr jede erdenkliche Aufmerksamkeit. Ich sagte zu ihrer Tante, ich würde meinen Junggesellenstand aufgeben, wenn ich eine Gattin wie sie finden könnte.

»Meine Nichte ist ehrbar und sanft, aber sie besitzt weder Verstand noch Religion.«

»Keinen Verstand vielleicht, liebe Tante; aber keine Religion, das ist ein Vorwurf, den man mir im Kloster nie gemacht hat.«

»Das glaube ich. Die Nonnen sind Jesuitinnen. Es handelt sich um die Gnade, meine liebe Nichte, um die Gnade! Aber reden wir von etwas anderem. Ich wünschte nur, du wüßtest dem zu gefallen, der dein Mann sein wird.«

»Ist Mademoiselle denn im Begriff zu heiraten?«

»Ihr Zukünftiger wird Anfang nächsten Monats hier eintreffen.«

»Ist er aus dem Juristenstand?«

»Nein, ein sehr wohlhabender Kaufmann.«

»Da mir Monsieur Lenoir gesagt hat, Mademoiselle sei die Tochter eines Parlamentsrates, hätte ich eine Mißheirat nicht erwartet.«

»Das hat nichts zu bedeuten. Wenn er anständig ist, ist er auch adlig[49], und es wird nur an ihr liegen, ob er sie glücklich macht.«

Da diese Unterhaltung dem reizenden Kind, das schweigend zuhörte, nur peinlich sein konnte, lenkte ich das Gespräch auf die große Menschenmenge, die sich auf der Place de Grève[50] einfinden würde, um der Hinrichtung Damiens' beizuwohnen, und da sich alle begierig zeigten, das grausige Schauspiel anzusehen, bot ich ihnen ein breites Fenster an, von dem aus wir alle fünf es sehen konnten. Sie nahmen sogleich an. Ich versprach ihnen, sie abzuholen; aber da ich noch kein Fenster hatte, schützte ich beim Aufheben der Tafel vor, noch dringende Geschäfte zu haben, und eilte in einer Kutsche zur Place de la Grève, wo ich in einer Viertelstunde um drei Louis ein gutes Fenster im Halbstock zwischen zwei Treppen mietete. Ich bezahlte und ließ mir eine Quittung mit der Verpflichtung des Vermieters zur Zahlung von sechshundert Francs im Falle des Nichteinhaltens des Vertrages ausstellen. Das Fenster lag gegenüber der Vorderseite des Schafotts. Als ich zu der Lambertini zurückkehrte, fand ich sie bei einer besonderen Art des Pikett-Spiels[51] mit Tiretta; Madame XXX machte den Kiebitz.

Da Mademoiselle de la M-re nur das Kometspiel[52] kannte, bot ich ihr meine Gesellschaft an; um uns auszusprechen, setzten wir uns ans andere Ende des Raumes. Ich sagte ihr, seit dem Empfang ihres Briefes hielte ich mich für den glücklichsten aller Menschen, und ich hätte in ihr einen Geist und einen Charakter erkannt, die sie der Bewunderung jedes Mannes würdig machten, der über gesunden Verstand verfüge.

»Sie sollen meine Frau werden«, erklärte ich ihr; »und bis zu meinem letzten Atemzug werde ich die glückliche Kühnheit segnen, mit der ich Ihre Unschuld überrumpelte, denn sonst hätten Sie sich nie entschlossen, mich hundert anderen vorzuziehen, die Ihnen an Abstammung ebenbürtig sind und von denen Sie keiner zurückgewiesen hätte, sogar ohne die Verlockung der fünfzigtausend Taler, die nichts sind im Vergleich zu Ihren persönlichen Vorzügen und Ihrer klugen Denkungsart. Nun, da Sie meine Gefühle kennen, wollen wir nichts überstürzen; vertrauen Sie auf mich. Lassen Sie mir Zeit, ein Haus zu mieten, es einzurichten und mir eine solche Stellung zu verschaffen, daß man mich für würdig hält, ein Mädchen Ihrer Art zu heiraten. Bedenken Sie, daß ich immer noch ein möbliertes Zimmer bewohne, daß Sie Verwandte haben und daß ich mich schämen würde, bei einem so wichtigen Schritt als ein Abenteurer zu wirken.«

»Sie haben doch gehört, daß mein vermeintlicher Freier bald ankommen wird; und wenn er da ist, wird alles ganz schnell gehen.«

»Nicht so schnell, daß ich Sie nicht innerhalb von vierundzwanzig Stunden von jeder Tyrannei befreien könnte, sogar ohne daß Ihre Tante erfährt, daß die Sache von mir ausgeht. Sie müssen wissen, mein Engel, daß auf meine erste Bitte hin der Außenminister, sobald er überzeugt ist, daß Sie nur mich zum Gatten wollen, Ihnen ein sicheres Asyl in einem der ersten Klöster von Paris verschaffen wird; er wird Ihnen dann auch einen Advokaten zur Verfügung stellen und, wenn das Testament sich klar ausdrückt, in wenigen Tagen Ihre Tante zwingen, Ihnen Ihre Mitgift herauszugeben und für den Rest Ihres Erbteiles Kaution zu erlegen. Erwarten Sie in Ruhe den Kaufmann aus Dünkirchen. Ich werde Sie gewiß nicht im Stich lassen. An dem Tag, an dem der Kontrakt unterschrieben werden soll, werden Sie nicht mehr bei Ihrer Tante sein.«

»Ich füge mich und überlasse mich ganz Ihrer Führung; aber ich bitte Sie, eine bestimmte Einzelheit, die in höchstem Maß mein Zartgefühl verletzt, nie zu erwähnen. Sie haben gesagt, ich hätte Ihnen den Vorschlag, mich zu heiraten oder mir nicht mehr unter die Augen zu kommen, nie gemacht, wenn Sie sich letzten Sonntag nicht solche Freiheiten erlaubt hätten. Das stimmt einerseits, denn ohne einen gewichtigen Anlaß hätte ich mich nicht wie eine Verrückte aufgeführt, indem ich Ihnen geradeheraus meine Hand anbot; dennoch hätte unsere Heirat auch auf anderem Weg zustande kommen können, denn ich kann Ihnen aufrichtig versichern, daß ich Sie auf jeden Fall allen anderen vorgezogen hätte.«

Auf diese großherzige Erklärung hin küßte ich ihr stürmisch die Hand und mit einem solchen Gefühlsüberschwang, daß ich unsere Trauung nicht eine einzige Viertelstunde verschoben hätte, wären ein Notar zur Hand gewesen und ein Priester, um uns den Hochzeitssegen zu erteilen. Ganz mit uns selbst beschäftigt, hatten wir nicht auf den schrecklichen Lärm geachtet, den die Gesellschaft am anderen Ende des Raumes machte; ich glaubte schließlich, einschreiten zu müssen, wenigstens um Tiretta zu beruhigen.

Ich sah dort eine offene Kassette mit Schmuckstücken verschiedensten Wertes und zwei Männer im Streit mit Tiretta, der ein Buch in der Hand hielt. Ich dachte sogleich, daß es sich um eine Art Lotterie handelte, aber warum stritt man sich? Tiretta sagte mir, die Gauner hätten ihnen mit diesem Buche dreißig oder vierzig Louis abgewonnen, und gab mir dabei das Buch. Einer der Männer behauptete, das Buch enthalte eine Lotterie, die ehrlichste Sache der Welt.

»Das Buch besteht aus tausendzweihundert Blättern, von denen zweihundert Treffer sind, die anderen tausend sind Nieten. Auf jedes Blatt mit Gewinn kommen also fünf leere. Wer spielen will, setzt einen halben Taler und steckt auf gut Glück eine Nadel zwischen die Blätter des geschlossenen Buches. Man öffnet das Buch an der Stelle, wo die Nadel eingedrungen ist, und man schaut das Blatt an. Ist es leer, hat der Spieler den halben Taler verloren, und ist es ein Treffer, gibt man ihm den Gewinn, der auf dem Blatt steht, oder das Geld, das dem Wert des Treffers entspricht, was ebenfalls auf dem

Blatt vermerkt ist. Beachten Sie, daß der kleinste Treffer zwölf Francs wert ist und daß es Treffer bis zu sechshundert Francs und sogar einen zu tausendzweihundert Francs gibt. Seit einer Stunde spielen die anwesenden Damen und Herren; sie haben schon mehrere Treffer erzielt, und Madame selbst hat sogar einen Ring im Wert von sechs Louis gewonnen, den sie noch hätte, wenn ihr nicht das Geld lieber gewesen wäre, das sie beim Weiterspielen dann verlor.«

»Jedenfalls sind wir hier zu sechst«, sagte Madame XXX, die den Ring gewonnen hatte, »und die Herren mit ihrem verdammten Buch haben uns unser Geld abgewonnen. Sie sehen, man hat uns hineingelegt.«

Tiretta nannte sie Gauner, und einer von ihnen entgegnete, die Einnehmer der Lotterie der Militärakademie seien es demnach auch. Daraufhin versetzte ihm Tiretta eine kräftige Ohrfeige; da stellte ich mich in die Mitte und gebot Ruhe, um den Streit zu beenden.

»Alle Lotterien«, erklärte ich ihnen, »sind zum Vorteil des Unternehmens vorgesehen; aber die der Militärakademie ist vom König eingerichtet, und ich bin ihr Haupteinnehmer. In dieser Eigenschaft beschlagnahme ich die Kassette hier und lasse Ihnen die Wahl. Entweder Sie geben den Anwesenden das Geld zurück, das Sie ihnen abgewonnen haben, und ich lasse Sie mit der Kassette fortgehen, oder ich schicke nach einem Polizeibeamten, der Sie auf mein Verlangen bis morgen ins Gefängnis abführt, bis Monsieur Berryer[53] selbst über die Sache entschieden hat. Morgen früh werde ich das Buch ihm persönlich übergeben. Wir werden feststellen, ob wir uns auch als Gauner bekennen müssen, wenn sie welche sind.«

Als sie sahen, daß sie den kürzeren ziehen würden, entschlossen sie sich, das Geld zurückzugeben. Man nahm ihnen insgesamt vierzig Louis ab, obwohl sie schworen, nur zwanzig gewonnen zu haben. Ich war überzeugt davon, aber »vae victis« (Wehe den Besiegten); ich war wütend auf sie und ließ sie zahlen. Sie wollten das Buch zurück, aber ich gab es nicht heraus. Sie glaubten, noch gut davonzukommen, als sie mit der Schmuckkassette abziehen konnten. Als sie abgezogen waren, verspürten die Damen Mitleid und meinten, ich hätte den armen Kerlen wohl das Teufelsbuch zurückgeben können.

Am nächsten Tag kamen sie um acht Uhr früh zu mir und stimmten mich um, indem sie mir ein großes Etui mit vierundzwanzig kleinen, etwa acht Zoll hohen Statuen aus sächsischem Porzellan[54] zum Geschenk machten. Ich gab ihnen für dieses Mal das Buch zurück und drohte ihnen, sie verhaften zu lassen, wenn sie es wagen sollten, sich nochmals in Paris mit ihrer Lotterie sehen zu lassen. Noch am gleichen Tag brachte ich die vierundzwanzig hübschen Figuren Mademoiselle de la M-re. Es war ein sehr kostbares Geschenk, und ihre Tante dankte mir überschwenglich.

Ein paar Tage später, am 28. März, holte ich sehr frühzeitig die Damen ab, die mit Tiretta bei der Lambertini beim Frühstück saßen, und fuhr mit ihnen zur Place de Grève. Mademoiselle de la M-re ließ ich dabei auf meinem Schoß sitzen. Sie stellten sich alle drei dicht gedrängt an das Fenster und stützten sich vornübergeneigt mit den Ellbogen auf das Fensterbrett, um uns nicht an der Sicht zu hindern. Das Fenster hatte zwei Stufen; sie waren auf die zweite gestiegen, und wir mußten das gleiche tun, denn auf der unteren Stufe stehend hätten wir nichts sehen können. Ich habe meine Gründe, den Leser über diesen Umstand zu unterrichten.

Wir hielten volle vier Stunden bei diesem haarsträubenden Schauspiel aus. Ich sage nichts darüber, denn es würde zu weit führen, und außerdem ist es allgemein bekannt. Damiens war ein Fanatiker, der versucht hatte, Ludwig XV. zu töten, weil er damit ein gutes Werk zu tun glaubte. Er hatte ihm nur leicht die Haut geritzt, aber das war gleich. Das Volk, das seiner Hinrichtung beiwohnte, nannte ihn ein Ungeheuer, das die Hölle ausgespien hätte, um den besten aller Könige ermorden zu lassen, ihn, den man zu vergöttern glaubte und den Vielgeliebten genannt hatte. Und trotzdem hat das gleiche Volk die ganze königliche Familie, den ganzen Adel

Frankreichs und alle jene hingemordet, die der Nation den edlen Charakter verliehen, so daß sie von allen anderen geschätzt, geliebt und sogar zum Vorbild genommen wurde. Das französische Volk, sagt Monsieur de Voltaire selbst, ist das abscheulichste von allen, ein Chamäleon, das alle Farben annimmt und zu allem fähig ist, was ein Anführer im Guten oder Bösen von ihm zu tun verlangt.

Als Damiens gefoltert wurde und ich ihn brüllen hörte, obwohl nur noch die Hälfte seines Körpers übrig war, mußte ich meine Augen abwenden; aber die Lambertini und Madame XXX wandten sie nicht ab, und nicht etwa deshalb, weil sie grausame Herzen hatten. Sie sagten mir, und ich mußte vorgeben, es zu glauben, sie könnten für ein derartiges Scheusal nicht das geringste Mitleid empfinden, so sehr liebten sie Ludwig XV. Allerdings nahm Tiretta Madame XXX während der ganzen Zeit der Hinrichtung auf so seltsame Weise in Anspruch, daß sie möglicherweise nur seinetwegen nie wagte, sich zu rühren oder den Kopf abzuwenden.

Da er hinter ihr stand, und zwar ganz dicht, hatte er ihr Kleid aufgehoben, um nicht daraufzutreten, und das war gewiß richtig. Bei genauerem Hinsehen merkte ich jedoch, daß er es etwas zu hoch gehoben hatte; da entschloß ich mich, weder das Unternehmen meines Freundes zu stören noch Madame XXX in Verlegenheit zu bringen, und stellte mich dicht hinter meine Angebetete, damit ihre Tante sicher sein konnte, daß weder ich noch ihre Nichte sehen konnten, was Tiretta mit ihr trieb. Volle zwei Stunden lang hörte ich das Geraschel des Kleides, und da ich die Sache recht unterhaltsam fand, wich ich nie von der Vorschrift ab, die ich mir selbst auferlegt hatte. Im stillen bewunderte ich Tirettas guten Appetit noch mehr als seine Kühnheit, denn in dieser Hinsicht hatte ich es ihm oft gleichgetan.

Als ich am Ende der Prozedur sah, daß sich Madame XXX aufrichtete, wandte auch ich mich um. Mein Freund war heiter, frisch und ruhig, als ob nichts gewesen wäre; die Dame jedoch schien mir gedankenverloren und ernster als sonst. Sie hatte sich in der peinlichen Lage befunden, sich verstellen und erdulden zu müssen, was dieser Grobian ihr angetan hatte, um nicht das Gelächter der Lambertini herauszufordern und ihrer Nichte Geheimnisse zu enthüllen, die sie noch nicht wissen durfte.

Ich setzte die Lambertini an ihrer Tür ab und bat sie, mir Tiretta zu überlassen, da ich ihn brauche. Sodann ließ ich Madame XXX vor ihrem Haus in der Rue St. André-des-Arts aussteigen; sie bat mich, sie am nächsten Tag aufzusuchen, da sie mir etwas zu sagen habe. Mir fiel auf, daß sie sich von meinem Freund nicht verabschiedete. Ich nahm ihn mit zum Abendessen bei Landel, einem Weinhändler im Hôtel de Buci, wo es für sechs France je Person ausgezeichnete Fleisch- und Fastenspeisen gab.

»Was hast du hinter Madame XXX getrieben?« fragte ich.

»Ich bin sicher, daß weder du noch sonst jemand etwas gesehen hat.«

»Das ist möglich; aber da ich den Beginn des Manövers bemerkte und voraussah, was du zu tun im Begriff warst, habe ich mich so hingestellt, daß weder Mademoiselle de la M-re noch die Lambertini dich sehen konnten. Ich kann mir vorstellen, was du getan hast, und bewundere deinen derben Appetit; aber Madame XXX ist beleidigt.«

»Das heißt, sie tut so; denn da sie zwei Stunden lang stillgehalten hat, darf ich wohl annehmen, daß es ihr nicht unangenehm gewesen ist.«

»Das glaube ich auch; aber ihre Eigenliebe verlangt, daß sie behauptet, du hättest es ihr gegenüber an Achtung fehlen lassen; tatsächlich siehst du ja, daß sie dir böse ist und daß sie morgen mit mir sprechen will!«

»Aber sie wird mit dir nicht über dieses Getändel reden, glaube ich; sie wäre ja verrückt.«

»Warum nicht? Du kennst die Betschwestern nicht. Sie nehmen mit Freuden jede Gelegenheit wahr, einem Dritten unter Tränen derartige Geständnisse zu machen, besonders wenn sie häßlich sind. Möglicherweise wird Madame XXX

Genugtuung verlangen, und ich werde mich mit Vergnügen der Sache annehmen.«

»Ich sehe nicht, welche Genugtuung sie verlangen könnte. Wenn sie nicht einverstanden gewesen wäre, hätte sie mir einen Fußtritt geben können, daß ich hintenüber von der Stufe gefallen wäre.«

»Die Lambertini ist ebenfalls böse auf dich, das habe ich gesehen. Sie hat die Sache vielleicht auch bemerkt und meint, du seiest ihr untreu geworden.«

»Die Lambertini grollt mir aus einem anderen Grund. Gestern nacht habe ich Porzellan zerschlagen, und noch vor heute abend ziehe ich aus.«

»Endgültig?«

»Ja, endgültig. Höre dir die Geschichte an: Gestern abend warf ein junger Mann, ein Angestellter der Steuerpacht, den eine alte genuesische Gaunerin zum Abendessen hergeschleppt hatte, meiner Gastgeberin die Karten ins Gesicht und nannte sie eine Diebin, nachdem er beim Tiercet[55] vierzig Louis verloren hatte. Ich griff nach dem Leuchter und drückte in seinem Gesicht die Kerze aus, auf die Gefahr hin, ihm ein Auge auszustoßen; sie ging jedoch nicht ins Auge. Er rannte schreiend zu seinem Degen, und wenn die Genueserin ihm nicht in den Arm gefallen wäre, hätte es wohl ein Gemetzel gegeben, denn ich hatte bereits blank gezogen. Als der Unglücksmensch im Spiegel seine Wunde sah, geriet er derart in Wut, daß man ihn nur beruhigen konnte, indem man ihm sein Geld zurückgab. Das taten die Damen trotz meines Einspruchs, denn man konnte es nicht zurückgeben, ohne damit die Betrügerei einzugestehen. Das führte, nachdem der junge Mann gegangen war, zu einer recht scharfen Auseinandersetzung mit der Lambertini. Sie sagte zu mir, es sei gar nichts geschehen, und wir hätten noch die vierzig Louis, wenn ich mich nicht eingeschmischt hätte, schließlich hätte er ja sie beschimpft und nicht mich; und die Genueserin fügte hinzu, wenn wir ruhig Blut bewahrt hätten, wäre er noch oft zu uns gekommen, aber jetzt, mit dem Mal von der brennenden Kerze im Gesicht, würde er weiß Gott was anstellen. Ich hatte genug von der niederträchtigen Moral dieser Weibsbilder, und als ich sie zum Teufel wünschte, sagte mir meine liebe Gastgeberin, ich sei nichts weiter als ein Schmarotzer. Wäre nicht Monsieur Lenoir gekommen, hätte ich sie verprügelt. Sie sagten mir, ich solle still sein, aber ich war zu sehr in Hitze. Ich sagte dem guten Mann, seine Geliebte habe mich einen Schmarotzer genannt, sie sei eine H… , sie sei auch nicht meine Kusine, und ich würde noch heute ausziehen. Mit diesen Worten stürmte ich in mein Zimmer hinauf und schloß mich ein. In zwei Stunden hole ich mir meine Siebensachen, und morgen früh komme ich zu dir zum Frühstück.«

Tiretta hatte recht. Je mehr ich seinen Charakter kennenlernte, desto klarer sah ich auch, daß er nicht für ein so hundsföttisches Handwerk geboren war.

Am nächsten Tag ging ich gegen Mitag zu Fuß zu Madame XXX, die ich in Gesellschaft ihrer Nichte antraf. Eine Viertelstunde später gebot sie ihr, uns allein zu lassen, und erzählte mir das folgende:

»Sie werden über das, was ich zu sagen habe, überrascht sein. Ich habe mich entschlossen, Ihnen ohne lange Umschweife eine Beschwerde ganz unerhörter Art vorzutragen, denn der Fall ist peinlich und dringend. Um mich dazu zu entschließen, mußte ich mir nur noch einmal bestätigen, daß Sie dem Bild entsprechen, das ich mir von Ihnen gemacht hatte, als ich Sie das erstemal sah. Ich halte Sie für einen klugen, verschwiegenen Ehrenmann mit guten Manieren, der darüber hinaus noch von wahrer Religiosität erfüllt ist. Wenn ich mich täuschen sollte, wird ein Unglück geschehen, denn da ich mich beleidigt fühle und es mir nicht an Mitteln gebricht, würde ich mich zu rächen wissen; und als sein Freund wären Sie darüber erzürnt.«

»Wollen Sie sich vielleicht über Tiretta beklagen?«

»Ja, über ihn. Er ist ein Schurke und hat mich auf beispiellose Art beleidigt.«

»Dessen hätte ich ihn nie für fähig gehalten. Welcher Art, Madame, ist die Beleidigung? Zählen Sie auf mich.«

»Ich mag es Ihnen nicht sagen, Monsieur, aber ich hoffe, Sie werden es erraten. Gestern bei der Hinrichtung dieses schurkischen Damiens hat er zwei Stunden lang auf absonderliche Weise die Stellung mißbraucht, in der er sich hinter mir befand.«

»Ich verstehe alles, und Sie können es sich ersparen, mir mehr zu erzählen. Sie haben recht, und ich verdamme ihn, denn das ist ein hinterlistiger Streich. Aber gestatten Sie mir zu sagen, daß der Fall nicht ohne Beispiel und auch nicht selten ist; ich halte ihn sogar für verzeihlich, sei es, daß er aus Liebe geschah, sei es infolge der obwaltenden Umstände, der allzu großen Nähe des Versuchers oder der allzu großen Jugend des Sünders. Es ist ein Vergehen, das man in vollkommenem Einverständnis mit der Beleidigten auf verschiedene Weise gutmachen kann. Tiretta ist Junggeselle, ein Edelmann aus sehr guter Familie, und eine Heirat wäre durchaus möglich; wenn eine Heirat nicht Ihren Absichten entspricht, kann er seinen Fehler durch eine ganz beständige Freundschaft gutmachen und Ihnen dabei unwiderlegbare Beweise seiner Reue liefern, die ihn Ihrer Nachsicht würdig machen. Bedenken Sie, Madame, daß er ein Mann ist und daher allen menschlichen Schwächen unterworfen und daß ferner Ihre Reize sicher nicht wenig zur Verwirrung seiner Sinne beigetragen haben. Ich glaube doch, daß er auf Verzeihung hoffen darf.«

»Verzeihung? Alles, was Sie da gesagt haben, entspringt der Weisheit einer christlichen Seele; aber Ihre ganze Beweisführung geht von einer falschen Voraussetzung aus. Sie kennen nicht die Umstände. Aber ach, wie sollte man sie auch erraten?«

Als Madame XXX daraufhin einige Tränen vergoß, wurde ich stutzig. Ich wußte nicht, was ich mir denken sollte. Sollte er ihr etwa die Geldbörse gestohlen haben, fragte ich mich. Sie wischte sich die Tränen ab und fuhr fort:

»Sie denken an eine Sünde, die man mit einigem Bemühen noch mit der Vernunft vereinbaren und für die man, wie ich zugebe, eine entsprechende Sühne finden könnte; aber was dieser Rohling mir angetan hat, ist eine Gemeinheit, an die ich gar nicht denken darf, um nicht wahnsinnig zu werden.«

»Großer Gott! Was höre ich da? Mich schaudert es. Bitte sagen Sie mir, ob ich es erraten habe.«

»Ich glaube ja, denn ich kann mir nicht denken, daß man sich Schlimmeres vorstellen könnte. Ich sehe Sie erschüttert. Die Sache ist aber trotzdem so. Verzeihen Sie mir meine Tränen, und suchen Sie bitte deren Quelle nur im Unwillen und in der Schmach.«

»Und in der Religion.«

»Auch darin. Sie ist sogar die Hauptursache. Ich erwähnte sie nicht, weil ich nicht wußte, ob Sie ihr auch eine solche Bedeutung bemessen wie ich.«

»So gut ich kann, gottlob.«

»Machen Sie sich also darauf gefaßt, daß ich mich der Verdammnis aussetze, denn ich will mich rächen.«

»Verzichten Sie auf diesen Plan, Madame! Ich könnte dazu niemals meine Hand leihen; und wenn Sie schon nicht darauf verzichten, erlauben Sie mir wenigstens, daß ich nichts davon weiß. Ich verspreche Ihnen, ihm nichts zu sagen, obwohl er bei mir wohnt und die Gesetze der Gastfreundschaft mich verpflichten würden, ihn zu warnen.«

»Ich glaubte, er wohne bei der Lambertini?«

»Er ist gestern ausgezogen. Dort geschahen verbrecherische Dinge. Ich habe ihn aus dieser schändlichen Verstrikkung befreit.«

»Was sagen Sie da? Ich bin überrascht und schöpfe Hoffnung. Ich will nicht seinen Tod, Monsieur; aber geben Sie zu, daß ich Genugtuung fordern muß.«

»Ich pflichte Ihnen bei; aber ich finde keine, die der Beleidigung entspräche. Ich kenne nur eine, und ich mache mich anheischig, sie Ihnen zu verschaffen.«

»Sagen Sie mir wie.«

»Ich werde ihn, ohne daß er etwas ahnt, zu Ihnen bringen und mit Ihnen allein lassen, damit Ihr gerechter Zorn ihn treffe; aber nur unter der Bedingung, daß ich mich ohne sein Wissen im Nebenzimmer aufhalte, denn ich fühle mich für sein Leben verantwortlich.«

»Ich bin einverstanden. Sie werden sich hier in diesem Zimmer aufhalten und ihn mir in dem anderen, wo ich Sie empfangen werde, überlassen; aber er darf es nicht erfahren.«

»Er wird nicht einmal ahnen, daß ich ihn hierherbringe. Er soll nicht wissen, daß ich über diese Schandtat unterrichtet bin. Ich werde ihn unter irgendeinem Vorwand mit Ihnen allein lassen.«

»Wann gedenken Sie, ihn zu bringen? Ich brenne darauf, ihm meine Meinung zu sagen. Er soll erzittern. Ich kann mir nicht vorstellen, welche Ausreden er daherstottern wird, um seine Untat zu rechtfertigen.«

Um ein Uhr kam der Abbé Des Forges, und sie beredete mich, mit ihm zum Mittagessen zu bleiben. Der Abbé war ein Schüler des berühmten Bischofs von Auxerre[56], der damals noch lebte. Bei Tisch sprach ich so gut über die Gnade und zitierte so reichlich den heiligen Augustinus, daß der Abbé und seine fromme Freundin mich für einen sehr eifrigen Jansenisten[57] hielten, was allerdings meiner ganzen Erscheinung keineswegs entsprach. Mademoiselle de la M-re sah mich kein einziges Mal an, und da sie ihre Gründe haben mußte, richtete ich nie das Wort an sie.

Nach dem Essen versprach ich Madame XXX, ihr den Schuldigen am folgenden Tag auszuliefern, in der sicheren Annahme, daß er in der Nacht ihr Haus nicht erkennen würde, wenn ich mit ihm die Comédie Française zu Fuß verließ.

Tiretta aber lachte nur, als ich ihm alles erzählte und ihm mit gespieltem Ernst die Schandtat vorwarf, die er an einer allseits geachteten Dame zu begehen gewagt hatte.

»Ich hätte nie geglaubt«, antwortete er, »daß sie sich entschließen konnte, sich bei jemandem darüber zu beklagen.«

»Du leugnest also nicht, ihr dies angetan zu haben?«

»Wenn sie es behauptet, will ich es nicht abstreiten; aber wenn ich tot umfallen müßte, könnte ich es nicht beschwören. In der Stellung, in der ich mich befand, konnte ich anscheinend nicht anders handeln. Aber ich werde sie schon besänftigen, und ich werde versuchen, es kurz zu machen, um dich nicht warten zu lassen.«

»Keineswegs. Dein Interesse wie auch das meine verlangen im Gegenteil, daß es möglichst lange dauert, denn ich bin überzeugt, daß ich mich nicht langweilen werde. Du darfst nicht wissen, daß ich im Hause bin; und selbst wenn du nur eine Stunde bei ihr bleibst, nimm dir eine Kutsche und fahre ohne mich. Auf der Straße findest du immer welche. Du kannst dir wohl denken, daß die mindeste Höflichkeit, die Madame XXX mir schuldet, darin besteht, mich nicht allein und ohne Kaminfeuer zu lassen. Vergiß nie, daß sie von guter Abkunft, reich und fromm ist. Bemühe dich, ihre Freundschaft nicht steifnackig ertrotzen zu wollen, sondern ›de faciem ad faciem‹ (von Angesicht zu Angesicht)[58], wie der König von Preußen sagte[59]. Vielleicht kann es dein Glück bedeuten. Wenn sie dich fragt, weshalb du nicht mehr mit der Lambertini lebst, verrate ihr den Grund nicht. Deine Verschwiegenheit wird ihr gefallen. Kurzum, bemühe dich, deine leidige Schandtat gut zu sühnen.«

»Ich muß ihr ganz einfach nur die Wahrheit sagen. Ich wußte nicht, wo ich eindrang.«

»Die Entschuldigung ist einzigartig, und als Französin kann sie sie wohl glaubhaft finden.«

Als wir aus dem Theater kamen, schickte ich meinen Wagen fort und brachte den Schuldigen zu der Matrone, die uns sehr würdevoll empfing und sagte, sie esse nie zu Abend; hätten wir sie aber vorher benachrichtigt, so hätte sie etwas für uns bereitgestellt. Ich erzählte ihr alle Neuigkeiten, die ich im Foyer erfahren hatte, und bat sie dann um Erlaubnis, sie mit meinem Freund allein zu lassen, da ich im Hôtel d'Espagne[60] einen Ausländer besuchen müsse.

»Wenn ich mich um mehr als eine Viertelstunde verspäte«, sagte ich zu Tiretta, »so warte nicht auf mich. Auf der Straße findest du eine Kutsche. Wir sehen uns morgen.«

Anstatt die Treppe hinabzugehen, trat ich durch eine Tür im Korridor in das Nebenzimmer ein. Nach zwei oder drei Minuten erschien Mademoiselle de la M-re mit einem Leuchter in der Hand und sagte lachend, sie wisse nicht, ob sie träume. »Meine Tante hat mir aufgetragen, Sie nicht allein zu lassen und dem Hausmädchen zu sagen, sie solle erst heraufkommen, wenn sie klingle. Sie haben Graf ›Sechsmal‹ mit ihr allein gelassen, und sie hat mir eingeschärft, leise zu sprechen, denn er dürfe nicht wissen, daß Sie hier sind. Darf ich erfahren, was diese seltsame Geschichte bedeuten soll? Ich gestehe, daß ich sehr neugierig darauf bin.«

»Sie werden alles erfahren, mein Engel, aber mir ist kalt.«

»Sie hat mir auch aufgetragen, ordentlich einzuheizen. Sie ist großzügig geworden. Hier sind sogar Kerzen.«

Sobald wir uns vor das Kaminfeuer gesetzt hatten, erzählte ich ihr das ganze Abenteuer, das sie mit größer Aufmerksamkeit anhörte; aber sie vermochte nicht ganz zu folgen, als es darum ging, ihr die Art von Tirettas Verfehlung zu erklären. Es war mir nicht unangenehm, ihr die Sache in verständlichen Ausdrücken, begleitet von entsprechenden Gesten, erläutern zu müssen; darüber errötete und lachte sie zugleich. Ich fügte hinzu, ich hätte der Tante eine Genugtuung verschaffen müssen und die Sache so eingerichtet, daß ich sicher sein könne, mit ihr ungestört zusammen zu sein, solange Tiretta die Tante beschäftigte. Daraufhin überschüttete ich zum erstenmal ihr ganzes reizendes Gesicht mit Küssen, und da diese von keinen weiteren Freiheiten begleitet waren, nahm sie sie in allen Ehren als unwiderlegbare Beweise für meine Zuneigung entgegen.

»Zwei Dinge verstehe ich nicht«, meinte sie. »Erstens, wie hat ›Sechsmal‹ es angestellt, sich an meiner Tante zu vergehen, was ich zwar recht gut für möglich halte, wenn der angegriffene Teil einwilligt, was aber unmöglich sein muß, wenn er nicht einverstanden ist. Das läßt mich schließen, daß meine gute Tante auch zugestimmt haben muß; sonst gäbe es keine Verfehlung.«

»Gewiß, denn sie hätte ja ihre Stellung ändern können.«

»Und sogar ohne das, denn mir scheint, es hätte nur an ihr gelegen, ihm das Eindringen unmöglich zu machen.«

»In dieser Hinsicht, mein Engel, täuschen Sie sich. Ein richtiger Mann verlangt nur, daß die Körperhaltung gleich bleibt; dann durchbricht er ziemlich leicht die Sperre. Außerdem glaube ich nicht, daß bei Ihrer Tante dieser Eingang ebenso beschaffen ist wie etwa bei Ihnen.«

»Was das anbetrifft, würde ich hundert Tiretta Trotz bieten. Die andere Sache, die ich nicht begreife, ist die, wie meine Tante Ihnen von dieser Beleidigung erzählen konnte, da sie doch, wenn sie es sich einigermaßen überlegt hätte, voraussehen mußte, daß die Geschichte für Sie nur Anlaß zum Lachen sein konnte, so wie sie auch mich zum Lachen reizt. Ich verstehe schließlich nicht, welche Art von Genugtuung sie von einem verrückten Grobian erwarten kann, der der Sache vielleicht nicht die geringste Bedeutung beimißt. Ich glaube, er hätte bei jeder anderen Person, hinter der er sich in diesem Augenblick der Tollheit befunden hätte, den gleichen Streich versucht.«

»Sie urteilen richtig, denn er sagte mir selbst, er sei eingedrungen, aber er wisse wirklich nicht wo.«

»Ihr Freund ist ein recht komischer Vogel.«

»Über die Art der Genugtuung, die Ihre Tante fordert und vielleicht zu erlangen hofft, hat sie mir nichts gesagt, aber ich glaube, sie wird in einer Liebeserklärung bestehen, die er in aller Form zu machen hat; und er wird die aus Unkenntnis begangene Schandtat sühnen, indem er ihr richtiger Liebhaber wird und schon diese Nacht mit ihr verbringt, als hätte er sie heute morgen geheiratet.‹

»Damit würde die Geschichte ja zu drollig! Aber ich glaube nicht daran. Sie ist zu sehr von ihrer schönen Seele eingenommen; wie soll der junge Mann außerdem die Rolle des

Verliebten spielen können, wenn er ihr Gesicht vor den Augen hat? Er sah es ja nicht, als er ihr das an der Place de Grève angetan hat. Haben Sie jemals ein abstoßenderes Gesicht gesehen als das meiner Tante? Ihre Haut ist voller Pickel, sie hat Triefaugen, faule Zähne und einen unerträglichen Atem. Sie ist abscheulich.«

»Für einen Mann wie ihn, mein Herz, der mit seinen fünfundzwanzig Jahren jederzeit bereit ist, sind das nebensächliche Dinge. Ich hingegen werde nur zum Manne, wenn ich durch Reize wie die Ihren in Wallung gerate, und ich kann es kaum erwarten, sie rechtmäßig und ganz zu besitzen.«

»Sie werden in mir die zärtlichste aller Frauen finden, und ich bin überzeugt, ich werde mich so sehr Ihres Herzens bemächtigen, daß nichts es mir bis zu meinem Tode entreißen kann.« Da bereits eine Stunde vergangen war und die Unterredung ihrer Tante mit Tiretta immer noch andauerte, wurde mir klar, daß aus der Sache Ernst geworden war.

»Essen wir etwas«, schlug ich vor.

»Ich kann Ihnen nur Brot, Käse und Schinken anbieten, dazu einen Wein, den meine Tante gern trinkt.«

»Bringen Sie alles, denn mir ist schon ganz schwach im Magen.«

Kaum hatte ich das gesagt, legte sie auf einem kleinen Tisch zwei Gedecke auf und brachte alles, was sie hatte. Der Käse war ein Roquefort, der Schinken von feinster Sorte. Es hätte für zehn Personen gereicht, aber da wir nichts anderes hatten, aßen wir alles mit wahrem Heißhunger auf und leerten dazu zwei Flaschen. Die Augen des reizenden Mädchens glänzten vor Vergnügen, und wir verbrachten nicht weniger als eine Stunde bei diesem einfachen Mahl.

»Sind Sie nicht neugierig«, fragte ich sie, »was Ihre Tante mit ›Sechsmal‹ seit den zweieinhalb Stunden treibt, die sie schon beisammen sind?«

»Vielleicht spielen sie. Aber hier ist ja ein Loch in der Wand. Ich sehe nur die zwei Kerzen, deren Dochte einen Zoll lang sind.«

»Habe ich es Ihnen nicht gesagt? Geben Sie mir eine Dekke, ich lege mich hier auf das Kanapee; und Sie gehen auch schlafen. Zeigen Sie mir doch Ihr Bett!«

Sie ließ mich in ihr kleines Zimmer eintreten, in dem ich ein hübsches Bett, einen Betschemel und ein großes Kruzifix gewahrte. Ich behauptete, ihr Bett sei zu kurz für sie; sie widersprach und zeigte mir, daß sie sich darin in ihrer ganzen Länge ausstrecken könnte. Die bezaubernde Frau, die mir gehören würde!

»Ach bitte, rühren Sie sich nicht, und erlauben Sie, daß ich Ihnen das Kleid aufknöpfe, das unbekannte Schätze verbirgt; ich sterbe fast vor Sehnsucht, ihrer habhaft zu werden.«

»Mein Lieber, ich kann mich nicht wehren, aber nachher werden Sie mich nicht mehr lieben.«

Da mich ihr aufgeknöpftes Kleid nur die Hälfte sehen ließ, konnte sie meinem Drängen nicht widerstehen. Sie mußte dulden, daß ich all ihre Schönheiten vor meinen Augen enthüllte und daß ich meinen Mund auf sie preßte; als sie schließlich vor Verlangen ebenso glühte wie ich, öffnete sie mir ihre Arme gegen das Versprechen, daß ich sie in der wesentlichen Sache schonen würde. Was verspricht man nicht in solchen Augenblicken? Aber welche Frau, wenn sie von Herzen liebt, denkt auch daran, ihren Geliebten an sein Versprechen zu mahnen, wenn die Liebe sich des Platzes bemächtigt hat, den sonst die Vernunft einnimmt? Nachdem wir eine Stunde mit verliebtem Getändel verbracht hatten, das sie entflammte und von dem sie bisher nicht die geringste Ahnung gehabt hatte, zeigte ich mich betrübt, sie verlassen zu müssen, ohne ihren Reizen, wie sie es verdienen, die wesentliche Huldigung erwiesen zu haben. Ich sah sie seufzen.

Da ich mich darauf einrichten mußte, auf dem Kanapee zu schlafen, und das Feuer ausgegangen war, bat ich sie um eine Decke, denn es war recht kalt. Wäre ich mit ihr im Bett und enthaltsam geblieben, wie ich es versprochen hatte, wäre ich nur allzu leicht eingeschlafen. Sie bat mich, im Bett zu bleiben, während sie ein Bündel Holz anzünde. Um schnell zu machen, dachte sie nicht daran, etwas anzuziehen. In einer Minute brannte ein helles Feuer; aber es war nicht so stark wie jenes, das mein ganzes Wesen ergriff, als sie sich zum Feuer bückte und ihre Reize mich mit unwiderstehlicher Macht übermannten. Rasch sprang ich auf sie zu, entschlossen, mein Wort zu brechen, und sicher, daß sie nicht die Kraft haben würde, mir zu widerstehen. Ich schloß sie in meine Arme und sagte, ich wäre zu beklagen, wenn sie sich nicht wenigstens aus Mitleid, wenn schon nicht aus Liebe, entschließen würde, mich glücklich zu machen.

»Machen wir uns also glücklich«, antwortete sie; »und seien Sie überzeugt, daß bei mir kein Mitleid im Spiel ist.«

Wir legten uns auf das Kanapee und trennten uns erst im Morgengrauen. Nachdem sie mir nochmals Feuer gemacht hatte, schloß sie sich zum Schlafen in ihr Zimmer ein, und auch ich schlief ein.

Es war schon gegen Mittag, als mich Madame XXX in einem eleganten Negligé weckte.

»Guten Morgen, Madame. Was ist aus meinem Freund geworden?«

»Der meine. Ich habe ihm verziehen. Er hat mir zweifelsfrei bewiesen, daß er sich geirrt hatte. Er ist nach Hause gegangen. Sagen Sie ihm nicht, daß Sie die Nacht hier verbracht haben, denn er könnte glauben, Sie hätten sie mit meiner Nicht verbracht. Ich bin Ihnen zu Dank verpflichtet; aber ich bedarf auch Ihrer Nachsicht und Verschwiegenheit.«

»Sie können beruhigt sein, Madame, es genügt mir zu wissen, daß Sie ihm verziehen haben.«

»Wie konnte ich anders? Dieser Junge ist ein wahrhaft himmlisches Geschöpf. Wenn Sie wüßten, wie er mich liebt! Ich bin ihm dankbar. Ich habe ihn auf ein Jahr bei mir in Pension genommen; er wird gut untergebracht und noch besser verpflegt werden. Zu diesem Zweck werden wir heute noch La Villette[61] fahren, wo ich ein hübsches kleines Haus besitze. Am Anfang muß ich so vorgehen, um böse Zungen im Zaum zu halten. In La Villette werden Sie stets ein gutes Zimmer finden, wenn Sie Lust haben, dorthin zum Souper zu kommen. Es tut mir nur leid, daß Sie sich langweilen werden, denn meine Nichte ist eine mürrische Person.«

»Ihre Nicht war sehr liebenswürdig; sie hat mir ein wohlschmeckendes Abendessen gebracht und mir bis drei Uhr früh Gesellschaft geleistet.«

»Das nimmt mich Wunder. Wie hat sie das zustande gebracht, es war doch nichts da?«

»Wir haben alles aufgegessen, was es gab; dann ging sie zu Bett, und ich habe hier sehr gut geschlafen.«

»Ich hätte das Mädchen nicht für so gescheit gehalten. Gehen wir zu ihr! Sie hat sich eingeschlossen. Mach doch auf! Mach auf! Warum sperrst du dich denn ein, zu Zierpuppe! Monsieur ist ein sehr ehrenwerter Mann.«

Sie öffnete die Tür und bat um Entschuldigung, daß sie sich im tiefsten Negligé zeige; sie war betörend schön.

»Sehen Sie nur«, sagte ihre Tante, »sie wäre nicht übel. Schade, daß sie so einfältig ist. Du hast gut daran getan, Monsieur Casanova etwas zum Essen zu bringen. Ich habe die ganze Nacht gespielt, und wenn man spielt, verliert man den Kopf. Ich hatte vollkommen vergessen, daß ihr hier seid, und da ich nicht wußte, daß Graf Tiretta zu soupieren pflegt, habe ich nichts veranlaßt. Aber in Zukunft werde ich dafür sorgen. Ich habe den Jungen in Pension genommen. Er hat einen hervorragenden Charakter und auch Verstand. Ihr sollt sehen, wie schnell er Französisch lernen wird. Zieh dich an, wir müssen unsere Sachen packen. Nach dem Mittagessen fahren wir nach La Villette, um dort den ganzen Frühling zu verbringen. Hör zu, meine Nichte! Es ist nicht notwendig, daß du diese Geschichte meiner Schwester erzählst.«

»Seien Sie beruhigt, liebe Tante. Habe ich ihr vielleicht von den anderen Malen erzählt?«

»Da sehen Sie, wie einfältig sie ist! Wenn man das ›von

den anderen Malen‹ hört, möchte man meinen, so etwas sei mir nicht zum ersten Mal geschehen.«

»Ich wollte sagen, daß ich ihr überhaupt nie das geringste erzähle.«

»Wir essen um zwei Uhr, Sie essen mit uns, und wir fahren dann gleich ab. Tiretta hat mir versprochen, mit seinem kleinen Koffer hier zu sein. Wir packen alles in eine Kutsche.« Ich versprach ihr, pünktlich zu sein. Ich ging schnell nach Hause, denn ich war sehr neugierig, die ganze Geschichte von Tiretta selbst zu hören. Als er wach wurde, berichtete er mir, daß er sich auf ein Jahr für fünfundzwanzig Louis im Monat mit Unterkunft und Verpflegung verkauft hätte.

»Herzlichen Glückwunsch. Sie hat mir gesagt, du seiest ein wahrhaft übermenschliches Geschöpf.«

»Dafür habe ich ja auch die ganze Nacht gearbeitet; aber ich bin überzeugt, daß auch du deine Zeit nicht verloren hast.«

»Zieh dich an, denn ich komme mit zum Essen und möchte sehen, wie du nach La Villette abfährst; übrigens werde ich auch gelegentlich hinkommen, denn dein Täubchen hat mir gesagt, daß ich dort über ein Zimmer verfügen kann.«

Um zwei Uhr fanden wir uns ein. Madame XXX, als junges Mädchen gekleidet, machte eine reichlich komische Figur; aber Mademoiselle de la M-re war schön wie der Morgenstern. Um vier Uhr fuhren sie mit Tiretta ab, und ich ging in die italienische Komödie[62].

Ich war verliebt in dieses Mädchen, aber Silvias Tochter, mit der ich nur das Vergnügen hatte, im Familienkreis zu speisen, machte mich in dieser Liebe, die mir nichts mehr zu wünschen übrig ließ, schwankend. Wir beklagen uns über die Frauen, die uns, obwohl sie uns lieben und sicher sind, wieder geliebt zu werden, ihre Gunst verweigern; aber wir haben unrecht. Wenn diese Frauen uns lieben, müssen sie fürchten, uns zu verlieren, und deshalb müssen sie alles in ihrer Macht Stehende tun, um unser Verlangen, sie zu besitzen, stets lebendig zu erhalten. Gelangen wir an das Ziel unserer Wünsche, werden wir sie mit Gewißheit nicht mehr begehren; denn man begehrt nicht, was man besitzt. Die Frauen haben also recht, wenn sie unserem Verlangen nicht nachgeben. Aber wenn das Verlangen beider Geschlechter gleich stark ist, warum geschieht es dann nie, daß sich ein Mann einer Frau versagt, die er liebt und die um ihn wirbt? Der Grund kann nur in Folgendem liegen: Dem Mann, der liebt und sich geliebt weiß, sind die Freuden, die er seiner Überzeugung nach dem geliebten Wesen schenkt, wichtiger als jene, die sie ihrerseits bei der Vereinigung zu schenken vermag. Aus diesem Grund drängt es ihn, sie zu beglücken. Der Frau, die in ihren eigenen Interessen befangen ist, müssen die erlebten Freuden wichtiger sein als jene, die sie schenkt; deshalb schiebt sie die Hingabe hinaus, so lange sie kann, denn wenn sie sich ergibt, fürchtet sie, das zu verlieren, woran ihr am meisten liegt, ihre eigenen Freuden. Diese Einstellung entspricht der Natur des weiblichen Geschlechts und ist der einzige Grund für die Koketterie, die man einer Frau mit Recht verzeiht, während man sie einem Mann nie verzeihen könnte. Auch erlebt man sie bei einem Mann höchst selten.

Silvias Tochter liebte mich und wußte, daß auch ich sie liebte, obwohl ich mich nie erklärt hatte; aber sie hütete sich sehr, es mich merken zu lassen. Sie fürchtete, sie würde mich ermutigen, Gunstbeweise zu fordern; und da sie sich nicht die Kraft zutraute, sie mir zu verwehren, hatte sie Angst, mich nachher zu verlieren. Ihre Eltern hatten sie Clément versprochen, der sie seit drei Jahren im Cembalospiel unterrichtete; sie wußte es und konnte es nur gutheißen, denn sie liebte ihn zwar nicht, aber sie haßte ihn auch nicht. Da sie wußte, daß er ihr bestimmt war, sah sie ihn recht gern. Die meisten wohlerzogenen Mädchen gehen in die Ehe, ohne daß Liebe mit im Spiel wäre, und es betrübt sie nicht allzusehr. Sie scheinen zu wissen, daß ihre Ehemänner nicht dazu geschaffen sind, ihre Geliebten zu sein. Die gleiche Überzeugung herrscht, vor allem in Paris, auch bei den Männern. Die Franzosen wachen eifersüchtig über ihre Mätressen, nie über ihre Frauen. Clément, der Cembalo-Lehrer, war jedoch offensichtlich in seine Schülerin verliebt, und sie war erfreut, daß ich es merkte. Sie wußte, daß diese Gewißheit mich letzten Endes zwingen würde, mich zu erklären, und sie täuschte sich nicht. Ich entschloß mich dazu, nachdem Mademoiselle de la M-re abgereist war, habe es jedoch bereut. Nach meiner Erklärung wurde Clément verabschiedet; aber ich fand mich nun in einer viel schlechteren Lage. Ein Mann, der einer Frau seiner Liebe anders als handgreiflich erklärt, hat noch viel zu lernen.

Drei Tage nach Tirettas Abreise fuhr ich nach La Villette, um ihm sein geringes Gepäck nachzubringen, und wurde von Madame XXX freudig begrüßt. Eben, als wir uns zu Tisch setzen wollten, traf Abbé Des Forges ein. Dieser Tugendwächter, der mir in Paris seine große Freundschaft beteuert hatte, blickte mich während des Essens kein einziges Mal an. Tiretta erging es nicht besser, und beim Dessert riß ihm schließlich die Geduld. Er erhob sich als erster vom Tisch und ersuchte Madame XXX, es ihm anzukündigen, wenn dieser Herr zu Tisch käme; sie zog sich sogleich mit ihm zurück. Tiretta zeigte mir sein Zimmer, das natürlich neben dem von Madame lag. Während er seine Sachen einordnete, zeigte mir Mademoiselle meine Behausung. Es war ein recht hübsches Zimmer zu ebener Erde; das ihre lag gegenüber. Ich wies sie darauf hin, wie leicht ich zu ihr kommen könnte, sobald alle im Bett seien, aber sie entgegnete, ihr Bett sei zu klein, sie werde deshalb zu mir kommen.

Dann erzählte sie mir, wie närrisch sich ihre Tante mit Tiretta anstelle.

»Sie glaubt, wir wüßten nicht«, sagte sie, »daß er mit ihr schläft. Heute morgen klingelte sie um elf Uhr und trug mir auf, ihn fragen zu gehen, ob er gut geschlafen habe. Als ich sein Bett unberührt sah, fragte ich ihn, ob er die ganze Nacht geschrieben habe. Er bejahte und bat mich, Madame nichts davon zu sagen.«

»Macht er dir schöne Augen?«

»Nein. Aber wozu auch! Das bißchen Verstand, das er hat, muß ihm doch sagen, daß er sich verächtlich macht.«

»Wodurch?«

»Weil meine Tante ihn bezahlt.«

»Du bezahlst mich ja auch.«

»Das stimmt, aber mit der gleichen Münze, die du mir gibst.«

Ihre Tante behauptete, sie hätte keinen Verstand, und glaubte es auch. Aber sie besaß sehr viel Verstand und ebensoviel Tugend, und ich hätte sie nie verführen können, wäre sie nicht in einem Beginenkloster erzogen worden.

Ich kehrte zu Tiretta zurück und verbrachte eine gute Stunde mit ihm. Ich fragte ihn, ob er mit seinem Dienst zufrieden sei.

»Ich tue ihn ohne Freude, aber da er mich nichts kostet, bin ich nicht unglücklich. Ich muß ihr ja nicht unbedingt ins Gesicht sehen, und sonst ist sie sehr appetitlich.«

»Behandelt sie dich schonend?«

»Sie zerfließt vor Gefühl. Heute früh wollte sie nicht, daß ich ihr den Morgengruß gebe. Sie sagte, sie sei sicher, daß ihre Weigerung mich schmerzen würde, aber ich müsse meine Gesundheit über das Vergnügen stellen.«

Als Abbé Des Forges gegangen und Madame wieder allein war, suchten wir sie in ihrem Zimmer auf. Sie behandelte mich wie einen alten Bekannten und gebärdete sich Tiretta gegenüber haarsträubend kindisch. Aber mein wackerer Freund erwiderte ihre Zärtlichkeiten so getreulich, daß ich ihn bewundern mußte. Sie versicherte ihm, daß er Abbé Des Forges nicht mehr begegnen würde. Als er ihr gesagt hätte, sie sei sowohl für diese Welt als auch für das Jenseits verloren und er werde sie ihrem Schicksal überlassen, habe sie ihn beim Wort genommen.

Eine Nachbarin, eine ehemalige Schauspielerin namens Quinault[63], machte Madame XXX einen Besuch; eine Viertelstunde darauf traf Madame Favart[64] mit Abbé de Voisenon[65] ein, und eine weitere Viertelstunde später kam Mademoiselle Amelin[66] mit einem hübschen Jungen, den sie als ihren Neffen bezeichnete und der Chalabre hieß; er war ihr sehr ähnlich, aber sie war nicht der Meinung, daß sie sich deshalb als seine Mutter bekennen müßte. In ihrer Begleitung befand sich Monsieur Paton, ein Piemontese, der sich nach langen Bitten bereit erklärte, eine Pharaobank aufzulegen; in weniger als zwei Stunden gewann er der Gesellschaft ihr Geld ab, mich ausgenommen, denn ich spielte nicht mit. Ich beschäftigte mich nur mit Mademoiselle de la M-re. Außerdem war der Bankhalter offensichtlich ein Falschspieler, aber Tiretta merkte es erst, als er sein ganzes Geld und dazu noch hundert Louis auf Ehrenwort verloren hatte. Als nun der Bankhalter die Karten auf den Tisch legte, sagten ihm Tiretta auf gut italienisch, er sei ein Gauner. Der Piemontese entgegnete mit größter Ruhe, das sei erlogen. Daraufhin sagte ich, Tiretta habe nur gescherzt, und zwang diesen, wenn auch lachend, es zuzugeben. Er zog sich in sein Zimmer zurück. Die Angelegenheit hatte kein Nachspiel; Tiretta wäre im Unrecht gewesen.

Noch am gleichen Abend sagte ich ihm gründlich die Meinung. Ich machte ihm klar, daß er, wenn er schon spielte, der Geschicklichkeit des Bankhalters ausgeliefert sei, der möglicherweise ein Gauner, zugleich aber auch mutig sein konnte, und daß er demnach sein Leben aufs Spiel setze, wenn er es ihm zu sagen wage.

»Soll ich mich also bestehlen lassen?«

»Ja, denn du hast ja die Wahl. Es steht dir frei, nicht zu spielen.«

»Ich werde bei Gott die hundert Louis nicht bezahlen!«

»Ich rate dir, sie zu bezahlen, und sogar noch bevor er sie verlangt.«

Drei Viertelstunden, nachdem ich mich ins Bett gelegt hatte, kam Mademoiselle de la M-re in meine Arme, und wir verbrachten eine noch weit süßere Nacht als die erste.

Am nächsten Morgen kehrte ich, nachdem ich mit Madame XXX und ihrem Freund gefrühstückt hatte, nach Paris zurück. Drei oder vier Tage später kam Tiretta mit der Nachricht zu mir, der Kaufmann aus Dünkirchen sei angekommen; er werde bei Madame XXX zu Mittag speisen, und sie bäte mich sehr, dabeizusein. Mit kummervollem Herzen zog ich mich an. Ich konnte weder dieser Eheschließung zustimmen noch das tun, was ich zu ihrer Verhinderung hätte tun können. Ich fand Mademoiselle de la M-re geschmückter als gewöhnlich.

»Ihr Bräutigam«, meinte ich, »würde Sie auch ohne all diesen Schmuck bezaubernd finden.«

»Meine Tante glaubt es nicht. Ich bin neugierig, wie er aussieht, obwohl ich mit Ihnen als Rückhalt sicher bin, daß er nie mein Gatte sein wird.«

Einen Augenblick später trat er mit dem Bankier Kornmann ein, der die Heirat vermittelt hatte. Ich sah, daß er ein stattlicher, etwa vierzigjähriger Mann mit offenem Gesichtsausdruck war, sehr gut, wenn auch schlicht gekleidet. Er stellte sich Madame XXX auf bescheidene und höfliche Weise vor, und erst, als man ihn mit seiner Zukünftigen bekannt machte, richtete er seine Augen auf sie. Bei ihrem Anblick erhellten sich seine Züge, und ohne sich in langen Reden zu ergehen, sagte er nur, es würde ihn freuen, wenn der Eindruck, den sie auf ihn mache, einigermaßen demjenigen gleichkomme, den er auf sie zu machen hoffe. Sie antwortete ihm nur durch eine anmutige Verbeugung, ohne dabei aufzuhören, ihn mit ernster Aufmerksamkeit zu betrachten.

Man servierte, speiste und sprach über alle möglichen Dinge, aber nie über die Heirat. Die Blicke der beiden Brautleute trafen sich nur zufällig, und sie sprachen einander nie an. Nach dem Essen zog sich Mademoiselle in ihr Zimmer zurück, und Madame ging mit Monsieur Kornmann und dem Bräutigam in ihr Arbeitszimmer, wo sie zwei Stunden zubrachten. Da die Herren nach Paris zurückkehren mußten, ließ sie zum Abschied ihre Nichte rufen und sagte in ihrer Gegenwart zum Bräutigam, sie erwarte ihn am nächsten Tag und sei überzeugt, die Braut werde sich freuen, ihn wiederzusehen.

»Nicht wahr, liebe Nichte?«

»Ja, liebe Tante. Ich werde mich freuen, den Herrn morgen wiederzusehen.«

Hätte sie nicht diese Antwort gegeben, wäre er fortgegangen, ohne ihre Stimme gehört zu haben.

»Also, was sagst du zu deinem Gatten?«

»Gestatten Sie, liebe Tante, daß ich erst morgen mit Ihnen darüber spreche. Und wollen Sie bitte bei Tisch die Güte haben, sich mit mir zu unterhalten; denn vielleicht fand er mein Gesicht nicht abstoßend, aber er kann noch nicht wissen, ob ich vernünftig rede.«

»Ich fürchte, daß du Dummheiten sagst und damit den guten Eindruck verdirbst, den du auf ihn gemacht hast.«

»Um so besser für ihn, wenn die Wahrheit ihn aus seinen Träumen reißt, und um so schlechter für ihn und für mich, wenn wir uns zur Ehe entschlössen, ohne vorher wenigstens einigermaßen unsere Denkungsart kennengelernt zu haben.«

»Wie findest du ihn?«

»Er scheint mir recht liebenswürdig, aber warten wir bis morgen. Vielleicht will er dann nichts mehr von mir wissen, denn ich bin ja so einfältig.«

»Ich weiß wohl, daß du dich für klug hältst, aber gerade das ist es ja, was deine Einfalt beweist, wenn auch Monsieur Casanova dich als begabt bezeichnet. Er macht sich über dich lustig, liebe Nichte.«

»Ich bin durchaus vom Gegenteil überzeugt, liebe Tante!«

»Das ist schon wieder so ein Musterbeispiel von Einfalt!«

»Aber ich bitte um Verzeihung«, sagte ich daraufhin. »Mademoiselle hat vollkommen recht, wenn sie glaubt, daß ich mich in keiner Weise über sie lustig mache. Ich bin auch vollkommen überzeugt, daß sie morgen in allen Gesprächen glänzen wird, zu denen wir sie heranziehen.«

»Sie bleiben also hier, das freut mich sehr. Wir werden

eine Partie Pikett spielen, und ich werde den Kiebitz machen. Meine Nichte wird mit Ihnen spielen, denn sie muß es lernen.«

Tiretta bat sein Täubchen um die Erlaubnis, ins Theater gehen zu können. Niemand kam zu Besuch, und wir spielten, bis es Zeit zum Abendessen war; nachdem wir noch Tiretta angehört hatten, der uns über das Stück berichten wollte, gingen wir zu Bett.

Zu meiner Überraschung erschien Mademoiselle de la M-re vollkommen angekleidet.

»Ich werde mich ausziehen«, sagte sie, »sobald wir uns ausgesprochen haben. Sag mir ohne Umschweife, ob ich dieser Heirat zustimmen soll oder nicht.«

»Wie findest du Monsieur X?«

»Er mißfällt mir in keiner Weise.«

»Dann stimme zu.«

»Das genügt. Leb wohl. Damit ist unser verliebter Umgang zu Ende, und unsere Freundschaft beginnt. Ich lege mich in mein eigenes Bett.«

»Unsere Freundschaft kann ja morgen beginnen!«

»Nein, selbst wenn ich sterben müßte und du auch. Es fällt mir schwer, aber es ist entschieden. Wenn ich die Frau dieses Mannes werden soll, muß ich mir unverzüglich selbst beweisen, daß ich dessen würdig bin. Es ist sogar möglich, daß ich glücklich werde. Halte mich nicht zurück, laß mich gehen! Du weißt, wie sehr ich dich liebe.«

»Wenigstens noch einen Kuß!«

»Nein; es darf nicht sein.«

»Du weinst!«

»Nein. Laß mich um Gottes willen gehen!«

»Mein Herz, in deinem Zimmer wirst du weinen. Ich bin verzweifelt. Bleibe hier! Ich werde dich heiraten.«

»Nein; ich kann jetzt nicht mehr ja sagen.«

Bei diesen letzten Worten riß sie ihre Hände aus den meinen und ging; ich blieb abgrundtief beschämt zurück. Ich fand keinen Schlaf. Mir graute vor mir selbst. Ich wußte nicht, ob ich mich mehr schämen sollte, weil ich sie verführt hatte, oder weil ich sie einem anderen überließ.

Beim Mittagessen am nächsten Tag glänzte sie. Sie unterhielt sich mit ihrem Zukünftigen so angeregt, daß er sichtlich über den Schatz, den er sich zu eigen machen wollte, entzückt war. Wie stets tat ich, als hätte ich Zahnweh, und sprach kein Wort. Traurig, nachdenklich und krank, nicht zuletzt auch wegen der qualvollen Nacht, die ich hinter mir hatte, merkte ich plötzlich, wie verliebt, eifersüchtig und der Verzweiflung nahe ich war. Mademoiselle de la M-re würdigte mich keines Wortes, keines Blickes; sie hatte recht, aber ich wollte es nicht zugeben.

Nach dem Essen zog sich Madame mit ihrer Nichte und Monsieur X in ihr Zimmer zurück; als sie nach einer Stunde herauskam, sagte sie uns, wir könnten ihre Nichte beglückwünschen, denn in acht Tagen werde sie die Gattin dieses Herrn sein und noch am gleichen Tage mit ihm nach Dünkirchen abreisen.

»Morgen«, fügte sie hinzu, »sind wir alle bei Monsieur Kornmann zum Mittagessen geladen, wo man auch den Kontrakt unterzeichnen wird.«

Ich sehe mich außerstande, dem Leser den elenden Zustand meiner Seele zu schildern.

Man verabredete, in die Comédie Française zu gehen, und da sie zu viert waren, entschuldigte ich mich. Ich fuhr nach Paris, wo ich mich in dem Gefühl, Fieber zu haben, sogleich ins Bett legte; aber anstatt die Ruhe zu finden, die ich nötig hatte, peinigte mich eine bittere Reue, die mich Höllenqualen leiden ließ. Ich glaubte, ich müsse diese Heirat verhindern oder aber mit meinem Tode rechnen. In der Überzeugung, daß Mademoiselle de la M-re mich liebte, konnte ich nicht glauben, daß sie mir widerstehen würde, wenn ich sie wissen ließ, daß ihre Weigerung mich das Leben kosten würde. Dieser Gedanke trieb mich aus dem Bett, und ich schrieb ihr einen Brief, wie ihn eine Leidenschaft in Aufruhr nicht eindringlicher diktieren konnte. Nachdem ich so meinen

Gefühlen Luft gemacht hatte, schlief ich ein, und früh am Morgen schickte ich ihn Tiretta mit dem Auftrag, ihn heimlich der Demoiselle zuzustecken und ihr auszurichten, daß ich nicht ausgehen würde, bevor ich ihre Antwort erhalten hätte. Vier Stunden später erhielt ich sie; zitternd las ich folgendes:

»Lieber Freund, es ist zu spät. Gehen Sie wieder aus! Kommen Sie zu Monsieur Kornmann zum Essen, und seien Sie überzeugt, daß wir beide in einigen Wochen der Meinung sein werden, wir hätten einen großen Sieg errungen. Unsere Liebe wird nur noch unserer Erinnerung gehören. Ich bitte Sie, mir nicht mehr zu schreiben.«

Das trieb mich zum Äußersten. Diese Abweisung und zugleich das allzu grausame Gebot, ihr nicht mehr zu schreiben, erfüllten mich mit Wut. Ich war überzeugt, ihre flatterhafte Seele habe sich in den Kaufmann verliebt. Diese Vorstellung trieb mich zu dem Entschluß, ihn umzubringen. Hundert finstere Pläne, meine schändliche Absicht auszuführen, überstürzten sich in meinem verliebten, eifersüchtigen, unzurechnungsfähigen, von Wut, Scham und Verdruß verwirrten Geist. Dieser Engel erschien mir nun wie ein Ungeheuer, das ich hassen mußte, oder wie eine Wankelmütige, die Bestrafung verdiente. Ich sann auf ein sicheres Mittel, und obwohl es mir niederträchtig erschien, zögerte ich nicht, es anzuwenden. Ich entschloß mich, den Bräutigam aufzusuchen, der bei Kornmann wohnte, und ihm alles zu entdecken, was zwischen der Demoiselle und mir vorgefallen war. Falls das nicht genügen sollte, um ihn von seiner Heiratsabsicht abzubringen, wollte ich ihm den Tod von einem von uns beiden ankündigen und ihn schließlich umbringen, wenn er meine Warnung mißachten sollte.

Fest entschlossen, meinen abscheulichen Plan auszuführen, an den ich mich heute noch schamerfüllt zu erinnern vermag, aß ich mit Wolfshunger, legte mich zu Bett und schlief tief die ganze Nacht. Als ich erwachte, fand ich mich noch gleich entschlossen. Ich zog mich an, steckte wohlgeladene Pistolen in die Taschen und ging zu Kornmann in der Rue des Greniers St. Lazare. Mein Rivale schlief noch; ich wartete. Eine Viertelstunde später sah ich ihn mit offenen Armen mir entgegenkommen. Er umarmte mich und sagte, er habe diesen Besuch erwartet, denn da ich ein Freund seiner Zukünftigen sei, dürfe er wohl hoffen, daß auch er mir Sympathie eingeflößt habe; er werde stets die Gefühle teilen, die sie vielleicht mir gegenüber hege.

Das Antlitz dieses Ehrenmannes, seine Offenheit und die Herzlichkeit seiner Worte beraubten mich mit einem Schlag der Fähigkeit, so mit ihm zu reden, wie ich es mir vorgenommen hatte. Ich blieb stumm; ich wußte nicht, was ich sagen sollte. Glücklicherweise ließ er mir die Zeit, die ich brauchte, um mich zu fassen. Er sprach eine gute Viertelstunde auf mich ein, bis Monsieur Kornmann erschien und man uns Kaffee brachte. Als ich ihm schließlich antworten mußte, sagte ich nichts, was ihn hätte verletzen können.

Beim Verlassen des Hauses war ich ein völlig anderer, als ich es beim Betreten gewesen war; ich fühlte mich wie vor den Kopf geschlagen und nicht nur froh, daß ich meine Absicht nicht ausgeführt hatte, sondern auch beschämt und gedemütigt, da ich es nur dem Zufall zu danken hatte, daß ich nicht zu einem Verbrecher, einem Schurken geworden war. Ich traf meinen Bruder und verbrachte mit ihm den Vormittag; dann nahm ich ihn zum Essen mit zu Silvia, wo ich bis Mitternacht blieb. Mir wurde klar, daß ihre Tochter mich Mademoiselle de la M-re, die ich vor ihrer Hochzeit nicht mehr sehen durfte, vergessen lassen würde.

Am nächsten Morgen packte ich alles Nötige in eine Hutschachtel und fuhr nach Versailles, um den Ministern meine Aufwartung zu machen.

Der Außenminister fragte mich, ob ich Interesse für geheime Aufträge hätte und mir das entsprechende Talent zutraue. Ich erwiderte, daß ich zu allem, was mir ehrenhaft erscheine und mit Sicherheit Geld einbringe, bereit sei; was das Talent anlange, würde ich ihm die Entscheidung überlassen. Er sagte mir, ich solle mich mit Abbé de Laville in Verbindung setzen.

Dieser Abbé war erster Sekretär, ein nüchterner, eingefleischter Politiker und die Seele seiner Abteilung. [...] Er teilte mir nach einem kurzen Vortrag über das Wesen geheimer Aufträge und die Vorsicht, die man dabei zu beobachten hätte, mit, er werde mich benachrichtigen lassen, sobald sich eine für mich geeignete Aufgabe bieten sollte; er lud mich außerdem zum Mittagessen ein. [...]

Da ich am Vorabend der Abreise von Mademoiselle de la M-re, die nunmehr Madame P. geworden war, nach Paris zurückkehrte, konnte ich nicht umhin, sie bei Madame XXX aufzusuchen, ihr zu gratulieren und gute Reise zu wünschen. Ihre frohe und zufriedene Miene freute mich, statt mich zu kränken, ein sicheres Zeichen meiner Genesung. Wir unterhielten uns vollkommen ungezwungen. Ihr Gatte machte mir den Eindruck eines überaus ehrenwerten Mannes. Auf seine Anregung hin versprach ich ihm einen Besuch in Dünkirchen, ohne die Absicht, ihm Wort zu halten; ich hielt es aber doch. So blieb Tiretta mit seinem Täubchen allein, das ob seiner Beständigkeit von Tag zu Tag verrückter wurde.

Nun, da wieder Friede in meine Seele eingekehrt war, ging ich daran, Manon Balletti in aller Form den Hof zu machen. Sie gab mir jeden Tag neue Beweise der steigenden Gunst, die ich in ihrem Herzen gewann. Die Freundschaft und Wertschätzung, die mich mit der Familie verbanden, schlossen für mich jeden Gedanken an eine Verführung aus; da ich mich von Tag zu Tag mehr in sie verliebte und nicht die Absicht hatte, um ihre Hand anzuhalten, begriff ich jedoch nicht, was ich eigentlich wollte.

Anfang Mai schrieb mir Abbé de Bernis, ich solle zu einer Unterredung mit Abbé de Laville nach Versailles kommen. Dieser fragte mich, ob ich mir zutraue, acht oder zehn Kriegsschiffe zu besichtigen, die in Dünkirchen vor Anker lägen, und ob ich geschickt genug sei, mich mit den kommandierenden Offizieren soweit bekannt zu machen, daß ich imstande wäre, ihm einen ausführlichen Bericht über die gesamte Ausrüstung, die Zahl der Matrosen, die Munition aller Art, die Verwaltung und das Polizeiwesen zu liefern. Ich antwortete, ich könnte es versuchen, und es läge dann an ihm, mir zu sagen, ob ich meine Sache gut gemacht hätte.

»Da es ein geheimer Auftrag ist«, erklärte er mir, »kann ich Ihnen keinen Empfehlungsbrief mitgeben. Ich kann Ihnen nur gute Reise wünschen und Ihnen Geld vorstrecken.«

»Ich möchte kein Geld. Bei meiner Rückkehr werden Sie mir geben, was Ihnen angemessen erscheint. Zur Reisevorbereitung brauche ich jedoch mindestens drei Tage, denn ich muß mir irgendein Empfehlungsschreiben beschaffen.«

»Bemühen Sie sich auf jeden Fall, vor Ende des Monats zurück zu sein. Das wäre alles.«

Am gleichen Tag hatte ich im Palais de Bourbon eine halbstündige Unterredung mit meinem Gönner; er konnte nicht umhin, mein Feingefühl zu loben, daß ich keinen Vorschuß angenommen hatte, und überreichte mir, großzügig wie immer, abermals eine Rolle mit hundert Louis. Von da an hatte ich es nie mehr nötig, die Börse dieses freigebigen Mannes in Anspruch zu nehmen, nicht einmal vierzehn Jahre später in Rom.

»Da es sich um einen geheimen Auftrag handelt«, meinte er, »kann ich Ihnen leider keinen Paß ausstellen, aber Sie können durch Silvias Vermittlung vom diesjährigen ersten Kammerherrn[67] des Königs einen erhalten. Sie werden sehr behutsam vorgehen müssen und dürfen sich vor allem nicht auf Angelegenheiten ›in munere‹ (auf Bestechungsgeschenke) einlassen, denn Sie werden sich wohl darüber klar sein, daß Ihnen, wenn irgend etwas schiefgeht, die Berufung auf den Auftraggeber nichts nützt. Man wird Sie fallenlassen. Die einzigen Spione, die man deckt, sind die Gesandten. Sie müssen also zurückhaltender und behutsamer sein als sie. Wenn Sie mir nach Ihrer Rückkehr den Bericht zeigen, bevor Sie ihn Abbé de Laville bringen, werde ich Ihnen sagen, was meiner Meinung nach besser fortzulassen wäre.«

Ganz erfüllt von der Angelegenheit, die für mich völlig neu war, sagte ich zu Silvia, ich wolle einige Engländer nach Calais begleiten und dann wieder nach Paris zurückkehren; sie würde mir eine große Gefälligkeit erweisen, wenn sie mir einen vom Herzog von Gesvres[68] ausgestellten Paß verschaffen könne. Stets bereit, mir behilflich zu sein, schrieb sie dem Herzog und schärfte mir ein, ich müsse ihm den Brief eigenhändig überbringen, weil man Pässe dieser Art nur mit einer genauen Beschreibung der darin empfohlenen Person ausstellte. Sie galten nur für die sogenannte Ile de France[69], wurden aber im ganzen Norden des Königreiches anerkannt. Ich suchte also gemeinsam mit ihrem Gatten den Herzog auf, der sich auf seinen Besitzungen in Saint-Quen aufhielt. Kaum hatte er mich gesehen und den Brief gelesen, ließ er mir den Paß ausstellen; dann trennte ich mich von Mario und fuhr nach La Villette, um Madame XXX zu fragen, ob ich ihrer Nichte etwas ausrichten solle. Sie sagte, ich könne ihr die Kassette mit den Porzellanfiguren bringen, falls Monsieur Kornmann sie ihr noch nicht geschickt habe. Ich ging also zu dem Bankier, der sie mir aushändigte; ich übergab ihm auch die hundert Louis mit der Bitte, mir die gleiche Summe in einem Kreditbrief auf ein gutes Haus in Dünkirchen anzuweisen und mich besonders warm zu empfehlen, denn ich wolle eine Vergnügungsreise dorthin machen. Kornmann besorgte alles bereitwillig, und noch am gleichen Tage reiste ich gegen Abend ab.

Drei Tage später mietete ich mich in Dünkirchen in der Conciergerie[70] ein. Eine Stunde nach meiner Ankunft bereitete ich der bezaubernden Madame P. eine freudige Überraschung, indem ich ihr die Kassette und die Grüße ihrer Tante überbrachte. Gerade als sie davon schwärmte, wie glücklich ihr Gatte sie mache, kam er hinzu und bot mir in seiner Freude, mich zu sehen, sogleich ein Zimmer an, ohne mich zu fragen, ob mein Aufenthalt in Dünkirchen lang oder kurz sein würde. Ich lehnte natürlich dankend ab, versprach ihm aber, gelegentlich unangesagt zum Mittagessen zu kommen, und bat ihn, mich zu dem Bankier zu führen, an den Monsieur Kornmann mich empfohlen hatte.

Kaum hatte der Bankier den Brief gelesen, zahlte er mir die hundert Louis aus und bat mich, ihn gegen Abend im Hotel zu erwarten, damit er mich Monsieur du Bareil, dem Kommandanten, vorstelle. Nach den üblichen Fragen lud mich dieser, höflich wie alle Franzosen in gehobener Stellung, zum Souper in Gesellschaft seiner Gemahlin ein, die noch im Theater war. Sie empfing mich ebenso freundlich wie ihr Gatte, und da ich mich vom Spieltisch fernhielt, lernte ich bald alle Offiziere des Heeres und der Marine kennen. Da ich vornehmlich über die Marine aller europäischen Staaten plauderte und mich als Kenner aufspielte, weil ich in den Seestreitkräften meiner Republik gedient hatte, machte ich innerhalb von drei Tagen nicht nur die persönliche Bekanntschaft der Kapitäne aller Kriegsschiffe, sondern freundete mich mit ihnen an. Ich redete aufs Geratewohl über die Bauweise der Schiffe, über die venezianische Art des Manövrierens und merkte, daß ich bei den wackeren Seeleuten, die mir zuhörten, noch mehr Interesse fand, wenn ich Unsinn schwatzte, als wenn ich etwas Vernünftiges vorbrachte. Einer der Kapitane lud mich am vierten Tag zum Mittagessen an Bord seines Schiffes ein, und das genügte, um mir auch von allen anderen Einladungen, sei es zum Frühstück oder zu einem Imbiß, zu verschaffen. Jeder, der mir diese Ehre erwies, belegte mich für den ganzen Tag mit Beschlag. Ich zeigte mich an allem interessiert, stieg bis in den untersten Schiffsraum hinab, stellte hunderterlei Fragen und fand überall junge Offiziere, die darauf brannten, sich wichtig zu machen. Ich hatte wenig Mühe, sie auszuholen, und ließ mir vertraulich alles erklären, was ich für einen genauen Bericht brauchte. Vor dem Schlafengehen schrieb ich alles nieder, was ich tagsüber auf dem betreffendem Schiff an Gutem oder Schlechtem beobachtet hatte. Ich schlief nur vier oder fünf Stunden.

Nach vierzehn Tagen hielt ich mich für genügend unterrichtet.

Auf dieser Reise hielten mich keine leichtfertigen Tändeleien von meinem Auftrag ab, der stets das einzige Ziel meines Denkens und aller meiner Schritte war. Ich speiste einmal bei dem Geschäftsfreund Kornmanns, einmal bei Monsieur P. in der Stadt und einmal in seinem kleinen Landhaus eine Meile außerhalb. Madame P. begleitete mich dorthin und war offenbar sehr zufrieden mit meinem Verhalten ihr gegenüber, als ich mit ihr allein war. Ich gab ihr ausschließlich Beweise wärmster Freundschaft. Da sie reizend aussah und meine Liebschaft mit ihr erst vor fünf oder sechs Wochen geendet hatte, wunderte ich mich über meine Gelassenheit. Ich kannte mich zu gut, um dieses Verhalten meiner Tugend zuzuschreiben. Woher kam es also? Ein italienisches Sprichwort gibt als natürliche Erklärung den wahren Grund: »C… non vuol pensieri«[71].

Nachdem mein Auftrag erledigt war, verabschiedete ich mich bei aller Welt und bestieg die Postkutsche, um nach Paris zurückzukehren; dabei wählte ich zur Abwechslung eine andere Strecke als auf der Hinfahrt. Als ich gegen Mitternacht in ich weiß nicht mehr welcher Poststation eintraf, verlangte ich zwei Pferde bis zur nächsten. Der Postillon sagte mir, die nächste Station sei in Aire[72], einer Festungsstadt, in die man zur Nachtzeit nicht einfahren könne. Ich erwiderte ihm, ich würde mir schon öffnen lassen, und wiederholte meinen Auftrag, zwei Pferde vor meine Kutsche zu spannen. Bald waren wir in Aire. Er knallte mit der Peitsche und rief: »Kurier!«

Nachdem man mich eine Stunde hatte warten lassen, öffnete man und teilte mir mit, ich müsse mich beim Kommandanten melden. Fluchend machte ich mich auf den Weg und wurde bis ins Schlafzimmer eines Mannes geführt, der, angetan mit einer eleganten Nachtmütze, mit einer Frau im Bett lag; ich sah, daß sie ein hübsches Gesicht hatte.

»Wessen Kurier sind Sie?« fragte er.

»Niemandes; aber da ich es eilig habe...«

»Mehr interessiert mich nicht. Wir sprechen uns morgen. Inzwischen bleiben Sie auf der Wachstube. Lassen Sie mich schlafen. Gehen Sie.«

Man führte mich zur Wachstube, wo ich den Rest der Nacht auf dem Boden sitzend verbrachte. Der Tag brach an; ich rief, fluchte und sagte, ich wolle weiterreisen. Niemand antwortete. Es schlug zehn, und ich schrie den Wachhabenden an, dem Kommandanten stehe es auch frei, mich umbringen zu lassen, aber er könne mir weder Schreibzeug verweigern noch mich hindern, einen Kurier nach Paris zu entsenden. Er fragte mich, wie ich hieße; ich ließ ihn im Paß meinen Namen lesen. Er wollte ihn dem Kommandanten zu lesen geben, aber ich riß ihn ihm aus der Hand. Daraufhin sollte ich ihn zum Kommandanten begleiten; ich willigte ein.

Wir gingen hin. Der Offizier trat zuerst ein und kam vier Minuten später heraus, um mich ebenfalls eintreten zu lassen. Ich überreichte dem Kommandanten meinen Paß; er las ihn durch und musterte mich dabei, um festzustellen, ob ich wirklich der Inhaber sei. Dann gab er ihn mir mit den Worten zurück, ich sei frei, und befahl dem Offizier, er solle mich Postpferde besorgen lassen.

»Jetzt habe ich es nicht mehr eilig«, sagte ich zu ihm. »Ich muß jemandem einen Kurier schicken und dessen Rückkehr abwarten. Als Sie meine Reise verzögerten, haben Sie das Völkerrecht verletzt.«

»Das haben Sie selbst verletzt, indem Sie sich als Kurier ausgegeben haben.«

»Im Gegenteil, ich sagte Ihnen doch, daß ich keiner bin.«

»Sie sagten es dem Postillon, und das genügt.«

»Der Postillon hat gelogen. Ich sagte ihm nur, daß ich mir öffnen lassen würde.«

»Warum haben Sie mir nicht Ihren Paß gezeigt?«

»Warum haben Sie mir nicht dazu Zeit gelassen?«

»In drei oder vier Tagen werden wir wissen, wer von uns beiden im Unrecht ist.«

»Tun Sie, was Sie für richtig halten.«

Man führte mich zur Post, die gleichzeitig auch ein Gasthof war, und einen Augenblick später sah ich meine Kutsche vor dem Tor. Ich verlangte vom Postmeister einen Expreßkurier, der sich auf Abruf bereitzuhalten habe, ein Zimmer mit einem guten Bett, Schreibzeug, zunächst eine Fleischbrühe, und für zwei Uhr ein gutes Mittagessen. Ich ließ den Koffer und alles, was ich im Wagen hatte, herauftragen, zog mich aus, wusch mich und machte mich zum Schreiben bereit, ohne allerdings zu wissen, an wen, denn im Grunde genommen war ich im Unrecht; aber ich hatte nun einmal begonnen, mich wichtig zu machen, und glaubte, meine Rolle weiterspielen zu müssen. Ich bereute den Entschluß, in Aire bis zur Rückkehr des Eilkuriers zu bleiben. Jedoch war ich bereit, die Nacht hier zu verbringen; so würde ich mich immerhin ausruhen. Ich hatte nur ein Hemd an und trank eben meine Brühe, als der Kommandant bei mir erschien.

»Es tut mir leid«, sagte er überaus höflich, »daß Sie meinen, Grund zur Beschwerde zu haben, während ich nur meine Pflicht tat, denn ich mußte glauben, daß der Postillon das Wort niemals ohne Ihren Befehl ausgesprochen hätte.«

»Das mag sein, aber Ihre Pflicht erforderte es nicht, mich aus Ihrem Zimmer zu jagen.«

»Ich hatte den Schlaf nötig.«

»Den hätte ich jetzt auch nötig, aber die Höflichkeit hindert mich, es Ihnen gleichzutun.«

»Dürfte ich Sie fragen, ob Sie jemals gedient haben?«

»Ich habe zu Lande und zur See gedient, und ich habe den Dienst in einem Alter quittiert, in dem andere erst beginnen.«

»Wenn Sie gedient haben, mußten Sie wissen, daß man zur Nachtzeit das Tor einer befestigten Stadt nur den Kurieren des Königs und des Oberkommandos öffnet.«

»Aber wenn man es einmal geöffnet hat, könnte man wohl höflich sein.«

»Fühlen Sie sich stark genug, sich anzukleiden und mit mir einen Gang zu machen?«

Der Vorschlag gefiel mir ebensosehr, wie mich sein Dünkel reizte. Der Gedanke, den Degen mit ihm zu kreuzen, erschien mir plötzlich sehr verlockend. Ich antwortete ihm beherrscht und achtungsvoll, die Ehre, mit ihm einen Gang zu machen, sei groß genug, mich alle anderen Angelegenheiten aufschieben zu lassen. Ich bat ihn, Platz zu nehmen, während ich mich in aller Eile anzog. Ich schlüpfte in meine Kniehosen, warf die Pistolen, die ich in der Tasche hatte, aufs Bett, ließ einen Perückenmacher heraufkommen, der mir in zwei Minuten die Haare ordnete, zog meinen Degen aus der Wachstuchscheide und band ihn mir an die Seite. Dann schloß ich das Zimmer ab und hinterlegte den Schlüssel beim Wirt; wir machten uns auf den Weg. Nachdem wir durch zwei oder drei Straßen gegangen waren, traten wir durch eine Toreinfahrt in einen Hof, den ich für einen Durchgang hielt; aber an seinem Ende machte er vor einer offenen Tür halt, hinter der ich eine große Gesellschaft von Damen und Herren erblickte. Ich zuckte nicht mit der Wimper.

»Das ist meine Frau«, sagte der Kommandant zu mir, und im gleichen Atemzug zu ihr: »Und das hier ist Monsieur de Casanova, der mit uns essen wird.«

»Das ist sehr freundlich von Ihnen«, sagte die schöne Frau, legte ihre Karten nieder und erhob sich; »denn sonst hätte ich Ihnen nie verziehen, daß Sie uns heute nacht im Schlaf gestört haben.«

»Für diesen Fehler habe ich jedoch nicht wenig gebüßt, Madame. Nach einem solchen Fegefeuer sei mir gestattet zu sagen, daß ich das Paradies verdiene, in dem ich mich hier sehe.«

Da lachte sie, ließ mich an ihrer Seite Platz nehmen und fuhr mit dem Spiel fort. Mir wurde sofort klar, daß sie mich regelrecht eingefangen hatten; aber es blieb mir nichts anderes übrig, als gute Miene zu machen, um so mehr, als der hübsche Schabernack mich auf völlig ehrenhafte Weise aus einer üblen Lage befreite und mir einen sehr glaubwürdigen Vorwand lieferte abzureisen, ohne den bestellten Kurier an ich weiß nicht wen abzusenden. Der Kommandant wurde im Hochgefühl seines Sieges recht heiter und redete über den Krieg, den Hof und die Tagesneuigkeiten, wobei er oft mit größter Ungezwungenheit das Wort an mich richtete, als hätte es nie zwischen ihm und mir den geringsten Zwist gegeben. Er genoß es, der Held des Stückes geworden zu sein; ich meinerseits blieb bei der Haltung eines jungen Mannes, der es verstanden hatte, einem älteren Offizier, denn darum handelte es sich ja, eine Genugtuung abzuringen, die mir jede erdenkliche Ehre machte.

Man trug auf, und da die Wirksamkeit meiner Rolle nur von der Art abhing, wie ich sie spielte, war ich bei diesem Essen, bei dem sich das Gespräch nur darum drehte, Madame glänzen zu lassen, so munter wie selten. Sie war mindestens um dreißig Jahre jünger als ihr Gatte, und die Rede kam nie auf das Mißverständnis, das mir sechs Stunden Aufenthalt in der Wachstube eingetragen hatte; beim Nachtisch jedoch zerschlug der Kommandant selbst durch eine recht billige Spöttelei beinahe Porzellan.

»Sie waren wohl tatsächlich so naiv zu glauben, ich würde mich mit Ihnen schlagen«, sagte er. »Ich habe Sie schön angeführt.«

»Ich weiß nicht, ob ich das geglaubt habe«, antwortete ich; »aber ich weiß, daß ich sofort gespannt war, was bei diesem Gang herauskommen würde, und ich bewundere Ihren Einfall. Weit entfernt, mich für angeführt zu halten, betrachte ich meine Ehre als wiederhergestellt und bin Ihnen sogar dankbar.«

Er erwiderte nichts, und wir erhoben uns vom Tisch. Madame ließ mich bei ihrem Tri[73] mitspielen; dann gingen wir spazieren, und gegen Abend verabschiedete ich mich. Ich reiste jedoch erst gegen Morgen ab, nachdem ich noch meinen Bericht ins reine gebracht hatte.

Um fünf Uhr früh, ich war in der Postkutsche eingeschlafen, rüttelte man mich wach. Ich war am Tor der Stadt Amiens, und der mich geweckt hatte, war ein Angestellter des Büros, bei dem man den Zoll für die Durchfuhr gebührenpflichtiger Ware bezahlt. Der Mann fragte mich, ob ich etwas hätte, das gegen die königliche Order sei. Übelgelaunt wie jeder, den so ein Schafskopf des süßen Schlummers beraubt, um ihm lästige Fragen zu stellen, antwortete ich ihm mit einem Sakr… , ich hätte nichts, und der Sch… hätte mich schlafen lassen können.

»Da Sie den Grobian spielen«, versetzte er, »werden wir eben nachsehen.«

Er gebot dem Postillon, in den Hof zu fahren, ließ meine Koffer abschnallen, hieß mich aussteigen, verlangte die Schlüssel und zwang mich zu warten, bis man alles durchsucht habe. Ich erkannte sogleich, daß ich einen Fehler begangen hatte, konnte ihn aber nicht mehr gutmachen. Da ich nichts hatte, war ich mit Grund sorglos; aber mein Aufbrausen würde mich zwei Stunden Scherereien kosten, und ich würde in stiller Wut zusehen müssen, wie diese Halunken ihr Recht ausnützten. Ich las die Freude an der Rache auf ihren frechen Gesichtern. Die Angestellten, die damals in Frankreich an den Toren der Städte die Kontrolle der Reisenden besorgten, waren der Abschaum des übelsten Gesindels; wenn sie sich jedoch von vornehmen Leuten mit Höflichkeit behandelt sahen, setzten sie ihren Stolz darein, sich umgänglich zu zeigen. Eine Münze von vierundzwanzig Sous zur rechten Zeit ließ sie gesittet werden; sie verbeugten sich vor dem Reisenden und wünschten ihm gute Reise, ohne ihm irgendwelche Unannehmlichkeiten zu bereiten. Ich wußte es; aber es gibt Augenblicke, in denen der Mensch seiner Laune folgt und vergißt oder außer acht läßt, was er weiß.

Die Quälgeister leerten meine Koffer und nahmen alles, sogar meine Hemden, auseinander, zwischen denen ich, wie sie sagten, englische Spitzen haben könnte. Nachdem sie alles durchwühlt hatten, gaben sie mir die Schlüssel zurück; aber noch war nicht alles vorüber. Man wollte noch die Kutsche überprüfen. Der Spitzbube, der sie durchsuchte, brach in Siegesgeschrei aus, als er den Rest von einem Pfund Tabak fand, das ich auf der Hinfahrt nach Dünkirchen in St. Omer[74] gekauft hatte. Der Anführer der Bande ordnete mit triumphierender Stimme an, daß der Wagen beschlagnahmt sei und ich zwölfhundert Franken Geldstrafe zu bezahlen habe.

Da riß mir plötzlich die Geduld, und ich überlasse es dem Leser zu erraten, was ich diesen Bütteln alles sagte. Ich verlangte, zum Intendanten geführt zu werden, aber sie erwiderten, wenn ich wolle, könne ich ja hingehen. Umringt von zahlreichem Gesindel, das sich immer noch vermehrte, stürmte ich mit großen Schritten wie ein Tobsüchtiger in die Stadt. Ich trat in den ersten Laden, den ich offen fand, und bat den Inhaber, mich zum Intendanten bringen zu lassen. Ich schilderte die Sachlage, und ein vertrauenerweckender Mann, der zugegen war, bot sich an, mich selbst hinzuführen; allerdings würde ich ihn nicht antreffen, denn man habe ihn sicher bereits unterrichtet. Er sagte, ich könne mir die Sache schwerlich vom Halse schaffen, wenn ich nicht bezahlen oder Kaution stellen würde. Ich bat ihn, mich hinzuführen und mir das weitere zu überlassen. Er meinte, zuerst müsse ich das Gesindel loswerden, indem ich einen Louis an ein abgelegeneres Wirtshaus schicke und den Leuten sage, sie sollten dorthin frühstücken gehen. Ich gab ihm einen Louis und bat ihn, mir diesen Gefallen zu tun. Er entledigte sich vorzüglich des Auftrages, und das Gesindel verschwand unter Freudengeschrei. Solcherart ist das Volk, das sich heute als Herrscher von Frankreich fühlt. Der Mann, der mich zum Intendanten führen wollte, war, wie er sagte, von Beruf Staatsanwalt.

Wir gelangten zum Haus des Intendanten, aber der Pförtner sagte uns, er sei allein ausgegangen und werde erst am Abend zurückkehren, und wo er zu Mittag speise, wisse er nicht.

»Da haben wir es«, sagte der Staatsanwalt, »der Tag ist verloren.«

»Gehen wir ihn suchen, wo er sein könnte; er muß doch Freunde und bestimmte Gewohnheiten haben. Ich gebe Ihnen einen Louis für den Tag.«

»Ich stehe Ihnen zu Diensten.«

Wir verbrachten vier Stunden damit, ihn in zehn oder zwölf Häusern vergeblich zu suchen. Überall sprach ich mit dem Herrn oder der Dame des Hauses und bauschte die Geschichte auf, die man mir angehängt hatte. Man hörte mich an und bedauerte mich, wußte mir aber als einzigen Trost nur zu sagen, daß der Intendant sicher zum Schlafen nach Hause käme und mich dann würde anhören müssen.

Um halb zwei führte mich der Staatsanwalt zu einer alten Dame, die in der Stadt großes Ansehen genoß. Sie war ganz allein bei Tisch und hörte mich aufmerksam an; dann sagte sie mit der größten Ruhe, sie glaube keine Indiskretion zu begehen, wenn sie einem Fremden sage, wo sich ein Mann aufhalte, der kraft seines Amtes stets erreichbar bleiben müßte. »Daher kann ich Ihnen wohl verraten, Monsieur, was kein Geheimnis ist. Meine Tochter sagte mir gestern abend, sie sei bei Madame XX eingeladen, und der Intendant sei ebenfalls dort zum Essen. Gehen Sie also gleich hin, und Sie werden ihn dort bei Tisch in Gesellschaft von allen, die in Amiens Rang und Namen haben, antreffen. Ich rate Ihnen«, sagte sie lächelnd, »hineinzugehen, ohne sich anmelden zu lassen. Die Dienstboten, die zum Servieren von der Küche zum Speisesaal gehen, werden Ihnen den Weg weisen, ohne daß Sie danach fragen. Sprechen Sie ihn dort gegen seinen Willen an, obwohl Sie ihn nicht kennen; er wird die ganze schreckliche Geschichte hören, die Sie mir in Ihrem gerechten Zorn geschildert haben. Es tut mir leid, daß ich bei diesem schönen Auftritt nicht selbst zugegen sein kann.«

Rasch verneigte ich mich vor ihr und lief mit dem Staatsanwalt, der vor Erschöpfung kaum mehr weiter konnte, zu dem angegebenen Haus. Ohne die geringste Schwierigkeit gelangte ich mit Hilfe der Dienstboten und meines Führers in einen Saal, wo ich zwanzig Personen in fröhlicher Runde bei Tisch sitzen sah.

»Entschuldigen Sie, meine Damen und Herren«, rief ich, »daß ich gezwungen bin, in dem abschreckenden Zustand, in dem Sie mich sehen, den Frieden und die Heiterkeit Ihres Mahles zu stören.«

Auf diese mit Donnerstimme ausgesprochene Begrüßung hin sprang alles von den Sitzen auf. Meine Haare waren zerzaust, ich war in Schweiß gebadet, mein Gesicht war teuflisch verzerrt. Man stelle sich die Überraschung einer Gesellschaft vor, die aus lauter eleganten Damen und ihren Kavalieren bestand.

»Ich suche«, fuhr ich fort, »seit sieben Stunden in allen Häusern der Stadt den Herrn Intendanten, den ich endlich hier finde, denn ich weiß, daß er hier ist, und der, wenn er Ohren hat, mich jetzt hört. Ich möchte ihn ersuchen, sofort seinen Schergen, die meinen Reisewagen beschlagnahmt haben, zu befehlen, ihn mir freizugeben, damit ich meine Reise fortsetzen kann. Wenn die katalanischen Gesetze[75] anordnen, daß ich für sieben Unzen Tabak, die ich zu meinem eigenen Gebrauch mitführe, zwölfhundert Franken zahlen soll, so versage ich ihnen den Gehorsam und erkläre, daß ich keinen Sou bezahle. Ich werde hierbleiben und einen Kurier an meinen Gesandten schicken, er soll sich beim König beschweren, daß man in der Ile de France an meiner Person das Völkerrecht verletzt hat, und ich werde Genugtuung erhalten. Ludwig XV. ist zu großmütig, um sich zum Komplizen eines so befremdlichen Anschlages zu machen. Wenn man mir Genugtuung verweigern sollte, wird daraus auf jeden Fall eine große Staatsaffäre werden, denn meine Republik wird als Repressalie zwar nicht die in ihrem Staatsgebiet reisenden Franzosen umbringen lassen, aber sie alle ausweisen. Da sehen Sie, wer ich bin. Lesen sie!«

Schäumend vor Wut warf ich meinen Paß mitten auf den Tisch. Ein Herr nahm ihn auf und las ihn; er war wohl der Intendant. Während das Papier bei den verdutzten Tischgästen von Hand zu Hand ging, sagte er zu mir mit unerschütterlichem Dünkel, er sei nur in Amiens, um Verordnungen auszuführen, und deshalb würde ich erst abreisen, wenn ich bezahlt oder eine Kaution hinterlegt habe.

»Wenn Sie das für Ihre Pflicht halten, so müssen Sie meinen Paß als eine Verordnung betrachten. Seien Sie selbst mein Bürge, wenn Sie ein Edelmann sind.«

»Macht sich bei Ihnen der Adel zum Bürgen für Gesetzesbrecher?«

»Bei uns läßt sich der Adel nicht dazu herbei, entehrende Berufe auszuüben.«

»Im Dienst des Königs gibt es keinen entehrenden Beruf.«

»Das sagt der Henker auch.«

»Mäßigen Sie Ihre Ausdrücke!«

»Halten Sie selbst Maß in Ihren Handlungen! Ich mache Sie darauf aufmerksam, Monsieur, daß ich ein freier Mann bin, leicht verletzt und schmählich beleidigt, und daß ich vor nichts zurückscheue. Lassen Sie mich zum Fenster hinauswerfen, wenn Sie es wagen!«

»Monsieur«, fiel nun eine Dame in hoheitsvollem Ton ein, »bei mir wirft man niemanden zum Fenster hinaus.«

»Der Zorn, Madame, läßt einen oft den Kopf verlieren. Sie sehen mich zu Ihren Füßen, um Ihre Verzeihung zu erflehen. Wollen Sie bitte bedenken, daß ich mich zum ersten Mal im Leben einem Bubenstück ausgeliefert sehe, und das in einem Königreich, in dem ich mich nur vor der Gewalttätigkeit der Straßenräuber in acht nehmen zu müssen glaubte; für sie habe ich Pistolen. Für diese Herren hier habe ich einen Paß; aber ich sehe, daß er nichts wert ist. Wegen sieben Unzen Tabak, die ich vor drei Wochen in St. Omer gekauft habe, plündert mich dieser Herr aus und unterbricht meine Reise, während der König mir dafür bürgt, daß niemand sie zu unterbrechen wagt. Man verlangt von mir fünfzig Louis, man liefert mich dem Toben eines wilden Pöbels aus, von dem mich der ehrenwerte Herr hier mittels Geld befreite; man behandelt mich wie einen Verbrecher, und der Herr, der mich schützen soll, weicht aus und versteckt sich. Seine Schergen haben am Tor der Stadt meine Kleider und Hemden durcheinandergeworfen, um sich zu rächen und mich büßen zu lassen, weil ich ihnen kein Vierundzwanzig-Sous-Stück gegeben habe. Was mir zugestoßen ist, wird morgen das Tagesgespräch beim diplomatischen Korps in Versailles und in Paris sein, und in wenigen Tagen wird man es in mehreren Zeitungen lesen. Ich werde keinen einzigen Sou bezahlen. Sagen Sie, Herr Intendant, muß ich erst einen Kurier an den Herzog von Gesvres schicken?«

»Bezahlen Sie! Und wenn Sie nicht zahlen wollen, tun Sie, was Ihnen beliebt.«

»Dann adieu, meine Damen und Herren.«

Eben, als ich wutentbrannt den Saal verlassen wollte, hörte ich jemanden auf italienisch sagen, ich möge noch einen Augenblick warten. Es war ein älterer Herr, der folgendes zum Intendanten sagte:

»Ordnen Sie sogleich an, daß man den Herrn abreisen läßt. Ich verbürge mich für ihn. Haben Sie mich verstanden, Herr Intendant? Sie kennen die Heißblütigkeit der Italiener nicht. Ich habe den ganzen letzten Krieg in Italien mitgemacht und hatte mehrmals Gelegenheit, sie kennenzulernen. Ich finde, der Herr hat recht.«

»Also gut«, sagte daraufhin der Intendant zu mir, »bezahlen Sie nur die dreißig oder vierzig Franken im Büro, denn man hat bereits einen Rapport geschrieben.«

»Ich werde überhaupt nichts bezahlen, ich wiederhole es. Aber wer sind Sie, edler Herr, der sich für mich verbürgt, ohne zu wissen, wer ich bin?«

»Ich bin Kriegskommissar[76], mein Name ist La Bretonnière; ich wohne in Paris im Hôtel de Saxe in der Rue Colombier; übermorgen werde ich dort sein. Erweisen Sie mir die Ehre eines Besuches. Wir gehen dann zusammen zu Monsieur Brissard[77]; er wird mich nach Darlegung des Falles von der Bürgschaft, die ich wirklich mit Vergnügen übernehme, entbinden.«

Ich bezeigte ihm meine wärmste Dankbarkeit und versicherte ihm, ich würde mich sobald wie nur irgend möglich bei ihm einfinden; dann entschuldigte ich mich gegenüber der ganzen Gesellschaft und ging mit meinem getreuen Staatsanwalt, der ganz aufgeregt war, in einen Gasthof zum Essen. Als wir uns vom Tisch erhoben, gab ich ihm zwei Louis. Ohne diesen Mann und den wackeren Kriegskommissar wäre ich in einer sehr üblen Lage gewesen, denn obwohl es mir nicht an Geld fehlte, hätte ich mich nie entschließen können, hier fünfzig Louis zu verlieren.

Mein Wagen stand abfahrtbereit vor dem Tor des Gasthofes; eben als ich einstieg, erschien einer der Angestellten, die mich durchsucht hatten, und sagte zu mir, ich würde alles vorfinden, was ich im Wagen gelassen habe.

»Das würde mich wundern«, entgegnete ich; »ist auch der Tabak dabei?«

»Der Tabak, mein Fürst, ist beschlagnahmt.«

»Schade, sonst hätte ich Ihnen einen Louis geschenkt.«

»Einen Augenblick, ich bringe ihn gleich.«

»Ich habe keine Zeit zu warten. Los, Postillon!«

Am nächsten Tag traf ich in Paris ein. Vier Tage später ging ich zu La Bretonnière; er begleitete mich zum Generalsteuerpächter Brissard, der ihn seiner Bürgschaft enthob. Er war ein junger, sehr liebenswürdiger Mann, der über das, was man mir angetan hatte, errötete.

Ich brachte meinen Bericht sogleich dem Minister ins Palais de Bourbon; er verwandte zwei Stunden darauf, mich alles streichen zu lassen, was er für überflüssig hielt. Ich verbrachte die Nacht damit, eine Reinschrift anzufertigen, und überreichte sie tags darauf Abbé de Laville in Versailles; dieser las sie unbeteiligt durch und sagte, er werde mich zu gegebener Zeit über den Erfolg unterrichten. Einen Monat später erhielt ich fünfhundert Louis und erfuhr mit Freuden, daß Monsieur de Crémille, der Marineminister, meinen Bericht nicht nur sorgfältig, sondern auch recht aufschlußreich gefunden hatte. Verschiedene berechtigte Befürchtungen hielten mich jedoch davon ab, die Ehre, anerkannt zu werden, die mein Gönner mir verschaffen wollte, auszukosten.

Als ich ihm meine beiden Abenteuer erzählte, die ich in Aire und in Amiens erlebt hatte, lachte er. Aber er sagte mir auch, die Hauptttugend eines Mannes mit geheimem Auftrag müsse darin bestehen, nie in Händel verwickelt zu werden; denn selbst wenn er die Fähigkeit besitze, sich ganz allein aus der Affäre zu ziehen, werde man doch auf ihn aufmerksam, und gerade das müsse er vermeiden.

Dieser Auftrag kostete das Marineministerium zwölftausend Francs. Der Minister hätte alles, was ich ihm in meinem Bericht mitteilte, leicht erfahren können, ohne einen Sou auszugeben. Jeder junge Offizier hätte ihm dazu dienen können und hätte sich mit ein wenig Verstand bei diesem Auftrag Verdienste erworben. Aber so verhielten sich unter der monarchischen Regierung alle französischen Ministerien. Sie verschwendeten das Geld, das sie nichts kostete, an ihre Kreaturen und an jene, die lieb Kind waren. Sie herrschten despotisch, das Volk wurde mit Füßen getreten, der Staat war verschuldet, die Finanzen so zerrüttet, daß der unausbleibliche Bankrott ihn zum Sturz gebracht hätte; eine Revolution mußte kommen. Das sind die Worte der Volksvertreter, die heute in Frankreich regieren und sich als die getreuen Diener des Volkes ausgeben, von dem alle Gewalt in der Republik ausgeht. Armes Volk! Einfältiges Volk, das an Hunger und Elend stirbt oder sich überall in Europa hinschlachten läßt, um jene zu bereichern, die es betrogen haben.

Silvia fand die Abenteuer von Aire und Amiens recht erheiternd, und ihre Tochter zeigte tiefes Mitgefühl über die schlechte Nacht, die ich im Wachlokal in Aire verbracht haben mußte. Ich sagte darauf, ich wäre verzweifelt gewesen, wenn ich eine Frau bei mir gehabt hätte; sie erwiderte, als gute Frau hätte sie wohl mit ihrem Gatten den Arrest teilen müssen.

»Keineswegs, liebe Tochter«, sagte die kluge Silvia; »in solchen Fällen geht eine tüchtige Frau, nachdem sie das Gepäck in Sicherheit gebracht hat, zu der zuständigen Persönlichkeit, um die Freilassung ihres Mannes zu erwirken.«

Trotz dieser aufkeimenden Liebe verlor ich nicht den Geschmack an den käuflichen Schönheiten, die auf den eleganten Straßen glänzten und von sich reden machten; aber mehr noch beschäftigten mich die ausgehaltenen Mädchen und jene, die nur deshalb behaupteten, allen zu gehören, weil sie sangen, tanzten oder Theater spielten. Da sie sich aber auch sonst für sehr vorurteilsfrei hielten, erfreuten sie sich ihres Rechtes, abwechselnd der Liebe oder dem Geld zu huldigen, und manchmal auch beiden zugleich. Es fiel mir gar nicht schwer, mit ihnen allen bekannt zu werden. Die Foyers der Theater sind der vornehme Markt, wo die Jünger der Liebe ihre Künste spielen lassen, um Abenteuer zu finden. Es gelang mir recht gut, aus diesem angenehmen Getriebe Nutzen zu ziehen; ich begann damit, daß ich die Freundschaft ihrer angestammten Verehrer gewann, und erreichte mein Ziel durch die Kunst, nie den geringsten Dünkel zu zeigen, und vor allem dadurch, weniger leichtsinnig als vielmehr unbedeutend zu erscheinen. Man mußte dabei stets die Börse bereithalten, aber da es sich nur um kleine Beträge handelte, war der Aufwand geringer als das Vergnügen. Ich war sicher, auf die eine oder andere Weise auf meine Rechnung zu kommen.

An Camilla, eine Schauspielerin und Tänzerin der Italienischen Komödie, mit der ich schon vor sieben Jahre in Fontainebleau Beziehungen angeknüpft hatte, schloß ich mich besonders an, weil ich in ihrem Hause an der »Weißen Barriere«[78], wo sie mit ihrem Geliebten, dem Grafen d'Egreville, lebte, besondere Annehmlichkeiten fand. Er sah mich sehr gern in ihrer Gesellschaft. Er war der Bruder des Marquis de Gamaches und der Gräfin du Rumain, ein bildhübscher, recht sanftmütiger und ziemlich reicher junger Herr. Nichts freute ihn mehr, als recht viele Leute im Haus seiner Mätresse zu sehen. Sie liebte nur ihn; aber da sie sehr geistvoll und gewandt war, hatte niemand, der an ihr Gefallen fand, Anlaß zur Verzweiflung; weder geizig noch verschwenderisch mit ihrer Gunst, ließ sie sich von dem ganzen Kreis hofieren, ohne eine Indiskretion oder eine stets kränkende Vernachlässigung zu befürchten.

Nach ihrem Geliebten erfreute sich vor allem anderen Graf de la Tour d'Auvergne ihrer Gunst. Er war ein Edelmann aus einer sehr alten Familie, der sie vergötterte und sich, da er nicht reich genug war, um sie für sich allein zu haben, mit der Rolle begnügen mußte, die sie ihm zuteilte. Man sagte, er sei ihr zweiter Liebhaber. Sie bestritt die geringen Kosten für ein junges Mädchen, das sie ihm sozusagen zum Geschenk gemacht hatte, als sie sah, daß er an ihm Gefallen gefunden hatte, während es in ihren Diensten stand. La Tour d'Auvergne hielt die Kleine in Paris in einem Zimmer in der Rue Taranne aus; er behauptete, sie zu lieben, weil sie ein Geschenk seiner teuren Camilla sei, und er brachte sie oft zum Souper an der »Weißen Barriere« mit. Sie war fünfzehn Jahre alt, einfach, naiv und ohne irgendwelchen Ehrgeiz; sie erklärte ihrem Geliebten, sie würde ihm nie eine Untreue verzeihen, außer er beginge sie mit Camilla, der sie glaubte, dieses Zugeständnis machen zu müssen, weil sie ihr das eigene Glück verdankte. Ich verliebte mich so sehr in Babet, daß ich häufig nur deshalb zu Camilla zum Abendessen kam, weil ich hoffte, sie dort zu treffen und mich an der Unbefangenheit zu freuen, mit der sie die ganze Gesellschaft bezauberte. Ich hielt mich mit aller Macht zurück; aber ich war so sehr in sie vernarrt, daß ich nachts oft sehr traurig nach Hause ging, weil ich die Unmöglichkeit einsah, mich auf dem üblichen Wege von dieser Leidenschaft zu heilen. Ich wäre sogar Gegenstand des Spottes geworden, wenn ich mich verraten hätte, und Camilla hätte mich erbarmungslos damit aufgezogen. Aber das folgende Erlebnis heilte mich von dieser Leidenschaft.

Da Camillas kleines Haus an der »Weißen Barriere« lag, ließ ich mir, als sich nach dem Souper alle Welt zum Gehen anschickte, eine Kutsche holen. Wir hatten aber bis eine Stunde nach Mitternacht bei Tisch gesessen, und so sagte mir mein Diener, es sei keine Kutsche mehr zu finden. La Tour d'Auvergne meinte, er könne mich, ohne daß es ihm Mühe mache, nach Hause bringen, obwohl in seinem Wagen nur Platz für zwei Personen sei.

»Meine Kleine«, sagte er, »wird sich auf uns setzen.«

Ich nahm natürlich an, und so waren wir also im Wagen, der Graf zu meiner Linken und Babet auf unseren Knien. Voll Verlangen gedachte ich, die Gelegenheit zu nutzen. Da der Kutscher schnell fuhr, ergriff ich, ohne Zeit zu verlieren, ihre Hand, drückte sie, fand Erwiderung; dankbar zog ich sie an den Mund und bedeckte sie mit stummen Küssen. In der Ungeduld, sie von meinem Feuer zu überzeugen, wurde ich dringlicher, wozu mich meine allerzärtlichsten Gefühle trieben; aber gerade im kritischen Augenblick hörte ich La Tour d'Auvergne sagen:

»Ich weiß Ihnen Dank, lieber Freund, für eine Höflichkeit, die in Ihrer Heimat üblich sein mag, deren ich mich aber nicht mehr für würdig erachtete; ich hoffe nur, daß es kein Versehen war.«

Auf diese niederschmetternden Worte hin tastete ich weiter und fühlte den Ärmel seines Anzuges. In solchen Augenblicken versagt jede Geistesgegenwart, um so mehr, als auf seine Worte ein Gelächter folgte, das auch den abgebrühtesten Mann aus der Fassung gebracht hätte. Ich ließ die Hand los, unfähig, über die Sache zu lachen oder sie in Abrede zu stellen. Babet fragte ihren Freund, worüber er so sehr lache; aber als er ihr den Grund sagen wollte, brach er erneut in Gelächter aus. Ich schwieg und kam mir unglaublich dumm vor. Glücklicherweise hielt der Wagen; mein Diener öffnete den Schlag zum Aussteigen, und ich trat in mein Haus, nachdem ich ihnen noch eine gute Nacht gewünscht hatte. La Tour d'Auvergne erwiderte den Gruß, lachte dabei aber aus vollem Halse weiter. Ich selbst begann erst nach einer halben Stunde, über das Abenteuer zu lachen, denn schließlich war es ja komisch genug; trotzdem fand ich es betrüblich und ärgerlich wegen der Spötteleien, auf die ich mich gefaßt machen mußte.

Drei oder vier Tage später beschloß ich, den liebenswürdigen Edelmann um neun Uhr morgens zum Frühstück abzuholen, denn Camilla hatte sich durch einen Boten bei mir erkundigt, wie es mir gehe. Die Angelegenheit sollte mich nicht daran hindern, sie weiterhin zu besuchen; aber ich wollte vorher wissen, wie man die Sache aufgenommen hatte.

Sobald der treffliche La Tour mich erblickte, brach er in schallendes Gelächter aus, und nachdem er sich ausgelacht hatte, umarmte er mich wie ein Mädchen. Ich bat ihn halb lachend, halb ernst, die dumme Geschichte zu vergessen, weil ich nicht wüßte, wie ich mich verteidigen könnte.

»Warum sollten Sie sich denn verteidigen?« antwortete er. »Wir alle schätzen Sie sehr; es ist eine zu komische Geschichte, und wir fanden sie und finden sie noch jeden Abend köstlich.«

»Also wissen alle davon?«

»Zweifelten Sie daran? Camilla erstickte fast; Sie müssen heute abend kommen! Ich werde Babet mitbringen, und sie wird Sie zum Lachen bringen, denn sie behauptet, Sie hätten sich gar nicht getäuscht.«

»Sie hat recht.«

»Wie? Sie hat recht? Possen! Sie tun mir zuviel Ehre an, und ich glaube kein Wort; aber Sie machen noch das Beste daraus.«

Was blieb mir anders übrig! Ich tat bei Tisch, als sei ich über die Indiskretion La Tours erstaunt, und erklärte mich von der Leidenschaft, die ich für ihn gefaßt hätte, für geheilt. Babet nannte mich einen gemeinen Schmutzfinken und glaubte mir die Heilung nicht. Aus unerfindlichen Gründen wurde ich durch dieses Abenteuer ihrer überdrüssig und freundete mich sehr mit La Tour d'Auvergne an, der alle Eigenschaften besaß, um bei jedermann beliebt zu sein. Diese

Freundschaft hätte jedoch in der Folge beinahe tragische Folgen gehabt.

An einem Montag bat mich der liebenswürdige Graf im Foyer der Comédie Italienne, ihm hundert Louis zu leihen, die er mir am Samstag zurückzugeben versprach.

»Ich habe sie nicht. Hier haben Sie meine ganze Börse zu Ihrer Verfügung, aber sie enthält nur zehn oder zwölf.«

»Ich brauche hundert, und gleich, denn ich habe sie gestern auf Ehrenwort bei der Prinzessin von Anhalt[79] verloren.«

»Ich habe sie nicht.«

»Ein Lotterieeinnehmer muß doch mehr als tausend haben.«

»Das stimmt, aber meine Kasse ist mir heilig; heute in acht Tagen muß ich sie beim Wechselmakler hinterlegen.«

»Nichts hindert Sie an der Hinterlegung, da ich Ihnen das Geld ja am Samstag zurückbringe. Entnehmen Sie Ihrer Kasse hundert Louis, und legen Sie dafür mein Ehrenwort hinein. Glauben Sie, daß es hundert Louis wert ist?«

Daraufhin hieß ich ihn warten, machte kehrt, ging in mein Büro in der Rue St. Denis, nahm die hundert Louis heraus und brachte sie ihm. Der Samstag kam; ich sah nichts von ihm. Am Sonntag früh versetzte ich meinen Ring, ergänzte den fehlenden Betrag in der Kasse und hinterlegte sie am nächsten Tag beim Wechselmakler. Drei oder vier Tage später kam La Tour d'Auvergne auf den Rängen der Comédie Française auf mich zu und entschuldigte sich. Als Antwort zeigte ich ihm meine Hand ohne Ring und sagte, daß ich ihn versetzt hätte, um meine Ehre zu retten. Traurig antwortete er, man habe ihn im Stich gelassen; aber er würde mir den Betrag zuverlässig am folgenden Samstag zurückgeben.

»Und ich gebe Ihnen«, sagte er, »mein Ehrenwort darauf.«

»Ihr Ehrenwort liegt bereits in meiner Kasse; gestatten Sie mir also, daß ich nicht mehr darauf zähle. Sie können mir die hundert Louis zurückgeben, wann Sie wollen.«

Ich sah, wie der wackere Edelmann bei diesen Worten leichenblaß wurde.

»Mein Ehrenwort, lieber Casanova«, sagte er mir, »gilt mir mehr als das Leben, und ich werde Ihnen die hundert Louis morgen früh um neun Uhr hundert Schritt vom Café am Ende der Champs Elysées zurückzahlen. Ich werde sie Ihnen unter vier Augen geben, ohne daß jemand uns sieht; ich hoffe, Sie werden zur Stelle sein, und zwar mit Ihrem Degen wie ich mit dem meinen.«

»Es ist sehr betrüblich, Graf, daß Sie mich ein Scherzwort so teuer zahlen lassen wollen. Sie erweisen mir eine unermeßliche Ehre, aber ich möchte Sie lieber um Verzeihung bitten, wenn ich damit diese unerfreuliche Angelegenheit aus der Welt schaffen kann.«

»Nein, ich bin im Unrecht, viel mehr noch als Sie; und dieses Unrecht kann nur durch das Blut eines von uns beiden getilgt werden. Werden Sie kommen?«

»Ja.«

Sehr traurig speiste ich am Abend bei Silvia, denn ich liebte diesen wackeren Mann, und ich liebte mich selbst nicht weniger. Ich glaubte, im Unrecht zu sein, denn meine Worte waren tatsächlich zu scharf gewesen; aber ich dachte nicht daran, das Treffen zu versäumen.

Ich kam einen Augenblick nach ihm ins Café. Wir frühstückten gemeinsam; er bezahlte. Dann gingen wir hinaus in Richtung zur Place de l'Etoile. Als wir sicher waren, ungesehen zu sein, übergab er mir auf überaus vornehme Art eine Rolle mit hundert Louis und sagte, ein Degenstich sollte dem einen oder dem anderen wohl genügen. Hierauf trat er vier Schritte zurück und zog blank. Statt jeder Antwort zog auch ich, und sobald wir auf Distanz waren, machte ich einen Ausfall; überzeugt, ihn an der Brust verletzt zu haben, sprang ich zurück und erinnerte ihn an sein Wort. Lammfromm senkte er seinen Degen, führte die Hand zur Brust, zeigte mir, daß sie blutig war, und erklärte sich für befriedigt. Während er sich ein Taschentuch auf die Wunde legte, sagte ich ihm an Artigkeiten, was ich konnte und mußte. Ich war heilfroh, als ich sah, daß meine Degenspitze nur einen Strich[80] tief gerötet war. Ich bot ihm an, ihn zu begleiten, aber er wollte nicht. Er bat mich, Stillschweigen zu bewahren und in Zukunft sein Freund zu sein. Ich umarmte ihn unter Tränen und kehrte sehr niedergedrückt und in der Schule des Lebens um vieles klüger geworden nach Hause zurück. Niemand erfuhr je etwas von der Angelegenheit, und acht Tage später speisten wir gemeinsam bei Camilla zu Abend.

In dieser Zeit erhielt ich aus der Hand von Abbé de Laville zwölftausend Francs als Vergütung für die Erledigung des Auftrages in Dünkirchen. Camilla erzählte mir, La Tour d'Auvergne liege mit Ischias im Bett, und wenn ich wolle, könnten wir ihn am nächsten Tag besuchen. Ich war einverstanden, und wir gingen hin. Nach dem Frühstück sagte ich ihm mit ernster Miene, wenn ich an seinem Oberschenkel tun dürfe, was ich wolle, würde ich ihn heilen; denn sein Leiden sei nicht das, was man als Ischias bezeichnet, sondern ein feuchter Dampf, den ich mit Salomos Talisman[81] und fünf Wörtern vertreiben würde. Er begann zu lachen, sagte aber, ich könne machen, was ich wolle.

»Dann gehe ich also einen Pinsel kaufen«, sagte ich.

»Ich werde einen Diener schicken.«

»Nein, denn ich muß sicher sein, daß nicht gefeilscht wurde; außerdem muß ich einige Drogen beschaffen.«

Ich besorgte Salpeter, Schwefelblumen, Quecksilber und einen kleinen Pinsel und erklärte ihm, ich würde ein wenig eben gelassenen Urin benötigen. Sein Gelächter und das von Camilla brachten mich nicht von meiner ernsten Miene ab; ich reichte ihm einen Becher, zog die Vorhänge zu, und er gehorchte. Ich bereitete aus all dem eine Mischung und sagte zu Camilla, sie müsse ihm mit den Händen den Oberschenkel massieren, während ich eine Beschwörungsformel murmele; aber alles sei umsonst, wenn sie dabei lache. Zunächst lachten sie gut eine Viertelstunde lang, aber dann machten sie sich mit gleichem Ernst wie ich an die Arbeit. La Tour bot

Camilla seinen Oberschenkel; sie stellte sich vor, eine Rolle in einer Komödie zu spielen, und begann, den Kranken zu massieren, während ich mit halblauter Stimme Dinge murmelte, die sie unmöglich verstehen konnten, weil ich selbst nicht wußte, was es war. Ich hätte beinahe selbst die ganze Behandlung zum Scheitern gebracht, als ich sah, welche Grimassen Camilla schnitt, um nicht zu lachen. Es gab nichts Komischeres. Schließlich sagte ich ihnen, es sei genug, tauchte den Pinsel in das Gemisch und malte auf seiner Haut in einem Zug das Zeichen Salomos, einen fünfzackigen Stern aus fünf Strichen. Danach umwickelte ich den Schenkel mit drei Servietten und erklärte ihm, wenn er sich vierundzwanzig Stunden im Bett aufhalten könne, ohne ein einziges Mal den Verband zu öffnen, würde ich mich für seine Heilung verbürgen. Mir machte es Spaß, daß ich sie nicht mehr lachen sah; sie waren ganz verblüfft.

Nach dieser Posse, die ich ganz ohne Plan und ohne jeden Vorbedacht ersonnen und gespielt hatte, empfahlen wir uns, und unterwegs in der Kutsche erzählte ich Camilla hunderterlei Märchen, denen sie so aufmerksam lauschte, daß sie beim Aussteigen ganz verdutzt war.

Vier oder fünf Tage später, als ich mich schon beinahe nicht mehr entsann, was ich mit Monsieur de la Tour d'Auvergne angestellt hatte, hörte ich um acht Uhr morgens das Getrappel von Pferden, die vor meiner Tür anhielten. Ich blickte aus dem Fenster, sah ihn vom Pferd steigen und das Haus betreten.

»Sie waren Ihrer Sache sicher«, sagte er und umarmte mich; »denn sonst wären Sie am Tag nach Ihrer erstaunlichen Behandlung gekommen, um sich zu erkundigen, wie es mir geht.«

»Gewiß, ich war vom Gelingen überzeugt; aber wenn ich Zeit gehabt hätte, wäre ich trotzdem zu Ihnen gekommen.«

»Sagen Sie mir, ob ich ein Bad nehmen darf.«

»Kein Bad, bis Sie sich für wiederhergestellt halten.«

»Das werde ich befolgen. Jedermann ist erstaunt, denn ich

konnte nicht umhin, allen meinen Bekannten von dem Wunder zu erzählen. Es fanden sich zwar einige Skeptiker, die mich auslachten; aber ich lasse sie reden.«

»Ich glaube, Sie hätten lieber schweigen sollen, denn Sie kennen ja Paris. Man wird mich einen Scharlatan nennen.«

»Nicht alle denken so, und ich bin gekommen, Sie um einen Gefallen zu bitten.«

»Und der wäre?«

»Ich habe eine Tante, die als Gelehrte in allen abstrakten Wissenschaften, als große Chemikerin und geistvolle Frau bekannt und anerkannt ist; außerdem ist sie sehr reich und verfügt allein über ihr Vermögen. Ihre Bekanntschaft kann Ihnen nur nützlich sein. Sie stirbt vor Verlangen, Sie zu sehen, denn sie behauptet, Sie zu kennen; auch seien Sie nicht der, für den man Sie in Paris hält. Sie hat mich beschworen, Sie zu ihr zum Mittagessen mitzubringen, und ich hoffe, es fällt Ihnen nicht schwer. Meine Tante ist die Marquise d'Urfe[82].«

Ich kannte sie nicht, aber der Name d'Urfé beeindruckte mich sogleich, denn ich kannte die Geschichte des berühmten Anne d'Urfe[83], der Ende des sechzehnten Jahrhunderts Ruhm erworben hatte. Die Dame war die Witwe seines Urenkels, und da sie in die Familie eingeheiratet hatte, hielt ich es recht gut für möglich, daß sie in allen erhabenen Lehren einer Wissenschaft bewandert war, die mich sehr interessierte, obwohl ich sie für ein Hirngespinst hielt. Ich antwortete also Monsieur de la Tour d'Auvergne, daß ich mit ihm zu Madame d'Urfé gehen würde, wann es ihm beliebe, aber nicht zum Mittagessen, es sei denn, wir wären nur zu dritt.

»Sie hält jeden Tag eine Tafel für zwölf Personen«, sagte er, »und Sie werden mit den Spitzen der Gesellschaft von Paris speisen.«

»Das ist genau das, was ich nicht möchte, denn ich verabscheue den Ruf eines Magiers, den Sie mir bereits aus Gutherzigkeit verschafft haben.«

»Keineswegs, man kennt und schätzt sie. Die Herzogin

von Lauraguais hat mir erzählt, daß Sie vor vier oder fünf Jahren im Palais Royal verkehrt und ganze Tage mit der Herzogin von Orléans[84] verbracht haben, und Madame de Boufflers, Madame du Blot, ja sogar Melfort[85] berichteten mir von Ihnen. Sie tun unrecht daran, Ihre früheren Gewohnheiten nicht wiederaufzunehmen. Was Sie an mir getan haben, bringt mich zu der Überzeugung, daß Sie eine glänzende Karriere machen können. Ich kenne in Paris hundert Leute der obersten Schicht, Männer und Frauen, die an der gleichen Krankheit leiden wie ich und Ihnen die Hälfte ihres Vermögens geben würden, wenn Sie ihnen Heilung brächten.«

La Tours Überlegungen waren richtig; aber da ich wußte, daß meine Behandlung in seinem Falle nur ein zufällig erfolgreicher Narrenstreich war, lag mir nichts daran, bekannt zu werden. Ich sagte ihm, ich wolle mich auf keinen Fall irgendeiner Gefahr aussetzen, und er möge seiner Tante sagen, daß ich nur unter Vorbehalten zu ihr kommen würde und nicht anders; im übrigen bliebe es ihr überlassen, Tag und Stunde zu bestimmen. Als ich am gleichen Tag gegen Mitternacht nach Hause kam, fand ich ein Briefchen des Grafen vor, in dem er mich ersuchte, mich zur Mittagsstunde des folgenden Tages bei den Tuilerien auf der Terrasse des Capucins einzufinden, von wo er mich abholen würde, um mich zu ihr zum Mittagessen zu bringen; dabei versicherte er mir, daß nur uns allein das Haus offenstehen würde.

Tags darauf war ich pünktlich zur Stelle, und wir gingen zu ihr. Sie wohnte am Quai des Théatins[86] neben dem Hôtel de Bouillon. Madame d'Urfé, eine schöne, wenn auch bejahrte Frau, empfing mich formvollendet mit der ganzen Ungezwungenheit des Hofes zur Zeit der Regentschaft[87]. Wir brachten eine Stunde damit zu, uns über belanglose Dinge zu unterhalten, aber beide mit der uneingestandenen Nebenabsicht, den anderen zu studieren. Wir wollten uns gegenseitig die Würmer aus der Nase ziehen. Es fiel mir nicht schwer, den Unwissenden zu spielen, denn ich war es wirklich. Madame d'Urfé zeigte sich zwar nur interessiert, aber ich erkannte ganz klar, daß sie darauf brannte, ihre Kenntnisse zur Schau zu stellen. Um zwei Uhr servierte man für uns drei das gleiche Diner wie sonst für zwölf. Nach dem Mahl ließ uns La Tour d'Auvergne allein, um den Prinzen Turenne aufzusuchen, den er am Morgen mit starkem Fieber allein gelassen hatte; und nun begann Madame, mit mir über Chemie, Alchimie, Magie und alle sonstigen Gebiete zu sprechen, auf die sie versessen war. Als das Gespräch auf das »Große Werk«[88] kam und ich sie in aller Einfalt fragte, ob sie den Grundstoff kenne, lachte sie zwar nicht laut auf, denn das hätte gegen die Höflichkeit verstoßen, sondern sagte mit anmutigem Lächeln, sie besitze bereits, was man den »Stein der Weisen« nenne, und sei mit allen großen Operationen vertraut. Sie zeigte mir ihre Bibliothek[89], die aus dem Besitz des großen d'Urfé[90] und der Renée von Savoyen, seiner Frau, stammte und die sie um Manuskripte im Wert von mehr als hunderttausend Francs bereichert hatte. Ihr Lieblingsautor war Paracelsus[91], der ihrer Meinung nach weder Mann noch Frau gewesen wäre und sich unglücklicherweise mit einer Überdosis seiner Universalmedizin[92] vergiftet hätte. Sie zeigte mir ein kleines Manuskript, auf dem der große Prozeß auf französisch in sehr klaren Ausdrücken erklärt wurde. Sie sagte, sie halte es nicht unter hundertfachem Verschluß, denn es sei chiffriert geschrieben, und sie allein besitze den Schlüssel dazu.

»Sie glauben also nicht an die Steganographie[93], Madame?«

»Nein, Monsieur, und wenn Sie es annehmen wollen, mache ich Ihnen diese Abschrift zum Geschenk.«

Ich nahm sie entgegen und steckte sie in die Tasche. Von der Bibliothek gelangten wir in ihr Laboratorium, das mich wirklich in Erstaunen setzte; sie zeigte mir einen Stoff, den sie bereits seit fünfzehn Jahren auf dem Feuer hielt und der noch vier oder fünf weitere Jahre darauf bleiben mußte. Es war ein Streupulver[94], das innerhalb einer Minute die Umwandlung jedes Metalls in Gold bewirken sollte. Sie zeigte mir ein Rohr, in dem die Kohle durch ihre eigene Schwere nachrutschte und das Feuer des Ofens stets gleichmäßig stark hielt, so daß sie oft drei Monate lang ihr Laboratorium nicht betrat, ohne Gefahr zu laufen, das Feuer erloschen zu finden. Ein kleiner Kanal darunter führte die Asche ab. Das Ausglühen von Quecksilber war für sie ein Kinderspiel; sie zeigte mir pulverisiertes und sagte, wenn ich wolle, würde sie mir den Prozeß vorführen. Auch zeigte sie mir den Baum der Diana[95] des berühmten Talliamed, dessen Schülerin sie war. Dieser Talliamed war, wie jedermann weiß, der Gelehrte Maillet, der nach Madame d'Urfé nicht in Marseille gestorben war, wie Abbé Le Maserier behauptet hatte, sondern noch lebte; sie verriet mir mit feinem Lächeln, daß sie noch häufig Briefe von ihm empfange. Wenn der Regent von Frankreich[96] auf ihn gehört hätte, würde er noch leben. Sie erzählte mir, der Regent sei ihr erster Freund gewesen; er habe ihr den Kosenamen Egeria[97] gegeben, und er habe auch ihre Vermählung mit Monsieur d'Urfé veranlaßt. Sie besaß einen Kommentar des Raimundus Lullus[98], der alles erklärte, was Arnauld de Villeneuve[99], gestützt auf Roger Bacon[100] und Geber[101], geschrieben hatte, die ihrer Meinung nach nicht gestorben waren. Dieses kostbare Manuskript lag in einer Kassette aus Elfenbein, zu der sie den Schlüssel verwahrte; zu ihrem Laboratorium hatte übrigens niemand Zutritt. Sie zeigte mir ein Fäßchen, gefüllt mit Platin aus dem Rio Pinto[102], das sie jederzeit nach Belieben in reines Gold verwandeln könne. Monsieur Wood[103] in eigener Person hatte es ihr 1743 zum Geschenk gemacht. Sie ließ mich das gleiche Platin in vier verschiedenen Gefäßen sehen; in dreien lag es unversehrt in Schwefel-, Salpeter- und Salzsäure, aber im vierten, das mit Königswasser[104] gefüllt war, hatte das Platin nicht standhalten können. Sie schmolz es mit dem Brennspiegel[105] und erklärte mir, daß man es ohne Zusatz nicht anders schmelzen könne, was ihrer Meinung nach beweise, daß es über dem Gold stehe. Sie zeigte es mir auch durch Salmiak ausgefällt, der das Gold nicht auszufällen vermag.

Sie besaß einen Glühofen, der seit fünfzehn Jahren in

Gang war. An dem mit schwarzer Kohle gefüllten Aufsatz konnte ich erkennen, daß sie ihn erst einen oder zwei Tage zuvor versorgt hatte. Ich kam auf den Baum der Diana zurück und fragte sie respektvoll, ob sie nicht auch der Meinung sei, daß es sich dabei nur um eine Spielerei für Kinder handle. Sie antwortete mit Würde, daß auch sie ihn ausschließlich zu ihrer Unterhaltung gebildet habe, indem sie Silber, Quecksilber und Salpetergeist gemischt und auskristallisiert habe; sie betrachte ihren Baum nur als metallisches Wachstum, das im kleinen zeige, was die Natur im großen vollbringen könne. Sie behauptete jedoch, sie sei imstande, einen Baum der Diana zu bilden, der als wahrer Sonnenbaum goldene Früchte, die man auch abpflücken könne, tragen und so lange hervorbringen würde, bis eine Zutat erschöpft sei, die sie den sechs aussätzigen Metallen[106] im Verhältnis zu ihrer Menge beifügen müsse. Ich wandte bescheiden ein, daß ich so etwas ohne das Streupulver nicht für möglich halte. Madame d'Urfé antwortete mir nur mit einem huldvollen Lächeln. Dann zeigte sie mir eine Porzellanschale, auf der ich Salpeter, Quecksilber und Schwefel erkannte, und auf einem Teller ein Grundsalz[107]. »Ich nehme an«, sagte die Marquise zu mir, »Sie kennen diese Zutaten.«

»Ich kenne sie«, antwortete ich, »wenn dieses Grundsalz Harn ist.«

»Sie haben es getroffen.«

»Ich bewundere Ihren Scharfsinn, Madame. Sie haben die Mischung analysiert, mit der ich das Pentagramm[108] auf den Oberschenkel Ihres Neffen malte; aber kein Salz vermag Ihnen die Worte zu offenbaren, die dem Pentagramm die Kraft verleihen.«

»Dazu braucht es kein Salz, sondern das Manuskript eines Adepten, das ich in meinem Zimmer habe; dort sind die Worte vermerkt, wie ich Ihnen zeigen werde.«

Ich antwortete nichts, und wir verließen das Laboratorium. Kaum waren wir in ihrem Zimmer, zog sie ein schwarzes Buch aus einer Kassette, legte es auf den Tisch und machte sich auf die Suche nach einem Stück Phosphor; während sie suchte, öffnete ich das Buch hinter ihrem Rücken, fand darin eine Fülle von Pentagrammen und entdeckte zufälligerweise das gleiche Zeichen, das ich ihrem Neffen auf den Schenkel gemalt hatte, umgeben von den Namen der Planetengeister[109] mit Ausnahme von zweien, nämlich denen des Saturns und des Mars. Rasch schloß ich das Buch wieder. Die Geister waren die gleichen wie bei Agrippa[110] und mir bekannt. Als sei nichts gewesen, gesellte ich mich zu ihr, und gleich darauf fand sie den Phosphor, der mich wirklich verblüffte; ich werde jedoch ein andermal davon erzählen.

Madame setzte sich auf ihr Sofa, hieß mich neben ihr Platz nehmen und fragte mich, ob ich die Zeichen des Grafen von Trier[111] kenne.

»Ich habe nie davon gehört, aber ich kenne jene des Polyphilus[112].«

»Man behauptet, es seien die gleichen.«

»Das glaube ich nicht.«

»Wir werden es erfahren, wenn Sie die Worte niederschreiben wollen, die Sie aussprachen, als Sie meinem Neffen das Pentagramm auf den Schenkel zeichneten. Das Buch muß diesem hier entsprechen, wenn ich darin die Worte finde, die das gleiche Zeichen umgeben.«

»Ich gebe zu, das wäre ein Beweis. Ich werde die Worte aufschreiben.«

Ich schrieb die Namen der Geister; Madame fand das Pentagramm, las die Namen vor, und mit gespieltem Erstaunen übergab ich ihr meinen Zettel, auf dem sie zu ihrer größten Befriedigung die gleichen Namen las.

»Sie sehen also«, sagte sie, »daß Polyphilus und der Graf von Trier dasselbe Wissen besaßen.«

»Ich werde Ihnen beipflichten, Madame, wenn man in Ihrem Buch die Anweisung findet, wie man sich der unaussprechlichen Namen[113] zu bedienen hat. Kennen Sie die Theorie der Planetenstunden?[114]«

»Ich glaube ja, aber sie ist bei dieser Behandlung nicht notwendig.«

»Ich bitte um Verzeihung. Ich malte auf den Oberschenkel von Monsieur de la Tour d'Auvergne das Zeichen Salomos zur Stunde der Venus, und hätte ich nicht mit Anael[115], dem Geist dieses Planeten, begonnen, wäre die Behandlung erfolglos geblieben.«

»Das wußte ich nicht. Und nach Anael?«

»Muß man zu Merkur gehen, von Merkur zum Mond, vom Mond zu Jupiter, von Jupiter zur Sonne. Sie sehen, das ist der magische Kreis aus dem System Zoroasters[116], wobei ich Saturn und Mars überspringe, die die Wissenschaft bei dieser Behandlung ausschließt.«

»Und wenn Sie zum Beispiel in der Stunde des Mondes behandelt hätten?«

»Dann wäre ich zu Jupiter gegangen, von dort zur Sonne, dann zu Anael, das heißt zur Venus, und hätte mit Merkur geschlossen.«

»Ich sehe, daß Sie die Praxis der Stunden mit überraschender Leichtigkeit beherrschen.«

»Ohne das, Madame, kann man in der Magie nichts erreichen, denn man hat nicht Zeit zum Rechnen. Aber das ist nicht so schwierig; jeder Adept, der sich einen Monat lang damit befaßt, eignet sich die nötige Übung an. Schwieriger sind jedoch die Riten, denn sie sind kompliziert; aber sie lassen sich erlernen. Ich gehe morgens nie aus dem Haus, ohne zu wissen, aus wieviel Minuten am betreffenden Tag eine Stunde besteht, und ich achte darauf, daß meine Uhr genauestens eingestellt ist, denn es kommt auf die Minute an.«

»Hätten Sie die Güte, mir diese Theorie mitzuteilen?«

»Sie finden sie bei Artephius[117] und noch klarer bei Sandivonius[118].«

»Ich besitze sie, aber in Latein.«

»Ich werde sie Ihnen übersetzen.«

»Wollen Sie wirklich so freundlich sein?«

»Sie haben mir Dinge gezeigt, Madame, die mich dazu

zwingen, aus Gründen, die ich Ihnen vielleicht morgen sagen kann.«

»Warum nicht heute?«

»Weil ich zuvor noch den Namen Ihres Genius erfahren muß.«

»Sie wissen, daß ich einen Genius habe?«

»Sie müssen einen haben, wenn Sie wirklich das Streupulver besitzen.«

»Ich habe es.«

»Leisten Sie mir den Ordenseid!«

»Ich wage es nicht, und Sie wissen, warum.«

»Vielleicht gebe ich Ihnen morgen die Möglichkeit, nicht mehr zu zweifeln.«

Dieser Eid war jener der Bruderschaft der Rosenkreuzer[119], den man nie austauscht, ohne sich vorher zu kennen; daher befürchtete Madame d'Urfé, und zwar mit Recht, ein Geheimnis zu verletzen, und ich meinerseits mußte so tun, als fürchte ich dasselbe. Ich glaubte, Zeit gewinnen zu müssen, aber ich kannte auch den Wortlaut dieses Eides. Man kann ihn unter Männern, ohne Anstoß zu erregen, austauschen; aber eine Frau wie Madame d'Urfé mußte sich wohl scheuen, ihn einem Manne zu leisten, den sie an diesem Tag zum erstenmal gesehen hatte.

»So, wie wir diesen Eid in unserer Heiligen Schrift[120] angedeutet finden«, sagte sie, »ist er verschleiert. ›Er schwor‹, sagt das heilige Buch, ›indem er ihm die Hand auf den Schenkel legte.‹ Aber es handelt sich nicht um den Schenkel. Deshalb geschieht es auch nie, daß ein Mann einer Frau auf diese Weise den Eid leistet, denn die Frau hat kein Verbum[121].«

Um neun Uhr abends kam Graf de la Tour d'Auvergne zu seiner Tante und war überrascht, mich noch bei ihr zu finden. Er berichtete ihr, daß sich das Fieber seines Vetters, des Prinzen Turenne, sehr verschlimmert habe und daß bei ihm die Blattern ausgebrochen seien. Er sagte ihr, er sei gekommen, um sich für mindestens einen Monat von ihr zu verabschieden, da er sich mit dem Kranken einschließen wolle. Madame d'Urfé lobte sein Pflichtgefühl und gab ihm ein Säckchen, wobei sie ihn versprechen ließ, es ihr nach der Genesung des Prinzen zurückzugeben. Sie sagte, er solle es ihm um den Hals binden und darauf vertrauen, daß der Ausschlag gutartig verlaufen und ganz sicher verheilen werde. Er versprach es, nahm das Säckchen und ging.

Nun sagte ich zur Marquise, ich wisse zwar nicht, was das Säckchen enthalte, aber wenn es sich um Magie handle, hätte ich keinerlei Vertrauen, denn sie habe ihm keine Vorschrift wegen der Zeit gegeben. Sie antwortete, es enthalte Electrum[122], und daraufhin bat ich sie um Entschuldigung.

Sie erwiderte, sie wisse meine Zurückhaltung zu schätzen, glaube aber, daß ich mich in ihrem Freundeskreis nicht unglücklich fühlen würde, wenn ich mich dazu bereit fände, ihn kennenzulernen. Sie schlug mir vor, mich mit allen ihren Freunden bekannt zu machen, indem sie mich der Reihe nach mit jedem einzelnen zum Essen einlud; später würde ich mich wahrscheinlich in Gesellschaft aller wohl fühlen. Aufgrund dieser Vereinbarung speiste ich tags darauf mit einem Monsieur Gerin und seiner Nichte, die mir beide nicht gefielen; am nächsten Tag mit einem Irländer namens Macartney, einem Physiker der alten Schule, der mich sehr langweilte. Am darauffolgenden Tag wies sie ihren Pförtner an, einen Mönch einzulassen, der in seinen Gesprächen über Literatur tausenderlei Unverschämtheiten gegen den damals von mir verehrten Voltaire vorbrachte, auch gegen den »Geist der Gesetze«[123], für den er überdies dem berühmten Montesquieu die Urheberschaft absprach. Er schrieb das Werk der Gehässigkeit eines Mönches zu. An einem weiteren Tag speiste ich mit Chevalier d'Arzigni[124], einem neunzigjährigen Greis, den man den Dekan der »petits maîtres«[125] nannte, der als einstiger Höfling Ludwigs XIV. noch vollendete Höflichkeit bewahrt hatte und viele Anekdoten von damals zu erzählen wußte. Dieser Mann bereitete mir unwahrscheinliches Vergnügen; er legte Rouge auf, seine Kleider zierten

Quasten wie im vorigen Jahrhundert, er zeigte sich seiner Herrin zärtlich ergeben, die ihm ein kleines Haus gemietet hatte. Dort speiste er jeden Abend im Kreise seiner ganz jungen, reizenden Freundinnen, die seine Gesellschaft jeder anderen vorzogen; trotzdem kam er nicht in Versuchung, ihr untreu zu werden, denn er schlief jede Nacht mit ihr. Dieser liebenswürdige Greis war zwar altersschwach und zittrig, hatte jedoch ein so gütiges Herz und so einmalige Manieren, daß ich ihm alles glaubte, was er sagte. Er war von äußerster Reinlichkeit. Im obersten Knopfloch seines Rockes trug er einen großen Strauß aus Tuberosen und Narzissen; ein starker Duft von Ambra entströmte der Pomade, mit der er Perücke und Brauen am Kopf festgeklebt hatte, und sein durchdringender Mundgeruch mißfiel zwar nicht Madame d'Urfé, war mir aber unerträglich. Andernfalls hätte ich mich so oft wie nur möglich um seine Gesellschaft bemüht. Monsieur d'Arzigni war ein eingefleischter Epikuräer mit einer erstaunlichen Gemütsruhe; er erklärte, er würde sich schriftlich verpflichten, jeden Morgen vierundzwanzig Stockhiebe zu empfangen, wenn er sich dadurch die Gewißheit verschaffen könnte, in den nächsten vierundzwanzig Stunden nicht zu sterben; mit zunehmendem Alter würde er auch noch mehr Schläge zugestehen.

An einem weiteren Tag speiste ich mit Monsieur Charon[126], einem Rat in der Großen Kammer[127]; er war der entscheidende Mann in einem Prozeß, den sie gegen Madame du Châtelet[128], ihre Tochter, führte, die sie haßte. Sie hatte den alten Rat vor vierzig Jahren als Geliebte beglückt, und aus diesem Grund hielt er sich nun für verpflichtet, ihr recht zu geben. Die französischen Richter ließen jene recht behalten, die ihnen ihre richterliche Gewalt aufgrund des Geldes zustand, mit dem sie sie erkauft hatten[129]. Dieser Parlamentsrat hat mich gelangweilt.

Sehr gut unterhielt ich mich jedoch anderntags mit Madames Neffen, Monsieur de Viarmes[130], einem jungen Ratsherrn, der mit seiner Gattin zum Essen kam. Sie waren ein liebenswertes Paar, und der Neffe galt als der Mann von hohem Geist, den die vornehme Pariser Gesellschaft nach der Lektüre der von ihm verfaßten »Remontrances au Roi«[131] anerkannte. Er sagte, die Aufgabe eines Parlamentsrates bestehe darin, gegen alles zu opponieren, was der König unternähme, selbst wenn es gut sein sollte. Die Argumente, die er für die Richtigkeit dieses Grundsatzes vorbrachte, waren die gleichen, wie sie von allen Minderheiten in beratenden Körperschaften vorgebracht werden. Ich will meinen Leser nicht damit langweilen, sie zu wiederholen.

Am besten unterhielt ich mich jedoch, als wir mit Madame de Gergy speisten, die in Begleitung des berühmten Abenteurers Graf von Saint-Germain[132] erschienen war. Anstatt zu essen, redete dieser Mann von Anfang bis Ende der Mahlzeit, und ich hörte ihm mit größter Aufmerksamkeit zu, denn niemand sprach besser als er. Er gab sich in jeder Hinsicht als Wunderknabe, er wollte verblüffen und verblüffte auch tatsächlich. Er hatte eine entschiedene Art zu sprechen, die jedoch nicht mißfiel, denn er war gelehrt, sprach fließend alle Sprachen, war sehr musikalisch, ein großer Kenner der Chemie, besaß angenehme Züge und verstand es, sich bei allen Frauen beliebt zu machen. Wenn er ihnen Schminke zur Verschönerung der Haut gab, schmeichelte er ihnen gleichzeitig, er könne sie nicht jünger machen, denn das sei, wie er sagte, unmöglich; er könne sie nur in dem Zustand, in dem er sie finde, erhalten und bewahren, und zwar durch ein Wasser, das ihn sehr viel koste, das er ihnen aber zum Geschenk mache. Dieser überaus merkwürdige und zum frechsten aller Betrüger geborene Mann behauptete ungestraft und nachlässig, er sei dreihundert Jahre alt, besitze die Universalmedizin und treibe mit der Natur, was er wolle; er schmelze Diamanten und mache aus zehn oder zwölf kleinen ohne Gewichtsverlust einen großen von vollkommener Reinheit. Für ihn waren das nur Kleinigkeiten. Trotz seiner Prahlereien, seiner Widersprüche und seiner offenkundigen Lügen brachte ich es nicht fertig, ihn unverschämt zu finden, aber ich fand ihn auch nicht achtenswert; gegen meinen Willen fand ich ihn verblüffend, denn er hat mich verblüfft. [...]

Nachdem mich Madame d'Urfé mit allen diesen Personen bekannt gemacht hatte, erklärte ich ihr, ich wolle gerne bei ihr speisen, so oft sie dazu Lust habe, aber stets nur mit ihr allein; das gelte nicht für ihre Verwandten und für Monsieur de Saint-Germain, dessen Beredsamkeit und Aufschneidereien mir Spaß machten. Dieser Mann, der häufig in den besten Häusern von Paris eingeladen war, aß dabei nie etwas. Er behauptete, sein Leben hänge von einer bestimmten Diät ab, und man nahm das gern in Kauf, denn seine Fabeleien gaben dem Mahl die Würze.

Ich hatte schließlich Madame d'Urfé von Grund auf kennengelernt; sie hielt mich für einen wahren Adepten unter der Maske eines unscheinbaren Mannes. Fünf oder sechs Wochen später wurde sie noch in diesem Wahn bestärkt, als sie mich fragte, ob ich das Manuskript entziffert hätte, in dem das Große Werk beschrieben sei. Ich antwortete, ich hätte es entziffert und demzufolge auch gelesen; ich würde es ihr mit der ehrenwörtlichen Versicherung zurückbringen, daß ich es nicht abgeschrieben hätte.

»Ich fand nichts Neues darin«, fügte ich hinzu.

»Entschuldigen Sie, wenn ich das ohne Schlüssel für unmöglich halte.«

»Soll ich Ihnen den Schlüssel angeben?«

»Ich bitte darum.«

Nun nannte ich ihr das Wort, das keiner Sprache angehörte, und sah, wie überrascht sie war. Sie sagte, das sei wirklich zuviel, denn sie hätte sich für die alleinige Besitzerin dieses Wortes gehalten, das sie im Gedächtnis bewahrt und nie aufgeschrieben habe.

Ich hätte ihr die Wahrheit sagen können, daß die Berechnung selbst, mit deren Hilfe ich das Manuskript entziffert hatte, mir das Wort geliefert habe, aber mich packte der Mutwille, ihr zu sagen, ein Genius hätte es mir enthüllt. Dieses falsche Bekenntnis schlug Madame d'Urfé endgültig in meinen Bann. An diesem Tag gewann ich vollkommen Gewalt über ihre Seele, und ich habe meine Macht mißbraucht. Jedesmal, wenn ich mich daran erinnere, fühle ich Schmerz und Beschämung, und ich leiste nun Buße dafür, indem ich mir bei der Abfassung dieser Memoiren auferlegt habe, die Wahrheit zu sagen.

Madame d'Urfés großer Wahn war, daß sie es für möglich hielt, mit den sogenannten Elementargeistern[133] sprechen zu können. Sie hätte alles, was sie besaß, dafür geopfert, und war Betrügern begegnet, die sie täuschten und ihr einredeten, sie könnten ihr den Weg zeigen. Als sie sich nun mir gegenübersah, der ich ihr einen so greifbaren Beweis meines Wissens geliefert hatte, glaubte sie, ihr Ziel erreicht zu haben.

»Ich wußte nicht«, sagte sie, »daß Ihr Genius die Macht hat, den meinen zum Enthüllen seiner Geheimnisse zu zwingen.«

»Er bedurfte nicht des Zwanges, denn er weiß alles durch seine ihm eigene Natur.«

»Weiß er auch, was ich an Geheimnissen in meiner Seele berge?«

»Gewiß, und er muß es mir sagen, wenn ich ihn befrage.«

»Können Sie ihn befragen, wann Sie wollen?«

»Jederzeit, wenn ich Papier und Tinte habe; ich kann ihn sogar durch Sie befragen lassen, wenn ich Ihnen seinen Namen nenne. Mein Genius heißt Paralis[134]. Stellen Sie ihm schriftlich eine Frage, wie Sie das bei einem Sterblichen tun würden; fragen Sie ihn, wie ich Ihr Manuskript zu entziffern vermochte, und Sie werden sehen, wie ich ihn zwingen werde, Ihnen zu antworten.«

Vor Freude bebend, stellte Madame d'Urfé die Frage; ich übersetzte sie in Zahlen, baute dann, wie stets, die Pyramide auf und ließ sie die Antwort finden, die sie selbst in Buchstaben übersetzte. Sie fand nur Konsonanten, aber durch eine zweite Operation ließ ich sie die Vokale finden, die durch entsprechende Kombination zu ihrem Staunen eine klare Antwort ergaben. Sie hatte das Wort vor Augen, das zum Entziffern des Manuskriptes nötig war. Als ich sie verließ, entführte ich ihre Seele, ihr Herz, ihren Geist und alles, was ihr an gesundem Menschenverstand noch verblieben war.

Als Prinz Turenne von den Blattern genesen war, verließ ihn La Tour d'Auvergne; da er die Vorliebe seiner Tante für die abstrakten Wissenschaften kannte, wunderte er sich nicht, daß ich zu ihrem einzigen Freund geworden war. [...]

Da La Tour d'Auvergne um diese Zeit zu seinem Boulogneser Regiment in der Bretagne einrücken mußte, speiste ich fast jeden Tag mit ihr allein. Madames Dienstboten betrachteten mich als ihren Gatten; sie sagten, ich müsse es wohl sein, und glaubten damit die Stunden unseres Beisammenseins zu rechtfertigen. Madame d'Urfé hielt mich für reich und bildete sich ein, ich hätte mich mit der Lotterie der Militärakademie nur befaßt, um mich zu tarnen.

Ihrer Meinung nach verfügte ich nicht nur über den Stein der Weisen, sondern auch über die Fähigkeit, mit den Elementargeistern zu verkehren. Folglich hielt sie mich für mächtig genug, die Welt aus den Angeln zu heben, Frankreich Glück oder Unglück zu bringen, und schrieb die für mich bestehende Notwendigkeit, verborgen zu bleiben, nur meiner berechtigten Furcht zu, verhaftet oder eingesperrt zu werden; denn das war nach ihrer Meinung unvermeidlich, sobald es dem Ministerium gelang, mich zu durchschauen. Diese Verstiegenheiten waren die Folgen von Enthüllungen ihres Genius, die er ihr während des Schlafes machte und die sie in ihrer überspannten Phantasie für Wirklichkeit hielt. Im besten Glauben der Welt berichtete sie mir regelmäßig davon und sagte mir eines Tages, ihr Genius habe sie überzeugt, daß ich ihr als Frau nicht den Verkehr mit den Genien verschaffen könne; wohl aber könne ich durch eine Operation, die mir bekannt sein müsse, ihre Seele in den Körper eines männlichen Kindes übergehen lassen, das der philosophischen Verbindung eines Unsterblichen mit einer Sterblichen oder der eines Sterblichen mit einem Weib von göttlicher Natur entsprungen sei.

Wenn ich auf die verrückten Ideen dieser Dame einging, glaubte ich nicht, sie irrezuführen, denn das war bereits geschehen; es wäre mir auch keinesfalls gelungen, sie von ihrem Wahn zu befreien. Selbst wenn ich ihr in ehrlicher Offenheit gesagt hätte, daß alle ihre Ideen Hirngespinste seien, hätte sie mir nicht geglaubt, und so zog ich es vor, mich treiben zu lassen. Mir konnte es nur angenehm sein, von einer Dame, die mit den größten Persönlichkeiten Frankreichs in Verbindung stand und die durch ihre Wertpapiere noch reicher war als durch die 80000 Francs Rente, die sie aus Grundbesitz und Häusern in Paris bezog, auch weiterhin für den bedeutendsten aller Rosenkreuzer und den mächtigsten aller Menschen gehalten zu werden. Ich erkannte klar, daß sie mir gegebenenfalls nichts verweigern konnte, und obwohl ich keinerlei Plan entwarf, um mich ihrer Reichtümer ganz oder teilweise zu bemächtigen, fühlte ich mich andererseits nicht stark genug, auf diese Macht zu verzichten.

Madame d'Urfé war geizig. Sie verbrauchte im Jahr kaum 30000 Francs und vermehrte ihre Ersparnisse, die sich auf das Doppelte beliefen, durch Börsenspekulationen. Ein Makler vermittelte ihr königliche Schatzscheine, wenn sie am niedrigsten standen, und riet ihr zum Verkauf, wenn sie stiegen. Auf diese Weise hatte sich ihr Vermögen beträchtlich vergrößert. Sie erklärte mir mehrfach, sie sei bereit, ihren ganzen Besitz dafür hinzugeben, ein Mann zu werden, und sie wisse, daß ich allein das bewirken könne.

Eines Tages sagte ich ihr, ich sei zwar in der Tat zu dieser Operation imstande, aber ich würde mich nie dazu entschließen, denn dazu müsse ich sie sterben lassen.

»Das weiß ich«, antwortete sie, »und ich kenne sogar die Todesart, der ich mich unterwerfen müßte; ich bin dazu bereit.«

»Und was glauben Sie bitte von dieser Todesart zu wissen?«

»Es handelt sich um das gleiche Gift«, antwortete sie lebhaft, »an dem Paracelsus gestorben ist.«

»Und glauben Sie, daß Parcelsus die Hypostase[135] erreicht hat?«

»Nein. Aber ich weiß auch warum. Er war weder Mann noch Frau, und man muß vollkommen das eine oder das andere sein.«

»Das stimmt; aber wissen sie auch, wie man dieses Gift zubereitet? Und wissen Sie auch, daß es ohne Mitwirkung eines Salamanders[136] nicht herzustellen ist?«

»Das mag sein, aber ich wußte es nicht. Fragen Sie bitte die Kabbala, ob es in Paris jemanden gibt, der dieses Gift besitzt.« Ich war sofort überzeugt, daß sie selbst es zu besitzen glaubte; ich zögerte daher nicht, es in meiner Antwort zu sagen, und tat dabei sehr überrascht. Sie dagegen war keineswegs erstaunt, und ich sah ihr den Triumph an.

»Sie sehen also«, sagte sie, »es fehlt nur noch das Kind, das in sich das einem unsterblichen Geschöpf entstammende männliche Verbum birgt. Ich weiß sehr wohl, daß Sie das Notwendige vermögen, und ich glaube nicht, daß es Ihnen aus falsch verstandenem Mitleid mit meinem alten Gerippe am nötigen Mut fehlen könnte«.

Bei diesen Worten erhob ich mich und trat ans Fenster ihres Zimmers, das auf den Quai hinausging; dort blieb ich mehrere Minuten, um über ihre Torheit nachzudenken. Als ich zu ihr an den Tisch zurückkehrte, betrachtete sie mich aufmerksam und sagte tief bewegt:

»Ist es möglich, lieber Freund? Ich sehe, Sie haben geweint.«

Ich ließ sie in diesem Glauben, seufzte, ergriff meinen Degen und ging fort. Ihre Kutsche, die mir jeden Tag zur Verfügung stand, wartete vor der Tür auf meine Befehle.

[…]

Monsieur Kornmann erzählte mir viel über die große Geldknappheit und ermunterte mich, mit dem Generalkontrolleur über Mittel zu deren Abhilfe zu sprechen. Er meinte, man könnte königliche Schatzscheine zu angemessenen Bedingungen an eine Handelsgesellschaft in Amsterdam abtreten und dafür Papiere irgendeiner anderen Macht aufnehmen, die man, da sie nicht als so unsicher galten wie die französischen, leicht zu Geld machen könnte. Ich bat ihn, mit niemandem darüber zu reden, und versprach ihm meine Unterstützung.

Gleich am nächsten Tag sprach ich mit Abbé de Bernis, meinem Gönner, über die Sache; er fand die Spekulation ausgezeichnet und riet mir, selbst die Reise nach Holland[137] zu unternehmen, und zwar mit einem Empfehlungsschreiben des Herzogs von Choiseul[138] an Monsieur d'Affry[139], dem man, meiner Anregung folgend, einige Millionen in königlichen Papieren übersenden könnte, um sie zu diskontieren. Er riet mir, die Angelegenheit sogleich mit Monsieur de Boulogne zu besprechen und vor allem dabei nicht den Eindruck eines Mannes zu erwecken, der zaghaft zu Werk geht. Er versicherte mir, ich würde, sofern ich nicht Geld im voraus verlange, jedes gewünschte Empfehlungsschreiben erhalten.

Ich war sofort Feuer und Flamme. Noch am gleichen Tag suchte ich den Generalkontrolleur auf, der meine Idee sehr gut fand, und sagte; der Herzog von Choiseul werde morgen im Hôtel des Invalides[140] sein; ich solle ihm unverzüglich die Sache vortragen und ihm das Briefchen übergeben, das er schreiben werde. Er versprach mir, dem Botschafter Papiere für zwanzig Millionen zu senden, die man schlimmstenfalls nach Frankreich zurückholen würde. Ich erklärte mit düsterer Miene, das wolle ich nicht hoffen, sofern man sich mit dem Angemessenen begnüge. Er entgegnete mir, der Friedensschluß sei sehr bald zu erwarten[141]; deshalb dürfe ich die Papiere nur mit sehr geringem Verlust abstoßen und sei in dieser Hinsicht an den Botschafter gebunden, der alle nötigen Weisungen erhalten werde.

Ich fühlte mich durch einen Auftrag dieser Art so geschmeichelt, daß ich die ganze Nacht nicht schlafen konnte. Kaum hatte der für sein rasches Handeln berühmte Herzog von Choiseul das Briefchen von Monsieur de Boulogne gelesen und mich fünf Minuten lang angehört, ließ er mir ein Schreiben an Monsieur d'Affry ausstellen, das er las und unterzeichnete, ohne es mir vorzulesen; er ließ es mir versiegelt übergeben und wünschte mir gute Reise. Ich holte mir noch am gleichen Tag von Monsieur de Berkenrode[142] einen Paß, verabschiedete mich von Manon Baletti und allen meinen Freunden außer Madame d'Urfé, bei der ich den ganzen nächsten Tag verbringen sollte, und ermächtigte meinen zuverlässigen Angestellten, für mein Büro Lose zu unterzeichnen.

[...]

Als ich Madame d'Urfé erzählte, daß ich zum Wohle Frankreichs nach Holland reisen und Anfang Februar wieder zurück sein würde, bat sie mich, für sie Aktien der Ostindien-Kompanie von Göteborg[143] aus ihrem Besitz im Wert von 60 000 Francs zu verkaufen, die sie infolge des Geldmangels an der Pariser Börse nicht veräußern konnte; außerdem wollte man ihr nicht die fälligen Zinsen auszahlen, die beträchtlich sein mußten, weil man seit drei Jahren keine Gewinnausschüttung mehr vorgenommen hatte. Da ich mich bereit erklärte, ihr diesen Dienst zu erweisen, mußte sie mich durch einen Kaufvertrag, den sie am gleichen Tag in aller Form und beglaubigt durch Tourton & Baur an der Place des Victoires[144] abschloß, zum Besitzer der Aktien machen. Als wir wieder bei ihr zu Hause waren, wollte ich ihr ein Schriftstück ausstellen, durch das ich mich verpflichtet hätte, ihr nach meiner Rückkehr der Wert ihrer Effekten zurückzuerstatten, aber sie wollte nichts davon wissen. Beim Abschied stellte ich mit Genugtuung fest, daß ihr Gesicht nicht die geringste Spur von Bedenken zeigte.

[...]

## *Amsterdam 1758*

Vor meiner Abreise ließ ich mir noch von Monsieur Kornmann einen Wechsel über dreitausend Gulden[1] auf den Juden Boas, den Hofbankier von Den Haag, ausstellen. In zwei Tagen gelangte ich nach Antwerpen. Dort mietete ich eine Jacht, die am nächsten Tag in Rotterdam landete, wo ich übernachtete. Tags darauf fuhr ich nach Den Haag, wo ich bei Jacquet im »Parlament von England«[2] abstieg. Am gleichen Tag, dem Weihnachtsabend, meldete ich mich bei Monsieur d'Affry, gerade als er den Brief des Herzogs von Choiseul las, der ihn über mich und die Angelegenheit unterrichtete. Er lud mich zum Essen ein, gemeinsam mit Herrn Kauderbach, den Residenten des Königs von Polen und Kurfürsten von Sachsen, und ermutigte mich zu meinem Unterfangen, sagte allerdings, er zweifle am Erfolg, denn die Holländer hätten gute Gründe zu glauben, daß es nicht so bald zu einem Friedensschluß kommen würde.

Vom Palais des Botschafters ließ ich mich zum Bankier Boas führen, den ich mit seiner ganzen zahlreichen und häßlichen Familie bei Tische fand. Nachdem er den Wechsel geprüft hatte, sagte er, er habe eben einen Brief von Monsieur Kornmann erhalten, der voll des Lobes über mich sei. Er fragte mich, weshalb ich heute am Weihnachtsabend nicht zur Krippe des Jesuskindes ginge; ich erwiderte, ich sei gekommen, mit ihm das Fest der Makkabäer[3] zu feiern. Er und seine ganze Familie nahmen diese Antwort mit Beifall auf, und er bat mich, ein Zimmer in seinem Haus anzunehmen. Ich war damit einverstanden und ließ sogleich meinem Diener sagen, er solle mit meinem Gepäck zu Boas kommen. Als wir uns nach dem Abendessen trennten, bat ich ihn, mich durch irgendein gutes Geschäft innerhalb der wenigen Tage, die ich in Holland zu verbringen gedachte, achtzehn oder zwanzigtausend Gulden verdienen zu lassen. Er antwortete mir mit vollem Ernst, er würde darüber nachdenken.

Am nächsten Morgen nach dem Frühstück, das ich mit ihm im Kreis der Familie einnahm, erklärte er, er wisse ein Geschäft für mich. Er führte mich in sein Arbeitszimmer, zahlte mir dreitausend Gulden in Gold und Noten aus und sagte, es läge nur an mir, in acht Tagen zwanzigtausend Gulden zu verdienen, wie ich es ihm am Abend zuvor gesagt hatte. Da ich nur zu scherzen geglaubt hatte, war ich sehr überrascht, wie leicht man in diesem Land das Geld verdient, dankte ihm für diesen Beweis der Freundschaft und hörte ihn an.

»Hier sehen Sie eine Nachricht«, sagte er, »die ich vorgestern aus dem Münzamt erhalten habe. Man gibt bekannt, daß man soeben 400 000 Dukaten[4] geprägt habe und bereit sei, sie zum Tagespreis des Goldes abzugeben, der zur Zeit glücklicherweise nicht sehr hoch ist. Jeder Dukaten ist fünf Gulden und zweidreifünftel Stüber wert. Und hier ist der Wechselkurs mit Frankfurt am Main. Kaufen Sie die 400 000 Dukaten, bringen oder schicken Sie sie in Form von Wechseln auf die Bank von Amsterdam[5] nach Frankfurt; dann haben Sie den folgenden klaren Gewinn: Sie verdienen eineinneuntel Stüber auf jeden Dukaten, oder 22 222 holländische Gulden. Erwerben Sie heute dieses Gold, und in acht Tagen ist Ihr Gewinn flüssig. Das wäre mein Rat.«

»Aber werden mir die Herren vom Münzamt so ohne weiteres diese Summe anvertrauen, die sich auf mehr als vier Millionen Livres Tournois[6] beläuft?« fragte ich.

»Sicher würden sich Schwierigkeiten ergeben, wenn Sie sie nicht bar kaufen oder den gleichen Betrag in guten Papieren erlegen.«

»Mein lieber Monsieur Boas, ich verfüge weder über diese Summe noch über diesen Kredit.«

»In diesem Fall werden Sie nie in acht Tagen 20000 Gulden verdienen. Als Sie mir gestern abend dieses Ansinnen stellten, hielt ich Sie für einen Millionär. Heute oder morgen werde ich dieses Geschäft für eines meiner Kinder machen.«

Nach dieser trefflichen Lehre ging Boas in sein Büro, und ich kleidete mich an. Monsieur d'Affry war inzwischen in das »Parlament von England« gekommen, um meinen Besuch zu erwidern; da er mich dort nicht antraf, schrieb er mir ein Briefchen mit der Bitte, ihn aufzusuchen, weil er mir etwas mitzuteilen habe. Ich ging hin, aß mit ihm zu Mittag und erfuhr unmittelbar aus dem Brief, den er soeben von Monsieur de Boulogne empfangen hatte, daß er mich über die zwanzig Millionen, die er erhalten werde, mit höchstens acht Prozent Verlust verfügen lassen dürfe, denn man sei im Begriff, Frieden zu schließen. Er lachte darüber, und ich stimmte in sein Lachen ein. Er riet mir, mich keinem Juden anzuvertrauen, von denen die ehrlichsten noch Gauner seien, und bot mir eine eigenhändig geschriebene Empfehlung an das Haus Pels[7] in Amsterdam an, die ich dankbar entgegennahm; um mir in der Angelegenheit der Göteborg-Aktien behilflich zu sein, stellte er mich dem schwedischen Gesandten vor[8]. Dieser verwies mich an Mijnheer D. O.[9]. Ich reiste am Tag nach dem Fest des heiligen Johannes[10] zum Treffen der eifrigsten Freimaurer Hollands. [...]

Zwei Stunden vor meiner Ankunft in Amsterdam begegnete ich mit meiner zweirädrigen Postkutsche, auf der hinten mein Diener saß, einer vierrädrigen Kalesche, die gleich der meinen mit zwei Pferden bespannt war und in der sich ein Herr mit seinem Diener befand. Der Kutscher des vierrädrigen Wagens verlangte, daß der meine ihm Platz mache; der meine erwiderte, daß er mich dann in den Graben kippen würde, aber der andere gab nicht nach. Ich wandte mich an den Besitzer, einen hübschen jungen Mann, und ersuchte ihn, er möge befehlen, mir Platz zu machen.

»Ich reise mit der Post, Monsieur, und außerdem bin ich Ausländer.«

»Monsieur, in Holland genießt die Post keinen Vorrang[11], und Sie werden zugeben müssen, daß Sie als Ausländer keine höheren Ansprüche stellen können als ich, der ich hier zu Hause bin.«

Auf diese Worte hin stieg ich aus; bis zu den halben Stiefeln im Schnee stehend und mit dem blanken Degen in der Hand, forderte ich den Holländer auf, auszusteigen oder mir Platz zu machen. Er antwortete mir lächelnd, er habe keinen Degen; außerdem würde er sich nicht aus einem so lächerlichen Grunde schlagen. Er sagte, ich solle wieder einsteigen, und machte mir Platz. Gegen Abend erreichte ich Amsterdam, wo ich im »Ster van Osten« Quartier nahm.

Am nächsten Morgen traf ich an der Börse Mijnheer Pels, der mir sagte, er werde meine große Transaktion im Auge behalten; eine Viertelstunde später traf ich auch Mijnheer D. O., der mir sogleich eine Unterredung mit einem Kaufmann aus Göteborg vermittelte. Dieser war sofort bereit, meine sechzehn Aktien zu diskontieren, und bot mir zwölf Prozent Zinsen. Mijnheer Pels riet mir, noch zu warten, und versicherte mir, er werde mir fünfzehn Prozent verschaffen. Er lud mich zum Mittagessen ein, und als er sah, wie begeistert ich von der Güte seines roten Kapweines[12] war, erzählte er mir lachend, er bereite ihn selbst zu, indem er Bordeauxwein mit Malaga mische. Am nächsten Tag speiste ich bei Mijnheer D. O. zu Mittag, einem vierzigjährigen Witwer, dessen einzige Tochter Esther[13] erst vierzehn Jahre alt war. Abgesehen davon, daß sie keine hübschen Zähne besaß, war sie eine Schönheit und die Erbin aller Reichtümer ihres liebenswürdigen Vaters, der sie vergötterte. Ihre weiße Haut, ihre schwarzen, ohne Puder frisierten Haare, ihre sehr dunklen, weit auseinanderliegenden, ausdrucksvollen Augen schlugen mich in ihren Bann. Sie sprach sehr gut Französisch; sie spielte das Cembalo sehr geläufig und las leidenschaftlich gern. Nach dem Essen zeigte mir Mijnheer D. O. sein Haus, das nicht bewohnt war, denn nach dem Tod seiner Frau hatte er eine Wohnung im Erdgeschoß bezogen, wo er sich sehr wohl fühlte. Die Wohnung, die er mir zeigte, bestand aus sechs oder sieben Zimmern, in denen sich Schätze von altem Porzellan befanden; Wände und Fensternischen waren ganz mit Marmorplatten verkleidet, jedes Zimmer in einer anderen Farbe, und auf den dazu passend gepflasterten Böden lagen prachtvolle türkische Teppiche, die eigens für diese Räume angefertigt worden waren. Der große Speisesaal war ganz in Alabaster ausgelegt; der Tisch und die Anrichten bestanden aus Zedernholz. Auch außen war das ganze Haus mit Marmorplatten verkleidet. An einem Samstag sah ich vier oder fünf Dienstmädchen auf Leitern damit beschäftigt, diese prächtigen Mauern abzuwaschen; lachen mußte ich, weil alle Dienstmädchen weite Reifröcke anhatten, was sie zwang, Hosen zu tragen, denn sonst hätten sie den Passanten allzu interessante Einblicke geboten. Nach der Besichtigung des Hauses kehrten wir ins Erdgeschoß zurück, und Mijnheer D. O. ließ mich im Vorzimmer, in dem er sonst mit seinen Angestellten arbeitete, mit seiner Tochter allein; an jenem Tag war niemand da. Es war der Neujahrstag.

Nach einer Sonate auf dem Cembalo fragte mich Mademoiselle O., ob ich gern ins Konzert ginge. Ich antwortete, daß mich, solange ich mit ihr beisammen sei, nichts dazu reizen könne.

»Möchten Sie eines besuchen, Mademoiselle?«

»Ich ginge mit dem allergrößten Vergnügen ins Konzert, aber ich kann nicht ganz allein hingehen.«

»Ich würde mich glücklich schätzen, Sie zu begleiten, aber ich wage nicht, darauf zu hoffen.«

»Sie würden mir eine aufrichtige Freude machen; ich bin auch überzeugt, daß mein Vater es Ihnen nicht verweigern würde, wenn Sie es vorschlagen.«

»Sind Sie dessen sicher?«

»Ganz sicher; da er Sie nun kennt, würde er sich einer Unhöflichkeit schuldig machen. Ich wundere mich, daß Sie eine

Ablehnung befürchten, denn mein Vater ist ein höflicher Mann. Sie kennen offenbar die holländischen Sitten nicht. Die Mädchen erfreuen sich bei uns einer angemessenen Freiheit und büßen sie erst ein, wenn sie heiraten; gehen Sie also zu ihm.«

Ich trat zu Mijnheer D. O., der eben schrieb, ins Zimmer und fragte ihn, ob er mir die Ehre gewähren wolle, seine Tochter ins Konzert zu führen.

»Haben Sie einen Wagen?«

»Gewiß.«

»Ich brauche also nicht anspannen zu lassen. Esther?«

»Ja, Papa?«

»Du kannst dich anziehen. Monsieur Casanova wird die Freundlichkeit haben, dich ins Konzert zu begleiten.«

»Ich danke Ihnen, lieber Papa.«

Sie küßte ihn, ging sich ankleiden und erschien eine Stunde später mit strahlendem Gesicht. Ich hätte ihr nur etwas Puder gewünscht; aber Esther war stolz auf die Farbe ihrer Haare, die ihre Haut noch weißer erscheinen ließen. Ein schwarzes, durchscheinendes Tuch bedeckte ihren Busen, dessen allzu festen Ansatz es nicht verbarg.

Wir gingen hinunter; ich reichte ihr die Hand, um ihr beim Einsteigen in den Wagen behilflich zu sein, und blieb stehen in der Annahme, daß eine Zofe oder Anstandsdame ihr folgen würde; aber da niemand zu sehen war, stieg ich völlig überrascht ein. Der Diener kletterte hinten auf den Wagen, nachdem er den Schlag geschlossen hatte. Die Sache schien mir unglaublich. Ein solches Mädchen allein mit mir! Ich brachte kein Wort heraus. Ich fragte mich, ob ich mich daran erinnern sollte, daß ich ein großer Libertin war, oder ob ich besser täte, es zu vergessen. Voll Freude erzählte mir Esther, wir würden eine Italienerin hören, die wie eine Nachtigall singe; als sie meine Verwirrung bemerkte, fragte sie mich nach dem Grund. Als Antwort faselte ich etwas, sagte aber schließlich doch, sie scheine mir ein Schatz zu sein, den zu hüten ich mich nicht für würdig halte.

»Ich weiß«, sagte sie, »daß man überall sonst in Europa die Mädchen nicht allein mit Männern ausgehen läßt, aber hier lehrt man uns, vernünftig zu sein, und wir wissen genau, daß wir uns ins Unglück stürzen würden, wenn wir es nicht wären.«

»Glücklich der Mann, der Ihr Gatte sein wird, und noch glücklicher, wenn Sie ihn bereits erwählt haben.«

»Oh, es steht nicht mir zu, ihn zu wählen, sondern meinem Vater.«

»Und wenn seine Wahl nicht auf den fällt, den Sie lieben?«

»Es ist nicht gestattet, einen Mann zu lieben, bevor man weiß, ob man ihn heiraten wird.«

»Sie lieben also keinen?«

»Niemanden; und ich bin bisher auch noch nicht einmal in die Versuchung geraten, mich zu verlieben.«

»Ich darf Ihnen also die Hand küssen?«

»Warum die Hand?«

Sie entzog sie mir, bot mir ihren Mund und erwiderte in allen Ehren einen Kuß, der mein Herz entzückte; aber ich ließ es dabei bewenden, als sie mir sagte, sie würde dasselbe auch in Gegenwart ihres Vaters tun, wenn es mir Freude bereite.

Wir erreichten das Konzerthaus, wo Esther eine Menge befreundeter Mädchen traf, lauter Töchter von reichen Kaufleuten, hübsche und häßliche, und alle eifrig bemüht, von ihr zu erfahren, wer ich sei. Sie wußte ihnen nur meinen Namen zu sagen. Aber sie wurde lebhaft, als sie in einiger Entfernung eine schöne Blondine erblickte; sie fragte mich, ob sie mir gefalle. Natürlich antwortete ich ihr, daß mir an den Blonden nichts liege.

»Ich möchte sie Ihnen aber trotzdem vorstellen, denn sie ist vielleicht mit Ihnen verwandt; sie heißt so wie Sie, und hier ist auch ihr Vater. Monsieur Casanova«, wandte sie sich an ihn, »darf ich Ihnen Monsieur Casanova vorstellen, einen Freund meines Vaters?«

»Ist es möglich? Ich würde gern Ihr Freund sein«, sagte er

zu mir; aber vielleicht sind wir Verwandte. Meine Familie stammt aus Neapel.«

»Dann sind wir also verwandt, wenn auch recht weitläufig, denn mein Vater stammte aus Parma. Besitzen Sie ein Verzeichnis Ihrer Vorfahren?«

»Ich muß wohl eines haben; aber um die Wahrheit zu sagen, ich mache nicht viel Aufhebens davon, denn in diesem Land hier legt man auf derlei Nichtigkeiten keinen Wert.«

»Das macht nichts, wir können uns eine Viertelstunde damit vergnügen und nachher darüber lachen, ohne uns etwas darauf einzubilden. Ich werde mir morgen die Ehre geben, Sie aufzusuchen und Ihnen meine Ahnenreihe mitbringen. Wäre es Ihnen unangenehm, darunter Ihren Erzeuger zu finden?«

»Ich wäre entzückt darüber und werde mir selbst die Ehre geben, Sie morgen zu besuchen. Dürfte ich die Frage wagen, ob Sie zu Hause ein Handelshaus besitzen?«

»Nein. Ich bin in Finanzangelegenheiten im Dienst der französischen Regierung tätig. Ich stehe mit Mijnheer Pels in Verbindung.«

Herr Casanova winkte nun seiner Tochter; sie kam sogleich herbei, und er stellte sie mir vor. Sie war mit Esther eng befreundet; ich setzte mich zwischen die beiden, und das Konzert begann. Nach einer schönen Symphonie, einem Konzert für Violine und einem für Oboe, trat unter dem Namen Trenti die vielgepriesene Italienerin auf und stellte sich hinter ihren Cembalisten. Zu meiner größten Überraschung erkannte ich in dieser angeblichen Madame Trenti Teresa Imer[14], die Frau des Tänzers Pompeati, an die der Leser sich vielleicht erinnert. Ich hatte sie achtzehn Jahre zuvor kennengelernt, als mich der alte Senator Malipiero mit dem Rohrstock verprügelte, weil er mich mit ihr bei einem kindlichen Fehltritt ertappte; ich hatte sie 1753 in Venedig wiedergesehen, wo wir uns ein- oder zweimal liebten, aber nicht mehr wie Kinder, sondern wie ein richtiges Liebespaar. Sie war nach Bayreuth gegangen, wo sie die Mätresse des Markgrafen wurde; ich hatte ihr versprochen, sie aufzusuchen, aber C. C. und die Nonne M. M. ließen mir keine Zeit dazu. Dann steckte man mich unter die Bleidächer, und ich hörte nichts mehr von ihr. Ich war höchst überrascht, sie nun hier in Amsterdam im Konzertsaal zu sehen. Ich sagte nichts und lauschte einer Arie, die sie mit der Stimme eines Engels vortrug, und dem einleitenden Rezitativ, das mit den Worten begann: »Eccoti giunta al fin, donna infelice.«[15]

Der Beifall wollte nicht enden. Esther sagte, man wisse nicht, wer die Frau sei; man erzähle sich hunderterlei Geschichten über sie, und es gehe ihr recht schlecht. Sie lebe davon, in Holland von Stadt zu Stadt zu ziehen und überall in öffentlichen Konzerten zu singen, wobei sie als Bezahlung nur erhalte, was ihr die Besucher in einen Silberteller legen würden, mit dem sie am Ende des Konzerts durch die Sitzreihen gehe. »Ist ihr Teller denn immer gut gefüllt?«

»Kaum, denn alle Leute haben ja bereits die Eintrittskarte bezahlt. So ist es schon viel, wenn sie dreißig oder vierzig Gulden zusammenbringt. Übermorgen tritt sie in Leyden im Konzert auf, tags darauf in Den Haag, einen Tag später in Rotterdam, dann kommt sie hierher zurück; schon seit mehr als sechs Monaten führt sie dieses Leben, und stets ist man entzückt, sie zu hören.«

»Hat sie denn keinen Geliebten?«

»Man erzählt, sie habe in allen diesen Städten junge Männer, die aber, statt ihr Geld zu geben, noch von ihr zehren, denn sie besitzen keinen roten Heller. Sie ist stets in Schwarz gekleidet, nicht nur weil sie Witwe ist, sondern auch, weil ihr, wie sie behauptet, großes Leid widerfahren sei. In einer halben Stunde werden Sie sie sehen, wenn sie durch unsere Reihe kommt.«

Ich zählte nun, die Hände in meinem Muff verborgen, zwölf Dukaten ab, wickelte sie in Papier und erwartete ihr Kommen mit einem Herzklopfen, das mich zum Lachen brachte, da ich keinen rechten Grund dafür sah.

Als sie durch die Reihe vor der meinen schritt, beobachtete ich, wie sehr mein Anblick sie überraschte; aber ich wandte sofort die Augen ab und begann mit Esther zu reden. Als sie bei mir angekommen war, legte ich, ohne sie anzusehen, die kleine Rolle in ihren Teller, und sie ging weiter. Aber das kleine vier- oder fünfjährige Mädchen, das ihr folgte, sah ich mir sehr genau an. Als sie das Ende der Reihe erreicht hatte, kam es zurück, um mir die Hand zu küssen. Zu meiner größten Überraschung hatte das Gesicht des Kindes genau meine Züge. Es gelang mir, Fassung zu bewahren, aber die Kleine blieb unbeweglich stehen und betrachtete mich aufmerksam.

»Möchtest du Zuckerwerk, hübsches Kind?« fragte ich. »Hier nimm die ganze Dose.«

Mit diesen Worten gab ich ihr die volle Dose, die nur aus Schildpatt war; ich hätte sie ihr auch gegeben, wenn sie aus Gold gewesen wäre. Sie ging damit fort, und Esther sagte lachend, das Mädchen sei mein getreues Abbild.

»Sogar verblüffend getreu«, meinte Mademoiselle Casanova.

»Durch Zufall«, sagte ich zu ihnen, »entstehen oft ganz unbegründete Ähnlichkeiten.«

Nach dem Konzert überließ ich Mademoiselle Esther der Obhut ihres Vaters, der uns dort abholte, und ging zum »Ster van Osten«, wo ich wohnte. Ich hatte einen Teller Austern bestellt und machte mich eben daran, sie vor dem Schlafengehen noch zu essen, als Teresa mit ihrem Kind in meinem Zimmer erschien. Ich erhob mich natürlich, um sie gerührt zu umarmen; dabei ließ sie sich plötzlich in echter oder gespielter Ohnmacht in einen Lehnstuhl sinken. Da sie echt sein konnte, tat ich bereitwillig, was man in solchen Fällen zu tun pflegt, und brachte sie mit frischem Wasser wieder zu sich, wobei ich ihr noch ein Fläschchen mit Eau de Luce unter die Nase hielt. Als sie wieder ganz ihrer Sinne mächtig war, begann sie, mich anzusehen, ohne ein Wort zu sagen. Ich fragte sie, ob sie zu Abend essen wollen, was sie bejahte. Ich bestellte sogleich drei Gedecke, und man servierte uns ein Souper üblicher Art, bei dem wir jedoch bis sieben Uhr früh saßen, mit nichts anderem beschäftigt, als uns gegenseitig unsere glücklichen und unglücklichen Erlebnisse zu erzählen. Sie wußte zum größten Teil über mein wechselndes Geschick in den letzten Jahren Bescheid, aber ich wußte nichts von dem ihren. So war es also an ihr, fünf oder sechs Stunden hindurch zu erzählen. Sophie, so hieß ihr Töchterchen, schlief fest in meinem Bett bis zum Morgen. Teresa hielt mit dem Wichtigsten, das mich am meisten interessieren mußte, bis zum Ende ihres Berichtes zurück. Sie erklärte, Sophie sei meine Tochter, und zog den Auszug des Taufregisters aus der Tasche, auf dem ihr Geburtsdatum vermerkt war. Wir hatten uns zu Beginn des Himmelfahrts-Jahrmarktes 1753 geliebt, und Sophie war in Bayreuth am letzten Tag des Jahres zur Welt gekommen; war damals also gerade fünf Jahre alt. Ich sagte ihr, sie habe mich überzeugt; da ich in der Lage sei, Sophie eine ausgezeichnete Erziehung zu verschaffen, sei ich bereit, dafür Sorge zu tragen. Sie erwiderte, die Kleine sei ihr ganzer Schatz, und ich würde ihr das Herz aus dem Leibe reißen, wenn ich sie ihr nähme. Sie bot mir ihren zwölfjährigen Sohn an, da sie nicht die Mittel für eine gute Erziehung besitze.

»Wo ist er?«

»Er ist, ich kann nicht sagen in Pension, sondern eher als Pfand in Rotterdam, denn man wird ihn mir nicht herausgeben, bevor ich nicht demjenigen, in dessen Obhut er ist, alle meine Schulden bezahlt habe.«

»Wieviel schulden Sie ihm?«

»Achtzig Gulden. Zweiundsiebzig haben Sie mir schon gegeben, geben Sie mir noch vier Dukaten, und mein Sohn gehört Ihnen. Ich bin dann die glücklichste aller Mütter. Nächste Woche in Den Haag werde ich ihn Ihrer Obhut anvertrauen; denn Sie müssen, wie Sie sagten, dorthin zurückkehren.«

»Ja, liebe Teresa. Hier haben Sie zwanzig Dukaten anstatt vier. In Den Haag sehen wir uns wieder.«

Das Gefühl der Dankbarkeit und die Freude, die ihr Herz überfluteten, ließen sie in überschwengliche Begeisterung verfallen, aber sie vermochte nicht, meine frühere Zärtlichkeit, oder besser gesagt das Begehren, das sie mir früher eingeflößt hatte, wiederzuerwecken, denn ich hatte sie nie mit Leidenschaft geliebt. Mehr als eine Viertelstunde lang hielt sie mich fest umschlungen in ihren Armen und ließ mich wiederholt ihr lebhaftestes Verlangen erkennen, aber vergebens; ich erwiderte ihre Zärtlichkeiten, ohne ihr die erwünschte Überzeugung zu geben, daß sie der gleichen Quelle entstammten, der Sophie ihre Geburt verdankte. Teresa zerfloß in Tränen, dann seufzte sie, nahm ihr Töchterchen und verließ mich, nachdem sie mir noch einmal wiederholt hatte, daß wir uns in Den Haag wiedersehen und sie mittags abreisen werde.

Teresa war zwei Jahre älter als ich. Sie war blond, hübsch, voll Geist und Begabung; aber ihre Reize waren nicht mehr die gleichen, sonst hätte ich ihre Wirkung verspürt. Die Geschichte aller ihrer Erlebnisse in den sechs Jahren seit ihrer Abreise von Venedig nach Bayreuth würde das Interesse des Lesers verdienen, und ich schriebe sie gern nieder, wenn ich mich an alle Einzelheiten erinnern könnte. Von dem verliebten Markgrafen wurde sie der Untreue mit einem Monsieur de Montperny[16] überführt und verstoßen. Sie trennte sich von ihrem Gatten Pompeati und ging mit einem Liebhaber nach Brüssel, wo Prinz Karl von Lothringen[17] einige Tage an ihr Gefallen fand; er übertrug ihr durch besonderes Privileg die Leitung aller Schauspiele in den gesamten Österreichischen Niederlanden. Auf Grund dieses Privilegs hatte sie sich in weitläufige Unternehmungen eingelassen, für die sie Unsummen aufwenden mußte, so daß sie binnen weniger als drei Monaten nach Verkauf aller Diamanten, ihrer Spitzen, ihrer Garderobe und ihrer ganzen übrigen Habe nach Holland flüchten mußte, um nicht ins Gefängnis zu wandern. Ihr Gatte hatte sich in Wien in einem Anfall wahnsinniger Schmerzen das Leben genommen; er hatte sich mit einem Rasiermesser den Leib aufgeschnitten und starb, als er sich die Eingeweide herausriß.

Meine Geschäfte erlaubten mir nicht, mich schlafen zu legen. Monsieur Casanova kam, um mit mir Kaffee zu trinken und mich zum Mittagessen einzuladen; als Treffpunkt nannte er die Amsterdamer Börse[18], die für jeden interessierten Fremden eine wirklich erstaunliche Einrichtung ist. Es gibt dort zahlreiche Millionäre, die aussehen wie Bauernlümmel. Ein Mann, der nur hunderttausend Gulden besitzt, ist so arm, daß er nicht wagt, unter seinem eigenen Namen Geschäfte zu tätigen. Mijnheer D. O. lud mich dabei für den folgenden Tag in ein kleines Haus an der Amstel zum Mittagessen ein. Monsieur Casanova bewirtete mich vortrefflich. Nachdem er meinen Stammbaum gelesen hatte, dem ich in Neapel soviel verdankte, holte er den seinen und fand ihn genau gleich. Doch ließ ihn diese Tatsache völlig gleichgültig; er lachte nur darüber, ganz im Gegensatz zu Don Antonio in Neapel, der ihr größte Bedeutung beigemessen und mir das so freundschaftlich bewiesen hatte. Er bot mir jedoch seine Hilfe und sein Wissen in allen geschäftlichen Angelegenheiten an, falls ich sie benötigen sollte. Seine Tochter schien mir recht hübsch zu sein, aber weder ihre Reize noch ihre Klugheit machten besonderen Eindruck auf mich; ich war nur mit Esther beschäftigt und sprach bei Tisch mehrere Male von ihr, bis Mademoiselle Casanova sich schließlich veranlaßt fühlte zu sagen, sie sei gar nicht hübsch. Ein Mädchen, das weiß, wie hübsch es ist, frohlockt, wenn es einem Mann den Mund stopfen kann, der von einer Geschlechtsgenossin mit unbestreitbaren Schönheitsfehlern schwärmt. Trotzdem war die junge Casanova Esthers intime Freundin.

Nach dem Essen erklärte mir Mijnheer D. O., er würde, wenn ich meine Aktien zu fünfzehn Prozent über pari abgeben wolle, sie auf eigene Rechnung übernehmen; ich hätte dann keine Unkosten für Makler und Notar. Ich schloß ab, übergab sie ihm und erbat die Zahlung durch einen Wechsel auf Tourton & Baur in Livres Tournois und an meine Order. Er rechnete aufgrund des Wechselkurses von Hamburg den Taler der Bank von Schweden zu acht Francs und zehn Sous und stellte mir einen Sichtwechsel auf 72 000 Francs aus, während ich mir bei fünfzehn Prozent nur 69 000 erwartet hatte. Das waren sechs Prozent mehr, mit denen ich bei Madame d'Urfé, die sich vielleicht von mir nicht soviel Ehrlichkeit erwartet hatte, größte Ehre einlegte. Gegen Abend fuhr ich mit Mijnheer Pels in einer auf einen Segelschlitten aufgesetzten Barke nach Zaandam. Ich empfand diese Art zu fahren als ganz außergewöhnlich und sehr unterhaltsam. Mit erstaunlicher Geschwindigkeit glitten wir vor dem Wind dahin, der uns fünfzehn englische Meilen[19] in der Stunde zurücklegen ließ. Man kann sich kein bequemeres, festeres und gefahrloseres Fahrzeug vorstellen. Es gibt niemanden, der nicht gern in einem solchen Fahrzeug auf zugefrorenem Meer um die Erde fahren würde, allerdings nur mit dem Wind im Rücken; anders geht es nicht, denn das Steuer ist wirkungslos. Besonders gefiel mir die Exaktheit, mit der zwei Matrosen die Segel fallen ließen, als die Insel vor uns lag, und sie die Barke anhalten mußten. Das ist auch der einzige Augenblick, in dem man mit Recht Angst haben kann, denn das Boot lief noch hundert Schritt weiter, auch als die Segel bereits gestrichen waren; hätte man nur eine Sekunde zu lange gewartet, so wäre es beim Aufprall am Ufer in Stücke zerschellt. Wir aßen Barsche, konnten dann aber wegen des starken Windes nicht spazierengehen; ich war zwar noch ein zweites Mal dort, berichte aber nicht darüber, denn jedermann weiß von diesem wundervollen Zaandam, der wahren Keimzelle aller reichen Handelsherren, die mit der Zeit in Amsterdam zu Millionären werden. In seinem mit zwei Pferden bespannten Schlitten kehrten wir in Mijnheer Pels' Stadthaus zurück. Er behielt mich zum Abendessen, und ich verließ ihn erst um Mitternacht. Sein Ausdruck war absolut ehrlich, als er mir sagte, ich könne darauf verzichten, mich wegen meiner großen Geschäfte an die Juden zu wenden, da ich mir seine Freundschaft und die von Mijnheer D. O. erworben hätte; ich solle mich lieber ohne Umschweife an sie selbst wenden.

Tags darauf, als es in dichten Flocken schneite, ging ich sehr früh zu Mijnheer D. O. und fand seine Tochter in ausgezeichneter Laune. In Gegenwart ihres Vaters begann sie, mich damit zu necken, daß ich im Gasthof die Nacht mit Madame Trenti verbracht hätte.

Mijnheer D. O. sagte zunächst, ich brauche mich nicht zu verteidigen, da es gestattet sei, dem Talent zu huldigen; dann bat er mich zu sagen, wer diese Frau sei. Ich erzählte ihm, daß sie eine Venezianerin sei, deren Gatte sich vor kurzem das Leben genommen habe, und daß wir uns vor fast sechs Jahren das letzte Mal gesehen hätten.

»Das Aussehen ihrer Tochter muß Sie überrascht haben«, meinte Esther.

Ich erklärte, das Mädchen könne nicht von mir stammen, da die Mutter damals noch ihren Gatten gehabt habe; aber sie fuhr fort, von der Ähnlichkeit zu reden und mich damit aufzuziehen, daß ich am vergangenen Abend während des Soupers bei Mijnheer Pels eingeschlafen sei.

»Ich beneide jedermann«, sagte sie mit feinem Spott, »der das Geheimnis besitzt, sich einen sanften Schlaf zu verschaffen, während ich seit einiger Zeit erst einschlafe, nachdem ich ihn lange vergeblich und auch widerstrebend herbeigesehnt habe; denn wenn ich erwache, ist mein Geist nicht frisch und klar, sondern vor Müdigkeit träge, benommen und ermattet.«

»Versuchen Sie, sich eine Nacht lang die ganze Geschichte eines Menschen anzuhören, der Ihnen nahesteht, und zwar von ihm selbst erzählt. In der Nacht darauf werden Sie gern einschlafen.«

»Einen solchen Menschen gibt es nicht. Ich glaube, ich brauche Bücher und die Hilfe eines Kenners, der mir interessante aussucht. Ich liebe Geschichtsdarstellungen und Reiseberichte, aber ich muß sicher sein, daß nichts erfunden ist. Sobald ich zweifle, höre ich sofort zu lesen auf.«

Ich versprach, ihr am nächsten Tag, noch vor meiner Abreise nach Den Haag, Bücher zu bringen; sie nahm mich beim Wort und beglückwünschte mich auch dazu, daß ich in Den Haag die Trenti wiedersehen würde.

Esthers Freimut setzte mich in Flammen, und Mijnheer D. O. lachte aus vollem Halse darüber, wie wenig Umstände seine Tochter mit mir machte. Um elf Uhr stiegen wir in einen Schlitten und fuhren zu dem kleinen Haus, wo sich auch, wie sie mir ankündigte, Mademoiselle Casanova mit ihrem Verlobten einfinden würde. Ich sah ihr die Befriedigung an, als ich ihr versicherte, daß nichts mich mehr interessieren könne als sie selbst.

Wir sahen die beiden, ganz mit Schnee bedeckt, uns entgegenkommen. Wir stiegen aus und traten in einen Salon, um unsere Pelze abzulegen; dabei beobachtete ich, wie der Verlobte, nachdem er mich einen Augenblick lang angesehen hatte, seiner Zukünftigen leise etwas zuflüsterte. Sie lachte und sagte etwas zu Esther, die es ihrem Vater weitergab, der noch mehr darüber lachte. Man blickte mich an, und ich war überzeugt, daß man von mir sprach, tat aber, als merke ich nichts; das durfte mich jedoch nicht daran hindern, mich ihnen zuzuwenden. Das gebot schon die Höflichkeit.

»Man kann sich täuschen«, sagte Mijnheer D. O., »aber es ist wohl notwendig, die Sache zu klären. Ist Ihnen auf der Fahrt von Den Haag nach Amsterdam nicht irgend etwas Außergewöhnliches zugestoßen?«

Auf diese Frage hin sah ich mir den Verlobten genauer an und begriff sofort alles.

»Nichts Außergewöhnliches«, antwortete ich, »außer daß ich einem reizenden Zeitgenossen begegnete, der meinen Wagen gern im Straßengraben gesehen hätte, und ich glaube, das ist er.«

Daraufhin verdoppelte sich das Gelächter, und wir umarmten einander; aber als er selbst die Geschichte in allen Einzelheiten erzählte, meinte die junge Casanova recht spitz, er hätte sich schlagen müssen. Esther widersprach und sagte, er habe mehr Mut bewiesen, indem er auf die Vernunft hörte;

auch Mijnheer D. O. schloß sich ganz entschieden dieser Ansicht an. Aber das Mädchen versteifte sich schnippisch auf seine romantischen Ideen und begann, mit ihrem Liebhaber zu schmollen. Ich sagte ihr deshalb den Krieg an, was Esther großen Spaß machte.

»Gehen wir doch mit den Schlittschuhen hinaus«, sagte die reizende Esther in ausgelassener Laune, »und tummeln wir uns auf der Amstel, denn ich fürchte, das Eis wird bald brechen.« Ich wollte sie nicht gerne bitten, mich davon zu befreien. Mijnheer D. O. verließ uns. Mademoiselle Casanovas Bräutigam paßte mir die Schlittschuhe an, und schon waren die Mädchen in voller Fahrt, kurz berockt, aber durch lange Hosen aus schwarzem Samt vor Unfällen geschützt. Wir stiegen zur Amstel hinab, und da ich bei diesem Treiben ein vollkommener Neuling war, kann sich der Leser vorstellen, daß ich nach mindestens zwanzig heftigen Stürzen auf das harte Eis glaubte, mir schließlich noch das Kreuz zu brechen; aber ich wollte keinesfalls ein Spielverderber sein und hielt aus, bis man uns zum Essen rief.

Als wir uns vom Tisch erhoben, fühlte ich mich an allen Gliedern wie zerschlagen. Esther gab mir einen Tiegel voll Salbe und versicherte mir, ich würde tags darauf wieder ganz wohlauf sein, wenn ich mich beim Schlafengehen damit einreiben ließe. Sie prophezeite richtig. Man lachte viel, und ich ließ sie lachen; ich merkte, daß man das Ganze nur veranstaltet hatte, um auf meine Kosten zu lachen, und ich nahm es nicht übel. Ich wollte Esthers Liebe gewinnen und war überzeugt, daß so viel Fügsamkeit und Bereitschaft meinerseits mich diesem Ziel näherbringen mußte. Ich verbrachte die Zeit nach dem Essen mit Mijnheer D. O. und ließ die jungen Leute sich erneut auf der Amstel bis zur Dämmerung vergnügen.

Wir sprachen von meinen zwanzig Millionen, und ich erfuhr aus seinem eigenen Mund, daß es mir nie gelingen werde, sie zu diskontieren, außer durch eine Handelsgesellschaft, die sie mir gegen andere Papiere austauschen würde, und selbst dabei müsse ich große Verluste in Kauf nehmen. Als ich ihm sagte, ich würde diese Transaktion gern über die Ostindien-Kompanie von Göteborg abwickeln, meinte er, er werde mit einem Makler darüber reden; Mijnheer Pels könnte mir dabei sehr nützlich sein.

Als ich am nächsten Morgen erwachte, glaubte ich mich zugrunde gerichtet. Mir schien, als wäre der letzte Wirbel, den man das Kreuzbein nennt, in tausend Stücke zerbrochen. Mittlerweile hatte ich fast die ganze Salbe, die Esther mir gegeben hatte, verbraucht, um mich einreiben zu lassen. Ich hatte jedoch ihren Wunsch nicht vergessen. Ich ließ mich zu einem Buchhändler tragen und kaufte alle Bücher, die mir geeignet schienen, sie zu unterhalten. Diese schickte ich ihr mit der Bitte, alle zurückzugeben, die sie bereits gelesen habe. Sie hielt sich getreu daran und verband ihren herzlichen Dank mit der Bitte, wenn ich eine hübsche Gegengabe haben wolle, solle ich mir vor meiner Abreise nach Amsterdam noch einmal einen Kuß bei ihr abholen.

Sehr früh am Morgen war ich dort; meine Postkutsche ließ ich vor der Tür warten. Die Haushälterin führte mich zu Esthers Bett, die mich, strahlend wie Lilien und Rosen, lachend begrüßte.

»Ich bin überzeugt«, sagte sie, »Sie wären nicht gekommen, wenn ich nicht das Wort Kuß gebraucht hätte.«

Mit diesen Worten überließ sie alle Reize ihres Gesichts meinen begehrlichen Lippen. Als ich einen flüchtigen Blick auf die rosigen Spitzen ihrer jungen Brüste wagte und sie merkte, daß ich mich ihrer bemächtigen wollte, hörte sie auf zu lachen und setzte sich zur Wehr. Sie sagte, ich täte besser daran, mich in Den Haag mit Signora Trenti zu vergnügen, die ein so kostbares Unterpfand meiner Zärtlichkeit besitze. Ich versicherte ihr, daß ich nur nach Den Haag führe, um mit dem Gesandten geschäftliche Dinge zu besprechen, und daß sie mich in fünf oder sechs Tagen wiedersehen werde, denn ich sei ausschließlich in sie verliebt. Sie antwortete mir, sie baue auf mein Wort; beim Abschied gewährte sie mir einen so zärtlichen Kuß, daß ich überzeugt war, sie werde mir bei meiner Rückkehr alles gewähren. Sehr verliebt reiste ich ab und kam zur Zeit des Abendessens bei Boas an.

Unter den Briefen, die ich bei der Post vorfand, war ein Schreiben des Generalkontrolleurs mit der Mitteilung, daß Monsieur d'Affry zwanzig Millionen in königlichen Papieren in Händen habe und sie höchstens mit acht Prozent Verlust abgeben dürfe; und ein zweites von Abbé de Bernis, meinem Gönner, in dem er mich aufforderte, sie möglichst günstig zu verwerten. Ich könne sicher sein, daß das Ministerium sofort nach entsprechender Mitteilung den Gesandten zur Genehmigung des Abschlusses ermächtigen werde, sofern man nicht weniger biete, als man auch an der Börse von Paris erreichen könnte.

Boas war über den vorteilhaften Verkauf meiner sechzehn Göteborger Aktien überrascht und sagte mir, er mache sich anheischig, meine zwanzig Millionen in Aktien der Schwedischen Ostindien-Kompanie umzutauschen, wenn ich den Gesandten zur Gegenzeichnung eines Schriftstückes veranlassen könne, mit dem ich mich verpflichte, die Schatzscheine der französischen Aktien zu fünfzehn Prozent über pari abzugeben, sowie ich meine sechzehn verkauft hatte. Ich hätte zugestimmt, wenn er nicht drei Monate Zeit und eine Modifikation des Vertrages im Fall eines Friedensschlusses verlangt hätte. Ich erkannte sogleich, daß es besser war, wieder nach Amsterdam zurückzukehren, und ich hätte es getan, wenn ich nicht der Trenti mein Wort gegeben hätte, sie in Den Haag zu erwarten. Sie kam tags darauf aus Rotterdam und schrieb mir, sie erwarte mich zum Souper. Ich erhielt ihr Briefchen im Theater. Der Diener, der es mir überbrachte, sagte, er werde mich nach Schluß der Vorstellung zu ihr bringen. Nachdem ich meinen Lakaien zu Boas geschickt hatte, ging ich hin.

Ich fand diese ungewöhnliche Frau mit ihrem Sohn und ihrer Tochter im vierten Stock eines ärmlichen Hauses. In der Mitte des Zimmers stand ein schwarz gedeckter Tisch mit zwei Kerzen. Da Den Haag eine Residenzstadt war, trug ich reiche Gewandung. Die schwarz gekleidete Frau mit ihren zwei Kindern erschien mir wie Medea[20]. Man konnte sich nichts Hübscheres vorstellen als diese beiden Geschöpfe. Ich drückte den Knaben zärtlich an meine Brust und nannte ihn meinen Sohn. Seine Mutter sagte ihm, von jetzt an solle er mich als seinen Vater betrachten. Zu meiner Freude erkannte er mich als denjenigen wieder, den er im Mai 1753 bei Signora Manzoni in Venedig gesehen hatte. Er war sehr zierlich, schien eine ausgezeichnete Konstitution zu besitzen, und seine feinen Züge ließen Klugheit erkennen. Er war dreizehn Jahre alt.

Seine Schwester stand regungslos da und schien zu warten, bis sie an die Reihe kam. Ich nahm sie auf die Knie und konnte nicht satt werden, sie mit Küssen zu überschütten. Schweigend genoß sie es, daß sie mich mehr interessierte als ihr Bruder. Sie trug nur ein ganz leichtes Röckchen. Ich küßte jedes Fleckchen ihres allerliebsten Körpers, entzückt, derjenige zu sein, dem das kleine Geschöpf sein Dasein verdankte.

»Nicht wahr, liebe Mama, das ist doch der gleiche Herr, den wir in Amsterdam gesehen haben und den man für meinen Papa hielt, weil ich ihm ähnlich sehe? Aber das ist doch unmöglich, weil mein Papa tot ist.«

»Das stimmt«, sagte ich zu ihr, »aber ich kann doch dein bester Freund sein. Magst du mich?«

»Ja, du guter Freund! Gib mir einen großen Kuß!«

Natürlich lachten wir darüber; dann setzten wir uns zu Tisch. Die tapfere Frau gab mir ein erlesenes Mahl und einen ausgezeichneten Wein. Wie sie sagte, hatte sie auch den Markgrafen bei ihren kleinen Soupers zu zweit nicht besser bewirtet. Da ich den Charakter ihres Sohnes, den ich mit mir zu nehmen beschlossen hatte, gründlich kennenlernen wollte, sprach ich die ganze Zeit mit ihm. Ich erkannte, daß er falsch, duckmäuserisch und stets argwöhnisch war. Er überlegte sich alle Antworten sorgfältig und gab sie nie so, wie sie ungezwungen aus seinem Herzen gekommen wären. Alles war jedoch von einem äußeren Anschein von Höflichkeit und Zurückhaltung begleitet, von dem er glaubte, er müsse mir gefallen. Ich erklärte ihm freundschaftlich, sein System möge bei passender Gelegenheit hervorragend sein, aber es gebe Augenblicke, in denen der Mensch nur glücklich sein könne, wenn er sich keinen Zwang antue; nur in solchen Augenblicken könne man ihn liebenswert finden, und auch nur dann, wenn er es dem Charakter nach wirklich sei. Daraufhin glaubte seine Mutter, ihn verteidigen zu müssen, und sagte, sein größter Vorzug sei es, verschwiegen zu sein; sie habe ihn dazu erzogen, es immer und überall zu sein, und aus diesem Grunde mache es ihr nichts aus, wenn er sich angewöhnt habe, zu ihr ebenso zurückhaltend zu sein wie zu allen anderen Leuten. Ich sagte ihr klipp und klar, so etwas sei abscheulich; ich könne mir nicht vorstellen, wie ein Vater irgendwelche Zuneigung oder gar Freundschaft für einen Sohn empfinden solle, der stets zugeknöpft sei.

»Sagen Sie mir«, fragte ich den Knaben, »ob Sie glauben, mir versprechen zu können, daß Sie mir gegenüber volles Vertrauen und in keinem Fall irgendwelche Geheimnisse oder Vorbehalte haben werden?«

»Ich verspreche Ihnen«, antwortete er, »daß ich eher sterben werde als mich entschließen, Ihnen eine Lüge zu sagen.«

»Das ist sein Charakter«, unterbrach ihn seine Mutter, »einen solchen Abscheu vor der Lüge habe ich ihm eingeflößt.«

»Das ist sehr schön«, entgegnete ich ihr; »aber Sie hätten Ihren Sohn auf einem anderen Weg dem Glück näherbringen können. Anstatt der Häßlichkeit der Lüge hätten Sie ihm die Schönheit der Wahrheit vor Augen führen können. Das ist das einzige Mittel, Freundschaft zu erringen, und wer in dieser Welt glücklich sein will, muß es verstehen, sich beliebt zu machen.«

»Aber«, antwortete er mit einem selbstgefälligen Lächeln,

das mir mißfiel, seine Mutter jedoch entzückte, »ist es denn nicht dasselbe, nicht zu lügen oder die Wahrheit zu sagen?«

»Keineswegs, denn es würde dann ja genügen, mir gar nichts zu sagen. Es gilt, Ihre Seele zu entfalten, mir alles mitzuteilen, was in Ihnen und um Sie herum vorgeht, und mir sogar das nicht zu verbergen, was Sie erröten lassen könnte. Ich werde Ihnen helfen zu erröten, mein lieber Sohn, und nach kurzer Zeit werden Sie nicht mehr in diese Gefahr kommen. Sobald wir einander besser kennen werden, wird sich ohnehin recht bald herausstellen, ob wir zueinander passen; denn ich könnte Sie nie als meinen Sohn betrachten, ohne Sie zärtlich zu lieben, würde mich aber auch nie damit abfinden, von Ihnen als Vater betrachtet zu werden, wenn ich nicht sähe, daß Sie mich wie Ihren vertrautesten Freund lieben. Und Sie kennenzulernen, das überlassen Sie nur mir, denn es wird Ihnen nie gelingen, mir auch nur den geringsten Ihrer Gedanken zu verbergen; sollte ich den aber gegen Ihren Willen entdecken, werde ich Sie nicht mehr lieben, und das wird Ihr eigener Schaden sein. Sie werden mit mir nach Paris kommen, sobald ich meine Angelegenheiten in Amsterdam erledigt habe. Dorthin fahre ich morgen; bei meiner Rückkehr hoffe ich zu sehen, daß Ihre Mutter selbst Ihnen den Weg zu einer anderen Denkweise gezeigt hat.«

[...]

Am folgenden Tag erhielt ich einen Brief von Madame d'Urfé, die mir durch einen Wechsel auf Boas 12 000 Francs übersandte; sehr vornehm teilte sie mir mit, ihre Aktien hätten sie nur 60 000 Francs gekostet, und sie wollte nicht daran verdienen. Dieses Geschenk von fünfhundert Louis[21] machte mir Freude. Im übrigen enthielt ihr Brief nur Hirngespinste. Sie schrieb, ihr Genius habe ihr mitgeteilt, ich würde mit einem Knaben nach Paris zurückkehren, der einer philosophischen Paarung entsprungen sei, und sie hoffte, ich würde mich ihrer erbarmen. Seltsamer Zufall! Ich lachte schon im voraus über die Wirkung, die das Erscheinen von Teresas Sohn auf ihr Gemüt ausüben würde. Boas zeigte sich dankbar, daß ich mich damit begnügte, mir den Wechsel in Dukaten auszahlen zu lassen. Das Gold ist in Holland eine Handelsware. Zahlungen erfolgen entweder in Papier oder in Silbergeld. Zu jener Zeit wollte niemand Dukaten annehmen, weil das Agio[22] auf fünf Stüber gestiegen war.

[...]

Da mein Wagen beim Sattler war, stellte mir Boas einen zur Verfügung; ich hinterließ meinem Diener den Auftrag, am nächsten Morgen nachzufahren und mein Gepäck nach Amsterdam in den Gasthof »Zur Zweiten Bibel« zu bringen, wo ich mich eingemietet hatte. Ich kam zu Mittag dort an; mein Diener traf bei Anbruch der Nacht ein. [...]

Mein erster Besuch galt offiziell Mijnheer D. O., aber in Wirklichkeit wollte ich Esther begrüßen. Die Art und Weise unseres Abschieds hatte mein Verlangen entzündet. Ihr Vater war nicht zu Hause. Ich fand sie an einem Tisch beim Schreiben. Sie vergnügte sich bei einem Rechenproblem; ihr zur Freude machte ich zwei magische Quadrate, die ihr gefielen, und sie zeigte mir dafür einige Spielereien, die ich zwar kannte, aber scheinbar anstaunte. Mein guter Genius ließ mich auf den Gedanken kommen, ihr die Kabbala zu zeigen. Ich bat sie, schriftlich etwas zu fragen, was sie nicht wisse und worauf sie neugierig sei, und versicherte ihr, sie werde durch eine Berechnung eine befriedigende Antwort erhalten. Sie lachte und fragte, weshalb ich so bald nach Amsterdam zurückgekehrt sei. Ich lehrte sie, aus Wörtern entnommene Zahlen in einer Pyramide anzuordnen und wie man weiter vorzugehen habe; dann ließ ich sie selbst die Antwort in Zahlen ziehen und diese durch das französische Alphabet in Worte übersetzen. Zu ihrem Erstaunen las sie, der Grund für meine frühzeitige Rückkehr nach Amsterdam sei die Liebe. Ganz außer sich meinte sie, das sei verblüffend, selbst wenn die Antwort eine Lüge wäre, und wollte wissen, von welchem Meister man diese wunderbare Rechenkunst lernen könne. Ich sagte ihr, wer diese Kunst beherrsche, könne sie niemanden lehren.

»Woher haben Sie dann Ihre Kenntnisse?«

»Ich habe sie ganz allein aus einer Handschrift gelernt, die mein Vater mir hinterlassen hat.«

»Verkaufen Sie mir die Handschrift!«

»Ich habe sie verbrannt. Ich darf nur eine einzige Person darin unterweisen, aber erst, nachdem ich das fünfzigste Lebensjahr erreicht habe. Wenn ich mein Wissen vor diesem Alter lehre, droht es, mir verlorenzugehen. Ein Elementargeist, der mit dem Orakel verbunden ist, würde sich von ihm lösen. Das alles erfuhr ich aus dem gleichen handgeschriebenen Buch.«

»Sie können also die allergeheimsten Dinge auf dieser Welt erfahren?«

»Ich hätte dieses Vorrecht, wenn nicht die Antworten meistens sehr dunkel wären.«

Da fragte sie, welches Geschick ihr beschieden sei, und das Orakel antwortete, sie habe noch nicht den ersten Schritt auf dem Wege dazu getan. Ganz begeistert rief Esther ihre Haushälterin und glaubte, sie durch die beiden Orakelsprüche in Erstaunen zu versetzen; aber die biedere Schweizerin fand nichts Wunderbares daran. Darüber ungehalten, nannte sie sie ein dummes Schaf. Sie drang in mich, ihr noch eine weitere Frage zu gestatten, und ich ermutigte sie dazu. Sie fragte mich, wer in Amsterdam sie am meisten liebe; nach der gleichen Methode fand sie als Antwort, daß jene Person sie am meisten liebe, der sie ihr Dasein verdanke. Voll Begeisterung sagte mir das arme Mädchen daraufhin in vollem Ernst, ich habe sie unglücklich gemacht, denn sie stürbe vor Kummer, wenn es ihr nicht gelänge, diese Rechenkunst zu erlernen. Ich antwortete nicht und zeigte mich betrübt. Sie stellte eine Frage, hielt aber beim Schreiben ihre schöne Hand vor das Papier. Ich erhob mich, um sie nicht zu stören; aber während sie die Pyramide bildete, überflog ich mit einem kurzen Blick das Papier und las die Frage. Nachdem sie alles getan hatte, was ich ihr beigebracht hatte, meinte sie, ich könne gewiß die Antwort ziehen, ohne die Frage lesen zu müssen. Ich gab es zu, und sie bat mich errötend, ihr diesen Gefallen zu tun. Ich willigte ein, aber unter der Bedingung, daß sie mich kein zweitesmal um die gleiche Gefälligkeit bitten würde. Sie versprach es. Da ich ihre Frage gelesen hatte und wußte, daß sie das Orakel um die Erlaubnis bat, ihrem Vater alle Fragen zu zeigen, die sie gestellt hatte, ließ ich sie als Antwort finden, sie werde glücklich sein, wenn sie nie etwas Wichtiges habe, das sie ihrem Vater glaube verbergen zu müssen. Daraufhin brach sie in laute Begeisterung aus, und keine Worte schienen ihr beredt genug, um mir ihre Dankbarkeit auszudrücken. Ich verließ sie, um zur Börse zu gehen, wo ich lange mit Mijnheer Pels über meine große Transaktion verhandelte.

Am nächsten Morgen überbrachte mir ein stattlicher und sehr höflicher Mann einen Brief Teresas, die ihn mit den Worten empfahl, er könne mir von Nutzen sein, falls ich geschäftliche Angelegenheiten hätte. Er nannte sich Rigerboos[23]. [...]Sie schrieb, Sophie spreche von früh bis spät von mir; bei meiner Rückkehr würde ich auch mit ihrem Sohn viel zufriedener sein. Ich bat Mijnheer Rigerboos um seine Adresse und versprach ihm, mich bei gegebener Gelegenheit voll Vertrauen in seine Redlichkeit an ihn zu wenden. Kurz nachdem er gegangen war, erhielt ich von Esther ein Briefchen, in dem sie mich im Namen ihres Vaters bat, den ganzen Tag mit ihr zu verbringen, wenn mich nicht eine wichtige Angelegenheit davon abhielte. Ich antwortete ihr, außer der ihrem Vater bekannten Angelegenheit sei mir nichts auf Erden wichtig, als was mich ihr Herz gewinnen ließe. Ich versprach ihr zu kommen.

Ich ging um die Mittagszeit zu ihr. Sie saß gemeinsam mit ihrem Vater über Berechnungen, um aus der Pyramide vernünftige Antworten zu gewinnen. Ihr Vater umarmte mich mit sichtlicher Freude in seinem edlen Antlitz und sagte, wie glücklich er sei, eine Tochter zu haben, die es verstanden habe, meine Aufmerksamkeit zu fesseln. Als ich ihm antwortete, daß ich sie anbete, ermutigte er mich, sie zu umarmen.

Mit einem Freudenschrei fiel mir Esther einfach um den Hals. »Ich habe alles erledigt und den ganzen Tag zur Verfügung«, sagte Mijnheer D. O. »Ich weiß seit meiner Kindheit, mein lieber Freund, daß es auf der Welt das Wissen gibt, über das Sie verfügen, und ich kannte einen Juden, der sich damit das größte Vermögen erwarb. Er erklärte ebenso wie Sie, er könne es nur einer einzigen Person mitteilen, denn er laufe sonst Gefahr, es selbst einzubüßen. Er hat es aber so lange hinausgeschoben, daß er starb, ohne es noch weitergeben zu können. Ein hohes Fieber nahm ihm diese Möglichkeit. Lassen Sie mich Ihnen sagen, daß Sie nicht wissen, was Sie besitzen, wenn Sie nicht verstehen, Ihr Wissen zu nutzen. Es ist ein Schatz.«

»Mein Orakel antwortet sehr unklar.«

»Die Antworten, die mir meine Tochter gezeigt hat, sind sehr klar.«

»Sie hat ihre Fragen anscheinend sehr glücklich gestellt, denn die Antwort hängt davon ab.«

»Nach dem Essen werden wir sehen, ob ich ebenso glücklich bin, wenn Sie die Güte haben wollen, mit mir zu arbeiten.«

Bei Tisch sprachen wir von gänzlich anderen Dingen, weil Angestellte dabei waren, unter anderem auch sein Prokurist, ein häßlicher und ungeschlachter Mensch, der mir Absichten auf Esther zu haben schien. Nach dem Essen zogen wir uns zurück, und da nur noch Esther bei uns war, zog Mijnheer D. O. zwei sehr lange Fragen aus der Tasche. In der einen wollte er wissen, wie er sich verhalten müsse, um in einer Angelegenheit, an der ihm viel lag und deren Einzelheiten er darlegte, einen günstigen Spruch der Generalstaaten[24] zu erreichen. Auf diese Frage gab ich sehr rasch eine sehr dunkle Antwort, wobei ich es Esther überließ, sie in Worte zu übersetzen; aber bei der zweiten gelüstete es mich, eine klare Antwort zu geben. Er fragte nach dem Schicksal eines bestimmten Schiffes, von dem man wußte, daß es von Ostindien abgefahren war, und sogar an welchem Tag; aber man wußte nicht, was aus ihm geworden war. Es hätte schon vor zwei Monaten ankommen sollen. Er wollte wissen, ob es noch existiere oder ob es verlorengegangen sei, und wo und wie; niemand habe je irgendeine Nachricht darüber erhalten. Die Gesellschaft, der es gehöre, wäre zufrieden, wenn sie einen Spekulanten fände, der es ihr um zehn Prozent des Wertes abkaufe, aber sie finde keinen. Was den Verlust des Schiffes vollends glaubhaft machte, war der Brief eines englischen Kapitäns, der bezeugte, er habe es untergehen sehen.

Im wesentlichen sagte ich in meiner Antwort, die ich leichtfertig und ohne Angst vor irgendwelchen üblen Folgen gab, das Schiff sei völlig unversehrt, und innerhalb acht Tagen würde man sichere Nachricht erhalten. So brachte ich in dem Wunsch, den Ruf meines Orakels himmelhoch steigen zu lassen, es in Gefahr, ihn restlos einzubüßen. Aber ich hätte es nie getan, wenn ich geahnt hätte, was Mijnheer D. O. meinem Orakel zufolge tun würde. Die Freude ließ ihn erbleichen. Er sagte uns, es sei von größter Wichtigkeit, zu niemandem darüber zu reden, denn er denke daran, das Schiff möglichst billig zu erwerben. Ganz erschrocken sagte ich ihm daraufhin, ich bürgte nicht für die Wahrheit meines Orakels und stürbe vor Kummer, wenn er meinetwegen einen großen Betrag verlieren würde. Er fragte mich, ob mich das Orakel gelegentlich täusche, und ich antwortete, daß es oft durch Zweideutigkeiten zu Irrtümern führe. Als Esther meine Besorgnis sah, bat sie ihren Vater, sich in dieser Angelegenheit jedes Schrittes zu enthalten.

Mijnheer D. O. blieb nachdenklich; dann sagte er viel ungereimtes Zeug über die angebliche Macht der Zahl und ließ sich von seiner Tochter alle Fragen vorlesen, die sie gestellt hatte. Es waren sechs oder sieben, alle ganz kurz, die entweder sichere oder zweideutige oder auch scherzhafte Antworten zuließen. Esther, die alle Pyramiden aufgestellt hatte, glänzte, indem sie mit meiner allmächtigen Hilfe die Antworten zog. Ihr Vater glaubte, über ihre Anstelligkeit ganz begeistert, es werde ihr gelingen, die Kunst zu erfassen, und auch Esther selbst traute es sich zu. Bis zum Abendessen brachten wir noch sieben Stunden damit zu, über diese Antworten zu sprechen, die man himmlisch fand. Für den nächsten Tag, einen Sonntag, bat mich Mijnheer D. O., in sein kleines Haus an der Amstel, das ich bereits kannte, zum Essen zu kommen. Ich versprach es mit Freuden.

Auf dem Heimweg kam ich an einem Haus vorüber, in dem getanzt wurde, und da ich Leute aus und ein gehen sah, war ich neugierig, was es da gab. Es war eine Kaschemme, eine mitternächtliche Orgie in einer richtigen Lasterhöhle, ein Schandbetrieb widerlichster Art. Allein schon der Klang der zwei oder drei Instrumente, die das Orchester bildeten, stimmte die Seele traurig. Der Saal stank nach dem schlechten Tabak, den man dort rauchte; dazu kam ein übler Geruch nach Knoblauch, der von den Rülpsern der Tanzenden oder der anderen herrührte, die herumsaßen, eine Flasche oder einen Bierkrug zur Rechten, eine abscheuliche Schlampe zur Linken. Alles bot meinen Augen und meinen Gedanken ein trostloses Bild von der Trübsal des Lebens und den Niederungen, zu denen die Roheit das Vergnügen herabwürdigen konnte. Das Pack, das sich hier tummelte, setzte sich ausschließlich aus Matrosen und anderen einfachen Leuten zusammen, denen der Ort als Paradies erschien, das sie für alle Leiden ihrer langen und mühevollen Seefahrten entschädigte. Unter den Dirnen, die ich hier sah, fand ich keine einzige, mit der ich mich auch nur einen Augenblick lang hätte vergnügen können. Ein übler Kerl mit dem Aussehen eines Kesselflickers und lümmelhaftem Benehmen fragte mich in gebrochenem Italienisch, ob ich für einen Sou tanzen wolle. Ich dankte. Er zeigte mir eine Venezianerin, die in der Nähe saß, und sagte dazu, ich könnte mit ihr in ein Zimmer hinaufgehen und mit ihr trinken.

Ich trat näher; sie kam mir bekannt vor, aber das trübe Licht von vier nicht geschneuzten Kerzen ließ mich ihre Züge nicht deutlich erkennen. Von Neugier getrieben, setzte ich mich neben sie und fragte sie, ob sie wirklich aus Venedig stamme und ob es schon lange her sei, daß sie ihre Heimat verlassen habe. Sie antwortete, es sei etwa achtzehn Jahre her. Man brachte eine Flasche, und ich fragte sie, ob sie trinken wolle; sie bejahte und sagte, ich könne mit ihr hinaufgehen. Ich antwortete, dazu hätte ich keine Zeit, bezahlte mit einem Dukaten und drückte das ganze Wechselgeld dem armen Geschöpf in die Hand; dafür wollte sie mir einen Kuß geben, dem ich mich aber entzog.

»Gefällt es Ihnen in Amsterdam besser als in Venedig?« fragte ich.

»In meiner Heimat betrieb ich nicht dieses verfluchte Gewerbe. Ich war erst vierzehn Jahre alt und wohnte bei Vater und Mutter.«

»Und wer hat Sie verführt?«

»Ein Laufbursche.«

»In welchem Viertel von Venedig wohnten Sie?«

»Ich wohnte nicht in Venedig selbst, sondern in der Nähe auf einem Landgut im Friaul.«

Landgut im Friaul, achtzehn Jahre, ein Laufbursche, ich wurde stutzig, sah sie genauer an und erkannte Lucia aus Pasiano[25]; aber ich hütete mich wohl, mir etwas anmerken zu lassen. Die Ausschweifung, viel mehr als das Alter, hatte ihr Gesicht und ihren Hals verwelken lassen. Lucia, die zarte, hübsche und unschuldige Lucia, die ich so sehr geliebt und die ich aus Zartgefühl verschont hatte, in diesem Zustand, häßlich und abstoßend geworden, in einem Bordell von Amsterdam! Sie trank, ohne mich näher anzusehen und ohne Interesse zu erfahren, wer ich sei. Ich verspürte keine Neugier, ihre Geschichte zu hören; ich glaubte, sie zu kennen. Sie sagte, sie wohne hier im Hause, und sie werde mir hübsche Mädchen verschaffen, wenn ich sie besuche. Ich schenkte ihr zwei Dukaten und machte mich rasch davon.

Bedrückt und traurig ging ich zu Bett. Ich glaubte, einen Unglückstag hinter mir zu haben, vor allem auch, wenn ich an Mijnheer D. O. dachte, der wegen meiner verrückten Kabbala vielleicht 300 000 Gulden verlieren würde. Bei diesem Gedanken verwünschte ich mich selbst; er ließ mich auch an der Liebe verzagen, die ich für Esther empfand. Ich sah schon voraus, wie sie mit ihrem Vater zu meinen unerbittlichen Feinden wurden. Nur wenn ein Mensch hofft, Gegenliebe zu finden, kann er lieben. Der Anblick Lucias in der Kaschemme hinterließ in mir einen Eindruck, der mir die schlimmsten Alpträume verursachte. Ich betrachtete mich als schuldig an ihrem Unglück. Sie war erst zweiunddreißig Jahre alt, und ihre abscheuliche Zukunft stand mir vor Augen.

Nach einer trostlosen Nacht ohne Schlaf stand ich auf, bestellte einen Wagen und zog einen schönen Anzug an, um der Fürstin Galitzin, die im »Ster van Osten« wohnte, meine Aufwartung zu machen. Sie war zur Admiralität gegangen. Ich ging ebenfalls hin und traf sie in Begleitung des Herrn von Reischach und des Grafen von Tott, der eben Nachricht von meinem Freund Pesselier erhalten hatte, bei dem ich ihm begegnet war. Bei meiner Abreise von Paris hatte ich ihn schwer krank verlassen.

Vor der Admiralität schickte ich den Wagen fort und beorderte meinen Diener für elf Uhr zu Mijnheer D. O. ins Haus an der Amstel. Ich selbst ging zu Fuß und wurde vom holländischen Straßenpöbel wegen meiner Kleidung verhöhnt und ausgepfiffen. Esther erblickte mich vom Fenster aus; man öffnete mir vom ersten Stock aus mit einem Seilzug die Tür, ich trat ein, schloß wieder zu, und beim Hinaufgehen fühlte ich an der vierten oder fünften Stufe mit dem Fuß etwas Weiches. Ich wurde aufmerksam, erblickte eine grüne Brieftasche und bückte mich, um sie aufzuheben; aber ungeschickterweise stieß ich daran, und sie fiel durch einen Spalt, den man unterhalb der darüberliegenden Stufe angebracht hatte, wahrscheinlich um dem unter der Treppe liegenden Raum etwas Licht zu geben. Ohne mich aufzuhalten, ging ich hinauf. Man empfing mich wie gewöhnlich, und ich erklärte ihnen den Grund für meine Aufmachung. Esther lachte darüber, denn ich kam ihr ganz anders vor als sonst; aber irgendwie schienen mir beide bedrückt. Esthers Haushälterin kam hinzu und sagte ihnen etwas auf holländisch. Ich sah, wie Esther bewegten Herzens ihren Vater liebevoll tröstete.

»Ich sehe«, sagte ich, »daß Ihnen irgendein Unglück zugestoßen ist; wenn Ihnen meine Gegenwart ungelegen ist, erlauben Sie mir, daß ich mich ohne weiteres zurückziehe.«

Er antwortete, das Unglück sei nicht groß und er habe sich damit abgefunden, da er reich genug sei, um es in Ruhe zu ertragen.

»Ich habe eine ziemlich wertvolle Brieftasche verloren«, erklärte er, »die ich besser zu Hause gelassen hätte, weil ich sie erst morgen brauchte. Ich kann sie nur auf der Straße verloren haben, aber ich weiß nicht wie. Sie enthält Wechsel über hohe Summen, deren Diskontierung ich verhindern kann, aber auch englische Banknoten, über die der Inhaber frei verfügen kann. Danken wir Gott für alles, meine liebe Esther, und bitten wir ihn, uns gesund zu erhalten und uns vor größerem Unheil zu bewahren. Ich habe in meinem Leben weit schlimmere Rückschläge eingesteckt und sie überwunden. Sprechen wir nicht mehr von diesem Mißgeschick, das ich als einen kleineren Bankrott betrachten will.«

Innerlich hocherfreut, bewahrte ich Schweigen. Ich war sicher, daß die Brieftasche dieselbe war, die ich in den Spalt gestoßen hatte; sie war also noch nicht verloren. Aber ich dachte sogleich daran, sie ihnen nur mit Hilfe der Kabbala wieder zukommen zu lassen. Die Gelegenheit war zu günstig, um sie nicht auszunutzen und meinen Gastgebern eine schöne Probe von der Unfehlbarkeit des Orakels zu geben. Diese Idee brachte mich in gute Stimmung, und ich erzählte Esther hunderterlei Dinge, die sie zum Lachen brachten, vor allem Geschichten, in denen die Franzosen, die sie nicht leiden konnte, schlecht wegkamen.

Wir speisten überaus köstlich und tranken den besten Tropfen. Nach dem Kaffee sagte ich, wenn sie ein Spielchen machen wollten, würde ich spielen; aber Esther meinte, es sei schade, die Zeit damit zu verlieren.

»Ich bin unersättlich nach Pyramiden«, sagte sie; »dürfte ich fragen, wer meines Vaters Brieftasche gefunden hat?«

»Warum nicht«, antwortete ich. »Die Bitte ist leicht zu erfüllen.«

Sie stellte die Frage ganz kurz, und die ebenfalls sehr kurze Antwort, die herauskam, besagte, daß niemand die Brieftasche gefunden habe. Esther umarmte stürmisch ihren Vater, der auf diese Antwort hin überzeugt war, daß die Brieftasche wieder in seine Hände gelangen würde; sie stutzte, lachte dann aber laut, als ich sagte, sie hoffe vergeblich, daß ich weiterarbeiten würde, wenn sie mir nicht mindestens ebenso viele Zärtlichkeiten erweise wie ihrem lieben Vater. Da überschüttete sie mich mit Küssen und erstellte die Pyramide aus der Frage, wo die Brieftasche sich befinde. Ich ließ die Worte herauskommen: »Die Brieftasche ist in den Schlitz der fünften Stufe der Treppe gefallen.«

D. O. und seine Tochter erhoben sich hocherfreut und gingen hinunter; ich folgte ihnen. Er zeigte uns selbst den Schlitz, durch den die Brieftasche hinuntergefallen sein mußte. Er zündete eine Kerze an, betrat einen Vorratsraum, stieg eine Kellertreppe hinunter und hob mit eigener Hand die Brieftasche auf, die genau unter der Lichtöffnung der Stufe im Wasser lag. Wir stiegen wieder hinauf und verbrachten eine Stunde mit den allerernstesten Gesprächen über die Göttlichkeit des Orakels, das geeignet sei, seinen Besitzer zum glücklichsten aller Menschen zu machen. Beim Öffnen der Tasche zeigte er uns vierzig Schatzscheine zu je tausend Pfund Sterling[26], von denen er zwei seiner Tochter und zwei mir schenkte; ich nahm sie mit der einen Hand entgegen und übergab sie mit der anderen der schönen Esther mit der Bitte, sie für mich aufzubewahren. Sie willigte erst ein, als ich ihr drohte, nicht mehr mit ihr an der Kabbala zu arbeiten. Zu Mijnheer D. O. sagte ich, mir sei es nur um seine Freundschaft zu tun. Er umarmte mich und versprach sie mir bis ans Ende seines Lebens.

Indem ich Esther 22 000 Gulden zur Aufbewahrung gab,

war ich sicher, sie an mich zu binden. Das Mädchen hatte zauberhafte Augen, die mich berauschten. Ich sagte zu ihrem Vater, die Angelegenheit, die mir besonders am Herzen liege, sei die Diskontierung der zwanzig Millionen mit möglichst geringem Verlust. Er antwortete, er hoffe, mich zufriedenstellen zu können, aber da es notwendig sei, oft mit ihm zusammen zu sein, solle ich zu ihm in sein Haus ziehen. Auch Esther schloß sich seinem Drängen an, und ich sagte zu, wobei ich sorgfältig vermied, sie merken zu lassen, wie sehr ich mich innerlich darüber freute; ich beteuerte ihnen jedoch die ganze Dankbarkeit, die ich ihnen schuldete.

Dann ging er in sein Schreibzimmer, und ich blieb allein mit Esther zurück; ich erklärte ihr meine Bereitwilligkeit, alles in meiner Macht Stehende für sie zu tun, aber vor allem anderen müsse sie mir ihr Herz schenken. Sie antwortete, der Augenblick, um bei ihrem Vater um sie anzuhalten, werde kommen, sobald ich im Hause wohne. Ich versprach, am nächsten Tag bei ihr zu sein.

Als Mijnheer D. O. zurückkam, sagte er uns, am nächsten Tag werde es an der Börse eine große Neuigkeit geben. Er wolle ganz allein das verloren geglaubte Schiff um 300 000 Gulden auf seine Rechnung übernehmen, und es sei ihm gleich, wenn man ihn für verrückt halte.

»Ich wäre ein Narr«, fügte er hinzu, »wenn ich nach allem, was ich von dem göttlichen Orakel gesehen habe, etwas befürchtete. Ich werde drei Millionen verdienen, und wenn ich verliere, wird mich der Verlust nicht zugrunde richten.«

Betört durch die wiedergefundene Brieftasche, sagte Esther zu ihrem Vater, er solle sich beeilen, und ich meinerseits konnte nicht mehr zurück. Als Mijnheer D. O. meine gedrückte Stimmung bemerkte, versicherte er mir, er bliebe auch dann nicht weniger mein Freund, wenn das Orakel sich als trügerisch erweisen sollte. Ich bat ihn, das Orakel nochmals befragen zu dürfen, bevor er sich der Gefahr eines so großen Verlustes aussetze, und ich sah beiden die Freude über meine Dienstbeflissenheit im Interesse ihres Hauses an.

Nun geschah etwas, das mancher Leser für unglaubwürdig halten oder ihn veranlassen wird, mich als Mann von unvorsichtigem oder gefährlichem Charakter zu verurteilen. Ich erstellte selbst die Frage, die Pyramide und alles, was noch dazugehört, ohne zu dulden, daß Esther dabei mitmachte. Ich war froh, dieses Unheil noch rechtzeitig verhindern zu können, und ich war entschlossen, es zu verhindern. Eine doppelsinnige Antwort, die niederzuschreiben in meiner Macht stand, hätte beiden den Mut genommen; und da ich sie bereits im Kopf hatte, glaubte ich sie auch ganz richtig in Zahlen verschlüsselt zu Papier gebracht zu haben. Esther, die das Alphabet beherrschte, übersetzte die Antwort rasch in Wörter und las zu meinem Erstaunen folgendes: »Wenn es sich um Dinge dieser Art handelt, darf man nichts FÜRCHTEN. Die Reue wäre allzu schmerzlich.« Mehr bedurfte es nicht. Vater und Tochter fielen einander um den Hals, und Mijnheer D. O. sagte, falls das Schiff wiederauftauche, schulde er mir den zehnten Teil seines Gewinnes. Vor Überraschung vermochte ich weder zu antworten noch ihm meine Dankbarkeit zu beteuern; denn ich war ganz sicher, daß ich »glauben« geschrieben hatte und nicht »fürchten«. Ich konnte nicht mehr zurück.

Tags darauf zog ich zu ihnen in ein reizendes Appartement, und am übernächsten Tag führte ich Esther ins Konzert, wo sie mich damit neckte, daß die Trenti nicht mehr auftrat. Das Mädchen hatte mich ganz in ihren Bann geschlagen; aber sie ließ mich zappeln, indem sie mir beharrlich das Hauptziel meiner Liebkosungen verwehrte.

Fünf oder sechs Tage darauf teilte mir Mijnheer D. O. das Ergebnis einer Besprechung mit Mijnheer Pels und den Direktoren von sechs anderen Kontoren über meine zwanzig Millionen mit. Sie boten zehn Millionen in bar und sieben in Papieren, die fünf oder sechs Prozent abwarfen, abzüglich einem Prozent als Maklergebühr. Darüber hinaus verzichteten sie auf die zwölfhunderttausend Gulden, die die Französische Ostindien-Kompanie der Holländischen[27] schuldete. Ich schickte eine Abschrift dieses Ergebnisses an Monsieur de Boulogne und Monsieur d'Affry und ersuchte um schnelle Rückäußerung. Die Antwort, die ich acht Tage später im Auftrag von Monsieur de Boulogne durch Monsieur de Courteil erhielt, besagte, daß man an einer solchen Diskontierung nicht interessiert sei; wenn ich nicht mehr erreichte, solle ich lieber nach Paris zurückkehren. Außerdem behauptete man immer noch, der Friedensschluß stehe unmittelbar bevor. Aber Mijnheer D. O.s Mut war einige Tage vor Ankunft dieser Antwort gewaltig gestiegen. An der Börse hatte man die sichere Nachricht erhalten, das fragliche Schiff liege in Madeira. Schon vier Tage vorher hatte Mijnheer D. O. es mitsamt der ganzen Ladung um 300 000 Gulden gekauft. Das war eine Freude, als wir ihn mit siegessicherer Miene ins Zimmer treten sahen, um uns diese Neuigkeit zu bestätigen! Er erzählte, er habe es bereits für einen geringen Betrag von Madeira bis Texel versichert, und ich könne über den zehnten Teil des Gewinnes verfügen. Überrascht war ich jedoch, als er mit den folgenden Worten seine Rede schloß:

»Sie sind jetzt reich genug, um sich bei uns niederzulassen, da Sie sicher in einigen Jahren ein ungeheures Vermögen erwerben werden, ohne etwas anderes zu betreiben als Ihre Kabbala. Ich werde Ihnen als Vermittler dienen. Machen wir gemeinsame Sache! Und wenn Sie meine Tochter lieben, so gebe ich sie Ihnen, wenn sie einverstanden ist.«

Esthers Augen glänzten vor Freude; in den meinen aber konnte sie nur die Überraschung lesen, die mich überwältigte, mich stumm und wie vor den Kopf geschlagen machte. Nach einem langen Schweigen bemühte ich mich eifrig, meinen Gefühlen auf den Grund zu kommen, und gelangte zu dem Schluß, daß ich zwar Esther vergötterte, aber nochmals nach Paris zurückkehren mußte, bevor ich mich festlegte; ich erklärte, bei meiner Rückkehr nach Amsterdam würde ich sicher in der Lage sein, über mein Schicksal zu entscheiden. Diese Antwort gefiel ihnen, und wir verbrachten den Tag sehr fröhlich. Tags darauf gab Mijnheer D. O. seinen

Freunden ein erlesenes Mahl. Unter fröhlichem Gelächter sprachen sie ausschließlich davon, wie er vor allen anderen gewußt haben konnte, daß das Schiff in Madeira sei; aber niemand vermochte zu erraten, wie er es erfahren hatte.

Acht Tage nach diesem geglückten Wagnis übergab er mir ein Ultimatum in der Angelegenheit der zwanzig Millionen; es lief darauf hinaus, daß Frankreich beim Verkauf der zwanzig Millionen nur neun Prozent verlor, allerdings unter der Bedingung, daß ich von den Käufern keinerlei Vermittlungsgebühr beanspruchen würde. Ich schickte die authentischen Abschriften dieses Angebotes an Monsieur d'Affry und ersuchte ihn dringend, sie auf meine Kosten an den Generalkontrolleur zu schicken, zusammen mit einem Brief von mir, in dem ich das drohende Scheitern der Angelegenheit betonte, wenn er auch nur einen einzigen Tag zögere, Monsieur d'Affry die notwendige Vollmacht zu geben, um mich zum Abschluß zu ermächtigen. In gleich energischer Weise schrieb ich auch an Monsieur de Courteil und an den Herzog. Ich wies alle darauf hin, daß ich nichts dabei verdiene, aber trotzdem in der sicheren Erwartung abschließen würde, daß man mir meine Spesen vergüten und mir in Versailles nicht verweigern würde, was mir als Vermittler gebühre.

Da Karnevalszeit war, hielt es Mijnheer D. O. für angebracht, einen Ball zu geben. Er lud alle Damen und Herren von Rang und Namen ein. Ich berichte dem Leser nur, daß es ein herrlicher Ball war, ebenso auch das Souper. Esther tanzte mit vollendeter Anmut alle Kontertänze mit mir und erstrahlte im Glanz der Diamanten ihrer verstorbenen Mutter.

Wir verbrachten den ganzen Tag miteinander, verliebt und unglücklich, weil uns die Enthaltsamkeit zu schaffen machte. Höchstens, wenn ich mit ihr frühstückte, war Esther bereit, mir einige kleine Freiheiten zu erlauben. Nur mit ihren Küssen war sie verschwenderisch, die mich aber nicht beruhigten, sondern nur noch verrückter machten. Wie alle sogenannten anständigen Mädchen auf dieser Welt sagte sie mir, sie sei überzeugt, daß ich sie nicht mehr heiraten würde, wenn sie mich alles mit ihr tun ließe, was ich wünschte. Sie glaubte mir wohl, daß ich unverheiratet war, denn ich hatte ihr zu eindeutig versichert, daß ich ledig sei; aber sie zweifelte nicht, daß ich in Paris eine starke Bindung hatte. Ich gab es zu und versprach ihr, ich würde mich gänzlich davon lösen, um mich bis zu meinem Tod durch die feierlichsten Bande mit ihr zu vereinen. Leider machte ich uns etwas vor, denn sie hätte sich von ihrem erst vierzigjährigen Vater nie und nimmer getrennt, und ich konnte mir unmöglich vorstellen, mich in einem Land wie diesem dauernd niederzulassen.

Zehn oder zwölf Tage, nachdem ich das Ultimatum übersandt hatte, empfing ich einen Brief von Monsieur de Boulogne mit der Mitteilung, der Gesandte habe alle Instruktionen erhalten, die ich zum Abschluß der Transaktion benötigte; der Gesandte bestätigte mir das. Er ermahnte mich zu größter Vorsicht, denn er werde die königlichen Papiere nur gegen 18 200 000 Francs in gängiger Valuta herausgeben. Nun war der schmerzliche Augenblick des Abschieds gekommen, und wir ließen unseren Tränen freien Lauf. Esther übergab mir den Gegenwert der zweitausend Pfund Sterling, die ich ihr an dem Tag anvertraut hatte, als man die Brieftasche fand; ihr Vater[28] gab mir, meiner Bitte entsprechend, 100 000 Gulden in Wechseln auf Tourton & Baur sowie auf Pâris de Montmartel[29], dazu einen Kreditbrief über 200 000 Gulden, der mich ermächtigte, auf ihn zu ziehen, bis die ganze Summe aufgebraucht war. Zum Abschied schenkte mir Esther fünfzig Hemden aus feinstem Leinen und fünfzig Taschentücher aus Masulipatam[30].

Nicht die Liebe zu Manon Balletti, sondern eine törichte Eitelkeit und der Wunsch, mich in Paris aufzuspielen, veranlaßten mich, Holland zu verlassen. Die fünfzehn Monate unter den Bleidächern hatten nicht genügt, um die Schwächen meines Charakters zu heilen. Schicksal ist ein inhaltsloses Wort; wir sind selbst für es verantwortlich. [...]

Ich schwor Esther, daß ich sie noch vor Ende des Jahres wiedersehen würde; dann reiste ich mit einem Bevollmächtigten der Gesellschaft, die die französischen Papiere gekauft hatte, nach Den Haag ab und suchte Boas auf, der mich mit dem Ausdruck staunender Bewunderung empfing. Er sagte, ich hätte ein Wunder vollbracht; ich solle eilends nach Paris fahren, und sei es auch nur, um den Weihrauch der Komplimente zu genießen. Er gab jedoch seiner Überzeugung Ausdruck, daß die ganze Sache nicht zustande gekommen wäre, wenn ich der Gesellschaft nicht einzureden verstanden hätte, der Friedensschluß stehe unmittelbar bevor. Ich entgegnete, ich hätte es ihnen zwar nicht eingeredet, aber der Friede werde sicherlich zustande kommen. Er sagte, wenn ich ihm dafür eine verbindliche und schriftliche Zusage des Gesandten verschaffen könnte, werde er mir Diamanten im Wert von fünfzigtausend Gulden zum Geschenk machen. Ich antwortete, der Gesandte könne keine größere Gewißheit haben als ich, dennoch beruhe sie nur auf dem Gefühl.

Am folgenden Tag regelte ich alles mit dem Gesandten, und der Beauftragte kehrte nach Amsterdam zurück.

Abends speiste ich bei Teresa, die mir ihre Kinder sehr sauber gekleidet vorstellte. Ich trug ihr auf, mich am nächsten Tag in Rotterdam zu erwarten und mir dort ihren Sohn zu übergeben; denn um kein Gerede aufkommen zu lassen, wollte ich ihn nicht nach Den Haag mitnehmen.

Von einem der Söhne Boas' kaufte ich diamantbesetzte Spangen und mehrere wertvolle Schmuckstücke für vierzigtausend Gulden. Ich mußte ihm versprechen, bei ihm abzusteigen, wenn ich wieder nach Den Haag käme, aber ich hielt nicht Wort.

In Rotterdam sagte mir Teresa unumwunden, sie wisse ganz genau, daß ich in Amsterdam eine halbe Million verdient hätte; sie selbst würde es zu etwas bringen, wenn sie Holland verlassen und sich in London niederlassen könnte. Sie hatte Sophie beigebracht zu sagen, mein Erfolg sei die Frucht ihrer Gebete zu Gott gewesen. Ihr ganzes Gerede brachte mich zum Lachern. Ich gab ihr hundert Dukaten und versprach, ihr noch weitere hundert anweisen zu lassen, sobald sie mir aus London schreibe. Ich merkte, daß ihr die Summe kärglich vorkam, aber ich gab ihr darum nicht mehr. Sie wartete, bis ich den Wagen bestieg, um mich um weitere hundert Dukaten zu bitten, und ich flüsterte ihr ins Ohr, ich würde ihr unverzüglich tausend auszahlen lassen, wenn sie mir Sophie überließe. Nach kurzem Nachdenken sagte sie nein. Ich schenkte meiner Tochter noch eine Uhr und reiste ab. Am zehnten Februar kam ich in Paris an und nahm mir eine schöne Wohnung in der Rue Comtesse-d'Artois zur Rue Montorgueil hin[31].

## *Paris 1759*

[…]

Mein erster Besuch galt meinem Gönner[1], den ich in großer Gesellschaft antraf; ich entdeckte dort auch den venezianischen Gesandten[2], der so tat, als kenne er mich nicht.

»Seit wann sind Sie wieder in Paris?« fragte mich der Minister, als er mir die Hand schüttelte.

»Seit diesem Augenblick. Ich bin eben aus der Postkutsche gestiegen.«

»Fahren Sie doch nach Versailles! Dort werden Sie den Herzog von Choiseul und den Generalkontrolleur treffen. Sie haben Wunder gewirkt; lassen Sie sich feiern! Kommen Sie danach wieder zu mir. Richten Sie dem Herzog aus, daß ich Monsieur Voltaire ein Patent des Königs geschickt habe, das ihn zum Kammerherrn[3] macht.«

Man fährt zu Mittag nicht nach Versailles; aber so redeten die Minister, wenn sie in Paris waren. Versailles war für sie am anderen Ende der Straße. Ich ging zu Madame d'Urfé.

Als erstes sagte sie, ihr Genius habe ihr verkündet, sie werde mich noch heute sehen.

»Kornmann sagte mir gestern abend«, erzählte sie, »es sei unglaublich, was Sie geleistet haben. Ich bin überzeugt, daß Sie selbst die zwanzig Millionen diskontiert haben. Die Papiere sind gestiegen, und man wird diese Woche noch einen Umsatz von mindestens hundert Millionen erleben. Verzeihen Sie, wenn ich es wage, Ihnen zwölftausend Francs als Geschenk anzubieten. Es ist nur ein Bettel.«

Es hatte keinen Zweck, ihr zu sagen, daß sie sich täusche. Sie ließ dem Pförtner bestellen, er solle alle Leute fortschikken, und wir begannen ein ausführlicheres Gespräch. Ich sah, wie sie vor Freude erbebte, als ich beiläufig erwähnte, daß ich einen zwölfjährigen Knaben mitgebracht hätte, den ich im besten Pensionat von Paris erziehen lassen wolle.

»Ich werde ihn zu Viar[4] geben, wo meine Neffen sind«, sagte sie. »Wie heißt er? Wo ist er? Ich weiß, was es mit dem Knaben für eine Bewandtnis hat. Ich brenne darauf, ihn zu sehen. Warum sind Sie nicht bei mir abgestiegen?«

»Ich werde ihn Ihnen übermorgen vorstellen, denn morgen muß ich nach Versailles.«

»Spricht er Französisch? Einstweilen, bis ich alles für das Pensionat geregelt habe, müssen Sie ihn unbedingt hier bei mir lassen.«

»Darüber werden wir uns übermorgen unterhalten.«

Nach einem kurzen Besuch in meinem Büro, wo ich alles in Ordnung fand, ging ich ins Italienische Theater, wo Silvia auftrat[5]. Ich fand sie mit ihrer Tochter in ihrer Loge. Sie sagte, sie wisse, daß ich in Holland sehr gute Geschäfte gemacht hätte; ich sah ihr die Überraschung an, als sie die Antwort hörte, ich hätte für ihre Tochter gearbeitet. Diese errötete. Ich fügte noch hinzu, ich wolle zu ihnen zum Abendessen kommen; dann suchte ich mir einen Platz auf den Rängen. Doch welche Überraschung! In einer der ersten Logen erblickte ich Madame XCV[6] mit ihrer Familie. […]

Mademoiselle XCV erkannte mich sofort und machte ihre Mutter auf mich aufmerksam, die mich gleich mit dem Fächer heranwinkte. Ich ging sofort in ihre Loge.

[…]

»Ich habe erfahren«, sagte Mademoiselle XCV zu mir, »daß Sie sich durch Ihre Tätigkeit in Holland um Frankreich sehr verdient gemacht haben, und habe stets gehofft, Sie zu treffen; Ihre aufsehenerregende Flucht hat uns außerordentlich gefreut, denn wir haben Sie stets geschätzt. Wir haben alle Einzelheiten aus Ihrem sechzehn Seiten langen Brief an

Monsieur Memmo erfahren, der uns zwischen Schaudern und Lachen schwanken ließ. Was Sie in Holland getan haben, hörten wir gestern von Monsieur de la Popelinière[7].«

Dieser war Generalsteuerpächter; ich hatte ihn sieben Jahre vor dieser Zeit in seinem Haus in Passy kennengelernt. Er kam ebenfalls in die Loge. Nach einer kurzen Begrüßung sagte er, wenn ich auf gleiche Weise der Französischen Ostindien-Kompanie zwanzig Millionen verschaffen könne, würde er mich zum Generalsteuerpächter ernennen lassen. Er riet mir, mich als Franzosen naturalisieren zu lassen, bevor man erfahre, daß ich mindestens eine halbe Million besitze.

»Weniger haben Sie dabei gewiß nicht verdient.«

»Das Geschäft wird mich zugrunde richten, wenn man mich um meine Maklergebühr bringt.«

»Sie tun gut daran, so zu reden. Jedermann möchte Sie kennenlernen, und Frankreich ist Ihnen zu Dank verpflichtet, denn Sie haben ein Ansteigen der Aktien bewirkt.«

Beim Abendessen bei Silvia schwamm meine Seele vollends in Wonne. Man feierte mich wie ein Kind des Hauses, und ich überzeugte meinerseits die ganze Familie, daß ich gern als solches betrachtet werden wollte. Mir schien, als hätte ich mein ganzes Glück ihrem Einfluß und ihrer beständigen Freundschaft zu danken. Es gelang mir, die Mutter, den Vater, die Tochter und die zwei Söhne zur Annahme der Geschenke zu bewegen, die ich ihnen zugedacht hatte. Das kostbarste, das ich in der Tasche hatte, überreichte ich der Mutter, die es sogleich ihrer Tochter weitergab. Es waren Ohrgehänge, die mich sechstausend Gulden gekostet hatten. Drei Tage später schenkte ich ihr eine Kassette, in der sich zwei Tücher aus herrlichem indischem Stoff, zwei aus feinstem Leinen und Garnituren aus flandrischen Nadelspitzen befanden, die man als englische Spitzen bezeichnet. Mario, der gern rauchte, schenkte ich eine goldene Pfeife und meinem Freund[8] eine schöne Tabaksdose. Dem Jüngsten[9], in den ich richtig vernarrt war, schenkte ich eine Uhr. Von diesem Knaben, der durch seine Fähigkeiten in jeder Weise über seinen Stand hinausragte, werde ich noch zu sprechen haben. Aber war ich reich genug, so große Geschenke zu machen? Nein, und ich wußte es. Ich machte sie nur, weil ich fürchtete, es nicht zu werden. Wäre ich dessen sicher gewesen, hätte ich noch gewartet.

Im Morgengrauen brach ich nach Versailles auf. Der Herzog von Choiseul empfing mich, wie das erste Mal, schreibend, während man ihn frisierte. Dieses Mal aber legte er seine Feder fort. Nach einer kurzen Begrüßung sagte er, er werde mir einen Adelstitel verleihen, wenn ich mich imstande fühle, eine Anleihe von hundert Millionen Gulden zu vier Prozent zu vermitteln. Ich antwortete ihm, ich könnte mir die Sache durch den Kopf gehen lassen, sobald ich wüßte, durch welche Belohnung für meine bisherigen Leistungen man mich dazu ermutigen würde.

»Jedermann behauptet, Sie hätten 200 000 Gulden verdient.«

»Unbewiesene Behauptungen besagen gar nichts. Ich habe Anspruch auf die Maklergebühr.«

»Sie haben recht. Machen Sie dem Generalkontrolleur die Sache klar.!«

Monsieur de Boulogne unterbrach seine Arbeit, um mich huldvoll zu empfangen, aber als ich ihm erklärte, er schulde mir 100 000 Gulden, lächelte er.

»Ich weiß«, sagte er, »daß Sie im Besitz von 100 000 Talern in Wechseln an Ihre Order sind.«

»Das stimmt; aber was ich besitze, steht in keinem Zusammenhang mit der Aufgabe, die ich erfüllt habe. Das ist erwiesen; ich berufe mich diesbezüglich auf Monsieur d'Affry. Ich habe einen unfehlbaren Plan, um die Einkünfte des Königs um zwanzig Millionen zu erhöhen, ohne daß diejenigen, die das Geld zahlen werden, sich zu beklagen hätten.«

»Setzen Sie ihn in die Tat um, und ich werde Ihnen vom König persönlich eine Pension von 100 000 Francs und einen Adelsbrief erwirken, wenn Sie Franzose werden wollen.«

Ich suchte die Kleinen Appartements auf, wo Madame la

Marquise ein Ballett einstudieren ließ. Sie begrüßte mich, als sie mich erblickte, und sagte, ich sei ein geschickter Verhandler, den die »Herren von da unten«[10] verkannt hätten. Sie erinnerte sich also immer noch an das, was ich ihr vor nunmehr acht Jahren in Fontainebleau gesagt hatte. Ich antwortete ihr, alles Gute komme von oben, und ich hoffe, durch ihre Fürbitte dorthin zu gelangen.

Kaum war ich wieder in Paris, ging ich ins Hôtel de Bourbon, um meinem Gönner über das ganze Ergebnis meiner Reise zu berichten. Er riet mir, Geduld zu haben und mich weiterhin nützlich zu machen; über Madame XCV, die ich, wie ich ihm erzählte, im Theater getroffen hatte, sagte er, daß Monsieur de la Popelinière ihre älteste Tochter heiraten werde.

Zu Hause stellte ich als Neuerung fest, daß mein Sohn nicht mehr da war.

»Eine vornehme Dame«, sagte mir die Hauswirtin, »ist zum Herrn Grafen (man hatte ihn kurzerhand zum Grafen erhoben) auf Besuch gekommen und hat ihn mitgenommen.«

Ich tat, als fände ich das in Ordnung, und ging schlafen. [...]

Vom Palais aus machte ich Madame XXX einen Besuch, um mit Tiretta zu sprechen. Er war nicht zu Hause. Sie liebte ihn noch immer. Ich hinterließ ihm meine Adresse und ging ins Hôtel de Bretagne in der gleichen Straße, um Madame XCV meinen ersten Besuch abzustatten. Diese Dame war mir zwar nicht sehr gewogen, aber sie empfing mich trotzdem sehr freundlich. Als vermögender Mann in Paris war ich offenbar für sie ein anderer Mensch. [...]

Meinen angeblichen Sohn fand ich in Madame d'Urfés Armen. Sie bemühte sich, wegen der Entführung entschuldigende Argumente vorzubringen, die ich ins Scherzhafte umkehrte. Ich sagte dem jungen Mann, er müsse Madame als seine Königin betrachten und ihr stets sein Herz ausschütten. Sie erzählte, sie habe ihn bei sich schlafen lassen, aber sie sehe sich genötigt, auf dieses Vergnügen zu verzichten, wenn er nicht verspreche, in Zukunft artiger zu sein. Ich fand das höchst unterhaltsam und sah, wie der junge Mann errötete. Er fragte sie, was er ihr gegenüber versäumt habe.

Sie teilte mir mit, daß Saint-Germain mit uns zu Mittag essen werde; sie wußte, daß ich mich mit diesem Adepten bestens unterhielt. Er kam und setzte sich zu Tisch, aber nicht zum Essen, sondern nur zum Reden, wie er es immer tat. Er erzählte frech die unglaublichsten Dinge, und man mußte stets so tun, als glaube man sie, denn er gab sich immer entweder als Augenzeugen oder als Hauptgestalt der Geschichte aus; ich konnte jedoch nur laut auflachen, als er etwas berichtete, was ihm bei einem Essen mit den Konzilsvätern von Trient[11] zugestoßen sei.

Madame trug einen großen armierten Magneten[12] um den Hals. Sie behauptete, früher oder später würde er einen Blitz auf sie ziehen, und sie werde dann zur Sonne auffahren.

»Das wird er zweifellos«, entgegnete der Scharlatan; »aber ich bin der einzige auf der ganzen Welt, der imstande ist, dem Magneten eine tausendfach größere Kraft zu verleihen, als die gewöhnlichen Physiker ihm geben könnten.«

Ich sagte ihm ganz kühl, ich würde zwanzigtausend Taler wetten, daß er die Kraft desjenigen, den Madame um den Hals trage, nicht einmal verdoppeln könne. Madame hinderte ihn, die Wette anzunehmen, und später sagte sie mir unter vier Augen, ich hätte bestimmt verloren, denn Saint-Germain sei ein Magier. Ich gab ihr recht.

Einige Tage später reiste der angebliche Magier nach dem königlichen Schloß Chambord ab, wo der König ihm Räume zur Verfügung gestellt hatte, dazu 100 000 Francs, damit er in voller Freiheit an den Farbstoffen arbeiten könne, die alle Tuchwebereien Frankreichs aufblühen lassen sollten. Er hatte den Monarchen durch die Einrichtung eines Laboratoriums in Trianon betört; dort fand der König oft Zerstreuung, während er sich unglücklicherweise sonst überall langweilte, außer auf der Jagd. [...]

Bevor ich Madame d'Urfé verließ, gab ich ihr zu verstehen, daß der Knabe wohl jener sein könnte, durch den sie neu geboren würde, daß sie aber alles verderbe, wenn sie nicht seine Pubertät abwarte.

Sie brachte ihn im Pensionat Viar unter, gab ihm zahlreiche Lehrer sowie den Namen eines Grafen von Aranda, obwohl er in Bayreuth geboren war und obwohl seine Mutter nie das geringste mit einem Spanier dieses Namens zu tun gehabt hatte. Erst als er schon drei oder vier Monate dort war, suchte ich ihn auf. Ich fürchtete immer irgendeinen Skandal wegen des Namens, den ihm die Schwärmerin ohne mein Wissen gegeben hatte.

Tiretta besuchte mich in einer hübschen Equipage. Er sagte, die Dame wolle seine Frau werden, aber er würde nie zustimmen, obwohl sie ihm ihr ganzes Vermögen angeboten habe. Dabei hätte er mit ihr nach Treviso gehen, alle seine Schulden bezahlen und dort sehr gut leben können. Sein Geschick hielt ihn davon ab, meinen guten Rat zu befolgen.

Ich war entschlossen, mir ein Landhaus zu mieten, und nachdem ich mir mehrere angesehen hatte, entschied ich mich für ein Haus in »Petite Pologne«[13]. Es war gut möbliert und lag hundert Schritte außerhalb der »Barrière de la Madeleine«[14]. Das Haus stand auf einer kleinen Anhöhe bei der »Königlichen Jagd«[15] hinter dem Garten des Herzogs von Gramont[16]. Der Eigentümer hatte dem Haus den Namen »Varsovie en bel air«[17] gegeben. Es hatte zwei Gärten, von denen einer in der Höhe des ersten Stockes lag, drei Herrschaftswohnungen, einen Stall für zwanzig Pferde, Bäder, einen guten Keller und eine große Küche mit den nötigen Gerätschaften. Der Eigentümer des Hauses nannte sich und unterschrieb nie anders als der »Butterkönig«[18]. Ludwig XV. selbst hatte ihm diesen Namen gegeben, als er eines Tages bei ihm angehalten und seine Butter ausgezeichnet gefunden hatte. Er vermietete mir sein Haus für hundert Louis im Jahr und verschaffte mir eine hervorragende Köchin, die sich die »Perle« nannte. Ihr vertraute er die ganze Einrichtung sowie das Geschirr an, das ich für sechs Personen benötigte; dazu verpflichtete er sich, mir nach Gewicht soviel davon zu vermieten, wie ich brauchte. Er versprach mir, jeden gewünschten Wein billiger zu liefern als in Paris, da er ihn mir von außerhalb der Zollschranken kommen lassen könne, wo alles billiger war. Er versprach mir auch billigeres Futter für meine Pferde, überhaupt alles, was bei der Einfuhr nach Paris zollpflichtig war; denn hier draußen war ich ja schon auf dem Lande.

In weniger als acht Tagen verschaffte ich mir einen guten Kutscher, zwei Wagen, fünf Pferde, einen Stallburschen und zwei gute Lakaien mit kleiner Livree. Madame d'Urfé, die ich als erste zum Essen einlud, war von meinem Haus begeistert. Sie nahm alles hin, als ob es für sie gemacht wäre, und ich ließ sie dabei. [...]

Mein Kutscher fuhr wie der Wind, meine Pferde waren von jener Art, die man als »enragés«[19] bezeichnet, eigens dazu aufgezogen, nicht geschont zu werden. Solche Pferde, ein Überschuß aus den Ställen des Königs, waren ein Luxus. Wenn mir eines davon einging, kaufte ich mir für zweihundert Francs ein neues. Schnellfahren ist eines der größten Vergnügen, die es in Paris gibt.

[...]

Abbé de Bernis, dem ich einmal in der Woche meine Aufwartung machte, sagte mir eines Tages, der Generalkontrolleur[20] frage immer nach mir; es sei unklug, wenn ich ihn vernachlässige. Er riet mir, meine Ansprüche zu vergessen und ihm das Mittel zur Erhöhung der Staatseinkünfte mitzuteilen, von dem ich zu ihm gesprochen hätte. Da ich den Rat dieses Mannes, dem ich mein Vermögen verdankte, größte Beachtung schenkte, ging ich hin und legte dem Generalkontrolleur voll Vertrauen in seine Redlichkeit meinen Plan vor. Es handelte sich um ein neues Gesetz, das vom Parlament gebilligt werden mußte. Danach hätten alle Erben, die eine nicht vom Vater an den Sohn gehende Erbschaft antraten, dem König den Ertrag des ersten Jahres abzuliefern. Auch alle Schenkungen, die vor einem Notar »inter vivos« (zwischen Lebenden) erfolgten, sollten demselben Gesetz unterliegen; dagegen konnten die Begünstigten keinen Einspruch erheben, denn für sie stellte es sich so dar, als wäre der Erblasser ein Jahr später gestorben. Der Minister[21] sagte mir, mein Plan könne keinen Schwierigkeiten begegnen; er legte ihn in seine Geheimmappe und versicherte mir, mein Glück sei gemacht. Acht Tage darauf erhielt er den Abschied; als ich mich seinem Nachfolger Silhouette[22] vorstellte, sagte mir dieser kalt, er werde mich benachrichten lassen, sobald die Rede davon sei, das Gesetz zu erlassen. Dieses Gesetz wurde zwei Jahre später in Frankreich verabschiedet, und als ich mich als dessen Urheber bezeichnete und das verlangte, was mir rechtens dafür zustand, lachte man mich aus.

Als kurz darauf der Papst[23] starb, wählte man den Venzianer Rezzonico[24] zu seinem Nachfolger, der sogleich meinen Protektor de Bernis zum Kardinal ernannte. Zwei Tage nachdem der König ihm den Hut[25] überreicht hatte, schickte er ihn nach Soissons ins Exil; so war ich also ohne Gönner, aber reich genug, um unter diesem Mißgeschick nicht zu leiden. [...]

Der Kardinal wurde nicht wieder an den Hof zurückberufen, denn es gibt kein einziges Beispiel, daß Ludwig XV. je einen Minister zurückberufen hätte; aber beim Tode Rezzonicos[26] mußte er zum Konklave und blieb für den Rest seines Lebens als Botschafter Frankreichs in Rom[27].

Um diese Zeit gelüstete es Madame d'Urfé, die Bekanntschaft von J.-J. Rousseau[28] zu machen, und so fuhren wir nach Montmorency[29], um ihn zu besuchen; wir brachten ihm Musiknoten zum Abschreiben, was er ganz hervorragend verstand. Man bezahlte ihm doppelt soviel wie einem anderen, aber er verbürgte sich auch dafür, daß man keine Fehler darin finden würde. Er lebte davon.

Wir fanden in ihm einen Menschen, der richtig urteilte und sich einfach und bescheiden gab, der aber weder durch seine Person noch durch seinen Geist besonders hervorragte. Wir fanden aber nicht, was man einen liebenswürdigen Menschen nennt. Er schien uns ein wenig unhöflich; und mehr bedurfte es nicht, damit Madame d'Urfé ihn als Grobian betrachtete. Wir lernten eine Frau[30] kennen, von der wir bereits gehört hatten. Sie beachtete uns kaum. Auf der Rückfahrt nach Paris lachten wir über die Absonderlichkeit dieses Philosophen. [...]

Sobald sich mein angeblicher Sohn nach dem Urteil von Madame d'Urfé im Pensionat Viar richtig eingelebt hatte, verlangte sie, daß ich ihn gemeinsam mit ihr besuche. Es war für mich tatsächlich eine Überraschung.

Ein Prinz konnte nicht besser untergebracht, besser gekleidet sein, besser behandelt und im ganzen Haus mehr geachtet werden. Sie hatte ihm alle möglichen Lehrer gegeben, außerdem ein kleines dressiertes Pferd, damit er reiten lernte. Man nannte ihn Graf von Aranda. [...]

Der Aufwand, den ich in »Petite Pologne« trieb, machte mein Landhaus berühmt. Man sprach von den Tafelfreuden, die man dort genoß. In einem dunklen Zimmer ließ ich mit Reis Hühnchen mästen; sie waren weiß wie Schnee und von köstlichem Geschmack. Zu den Vorzügen der französischen Küche fügte ich noch hinzu, was alle übrigen Küchen Europas dem Feinschmecker an Gaumenkitzel bieten konnten. Meine Makkaroni »al sugo«, mein Reis, bald als Pilaf, bald als Risotto, und meine »Olla podrida« machten von sich reden. Ich lud ausgewählte Gesellschaft zu erlesenen Mahlzeiten, bei denen meine Gäste sahen, daß meine Freude um so größer war, je besser es ihnen schmeckte. Damen von Stand und auch die galanten kamen am Vormittag, um sich mit jungen Neulingen, die sich nicht zu reden getrauten, in meinen Gärten zu ergehen, und ich tat, als sähe ich nichts; ich gab ihnen frische Eier und Butter, die die berühmte aus Vambre noch übertraf. Danach reichlich Maraschino aus Zara[31], wie es ihn besser nirgends gab. Häufig überließ ich den unbewohnten Teil meines Hauses einer hochgestellten Persönlichkeit, die dort mit einer über jeden Verdacht erhabenen Dame soupierte. Dann wurde mein Haus sogar für mich selbst ein unbetretbares Heiligtum. Man wußte zwar, daß mir nichts verborgen blieb; aber die Dame war mir sehr dankbar dafür, daß ich überall, wo ich sie traf, vorgab, sie nicht zu kennen.

Begeistert von dieser Lebensweise, aber vor die Notwendigkeit gestellt, ein Einkommen von hunderttausend Francs zu besitzen, um sie bestreiten zu können, sann ich oft auf Mittel, ihr eine dauerhafte Basis zu geben. Ein Plänemacher, den ich bei Calzabigi kennengelernt hatte, schien mir wie vom Himmel gesandt, um mir ein Einkommen zu verschaffen, das meine Wünsche sogar noch übertraf. Er erzählte mir von den gewaltigen Gewinnen der Seidenmanufakturen, aber auch von denen, die ein Mann machen könnte, der die Mittel und den Unternehmungsgeist hätte, eine Werkstatt für bemalte Seidenstoffe nach Art derer aus Peking aufzumachen. Er erklärte mir anschaulich, daß man damit ein Vermögen verdienen könne, da die Seidenstoffe makellos, die Farben erlesen und unsere Zeichner denen von ganz Asien überlegen seien. Er überzeugte mich, daß ganz Europa nach diesen Stoffen greifen und der Unternehmer trotz des niedrigen Preises noch seine hundert Prozent daran verdienen würde, wenn man sie um ein Drittel billiger verkaufte als jene, die man aus China einführte, und sie außerdem noch schöner wären. Er machte mich schließlich vollends neugierig, als er sagte, er sei selbst Zeichner und Maler und sei bereit, mir einige von ihm angefertigte Muster zu zeigen. Ich bat ihn, am folgenden Tag mit seinen Mustern zu mir zum Essen zu kommen; sobald ich sie gesehen hätte, würden wir über die Sache sprechen. Er kam, ich sah mir alles an und war voll Bewunderung. Was mich bestach, war das Dessin und die Schönheit der Farben, die sein Geheimnis waren, und denen auch der Regen nichts ausmachen sollte. Das Blattwerk in Gold und Silber übertraf an Schönheit alles, was man auf den Stoffen aus China bewunderte und zu sehr hohen Preisen in Paris und überall verkaufte. Sobald einmal das Muster auf dem Stoff vorgezeichnet war, dachte ich es mir ganz leicht, Arbeiterinnen einzustellen und im Taglohn zu bezahlen, die nichts weiter zu tun hätten, als die Stoffe nach den erhaltenen Anweisungen einzufärben, und die entsprechend ihrer Zahl beliebig viele Ballen herstellen würden.

Der Gedanke, Leiter einer Manufaktur zu werden, gefiel mir. Ich schätzte mich glücklich, auf einem Wege reich zu werden, der mich dem Staat empfehlen mußte. Ich beschloß jedoch, nichts zu unternehmen, bevor ich nicht völlig klar sah, die Einnahmen und Ausgaben überprüft und geeignete Leute, auf die ich zählen konnte, eingestellt und mir gesichert hatte; meine Aufgabe würde nur darin bestehen, mir Rechnung legen zu lassen und darauf zu achten, daß jeder seine Pflicht erfüllte.

Ich forderte den guten Mann auf, sieben oder acht Tage bei mir zu wohnen. Er solle vor meinen Augen auf Stoffen in allen Farben zeichnen und malen. Er tat das mit großem Eifer und überließ mir alles, was er gemacht hatte; was die Haltbarkeit der Farben anlange, sagte er, so könne ich die von ihm bemalten Stücke jeder Probe aussetzen. Ich trug die Muster fünf oder sechs Tage lang in der Tasche und sah, daß alle meine Bekannten von ihrer Schönheit und von meinem Plan begeistert waren. Ich beschloß also, die Manufaktur zu errichten; zu diesem Zweck beriet ich mich mit meinem Mann, den ich zu deren Direktor machen wollte.

Entschlossen, ein Haus im »Enclos du Temple«[32] zu mieten, suchte ich den Prinzen von Conti auf, der mein Unternehmen lebhaft begrüßte und mir seinen Schutz sowie alle Freihandelsrechte versprach, die ich wünschen konnte. In dem Haus, das ich aussuchte und dessen Miete mich nur tausend Taler im Jahr kostete, verfügte ich über einen großen Saal, in dem alle meine Arbeiterinnen, jede an ihrem eigenen Platz, arbeiten sollten. Einen anderen großen Raum bestimmte ich zum Magazin; mehrere weitere Wohnungen in den verschiedenen Stockwerken sah ich vor, um darin meine wichtigsten Angestellten unterzubringen, auch eine für mich selbst, falls mich die Lust anwandeln sollte, dort zu wohnen.

Ich teilte mein Unternehmen in dreißig Anteile, von denen ich fünf meinem Maler und Zeichner, dem künftigen Direktor, überließ; ich behielt die übrigen fünfundzwanzig für mich, um sie an Gesellschafter abzutreten, die entsprechende Betriebsmittel dafür einzuzahlen hätten. Ich gab einen Anteil einem Arzt, der gegen Kaution den Posten eines Lagerverwalters übernahm und mit seiner ganzen Familie in das Haus einzog; außerdem stellte ich vier Diener, zwei Dienstmädchen und einen Pförtner an. Einen weiteren Anteil mußte ich einem Buchhalter zugestehen, der mir zwei Schreiber verschaffte und ebenfalls in das Haus einzog. Ich brachte alles binnen weniger als drei Wochen zustande, indem ich von mehreren Tischlern die Schränke im Lagerraum und die zwanzig Arbeitsplätze im großen Saal herstellen ließ. Dem Direktor übertrug ich die Sorge, zwanzig Mädchen für die Malarbeit zu finden, die ich jeden Samstag bezahlen würde; ich legte zweihundert bis dreihundert Ballen starken Taft, grobfädige Seide aus Tours und weißen, gelben und grünen Kamelott[33] auf Lager, um darauf die Dessins malen zu lassen, deren Auswahl ich mir vorbehielt. Ich bezahlte alles bar.

Nach einer überschlägigen Berechnung, die ich mit meinem Direktor vornahm, brauchte ich, wenn man den Beginn des Verkaufs erst nach Ablauf eines Jahres ansetzte, hunderttausend Taler; und die hatte ich zur Verfügung. Im Notfall hätte ich Anteile für je zwanzigtausend Francs verkaufen können, aber ich hoffte, einen solchen Verkauf nie nötig zu haben, denn mein Ziel war ein Ertrag von zweihunderttausend Francs.

Mir wurde klar, daß dieses Unternehmen mich zugrunde richten würde, wenn der Absatz fehlte; aber wie konnte ich das befürchten, wenn ich die Schönheit meiner Stoffe sah und von allen Seiten hörte, ich dürfe sie nicht so billig verkaufen? In weniger als einem Monat gab ich ungefähr sechzigtausend Francs aus, um die Firma aufzuziehen, und ich hatte mich zu einer Ausgabe von tausendzweihundert je Woche verpflichtet. Madame d'Urfé lachte darüber, weil sie glaubte, ich betriebe das alles nur, um neugierigen Leuten Sand in die Augen zu streuen und mein Inkognito zu sichern. Was mir sehr gut gefiel, wovor ich aber eher hätte zittern sollen, war der Anblick von zwanzig Mädchen, alle zwischen achtzehn und fünfundzwanzig Jahre alt, alle von bescheidenem Wesen und mehr als die Hälfte recht hübsch, die bei ihrer neuen Arbeit sorgfältig die Anweisungen des Malers befolgten. Die teuersten kosteten mich nicht mehr als vierundzwanzig Sous je Tag, und alle standen im Ruf, ordentlich zu sein; ausgewählt hatte sie die Frau des Direktors, eine fromme Dame, der ich mit großem Vergnügen diese Genugtuung gewährte, in der Gewißheit, sie zur Komplizin zu gewinnen, falls mich die Lust nach einem der Mädchen überkommen sollte. Manon Balletti aber zitterte, als sie sah, daß ich Besitzer dieses Harems geworden war. Sie schmollte ernsthaft mit mir, obwohl sie wußte, daß alle Mädchen abends zum Essen und Schlafen nach Hause gingen. [...]

Ich führte das Leben eines Glücklichen, aber ich war nicht glücklich. Mein großer Aufwand ließ mich Unannehmlichkeiten voraussehen. Meine Fabrik hätte mich in die Lage versetzt, ihn beizubehalten, wenn es nicht wegen des Krieges[34] an Absatz gefehlt hätte. Ich hatte vierhundert Ballen bemalten Stoff auf Lager, aber es bestand kaum Aussicht, sie vor Ende des Krieges zu verkaufen; da der so ersehnte Friede nicht zustande kam, mußte ich Klarheit schaffen. Ich schrieb Esther, sie solle ihren Vater dafür gewinnen, daß er sich mit der Hälfte des Kapitals beteilige, mir einen Geschäftsführer schicke und mit mir halbpart mache. Mijnheer D. O. antwortete mir, er werde, wenn ich meine Manufaktur nach Holland verlegen wolle, sie ganz übernehmen und mir die Hälfte des Gewinnes überlassen. Ich liebte Paris, und so ging ich nicht darauf ein.

Ich gab schon für mein Haus in »Petite Pologne« viel

Geld aus, aber eine andere weit größere Ausgabe, von der niemand etwas wußte, rieb mich auf. Ich wurde auf alle meine Arbeiterinnen neugierig und fand an ihnen Geschmack, und da ich nicht die Geduld hatte, sie mir billig zu verschaffen, ließen sie mich ihrerseits meine Neugier teuer bezahlen. Das Beispiel der ersten genügte allen andern, um Haus und Möbel zu beanspruchen, sobald sie merkten, daß sie mein Verlangen erweckt hatten. Oft war es nur eine Laune für drei Tage, und jede neue Bettgenossin schien mir meiner würdiger zu sein als ihre jeweilige Vorgängerin, die ich zwar nicht mehr sah, aber weiterhin aushielt. Madame d'Urfé, die mich für steinreich hielt, störte mich nicht; ich machte sie glücklich, indem ich mit meinem Orakel ihre magischen Operationen unterstützte. Manon Balletti zermürbte mich mit ihrer Eifersucht und ihren berechtigten Vorwürfen. Sie sah nicht ein, wie ich die Heirat immer wieder hinauszögern konnte, wenn ich sie wirklich liebte; sie behauptete, ich betrüge sie. Ihre Mutter starb zu dieser Zeit an der Auszehrung in ihren Armen und in den meinen. Zehn Minuten vor ihrem Hinscheiden empfahl sie mir ihre Tochter. Ich versprach ihr aufrichtigen Herzens, sie zu meiner Frau zu machen; aber das Schicksal, wie man immer sagt, war dagegen. Ich blieb drei Tage bei der tiefbetrübten Familie und teilte ihre Trauer.

Eine schwere Krankheit brachte um die gleiche Zeit auch die Geliebte meines Freundes Tiretta ins Grab. Vier Tage vor ihrem Tode verabschiedete sie ihn, um nur noch an das Heil ihrer Seele zu denken; dabei schenkte sie ihm noch einen wertvollen Ring und zweihundert Louis. Tiretta leistete ihr Abbitte, schnürte sein Bündel und kam mit der traurigen Nachricht nach »Petite Pologne«. Ich brachte ihn im Temple-Viertel unter; als er sich vier Wochen später berufen fühlte, in Indien sein Glück zu versuchen, billigte ich diesen Entschluß und gab ihm ein Empfehlungsschreiben an Mijnheer D. O. in Amsterdam mit. Dieser verschaffte ihm in weniger als zwei Wochen eine Schreiberstelle auf einem Schiff der Ostindischen Kompanie, das nach Batavia fuhr. […]

Anfang November verkaufte ich zehn Anteile meiner Fabrik an Monsieur Garnier aus der Rue du Mail für fünfzigtausend Francs; gleichzeitig trat ich ihm ein Drittel der bemalten Stoffe ab, die auf Lager waren, und war mit einem von ihm eingesetzten und von der Gesellschaft bezahlten Kontrolleur einverstanden. Drei Tage nach Unterzeichnung des Vertrages erhielt ich mein Geld; aber der als Verwalter tätige Arzt räumte das Lager aus und verschwand, ein unbegreiflicher Diebstahl, wenn er nicht im Einverständnis mit dem Maler erfolgt war. Zu allem Überfluß forderte mich Garnier durch einen gerichtlichen Befehl auf, ihm die fünfzigtausend Francs zurückzugeben. Ich antwortete ihm, ich schulde ihm nichts, weil sein Kontrolleur bereits eingesetzt gewesen sei; der Schaden müsse also anteilmäßig alle Teilhaber treffen. Man riet mir zu prozessieren. Garnier begann damit, daß er den Vertrag für nichtig erklärte und mich sogar des Betruges verdächtigte. Die Kaution des Arztes war wertlos. Sie stammte von einem Kaufmann, der eben Bankrott gemacht hatte. Garnier ließ alles beschlagnahmen, was im Gebäude der Manufaktur vorhanden war, auch meine Pferde und Wagen, die ich in »Petite Pologne« unter Obhut des »Butterkönigs« hielt. Von so vielen Unannehmlichkeiten heimgesucht, entließ ich die Arbeiterinnen, auch alle Angestellten und Dienstboten der Manufaktur. Allein der Maler blieb im Haus; er hatte keinen Grund zur Klage, denn er hatte stets dafür gesorgt, sich seinen Anteil am Verkauf der Stoffe auszahlen zu lassen. Mein Bevollmächtigter war ein ehrlicher Mann, aber mein Advokat, der mir Tag für Tag versicherte, mein Prozeß sei nicht zu verlieren, war ein Betrüger. Im Lauf des Prozesses stellte mir Garnier einen dieser verwünschten Zahlungsbefehle zu, den ich sofort meinem Advokaten brachte; dieser versicherte mir, er werde noch am gleichen Tag Einspruch erheben, unternahm aber nichts und eignete sich auf diese Weise das Geld an, das ich bezahlt hatte, um zu meinem Recht zu kommen. Man ließ auch zwei weitere Vorladungen verschwinden, und ohne daß ich etwas davon wußte, wurde gegen mich wegen Nichterscheinens ein Haftbefehl erlassen. Man verhaftete mich um acht Uhr früh in der Rue St. Denis[35] in meinem eigenen Wagen; der Anführer der Häscher setzte sich neben mich, während ein weiterer Häscher sich neben den Kutscher setzte und ihn zwang, mich zum Fort-l'Evêque[36] zu fahren.

Gleich bei meiner Ankunft sagte mir der Gerichtsschreiber, ich könne sofort wieder nach Hause fahren, wenn ich fünfzigtausend Francs bezahle oder entsprechende Kaution erlege; da ich aber weder den Betrag noch die Kaution bei der Hand hatte, blieb ich im Gefängnis. Als ich dem Schreiber sagte, ich hätte nur eine einzige Vorladung erhalten, erklärte er, das komme nur allzu oft vor, aber es sei schwierig zu beweisen. In dem Raum, in den man mich steckte, verlangte ich alles Nötige zum Schreiben, benachrichtigte meinen Advokaten und meinen Bevollmächtigten und dann alle meine Freunde. [...] Der Bevollmächtigte kam sofort, aber der Advokat beschränkte sich darauf, mir zu schreiben und mir zu versichern, daß er Einspruch erhoben habe und meine Verhaftung daher illegal sei; sie werde meine Gegenpartei teuer zu stehen kommen, ich müsse mich jedoch einige Tage gedulden und ihn handeln lassen. Manon Balletti schickte mir durch ihren Bruder ihre Ohrringe; Madame du Rumain schickte mir ihren Advokaten, der einen anerkannt guten Ruf besaß, und schrieb mir, wenn ich fünfhundert Louis brauche, könne sie mir diese am nächsten Tage schicken; mein Bruder antwortete mir nicht. Madame d'Urfé schrieb mir zurück, sie erwarte mich zum Mittagessen. Ich glaubte, sie habe den Verstand verloren. Um elf Uhr war mein Raum voll von Leuten. Man berichtete mir, daß eine Dame in einer Kutsche vorgefahren sei; als ich sie nicht eintreten sah, fragte ich, weshalb man sie nicht hereingelassen habe. Man antwortete mir, sie sei nach einer kurzen Rücksprache mit dem Gerichtsschreiber wieder fortgegangen. Aus der Beschreibung, die man mir gab, schloß ich, daß es Madame d'Urfé gewesen war.

Ich war höchst erbost, mich hier zu sehen, denn es mußte mich in ganz Paris in Verruf bringen, ganz abgesehen davon, daß die Unbequemlichkeit des Gefängnisses mich bedrückte. Da ich 30 000 Francs flüssig hatte und außerdem Schmuck im Wert von 60 000, hätte ich den Betrag erlegen und sogleich aus der Haft entlassen werden können; aber dazu vermochte ich mich nicht durchzuringen, obwohl der Advokat von Madame du Rumain mich überreden wollte, ich müsse herauskommen, ganz gleich wie. Seiner Meinung nach genügte es, nur die Hälfte der Summe zu hinterlegen, mit der er dem Gerichtsschreiber bis zum Entscheid über die Berufung, für deren aufrechte Erledigung er garantierte, den Mund stopfen würde.

Gerade als wir das besprachen, kam der Gefängnisaufseher, um mir zu sagen, ich sei frei und eine Dame erwarte mich in ihrer Kutsche am Tor. Ich schickte Leduc, so hieß mein Kammerdiener, hinaus, um zu erfahren, wer die Dame sei, und als ich hörte, daß es Madame d'Urfé war, empfahl ich mich allerseits mit einer tiefen Verbeugung. Es war Mittag. Ich hatte vier recht unangenehme Stunden verbracht.

Madame d'Urfé empfing mich sehr würdevoll in ihrer Kutsche. Ein Gerichtspräsident, der neben ihr saß, bat mich um Entschuldigung für seine Nation und sein Land, in dem sich Ausländer oft derartigen Unannehmlichkeiten ausgesetzt sähen. Ich dankte Madame mit kurzen Worten und fügte hinzu, ich sei gern Ihr Schuldner geworden, aber der Nutznießer ihres edlen Großmuts werde Garnier sein. Sie antwortete mir lächelnd, daraus werde er nicht so leicht Gewinn ziehen; wir würden beim Essen darüber sprechen. Sie riet mir, vorher in den Tuilerien und beim Palais-Royal spazierenzugehen, um der Öffentlichkeit zu beweisen, daß das Gerücht von meiner Verhaftung falsch sei. Ich folgte ihrem Rat und versprach, sie würde mich um zwei Uhr wiedersehen.

Zuerst zeigte ich mich ausgiebig auf beiden Promenaden;

dabei sah ich, anscheinend ohne es zu beachten, wie alle meine Bekannten überrascht waren, mich zu sehen. Dann ging ich zu meiner teuren Manon, die bei meinem Erscheinen jubelte, um ihr die Ohrringe zurückzubringen. Ich dankte ihr und versicherte der ganzen Familie, man hätte mich nur infolge eines Amtsmißbrauches verhaftet; dafür würde ich diejenigen, die den Plan ausgeheckt hätten, schwer büßen lassen. Ich verließ sie mit dem Versprechen, sie zum Souper auszuführen, und ging zum Essen zu Madame d'Urfé, die mich sogleich zum Lachen brachte, als sie mir schwor, ihr Genius habe ihr mitgeteilt, daß ich mich absichtlich hätte verhaften lassen, um aus Gründen, die nur mir selbst bekannt seien, von mir reden zu machen. Sie erzählte mir, sie sei, sobald sie vom Gerichtsschreiber des Fort-l'Evêque erfahren habe, worum es sich handle, nach Hause gefahren, um städtische Zollrechte[37] aus ihrem Besitz zu holen, die für hunderttausend Francs gut waren, und hätte sie hinterlegt; wenn aber Garnier sie sich auszahlen ließe, würde er es mit ihr zu tun haben, falls ich nicht vorher in der Lage sein sollte, mir Recht zu verschaffen.

Sie riet mir, ich solle zunächst gegen den Advokaten strafrechtlich vorgehen, denn es sei klar, daß er meine Berufung nicht eingebracht habe. Ich verließ sie mit der Versicherung, sie werde in wenigen Tagen ihre Kaution zurückerhalten.

Nachdem ich mich in den Wandelhallen beider Theater gezeigt hatte, ging ich mit Manon Balletti soupieren, die selig war, daß sie mir bei dieser Gelegenheit einen Beweis ihrer Zuneigung hatte geben können. Ich machte sie überglücklich, als ich ihr erzählte, daß ich meine Manufaktur aufgeben würde; denn sie glaubte, die Arbeiterinnen seien der Grund, weshalb ich mich nicht entschließen könne, sie zu heiraten.

[...]

Obwohl meine Gefängnishaft nur einige Stunden gedauert hatte, verleidete sie mir Paris und flößte mir einen unüberwindlichen Haß gegen alle Prozesse ein, den ich bis heute bewahrt habe. Ich sah mich gleich in zwei verwickelt, einen gegen Garnier, den anderen vor dem Strafgericht gegen den Advokaten. Der Ärger zerfraß mir jedesmal die Seele, wenn ich eine Eingabe machen, mein Geld für Anwälte ausgeben und meine Zeit vergeuden mußte, die mir nur gut angewendet schien, wenn sie dem Vergnügen diente. In dieser gewalttätigen Stimmung faßte ich den Plan, mir eine gesicherte Existenz zu schaffen, die mir gestatten würde, in voller Ruhe das Leben zu genießen. Ich beschloß, alles aufzugeben, eine zweite Reise nach Holland zu machen, um wieder zu Geld zu kommen, und nach meiner Rückkehr nach Paris das ganze Kapital, das ich zusammenscharren konnte, auf Leibrente für zwei Personen anzulegen. Die beiden Personen würden ich und meine Frau sein, und diese Frau sollte Manon Balletti werden. Ich teilte ihr meinen Plan mit, und sie konnte es kaum erwarten, bis ich mit seiner Verwirklichung begann.

Zunächst gab ich das Haus in »Petite Pologne« auf, das mir nur noch bis Ende des Jahres verbleiben sollte, und ließ mir von der Militärakademie die achtzigtausend Francs auszahlen, die die Kaution für mein Büro in der Rue St. Denis darstellten. Damit verzichtete ich auf die lächerliche Tätigkeit als Lotterieeinnehmer. Das Büro schenkte ich meinem Angestellten, der inzwischen geheiratet hatte, und verhalf ihm so zu einem bescheidenen Glück. Die Bürgschaft für ihn stellte, wie gewöhnlich, ein Freund seiner Frau; doch starb der arme Mann schon zwei Jahre später.

[…]

Ich verabschiedete mich vom Herzog von Choiseul[38], der mir versprach, Monsieur d'Affry zu schreiben, er solle mich bei allen Verhandlungen unterstützen, wenn ich eine Anleihe zu fünf Prozent zustande brächte, sei es von den Generalstaaten oder von einer Privatgesellschaft. Er sagte, ich könne jedermann versichern, daß man noch im Winter Frieden schließen werde; er werde auch bestimmt nicht zulassen, daß man mich nach meiner Rückkehr nach Frankreich um meine Rechte bringe. Das waren seine Worte, obwohl er wußte, daß der Friede nicht zustande kommen würde; aber ich hatte keinerlei Pläne, und es ärgerte mich, daß ich Monsieur de Boulogne meinen Vorschlag über die Testamente preisgegeben hatte, den der neue Generalkontrolleur Silhouette offensichtlich geringschätzte.

Ich verkaufte meine Pferde, meine Wagen und alle meine Möbel. […]

Ich verließ Manon in Tränen aufgelöst, aber ich war überzeugt, sie nach meiner Rückkehr nach Paris glücklich zu machen.

Mit hunderttausend Francs in Wechseln und ebensoviel in Schmuck, reiste ich allein im Postwagen ab; voraus zu Pferd Leduc, der gern in vollem Galopp ritt. Er war ein Spanier, achtzehn Jahre alt, und ich schätzte ihn, weil niemand besser frisierte als er. Ein Schweizer Lakai, ebenfalls beritten, diente mir als Bote. Es war der 1. Dezember des Jahres 1759.

## *Rom 1760*

[...]

Ich reiste ab und traf nach sechsunddreißig Stunden in Rom ein.

Das war um ein Uhr nachts. Man kann zu jeder Stunde in die große Stadt gelangen. Man verweist den Fremden zunächst an den Zoll[1], der stets geöffnet ist; dort wird sein Gepäck untersucht. Man ist nur streng bei Büchern. Ich hatte etwa dreißig, die sich alle gegen die Religion oder die von ihr vorgeschriebenen Pflichten wandten. Das wußte ich und hatte mich bereits damit abgefunden, sie widerspruchlos herauszugeben, da ich Schlaf dringend nötig hatte. Der Beamte, der mein Gepäck überprüfte und alle diese Bücher bemerkte, sagte mir mit biederer Miene, ich solle sie zählen und ihm überlassen. Er versicherte mir, er werde sie mir am nächsten Tag in den Gasthof bringen, in dem ich absteigen würde. Ich war einverstanden, und er hielt Wort. Ich habe ihm drei Zechinen gegeben.

Vom Zoll fuhr ich zur Piazza di Spagna in den Gasthof »Ville de Paris«[2], den man mir empfohlen hatte. Alles schlief, aber jemand stand auf und ließ mich in ein kleines Zimmer im Erdgeschoß ein, wo ich warten sollte, bis man in den mir zugedachten Räumen Feuer gemacht hatte. Alle Sessel waren voll Kleidern, Röcken und Hemden. In einem Bett lag zugedeckt bis zum Hals ein Mädchen und sagte mir, ich solle mich auf den Bettrand setzen; neben ihr schlief noch ein zweites. Ich sah einen lachenden Mund und zwei

Augen, die mir wie Karfunkel erschienen. Ich bewunderte sie und bat, sie küssen zu dürfen. Statt einer Antwort zog sie die Decke über den Kopf; aber ich schob meine Hand ungefähr in der Mitte ihrer Gestalt darunter, doch als ich sie splitternackt fand, zog ich sie zurück und entschuldigte mich, falls ich zu neugierig gewesen sein sollte. Sie schien mir dankbar dafür, daß ich meine Neugier freundlicherweise bezähmt hatte.

»Wer sind Sie, mein schöner Engel?«

»Ich bin Teresa Roland, die Tochter des Wirts, und das hier ist meine Schwester‹[3].«

»Sie werden etwa siebzehn Jahre alt sein?«

»Noch nicht ganz.«

»Ich brenne darauf, sie morgen angezogen in meinem Zimmer zu sehen.«

»Sind Damen in Ihrer Gesellschaft?«

»Nein.«

»Das tut mir leid. Wir gehen nie zu Herren ins Zimmer.«

»Ziehen Sie doch die Decke nicht so hoch hinauf; sie hindert Sie ja am Sprechen.«

»Es ist viel zu kalt.«

»Reizende Teresa, Ihre Augen versengen mir die Seele.«

Da steckt sie den Kopf wieder unter die Decke, ich benutze den Augenblick, um von neuem die Hand auszustrecken, sie kauert sich zusammen, ich gebe nicht nach und finde mich überzeugt, daß sie ein weiblicher Engel ist.

Das genügte. Ich zog meine Hand zurück und bat sie erneut um Verzeihung; sie zeigte sich beruhigt, lachend, entflammt und mit einem kleinen Anflug von Zorn, aber gleichzeitig von Bereitwilligkeit. Ich wollte ihr gerade eine gefühlvolle, verliebte und leidenschaftliche Rede halten, als eine hübsche Dienerin hereinkam und mir sagte, ich könne hinaufgehen.

»Auf Wiedersehen bis morgen«, sagte ich zu der reizenden Teresa, die mir nicht antwortete, sondern sich nur umdrehte, um weiterzuschlafen.

Nachdem ich ein Diner für ein Uhr bestellt hatte, legte ich mich zu Bett, schlief bis Mittag und träumte die ganze Zeit von dieser neuen Teresa. Costa sagte mir, er habe das Haus gefunden, in dem mein Bruder wohne[4], und dort Nachricht hinterlassen. Mein Bruder Giovanni muß zu dieser Zeit etwa dreißig Jahre alt gewesen sein; er war in Rom in der Schule des berühmten Mengs, der damals keine Pension bezog, weil der König von Polen wegen des Krieges und wegen der Besetzung seines Kurfürstentums Sachsen durch die Preußen in Warschau leben mußte. Ich hatte meinen Bruder seit zehn Jahren nicht mehr gesehen.

Ich war noch bei Tisch, als er erschien. Wir umarmten uns und verwandten eine Stunde darauf, einander in groben Zügen, er seine kleinen, ich meine großen Abenteuer zu erzählen. Schließlich sagte er, ich solle sofort den Gasthof verlassen, wo das Leben sehr teuer sei, und bei dem Maler Mengs in einem freien Zimmer wohnen, das mich nichts kosten würde. Hinsichtlich des Essens sagte er mir, ein Speisewirt wohne in der gleichen Straße. Ich antwortete, ich könne mich nicht zu einem Umzug entschließen, da ich mich in eine Tochter des Wirtes verliebt hätte, und erzählte ihm mein nächtliches Erlebnis. Er lachte und meinte, das sei keine Liebe, sondern eine Liebschaft, die ich trotzdem pflegen könne, und er überzeugte mich. Ich versprach ihm, morgen zu ihm zu ziehen, und wir gingen gemeinsam aus, um ein wenig durch Rom zu schlendern.

[…]

Dann führte mich mein Bruder zu Signora Cherufini[5], und dort trafen wir beste Gesellschaft. Er stellte mich vor, die Dame des Hauses empfing mich auf römische Art, sie erschien mir verführerisch, und ihre Töchter noch mehr. Aber ich fand allzu zahlreiche Verehrer aller Art und einen falschen Glanz, der mich ungeduldig machte; außerdem erschienen mir die jungen Damen, von denen eine hübsch war wie die Liebe, allzu höflich mit jedermann. Man stellte mir eine interessante Frage, ich antwortete so, daß man mir eine zweite hätte stellen müssen, aber man tat es nicht. Ich ließ mich das nicht verdrießen. Mir wurde klar, daß ich in diesem Haus meinen eigentlichen Wert verlieren würde und daß die Ursache dafür die Geistesart des Mannes war, der mich vorgestellt hatte. Ich hörte, wie ein Abate mit einem Blick auf mich zu einem anderen sagte:

»Das ist der Bruder Casanovas.«

Ich belehrte ihn, er müsse sagen, Casanova sei mein Bruder, und er erwiderte, das sei doch gleich. Ein anderer Abate meinte, das sei nicht gleich; wir kamen ins Gespräch und wurden gute Freunde. Es war der berühmte Abate Winckelmann[6], der zwölf Jahre später [7] in Triest ermordet wurde.

Als Kardinal Allessandro Albani[8] erschien, stellte Winckelmann mich ihm vor, und Seine Eminenz, die fast blind war, sagte mir vielerlei, aber nichts von Bedeutung. Sobald er begriff, daß ich der aus den Bleidächern entflohene Casanova war, sagte er mir taktlos, er wundere sich über meine Kühnheit, nach Rom zu kommen; denn beim bescheidensten Ansuchen der venezianischen Staatsinquisitoren würde mich ein »ordine santissimo«[9] zur Abreise zwingen. Gereizt durch diese Anspielung antwortete ich ihm, danach dürfe er meine Kühnheit nicht beurteilen, denn in Rom hätte ich nichts zu fürchten.

»Man würde nur die Staatsinquisitoren der Unverfrorenheit bezichtigen können, wenn sie eine solche Bitte wagten; denn sie wären nicht in der Lage zu erklären, aufgrund welches Verbrechens sie mich meiner Freiheit beraubt hatten.«

Meine kurze und unverblümte Antwort brachte den Kardinal zum Schweigen, und aus Scham darüber, daß er mich für einen Dummkopf gehalten hatte, sprach er kein Wort mehr mit mir. Ich betrat das Haus Cherufini kein zweites Mal. Wir kehrten mit Abate Winckelmann in den Gasthof »Ville de Paris« zurück, und mein Bruder lud ihn ein, mit uns zu Abend zu essen. Dieser Abate glich mit seinem männlichen Gesicht dem Abbé Voisenon. Tags darauf gingen wir alle drei in die Villa Albani[10], um den Cavaliere Mengs aufzusuchen, der dort wohnte, weil er eine Decke ausmalen sollte.

Mein Wirt Roland kannte meinen Bruder und machte uns während des Essens seine Aufwartung. Er war ein lustiger Geselle und stammte aus Avignon. Ich sagte ihm, ich würde bei meinem Bruder wohnen und sein Haus mit Bedauern verlassen, denn ich hätte mich in seine Tochter Teresa verliebt, obwohl ich nur eine Viertelstunde mit ihr gesprochen und nur ihren Kopf gesehen hätte.

»Ich wette, Sie haben sie im Bett gesehen.«

»Sie haben es erraten. Ich möchte sie gern angezogen sehen. Wollen Sie sie in allen Ehren heraufkommen lassen?«

»Gern.«

Voll Freude, daß ihr Vater sie gerufen hatte, kam sie herauf. Mit ihrer eleganten Kleidung, ihrer heiteren und unbefangenen Miene konnte sie für hübsch gelten, obgleich an ihrer Gestalt nichts auffällig war als ihre Augen. Meine Begeisterung ließ nach; aber ohne mir etwas davon zu sagen, fing mein Bruder derart Feuer, daß er sich ein Jahr später einfangen ließ. Die junge Teresa brachte ihn dazu, daß er sie heiratete, und zwei Jahre später nahm er sie nach Dresden mit, wo ich sie fünf Jahre später mit einem Kind wiedersah. Zehn Jahre darauf starb sie an Schwindsucht.

Tags darauf sah ich zum erstenmal in der Villa Albani den unermüdlichen Maler Mengs, einen wirklich Großen seiner Kunst, aber in Gesellschaft ein rechtes Original. Ich fand in ihm indessen einen Ehrenmann, der sich glücklich schätzte, mich in Rom, wohin er in einigen Tagen mit seiner ganzen Familie zurückzukehren gedachte, zu beherbergen. Die Villa Albani setzte mich in Erstaunen. Kardinal Alessandro hatte dieses Haus bauen lassen, und um seiner Vorliebe für die Antike zu genügen, wollte er nur alte Stücke verwendet sehen. Nicht nur die Statuen und Vasen, sondern auch alle Säulen und Postamente waren griechischen Ursprungs; und da er selbst ein ausgezeichneter Kenner Griechenlands war, hatte er für all das sehr wenig Geld ausgegeben. Übrigens kaufte er auch sehr häufig auf Kredit, [...] und so konnte man nicht behaupten, er richte sich zugrunde. [...]

Da er keine antiken Zimmerdecken haben konnte, ließ er sie von Mengs ausmalen, der unbestritten der größte und fleißigste Maler seines Jahrhunderts war. Leider starb er in der Mitte seiner Laufbahn, ohne einen einzigen guten Schüler herangezogen zu haben; denn mein Bruder hat nie so viel geleistet, daß er als sein Schüler gelten könnte.

[...]

Kaum war ich bei meinem Bruder untergebracht, mietete ich einen schönen Wagen und kleidete meinen Kutscher und meinen Lakaien in Livree. Dann machte ich Monsignore Cornaro[11], einem Auditor bei der Rota[12], meine Aufwartung, mit der Absicht, mich Seiner Heiligkeit vorstellen zu lassen und in die große Gesellschaft eingeführt zu werden. Aber Monsignore Cornaro fürchtete, als Venezianer in Verlegenheit zu geraten, und stellte mich dem Kardinal Passionei[13] vor, der über mich mit dem Pontifex maximus sprach; bevor ich jedoch die Ehre hatte, vorgestellt zu werden, erlebte ich bei meinem zweiten Besuch bei diesem sonderbaren Kardinal, einem Feind der Jesuiten und geistvollen, in der Literatur äußerst bewanderten Mann, das Folgende.

Er empfing mich in einem großen Zimmer, wo er gerade schrieb; eine Minute später legte er seine Feder nieder. Er konnte mir keinen Stuhl anbieten, weil keiner da war. Er versprach, mich beim Heiligen Vater anzumelden, und fügte hinzu, Monsignore Cornaro hätte sich besser jemand anderen einfallen lassen sollen als ihn, denn er genieße nicht die Zuneigung des Papstes[14].

»Er hat die Achtung höher gewertet als die Zuneigung.«

»Ich weiß nicht, ob er mich achtet; aber ich weiß, daß ihm nicht unbekannt ist, daß ich ihn nicht achte. Ich habe ihn als Kardinal geliebt und auch geschätzt; aber seit er Papst ist, hat er zu sehr gezeigt, was für ein »coglione«[15] er ist.«

»Das Heilige Konklave hätte Eure Eminenz wählen sollen.«

»Keineswegs, denn da ich gegenüber allem, was mir schlecht erscheint, intolerant bin, hätte ich mich allzusehr eingemischt, und Gott weiß, was dann geschehen wäre. Der einzige im Konklave, der für die Papstwahl in Frage gekommen wäre, war der Kardinal Tamburini. Aber kommen Sie morgen, denn ich erwarte Besuch.«

Mit innerer Freude hatte ich gehört, wie seine Eminenz den Papst einen »coglione« nannte und Tamburini herausstrich.

[...]

Am nächsten Tag ging ich also zum Kardinal. Diesmal legte er gleich seine Feder nieder und sagte, ich hätte gut daran getan, zu so früher Stunde zu kommen; nun könne ich ihm die Geschichte meiner Flucht erzählen, von der er mit Bewunderung gehört habe.

»Gern, Eure Eminenz, aber sie ist lang.«

»Das macht nichts. Man hat mir gesagt, daß Sie gut erzählen.«

»Darf ich mich auf den Boden setzen?«

»O nein! Sie sind viel zu gut angezogen.«

Er schellte und sagte zu dem eintretenden Kammerdiener, er solle einen Sitz bringen lassen. Daraufhin brachte ein Lakai einen Hocker. Dieser Sitz ohne Armstützen und Lehne stimmte mich verdrossen; ich erzählte schlecht, und in einer Viertelstunde war alles erledigt.

»Ich schreibe besser, als Sie sprechen«, meinte er; »und wenn Sie es nicht glauben, nehmen Sie und lesen Sie gelegentlich diese Grabrede auf den Prinzen Eugen; ich mache sie Ihnen zum Geschenk. Ich hoffe, daß Sie mein Latein nicht schlecht finden werden. Morgen um zehn können Sie den Heiligen Vater aufsuchen und seinen Pantoffel küssen.«

Als ich wieder zu Hause war und über den eigenartigen Charakter dieses Kardinals nachdachte, der ein geistvoller und hochgestellter Mann war, aber eitel und geschwätzig, entschloß ich mich, ihm ein schönes Geschenk zu machen, und zwar das »Pandectarum liber unicus«[16], das mir der Schweizer M. F. in Bern gegeben hatte, und mit dem ich nichts anzufangen wußte; es war ein schön gebundener und wohlerhaltener Folioband. Ein solches Geschenk mußte ihn in seiner Eigenschaft als Bibliothekar des Vatikans beeindrucken; außerdem besaß er selbst eine schöne Bibliothek, die mein Freund Winckelmann betreute. Ich schrieb also seiner Eminenz einen kurzen lateinischen Brief, dazu einen zweiten an Winckelmann, der ihm den Band in meinem Namen überreichen sollte. Mir schien dieses seltene Buch seiner Grabrede durchaus gleichwertig, und so hoffte ich, daß er mich ein andermal nicht erst um einen Sitz bitten lassen würde. Ich schickte sogleich Costa mit dem Buch zu dem Abate.

Tags darauf ging ich zur angegebenen Stunde in den Palazzo Monte Cavallo[17]. Ich hätte es nicht nötig gehabt, mich beim Heiligen Vater vorstellen oder anmelden zu lassen, denn jeder Christ darf ungehindert vor ihm erscheinen, sobald das Tor geöffnet ist; außerdem hatte er mich in Padua gekannt, als er dort Bischof war. Dennoch hatte ich mich anmelden wollen.

Kaum war ich eingetreten und hatte das Kreuz auf dem heiligen Pantoffel geküßt, da legte er seine Hand auf meine linke Schulter und sagte, er erinnere sich an mich, denn ich sei aus seiner Kirche in Padua immer verschwunden, sobald er den Rosenkranz angestimmt habe.

»Ich habe noch viel größere Sünden auf mich geladen; deshalb bin ich gekommen, um mich Eurer Heiligkeit zu Füßen zu werfen und die Absolution zu erlangen.«

Da gab er mir großzügig seinen Segen und fragte mich, um welche Vergünstigung ich ihn bitten wolle.

»Um die Vermittlung Eurer Heiligkeit, damit ich frei nach Venedig zurückkehren kann.«

»Wir werden mit dem Gesandten sprechen und Ihnen dann antworten. Gehen Sie häufig zum Kardinal Passionei?«

»Ich war bisher dreimal dort; er hat mir seine Grabrede auf den Prinzen Eugen geschenkt; und um ihm einen Beweis meiner Dankbarkeit zu geben, habe ich ihm als Gegengeschenk die Pandekten geschickt.«

»Hat er sie bereits erhalten?«

»Ich glaube schon.«

»Wenn er sie erhalten hat, wird er Winckelmann zu Ihnen schicken, um sie Ihnen zu bezahlen.«

»Damit würde er mich zum Buchhändler stempeln. Ich werde die Bezahlung nicht annehmen.«

»In diesem Fall wird er Ihnen das Buch zurückschicken; davon sind Wir überzeugt. Das ist seine Gewohnheit.«

»Wenn Seine Eminenz mir das Buch zurückschickt, werde ich ihm seine Grabrede zurückschicken.«

Da lachte der Papst derart, daß er husten mußte, und nachdem er ausgespuckt hatte, lachte er erneut.

»Wir würden gern den Ausgang dieser Geschichte hören, ohne daß jemand etwas von Unserer kleinen Neugier erfährt.«

Nach diesen Worten zeigte mir ein noch großzügigerer Segen, daß die Audienz beendet war.

Als ich ging, trat ein älterer Abate auf mich zu und fragte mich erstaunt, ob ich der aus den Bleidächern entflohene Casanova sei.

»Der bin ich.«

»Erinnern Sie sich nicht an mich? Ich bin Momolo, ich war damals Gondoliere der Cà Rezzonico[18].«

»Sind Sie denn jetzt Priester geworden?«

»Keineswegs, aber hier tragen wir alle das geistliche Gewand. Ich bin der erste ›Scopatore‹[19] des Heiligen Vaters.«

»Ich beglückwünsche Sie herzlich dazu; bitte entschuldigen Sie, wenn ich darüber lachen muß.«

»Lachen Sie ruhig, denn meine Frau und meine Töchter lachen auch jedesmal, wenn sie mich im geistlichen Gewand sehen. Besuchen Sie uns doch einmal!«

»Wo wohnen Sie?«

»Hinter der Kirche Trinità de' Monti[20]. Hier ist meine Adresse.«

»Ich werde noch heute abend kommen.«

Ich kehrte nach Hause zurück und freute mich besonders darauf, den Abend mit der Familie eines venezianischen Gondoliere zu verbringen. Beim Mittagessen erzählte ich meinem Bruder nichts von der Unterredung, die ich mit dem Papst gehabt hatte, aber ich lud ihn ein, mich zu dem Gondoliere zu begleiten, der »scopatore santissimo« geworden war. Nach dem Essen erschien Abate Winckelmann, um mir zusagen, ich besäße im vollen Maß das Wohlwollen seines Kardinals; das Buch, das ich ihm geschickt hätte, sei kostbar und selten und in besserem Zustand als das in der Vaticana[21].

»Ich bin gekommen«, fügte er hinzu, »um es Ihnen zu bezahlen.«

»Ich habe Seiner Eminenz geschrieben, daß ich es ihm zum Geschenk mache.«

»Er nimmt keine Bücher als Geschenk an; er möchte es für seine eigene Bibliothek haben, und als Bibliothekar der Vaticana will er sich keiner Verleumdung aussetzen.«

»Das ist verständlich, aber das Buch hat mich nichts gekostet; deshalb will ich es nicht verkaufen. Sagen Sie dem Kardinal, es würde mir eine Ehre sein, wenn er es als Geschenk annähme.«

»Er wird es Ihnen zurückschicken.«

»Dann werde ich ihm seine Grabrede zurückschicken. Ich will keine Geschenke von jemandem, der keine annimmt.«

So geschah es. Am nächsten Tag schickte mir der Kardinal mein Buch zurück, und noch in der gleichen Stunde sandte ich ihm seine Grabrede mit einem Begleitbrief, daß ich sie für ein Meisterwerk halte. Mein Bruder mißbilligte mein Vorgehen sehr, aber ich ließ ihn reden. In der Dämmerung gingen wir zum Haus von Abate Momolo, der mich erwartete und mich seiner Familie als Wundermann angekündigt hatte.

Nachdem ich ihm meinen Bruder vorgestellt hatte, musterte ich alle Anwesenden, seine Frau, vier Töchter, von denen die älteste vierundzwanzig Jahre alt war, und zwei ganz kleine Knaben; alle waren häßlich. Da war ich nun, mußte bleiben und darüber lachen. Außerdem war die Armut fühlbar, denn der »scopatore« mußte von zweihundert Scudi im Jahr leben. Dennoch sagte mir der wackere Mann, kaum daß ich Platz genommen hatte, er lade mich zum Abendessen ein; es gebe aber nur Polenta und Schweinekoteletts.

»Erlauben Sie, daß ich von mir zu Hause sechs Flaschen Orvietowein holen lasse?«

»Es steht Ihnen frei.«

Ich schrieb also einige Zeilen an Costa und trug ihm auf, mit sechs Flaschen und einem Schinken zu kommen. Eine halbe Stunde später erschien er mit meinem Mietlakaien, der den Korb trug, und alle Mädchen riefen:

»Was für ein hübscher Bursche er ist!«

Als ich Costas Freude sah, fragte ich Abate Momolo, ob er ihn zum Essen einladen wolle, und da alle Mädchen dafür waren, hieß ich ihn bleiben. Erfreut über diese Ehre ging Costa gleich in die Küche, um Signora Momolo bei der Zubereitung der Polenta zu helfen.

Man breitete ein Tuch über einen großen Tisch und stellte eine halbe Stunde später eine ungeheure Menge Polenta darauf, von der zwölf Personen satt werden konnten; dazu brachte man eine große Schüssel voll Schweinekoteletts.

Da klopfte jemand an der Tür zur Straße; ein Knabe sagte, das sei Signorina Maria mit ihrer Mutter. Ich sah, wie alle Mädchen bei dieser Ankündigung das Gesicht verzogen.

»Wer hat sie eingeladen?« fragte die eine.

»Was wollen sie denn hier?« meinte die andere.

»Sie haben Hunger«, erklärte der Vater; »sie werden mit uns essen, was uns die Vorsehung schickt.«

Die beiden Hungrigen traten ein, ein sehr hübsches Mädchen von bescheidenem Gehaben und eine mürrisch aussehende Mutter, die sich ihrer Armut zu schämen schien. Die Junge entschuldigte sich sogleich und sagte, sie wäre nicht gekommen, wenn sie gewußt hätte, daß Fremde da seien. Auf diese verbindlichen Worte antwortete nur Momolo, sie habe recht daran getan, zu kommen, und wies ihr einen Platz zwischen meinem Bruder und mir an. Nun musterte ich sie aus der Nähe und fand, daß dieses arme Mädchen eine vollendete Schönheit war.

Wir begannen zu essen und sprachen nicht mehr. Die Polenta war ausgezeichnet, das Schweinefleisch hervorragend, der Schinken tadellos. In weniger als einer Stunde sah man nicht mehr die geringste Spur von allem Eßbaren, das auf dem Tisch gestanden hatte; aber der Orvietowein sorgte weiter für Heiterkeit. Wir sprachen vom Lotto, dessen Ziehung am übernächsten Tag fällig war, und alle Mädchen nannten die Zahlen, auf die sie drei Soldi gesetzt hatten. Ich erklärte ihnen, ich wäre zufrieden, wenn ich eine einzige Nummer mit Sicherheit wüßte; die junge Mariuccia zu meiner Rechten meinte, wenn mir eine Zahl genüge, könne sie sie mir nennen. Ich lachte über ihr Angebot; aber sie lachte nicht und sagte mir ernsthaft, sie erwarte bestimmt die Siebenundzwanzig. Ich fragte Abate Momolo, ob man noch spielen könne; er erwiderte, man schließe erst um Mitternacht, und er werde selbst den Einsatz hinbringen. Da gab ich ihm vierzig Scudi in Pfandbriefen und beauftragte ihn, zwanzig Scudi allein auf die Siebenundzwanzig zu setzen; der Gewinn sollte den fünf Mädchen bei Tisch gehören. Die anderen zwanzig sollte er für mich auf die gleiche Nummer setzen, wenn sie als fünfte herauskäme[22]. Er ging hin und brachte mir eine Viertelstunde später die beiden Wettscheine. Meine Nachbarin sagte mir dankbar, sie werde mit Sicherheit gewinnen, aber sie habe Bedenken wegen meines Einsatzes, denn sie sei nicht sicher, daß ihre Zahl als fünfte herauskäme.

»Aber ich bin dessen sicher, denn Sie sind das fünfte Mädchen, das ich in diesem Hause gesehen habe.«

Dieser Grund brachte die ganze Gesellschaft zum Lachen. Signora Momolo erklärte, ich hätte besser daran getan, die vierzig Scudi den Armen zu geben; aber ihr Gatte gebot ihr

Schweigen, denn sie kenne meine Absichten nicht. Mein Bruder lachte, aber auch er sagte, ich hätte Unsinn gemacht. Ich erwiderte ihm, ich versuchte eben mein Glück. Ich bemächtigte mich listig der Hand der bescheidenen Mariuccia, und als sie die meine mit aller Kraft drückte, verstand ich alles. Ich verließ den Kreis gegen Mitternacht und bat Momolo, mich am übernächsten Abend wieder zu erwarten, damit wir den Lottogewinn feiern könnten.

Auf dem Heimweg meinte mein Bruder, wenn ich nicht reich geworden sei wie Krösus, müsse ich verrückt sein; aber er teilte meine Meinung, daß Mariuccia schön war wie ein Engel. Am nächsten Tag kam Mengs nach Rom zurück, und ich speiste mit ihm im Familienkreis zu Abend. Er hatte eine häßliche, aber gutmütige und begabte Schwester; sie war in meinen Bruder verliebt, der sie aber nicht einmal ansah, wenn sie mit ihm sprach. Sie malte gutgetroffene Miniaturporträts und lebt heute noch, wie ich glaube, in Rom mit ihrem Gatten Maron. Eines Tages sagte sie mir, mein Bruder würde sie nicht so gringschätzig behandeln, wenn er nicht der undankbarste aller Männer wäre.

Signora Mengs war hübsch und ehrbar und nahm ihre Pflichten als Frau und Mutter sehr ernst; sie war ihrem Mann sehr ergeben, konnte ihn aber unmöglich lieben, denn er war nicht liebenswert. Er war starrköpfig, grausam und nach dem Essen immer betrunken; wenn er in der Stadt speiste, war er deshalb so klug, nur Wasser zu trinken. Seine Frau diente ihm geduldig als Modell für alle nackten Gestalten, die er zu malen hatte. Eines Tages erzählt sie mir, ihr Beichtvater habe sie angewiesen, hierin ihrem Mann ohne das geringste Sträuben zu gehorchen, denn sonst würde er sich ein anderes Modell nehmen; wenn er sich an ihm erfreue, bevor er es male, würde er sündigen.

Nach dem Essen waren alle angeheitert. Winckelmann schlug mit den Söhnen und Töchtern von Mengs, die ihn über alles liebten, auf dem Fußboden Purzelbäume. Der Gelehrte tummelte sich gern mit der Jugend herum, wie einst

Anakreon und Horaz: »Mille puellarum, puerorum mille furores« (voll Liebesleidenschaft für tausend Mädchen, tausend Knaben)[23]. Was ich eines Morgens erlebte, ist wert, berichtet zu werden. Ich trat zu früher Stunde ohne anzuklopfen in einen Raum, in dem er gewöhnlich allein mit der Entzifferung antiker Texte beschäftigt war, und sah einen jungen Burschen flüchten, der in aller Eile seine Hosen in Ordnung brachte. Ich tat, als hätte ich nichts gesehen, und bewunderte eingehend ein ägyptisches Götzenbild, das hinter der Tür des Raumes stand. Der Batyllos[24], der wirklich sehr hübsch war, verschwand. Winckelmann kam lachend auf mich zu und meinte, nach dem wenigen, das ich gesehen hätte, könne er mir wohl das übrige auch nicht vorenthalten; jedenfalls schulde er sich selbst eine Art von Rechtfertigung und bäte mich, ihn anzuhören.

»Sie müssen wissen«, sagte er, »daß ich nicht nur alles andere als ein Päderast bin, sondern auch mein ganzes Leben lang erklärt habe, ich könne nicht begreifen, wie diese Neigung dem Menschengeschlecht so verlockend habe erscheinen können. Wenn ich Ihnen das nach dem sage, was Sie gesehen haben, werden Sie mich für einen Heuchler halten. Hören Sie die Erklärung! In meiner langen Beschäftigung mit der Antike bin ich zuerst ihr Bewunderer, dann ihr Anbeter geworden; und deren Vertreter waren, wie Sie wissen, fast alle Anhänger der Knabenliebe, ohne ein Hehl daraus zu machen, und verschiedene von ihnen haben in ihren Dichtungen und sogar in wunderbaren Statuen die reizenden Gegenstände ihrer Zärtlichkeit unsterblich gemacht. Sie gingen sogar so weit, sich auf ihre Neigung als Beweis für ihre Sittenreinheit zu berufen, wie zum Beispiel Horaz; um Augustus und Maecenas zu überzeugen, daß ihm üble Nachrede nichts anhaben könne, forderte der Dichter seine Feinde heraus, ihm doch zu beweisen, daß er sich je mit einem Ehebruch beschmutzt hätte.

Als mir diese Wahrheit deutlich zum Bewußtsein kam, warf ich einen Blick auf mich selbst und stellte mit Abscheu, mit einer Art von Beschämung fest, daß ich in diesem Punkt meinen Helden keineswegs glich. Meine Eigenliebe litt darunter, daß ich mich gewissermaßen als verächtlich erkannte, und da ich mich von meiner Dummheit nicht durch kühle Theorie heilen konnte, beschloß ich, mich durch die Praxis aufzuklären. Ich hoffte, daß mein Geist durch die Analyse dieser Erfahrung die Erkenntnis gewinnen würde, die ihm zur Unterscheidung des Wahren vom Falschen nötig ist. Fest dazu entschlossen, arbeite ich nun schon seit drei oder vier Jahren an der Sache und wähle dazu die hübschesten Burschen von Rom. Aber es nützt nichts; so oft ich mich ans Werk mache, ›non arrivo‹ (es gelingt mir nicht). Zu meiner Bestürzung finde ich immer, daß eine Frau in jeder Hinsicht vorzuziehen ist. Doch abgesehen davon, daß ich mir nicht viel daraus mache, fürchte ich die üble Nachrede; denn was würde man in Rom und überall, wo man mich kennt, sagen, wenn ich eine Geliebte hätte?«

Tags darauf machte ich dem Papst meine Aufwartung. Im ersten Vorzimmer sah ich Abate Momolo und erinnerte ihn an die Polenta für den Abend; dann wurde ich beim Heiligen Vater eingelassen, der mich gleich mit den Worten überfiel: »Der venezianische Gesandte[25] hat Uns gesagt, Sie müßten sich, wenn Sie in Ihre Heimat zurückkehren wollten, beim Sekretär des ›Rates der Zehn‹[26] melden.«

»Ich bin dazu bereit, wenn Eure Heiligkeit mir gütigst einen handgeschriebenen Empfehlungsbrief geben wollen. Ohne diesen Brief würde ich mich niemals in die Gefahr begeben, wieder dort eingesperrt zu werden, von wo mich die unsichtbare Hand Gottes wunderbar befreit hat.«

»Sie tragen ein sehr elegantes Gewand und haben es sicherlich nicht angelegt, um zu Gott zu beten.«

»Das ist richtig, Heiliger Vater, aber ich habe es auch nicht angezogen, um auf einen Ball zu gehen.«

»Wir kennen die ganze Geschichte von der Rückgabe der Geschenke. Gestehen Sie, daß Sie damit Ihrem Stolz geschmeichelt haben.«

»Aber einen viel größeren Stolz habe ich gedemütigt.«

Als ich den Papst lachen sah, beugte ich ein Knie zur Erde und bat ihn, mir gütigst zu gestatten, meine Pandekten der Vatikanbibliothek zum Geschenk zu machen; er erteilte mir statt jeder Antwort seinen Segen, was in der päpstlichen Sprache heißt: »Erheben Sie sich, Sie dürfen es.«

»Wir werden Ihnen ein Zeichen Unserer außerordentlichen Zuneigung senden«, sagte er, »ohne daß Sie bei der Kammer die Kosten für die Ausfertigung erlegen müssen.«

Ein zweiter Segen verabschiedete mich. Ich war neugierig auf das Zeichen der außerordentlichen Zuneigung, das mir der Papst versprochen hatte.

Ich schickte sogleich Costa mit dem Buch in die Bibliothek und ging dann zum Mittagessen zu Mengs. Als die fünf Zahlen der Lottoziehung bekannt wurden, blickte mich mein Bruder an. Ich hatte vergessen, daß ich gespielt hatte.

»Die Siebenundzwanzig ist als fünfte herausgekommen«, erklärte er.

»Um so besser, dann haben wir etwas zu lachen.«

Mein Bruder erzählte die ganze Geschichte Mengs, und dieser meinte:

»Das ist ein geglückter Narrenstreich; aber deshalb bleibt es doch ein Narrenstreich.«

Ich sagte ihm, ich würde sogleich für acht bis zehn Tage nach Neapel reisen, um die fünfzehnhundert römische Scudi[27] zu genießen, die mir das Glück geschickt habe: [...]

Ich lud Winckelmann zum Polentaessen bei Abate Momolo ein und beauftragte meinen Bruder, ihn hinzubringen. Dann suchte ich meinen Bankier, den Marchese Belloni, auf, um meine Verpflichtungen zu regeln und mir einen Kreditbrief für einen Bankier in Neapel geben zu lassen. Ich war im Besitz von ungefähr zweihunderttausend Francs, von Schmuckstücken im Wert von mindestens zehntausend Scudi und verfügte noch über dreißigtausend Gulden in Amsterdam.

In der Dämmerung ging ich zu Momolo und fand dort bereits Winckelmann und meinen Bruder vor; aber statt daß die Familie fröhlich gewesen wäre, kamen mir alle bedrückt vor. Momolo sagte mir, seine Töchter seien ärgerlich, daß ich für sie nicht den gleichen Einsatz gespielt hätte wie für mich. Jede von ihnen hatte siebenundzwanzig Scudi gewonnen, und nun waren sie traurig, während sie vor zwei Tagen, als sie nicht einen Soldo besessen hatten, heiter gewesen waren. Ich erkenne immer klar, daß die wahre Quelle aller Heiterkeit in einem sorglosen Gemüt liegt.

Costa stellte einen Korb mit zehn Dosen Zuckerwerk auf den Tisch. Ich versprach, sie zu verteilen, wenn alle vollzählig bei Tisch versammelt seien. Die zweite Tochter Momolos erklärte, Mariuccia käme nicht; man werde ihr aber zwei Dosen hinüberschicken.

»Warum kommt sie nicht?«

»Sie hatten gestern einen Streit«, erwiderte Momolo; »und Mariuccia, die im Grunde recht hatte, ist mit den Worten fortgegangen, sie werde nie mehr kommen.«

»Ihr Undankbaren!« sagte ich sanft zu den Mädchen. »Bedenkt doch, daß sie euch vorgestern Glück gebracht hat. Sie nannte mir die Siebenundzwanzig. Kurzum, bemüht euch, sie herbeizuholen, oder ich gehe und nehme die Dosen mit.«

Momolo fügte hinzu, das geschähe ihnen recht.

Verdrossen baten nun die Töchter ihren Vater, er solle zu ihr gehen, um sie zu holen; aber er antwortete, das müßten sie selbst tun. Endlich entschlossen sie sich, mit Costa hinüberzugehen; zwei genügten. Mariuccia wohnte nebenan.

Eine halbe Stunde später sah ich sie erfolggekrönt zurückkommen, und Costa rühmte sich, daß er durch sein Zureden die Mädchen versöhnt habe. Ich verteilte nun die Dosen.

Es gab wieder Polenta mit Schweinekoteletts; aber Abate Momolo, dem die Bekanntschaft mit mir an einem einzigen Tag zweihundert Scudi ins Haus gebracht hatte, tischte nach der Polenta Leckerbissen und ausgezeichnete Weine auf. Das Verhalten Mariuccias entflammte mich. Ich konnte ihr nur die Hand drücken, und sie konnte mir nur auf die gleiche

Weise antworten; aber ich brauchte keine deutlichere Sprache, um überzeugt zu sein, daß sie mich liebte. Als ich mit ihr die Treppe hinunterging, fragte ich sie, ob ich nicht mit ihr in irgendeiner Kirche sprechen könne; sie erwiderte, ich solle am nächsten Tag um acht Uhr in die Kirche Trinità dè Monti kommen.

Mariuccia war siebzehn oder achtzehn Jahre alt, groß, hielt sich sehr gut, und erschien mir wie von Praxiteles[28] gemeißelt. Ihre Haut war weiß, aber nicht wie bei den Blonden, deren blendende, gleichförmige Weiße fast glauben läßt, sie hätten kein Blut in den Adern. Mariuccias Weiße war durch einen rosigen Schimmer belebt, den kein Künstler hätte malen können. Ihre großen, schön gewölbten, schwarzen Augen waren immer in Bewegung und schienen von einem Tau überzogen, der dem allerfeinsten Email glich. Dieser kaum wahrnehmbare Tau, den die Luft allzuleicht trocknet, erstrahlte bei jedem raschen Senken der Lider in neuer Frische. Ihr Haar, das in vier große Zöpfe geflochten war, vereinte sich im Nacken zu einem schönen Knoten; nach allen Seiten quollen aus ihrer hübschen Frisur ungewollt und ungeordnet kleine Löckchen und umrahmten ihre hohe Stirn. Frische Röte belebte ihre Wangen, um ihren schönen Mund schwebte stets ein zartes Lächeln, und sie öffnete dabei ihre feuerroten Lippen gerade nur so weit, daß man den oberen Rand ihrer sehr regelmäßigen weißen Zähne sah. Ihre Hände, die weder Muskeln noch Adern zeigten, erschienen im Verhältnis zu ihrer Länge schmal. Diese römische Schönheit war noch nicht den Augen eines Kenners aufgefallen; nur zufällig hatte ich sie in dieser Seitengasse entdeckt, wo sie verborgen in ihrer Armut lebte.

Ich verfehlte nicht, mich am nächsten Tag um acht Uhr in der angegebenen Kirche einzufinden. Sobald sie sicher war, daß ich sie gesehen hatte, ging sie hinaus, und ich folgte ihr. Sie machte vor einer großen Ruine halt und setzte sich auf die oberen Stufen einer langen Treppe, wohin es, wie sie sagte, niemandem einfiele hinaufzusteigen, und wo ich also in aller Ruhe mit ihr sprechen könne.

»Reizende Mariuccia, Sie haben mich sterblich in Sie verliebt gemacht«, fing ich an, »sagen Sie mir, was ich für Sie tun kann; denn in der Hoffnung auf Ihre Gunst muß ich zunächst daran denken, sie mir zu verdienen.«

»Machen Sie mich glücklich! Dann wird es mir nicht schwerfallen, mich zum Dank für Ihre Wohltaten Ihrer Liebe zu überlassen; denn ich liebe Sie auch.«

»Was kann ich also tun, um Sie glücklich zu machen?«

»Befreien Sie mich aus meiner drückenden Armut und dem Zwang, mit meiner Mutter leben zu müssen, die eine gute, jedoch abergläubisch fromme Frau ist, die mich mit ihren Bemühungen um mein Seelenheil rasend macht. Sie tadelt meine Reinlichkeit, weil sie mich der Gefahr aussetzen könne, Männern zu gefallen. Wenn Sie mir das Geld, das Sie mich im Lotto gewinnen ließen, als Almosen gegeben hätten, würde sie mir die Annahme verboten haben, weil Sie es mir vielleicht mit schlechter Absicht gegeben haben könnten. Sie läßt mich allein in die Messe gehen, weil ihr mein Beichtvater versichert hat, sie könne mir das zubilligen, außer an Feiertagen, wo ich zur Verrichtung meiner Andacht zwei oder drei Stunden in der Kirche bleiben darf. Wir können uns also ausschließlich hier treffen. Aber wenn Sie mich glücklich machen wollen und dazu imstande sind, handelt es sich um folgendes: Ein junger, hübscher und vernünftiger Bursche, ein guter Perückenmacher, hat mich vor vierzehn Tagen beim ›scopatore‹ gesehen und mich am nächsten Tag an der Kirchentüre erwartet. Dort gab er mir einen Brief, in dem er mir seine Liebe gestand und mir anbot, mich zu heiraten, wenn ich ihm vierhundert Scudi Mitgift bringen könne. Damit würde er einen Perückenladen eröffnen und die nötigen Möbel für eine Wohnung kaufen. Ich antwortete ihm, ich sei arm und besäße nur hundert in Anrechtscheinen, die mein Beichtvater in Händen hätte. Jetzt habe ich noch hundert Scudi mehr, denn im Fall einer Heirat würde mir meine

Mutter die fünfzig von ihrem Lotteriegewinn geben. Sie könnten mich also glücklich machen, wenn Sie mir Papiere für weitere zweihundert Scudi beschaffen und meinem Beichtvater bringen würden, einem alten heiligmäßigen Mann, der mich liebt und niemandem verraten wird, daß er sie von Ihnen erhalten hat.«

»Es ist nicht nötig, daß ich mich um Anrechtscheine bemühe; ich werde morgen Ihrem Beichtvater zweihundert Scudi bringen, und Sie kümmern sich um das übrige. Sagen Sie mir seinen Namen. Ich werde Ihnen morgen darüber berichten, aber nicht hier, denn die Kälte und der Wind bringen mich um. Lassen Sie mich ein Zimmer suchen, in dem wir sicher und ungestört sind und von dem niemand je vermuten könnte, daß wir dort eine Stunde verbracht haben. Sie werden mich in der Kirche sehen; folgen Sie mir dann!«

Mariuccia nannte mir den Namen des alten Kapuziners und versprach, mir am nächsten Tag zu folgen. Mit sichtlicher Dankbarkeit ließ sie sich alle Beweise meiner Zärtlichkeit gefallen, die an diesem denkbar ungeeigneten Ort möglich waren; aber es war so wenig, daß ich mich, als es neun Uhr schlug, noch viel verliebter als zuvor von ihr trennte, voll Ungeduld, sie am nächsten Tag in meine Arme zu schließen. Das Zimmer mußte ich mir erst beschaffen. Ich machte mich sogleich ans Werk.

Ich verließ die Ruine, stieg aber nicht zur Piazza di Spagna hinab, sondern wandte mich nach der anderen Seite und ging in eine schmale schmutzige Gasse, in der einige armselige Häuser standen. Aus einem von ihnen trat eine Frau, eigens um mich höflich zu fragen, ob ich jemanden suche.

»Ich möchte ein Zimmer mieten«, erklärte ich ihr.

»Hier gibt es keine; aber auf dem Platz werden Sie hundert finden.«

»Das weiß ich; aber ich möchte es hier, nicht um zu sparen, sondern um sicher zu sein, daß ich hier am Morgen mit jemandem, für den ich mich interessiere, eine Stunde verbringen kann. Ich werde dafür bezahlen, was man verlangt.«

»Ich verstehe und würde Ihnen selbst zu Diensten sein, wenn ich ein zweites Zimmer hätte; aber meine Nachbarin hat eines im Parterre. Ich kann mit ihr sprechen, wenn Sie einen Augenblick warten wollen. Sie können solange hereinkommen.«

Ich trat in die elende Hütte und sah ihre Armut. Zwei Knaben schrieben an ihren Aufgaben. Fünf oder sechs Minuten später kam die Frau zurück und sagte, ich solle mitkommen; ich legte zehn oder zwölf Paoli auf den Tisch, für die sie mir die Hand küßte. Sie führte mich in das Nachbarhaus, wo ich in einem gänzlich leeren Erdgeschoßzimmer eine zweite Frau fand, die sagte, wenn ich für drei Monate im voraus bezahlen wolle, würde sie mir dieses Zimmer sehr billig, das heißt für drei römische Scudi überlassen. Ich müsse mich aber selbst um die nötigen Möbel kümmern.

»Ich bezahle Ihnen sogleich die drei Scudi; aber ich kann mich nicht damit befassen, Möbel bringen zu lassen. Kümmern Sie sich darum, und sorgen Sie dafür, daß ich das Zimmer heute um drei Uhr eingerichtet finde. Ich werde Ihnen zwölf Scudi bezahlen.«

»Zwölf Scudi? Was für Möbel wünschen Sie?«

»Ein Bett, einen kleinen Tisch, vier Sessel und ein brennendes Kohlenbecken, denn hier stirbt man vor Kälte. Ich werde nur manchmal früh am Morgen hierherkommen und stets vor Mittag wieder gehen.«

»Wenn die Sache so steht, kommen Sie um drei Uhr; Sie werden dann mein Bett vorfinden und alles übrige, was Sie verlangt haben.«

Ich gab ihr nun die drei Scudi, versprach ihr, um drei Uhr wiederzukommen, und ging. Das war also erledigt.

Anschließend ging ich gleich zur Kirche Trinità de' Monti und verlangte den Beichtvater zu sprechen; man führte mich in seine Zelle. Er war ein französischer Mönch von etwa sechzig Jahren, und seine edlen, schönen Züge flößten mir Vertrauen ein.

»Hochwürden, ich habe bei Abate Momolo, dem ›Scopatore santissimo‹, ein Mädchen namens Maria gesehen, deren Vater in Tivoli und deren Mutter mit ihr wohnt. Ich habe mich in sie verliebt und fand Gelegenheit, es ihr zu gestehen und ihr Geld anzubieten, um sie zu verführen; sie antwortete mir, statt sie zur Sünde zu verleiten, solle ich mich lieber bemühen, ihr eine Mitgift zu verschaffen, damit sie einen Heiratsantrag annehmen könne, der sie glücklich machen würde. Diese Zurechtweisung hat mich betroffen gemacht, mich aber nicht von meiner sündigen Leidenschaft geheilt. Ich habe ein zweites Mal mit ihr gesprochen und ihr gesagt, ich würde ihr zweihundert Scudi ohne Gegenleistung schenken und sie ihrer Mutter bringen. Sie antwortete mir, damit würde ich sie ins Unglück stürzen, denn die Mutter würde glauben, das Geld sei ein Sündenlohn, und würde es nicht annehmen. Sie sagte mir, ich müsse es Ihnen, ihrem Beichtvater, bringen und mit Ihnen sprechen, damit die beabsichtigte Heirat zustande käme. Hier bringe ich Ihnen also das Geld und möchte mich dann nicht weiter einmischen. Ich reise übermorgen nach Neapel und hoffe, sie bei meiner Rückkehr verheiratet zu finden.«

Er nahm die hundert Zechinen[29] und gab mir eine Quittung hierüber; dann sagte er, wenn ich Mariuccia helfe, würde ich zum Beschützer einer unschuldigen Taube. Sie beichte seit fünf Jahren bei ihm, und häufig lasse er sie zur Kommunion gehen, ohne ihre Beichte anzuhören, denn er kenne sie genügend, um zu wissen, daß sie unfähig sei, eine Todsünde zu begehen. Er fügte hinzu, ihre Mutter sei eine Heilige, und versprach mir, die Heirat zustande zu bringen, sobald er sich über die Ehrbarkeit des Burschen unterrichtet habe, dem sie die Hand reichen wolle. Er versicherte mir auch, niemand werde je erfahren, von wem diese Beihilfe komme.

Nachdem ich so diese ganze Geschichte in Ordnung gebracht hatte, ging ich zum Mittagessen zu Mengs und ließ mich gern dazu verleiten, mit seiner ganzen Familie in die Oper im Teatro Aliberti[30] zu gehen. Aber ich vergaß nicht, vorher nachzusehen, ob das kleine Zimmer, das ich gemietet hatte, eingerichtet war. Ich fand alles vor, wie ich es angeordnet hatte, bezahlte die zwölf Scudi und erhielt von der Hausfrau den Zimmerschlüssel. Sie versprach mir, daß ich es alle Tage von sieben Uhr früh an geheizt finden würde.

In ungeduldiger Erwartung des nächsten Morgens fand ich die Oper schlecht und konnte die ganze Nacht nicht schlafen. Tags darauf ging ich noch vor der verabredeten Zeit in die Kirche; Mariuccia kam eine Viertelstunde später, und sobald ich sie sah, ging ich hinaus. Sie folgte mir von weitem. Ich trat in das Haus und schloß die Tür meines Zimmers auf, das ich geheizt fand. Einen Augenblick später erschien schüchtern und zögernd Mariuccia; ich schloß die Tür, zog sie in meine Arme und gab ihr damit ihren ganzen Mut wieder. Ich erzählte ihr von meinem Besuch bei ihrem Beichtvater, zeigte ihr dann die Quittung, die er mir für die zweihundert Scudi gegeben hatte, und versicherte ihr, er werde sich selbst um ihre Heirat kümmern. Ich drängte sie, mich glücklich zu machen, denn die Zeit vergehe rasch; aber sie erwiderte, wir hätten fast drei Stunden vor uns, da sie ihrer Mutter gesagt habe, daß sie eine Andacht halten werde, um Gott für die hundert Scudi zu danken, die sie im Lotto gewonnen hätten. Erfüllt von meinem Glück, empfand ich im voraus die Freuden, die meinen Sinnen bevorstanden. Ich zog Mariuccia in meine Arme und bedeckte ihr Gesicht mit feurigen Küssen; indem ich sie Stück für Stück auszog, enthüllte ich alle ihre Reize und freute mich von Herzen, daß ich nicht den geringsten Widerstand fand. Mariuccia kam meinem Verlangen nicht entgegen, aber in ihrer angeborenen Sanftmut überließ sie sich meiner Begehrlichkeit und wagte nie, ihre Augen von den meinen zu lösen, aus Angst, sie könnten anderswo haftenbleiben, wo sie allzusehr über ihre erlöschende Scham triumphiert hätten.

Aber schließlich lag sie regungslos und zur Hingabe bereit im Bett. Nun war es an mir, mich zu beeilen, dabei war ich glücklicher oder weniger glücklich als sie, da ich meinerseits keine Scham zu überwinden hatte. Das Opfer gelang vollkommen, und ich hatte nicht den geringsten Anlaß, an ihrer Reinheit zu zweifeln. Bestimmte Symptome, die einem verliebten Gemüt sehr viel bedeuten, gaben mir die Gewißheit, daß Mariuccia noch nie zuvor geliebt hatte. Aber sie tat noch mehr. Die Wollust macht noch den Schmerz zu etwas Köstlichem. Sie versicherte mir, sie habe ihn nicht empfunden, und beim zweiten Ansturm sah ich, daß Venus vollkommen von ihr Besitz ergriffen hatte.

Um zehn Uhr drang der Schlag der Turmuhr von Trinità de' Monti gebieterisch an unser Ohr. Wir zogen uns rasch an. Da ich mich verpflichtet hatte, am nächsten Tag nach Neapel zu reisen, versicherte ich Mariuccia, die Hoffnung, sie vor ihrer Heirat noch einmal in meine Arme zu schließen, werde meine Rückkehr nach Rom beschleunigen. Ich versprach, ihrem Beichtvater am gleichen Tag weitere hundert Scudi zu bringen, so daß sie die hundert, die sie im Lotto gewonnen hatte, für ihre Ausstattung verwenden könne. Ich fügte hinzu, ich würde den Abend bei Abate Momolo verbringen und mich freuen, sie dort zu sehen; aber wir müßten uns so verhalten, daß jeder Verdacht eines Einverständnisses zwischen uns, den man vielleicht bereits geschöpft habe, entkräftet werde.

Beim Abschied versicherte sie mir, sie wisse, daß sie sich weit mehr aus Liebe als um ihres Vorteils willen hingegeben habe. Ich verließ erst nach ihr das Zimmer und unterrichtete die Hausfrau, daß ich mich die nächsten zehn oder zwölf Tage nicht bei ihr blicken lassen würde; dann suchte ich gleich das Kapuzinerkloster auf, um dem guten Beichtvater meines Engels die hundert Scudi zu bringen, die ich ihr versprochen hatte.

Als ich dem alten Mönch sagte, ich gäbe sie ihm, damit Mariuccia die hundert, die sie im Lotto gewonnen habe, dafür verwende, sich Kleider und Hemden zu machen, versprach er mir, er werde gleich nach dem Mittagessen selbst zu ihr gehen, um das Einverständnis der Mutter zu erwirken und um von der Tochter die Adresse des Burschen zu erfahren, der sie heiraten wolle. Nach meiner Rückkehr aus Neapel hörte ich, daß er alles sehr gut erledigt hatte.

Um zwei Uhr nachmittags ließ sich ein Kammerherr Seiner Heiligkeit beim Cavaliere Mengs anmelden. Wir waren alle noch bei Tisch. Er fragte gleich, ob ich hier wohne, und Mengs stellte mich vor. Daraufhin übergab er mir im Auftrag Seiner Heiligkeit das »Ordenskreuz vom Goldenen Sporn«[31] mit der Verleihungsurkunde und außerdem eine gesiegelte Urkunde, die mich als Doktor des bürgerlichen und kanonischen Rechts zum »Apostolischen Protonotar extra urbem«[32] ernannte. Ich dankte dem Überbringer für diese außergewöhnliche Ehrung und versicherte, ich würde am nächsten Tag meinem neuen Souverän den Dank abstatten und ihn um seinen Segen bitten. Mengs als mein Ordensbruder umarmte mich sogleich; aber ich hatte vor ihm voraus, daß ich nicht dafür bezahlt hatte. Den Cavaliere Mengs hatte die Ausstellung der Verleihungsurkunde fünfundzwanzig Scudi gekostet. Man sagt in Rom, »sine effusione sanguinis non fit remissio« (ohne Blutvergießen wird nichts erlassen)[33]. Alles kostet Geld, und für Geld erhält man in der heiligen Stadt alles.

Ich hängte mir sogleich das Kreuz mit dem breiten hochroten Band, das daran befestigt war, um den Hals[34]. Diese Farbe schmückt die Elite des Ordens von San Giovanni in Laterano[35], die auf lateinisch »comites palatini« (Palasthüter) heißen, was man neuerdings mit »Conte Palatino« (Pfalzgraf) übersetzt. Der arme Cahusac, der die Oper Zoroaster geschrieben hat, wurde in Paris verrückt, als ihn der apostolische Nuntius auf diese Weise zum Pfalzgrafen machte. Ich hingegen wurde nicht verrückt, sondern freute mich sehr über diese Auszeichnung und fragte Winckelmann sogleich, ob ich mein Kreuz mit Diamanten und Rubinen schmücken dürfe; er sagte, das stehe mir frei, und er wisse auch, wo ich ein so ausgestattetes Kreuz, das viel mehr gekostet habe, für nur tausend Scudi kaufen könne. Ich kaufte es, sobald ich es gesehen hatte, um damit in Neapel Staat zu machen. In Rom habe ich nie gewagt, es zu tragen. Als ich mich beim Heiligen Vater meldete, um mich zu bedanken, trug ich das Kreuz aus Gründen der Bescheidenheit am Knopfloch. Ich legte es fünf Jahre später in Warschau ab, als mich der russische Großfürst Czartoryski fragte, was ich denn mit diesem Kreuz wolle.

»Einen solchen Kram tragen heute nur noch die Scharlatane«, sagte er.

Aber die Päpste verleihen es den Gesandten, obwohl sie wissen, daß diese es ihren Kammerdienern schenken; es ist sehr leicht, so zu tun, als wisse man etwas nicht, und einfach weiterzumachen.

[…]

## *Augsburg 1761*

[…]

Als ich zur ersten Vorstellung ging, erkannte ich zu meiner Überraschung in dem Hauptdarsteller einen Venezianer, mit dem zusammen ich vor zwanzig Jahren am Seminar von San Cipriano[1] studiert hatte. Er nannte sich Bassi und hatte wie ich die geistliche Laufbahn aufgegeben. Sein Schicksal hatte ihn den Beruf eines Komödianten ergreifen lassen, und offenbar litt er Not, während ich, den der Zufall auf abenteuerliche Bahnen verschlagen hatte, anscheinend im Überfluß lebte.

Da ich auf seine Abenteuer neugierig war und ich mich, wie es bei Jugendgefährten und insbesondere bei Studienkameraden immer der Fall ist, zu ihm hingezogen fühlte, da ich außerdem seine Überraschung beim Wiedererkennen genießen wollte, suchte ich ihn auf der Bühne auf, sobald der Vorhang gefallen war. Er erkannte mich auf den ersten Blick, stieß einen Freudenschrei aus, umarmte mich und stellte mich dann seiner Frau vor […] und seiner dreizehn- oder vierzehnjährigen, sehr hübschen Tochter, deren Tanz mich entzückt hatte. Dabei blieb es aber nicht; als er sah, daß ich ihm und seiner Familie freundlich begegnete, wandte er sich an seine Kollegen, deren Direktor er war, und stellte mich als seinen besten Freund vor. Bei meiner vornehmen Kleidung und dem Ordenskreuz auf meiner Brust hielten mich die guten Leute auf die Bezeichnung Freund hin wohl für den berühmten Scharlatan Cosmopolito, den man in Augsburg erwartete, und Bassi unternahm nichts, um ihnen die Wahrheit zu sagen, was mir seltsam erschien.

Nachdem die Truppe den Theaterplunder abgestreift und sich mit den Alltagslumpen bekleidet hatte, hängte sich die häßliche Bassi bei mir ein und schleppte mich mit den Worten fort, ich würde mit ihr soupieren. Ich ließ mich führen, und wir gelangten bald zu einer Behausung, wie ich sie mir vorgestellt hatte. Sie bestand aus einem riesigen, ebenerdigen Zimmer, das gleichzeitig als Küche, Speisezimmer und Schlafraum diente. Dort standen zwei Betten und ein langer Tisch, dessen eine Hälfte mit einem zerrissenen Tischtuch voll Spuren eines monatelangen Gebrauchs bedeckt war, während man am anderen Ende in einem schmutzigen Kessel irgendwelches Tongeschirr wusch, das dort noch vom Mittagessen her stand und zum Abendessen gebraucht wurde. Eine einzige Kerze im Hals einer zerbrochenen Flasche erleuchtete diese Höhle, und da es keine Putzschere gab, ersetzte die häßliche Bassi sie sehr geschickt mit Hilfe von Daumen und Zeigefinger, die sie dann ungeniert am Tischtuch abwischte, nachdem sie das Ende des Dochtes auf den Boden geworfen hatte.

Ein Schauspieler, der einen langen Schnurrbart trug, weil er nur in Mörder- und Straßenräuberrollen auftrat, bediente die Truppe und brachte in einer riesigen Schüssel aufgewärmtes Fleisch in reichlich viel trübem Spülwasser, das man mit dem Namen Soße beehrte; die ausgehungerte Familie machte sich daran, sie mit Brot aufzutunken, das man in Ermangelung von Messer und Gabel mit den Fingern oder schlicht mit den Zähnen in Stücke zerteilte; aber alle waren sich einig, daß niemand ein Recht hatte, den Heiklen zu spielen. Ein großer Krug Bier ging von einem zum andern, und inmitten dieser Armut zeigte sich Heiterkeit auf allen Gesichtern; das drängte mir die Frage auf: Was ist Glück? Zum Abschluß stellte der Koch eine zweite Schüssel auf den Tisch, die geschmorte Schweinefleischbrocken enthielt; alles wurde mit dem größten Appetit hinuntergeschlungen.

Bassi entband mich freundlicherweise von der Teilnahme an diesem leckeren Mahl, und ich war ihm dankbar dafür.

Nach dieser Abspeisung erzählte er mir kurz die ganzen Belanglosigkeiten, die ein armer Teufel erlebt; währenddessen saß seine hübsche Tochter auf meinen Knien und spielte nach Kräften vor mir die Unschuldige. Am Schluß seiner Schilderung sagte er mir, er werde nach Venedig reisen und dort sicherlich während des Karnevals auf dem Theater von San Cassiano Erfolg haben. Ich wünschte ihm alles erdenkliche Glück, und als er mich fragte, was für einen Beruf ich ausübe, erwiderte ich aus einer Laune heraus, ich sei Arzt.

»Dieser Beruf trägt wohl mehr ein als der meine«, sagte er.

[...]

»Ich möchte das Vergnügen haben, Sie alle morgen im Gasthof neben dem Theater zum Souper zu bewirten. Hier sind zehn Gulden.«

Der arme Teufel überschlug sich fast vor Dankbarkeit und übernahm es, das Souper zu einem Gulden pro Kopf zu bestellen, wie ich es ihm auftrug. Ich hatte das Bedürfnis, mich zu unterhalten und die vierzehn Ausgehungerten mit unersättlichem Appetit essen zu sehen.

[...]

Bei Tisch setzte ich mich zwischen Mutter und Tochter Bassi; meine schöne Straßburgerin[2] ließ ich an der Seite ihres Geliebten. [...]

Als das Souper und der Wein mich in Stimmung versetzt hatten, widmete ich mich, weil ich mit der Straßburgerin wegen ihres Geliebten nichts anfangen konnte, in aller Freiheit der jungen Bassi, die sich meinen Wünschen willig fügte; ihr Vater und ihre Mutter lachten nur, während sich der dumme Harlekin ärgerte, daß er mit seiner Dulzinea[3] nicht das gleiche tun konnte. Aber als ich am Schluß des Soupers die Kleine vor seinen Augen in den Naturzustand versetzte und mich im Kostüm Adams zeigte, bevor er den verhängnisvollen Apfel gegessen hatte, machte der Dummkopf Anstalten fortzugehen, nahm die Straßburgerin am

Arm und wollte sie veranlassen, ihn zu begleiten. Da gebot ich ihm mit der ernstesten und gebieterischesten Miene, vernünftig zu sein und da zu bleiben; ganz verdutzt begnügte er sich damit, uns den Rücken zuzuwenden. Aber seine Schöne tat es ihm nicht gleich und stellte sich, angeblich zur Verteidigung der Kleinen, die mich bereits bequem beherbergte, so geschickt an, daß sie meinen Genuß erhöhte und sich selbst so viel verschaffte, als meine vagabundierende Hand ihr geben konnte.

Dieses Bacchanal versetzte die alte Bassi in Glut; sie bemühte sich, ihren Gatten zu einer Probe seiner ehelichen Zärtlichkeit anzuspornen. Er zeigte sich willig, während der züchtige Harlekin, der sich vor das Kaminfeuer gesetzt hatte, den gesenkten Kopf in den Händen stützte und untätig blieb. Glücklich hierüber gab die ganz entflammte Straßburgerin der Natur nach, ließ mich alles tun, was ich wollte, und nahm am Rand des Tisches die Stelle der jungen Bassi ein, von der ich mich eben gelöst hatte; ich vollbrachte das große Werk in aller Vollkommenheit, und ihre drängenden Bewegungen bewiesen mir, daß sie mindestens ebenso daran teilhatte wie ich.

Nach Schluß der Orgie leerte ich meine Börse auf den Tisch und sah mit Genuß zu, mit welcher Gier sie die etwa zwanzig Zechinen unter sich verteilten.

Müdigkeit und Ausschweifung zu einer Zeit, da ich meine Kräfte noch nicht wieder voll zurückgewonnen hatte, verschafften mir einen langen Schlaf. Ich war gerade aufgestanden, als ich eine Vorladung erhielt, vor dem amtierenden Bürgermeister im Rathaus zu erscheinen. Voll Neugier, was man von mir wollte, beeilte ich mich mit dem Anziehen. Ich wußte, daß ich nichts zu fürchten hatte. Als ich mich einfand, sprach mich der Beamte auf deutsch an; aber ich stellte mich mit Recht taub, denn ich kannte kaum genügend Worte, um die nötigsten Dinge zu verlangen. Als er meine Unkenntnis feststellte, bediente er sich des Lateins, aber nicht des ciceronianischen, sondern eines schwerfälligen, wie man es allgemein auf den deutschen Universitäten hört.

»Warum führen Sie einen falschen Namen?« fragte er.

»Mein Name ist nicht falsch. Erkundigen Sie sich darüber beim Bankier Carli, der mir fünfzigtausend Gulden ausgezahlt hat.«

»Das weiß ich, aber Sie heißen doch Casanova und nicht Seingalt; was soll dieser zweite Name?«

»Ich führe diesen Namen, oder besser gesagt, ich habe ihn angenommen, weil er der meine ist. Er gehört mir mit so vollem Recht, daß ich ihn jedem, der ihn zu tragen wagte, alle Zeit und auf jede Weise streitig machen würde.«

»Und wieso gehört Ihnen dieser Name?«

»Weil ich sein Schöpfer bin; doch das hindert nicht, daß ich auch Casanova bin.«

»Entweder der eine oder der andere; Sie können nicht zwei Namen zugleich haben.«

»Die Spanier und die Portugiesen haben oft ein halbes Dutzend.«

»Aber Sie sind weder Portugiese noch Spanier; Sie sind Italiener. Außerdem, wie kann man der Schöpfer eines Namens sein?«

»Das ist die einfachste und leichteste Sache von der Welt.«

»Erklären Sie mir das.«

»Das Alphabet ist jedermanns Eigentum; das ist unbestreitbar. Ich habe acht Buchstaben genommen und sie so zusammengestellt, daß sie das Wort Seingalt ergeben haben. Dieses neu gebildete Wort hat mir gefallen, und ich habe es zu meinem offiziellen Namen erwählt in der festen Überzeugung, daß niemand es vor mir geführt hat und daher auch niemand das Recht hat, es mir streitig zu machen, geschweige denn, es ohne meine Zustimmung zu führen.«

»Das ist eine recht ausgefallene Idee, und Ihre Beweisführung ist eher trügerisch als begründet; Sie können doch nur den Namen Ihres Vaters tragen.«

»Da sind Sie, wie ich meine, im Irrtum, denn auch den Namen, den Sie selbst als Erbteil führen, hat es nicht von aller Ewigkeit her gegeben. Einer Ihrer Vorfahren mußte ihn sich ausdenken, ohne ihn von seinem Vater übernommen zu haben, außer Sie würden sich Adam nennen. Das geben Sie doch zu, Herr Bürgermeister?«

»Ich muß wohl, aber das ist mir neu.«

»Sie irren sich. Das ist keineswegs neu, sondern eine sehr alte Sache, und ich mache mich anheischig, Ihnen morgen eine Unmenge von Namen zu nennen, die sich sehr ehrenwerte und noch lebende Leute ausgedacht haben und ungestört tragen, ohne daß es jemandem einfällt, sie deshalb ins Rathaus vorzuladen und zur Rechenschaft zu ziehen, außer sie verleugnen ihn zum eigenen Nutzen und zum Schaden der Gesellschaft.«

»Aber Sie wissen doch selbst, daß es ein Gesetz gegen falsche Namen gibt?«

»Ja, gegen falsche Namen; aber ich wiederhole Ihnen, daß nichts richtiger ist als mein Name. Der Ihre, den ich achte, ohne ihn zu kennen, kann nicht richtiger sein als der meine; denn es ist möglich, daß Sie gar nicht der Sohn dessen sind, den Sie für Ihren Vater halten.«

Er lächelte, erhob sich, geleitete mich zur Tür und sagte, er werde sich über mich bei Herrn Carli[4] erkundigen.

Ich mußte ohnedies gerade zu ihm gehen und tat es anschließend. Die Geschichte erheiterte ihn. Er sagte mir, der Bürgermeister sei Katholik, ein Ehrenmann, reich und ein wenig beschränkt, aber im ganzen eine Seele von einem Menschen, dem man alles einreden könne.

Am nächsten Morgen kam Herr Carli zum Frühstück zu mir und lud mich zum Bürgermeister ein.

»Ich habe ihn gestern besucht«, sagte er, »und eine lange Aussprache mit ihm gehabt; ich habe seine Einwände hinsichtlich Ihres Namens so erfolgreich bekämpft, daß er nun völlig Ihrer Ansicht ist.«

Ich nahm die Einladung mit Freuden an, denn ich erwartete, dort gute Gesellschaft vorzufinden. Ich täuschte mich nicht; ich traf dort reizende Frauen und mehrere liebenswürdige Männer. Unter ihnen entdeckte ich auch die verkleidete Dame, die ich im Theater gesehen hatte. Ich beobachtete sie während des Essens genau und überzeugte mich bald, daß ich richtig geurteilt hatte. Doch sprachen alle mit ihr, als sei sie ein Mann, und sie fiel nicht ein einziges Mal aus ihrer Rolle. Da ich mich vergnügen und nicht als Tölpel gelten wollte, setzte ich ihr höflich in scherzhaftem Ton zu, sagte ihr jedoch nur galante Dinge, wie man sie einer Frau sagt; in meinen Anspielungen und Zweideutigkeiten drückte ich, wenn schon nicht die Gewißheit, so doch mehr als meinen Zweifel über ihr Geschlecht aus. Sie tat, als merke sie nichts, und die Gesellschaft lachte zum Teil über meinen vermeintlichen Irrtum.

Nach dem Essen, beim Kaffee, zeigte der angebliche Herr einem Domherrn ein Porträt, das er als Ring gefaßt am Finger trug. Das Porträt stellte ein anwesendes Fräulein dar und war gut getroffen, eine leichte Sache bei der Häßlichkeit des Originals. Das erschütterte meine Überzeugung nicht; aber ich begann nachdenklich zu werden, als er oder sie ihr mit einer Mischung von Zärtlichkeit und Achtung die Hand küßte, und ich hörte mit meinen Scherzen auf. Herr Carli nutzte einen Augenblick, um mir zu sagen, daß dieser Herr trotz seines weiblichen Aussehens ein Mann und sogar im Begriff sei, das Fräulein zu heiraten, dem er gerade die Hand geküßt habe.

»Das mag sein«, erwiderte ich, »aber ich habe Mühe, es zu glauben.«

Tatsächlich heiratete er sie während des Karnevals und erhielt eine glänzende Mitgift; aber nach kaum einem Jahr starb das genasführte Fräulein an Kummer, und erst auf dem Totenbett verriet die Arme den Grund. Ihre dummen Eltern hatten sich geschämt, so plump hereingelegt worden zu sein, hatten nichts zu sagen gewagt und die weibliche Betrügerin verschwinden lassen, die wohlweislich vorher die Mitgift in

Sicherheit gebracht hatte. Die Geschichte wurde sehr bald bekannt, und noch heute lacht die gute Stadt Augsburg darüber. So kam ich dort, wenn auch ein wenig spät, in den Ruf großen Scharfsinns.

[…]

## *Mailand 1763*

Da ich für mein Vorhaben ohne Mitwisser nicht auskam, dachte ich an zwei, denen ich ohne den geringsten Zweifel vertrauen konnte, an Zenobias Mann, denn ich brauchte einen Schneider, und an Zenobia selbst, die bereit sein mußte, den drei jungen Damen, die ich verkleiden wollte, an die Hand zu gehen. Ich ging also zu Fuß zum Schneider, holte ihn von seiner Arbeit fort und führte ihn zu dem reichsten Trödler Mailands. Der Trödler fragte mich, ob ich alte oder ganz neue Kleider haben wollte.

»Haben Sie neue?«

»Ja, Signore, für Herren und für Damen.«

»Suchen Sie mir zunächst einen ganz neuen, schönen Samtrock für mich heraus, den niemand kennt, ohne Gold oder Silber, ganz einfarbig.«

Er zeigte mir mehrere, und ich wählte einen blauen Rock, der mit weißer Seide gefüttert war. Er nannte mir den Preis, der Schneider feilschte, und wir wurden handelseins; ich legte ihn beiseite und ließ ihn den Preis anschreiben. Diesen Rock bestimmte ich für den Liebhaber der Cousine.

»Suchen Sie nun einen zweiten, schönen, gutgearbeiteten Rock für einen Mann, der drei Zoll kleiner ist als ich.«

»Hier habe ich einen schwefelgelben aus geschorenem Samt, mit gleichfarbiger Seide gefüttert.«

»Ich nehme ihn. Legen Sie ihn hierher und schreiben Sie den Preis an.«

Diesen Rock sollte der Offizier tragen.

»Legen Sie mir zwei ganz neue, lange Frauenkleider vor. Die Damen sind sehr gut gebaut und sechs Zoll kleiner als ich[1].«

»Hier habe ich zwei Winterkleider von verschiedener Ausführung, aber beide sehr hübsch.«

»Sie gefallen mir. Machen Sie einen Preis, und legen Sie beide beiseite.«

Das eine der Kleider war aus feuerroter Seide, das andere aus lila Mischseide[2]. Die Cousinen waren gleich groß. Nun verlangte ich ein Kleid für die Geliebte des Offiziers, zwei Zoll kleiner als die beiden anderen, und er gab mir ein hübsches mit Streifen. Ich verlangte dann feine Hemden, und er zeigte mir solche aus Batist für Herren und für Damen. Ich kaufte zwei für Herren und drei mit hübschen Spitzen verzierte für die Damen. Ich kaufte auch Batisttaschentücher und mehrere halbellenlange Stücke Samt in verschiedenen Farben, Atlas und Seide, lauter kleine Reste. Für die ganze Ware bezahlte ich ungefähr zweihundert Golddukaten; aber ich stellte eine Bedingung. Wenn jemand erfahren sollte, daß ich das alles bei ihm gekauft hatte, und wenn ihm nachgewiesen werden könne, daß er es verraten habe, müsse er mir mein ganzes Geld zurückgeben und die Ware, in welchem Zustand sie auch sein möge, zurücknehmen. Er nahm diese Bedingung an; der Schneider packte alles ein, ging mit mir und brachte es in die möblierte Wohnung, die ich gemietet hatte. Nachdem ich ihm mit dem Tod gedroht hatte, falls er irgend jemandem von der Arbeit erzähle, mit der ich ihn beauftragen würde, schloß ich mich mit ihm in ein Zimmer ein, legte die Herrenröcke auf einen Tisch, zog ein Messer aus der Tasche und begann, Löcher hineinzuschneiden, dann meinen Finger durchzustekken und zwei oder drei Zoll lange Risse nach hierhin oder dorthin zu machen; das gleiche tat ich mit den Hosen, den Westen, den Kleidern, dem Futter, und konnte mich schließlich des Lachens kaum noch erwehren, als ich den Schneider bleich werden und zittern sah. Er hielt mich für verrückt geworden und fürchtete um sein Leben.

Nachdem ich so in die beiden Röcke sechzig derartige Löcher gemacht hatte, gab ich dem Schneider die ganzen Stükke Seide und Samt, die ich in zwanzig verschiedenen Arten gekauft hatte.

»Nun liegt es an Ihnen«, sagte ich, »Ihren Verstand anzustrengen und diese Röcke instandzusetzen, indem Sie die zerrissenen Stellen schlecht flicken und möglichst schlecht passende Stücke dort aufnähen, wo es Ihnen am geeignetsten erscheint. Sie sehen, Sie haben reichlich viel Arbeit. Ich werde Ihnen in ein anderes Zimmer das Essen bringen lassen; Sie werden diese Räume nicht eher verlassen, als bis Ihr Werk beendet ist. Ich werde nun Ihre Frau holen; auch sie wird zu arbeiten haben und hier schlafen.«

»Werden Sie auch die drei schönen Kleider in Fetzen reißen?«

»Selbstverständlich.«

»Das ist ja eine Sünde. Meine Frau wird weinen.«

Auf dem Weg zu Zenobia kaufte ich fünf Paar perlenweißer Seidenstrümpfe, Handschuhe für Herren und Damen, zwei Hüte aus feinstem Filz, fratzenhafte Herrenmasken und drei schöne, natürliche, aber ernsthafte Frauenmasken. Auch kaufte ich Porzellanteller. Das alles verstaute ich in einer Sänfte, setzte dann Zenobia hinein und führte sie zu dem Zuckerbäcker.

Ich fand ihren Gatten bei der Arbeit, wie er Stoffstücke für die Flicken auswählte. Zenobia war entsetzt; aber als sie sah, daß ich die Frauenkleider ebenso behandelte wie die Herrenröcke, wurde sie richtig ängstlich. Ihr Gatte sprach ihr Mut zu, und als sie meine Absicht begriff, hielt sie es für möglich, daß ich trotz meines verrückten Einfalls noch bei Verstand sein könnte. Zenobia erwärmte sich für meine Idee, als ich ihr sagte, sie solle die Kleider in einen Zustand bringen, daß die Damen, wenn sie sie trügen, noch mehr Liebe erwecken würden, als wenn die Roben unversehrt wären.

Zenobia zerriß sie an der Brust und an den Schultern, mißhandelte dann auch die langen Röcke in einer Weise, daß man hier das Hemd, dort die Hälfte des Beins sehen mußte. Ich ließ sie arbeiten und ihnen gutes Essen bringen; drei- oder viermal am Tag ging ich hin, um nach ihrer Arbeit zu sehen, und schied jedesmal zufriedener. Alles war erst am Samstag nach dem Mittagessen fertig. Ich gab dem Gatten sechs Zechinen und entließ ihn; Zenobia aber behielt ich da, weil sie den Damen behilflich sein mußte. Ich war auch darauf bedacht, in einem Zimmer Puder, Pomaden, Kämme und alles übrige bereitzulegen, was Damen von Stand nötig haben mochten. Ich sorgte auch für Schnüre und Bänder.

Am nächsten Tag um fünf Uhr fand ich im Spielsaal vollen Betrieb; da ich die Damen nicht entdeckte, ging ich zu der Tante hinein und fand sie dort. Sie sagten mir, sie würden nicht spielen, weil Signor Barbaro zu viel Glück habe.

»Aber mein Bruder gewinnt«, meinte Signorina Q.

Als die Tante einmal hinausging, fragten sie mich, ob mir der Leutnant gesagt habe, daß noch eine andere Dame teilnehmen werde; ich versicherte ihnen, daß sie zufrieden sein würden, aber ich sicherlich am meisten. Ich sagte ihnen auch, ich müsse den Offizier am nächsten Morgen sprechen.

»Verraten Sie uns doch, wie wir maskiert sein werden.«

»Wie Sie es mir aufgetragen haben.«

»Ich habe Ihnen darüber nichts gesagt.«

»Haben Sie mir nicht erklärt, Sie wollten sicher sein, daß man Sie nicht erkenne? Sie werden nicht erkannt werden.«

»Aber wie werden wir angezogen sein?«

»Sie werden alle überraschen und die größte Neugier erregen; Sie werden vom Anfang bis zum Ende des Balles umschwärmt werden. Aber fragen Sie mich nicht wie, denn ich möchte Ihr reizendes Staunen genießen. Theatercoups sind meine Leidenschaft. Sie werden erst nach dem Souper etwas erfahren.«

»Wollen Sie, daß wir erst soupieren?«

»Wenn es Ihnen recht ist. Ich esse gern und hoffe, daß Sie nicht so grausam sein werden, mich allein essen zu lassen.«

»Gewiß nicht, wenn es Ihnen Freude macht. Wir werden

sogar wenig zu Mittag essen. Es bedrückt mich nur, daß Sie sich für uns solche Ausgaben machen.«

»Das ist nicht der Rede wert. Bei meinem Abschied von Mailand werde ich mich beglückwünschen, in Gesellschaft der beiden reizendsten Damen der Stadt einen vergnügten Abend genossen zu haben.«

[...]

»Sie könnten uns aber wenigstens sagen, ob Sie uns als Männer verkleiden.«

»Pfui Teufel! Daran habe ich nicht einmal gedacht. Ich kann es nicht leiden, wenn ein hübsches Mädchen sich als Mann anzieht.«

»Das ist seltsam. Sagen Sie uns, warum.«

»Mit Vergnügen. Wenn ein als Mann verkleidetes Mädchen wirklich wie ein Mann aussieht, ist sie mir zuwider; denn ich sehe dann an ihr nicht die reizenden Schönheiten, die eine Frau haben muß, die anders gebaut ist als ein schöner Mann.«

»Und wenn dieses als Mann verkleidete Mädchen Sie die Schönheiten ahnen läßt, die Sie von einem hübschen Mädchen verlangen?«

»Dann bin ich ärgerlich, weil sie mir die Illusion raubt; denn ich liebe es, ihr nur ins Gesicht zu blicken und mir den Rest vorzustellen.«

»Aber häufig ist die Vorstellung trügerisch.«

»Das unterschreibe ich. Ich verliebe mich immer in das Gesicht und bin bereit, beim übrigen nachsichtig zu sein, wenn mir die Gunst geschenkt wird, es zu sehen. Sie lachen?«

»Ich lache darüber, mit welchem Eifer Sie Ihre Ansicht verfechten.«

»Würden Sie sich gern als Mann anziehen?«

»Ich bitte Sie! Diese Frage habe ich erwartet. Nach allem, was Sie uns gesagt haben, können wir Ihnen nicht mehr antworten.«

[...]

Am Samstagmorgen sagte ich dem Offizier, ich würde ihm nur eine einzige Anweisung geben, aber sie müsse haargenau ausgeführt werden, und ich müsse mich darauf verlassen können.

»Im Hof soll ein mit vier Pferden bespannter Wagen warten; sobald Sie alle fünf eingestiegen sind, fahren Sie im gestreckten Galopp durch ein Stadttor von Mailand hinaus, durch ein anderes wieder herein und zu der Tür des Hauses, wo ich Sie erwarten werde; dort ziehen Sie sich um und kehren ungesehen nach Hause zurück. Der Wagen muß, sobald Sie ausgestiegen sind, gleich fortfahren. Für den Weg nach Hause nehmen Sie sich Sänften. Ich bin überzeugt, daß Sie auf dem Ball solches Aufsehen erregen werden, daß man, koste es, was es wolle, herauszubringen versuchen wird, wer Sie sind.«

»Ich gebe Ihnen mein Wort, daß Ihr Auftrag genau ausgeführt werden wird. Mein Freund, der Marchese F., der darauf brennt, Sie kennenzulernen, wird sich der Sache annehmen.«

»Ich erwarte Sie also morgen um sieben Uhr in dem Haus, das Sie kennen. Kommen Sie alle in Sänften; Sie werden auch in Sänften zum Ball gebracht werden. Der vierspännige Wagen soll Ihnen nur zum Verschwinden dienen. Achten Sie aber bitte darauf, daß man den Kutscher nicht kennt; er darf keiner Ihrer Diener sein.«

Ich gab ihm den Schlüssel einer Loge, in der sie sich nach Wunsch ausruhen konnten.

Mich selbst beschloß ich als Pierrot[3] zu verkleiden. Es gibt keine Maske, die einen Menschen unkenntlicher macht, denn sie verbirgt alle Merkmale der Gestalt und läßt nicht einmal irgendwo die Farbe der Haut erkennen. Der Leser kann sich erinnern, was ich zehn Jahre zuvor in einer Pierrotmaske erlebte[4]. Der Schneider besorgte mir ein Gewand, das ich zu den anderen legen ließ, und mit tausend Zechinen in zwei Börsen versehen, war ich bereits um halb sieben Uhr bei dem Zuckerbäcker, wo ich den Tisch für das Souper in Erwartung der Gesellschaft gedeckt fand. Ich schloß Zenobia in dem Zimmer ein, wo alles Nötige für die Maskerade bereit lag.

Genau um sieben Uhr erschien die Gesellschaft, und ich lernte mit größter Freude in dem Marchese F. einen untadeligen Menschen kennen. Er war schön, jung, reich und sehr verliebt in die Cousine, der er mit viel Achtung die Hand küßte. Die Geliebte des Leutnants war ein Juwel; sie war verrückt nach ihm. Da sie wußten, daß ich ihnen die Masken erst nach dem Souper zeigen würde, setzten wir uns sogleich zu Tisch und hatten ein köstliches Mahl, da alles hervorragend zubereitet war. Der Marchese wußte nicht, daß es einen so ausgezeichneten Gastwirt überhaupt gab. Als wir im Begriff waren aufzustehen, schickte ich folgende kleine Einleitung voraus.

»Ihre Masken stellen, da ich selbst nicht mitkommen möchte, fünf Bettler dar, zwei Männer und drei Frauen. Jeder von Ihnen wird einen Teller in der Hand halten, als ob Sie um eine milde Gabe bäten, und so gekleidet werden Sie alle gemeinsam den Ballsaal betreten. Kommen Sie mit mir in dieses Zimmer, und Sie werden die Gewänder richtiger Bettler sehen.«

Zu meinem größten Vergnügen sah ich bei dieser Ankündigung Widerwillen auf allen fünf Gesichtern. Sie folgten mir, ich öffnete die Tür, und sie erblickten die schöne Zenobia, die ihnen vor dem Tisch, auf dem die zu Lumpen gewordenen prächtigen Gewänder lagen, einen tiefen Knicks machte.

»Hier sind Ihre Kleider«, sagte ich zu den beiden Cousinen, »und hier ein etwas kürzeres für Sie, Signorina. Hier sind Ihre Hemden, Ihre Taschentücher, Ihre Strümpfe und ein Frisiertisch, an dem Sie sich von ihrer sehr ergebenen Dienerin als Bettlerinnen kämmen lassen werden. Hier sind Ihre Masken, deren Züge nicht so schön sind wie die Ihren, und hier sind drei Teller, auf die man Ihnen das erbetene Almosen legen wird. Diese Strumpfbänder, die einen Soldo kosten, werden Ihre Armut verraten, falls sich gelegentlich ein Blick auf Ihr Bein eröffnet; und diese löchrigen Strümpfe werden beweisen, daß Sie nicht einen Soldo haben, um Seide zum Stopfen zu kaufen. In die Schuhe werden wir Löcher schneiden, um sie mit Schnüren anstelle der Schnallen zuzubinden; das Fersenleder müssen Sie niedertreten. Auch die Handschuhe sollten durchlöchert sein, und sobald Sie die Hemden gewechselt haben, wird man hier und da die Spitzen rings um den Hals einreißen.«

Die drei jungen Damen begriffen sogleich, wie prächtig diese Verkleidung war. Sie sahen die schönen, derart in Fetzen zerrissenen Kleider, wagten aber nicht zu sagen: »Wie schade!«

»Sehen Sie sich hier auch die Gewänder Ihrer Begleiter an. Ich habe vergessen, Löcher in die Hüte zu machen. Wie finden Sie das? Und nun ans Werk, meine Damen! Schließen Sie die Tür, denn Sie müssen die Hemden wechseln. Auch wir müssen uns umziehen.«

Der Marchese F. war ganz außer sich bei dem Gedanken, welchen Eindruck diese Maskerade machen mußte, denn man konnte sich nichts Vornehmeres vorstellen. Man sah, daß die ganz neuen prächtigen Gewänder absichtlich zerrissen und so komisch mit Flicken besetzt waren, daß es eine Lust war. In einer halben Stunde waren wir angezogen, die Strümpfe durchlöchert, die Schuhe absichtlich aufgeschnitten, die Batisthemden mit feinen Spitzenmanschetten zerrissen, die Haare zerzaust, die Masken kummervoll und die Porzellanteller am Rand absichtlich ausgebrochen; es war aufsehenerregend. Mich fand man als Pierrot unkenntlich. Die Damen brauchten länger für das Umziehen wegen ihrer Frisur. Ihr Haar hing in voller Länge herab; der Signorina Q. reichten sie bis zur halben Wade. Schließlich öffneten sie die Tür, und wir sahen alles, was reizende Mädchen an Interessantem, noch mit Anstand enthüllen können. Ich bewunderte das Geschick, mit dem Zenobia sie hergerichtet hatte. Die zerrissenen langen Röcke ließen ihre Beine sehen, deren

Weiße durch die großen Löcher in den Strümpfen hindurchschimmerte; die Hemden, die gerade unter schlecht zusammengenähten Schlitzen der Kleider Löcher hatten, gewährten Einblicke auf kleine Teile ihrer schönen Brüste. Aber Signorina Q. mit ihren langen Haaren stach die anderen aus.

Ich lehrte sie, wie sie gehen und wie sie den Kopf halten müßten, um Mitleid zu erregen, auch, wie sie ihre feinen Taschentücher gebrauchen sollten, um durch die Löcher in ihnen ihre Not deutlich zu machen. Entzückt und aufgeregt brannten sie darauf, auf den Ball zu gehen; aber ich wollte vor ihnen dort sein, um das Vergnügen zu genießen, sie den Saal betreten zu sehen. Ich setzte rasch meine Pierrotmaske auf und sagte Zenobia, sie solle schlafen gehen, denn wir würden erst im Morgengrauen zurückkehren.

Als ich den Ballsaal betrat, beachtete mich niemand, denn es gab bereits mehr als zwanzig Pierrots. Fünf Minuten später sah ich, wie alle zusammenliefen, um die ankommenden Masken zu sehen, und ich stellte mich auf einen Platz, von dem aus mir bestimmt nichts entgehen konnte. Der Marchese kam zwischen den beiden Cousinen herein. Ihr langsamer und kläglicher Gang erweckte Interesse. Signorina Q. mit ihrem feuerroten, ganz zerfetzten Seidenkleid und ihren sie ganz verhüllenden Haaren brachte alle zum Schweigen. Erst eine Viertelstunde später begannen die Leute sich wieder zu unterhalten: »Welche Kostüme! Welche Verkleidung! Wer mag das sein? Ich weiß es nicht. Ich werde es herausfinden.« Am meisten Freude machte mir ihr Verhalten.

Das Orchester spielte. Drei Masken im Domino verbeugten sich vor meinen Bettlerinnen, um sie zu einem Menuett aufzufordern; aber sie entschuldigten sich mit einem Hinweis auf ihre zerrissenen Schuhe. Das gefiel mir sehr. Nachdem ich ihnen mehr als eine Stunde lang durch den ganzen Ballsaal gefolgt war und mich an dem Erfolg meiner Maskerade erfreut und mich vergewissert hatte, daß die Neugier immer noch größer wurde, ging ich zu Carcano, der mit großem Einsatz spielte. Eine Maske mit Mantel und Umhang nach venezianischer Mode setzte auf eine einzige Karte, gab mit fünfzig Zechinen Paroli und ganz wie ich Paix de Paroli und verlor dreihundert Zechinen; die Maske hatte etwa meine Gestalt, und man behauptete, ich sei es. Carcano verneinte das. Ich setzte drei oder vier Zechinen auf eine Karte, um das Recht zum Bleiben zu haben; bei der folgenden Runde setzte die venezianische Maske fünfzig Zechinen auf eine Karte, gewann Paroli und Paix de Paroli und strich das ganze verlorene Geld wieder ein, das dort auf sechs Haufen lag.

In der Runde hernach hatte er das gleiche Glück, ließ sich auszahlen und ging fort. Der Stuhl blieb frei, ich setzte mich und hörte, wie eine Dame meinen Namen nannte und sagte, ich sei als Bettler verkleidet im Ballsaal, zusammen mit vier andern Masken, die niemand kenne.

»Wie, als Bettler?« fragte Carcano.

»Als Bettler, ganz zerrissen, in Lumpen, und dennoch prächtig und zur gleichen Zeit komisch anzusehen. Sie bitten alle fünf um Almosen.«

»Man sollte Sie aus dem Ballsaal jagen.«

Ich begann, ohne zu zählen, Zechinen auf eine zufällig gezogene Karte zu setzen, und verlor fünf oder sechs Karten hintereinander; in weniger als einer Stunde verlor ich fünfhundert Zechinen. Carcano musterte mich, aber alle sagten, das sei nicht ich, denn ich sei als Bettler verkleidet auf dem Ball. In den drei glücklichen Runden gewann ich alles zurück, was ich verloren hatte, und spielte mit dem ganzen Haufen Gold vor mir weiter. Ich setzte eine gute Handvoll Zechinen auf eine Karte, gewann sie, gab Paroli, gewann es, gab Paix de Paroli und ging nicht weiter, denn die Bank lag in den letzten Zügen. Er zahlte mich aus und schickte jemanden zur Kasse, um tausend Zechinen zu holen; während er mischte, hörte ich die Worte: »Da kommen die Bettler, da kommen die Bettler.« Sie bauten sich vor Carcanos Bank auf, der den Marchese F. musterte und ihm um eine Prise Tabak bat. Das hatte ich nicht vorausgesehen; aber zu meiner Bewunderung verhielt sich der

Marchese genau wie ein Bettler. Er zog aus seiner Tasche Papier, in dem für zwei Soldi Tabak war, und reichte es ihm unter allgemeinem Gelächter. Signorina Q. hielt ihm ihren Teller hin und bat um ein Almosen. Er aber sagte, sie habe so schönes Haar, daß sie ihm kein Mitleid einflöße; wenn sie es jedoch auf eine Karte setzen wolle, würde er es für tausend Zechinen gelten lassen. Signorina Q. hielt nun mir ihren Teller hin; ich legte mit den Fingerspitzen eine Prise Zechinen darauf und tat das gleiche bei den beiden anderen.

»Der Pierrot liebt die Bettlerinnen«, meinte Carcano. Sie gingen weiter. Triulzi äußerte zu Carcano, der Bettler im strohfarbenen Gewand sei gewiß ich.

»Ich habe ihn sogleich erkannt«, erklärte Carcano; »aber wer sind die Frauen?«

»Das werden wir schon erfahren.«

»Diese Verkleidung ist die teuerste, die man sich denken kann, denn die Kleider sind ganz neu.«

Während er auf das Geld wartete, mischte er. Die tausend Zechinen kamen. Ich setzte hundert und strich in der zweiten Runde alles ein. Er fragte mich, ob ich weiterspielen wolle; ich verneinte durch Zeichen und gab ihm durch eine Handbewegung zu verstehen, daß ich einen Schuldschein des Kassierers haben wolle. Dieser kam mit seiner Waage. Da ich tanzen gehen wollte, gab ich ihm bis auf fünfzig Zechinen mein ganzes Geld; er stellte mir einen Schein über neunundzwanzig Pfund und einige Unzen Gold aus, den Carcano gegenzeichnete. Das waren mehr als zweitausendvierhundert Zechinen. Ich erhob mich und ging mit dem ungeschickten Gang eines Pierrots durch das Parterre und dann in meine Loge im dritten Rang, in der meine Bettler waren; dort wollte ich mich abtrocknen, weil ich ganz verschwitzt war. Ich klopfte und gab mich zu erkennen; dann plauderten wir gemeinsam entzückt über unsere Abenteuer. Wir hatten unsere Masken abgelegt, konnten das auch ohne Furcht tun, denn die beiden Logen neben der unseren waren leer. Die drei Bettlerinnen sprachen davon, mir mein Almosen zurückzugeben; aber ich antwortete ihnen in einer Weise, daß sie nicht darauf bestanden. Der Marchese F. sagte, man halte ihn für mich, und dieser Irrtum könne die ganze Sache verraten; ich erwiderte ihm, ich würde mich gegen Ende des Balles demaskieren.

Die Mädchen erzählten, sie hätten alle Taschen voll Zukkerwerk, alle Damen kämen aus ihren Logen, um sie zu sehen, und alle würden sagen, man könne keine prächtigere Maskerade ersinnen.

»Es hat Ihnen also viel Spaß gemacht?«

»Mehr als das. Aber wir wollen wieder hinuntergehen.«

»Ich auch, denn ich habe Lust zu tanzen; und als Pierrot werde ich sicher großes Gelächter erregen.«

»Wissen Sie, wieviel Sie uns als Almosen gegeben haben?«

»Ich kann es nicht genau wissen; aber ich bin überzeugt, daß ich Sie alle drei gleich bedacht habe.«

»Das stimmt, aber es ist erstaunlich.«

»Ich habe das tausendmal in meinem Leben erprobt. Wenn ich ein Paroli von zehn Zechinen verliere, strecke ich drei Finger aus; dann bin ich sicher, dreißig Zechinen zu erwischen. Ich möchte wetten, daß ich jeder von Ihnen achtunddreißig oder vierzig Zechinen gegeben habe.«

»Vierzig; aber das ist erstaunlich. Wir werden diese Maskerade nie vergessen.«

»Ich möchte wetten«, sagte der Marchese, »daß niemand uns nachahmen wird.«

»Aber auch wir selbst würden es kein zweites Mal wagen«, ergänzte die Cousine.

Wir legten unsere Masken wieder an, und ich ging als erster hinunter. Nachdem ich mir mit männlichen und weiblichen Harlekinen Frechheiten herausgenommen hatte, erblickte ich Teresa[5] im Domino und forderte sie auf die linkischste Weise der Welt zum Kontertanz auf.

»Sie sind der Pierrot, der die Bank gesprengt hat«, sagte sie.

Ich bestätigte es durch eine Gebärde. Dann tanzte ich wie ein Besessener; es sah so aus, als würde ich jeden Augenblick hinfallen, und doch hielt ich mich immer auf den Beinen.

Nach dem Kontertanz führte ich sie in ihre Loge, in der Greppi allein saß; sie ließ mich eintreten. Als ich meine Maske abnahm, waren sie erstaunt, denn sie glaubten mich bei den Bettlern. Ich gab Signor Greppi den Sichtwechsel, den er mir sogleich quittierte, und ging dann ohne Maske vor dem Gesicht wieder hinunter; das verwirrte alle Neugierigen, die den Marchese F. für mich gehalten hatten.

Gegen Ende des Balles ging ich fort und nahm eine Sänfte zur Piazza Cordusio; dort durchquerte ich ein Haus, nahm eine andere, die mich zum Zuckerbäcker brachte, und fand dort Zenobia im Bett; sie sagte mir, sie sei sicher gewesen, daß ich vor den anderen zurückkommen würde. Zum ersten Mal hatte ich sie wirklich in meinen Armen. Ich blieb bei ihr, bis das Getrappel der vier Pferde mir kundtat, daß meine Bettler zurückkehrten. Zenobia zog sich rasch wie ein Blitz an. Der Marchese und der Leutnant zogen sich zurück, um sich umzukleiden; als ich die drei Bettlerinnen fragte, ob ich bleiben könne, denn sie müßten ja Hemden und Strümpfe nicht wechseln, machten sie keine Schwierigkeiten. Ich sah nur Signorina Q. an und bewunderte alle ihre Reize; sie hielt sich für verpflichtet, damit nicht zu geizen. Nachdem Zenobia ihr die Haare hochgesteckt hatte, wandte sie sich den anderen zu, um sie zu frisieren, und nun gestattete mir die Signorina, ihr beim Anlegen des Kleides zu helfen, und duldete es, daß meine Augen sich an einem Loch ergötzten, das ihr Hemd vorn auf der Brust hatte.

»Was werden Sie mit diesem Hemd machen, Signorina?«

»Es ist eine Kinderei, aber wir haben beschlossen, alles als Andenken aufzubewahren. Mein Bruder wird uns bringen, was wir hier lassen. Wir gehen jetzt schlafen. Werden Sie morgen abend zu uns kommen?«

»Wenn ich klug wäre, müßte ich Ihre Gegenwart meiden.«

»Und wenn ich sehr klug wäre, dürfte ich Sie nicht auffordern zu kommen.«

»Welch treffende Antwort! Ich werde sicherlich kommen. Dürfte ich es wagen, Sie um einen Kuß zu bitten?«

»Um zwei.«

Ihr Bruder und der Marchese F. kamen zurück. Zwei Sänften, die ich zur Tür hatte kommen lassen, brachten die Cousinen nach Hause, und in zwei weiteren, die ich hernach kommen ließ, entfernten sich der Leutnant und seine Geliebte. Als der Marchese mit mir allein war, sagte er mir auf die allerhöflichste Weise, er würde gern die Hälfte von dem bezahlen, was die Maskerade mich gekostet habe.

»Ich habe geahnt, daß Sie mich beschämen wollen.«

»Das ist nicht meine Absicht, und ich werde nicht darauf bestehen; aber Sie werden verstehen, daß nun ich beschämt bin.«

»Nein, denn ich baue auf Ihre Klugheit. Sie sehen, daß das Geld mich nichts kostet. Ich gebe Ihnen mein Ehrenwort, daß ich Sie bei allen Vergnügungen, die ich in den restlichen Karnevalstagen mit Ihnen aufsuchen werde, meinen Anteil bezahlen lasse. Wir werden hier soupieren, wann es uns gefällt; ich bin hier zu Hause. Sie werden die Gäste einladen, und ich lasse Sie die Kosten bezahlen.«

»Ausgezeichnet. Dieser Vorschlag gefällt mir. Seien wir gute Freunde! Und nun lasse ich Sie mit dieser reizenden Zofe allein, die, ich weiß nicht wie, in Mailand leben konnte, ohne jemandem außer Ihnen bekannt zu sein.«

»Sie ist eine Bürgerliche, die ein Geheimnis zu wahren weiß, nicht war, Signora?«

»Ich würde lieber sterben, als jemandem verraten, daß der Signore der Marchese F. ist ...«

»Ausgezeichnet. Bleiben Sie stets Ihrem Versprechen treu. Dies hier soll Sie daran erinnern.«

Damit gab er ihr einen hübschen Ring, den sie sehr gern annahm, und verabschiedete sich. Der Ring trug eine Rosette und mochte fünfzig Zechinen wert sein. Sie brachte mich zu Bett, und eine Stunde später schickte ich sie mit vierundzwanzig Zechinen nach Hause. Ich schlief bis zwei Uhr, speiste gut, ging nach Hause, um mich umzuziehen, und schließlich zu der Q., die ich, nach allem, was sie mir gesagt hatte, wohl nicht ganz unzugänglich finden würde. Alle waren beim Spiel, nur sie nicht; an ein Fenster gelehnt, war sie so ins Lesen vertieft, daß sie meine Ankunft nicht bemerkte. Sobald sie mich erblickte, steckte sie rasch die Broschüre in die Tasche und wurde feuerrot.

»Oh, ich bin nicht indiskret. Ich werde niemandem sagen, daß ich Sie beim Lesen in einem Gebetbuch ertappt habe.«

»Ganz recht. Mein Ruf wäre dahin, wenn man wüßte, daß ich fromm bin.«

»Hat man von der Maskerade gesprochen? Fragen sich die Leute, wer die Maskierten waren?«

»Man spricht von nichts anderem; und man bedauert uns, daß wir nicht auf dem Ball waren. Man hat es aufgegeben zu erfahren, wer die Maskierten waren, denn man erzählt sich, ein unbekannter Wagen mit vier windschnellen Pferden habe sie zur ersten Poststation gebracht, und Gott weiß welchen Weg sie dann genommen hätten. Man behauptet, meine Haare seien falsch gewesen, und ich hatte gute Lust, ihnen das Gegenteil zu beweisen; man behauptet auch, Sie müßten die Masken kennen, denn sonst hätten Sie ihnen nicht mit vollen Händen Zechinen gegeben. Auf jeden Fall war es ein großer Spaß für uns. Wenn Sie alle Aufträge, die man Ihnen gibt, so gut ausführen, sind Sie ein einzigartiger Mensch.«

»Nur von Ihnen konnte ich diesen Auftrag annehmen.«

»Heute von mir und morgen von einer anderen.«

»Ach, ich sehe, Sie müssen mich wohl für unbeständig halten; aber ich schwöre Ihnen, daß Ihr Bild, falls Sie mich Ihres Herzens für würdig erachten, in dem meinen unauslöschlich bleiben wird.«

»Ich bin überzeugt, daß Sie das schon tausend Mädchen gesagt und sie hinterher verachtet haben, weil sie Ihnen ihr Herz geschenkt hatten.«

»Ach, seien Sie gnädig! Sie bedienen sich des Wortes Verachtung, weil Sie mich offenbar für ein Scheusal halten. Die Schönheit lockt mich an, und ich möchte sie genießen; aber in Wirklichkeit mißachte ich sie, wenn sie mir nicht von der Liebe freudig geschenkt wird. Sie sehen also, daß ich eine Schönheit unmöglich verachten kann, die sich mir aus Liebe hingegeben hat; ich müßte dann zuerst mich selbst verachten. Sie sind schön, ich bete Sie an; aber Sie täuschen sich sehr, wenn Sie glauben, ich könnte mich damit zufriedengeben, daß Sie sich mir einfach aus Gefälligkeit hingeben würden.«

»Sie haben es auf mein Herz abgesehen.«

»Ganz recht. Das ist mein einziges Ziel.«

»Um mich nach vierzehn Tagen unglücklich zu machen.«

»Um Sie bis zum Tode zu lieben. Um mich allen Ihren Geboten zu fügen.«

»Werden Sie sich in Mailand niederlassen?«

»Ohne Zweifel, wenn Sie mich nur unter dieser Bedingung glücklich machen.«

»Das Komische an der Sache ist, daß Sie mich anschwindeln, ohne es zu wissen, falls Sie mich überhaupt lieben.«

»Anschwindeln, ohne es zu wissen, das ist für mich etwas Neues. Wenn ich etwas nicht weiß, bin ich unschuldig.«

»Und dennoch bin ich nicht weniger die Getäuschte, wenn ich Ihnen glaube; denn es steht nicht in Ihrer Macht, mich noch zu lieben, wenn Sie mich nicht mehr lieben.«

»Diese Möglichkeit besteht, aber ich weise so vergiftende Gedanken von mir. Ich ziehe es vor zu glauben, daß ich Sie in Ewigkeit lieben werde. Seit ich Sie kenne, erscheint mir in Mailand kein Mädchen mehr hübsch.«

»Nicht einmal die reizende Zofe, die uns bedient hat, und die Sie vielleicht bisher in den Armen gehalten haben?«

»Was sagen Sie da, göttliche Marchesa! Das ist doch die Frau des Schneiders, der an Ihren Kleidern gearbeitet hat; sie ist eine halbe Stunde nach Ihnen fortgegangen, und ihr Mann hätte sie nicht bei mir gelassen, wenn er nicht gesehen hätte, daß ich sie benötigte, um drei Damen bedienen zu lassen.«

»Sie ist bildhübsch. Lieben Sie sie wirklich nicht?«

»Wie soll man eine Frau lieben, von der man weiß, daß sich ein Affe an ihr jederzeit nach Belieben erfreut? Nur heute morgen hat mir die junge Frau eine Freude gemacht, als sie von Ihnen sprach.«

»Von mir?«

»Werden Sie es mir verzeihen, wenn ich Ihnen gestehe, daß ich sie aus Neugier gefragt habe, welche der drei jungen Damen, die sie ohne Hemd gesehen haben mußte, die Schönste war?«

»Eine unverfrorene Frage. Nun, was hat sie Ihnen geantwortet?«

»Daß die mit den langen kastanienbraunen Haaren bei weitem die Schönste war.«

»Davon glaube ich kein Wort, denn ich habe gelernt, ein Hemd mit Anstand zu wechseln; so kann sie nicht mehr gesehen haben, als auch ein Mann hätte sehen dürfen. Sie wollte nur Ihrer taktlosen Neugier schmeicheln. Hätte ich eine Zofe dieser Art, so würde ich sie fortjagen.«

»Sind Sie böse?«

»Nein.«

»Das sagen Sie so leichthin. Ich habe Ihnen bei Ihrem kleinen Angriff ins Herz geblickt. Ich bin untröstlich, daß ich Ihnen davon erzählt habe.«

»Nun, so schlimm ist es nicht. Aber ich weiß, daß die Männer die Zofen darüber befragen, und diese antworten alle ebenso wie Ihre Schöne, die sich vielleicht bei Ihnen einschmeicheln wollte.«

»Wie konnte sie glauben, mir mit einem Urteil, das Sie über die andern beiden erhebt, zu gefallen, wenn sie nicht einmal weiß, daß ich Sie bevorzuge?«

»Wenn sie es nicht wußte, bin ich im Unrecht; dennoch hat sie gelogen.«

»Sie mag phantasiert haben; aber ich glaube nicht, daß sie gelogen hat. Sie lachen, und das bezaubert mich.«

»Ich lache, weil ich Sie gern alles glauben lasse, was Sie

wollen. Ich möchte Sie um einen Gefallen bitten. Hier sind zwei Zechinen. Sezten Sie sie im Lotto auf eine Ambe[6], und geben Sie mir den Schein, wenn Sie zu mir kommen, oder schicken Sie ihn mir. Niemand darf etwas davon wissen.«

»Sie werden ihn morgen haben. Warum sagen Sie mir, ich soll ihn Ihnen schicken?«

»Weil Sie sich vielleicht mit mir langweilen.«

»Sehe ich so aus? Ich bin sehr betrübt. Welche Zahlen soll ich setzen?«

»Die Drei und die Vierzig. Sie haben mir die Zahlen selbst genannt. Drei Fingerspitzen voll Zechinen zu je vierzig Stück. Ich bin abergläubisch. Anscheinend sind Sie nach Mailand gekommen, um mir Glück zu bringen.«

»Das sind Worte, die mich überglücklich machen. Sie sehen aus, als könnten Sie ein wenig hexen. Aber lassen Sie es sich nicht einfallen, falls Sie diese Ambe nicht gewinnen, den Schluß zu ziehen, daß ich Sie nicht oder weniger liebe; denn das wäre eine haarsträubende Unlogik.«

»Das fällt mir nicht ein.«

»Glauben Sie, daß ich Sie liebe?«

»Ja.«

»Erlauben Sie mir, daß ich es Ihnen hundertmal sage?«

»Ja.«

»Und daß ich es Ihnen in jeder Form beweise?«

»Die Art und Weise möchte ich lieber im voraus kennen; denn was Sie für besonders wirksam halten, könnte mir recht unnütz erscheinen.«

»Ich sehe, Sie werden mich lange schmachten lassen.«

»Solange ich kann.«

»Und wenn Sie nicht mehr können?«

»Dann werde ich mich ergeben. Sind Sie nun zufrieden?«

»Ja. Aber ich werde meine ganze Kraft einsetzen, um die Ihre zu untergraben.«

»Tun Sie das. Ihre Bemühungen werden mich freuen.«

»Werden Sie mir dabei helfen?«

»Das auch.«

»Ach, reizende Marchesa, schon durch Ihre Worte machen Sie mich zu einem glücklichen Menschen. Ich verlasse Sie voll Glut und wirklich glücklich, nicht nur in der Phantasie, sondern wirklich.«

[…]

## *London 1763*

Gleich nach meiner Ankunft rief ich den Wirt und ließ mir die Übernahme meiner Postkutsche bestätigen, die ich mit einer schriftlichen Anweisung bei ihm ließ; auch sicherte ich mir sogleich ein Schiff[1], um es zu einer mir zusagenden Stunde zur Verfügung zu haben. Es war nur eines frei; das andere war für alle Passagiere, die je Kopf sechs Francs bezahlten. Ich bezahlte sechs Guineen[2] im voraus und ließ mir das quittieren, denn ich hatte erfahren, daß von Calais an ein Mann in allen Streitigkeiten unrecht erhält, wenn er sein Recht nicht handgreiflich und sichtbar beweisen kann. Bevor Ebbe eintrat, lud Clairmont noch mein ganzes Gepäck ein, und ich bestellte ein Souper. Der Wirt unterrichtete mich, daß der Louisdor in England nicht im Umlauf sei, und wechselte meine Münzen gegen Guineen ein, ohne einen Aufschlag zu verlangen. Ich bewunderte seine Anständigkeit, denn der Goldwert der Guinee lag siebzehn französische Sous über dem Louis.

[...]

Wir überquerten bei sehr günstigem Wind den Kanal in zweieinhalb Stunden. Die Prüfung durch die Zollbeamten am nächsten Tag, ob ich keine Schmuggelware bei mir hätte, erschien mir sehr lästig und unverschämt, taktlos und sogar ungebührlich; aber man mußte sie geduldig über sich ergehen lassen, denn ein gekränkter Engländer, der das Recht für sich hat, ist noch viel unverschämter als ein Franzose.

Die Insel, die man England nennt, ist von einem ganz anderen Anstrich als der Kontinent. Das Meer ist erstaunlich, da es sich um den Ozean handelt; denn es ist Ebbe und Flut unterworfen. Das Wasser der Themse hat einen anderen Geschmack als das aller Flüsse der Welt. Das Hornvieh, die Fische, überhaupt alles, was man ißt, schmeckt anders, als wir es gewohnt sind; die Pferde sind anderer Art, sogar in ihrem Bau, und die Menschen haben einen besonderen, der ganzen Nation eigentümlichen Charakter, der sie glauben läßt, sie seien allen anderen überlegen. Diese Einbildung ist bei allen Nationen verbreitet. Jede hält sich für die erste. Sie haben alle recht.

Mir fielen sogleich die große Sauberkeit, die Gediegenheit der Nahrung, die Schönheit der Landschaft und die ausgezeichneten Straßen auf; ich bewunderte die prächtigen Wagen, die die Post jedem zur Verfügung stellt, der ohne einen eigenen Wagen reist, auch die Angemessenheit der Fahrpreise, die leichte Zahlungsweise, den raschen Trab, den man immer fährt, ohne je zu galoppieren, und die Art, wie die Städte angelegt waren, die wir auf dem Weg von Dover nach London durchquerten. Canterbury und Rochester haben eine zahlreiche Bevölkerung, obwohl die Städte für ihre Länge verhältnismäßig schmal sind. Wir kamen gegen Abend, achtzehn Stunden nach unserer Abfahrt von Dover, nach London zur Mrs. Cornelys. Diesen Namen hatte Teresa angenommen, die Tochter des Schauspielers Imer und spätere Frau des Tänzers Pompeati, der in Wien Selbstmord beging, indem er sich innerhalb einer Minute mit einem Rasiermesser den Bauch aufschlitzte und seine Gedärme herausriß.

Diese Pompeati, die sich in Holland Trenti genannt hatte, ehrte in London ihren durch sie zugrunde gerichteten Liebhaber Cornelius Rigerboos, [...] indem sie den Namen Cornelys annahm. Ich hielt also vor der Tür dieses Hauses am Soho Square, gegenüber dem des venezianischen Residenten, der an der anderen Seite des viereckigen Platzes wohnte. Ich fuhr bei ihr entsprechend dem Auftrag vor, den sie mir in ihrem letzten Brief gegeben hatte. Den Tag, an dem ich einzutreffen hoffte, hatte ich ihr geschrieben.

Ich stieg aus, ließ ihren Sohn im Wagen und glaubte, sie sogleich zu sehen; aber der Pförtner hieß mich warten. Zwei Minuten später brachte mir ein Diener einen Brief, in dem mir Mrs. Cornelys auftrug, in einem Haus abzusteigen, in das der Diener mich führen und wo sie mit mir soupieren werde. Ich fand dieses Vorgehen nicht weiter seltsam; sie mochte Gründe dafür haben. Ich stieg wieder ein, und die Postillone fuhren, wie es ihnen der Diener angab, zu einem Haus in einer Straße in der Nähe des Platzes. Eine recht beleibte französische Frau, die sich Raucour nannte, und zwei Diener empfingen uns; die dicke Frau umarmte den jungen Herrn Cornelys[3], freute sich über seine glückliche Ankunft und begrüßte mich mit einem kühlen Kopfnicken. In weniger als einer Viertelstunde trug Clairmont, von der Raucour geführt, mein ganzes Gepäck in ein Zimmer, von dem aus ich durch ein Kabinett in die Wohnung an der Vorderseite gelangen konnte, die aus drei schönen Zimmern bestand. Dorthin ließ die Raucour den Koffer des vornehmen Herrn Cornelys bringen, der verdutzt dastand und nicht wußte, was er antworten sollte, als sie ihm sagte:

»Diese beiden Diener stehen zu Ihrer Verfügung, und ich bin Ihre sehr ergebene Haushälterin.«

Ich kehrte durch das gleiche Kabinett in mein Zimmer zurück und fand mich nicht nur schlecht, sondern wie ein Angestellter untergebracht, doch beherrschte ich mich, was nicht oft vorkam, und sagte kein Wort. […]

Ich […] nahm, ohne ein Wort zu sagen, Hut und Stock und ging spazieren. Es war erst sieben Uhr. Aufmerksam, um mich nicht zu verirren, schlenderte ich aufs Geratewohl dahin und trat eine Viertelstunde später in ein Café, in dem sehr viele Leute waren. Es war das Orange Coffee-House[4], das wegen seiner Gäste, des Abschaums aller üblen Italiener in London, berüchtigt war. Man hatte mir davon in Lyon erzählt, und ich hatte mir vorgenommen, nie hinzugehen. Es war dunkel, und der Zufall hatte mich hingeführt; doch ich habe es später nie mehr betreten. Ich setzte mich in eine Ecke und bestellte eine Limonade; ein Mann nahm neben mir Platz, um das Licht auszunützen, das auf meinem Tisch stand, und ein Blatt zu lesen. Ich sah, daß der gedruckte Text italienisch war. Der Mann hatte einen Bleistift in der Hand, strich Buchstaben aus und setzte die Korrektur an den Rand. Das muß ein Schriftsteller sein, sage ich mir. Ich sehe, wie er einen Buchstaben des Wortes »ancora« ausstreicht und ein h an den Rand schreibt; er will es also als »anchora« gedruckt haben. Da kann ich nicht mehr an mich halten. Ich sage ihm, daß man seit vier Jahrhunderten das Wort »ancora« ohne h schreibt.

»Einverstanden, aber ich zitiere Boccaccio, und bei Zitaten muß man genau sein.«

»Sie haben recht, ich bitte um Verzeihung. Sind Sie Schriftsteller?«

»Ein sehr unbedeutender. Ich heiße Martinelli[5].«

»Keineswegs unbedeutend. Ich kenne Sie dem Namen nach. Sie sind ein Verwandter von Calzabigi[6], er hat mir von Ihnen erzählt. Ich habe Ihre Satiren gelesen.«

»Dürfte ich fragen, mit wem ich spreche?«

»Ich heiße Seingalt. Haben Sie Ihre Ausgabe des ›Decameron‹[7] fertig?«

»Ich bin dabei und versuche, noch mehr Subskribenten zu finden.«

»Wenn Ihnen mit mir gedient ist.«

»Es wäre mir eine Ehre.«

Er gibt mir eine Vorstellung; als ich sehe, daß die Ausgabe nur eine Guinee kostet, erbitte ich eine zweite, bezahle und stehe auf, um fortzugehen; gleichzeitig sage ich ihm, ich hoffte, ihn im gleichen Café wiederzutreffen. Ich frage ihn, wie es heißt; er sagt es mir, erstaunt darüber, daß ich es nicht weiß. Aber er wundert sich nicht mehr, als ich ihm erkläre, daß ich eben zum ersten Male nach London gekommen bin.

»Dann wird es schwierig für Sie sein, zu Ihrem Haus zurückzufinden«, meinte er; »ich werde Sie begleiten.«

Kaum waren wir draußen, sagte er mir ganz ehrlich, daß mich der Zufall in das »Orange Coffee-House« geführt habe, das verrufenste von ganz London.

»Aber Sie gehen ja selbst hin.«

»Das kann ich im Schutz des Verses von Juvenal: ›Cantabit vacuus coram latrone viator‹ (Singen wird der Reisende mit leerem Beutel beim Anblick eines Räubers)[8]. Die Gauner finden bei mir keinen Angriffspunkt. Ich spreche nicht mit ihnen, und sie sprechen nicht mir mir. In den fünf Jahren, die ich hier bin, habe ich nur Lord Spencer[9] meine Aufwartung gemacht, beschäftige mich mit literarischen Arbeiten, bin allein und verdiene genügend, um in einem möblierten Zimmer zu leben und im Gasthaus zu essen. Ich besitze zwölf Hemden und dieses Gewand, und ich bin gesund: ›Nec ultra deos lacesso‹ (Mehr verlange ich nicht von den Göttern).«[10]

Dieser Mann, der das Toskanische in größter Reinheit[11] sprach, gefiel mir. Ich fragte ihn unterwegs, was ich tun müsse, um eine gute Unterkunft zu finden; er erkundigte sich nach meinen Wünschen, auch wie lange ich in London bleiben und wie ich leben wolle, und riet mir dann, ein ganzes Haus, vollkommen möbliert und mit allem, was in der Küche, bei Tisch und an Wäsche für Tisch und Betten nötig sei, zu mieten.

»Man wird Ihnen ein Verzeichnis geben«, fügte er hinzu; »und sobald Sie einen Bürgen stellen, können Sie unbeschränkt darüber verfügen, wie ein Engländer wohnen, und sind vor allem unabhängig, außer von den Gesetzen.«

Ich bat ihn, mir ein Haus dieser Art zu nennen. Sofort ging er in einen Laden, sprach mit der Inhaberin, schrieb sich aus einem »Advertiser«[12] alles heraus, was ich brauchte, und brachte es mir. Es waren verschiedene Adressen von Häusern, wie ich sie haben wollte. Das nächstgelegene war in einer großen Straße, Pall Mall genannt, und wir gingen hin, um es anzusehen. Kaum hatte er geklopft, öffnete uns eine alte Frau die kleine Tür und zeigte uns das Erdgeschoß und die drei Stockwerke. In jedem Stockwerk gab es zwei Zimmer zur Straße, jeweils mit einem Kabinett, wie stets in London, und zwei nach hinten hinaus. In jeder Wohnung standen zwei Betten, eines im Zimmer, das andere im Kabinett. Alles war peinlich sauber, das Porzellan, die Spiegel, die Tischglokken; alles war mustergültig. Im Erdgeschoßzimmer, in dem die Alte schlief, stand ein sehr großer Schrank mit der ganzen Wäsche, und ein zweiter mit Silberplatten, Porzellan, Geschirr und Steingut. Die Ausstattung der Küche war sehr reichlich, und in den Kellerräumen, mit denen ich nicht gerechnet hatte, konnte man eine ganze Familie unterbringen; dazu gab es Abstellräume und Kammern für alles, was in einem guten Haushalt nötig war. Die Miete betrug zwanzig Guineen pro Woche. Ich sagte Martinelli, das Haus gefalle mir, und ich wolle es sogleich mieten, um einzuziehen, sobald es mir passe.

Als er der alten Frau meinen Wunsch verdolmetscht hatte, sagte sie, wenn ich sie als »housekeeper« behalten wolle, sei keine Kaution nötig; es genüge ihr, wenn ich stets die Woche im voraus bezahle. Sollte ich aber jemand anderen als sie mit der Führung des Haushalts betrauen wollen, seien wenigstens zwei Tage nötig, um das Inventar mit der von mir bestellten Person durchzugehen; diese müsse dann die Kaution stellen. Ich erwiderte ihr, ich würde sie unter der Bedingung behalten, daß sie eine Dienerin anstelle, die ich bezahlen würde, die jedoch ihr unterstehen solle und außer Englisch noch Französisch oder Italienisch spreche. Sie versprach mir, die Dienerin am nächsten Tag anzustellen; ich bezahlte ihr vier Wochen im voraus, und sie gab mir eine Quittung auf den Namen Chevalier de Seingalt. In London nannte ich mich nie anders. Erfreut, daß er mir hatte helfen können, verabschiedete sich Martinelli, sobald wir in meiner Straße waren; ich dankte ihm und wünschte ihm eine gute Nacht. Ich kehrte in das Hause von Madame Cornelys zurück, die man immer noch erwartete, obgleich es bereits zehn Uhr geschlagen hatte. Der kleine Cornelys schlief auf einem Sofa.

Obwohl alle behaupten, London sei ein Chaos, in dem ein Neuankömmling wenigstens drei Tage brauche, um ein Quartier zu finden, hatte ich auf diese Weise bereits zwei Stunden nach meiner Ankunft ein ausgezeichnetes gefunden. Auch freute ich mich über die Bekanntschaft mit Martinelli, den ich seit sechs Jahren sehr hoch schätzte. Er hatte mir die Adresse seines Zimmers gegeben, das über dem Orange Coffee-House lag, und auch die seines Verlegers. Zutiefst gekränkt durch die Art, wie die Cornelys mich in London empfangen hatte, erwartete ich sie mit Ungeduld, jedoch entschlossen, gute Haltung zu bewahren. Schließlich klopfte man dreimal (das Zeichen der Herrin), und ich sah vom Fenster aus, wie sie aus einer Sänfte stieg; ich hörte sie rasch heraufkommen, sie trat ein, zeigte sich erfreut und sehr befriedigt, mich zu sehen, fiel mir aber nicht um den Hals. Sie erinnerte sich nicht mehr daran, wie sie sich in Den Haag von mir verabschiedet hatte[13], sondern stürzte sich auf ihren Sohn, schloß ihn in die Arme und bedeckte ihn mit Küssen, die er schläfrig entgegennahm und kühl erwiderte, wobei er murmelte:

»Meine liebe Mama, meine liebe Mama.«

Ich sagte ihr, er sei müde; sie hätte uns, die doch der Ruhe bedürften, allzu lange warten lassen. Man kündigte an, es sei serviert, und sie erwies mir die Ehre, meinen Arm zu nehmen, um in den Speisesaal zu gehen, den ich noch nicht gesehen hatte. Als sie das vierte Gedeck fortnehmen ließ, fragte ich sie, für wen es gewesen sei. Sie erwiderte, es wäre für ihre Tochter gewesen; doch sie habe sie zu Hause gelassen, denn als sie ihr erzählt habe, ich sei mit ihrem Bruder angekommen, habe sie gefragt, ob es mir gutgehe.

»Und dafür haben Sie sie bestraft?«

»Selbstverständlich, denn sie hätte sich wohl in erster Linie nach dem Ergehen ihres Bruders erkundigen müssen und erst in zweiter nach dem Ihren. Finden Sie meine Überlegung richtig?«

»Arme Sophie! Ich bedauere sie. Die Dankbarkeit war in ihr stärker als die Stimme des Blutes.«

»Es handelt sich nicht um Gefühle, sondern darum, die jungen Leute an eine angemessene Redeweise zu gewöhnen.«

Sie unterhielt sich viel mit ihrem Sohn, der mit einem respektvollen, niemals zärtlichen Ausdruck und mit gesenkten Augen stets nur gezierte Antworten gab. Sie sagte ihm, sie arbeite, um ihn bei ihrem Tode reich zurückzulassen; sie habe mich verpflichtet, ihn zu ihr zurückzubringen, weil er nun in dem Alter sei, in dem er ihr helfen und einen Teil der Arbeiten in dem von ihr geführten Haus übernehmen könne; daraufhin fragte er sie, welche Arbeiten er übernehmen solle. »Ich gebe jährlich dem Adel zwölf Soupers und Bälle«, erklärte sie, »und zwölf den Bürgerlichen zu zwei Guineen je Kopf, und ich habe häufig fünf- bis sechshundert Gäste. Der Aufwand ist ungeheuer, und da ich allein bin, werde ich unweigerlich bestohlen; denn ich kann nicht überall sein und muß Personen mein Vertrauen schenken, die es vielleicht mißbrauchen. Aber nun, da Sie hier sind, können Sie über alles wachen, mein lieber Sohn, alles unter Verschluß halten, die Korrespondenz führen, die Kasse verwalten, Rechnungen bezahlen, Quittungen entgegennehmen und durch das ganze Haus gehen, um zu sehen, ob die Damen und Herren gut bedient werden, kurz gesagt, Sie können in dem Haus, in dem Sie das als mein Sohn auch wirklich sein werden, die Rolle des Hausherrn übernehmen.«

»Sie glauben also, meine liebe Mama, daß ich in der Lage bin, das alles zu tun?«

»Ja, denn Sie werden es lernen.«

»Das halte ich für unmöglich.«

»Einer meiner Sekretäre wird zu Ihnen in dieses Haus ziehen, das ich eigens dafür gemietet habe, und wird Sie über alles unterrichten. Ein Jahr lang werden Sie nichts anderes tun, als Englisch lernen und bei den Gesellschaften erscheinen, damit ich Sie den Damen und den Spitzen der Gesellschaft in London vorstelle; allmählich werden Sie dann Engländer werden, und alle werden von Mister Cornelys sprechen.«

»Cornelys?«

»Ja, das ist Ihr Name.«

»Mein Name? Ich will ihn mir aufschreiben, damit ich ihn nicht vergesse.«

In dem Glauben, er scherze, blickte sie mich ein wenig erstaunt an. Sie sagte ihm, er solle schlafen gehen; er bedankte sich und tat es auch sogleich. Als sie mit mir allein geblieben war, meinte sie, er komme ihr schlecht erzogen vor, und er sei zu klein für sein Alter; sie sehe, daß sie nun, vielleicht allzuspät, beginnen müsse, ihm eine andere Erziehung zu geben. »Was hat er in den sechs Jahren gelernt?«

»Er hätte sich alle Wissensgebiete aneignen können, denn er war in der ersten Pension von Paris; aber er hat nur das gelernt, was er wollte, Flöte spielen, ein Pferd reiten, Fechten, gut Menuett tanzen, das Hemd alle Tage wechseln, mit Höflichkeit antworten, sich anmutig bewegen, hübsch erzählen und sich elegant anziehen. Das ist alles, soviel ich weiß. Da er sich nie ernsthaft Mühe geben wollte, hat er keine Ahnung von Literatur und kann weder schreiben noch rechnen; es ist ihm auch völlig gleichgültig, daß England eine zu Europa gehörende Insel ist.«

»Das sind also sechs verlorene Jahre. Meine Tochter wird sich über ihn lustig machen. Die habe nämlich ich erzogen. Er wird sich schämen, wenn er sieht, wie viele Kenntnisse sie im zarten Alter von acht Jahren hat; sie beherrscht Geographie, Geschichte, Sprachen, Musik und spricht überaus geistvoll. Alle Damen reißen sich um sie. Den ganzen Tag ist sie in einer Zeichenschule und kommt erst abends nach Hause. Alle Sonntage speist sie bei mir zu Mittag, und wenn Sie mir die Freude machen wollen, an diesem Tag zum Diner zu mir zu kommen, werden sie sehen, daß ich nicht übertreibe.«

Wir hatten Montag. Ich sagte nichts, fand es aber seltsam, daß sie nicht annahm, ich wolle sie so bald wie möglich sehen, und daß sie mich nicht aufforderte, ich solle am nächsten Tag zu ihr zum Souper kommen, weil sie Sophie zu diesem Souper nicht mitgebracht hatte. Sie erzählte mir, ich sei gerade rechtzeitig nach London gekommen, um mir das letzte Fest in diesem Jahr anzusehen, das sie dem Adel gebe, der in zwei oder drei Wochen für den Sommer aufs Land fahre.

»Ich kann Ihnen keine Eintrittskarte geben«, sagte sie, »denn die kann ich nur an Adlige abgeben; aber Sie können kommen, und wenn Sie als mein Freund immer in meiner Nähe bleiben, werden Sie alles sehen. Wenn man mich fragt, wer Sie sind, werde ich sagen, Sie hätten meinen Sohn in Paris betreut und ihn mir nun zurückgebracht.«

»Ich bin Ihnen sehr dankbar dafür.«

[…]

Da sich die Cornelys an meinen Angelegenheiten nicht interessiert gezeigt hatte, machte es mir Spaß, ihr nichts davon zu erzählen. Sie sah an mir kein äußeres Zeichen von Reichtum; ich trug nur eine ganz einfache Uhr, während alle meine Diamanten in meiner Kassette waren. Ich ging gereizt, aber nicht gekränkt schlafen, denn im Grunde war ich sehr froh, ihren schlechten Charakter erkannt zu haben. Trotz der Ungeduld, meine Tochter zu sehen, entschloß ich mich, bis zum Diner am Sonntag zu warten, zu dem sie mich ganz nebenbei eingeladen hatte.

[…]

In weniger als einer Stunde packte Clairmont in meinem neuen Haus alles aus. Ich ging im Frack aus und brachte Signor Zuccato, dem venezianischen Residenten, den Brief des Prokurators Morosini; er las ihn und sagte mir kühl, er freue sich, mich kennengelernt zu haben. Ich bat ihn, mich bei Hofe vorzustellen, doch meine Bitte erheiterte ihn nur. Ich ließ ihn lachen und setzte keinen Fuß mehr über seine Schwelle. […]

Ich suchte den französischen Gesandten, Graf von Guerchy, auf und überbrachte ihm den Brief von Marquis de Chauvelin[14], der sich so lobend über meine Person aussprach, daß mich der Gesandte für den nächsten Tag zum

Mittagessen einlud und sich bereit erklärte, mich am Hof von St. James[15] am Sonntag nach dem Gottesdienst[16] vorzustellen. Am nächsten Tag lernte ich bei Tisch den Gesandtschaftssekretär Chevalier d'Eon[17] kennen, der in der Folge in ganz Europa so viel von sich reden machte. Er war eine Frau, die vor dem Eintritt in die Diplomatie Dragonerhauptmann gewesen war. Trotz ihres großen staatsmännischen Geschicks und ihres männlichen Auftretens schien ihr eine Kleinigkeit zu einem vollen Mann zu fehlen. Ihre Komödie begann kurze Zeit darauf bei der Abreise von Monsieur de Guerchy aus London, der Urlaub erhalten hatte. In der gleichen Woche machte ich die Bekanntschaft aller Bankiers, in deren Händen ich etwa hunderttausend Taler hatte. Sie lösten meine Wechsel ein und boten mir aufgrund der Empfehlungsbriefe der Herren Tourton und Baur ihre besonderen Dienste an. Ich ging, allen unbekannt, in die Theater von Covent Garden[18] und Drury Lane[19] sowie zum Mittagessen in Gasthäuser, um mich allmählich an die englischen Sitten zu gewöhnen. Des Morgens ging ich zur Börse[20] und machte Bekanntschaften; dort verschaffte mir auch der Kaufherr Bonsanquet[21], an den ich mich wegen eines guten Dieners, der außer Englisch auch Italienisch oder Französisch sprach, gewandt hatte, einen Farbigen, für dessen Treue er mir bürgte. Auch verschaffte mir Bosanquet einen englischen Koch, der Französisch sprach und sofort mit seiner ganzen Familie zu mir zog. Er führte mich endlich in verschiedene sonderbare Klubs ein, von denen ich später erzählen werde. In der gleichen Woche wollte ich auch die besseren Bäder kennenlernen, in die ein reicher Mann geht, um zu baden, zu soupieren und mit einem geistreichen Freudenmädchen zu schlafen. Das ist eine prächtige Einrichtung, die im ganzen sechs Guineen kostet; wenn man sparsam ist, kommt man mit vier aus, aber die Sparsamkeit verdirbt das Vergnügen.

Am Sonntag um elf Uhr kleidete ich mich elegant und legte meine schönen Ringe, meine Uhren und meinen Orden am roten Band an; so fuhr ich zu Hofe und schloß mich im letzten Vorzimmer dem Grafen von Guerchy an. Ich trat mit ihm ein, er stellte mich Georg III.[22] vor, der mich ansprach, aber so leise, daß ich ihm nur mit einer Verbeugung antworten konnte. Aber da schaltete sich die Königin ein. Ich freute mich, als ich unter den Hofschranzen den venezianischen Residenten entdeckte. Als Monsieur de Guerchy meinen Namen nannte, war der Resident erstaunt, denn der Prokurator hatte mich in seinem Brief Casanova genannt. Die Königin fragte mich zunächst, aus welcher Provinz Frankreichs ich stamme, und als sie hörte, daß ich Venezianer[23] sei, blickte sie zum venezianischen Residenten hinüber, der durch eine Verbeugung kundtat, daß er dagegen nichts einzuwenden habe. Dann fragte sie mich, ob ich die Gesandten kenne, die vor sechs Wochen abgereist seien, und ich erwiderte, ich hätte in Lyon drei Tage mit ihnen verbracht; Signor Morosini habe mir Briefe für Lord Egremont und für den Residenten mitgegeben. Sie erzählte mir, daß Signor Querini ihr oft Anlaß zum Lachen gegeben habe.

»Er hat mir gesagt, ich sei ein kleiner Teufel«, fügte sie lachend hinzu.

»Er hat sagen wollen, daß Eure Majestät einem Engel gleichen.«

Ich hätte gewünscht, daß sie mich nach dem Grund fragte, warum[24] mich nicht Signor Zuccato vorgestellt habe, denn an meiner Antwort hätte der Resident nicht viel Freude gehabt. Nach der Audienz stieg ich wieder in meine Sänfte und ließ mich zu Mrs. Cornelys am Soho Square tragen, wo ich zum Essen eingeladen war. Ein Mann, der für eine Audienz angezogen ist, darf es nicht wagen, zu Fuß durch die Straßen von London zu gehen; ein Packträger, ein Tagedieb, ein Gassenjunge aus der Hefe des Volkes würde ihn mit Schmutz bewerfen, ihm ins Gesicht lachen, ihn anrempeln, um ihn zu irgendeiner mißfälligen Äußerung zu veranlassen und Grund zu haben, mit den Fäusten auf ihn loszugehen. Der demokratische Geist beherrscht das englische Volk mehr noch, als zur Zeit das französische; aber die Macht der Verfassung hält es im Zaum. In jeder großen Stadt gibt es übrigens diesen Geist der Auflehnung, und es ist die große Leistung einer klugen Regierung, ihn im Schlaf zu halten, denn wenn er erwacht, wird er zum Wildstrom, dem kein Damm widersteht.

Vor der Haustüre der Cornelys angekommen, sagte ich zu meinem Farbigen, der sich Jarbe[25] nannte, er solle die Träger entlohnen. Ich trat ein; man wies mich in den ersten Stock, wo man mich durch zwölf oder vierzehn Zimmer schließlich in das führte, in dem Mrs. Cornelys mit zwei englischen Damen und zwei Herren saß. Sie empfing mich mit der Liebenswürdigkeit vertrautester Freundschaft, wies mir einen Platz neben sich an und fuhr fort, sich mit den vier Personen weiter in englischer Sprache zu unterhalten, ohne ihnen zu sagen, wer ich war, noch mir zu sagen, wer die anderen waren. Als der Haushofmeister kam, um zu melden, es sei angerichtet, befahl sie, daß man die Kinder herunterholen solle. Als Sophie erschien, eilte ich gerührt auf sie zu, um sie in meine Arme zu schließen und sie zu küssen; weil man es sie jedoch so gelehrt hatte, wich sie zurück, machte mir einen tiefen Knicks und sagte einen auswendig gelernten Spruch her, auf den ich rücksichtsvollerweise nicht antwortete, um sie nicht in Verlegenheit zu bringen. Dann stellte die Cornelys den Herren ihren Sohn vor und sagte, ich hätte in den letzten sechs Jahren für seine Ausbildung gesorgt und ihn nun zu ihr zurückgebracht; sie sagte das auf französisch, und ich sah zu meiner Freude, daß alle Anwesenden Französisch sprachen. Wir setzten uns zu Tisch, sie zwischen ihre Kinder und ich gegenüber zwischen die beiden Engländerinnen, von denen mir die eine, obgleich sie ziemlich alt war, durch ihre Klugheit sogleich gefiel. Mit ihr knüpfte ich auch ein Gespräch an, als ich sah, daß die Cornelys nur ganz gelegentlich etwas zu mir sagte und daß Sophie ihre schönen Augen in der Runde von einem zum anderen wandern ließ, mich jedoch nie anblickte; sie überging mich sichtlich und folgte wohl einer Anweisung, die ich ebenso lächerlich wie unverschämt fand. Ärgerlich darüber, daß es mich kränkte, und entschlossen, mir nichts anmerken zu lassen, verwickelte ich die englischen Damen und Herren in heitere Gespräche über die Sitten, die mir in England aufgefallen waren, ohne jedoch im geringsten Kritik zu üben; ich brachte sie damit zum Lachen, machte ihnen meine Gesellschaft angenehm und blickte meinerseits die Cornelys nie an.

[…]

Unter hundert anderen Gesprächen kamen wir zum Nachtisch, ohne daß meine Tochter ein einziges Wort gesagt hatte. […]

Die Cornelys zeigte mir einen Saal, den sie hatte bauen lassen, um Bälle und Soupers für vierhundert Personen zu geben, die alle an einem einzigen hufeisenförmigen Tisch saßen. Ich ließ mich leicht überzeugen, daß es in London keinen größeren Saal gab. Das letzte Fest vor der Schließung des Parlaments gab man fünf oder sechs Tage später. Sie hatte mehr als zwanzig Dienerinnen und zehn oder zwölf Kellner in ihrem Dienst. Sie brauchte dieses ganze Gesindel, obwohl es sie, wie sie behauptete, bestahl; das ging nun einmal nicht anders. Ich verließ die Cornelys voll Bewunderung über ihren Mut und wünschte ihr viel Glück.

Ich ließ mich zum St. Jame's Park[26] tragen, um Lady Harrington[27] aufzusuchen; ich hatte […] einen Brief für sie[28]. Sie wohnte im Bereich des Hofes und empfing aus diesem Grund jeden Sonntag bei sich Gesellschaft; bei ihr war es erlaubt zu spielen, denn der Park unterstand der königlichen Gerichtsbarkeit. Überall sonst wagt man weder zu spielen noch Konzerte zu geben. Spitzel streifen durch die Straßen Londons und lauschen gespannt auf die Geräusche, die aus den Gesellschaftsräumen der Häuser dringen; und wenn sie annehmen können, daß man spielt oder singt, verstecken sie sich, so gut es geht; sobald sie dann die Tür offen sehen, schleichen sie sich hinein und schleppen alle schlechten Christen ins Gefängnis, die es solcherart an Achtung vor dem hochheiligen Sonntag fehlen lassen. Doch darf man ihn heiligen, indem man sich in Schänken bei der Flasche und bei den Freudenmädchen vergnügt, von denen London wimmelt.

Ich ging zu Lady Harrington hinauf und schickte ihr meinen Brief hinein; sie ließ mich sogleich eintreten, und als ich mich inmitten von fünfundzwanzig oder dreißig Damen und Herren sah, machte ich Mylady meine Verbeugung. Sie sagte sofort, sie habe mich bei der Königin gesehen und möchte mich auch bei sich sehen. Mindestens drei Viertelstunden lang beherrschte ich die Unterhaltung mit den stets gleichen Fragen und Antworten, die bei einem Fremden unvermeidlich sind. Lady Harrington war vierzig Jahre alt, noch schön und in London durch ihren Einfluß und auch durch ihre Liebschaften berühmt. Sie machte mich sogleich mit ihrem Gatten und ihren vier reizenden heiratsfähigen Töchtern bekannt, mit Lady Stanhope, mit Belle und Emily; den Namen der vierten habe ich vergessen. Sie fragte mich, warum ich zu einer Zeit nach London gekommen sei, da alle aufs Land gingen; ich erwiderte, ich gedächte ein Jahr hierzubleiben. Da fand sie nichts mehr an mir auszusetzen und sagte, soweit es in ihrer Macht stehe, werde sie mir in ihrer Heimat alle erdenklichen Annehmlichkeiten verschaffen.

»Sie werden am Dienstag den ganzen Adel am Soho Square sehen«, fügte sie hinzu, »ich kann Ihnen eine Eintrittskarte geben. Hier, sie gilt für Souper und Ball und kostet zwei Guineen.«

Ich gab sie ihr; daraufhin schrieb sie auf die Karte »bezahlt, Harrington«. Ich sagte ihr nichts davon, daß ich eben mit der Cornelys zu Mittag gegessen hatte.

Sie arrangierte für mich eine Partie Whist und fragte mich, ob ich noch Empfehlungsbriefe für andere Damen hätte. Ich erwiderte, ich hätte noch einen ganz seltsamen, den ich am nächsten Tag der betreffenden Dame überbringen wolle. Der Brief bestehe in einem Porträt dieser Dame.

»Haben Sie es bei sich?«

»Ja, Mylady.«

»Darf ich es sehen?«

»Warum nicht. Hier ist es.«

»Das ist die Herzogin von Northumberland. Sie ist hier; warten wir nur, bis der Rubber[29] zu Ende ist.«

Dieses Porträt hatte mir Lord Percy an dem Tag gegeben, an dem ich mit ihm speiste, und mir gesagt, es werde mir als Empfehlungsbrief dienen, wenn ich nach London käme und es seiner Mutter überbrächte.

»Hier, Herzogin«, sagte Lady Harrington, »ist ein Empfehlungsbrief, den Monsieur Ihnen überbringen soll.«

»Ach ja. Sie sind Monsieur de Seingalt. Mein Sohn hat mir geschrieben; ich bin entzückt, Sie kennenzulernen. Ich hoffe, Sie werden zu mir kommen. Ich habe dreimal in der Woche Gesellschaft.«

»Dann gestatten Sie also, Mylady, daß ich Ihnen meinen kostbaren Brief persönlich überbringe.«

»Gern, Sie haben recht.«

Ich spielte Whist zu einem sehr niedrigen Satz und verlor dabei fünfzehn Guineen, die ich sogleich bezahlte; bei dieser Gelegenheit nahm mich Lady Harrington beiseite, um mir eine Lehre zu erteilen, die des Niederschreibens wert ist.

»Sie haben verloren«, sagte sie, »und haben in Gold bezahlt; ich nehme an, daß sie keine Banknoten bei sich hatten.«

»Verzeihung, Mylady, ich habe Fünfziger und Hunderter.«

»Sie hätten eine wechseln müssen und damit bezahlen oder mit der Bezahlung bis zum nächsten Tag warten. Das Zahlen mit klingender Münze gilt bei uns als etwas unfein, was man jedoch einem Fremden leicht verzeiht, der unsere Gewohnheiten nicht kennen kann; aber trachten Sie, daß es Ihnen nicht noch einmal passiert. Sie haben gesehen, daß die Dame gelächelt hat.«

[...]

Recht zufrieden mit dem Tag kehrte ich nach Hause zurück. Am nächsten Tag begann ich, bei mir zu Hause zu essen, und war mit meinem englischen Koch sehr zufrieden, der außer den bevorzugten Gerichten seines Landes, die er mir alle Tage vorsetzte, auch Masthühnchen und köstliche französische Ragouts auftischte. Nur das Alleinsein empfand ich als unangenehm; ich hatte weder eine hübsche Geliebte noch einen Freund, und in London kann man einen Mann der Gesellschaft wohl zu einem gemeinsamen Mittagessen im Gasthof einladen, wo jeder seinen Teil zahlt, aber nicht zu sich an den eigenen Tisch. Man lachte, als ich sagte, ich äße zu Hause, da ich in den Gasthöfen keine Suppe erhielt. Man fragte mich, ob ich krank sei. Der Engländer ist ein Hammelesser. Er ißt fast kein Brot und behauptet, haushälterisch zu sein, wenn er die Ausgabe für die Suppe und den Nachtisch spart; das veranlaßte mich zu der Bemerkung, die englischen Mahlzeiten hätten weder einen Anfang noch ein Ende. Die Suppe wird als große Verschwendung betrachtet, weil nicht einmal die Dienstboten das Fleisch essen wollen, aus dem man die Bouillon gekocht hat. Sie sagen, es sei gerade noch für die Hunde gut genug. Das Rindfleisch wird eingesalzen anstatt gekocht und schmeckt ausgezeichnet. Ich habe versucht, mich an das Bier zu gewöhnen, mußte aber nach acht Tagen darauf verzichten. Der bittere Geschmack, den es hinterließ, war mir unerträglich. Der Weinhändler, den mir Bosanquet verschafft hatte, lieferte mir ausgezeichnete, weil naturreine, französische Weine; aber ich mußte sie ihm teuer bezahlen.

Am Montagmorgen machte mir Martinelli einen Besuch. Ich wohnte schon seit einer Woche in meinem Haus und hatte ihn noch nicht gesehen; ich lud ihn zu einem Teller Suppe ein, und als er sagte, er müsse in das Museum[30] gehen und dort bis zwei Uhr bleiben, begleitete ich ihn dorthin, um mir die berühmte Sammlung anzusehen, die der englischen Nation solche Ehre macht. [...] Um zwei Uhr gingen wir zum Essen, und Martinelli leistete mir gute Gesellschaft, weil er mich über die Gebräuche seines Landes, in dem ich war, unterrichtete; ich mußte mich ihnen anpassen, wenn ich gut leben wollte. »Dum fueris Romae, Romano vivito more« (so lange man in Rom ist, muß man auf römische Art leben). Ich erzählte ihm von meinem gesellschaftlichen Verstoß, mit Gold zu bezahlen, was ich vornehmer mit Papier hätte bezahlen müssen; nachdem er ein wenig gelacht hatte, bewies er mir, daß diese Tatsache nicht nur ein Zeichen für den Wohlstand und den Reichtum der Nation war, da sie dem Papier vor dem Gold den Vorzug gab, sondern auch ein Beweis des blinden Vertrauens, das die Briten in ihre Bank hatten, in der Gewißheit, daß in ihr der Gegenwert aller in den drei Königreichen[31] umlaufenden Banknoten liege. Diese Bevorzugung des Papiers vor dem Gold ist auch bemerkenswert, weil man bei der Guinee fünf Prozent gegenüber dem Pfund Sterling gewinnt, die der Engländer jedoch verschmäht. Wenn Sie jemandem hundert Guineen schulden und ihm hundert Pfund Sterling in Banknoten geben, sagt er nichts, obgleich er dabei verliert, und dankt ihnen. Durch dieses Verhalten hat die englische Nation ihren Zahlungsumlauf verdoppelt. Alle Werte, die sie in barer Münze besitzt, dienen ihr im Handelsverkehr mit dem Ausland; für den Binnenhandel bedient sie sich der Banknoten, die den tatsächlich vorhandenen Reichtum nur repräsentieren.

Nach dem Essen ging ich mit Martinelli in eine Komödie im Drury-Lane-Theater. Als das Parterrepublikum zu Beginn merkte, daß man ein anderes Stück gab als das angekündigte, fühlte es sich getäuscht und lärmte; der berühmte Schauspieler Garrick[32], der zwanzig Jahre später in Westminister[33] bestattet wurde, trat vergeblich auf, um zum Parterre zu sprechen und es zu beruhigen. Er wurde ausgepfiffen und mußte sich zurückziehen. Die tobenden Wüterische schrien: »Rette sich wer kann.« Bei diesem Ruf sah ich, wie der König, die Königin und alle anderen ihre Logen verließen, fortgingen und das Theater der Wut des gereizten Volkes überließen, das sein Vorhaben unter Gelächter in die Tat umsetzte. Man riß in weniger als einer Stunde alles nieder, außer den nackten Mauern. Nach vollbrachter Tat gingen alle diese demokratischen Tölpel in die Gasthäuser, um sich mit starken Schnäpsen zu betrinken. In zwei oder drei Wochen setzte man den

Saal wieder instand und kündigte die erste Vorstellung an. Beim Aufziehen des Vorhanges trat Garrick auf die Bühne, um das Publikum um Nachsicht zu bitten; aber gerade als er um Verzeihung bat, rief eine Stimme im Parterre »Auf die Knie«, und dieses Wort, von hundert Mündern wiederholt, zwang den Roscius[34] von England niederzuknien. Dann klatschte man in die Hände, und alles war erledigt. So ist das Volk in London. Es verhöhnt den König, die Königin und alle Prinzen, wenn sie sich in der Öffentlichkeit sehen lassen; deshalb zeigen sie sich nur sehr selten.

Vier oder fünf Tage, nachdem ich Sir August Hervey kennengelernt hatte, traf ich ihn im Greenpark[35], als er eben mit jemanden gesprochen hatte.

»Wer war dieser Herr?« fragte ich.

»Das war der Bruder von Lord Ferrers[36], den man vor zwei Monaten hat hinrichten lassen, weil er seinen Kammerdiener getötet hat.«

Und unter diesen Umständen sprechen Sie noch mit ihm? Ist er nicht entehrt?«

»Deshalb entehrt? Das wäre komisch. Nicht einmal sein Bruder ist entehrt. Er hat die Verletzung der Gesetze mit dem Leben bezahlt, also ist er nichts schuldig geblieben. Er ist ein achtbarer Mann, der ein großes Spiel gespielt hat. Ich kenne in unserer Verfassung keine Strafe, die entehren würde. Das wäre tyrannisch. Ich kann kaltblütig jedes Gesetz verletzen, sobald ich bereit bin, mich der damit verbundenen Strafe zu unterziehen. Das ist etwas verrückt, ich gebe es zu; aber es läßt mir meine Freiheit. Man könnte nur einen Verbrecher als entehrt betrachten, der, um sich der für sein Verbrechen verhängten Strafe zu entziehen, Feigheiten oder Gemeinheiten begeht, die eines Gentleman unwürdig sind.«

»Zum Beispiel?«

»Den König um Gnade ersuchen, das Volk um Verzeihung bitten, oder was weiß ich.«

»Die Flucht ergreifen?«

»Nein, denn Sichretten ist eine achtenswerte Tat. Bedenken Sie, daß ein mutiger Mann zur Flucht nur seine eigenen moralischen und physischen Kräfte nötig hat; er kämpft gegen den Tod, er bietet ihm mit seiner Flucht die Stirn. [...]«

»Was halten Sie dann von den Straßenräubern?«

»Das ist ein Pack, das ich verabscheue, denn es fällt der Gesellschaft lästig; aber gleichzeitig bedaure ich die Leute, wenn ich bedenke, daß man in diesem Beruf immer den Galgen vor Augen hat. Sie verlassen London ganz allein in einer Kutsche, um einen Freund zu besuchen, der in einem Dorf zwei oder drei Meilen außerhalb wohnt. Auf halben Weg springt ein behender Mann auf das Trittbrett Ihres Wagens, setzt Ihnen eine Pistole auf die Brust und verlangt Ihre Börse. Was würden Sie da tun?«

»Wenn ich eine Pistole bei der Hand hätte, würde ich ihn töten; andernfalls würde ich ihm die Börse geben und ihn einen niederträchtigen Strauchdieb nennen.«

»Sie hätten in beiden Fällen unrecht. Wenn Sie ihn töten, würden Sie durch das Gesetz zum Tode verurteilt werden, denn Sie haben nicht über das Leben eines Engländers zu verfügen. Und wenn Sie ihn einen niederträchtigen Strauchdieb nennen, wird er Ihnen antworten, das sei er nicht, denn er habe Sie nicht von hinten angefallen; bei einem Angriff von vorn biete er Ihnen ja eine Chance. Das ist anständig, denn er hätte Sie töten können. Wenn Sie ihm kaltblütig Ihre Börse geben, können Sie ihm sein schmutziges Handwerk vorwerfen, und er wird Ihnen beipflichten. Er wird Ihnen sagen, er halte sich so weit als möglich vom Galgen fern, sähe ihn jedoch als unausweichlich vor sich. Hinterher wird er Ihnen danken und Ihnen raten, nie ohne einen bewaffneten Diener zu Pferd London zu verlassen, denn dann würde ein notleidender Räuber nicht wagen, sie anzugreifen. Wir Engländer wissen von diesem Gesindel in unserem Land und reisen mit zwei Börsen, einer kleinen für die Räuber, die uns vielleicht überfallen, und einer zweiten mit dem Geld, das wir nötig haben.«

Was sollte ich auf diese Erklärung antworten? Ich fand sie

vernünftig. Die Insel, die man England nennt, ist ein Meer mit Sandbänken; wer sich darauf wagt, muß es mit Vorsicht durchfahren. Diese Belehrung durch Sir August bereitete mir außerordentliches Vergnügen.

Er ging dann zu etwas anderem über und beklagte das Geschick des Diebes, der sich auf der Börse siebzigtausend Pfund Sterling angeeignet hatte und nach Frankreich geflohen war, weil er sich dort sicher glaubte, und trotzdem in diesen Tagen in London gehängt werde.

»Der König«, erzählte er mir, »verlangte seine Auslieferung vor einem Jahr vom Herzog von Nivernais, dem Gesandten Ludwigs XV., im Rahmen der Friedensbedingungen. Der Herzog, der ein kluger Mann ist, erwiderte, sein Gebieter werde keinen Einwand dagegen erheben, Frankreich von einem Dieb zu befreien und ihn in seine Heimat zu befördern; tatsächlich hat man ihn uns geschickt. Die Nation war begeistert, einen Landsmann hängen zu sehen, der es gewagt hatte, sie zu betrügen, und wußte Lord Halifax[37] für seinen Einfall Dank, daß er mit unseren Nachbarn den Frieden zu einer so beschämenden Bedingung für die Franzosen ausgehandelt hatte, denn sie haben bei dem armen Kerl die Menschenrechte verletzt.«

»So hat man also die siebzigtausend Pfund wiedererlangt?«

»Nicht einen Penny.«

»Wieso?«

»Weil man das Diebesgut bei ihm nicht gefunden hat. Anscheinend hat er den kleinen Schatz in den Händen seiner Frau gelassen, die sehr behaglich lebt und sich sehr vorteilhaft wieder verheiraten könnte, da sie reich und jung ist.«

»Ich wundere mich, daß man sie in Ruhe läßt.«

»Was könnte man tun? Sie verstehen, daß sie nie zugeben wird, ihr verflossener Gatte habe ihr Geld hinterlassen. Man hat nicht einmal daran gedacht, Nachforschungen nach dem Verbleib des Geldes anzustellen. Das Gesetz gegen Diebe verlangt, daß man sie hängt; es spricht nicht vom Diebesgut, denn man nimmt als selbstverständlich an, daß es verschwunden ist. Wenn man im übrigen einen Unterschied machen würde zwischen Dieben, die die gestohlenen Sachen zurückgegeben haben, und solchen, die das nicht getan haben, müßte man zwei Gesetze erlassen und zwei verschiedene Strafen anordnen; das gäbe ein schönes Durcheinander. Ich halte es übrigens nicht für angebracht, ein einziges Verbrechen zweimal zu bestrafen. Die Strafe am Galgen genügt, ohne daß man noch zusätzlich die Rückgabe des Diebesgutes verlangt, wenn es nicht greifbar ist, und der frühere Besitzer seine Hand nicht darauf legen kann; denn nach dem Diebstahl gehört ihm die Sache nicht mehr. Der Dieb ist ihr Besitzer geworden, wenn auch durch eine Gewalttat; aber das hindert nicht, daß sie ihm wirklich zusteht, denn er kann darüber verfügen. Unter diesen Umständen muß jeder mit äußerster Sorgfalt sein Hab und Gut schützen, denn sobald man es ihm gestohlen hat, ist die Wiedererlangung zu schwierig. Ich habe den Spaniern Havanna abgenommen, ein mit überlegener Macht ausgeführter großer Diebstahl, und man hat es zurückgegeben[38], weil ich die Insel Kuba nicht in meine Börse stecken konnte, wie bei dieser Gelegenheit vierzig Millionen Piaster, die man nicht einmal erwähnt hat.«

Nach mehreren herzerhebenden Belehrungen dieser Art ging ich zur Herzogin von Northumberland, wo ich Lady Rochefort kennenlernte, deren Gatten man zum Gesandten in Spanien ernannt hatte. Sie war eine der drei erlauchten Damen, deren Liebesaffären den Neugierigen der großen Stadt jeden Tag willkommene Geschichten lieferten. Die Herzogin sagte mir, sie erwarte jeden Tag ihren Sohn zurück.

Am Vortag des Balles am Soho Square speiste Martinelli mit mir, und als das Gespräch auf Cornelys kam, erzählte er mir von ihr, sie sei so mit Schulden überhäuft, daß sie nur am Sonntag das Haus verlassen könne, da ihre Gläubiger sie an diesem Tag nicht verhaften lassen dürften. Der ungeheure Aufwand, den sie treibe und auf den sie verzichten könne, bringe sie in eine Bedrängnis, die in kurzer Zeit mit einer Katastrophe enden müsse. Sie schulde, wie er sagte, viermal so viel, als sie besitze, selbst das Haus mitgerechnet, dessen Besitz durch den noch laufenden Prozeß für sie ungewiß sei.

Ich ging also zum Gesellschaftsabend der Cornelys und gab meine Eintrittskarte an der Tür ihrem Sekretär, der meinen Namen aufschrieb. Als ich sie begrüßte, machte sie mir ein Kompliment darüber, daß ich mit Eintrittskarte zu ihrem Abend gekommen sei, und meinte, das habe sie mit großer Sicherheit erwartet. Dann kam Lady Harrington, eine ihrer großen Gönnerinnen, und sagte, sie habe ihr eine hübsche Anzahl Guineen zu übergeben; als sie mich im Gespräch mit der Cornelys sah, fügte sie hinzu, sie habe sich bereits gedacht, daß wir uns kennen würden, habe jedoch nicht gewagt, mich danach zu fragen.

»Warum, Mylady? Ich rechne es mir zur Ehre an, Madame Cornelys seit langem zu kennen.«

»Das glaube ich«, erwiderte sie lachend, »und ich beglückwünsche Sie dazu. Sie kennen sicherlich auch ihre reizende Tochter hier.«

Dabei schloß sie Sophie in ihre Arme, küßte sie und sagte, wenn ich mich selbst schätze, müsse ich auch die Kleine lieben, denn ihre Gesichtszüge glichen völlig den meinen. Sie nahm Sophie bei der Hand, hängte sich bei mir ein und führte sie durch die Menge der Gäste. Nun mußte ich mit Geduld anhören, wie wenigstens zwanzig Damen und Herren, die mich noch nicht gesehen hatten, Lady Harrington fragten: »Der Gatte von Madame Cornelys ist also angekommen?«

»Nein, nein, nein«, erwiderte Lady Harrington allen Neugierigen; es verdroß mich, daß jeder als eine Art Kompliment zu mir sagte, nie habe ein Kind so sehr seinem Vater geglichen wie der kleine Cornelys mir. Ich wünschte, Lady Harrington würde das Kind gehen lassen; aber sie unterhielt sich zu sehr dabei, um mir diesen Gefallen zu tun.

»Bleiben Sie in meiner Nähe, wenn Sie alle Welt kennenlernen wollen«, sagte sie.

Sie setzte sich und wies mir einen Platz an ihrer Seite an,

während sie die neben ihr stehende Kleine an sich drückte. Als die Mutter kam, um mit ihr ein paar Worte zu wechseln, und sie auch auf die Frage antworten mußte, ob ich ihr Gatte sei, sagte sie kurz entschlossen, ich sei ein alter Freund, und wenn alle Welt sich über die große Ähnlichkeit zwischen ihrer Tochter und mir wunderte, so habe das seinen Grund. Alle lachten und meinten, das sei nicht weiter erstaunlich; um das Gespräch zu beenden, erklärte die Cornelys, die Kleine habe vollendet Menuett tanzen gelernt.

»Das wollen wir sehen«, sagte Lady Harrington; »rufen Sie einen Geiger.«

Da wir in einem Nebenzimmer waren und der Ball noch nicht begonnen hatte, kam ein Geiger; in dem Wunsch, die Kleine möge Ehre einlegen, nahm ich ihre Hand, und das Menuett gelang zum größten Beifall der Zuschauer. Dann begann der Ball und dauerte ohne Unterbrechung bis zum Morgengrauen, denn man ging jederzeit gruppenweise in die Zimmer, um etwas zu essen. Ich lernte den ganzen Adel und alle Prinzen kennen, denn nur der König, die Königin und die Prinzessin von Wales waren nicht gekommen. Die Cornelys hatte mehr als zwölfhundert Guineen eingenommen; aber auch die Ausgaben waren ungeheur, trotz der Sparsamkeit und der nötigen Vorkehrungen, um Diebstähle bei allen Waren zu verhindern. Die Cornelys hielt es für richtig, der ganzen Gesellschaft ihren Sohn vorzustellen, der wie ein Schlachtopfer dastand, nicht wußte, was er sagen sollte, und nur tiefe Verbeugungen machte, die auf jeden Fall und besonders in England sehr linkisch wirken mußten. Er tat mir leid. In dieser unterwürfigen Rolle, die er zum ersten Mal in seinem Leben spielte, war er so gehemmt wie kein anderer junger Mann auf Erden.

Wieder zu Hause angelangt, schlief ich den ganzen Tag und ging erst am nächsten Tag zum Mittagessen in die Star Tavern[39], wo es angeblich die hübschesten und zurückhaltendsten Mädchen von ganz London geben sollte. Ich hatte das auf dem Ball am Soho Square von einem Lord Pembroke[40] erfahren, der mir erzählt hatte, er gehe selbst häufig dorthin. Ich trete in den Gasthof ein und verlange von einem Kellner ein Einzelzimmer. Als der Wirt bemerkt, daß ich das Englisch nicht beherrsche, spricht er mich Französisch an, leistet mir Gesellschaft, bestellt, was ich wünsche, und setzt mich durch seine würdevollen, gemessenen und ernsthaften Manieren so sehr in Erstaunen, daß ich nicht den nötigen Mut finde, ihm zu sagen, ich wolle mit einer hübschen Engländerin speisen. Schließlich erkläre ich ihm langatmig, ich wisse nicht, ob Lord Pembroke mich falsch unterrichtet habe, daß ich hier die hübschesten Mädchen von London haben könne.

»Nein, Monsieur, er hat Sie nicht falsch unterrichtet; wenn Sie das wünschen, können Sie so viele haben, wie Sie wollen.« Er ruft »waiter«, und auf dieses Wort hin taucht ein sehr beflissener Kellner auf, dem er befiehlt, ein Mädchen für mich zu besorgen, und das im gleichen Ton, als bestelle er Papier und Tinte. Der »waiter« verschwindet, und zehn Minuten später taucht ein Mädchen auf, deren Anblick mich abstößt. Ich sage dem vornehmen Wirt rundweg, daß sie mir nicht gefällt.

»Zahlen Sie einen Shilling für die Sänfte, und schicken Sie sie fort. Man macht in London keine Umstände, Monsieur.«

Ich lasse ihr den Shilling geben und verlange eine andere, hübschere. Die zweite kommt und ist übler als die erste. Ich schicke sie fort. Ich schicke auch die dritte, die vierte, die fünfte und schließlich die zehnte fort und stelle erneut fest, daß mein anspruchsvoller Geschmack dem Wirt keineswegs mißfällt, sondern seinen Beifall findet. Schließlich will ich von Mädchen nichts mehr wissen, sondern essen; aber ich sage ihm, der »waiter« habe mich sicherlich zum Narren gehalten, um den Trägern einen Gefallen zu tun.

»Das mag sein, Monsieur; sie machen es immer so, wenn man ihnen nicht Namen und Wohnung des Mädchens sagt, das man haben will.«

Gegen Abend ging ich in den St. Jame's Park und stellte fest, daß Ranelagh House[41] an diesem Tag geöffnet war. Ich war auf diesen Ort neugierig. Da er weit draußen lag, nahm ich einen Wagen und fuhr allein ohne Diener hin, um mich bis Mitternacht zu unterhalten und zu versuchen, mit irgendeinem hübschen Mädchen bekannt zu werden. Die Ranelagh-Rotunde gefiel mir sehr; ich aß Brot mit Butter, trank dazu Tee, tanzte einige Menuette, machte aber keine Bekanntschaften. Ich entdeckte sehr hübsche Mädchen und Frauen, wagte es aber nicht, mich schlankweg an eine heranzumachen. Verdrossen beschloß ich gegen Mitternacht fortzugehen und glaubte, am Tor meine Kutsche zu finden, denn ich hatte sie nicht bezahlt; aber sie war verschwunden. Da stand ich nun und fluchte vergeblich; niemand wußte etwas von meinem Wagen, und ich war in großer Verlegenheit, wie ich nach Hause kommen sollte. Eine hübsche Frau, die meine Notlage sah und seit fünf oder sechs Minuten auf ihren Wagen wartete, sagte mir auf französisch, wenn ich nicht sehr weit von Whitehall wohne, könne sie mich zu meinem Haustor bringen. Ich sagte ihr, wo ich wohnte; ihr Wagen kam, einer ihrer Lakaien öffnete den Schlag, wir stiegen ein, und sie befahl, man solle zu mir nach Pall Mall fahren.

In dem sehr bequemen Wagen erschöpfte ich mich in Dankesbeteuerungen, sagte ihr meinen Namen und zeigte mich erstaunt, daß ich sie nicht auf dem Ball in Soho kennengelernt hatte. Sie erwiderte, sie sei erst heute aus Bath[42] zurückgekommen; ich preise mich glücklich, küsse ihre Hände, dann ihr hübsches Gesicht, dann ihre schöne Brust, und da ich anstatt eines Widerstandes nur sanfteste Bereitwilligkeit und ein Liebe verheißendes Lächeln finde, zweifle ich nicht mehr und gebe ihr einen überzeugenden Beweis, daß sie vollkommen meinem Geschmack entspricht. Da ich mir schmeichle, ihr durch die Leichtigkeit, mit der sie mich gewähren ließ, nicht mißfallen zu haben, bitte ich sie, mir zu sagen, wo ich ihr während meines ganzen Aufenthalts in London mit dem größten Eifer meinen Hof machen könne; sie antwortet mir, wir würden uns schon noch treffen. Ich dränge sie nicht und gelange sehr befriedigt von diesem Abenteuer nach Hause. Es vergingen vierzehn Tage, ohne daß ich ihr irgendwo begegnete, doch schließlich traf ich sie im Hause von Lady Betty Germaine, einer alten, jedoch sehr angesehenen Frau, an die mich Lady Harrington empfohlen hatte, Sie selbst war nicht zu Hause, sollte jedoch in wenigen Minuten kommen. Ich entdeckte die Schöne, die mich von Ranelagh House nach Hause gebracht hatte, beim aufmerksamen Lesen einer Zeitung; mir fiel ein, ich könnte sie wohl bitten, mich vorzustellen. Ich ging also zu ihr hin; sie unterbrach ihre Lektüre, hörte mich an und erwiderte höflich-kühl, sie könne mich nicht vorstellen, denn sie kenne mich nicht.

»Ich habe Ihnen doch meinen Namen gesagt, Madame. Erinnern Sie sich nicht an mich?«

»Ich erinnere mich sehr gut; aber solche Narreteien geben noch kein Recht auf Bekanntschaft.«

Bei dieser sonderbaren Antwort sanken mir die Arme herab.

Sie fuhr fort, ruhig ihre Zeitung zu lesen; schließlich kam Lady Betty Germaine. Die schöne Philosophin unterhielt sich zwei Stunden lang mit anderen Leuten, anscheinend ohne mich überhaupt zu kennen, antwortete mir jedoch höflich, wenn es das Gespräch zuließ, daß ich mich an sie wandte. Sie war eine Lady, die in London den besten Ruf genoß.

Als ich eines Morgens bei Martinelli war, dessen Besuch ich noch nie erwidert hatte, fragte ich ihn, wer das Mädchen sei, das mir von einem Fenster auf der anderen Straßenseite Kußhände zuwarf; zu meiner Überraschung erfuhr ich, daß es die Tänzerin Binetti[43] war. Noch nicht vier Jahre war es her, daß sie mir in Stuttgart den großen Dienst erwiesen hatte, an den sich mein Leser erinnern wird. Ich hatte keine Ahnung, daß sie in London war. Ich verabschiedete mich von Martinelli und suchte sie um so lieber auf, als er mir gesagt hatte, sie lebe nicht mit ihrem Gatten zusammen, obgleich er mit ihr am Haymarket-Theater[44] tanze.

»Ich habe Sie sogleich erkannt«, sagte sie mir zum Empfang, »und bin überrascht, mein lieber Doyen, Sie in London zu sehen.«

Sie nannte mich »Doyen«[45], weil ich der älteste ihrer Bekannten war. Ich erwiderte, ich hätte nicht gewußt, daß sie hier sei, und könne sie nicht tanzen gesehen haben, weil ich erst drei Tage, nachdem die Oper geschlossen habe, gekommen sei.

»Wie kommt es, daß Sie nicht mit Ihrem Gatten leben?«

»Weil er spielt, verliert und alle meine Sachen verkauft. Außerdem kann eine Frau vom Theater, wenn sie mit ihrem Mann lebt, nicht darauf hoffen, daß ein reicher Liebhaber zu ihr kommt. So lebe ich allein, und alle meine Freunde können mich unbesorgt besuchen.«

»Was hätten Sie von Binetti zu fürchten? Ich habe ihn nie für eifersüchtig oder schwierig gehalten.«

»Er ist es auch keineswegs. Aber du mußt wissen, daß es in England ein Gesetz gibt, das den Gatten ermächtigt, einen Geliebten seiner Frau festnehmen zu lassen, wenn er ihn auf frischer Tat bei ihr ertappt. Er braucht nur zwei Zeugen. Es genügt, wenn er ihn auf ihrem Bett sitzend oder in einer Haltung findet, die annehmen läßt, daß er mit ihr irgend etwas getan hat, wozu allein der Gatte berechtigt ist. Der Liebhaber wird dann nach dem Gesetz aufgrund der Aussage des Gatten, er habe ihn zum Hahnrei gemacht, dazu verurteilt, diesem die Hälfte seines Vermögens zu bezahlen. Mehrere reiche Engländer sind auf diese Weise hereingefallen, und deshalb wollen sie nicht zu verheirateten Frauen gehen, besonders nicht zu italienischen.«

»Du mußt also mit dem Entgegenkommen deines Gatten sehr zufrieden sein und hast nicht den geringsten Grund zur Klage; denn du kannst in aller Freiheit empfangen, wen du willst, und reich werden.«

»Du weißt nicht alles, mein lieber Doyen. Sobald er glaubt, ich hätte von einem meiner Besucher, über die ihn Spitzel unterrichten, ein Geschenk erhalten, kommt er in der Nacht in einer Sänfte und droht mir, mich auf die Straße zu setzen, wenn ich ihm nicht mein ganzes Geld gebe. Du kennst diesen niederträchtigen Schurken nicht.«

Ich gab ihr meine Adresse und bat sie, so oft sie wolle, zum Mittagessen zu mir zu kommen, doch möge sie es mich am Vortag wissen lassen. Ich hatte erneut eine Lektion über Besuche bei Frauen erhalten. Es gibt in England sehr schöne und sehr gute Gesetze, aber man kann sie allzuleicht mißbrauchen. Da die Geschworenen gehalten sind, sie buchstabengetreu anzuwenden, gibt man einer Reihe von Gesetzen, die nicht genügend klar formuliert sind, eine Auslegung, die der üblichen entgegengesetzt ist, und dann gerät der Richter in Verlegenheit. Aus diesem Grund werden jeden Tag im Parlament neue Gesetze und neue Ergänzungen zu alten beschlossen[46].

Lord Pembroke kam zu mir herauf, da er mich am Fenster gesehen hatte. Nachdem er mein ganzes Haus besichtigt und erfahren hatte, daß ich über einen Koch verfügte, beglückwünschte er mich und sagte, es gäbe kaum einen Lord in London, außer denen, die ständig dort wohnten, der es sich einfallen ließe, ein so großen Haus wie das meine zu führen. Wenn ich mit Freunden zu Mittag und zu Abend essen wolle, müsse ich nach seiner überschlägigen Berechnung monatlich dreihundert Pfund ausgeben. Nebenbei sagte er mir, ich solle mir doch im zweiten oder dritten Stock ein hübsches Mädchen halten, das mich sehr wenig kosten werde; da ich Junggeselle sei, würden alle, die es erführen, mich für sehr vernünftig halten.

»Lassen auch Sie ein Mädchen bei sich wohnen, Mylord?«

»Keineswegs, denn zu meinem Unglück kann ich ein Mädchen oder eine Frau, mit der ich geschlafen habe, gleich hinterher nicht mehr ausstehen, so daß ich jeden Tag eine neue habe; ohne in einer so guten Lage zu sein wie Sie, gebe ich viermal so viel aus wie Sie. Ich bin nämlich Junggeselle, lebe in London wie ein Ausländer und esse nie zu Hause. Ich wundere mich, daß Sie sich damit bescheiden, fast immer allein zu essen, denn ich kenne meine Mitbürger.«

»Ich spreche nicht Englisch und schätze eine Suppe, französische Vorspeisen und ausgezeichnete Weine; aus diesem Grunde finde ich die Gasthäuser hier unausstehlich.«

Er lachte, als ich ihm schilderte, wie ich in der Star Tavern acht oder zehn Mädchen fortgeschickt hatte und ihm die Schuld an der Sache gab.

»Ich habe Ihnen die Namen derer nicht gesagt, die ich holen lasse«, erwiderte er.

»Sie hätten sie mir sagen müssen.«

»Aber da sie Sie nicht kennen, wären sie nicht gekommen, denn sie stehen weder dem Sänftenträger noch dem ›waiter‹ zur Verfügung. Wenn Sie mir versprechen, sie so zu bezahlen wie ich, werde ich Ihnen sogleich mit meinem Namen unterzeichnete Briefchen geben. Wenn sie meinen Namen sehen, kommen sie sicher, sogar hierher, wenn Sie wollen.«

»Hierher, hierher, das wäre mir am liebsten. Schreiben Sie mir sogleich diese Briefchen, und nennen Sie mir den Preis, insbesondere von solchen, die Französisch sprechen.«

»Ach, es ist schade, die hübschesten sprechen nur Englisch.«

Nachdem er jedoch eine Weile nachgedacht hatte, schrieb er mir fünf oder sechs Adressen auf und setzte seinen Namen darunter. Ich übertrug auf ein zweites Blatt die Namen der Mädchen und setzte den Geldbetrag hinzu, den ich ihnen geben sollte, wenn sie die Nacht oder drei bis vier Stunden mit mir verbracht hatten. Sie erhielten zwischen vier und sechs Guineen, eine sogar zwölf.

»Die ist also doppelt so hübsch wie die anderen?«

»Das ist nicht der Grund; aber sie setzt einem Herzog, einem Pair[47] von Großbritannien, Hörner auf, der ihr wohl genug Geld gibt, sie aber nur ein- oder zweimal im Monat besucht.«

Ich fragte ihn, ob er mir gelegentlich die Ehre erweisen

wolle, die Kunst meines Kochs auszuprobieren; er sagte zu, wenn es sich zufällig ergebe.

»Und wenn Sie mich nicht zu Hause finden?«

»Dann gehe ich in den Gasthof.«

Da ich an diesem Tag nichts zu tun hatte, schickte ich Jarbe mit einem von Mylords Briefchen zu einer der beiden, die er für vier Louis eingeschätzt hatte, und ließ sie zu einem Mittagessen zu zweit einladen; sie kam. Trotz meiner Bereitschaft, sie nett zu finden, gefiel sie mir gerade gut genug, um mit ihr nach Tisch ein wenig zu tändeln. Als sie ihre vier Guineen erblickte, schied sie sehr befriedigt. Die zweite zu vier Guinen speiste am nächsten Abend mit mir. Sie war sehr hübsch, aber ich fand sie schwermütig und allzu gefügig; ich konnte mich nicht entschließen, sie auszuziehen. Am dritten Tag entdeckte ich im Covent-Garden-Theater ein verführerisches Mädchen, sprach sie auf französisch an und erhielt zu meiner Freude eine Antwort; ich hatte sie gefragt, ob sie mit mir soupieren wolle, und sie wollte wissen, was ich ihr dafür geben würde.

»Ich werde Ihnen drei Guineen geben.«

»Abgemacht.«

Nach Schluß der Vorstellung speisten wir dort; ich fand sie reizend, bat sie um ihre Adresse und stellte fest, daß es eine von den dreien war, für die mir der Lord den Preis von sechs Louis angegeben hatte. Sie nannte sich Kennedy[48]. Die beiden anderen waren Schwestern und hießen Garrick, doch gefielen sie mir nur vorübergehend. Die letzte zu zwölf Guineen lud ich meines gutes Rufes halber zum Souper ein; doch lag mir nichts daran, den Lord zum Hahnrei zu machen.

Tags darauf machte ich ihm frühzeitig einen Besuch und erzählte ihm die ganze Geschichte der sechs Sultaninnen, deren Bekanntschaft er mir vermittelt hatte.

»Es freut mich, daß Ihnen die Kennedy gefallen hat und daß sie nicht weiß, daß ich Ihnen ihren Namen genannt habe. Nun kenne ich Ihren Geschmack. Sie war die Favoritin von Berlendis, dem Sekretär der venezianischen Gesandtschaft. Ich konnte nur ein einziges Mal mit ihr schlafen.«

Dieser Lord Pembroke war jung, wohlgebaut, reich und geistvoll. Er stieg aus dem Bett, und da er spazierengehen wollte, sagte er zu seinem Kammerdiener, er solle ihn rasieren.

»Ich sehe keine Spur von einem Bart«, sagte ich.

»Den werden Sie auf meinem Gesicht nie sehen, denn ich lasse mich dreimal am Tag rasieren.«

»Wie, dreimal?«

»Wenn ich das Hemd wechsle, wasche ich mir die Hände, und wenn ich mir die Hände wasche, wasche ich mir auch das Gesicht, und das Gesicht eines Mannes wäscht man mit dem Rasiermesser.«

»Um welche Zeit nehmen Sie denn diese drei Waschungen vor?«

»Wenn ich aufstehe, wenn ich mich umziehe, um in der Stadt zu essen oder in die Oper zu gehen, und wenn ich mich schlafen lege; denn das Mädchen, das mit mir im Bett ist, soll mein Gesicht nicht wegen des Bartes unangenehm finden.«

Ich lobte seine Reinlichkeit. Sein Kammerdiener ließ, wie ich bemerkte, das Rasiermesser eben nur über die Haut gleiten und war in weniger als einer Minute fertig. Dann verabschiedete ich mich, um Briefe zu schreiben. Er fragte mich, ob ich zu Hause essen würde, und ich bejahte es. Ich dachte mir, er werde vielleicht kommen, und täuschte mich nicht. Ich sagte meinem Koch, er solle Ehre einlegen, ohne daß es jedoch den Anschein habe, als hätte ich jemanden erwartet.

Mittags klopfte die Binetti und trat erfreut, mich anzutreffen, in mein Zimmer; sie sagte, sie sei zu einem Teller Suppe gekommen.

»Du machst mir damit die größte Freude, denn allein langweile ich mich immer.«

»Mein Mann wird sich im Augenblick den Kopf zerbrechen, wo ich wohl bin.«

Die Frau gefiel mir immer noch. Sie war damals fünfunddreißig Jahre alt, aber niemand konnte ihr mehr als zweiundzwanzig oder dreiundzwanzig geben. Ihre ganze Gestalt war äußerst reizvoll, und ihre schönen Zähne und prächtigen Lippen zwangen die Kritiker zuzugeben, daß ihr Mund nicht zu groß war; außerdem bezauberte sie die Gesellschaft durch ihre Fröhlichkeit.

Um halb zwei kam Lord Pembroke in mein Zimmer, und die Binetti und er stießen gemeinsam einen Ruf der Überraschung aus. Ich hörte vom Lord, daß er seit sechs Monaten in sie verliebt war und ihr feurige Briefe geschrieben hatte, sie ihn jedoch stets abgewiesen habe; und ich hörte von ihr, daß sie ihn nie hatte erhören wollen, weil er der größte Libertin von ganz England war, und das sei schade, weil er auch der netteste sei. Die Küsse, die dieser Erklärung folgten, bewiesen die Zufriedenheit auf beiden Seiten. Man pries den Zufall, als dessen würdigen Diener man mich anerkannte; dann setzten wir uns zu Tisch und speisten ausgezeichnet nach englischer und französischer Art. Seine Lordschaft schwor, er habe das ganze Jahr hindurch nie und nirgends so gut gegessen, und bedauerte mich, daß ich nicht alle Tage Gesellschaft hätte. Die Binetti war ein ebenso wählerisches Leckermaul wie der Engländer, und so erhoben wir uns nach zweistündigem Mahl sehr heiter und mit großem Verlangen, der Liebe zu huldigen. Aber die Binetti war in diesen Dingen zu sehr bewandert, um mit dem Engländer schwach zu werden; sie gewährte ihm Küsse in Menge, aber nicht mehr.

Während ich mich mit neugekauften Büchern beschäftigte, überließ ich sie, so lange sie wollten, ihrem vertraulichen Gespräch; um zu verhindern, daß sie noch einmal gemeinsam bei mir zu Mittag essen wollten, gab ich der Hoffnung Ausdruck, der Zufall möge mir recht oft eine derartige Freude bescheren. Um sechs Uhr ließ sich die Binetti zum Park[49] tragen, um von dort zu Fuß nach Hause zu gehen, während Seine Lordschaft sich in seine Wohnung begab, um sich umzuziehen; ich selbst machte mich auf den Weg nach Vauxhall[50]. [...]

An Eintritt bezahlte man für den sogenannten Vauxhall Garden um die Hälfte weniger als im Ranelagh House, aber die Vergnügungen, die man sich dort verschaffen konnte, waren groß. Gutes Essen, Musik, Spaziergänge durch dunkle Alleen, in denen man ausgelassene Mädchen traf, und Spaziergänge in hellerleuchteten Alleen, in denen sich kunterbunt die berühmtesten Schönheiten von London vom höchsten wie vom niedrigsten Rang ergingen.

Trotz aller dieser Zerstreuungen langweilte ich mich, weil ich keine gute Freundin im Bett und bei Tisch hatte; dabei war ich schon fünf Wochen in London. Mein Haus war wie dafür geschaffen, daß ich mir mit allem Anstand eine Geliebte halten konnte. Lord Pembroke hatte recht; mir fehlte, da ich zur Beständigkeit neigte, nur dies, um glücklich zu sein. Aber wie sollte ich in London die für mich geschaffene Freundin finden, die in der Veranlagung einer von denen glich, die ich so sehr geliebt hatte? In London hatte ich bereits fünfzig Mädchen gesehen, die alle Welt hübsch fand, und unter ihnen war nicht eine einzige gewesen, die mich völlig überzeugt hätte. Ich dachte beständig darüber nach. Dann hatte ich einen wunderlichen Einfall und befolgte ihn.

Ich sprach mit der Alten, die mein Haus betreute, und mit der Dienerin, die ich als Dolmetscherin bezahlte, und sagte ihnen, ich wolle, um Gesellschaft zu haben, den zweiten und den dritten Stock meines Hauses vermieten; obwohl mir das freistehe, würde ich ihr dafür eine halbe Guinee je Woche zum Geschenk machen. Ich sagte ihr also, sie solle einen Anschlag an meiner Haustür aushängen, der genau den Inhalt habe, den ich ihr sogleich aufschrieb:

»Zweiter oder dritter Stock, möbliert, billig an eine junge Dame zu vermieten, die allein und ungebunden ist, Englisch und Französisch spricht und weder bei Tag noch bei Nacht Besuche empfängt.«

[…]

Der Zettel wurde am nächsten Tag ausgehängt, und wie die Alte mir gesagt hatte, sah ich, daß alle Vorübergehenden ihn nicht nur einmal, sondern zwei- oder dreimal lasen und dann ihren Weg lachend fortsetzten. [...]

Alle die Mädchen, die in den nächsten acht oder zehn Tagen kamen, um die beiden Wohnungen zu sehen, und denen ich sie unter verschiedenen Vorwänden verweigerte, sind einer eingehenden Schilderung nicht wert. Daß mir alle abgewiesenen mißfallen hatten, versteht sich von selbst; es kamen Alte, die sich für jung ausgaben, Aufdringliche, Liederliche und Unverschämte, bis schließlich, gerade als ich bei Tisch saß, ein zweiundzwanzig bis vierundzwanzig Jahre altes, großgewachsenes Mädchen erschien, das einfach, aber sauber gekleidet war. Ihr vornehmes, ernstes Gesicht war blaß, von schwarzem Haar umrahmt und in jeder Weise schön. Beim Hereinkommen machte sie mir einen sehr tiefen Knicks, der mich zum Aufstehen zwang; sie bat mich, bei Tisch sitzen zu bleiben, und um mich dazu zu nötigen, nahm sie auch Platz. Da sie bereits Eindruck auf mich gemacht hatte, bot ich ihr eingemachte Früchte an; doch lehnte sie alles bescheiden ab. Nicht auf französisch, wie zuerst, sondern in reinstem Italienisch und ohne den geringsten fremden Akzent sagte sie mir, sie wolle ein Zimmer im dritten Stock nehmen; sie hoffe, ich werde es ihr nicht verweigern, denn sie glaube noch jung zu sein und könne auch die anderen Bedingungen ohne Schwierigkeiten erfüllen.

[...]

Ich sagte dem Hausmädchen, sie solle sogleich den Anschlag abnehmen und alles Nötige in die Zimmer bringen, die die junge Dame im dritten Stock beziehen wolle. Diese sagte mir noch, bevor die beiden hinausgingen, sie werde das Haus nur verlassen, um an Feiertagen die Messe in der Kapelle des bayrischen Gesandten[51] zu hören und um einmal im Monat die Person aufzusuchen, die ihr für ihren Lebensunterhalt drei Guineen gebe. Ich erwiderte, es stehe ihr frei auszugehen, ohne jemandem darüber Rechenschaft zu geben. [...]

Ich war über diese glückliche Lösung sehr zufrieden. Ich

hatte Bedürfnis nach einer Frau, nicht um meine Gelüste zu befriedigen, sondern um zu lieben und im Gegenstand meiner Zuneigung viele Vorzüge hinsichtlich der Schönheit wie auch der inneren Qualitäten zu entdecken; und meine aufkeimende Liebe gewann an Kraft, wenn ich voraussah, daß die Eroberung mich Mühe kosten werde. Die Möglichkeit eines Mißerfolgs zog ich gar nicht in Betracht; ich wußte, daß keine Frau der Welt einem beharrlichen Werben und all den Aufmerksamkeiten eines Mannes widerstehen kann, der sie verliebt machen will.

[...]

Clairmont meldete mir, der junge Cornelys wünsche mich zu sprechen. Ich empfing ihn lachend und dankte ihm für seinen ersten Besuch seit sechs Wochen, die wir nun in London waren.

»Mama hat es mir nie erlaubt; ich kann es nicht mehr ertragen. Lesen Sie diesen Brief, er wird Sie überraschen. Sie hat ihn selbst in meiner Gegenwart geschrieben.«

Ich öffnete ihn und las das Folgende:

»Ein Gerichtsdiener hat gestern einen Augenblick abgepaßt, als meine Haustüre offenstand, kam herein und nahm mich fest. Ich mußte ihm folgen und bin nun bei ihm in Haft; wenn ich nicht noch heute eine Kaution stelle, bringt er mich abends in das richtige Gefängnis von King's Bench[52]. Als Kaution verlangt er zweihundert Guineen; den Betrag schulde ich für einen fälligen Wechsel, den ich nicht bezahlen konnte. Holen Sie mich sofort hier heraus, mein wohltätiger Freund, denn morgen können zu meinem Unglück noch andere Gläubiger erscheinen und mich einsperren lassen, und dann ist mein Sturz unvermeidlich. Verhindern Sie meinen Ruin und den meiner unschuldigen Familie! Als Fremder können Sie für mich keine Kaution stellen. Aber es genügt, wenn Sie einem hier Ansässigen ein Wort sagen; Sie werden ihn bereit finden. Wenn Sie Zeit haben, mich aufzusuchen, so kommen Sie; ich werde Ihnen dann beweisen, daß ich den Ball nicht hätte geben können, wenn ich nicht den

Wechsel unterschrieben hätte, denn ich hatte mein ganzes Geschirr und Porzellan verpfändet. Mein Sohn weiß die Adresse des Hauses, in dem ich festgehalten werde.«

Fest entschlossen, sie fallenzulassen, nahm ich die Feder und schrieb ihr in wenigen Worten, daß sie mir leid täte, daß ich keine Zeit hätte, sie aufzusuchen, und daß ich mich schämen würde, meine Freunde um Stellung einer Kaution zu bitten, da es sich um einen abgelaufenen Wechsel handle, dessen Fälligkeit anständigerweise nicht in Frage gestellt werden könne. Ich versiegelte den Brief und gab ihn dem jungen Mann; als er mir die Adresse des Gerichtsdieners nennen wollte, lehnte ich ab. Er entfernte sich traurig mit dem Diener, der an der Tür gewartet hatte.

[…]

Am nächsten Tag kam Lord Pembroke zum Frühstück und beglückwünschte mich dazu, daß der Anschlagzettel verschwunden war. Er zeigte sich interessiert, meine Mieterin kennenzulernen; aber ich sagte ihm, das sei nicht möglich, denn sie ziehe die Einsamkeit entschieden vor und dulde auch mich nur, weil sie nicht anders könne. Er bestand nicht darauf. Ich erzählte ihm, daß die Binetti seine Wankelmütigkeit verabscheue, und er lachte darüber.

»Werden Sie heute mittag zu Hause speisen?«

»Nein, Mylord.«

»Ich verstehe alles.«

Martinelli kam und las mir zu meiner Erleichterung auf italienisch drei oder vier Anzeigen nach Art der meinen vor, die in einem städtischen »Advertiser« erschienen waren. Spaßvögel hatten meinen Anschlag parodiert. Einer bot eine leere Wohnung an, passend für eine junge hübsche Frau, die ihrem Gatten davongelaufen sei, weil er sich beklage, daß sie ihm am Tag nach der Hochzeit Hörner aufgesetzt habe. Die Adresse der Wohnung war genannt; die Ausreißerin würde nur sechs Shillinge wöchentlich zahlen, aber für diesen Betrag erhielte sie auch ihr Essen und den Hausherrn, der jede Nacht mit ihr schlafen würde. Die anderen Anzeigen waren von gleicher Art und anstößig. Mit der Pressefreiheit wird in London ein großer Mißbrauch getrieben. Der anständige Martinelli fragte mich nicht nach meiner Mieterin. Es war Sonntag; ich bat ihn, mich in die Messe beim bayrischen Gesandten zu führen. Ich glaubte, dort Pauline zu sehen, aber ich entdeckte sie nirgends. Wie sie mir später sagte, wählte sie sich einen Platz, an dem man sie nicht beobachten konnte. Die Kirche war gedrängt voll, und Martinelli zeigte mir Lords und Ladies, die katholisch waren und kein Hehl daraus machten.

[...]

Ich trat in ein Café, in dem zwanzig Leute die Zeitung lasen. Da ich kein Englisch verstand, sah ich schweigend dem Kommen und Gehen zu. Ein Kaufmann sagte auf französisch zu einem der Leser, ein Soundso habe sich umgebracht und das mit Recht, denn bei seinen äußerst ungeordneten Finanzen hätte er in Zukunft ein elendes Leben führen müssen.

»Sie täuschen sich. Ich war gestern bei der Aufnahme seines Besitzes zugegen, denn ich gehörte auch zu seinen Gläubigern; wir haben alle gefunden, daß er eine Dummheit gemacht hat, denn er hätte mit dem Selbstmord noch sechs Monate warten und trotz seiner schlechten Lage noch recht gut leben können.«

Diese Art zu rechnen erheiterte mich. Ich ging auf die Börse, um Geld zu holen. Dort traf ich Bosanquet, der mir sogleich das Gewünschte gab; als wir das Zimmer verließen, in dem ich ihm die Quittung gegeben hatte, erblickte ich einen Mann, dessen Gesicht mich neugierig machte, und so fragte ich meinen Bankier, wer das sei.

»Der Mann ist hunderttausend Pfund wert.«

»Und der andere dort?«

»Der ist nichts wert.«

»Aber ich habe Sie nach den Namen gefragt.«

»Die weiß ich nicht. Der Name bedeutet nichts. Um einen Menschen zu kennen, muß man wissen, über wieviel Geld er verfügt; denn was ist schon ein Name? Verlangen Sie von mir tausend Pfund, und geben Sie mir in meiner Gegenwart unter dem Namen Attila[53] eine Quittung, das genügt mir. Sie werden mir den Betrag nicht als Seingalt, sondern als Mister Attila zurückzahlen, und wir werden darüber lachen.«

»Aber wenn Sie einen Wechsel unterzeichnen?«

»Das ist etwas anderes, dann muß ich mit dem Namen unterschreiben, mit dem der Aussteller mich bezeichnet.«

Ich verließ ihn und ging in den Park; aber vorher wollte ich eine Banknote in Münzen wechseln. Ich suchte einen bekannten Händler auf, einen Genießer, den ich im Gasthof kennengelernt hatte, und bat ihn, mir für meine Zwanzigpfundnote, die ich auf seinen Tisch warf, Guineen zu geben.

»Kommen Sie in einer Stunde wieder«, erwiderte er, »denn im Augenblick habe ich keine Münzen.«

»Schön, ich komme nachher noch einmal vorbei.«

»Nehmen Sie Ihre Banknote mit, und geben Sie sie mir, wenn ich Ihnen die Münzen gebe.«

»Das ist doch gleich, behalten Sie sie. Ich zweifle nicht an Ihrer Rechtschaffenheit.«

»Das ist Unsinn, mein Freund, denn wenn Sie mir die Banknote hierlassen, werde ich Ihnen die Münzen nicht mehr geben, und wäre es auch nur, um Ihnen Lebensart beizubringen.«

»Ich halte Sie einer so unehrlichen Handlung nicht für fähig.«

»Das bin ich auch keineswegs; aber wenn es sich um eine so einfache Sache handelt wie diese Banknote, die Sie in der Tasche nicht beschwert und die Sie mir hierlassen, ohne das Wechselgeld erhalten zu haben, würde ich mich trotz allem, was Sie mir sagen könnten, leichter davon überzeugen, daß ich ihnen die Münzen schon gegeben habe, als daß Sie so dumm gewesen sein sollten, mir die Banknote hierzulassen, ohne den Gegenwert zu erhalten.

»Sie haben recht.«

Ich ging in den Park; dort traf ich Martinelli und dankte ihm dafür, daß er mir seinen »Decameron« geschickt hatte. Er beglückwünschte mich zu meinem Wiederauftauchen in der Welt und zu der schönen Person, deren Sklave ich geworden sei; Lord Pembroke habe sie gesehen und reizend gefunden.

»Was, wie? Wo hat er sie gesehen?«

»Mit Ihnen zusammen in einem vierspännigen Wagen, der vor drei oder vier Tagen in scharfem Trab nach Rochester fuhr.«

»Nun gut, ich kann Ihnen jetzt sagen, daß ich sie nach Calais gebracht habe und nicht wiedersehen werde.«

»Werden Sie ihre Räume noch einmal vermieten?«

»Nie mehr. Ich wurde zu sehr dafür bestraft, obgleich die Liebe mir wohlgesonnen war. Kommen Sie zum Mittagessen zu mir, wann Sie wollen.«

Auf dem Weg zum Buckingham House erblickte ich zu meiner Linken zwischen den Büschen in zwölf oder fünfzehn Schritt Entfernung etwas Unanständiges, das mich überraschte. Vier oder fünf Personen verrichteten in Abständen voneinander ihre Bedürfnisse und zeigten dabei den Vorübergehenden ihr Hinterteil.

»Das ist unanständig«, sagte ich zu Martinelli; »diese Schweine hätten sich eher uns zuwenden sollen.«

»Keineswegs, denn dann würde man sie erkennen und sicher zu ihnen hinblicken; wenn sie uns aber ihr Gesäß zeigen, nötigen sie uns wegzusehen, außer wir wären an diesem Körperteil besonders interessiert.«

»Das ist sehr logisch gedacht, mein Freund, aber da es für einen Fremden neu ist, werden Sie mich entschuldigen.«

»Sie werden auch bemerkt haben, daß ein Engländer, der auf der Straße Wasser lassen muß, nicht wie bei uns neben jemandes Tür oder in seinem Flur oder seinem Hof pißt.«

»Das habe ich bemerkt. Sie wenden sich zur Straßenmitte und pissen dorthin. Aber wer im Wagen vorüberfährt, sieht es, und das finde ich nicht in Ordnung.«

»Wer befiehlt denn den Vorüberfahrenden hinzublikken?«

»Das ist ebenfalls richtig.«

Wir gingen in den Green Park und trafen dort Lord Pembroke zu Pferd, er hielt an und stieß bei meinem Anblick einen Freudenschrei aus. Ich erriet warum und sagte, ich wäre seit vier Tagen frei und säße allein an meiner guten Tafel.

»Ich bin ein wenig neugierig. Vielleicht komme ich heute.«

Er ritt weiter; da ich ihn bestimmt erwartete, ging ich nach Hause, um eine gute Mahlzeit anzuordnen. Martinelli konnte nicht mitkommen; aber er führte mich durch ein Tor hinaus, das ich nicht kannte, und begleitete mich, bis ich auf dem richtigen Weg war.

Am Ende einer Straße erblickten wir eine Menschenmenge, in deren Mitte es irgend etwas zu sehen geben mußte, da alle die Hälse reckten. Martinelli ging hin, blieb einige Minuten stehen und sagte mir dann, ich würde eine seltsame Geschichte hören.

»Alle diese Leute warten gespannt, ob ein Mann innerhalb einer Viertelstunde wegen eines heftigen Faustschlags auf die Schläfe, den er in einem ehrlichen Kampf gegen einen anderen erhalten hat, sterben wird oder nicht.«

»Gibt es keine Hilfe für ihn?«

»Ein anwesender Wundarzt behauptet, er werde nicht sterben, wenn man ihn zur Ader lasse.«

»Wer kann ihm das verwehren?«

»Eben das ist das Erstaunliche. Zwei Männer verbieten es ihm, die zwanzig Guineen gewettet haben, ob er leben oder sterben wird. Einer von ihnen hat gewettet, daß er stirbt, der andere, daß er nicht stirbt, und die Wette gilt. Der Wundarzt will ihn zur Ader lassen; aber der eine, der auf seinen Tod gewettet hat, hindert ihn daran, denn wenn er am Leben bleibt, will der andere seine zwanzig Guineen. Sie wollen von einem Ausgleich nichts wissen, so wird dieser Mann vielleicht wegen dieser verdammten Wette sterben.«

»Bei Gott, der Mann ist mit solchen unerbittlichen Wetten übel daran.«

»Der Engländer hat seine Eigenheiten beim Wetten. Es gibt eine Bruderschaft oder einen Klub, den der ›Wettliebhaber‹; wenn es Sie interessiert, führe ich Sie dort ein.«

»Wird auch Französisch gesprochen?«

»Zweifellos gibt es dort geistvolle und gebildete Leute.«

»Und was macht man dort?«

»Man unterhält sich, und wenn einer etwas bestreitet, was ein anderer als Tatsache erzählt, fordert ihn dieser zu einer Wette heraus, die er annehmen muß; andernfalls zahlt er eine Geldstrafe an die Kasse des Klubs, die die Mitglieder am Ende des Monats unter sich teilen.«

»Mein lieber Freund, verschaffen Sie mir Eingang in diesen prächtigen Klub, der mich reich machen wird; denn wenn ich gegenteiliger Ansicht bin, werde ich mit ihr nicht hinterm Berg halten, vorausgesetzt allerdings, daß ich meiner Sache sicher bin.«

»Seien Sie vorsichtig, denn die Leute sind gerissen.«

»Aber wenn nun der Mann an dem Faustschlag stirbt; was geschieht mit dem, der ihn umgebracht hat?«

»Man wird seine Hand untersuchen. Wenn man feststellt, daß sie ›gefährlich‹ ist, wird man ihn hängen; ist sie wie die Ihre und die meine, so wird man sie nur kennzeichnen.«

»Woran erkennt man eine Hand als gefährlich?«

»Wenn sie ein Mal trägt. Man weiß dann, daß dieser Mann einen anderen getötet hat, und wenn man seine Hand mit einem Mal versieht, bedeutet das, er solle sich hüten, einen zweiten zu töten, sonst käme er an den Galgen.«

»Aber wenn ein Mann mit einer gefährlichen Hand, da es das nun einmal gibt, angegriffen wird?«

»Er wird seine Hand vorweisen; das wird jedermann respektieren und ihn in Ruhe lassen.«

»Und wenn man ihn zum Kampf zwingt?«

»Dann verteidigt er sich, und wenn er jemanden umbringt, zählt das nicht, vorausgesetzt, daß er Zeugen hat.«

»Der Faustkampf kann sehr leicht zum Tode führen, ich wundere mich, daß er erlaubt ist.«

»Es ist nur als Wette erlaubt. Wenn die zwei, die sich schlagen, nicht vor dem Kampf ein oder zwei Guineen auf die Erde geworfen haben, was ein Beweis für die Wette ist, und der eine ums Leben kommt, wird der andere zum Tode verurteilt.«

»O Gesetze, o Sitten!«

So lernte ich diese stolze Nation kennen. Ich hatte für den edlen Lord ein gutes Mahl vorbereiten lassen, und er kam auch wirklich. Obwohl wir nur zu zweit waren, saßen wir sehr lange bei Tisch, denn ich wollte seine Meinung zu allen interessanten Dingen hören, die ich am Vormittag erfahren hatte, und besonders über die »Gesellschaft der Wettliebhaber«. Der liebenswerte Lord riet mir, dort nicht einzutreten, außer ich nähme mir vor, wenigstens einen Monat lang vollkommenes Stillschweigen zu bewahren.

»Wenn man mich jedoch etwas fragt?«

»Machen Sie Ausflüchte.«

»Ausflüchte sind gut; ich werde sie ohne Zweifel machen, wenn man mich um meine Meinung fragt und ich meiner Sache nicht sicher bin. Aber im gegenteiligen Fall könnte mich nicht einmal der Teufel zum Schweigen bringen. Ich hoffe doch, daß es keine Spitzbuben sind.«

»Spitzbuben? Lauter adlige, gebildete und reiche Lebemänner, aber beim Vorschlagen und Annehmen von Wetten unerbittlich.«

»Ist die Kasse denn reich?«

»Sehr arm, denn lieber verliert man eine Wette, als eine Strafe zu zahlen. Wer wird Sie einführen?«

»Martinelli.«

»Ja, er wird mit Spencer sprechen, der Mitglied ist. Ich wollte nicht eintreten.«

»Warum?«

»Weil ich es nicht schätze, mich zu streiten. Aber Sie sind ein ungewöhnlicher Mann.«

»Aus welchem Grund?«

»Sie haben sich einen Monat lang mit einer Frau eingeschlossen, die vierzehn Monate in London war und mit niemandem Bekanntschaft schloß, so daß man nicht einmal wußte, aus welchem Land sie war; daß nur Sie als Fremder sie kennenlernten, ist eine Tatsache, die uns kränkt.«

»Woher wußten Sie, daß sie vierzehn Monate hier war?«

»Im ersten Monat hat sie bei einer ehrenwerten Witwe gewohnt, bei der verschiedene Leute sie gesehen haben; aber sie wollte sich mit niemandem einlassen. Ihre Anzeige hat sie Ihnen in die Hände gespielt.«

»Zu meinem Unglück, denn ich werde nie mehr eine andere Frau lieben.«

»Oh, spätestens in acht Tagen, vielleicht schon morgen, wenn Sie zum Diner zu mir aufs Land kommen wollen. Ich habe mich gestern zufällig in Chelsea mit einer Französin verabredet, die eine Schönheit ist und zum Diner kommen will. Ich habe meine Anweisungen gegeben und fünf oder sechs meiner Freunde verständigt, die das Spiel lieben.«

[...]

Am nächsten Morgen um zehn Uhr fragte mich Jarbe, ob ich vergessen hätte, daß ich zum Diner bei Lord Pembroke eingeladen sei.

»Sicher nicht. Doch es ist erst zehn Uhr.«

»Ganz recht. Aber wir müssen zwanzig Meilen weit fahren.«

»Zwanzig Meilen?«

»Ja, hier ist die Adresse, die er mir gegeben hat. Wir müssen nach St. Alban's[54] fahren.«

Ich fand es sonderbar, daß der Lord mir das nicht gesagt hatte; aber so sind die Engländer. Ich nahm die Post, was in London nicht schwer ist, da sie überall verkehrt, und fuhr in weniger als drei Stunden zu seinem Haus in St. Alban's. Es gibt nichts Schöneres als die englischen Straßen und nichts Anmutigeres als eine englische Landschaft; nur fehlen die Weinberge. Es ist eine Eigenart des sonst sehr fruchtbaren Bodens der Insel, daß auf ihm kein Wein gedeiht.

Das Haus des Lords war nicht weitläufig, aber groß genug, um zwanzig Herren unterzubringen. Die Dame war noch nicht gekommen; er zeigte mir seine Gärten, seine Bäder, seine Liebhabereien, seine unterirdische Heizung, um Früchte auch außerhalb der Saison zur Verfügung zu haben. Unter anderem zeigte er mir auch einen Hahn, der in einem Verschlag angekettet war und wirklich sehr wild aussah.

»Was bedeutet das? Ein so schöner Hahn, und angekettet?«

»Weil er so wild ist. Er liebt die Hennen und würde mir auf der Suche nach ihnen davonlaufen. Dann tötet er alle Hähne, denen sie gehören.«

»Und warum verurteilen Sie ihn zum Zölibat?«

»Damit er für den Kampf stark bleibt. Hier sehen Sie die Liste seiner Siege.«

Er öffnete die Lade und entnahm ihr eine lange Rolle, auf der alle Kämpfe verzeichnet waren, in denen er seine Gegner getötet hatte und Sieger geblieben war. Es waren mehr als dreißig. Er zeigte mir seine hellschimmernden Stahlsporen. Der Hahn zitterte vor Eifer bei ihrem Anblick, und ich konnte mich nicht halten, laut herauszulachen. Ganz aufgeregt hob das Tier seine Krallen, um sie sich anlegen zu lassen. Dann zeigte mir der Lord noch eine stählerne Kappe.

»Aber so gewappnet ist er doch sicher, daß er seinen Gegner besiegt.«

»Keineswegs, denn wenn er damit ausgerüstet ist, beachtet er einen unbewaffneten Gegner überhaupt nicht.«

»Das verblüfft mich wirklich, Mylord.«

»Sie werden sich nicht mehr wundern, wenn Sie das hier gelesen haben.«

Nun zog er aus dem vierten Schubfach eine Liste, auf der die ganze Abstammung des Hahns verzeichnet war. Er konnte zwanzig adlige Vorfahren nachweisen, väterlicherseits selbstverständlich, denn wenn der Lord auch die adlige Abstammung der Mutter nicht hätte nachweisen können, hätte er dem Tier wenigstens das Malteserkreuz[55] um den Hals gehängt. Er erzählte mir, es habe ihn zweihundert Guineen gekostet, aber er würde es nicht für tausend hergeben. Ich fragte ihn, ob er Nachkommen züchte, und er erwiderte mir, er bemühe sich darum, aber es sei schwierig; ich erinnere mich nicht, welche Schwierigkeiten er mir nannte. Bei jeder Gelegenheit entdeckte meine Wißbegierde bei den Engländern bezaubernde Eigenheiten.

Aber da fuhr ein Wagen mit einer Frau und zwei Männern vor. Ich erblickte den Spitzbuben Castel-Bajac und eine dürre Gestalt, die Castel-Bajac dem Lord als Graf Schwerin[56] vorstellte, den Neffen des berühmten Feldmarschalls[57], der, wie man zu sagen pflegt, auf dem Feld der Ehre sein Leben ließ. Der englische General Beckwith[58], der mit seinem Regiment auf preußischer Seite gekämpft hatte und ebenfalls eingeladen war, begrüßte ihn höflich und sagte, er sei beim Tod des Marschalls zugegen gewesen; daraufhin zog der unbedeutende Neffe das blutbefleckte Ordensband vom Schwarzen Adler[59] aus der Tasche, das der Marschall getragen hatte, als ihn der tödliche Schuß traf.

»Seine Majestät[60] hat mir erlaubt, es zu behalten«, erklärte er.

»Aber die Tasche ist nicht der rechte Platz dafür«, erwiderte einer der anwesenden Engländer.

Seine Lordschaft belegte Madame sogleich mit Beschlag. Ich musterte sie, doch mit Pauline verglichen, erschien sie mir nichtssagend. Sie war als Blondine hellhäutiger, dazu kleiner und ohne die geringste Spur von Vornehmheit; so interessierte sie mich nicht. Wenn sie lachte, schwand ihre ganze Schönheit dahin. Es ist ein großes Mißgeschick für eine hübsche Frau, wenn das Lachen sie entstellt, denn das Lachen vermag oft eine Häßliche zu verschönern.

Lord Pembroke, dem es oblag, stellte der Dame und ihren Begleitern seine Freunde vor, und als er meinen Namen Seingalt nannte, hätte Castel-Bajac so tun können, als erkenne er mich nicht; aber er zeigte sich erfreut und umarmte mich.

Wir verspeisten heiter die englischen Gerichte und tranken Punsch, dann regte Madame ein kleines Pharaospiel an. […]

Eine Stunde später legte der General die Karten auf den Tisch, und als ich mich verabschiedete, bat ich Seine Lordschaft und alle Anwesenden, am nächsten Tag zum Diner zu mir zu kommen.

Ich war um elf Uhr abends wieder zu Hause, ohne, wie ich erwartete, einem Straßenräuber begegnet zu sein. Ich hatte zu diesem Zweck eine kleine Geldtasche mit sechs Guineen vorbereitet, wie man es mich gelehrt hatte. Ich ließ meinen Koch wecken und sagte ihm, daß ich am nächsten Tag zum Diner zwölf Personen erwarte. Es war das erste schöne Diner, das ich gab. Ich fand ein Briefchen der Cornelys mit der Nachricht vor, sie werde am kommenden Sonntag mit unserer Tochter zum Mittagessen zu mir kommen; nachher könnten wir zum Pensionat fahren, in das sie Sophie geben wolle.

Als erster erschien Lord Pembroke mit der schönen Französin in einem sehr engen zweisitzigen Wagen. Diese Enge ist für die Liebe günstig. Die übrigen kamen einzeln oder zu zweit und als letzte der Gaskogner und der Preuße.

Wir setzten uns um zwei Uhr zu Tisch und standen erst um vier Uhr wieder auf, sehr zufrieden mit dem Koch und mehr noch mit dem Weinhändler, denn trotz des Inhalts von vierzig Flaschen, den wir im Leibe hatten, war keiner von uns betrunken.

Nach dem Kaffee lud der General die ganze Gesellschaft zum Souper zu sich ein, und Madame Castel-Bajac forderte mich auf, eine Bank aufzulegen. Ohne mich lange bitten zu lassen, setzte ich tausend Guineen ein, die Hälfte in Gold, die Hälfte in Banknoten. Da ich weder Jetons noch Spielmarken hatte, erklärte ich, ich würde nur Gold gegen Gold spielen und aufhören, wann es mich gutdünke, ohne die letzte Runde anzusagen.

Zu meiner Freude bezahlten die beiden fremden Grafen[61] dem General mit Banknoten ihre kleine Schuld. Zwei gleiche Banknoten, die sie mir gaben, wechselte ich ihnen in Guineen, ebenso dem General die beiden Banknoten, die er von ihnen erhalten hatte. Diese vier Banknoten legte ich unter meine Tabaksdose beiseite, und dann begann das Spiel. Da ich keinen Croupier[62] hatte und alle mitspielen ließ, mußte ich sehr langsam geben. Am meisten beschäftigten mich die beiden Grafen, die sich häufig zu ihrem Vorteil irrten. Das verdroß mich. Als schließlich beide zu ihrem Unglück verloren und zu meinem Glück keine Banknoten mehr hatten, zog Castel-Bajac einen Wechsel über zweihundert Guineen aus der Tasche, warf ihn mir hin und bat mich, ihn zu diskontieren; ich erwiderte ihm, in Wechseln kenne ich mich nicht aus. Ein Engländer betrachtete ihn, dann gab er ihn mir zurück und sagte, er kenne weder den Aussteller noch den Bezogenen, noch den Indossanten.

»Der Indossant bin ich selbst«, erklärte der Gaskogner; »ich glaube, das genügt.«

Alle lachten, nur ich nicht. Ich gab ihm den Wechsel höflich zurück und sagte, er könne ihn auf der Börse diskontieren. Er murmelte einige Unverschämtheiten und verschwand; Schwerin folgte ihm.

Nach dem Verschwinden der beiden Gauner spielte ich sehr ruhig bis spät in die Nacht weiter. Am Ende hatte ich verloren, weil der General allzu viel Glück hatte. Bevor er ging, nahm er Seine Lordschaft und mich beiseite und bat uns, dafür zu sorgen, daß die beiden Gauner in der folgenden Nacht nicht zu ihm kämen, denn wenn ihm der Gaskogner nur die Hälfte von dem gesagt hätte, was er mir zu sagen gewagt habe, hätte er ihm zum Fenster hinausgeworfen. Seine Lordschaft erwiderte, er könne das nur der Frau mitteilen. Ich fragte ihn, ob die vier Banknoten, die ich von ihnen erhalten hatte, falsch sein könnten. Er erwiderte mir lachend, sie sähen so neu aus, daß es durchaus möglich wäre.

»Was würden Sie im Zweifelsfall tun?«

»Ich würde sie bei einer Bank wechseln lassen.«

»Und wenn man sie bei der Bank für falsch erklärt?«

»Ich würde mich damit abfinden oder den festnehmen lassen, der sie mir gegeben hat.«

Er gab mir noch die Adresse des Generals und fuhr dann mit seiner Dame fort.

Am nächsten Tag bei der Bank überraschte mich die kalte Gleichgültigkeit, mit der ein ganz einfacher Mann, dem ich meine vier Banknoten mit der Bitte, sie in Münzen zu wechseln, gegeben hatte, sie mir zurückgab und sagte, sie seien falsch. Er verzog den Mund zu einem Lächeln, als ich ihn bat, sie etwas genauer zu untersuchen, und sagte mir, ich solle sie demjenigen zurückgeben, von dem ich sie erhalten hätte, und ihn zur Bezahlung in gutem Geld nötigen; dabei hätte ich keine Schwierigkeiten zu erwarten.

Ich wußte wohl, daß ich in der Lage war, die beiden Spitzbuben ins Gefängnis zu bringen; aber da mir das widerstrebte, entschloß ich mich, Seine Lordschaft aufzusuchen, um die Adresse zu erfahren. Seine Lordschaft schlief noch, und so führte mich einer seiner Diener zu den beiden. Mein Auftauchen überraschte sie. Ich sagte ihnen in aller Gelassenheit, die vier Banknoten, die sie mir gegeben hätten, seien falsch, und sie müßten mir unverzüglich vierzig Guineen geben. Castel-Bajac erwiderte, er habe kein Geld, doch sei er erstaunt.

»Ich kann sie nur dem Mann zurückgeben«, erklärte er, »von dem ich sie erhalten habe, wenn diese Banknoten wirklich die gleichen sind, die wir Ihnen gegeben haben.«

Bei dieser Beschuldigung stieg mir das Blut in den Kopf, und ich verließ sie. Der gleiche Diener, der auf mich gewartet hatte, führte mich zu einer Stelle, wo man mir, wie er mir schwor, einen Haftbefehl aushändigen werde, mit dem ich sie festnehmen lassen könne. Ich ging zu dem Alderman[63], der die Sache übernahm; dann kehrte ich sehr ärgerlich über diese schändliche Geschichte nach Hause zurück. Dort wartete Martinelli, der mich zum Mittagessen abholen wollte. Ich erzählte ihm die Sache, ohne ihm zu sagen, daß die Spitzbuben verhaftet würden. Der Philosoph sagte mir, er würde an meiner Stelle die falschen Banknoten verbrennen. Er prahlte vielleicht nur mit diesem Heroismus, aber der Rat war gut. Ich befolgte ihn nicht. In der Meinung, mich aufzuheitern, sagte er mir, er habe mit Lord Spencer einen Tag für meine Einführung in den Klub der Wettliebhaber verabredet, doch ich antwortete ihm, mir sei die Lust zum Eintritt vergangen. Man ist einem klugen Mann häufig wegen eines guten Rates böse, den man nicht zu befolgen den Mut hat.

Gegen Abend ging ich zum General; dort saß bereits die Comtesse auf den Knien von Lord Pembroke. Das Abendessen verlief heiter; und man sprach auch nicht von ihnen. Nach dem Abendessen gingen wir in ein anderes Zimmer, wo ein Pharaotisch bereitstand. Der General hielt bis zum Morgengrauen die Bank, und bei meiner Heimkehr hatte ich zwei- oder dreihundert Guineen verloren. Ich legte mich zu Bett und wachte erst sehr spät auf.

Man meldete mir einen Mann, und ich ließ ihn eintreten; doch da er nur Englisch sprach, mußte ich Jarbe rufen, damit er dolmetschte. Der Mann war das Oberhaupt der Büttel und sagte mir, wenn ich ihm die Reise zahlen wolle, werde er Castel-Bajac sicher in Dover verhaften, denn dorthin sei er zu Mittag abgereist; er schwor, er werde ihn noch vor Einbruch der Nacht erwischen. Ich schenkte ihm eine Guinee und antwortete, mir genüge der andere; er solle den Gaskogner zum Teufel gehen lassen.

[...]

Tags darauf erschien der Beauftragte des Alderman sehr frühzeitig bei mir und sagte, der Graf Schwerin sei bei ihm in Arrest; er übergab mir einen Brief, in dem mich der Graf bat, ihn aufzusuchen. Ich entschloß mich hinzugehen, als ich von dem Mann erfuhr, daß der Graf nicht einen Penny hatte und wegen der Anklage auf Banknotenfälschung nach Newgate[64] gebracht würde. Ich konnte mich nicht mit dem Gedanken vertraut machen, ihn hängen zu lassen. Ich ging also hin und kann unmöglich schildern, wie sehr ich angesichts seiner unerschöpflichen Tränen, seiner verzweiflungsvollen Gebärden, seiner Geständnisse, seiner beschämenden Kriecherei, mit der er mein Mitleid erwecken wollte, gelitten habe. Er schwor mir, er habe die Banknoten von Castel-Bajac erhalten, wisse jedoch, von wem dieser sie gekauft habe, und sei bereit, mir den Namen zu sagen, wenn ich ihm wieder zur Freiheit verhelfen würde. Ich erwiderte ihm, wenn er die Person nenne, von der er sie hätte, werde er sicherlich nicht gehängt; aber ich würde ihn gleichwohl im Gefängnis lassen und ihm jeden Tag vier Penny schicken, bis er mir mein Geld gebe. Da fing er von neuem zu heulen an, schwor mir, er sei völlig mittellos, und leerte mir seine Taschen aus. Als er mir dann als Pfand sein blutbeflecktes Ordensband vom Schwarzen Adler anbot, packte mich der Wunsch, dessen Besitzer zu werden.

Ich nahm es also an, gab ihm eine Quittung und verpflichtete mich, es ihm zurückzugeben, falls er mir die vierzig Pfund Sterling ersetzen sollte. Ich gab meinen Verzicht schriftlich, zahlte die Kosten seiner Haft, verbrannte in seiner Gegenwart die falschen Banknoten und ließ ihn gehen.

[…]

## *Berlin 1764*

[...]

Am fünften Tag nach meiner Ankunft in Berlin machte ich dem Lordmarschall, der sich seit dem Tod seines Bruders Keith nannte, meine Aufwartung. Ich hatte ihn das letzte Mal in London gesehen, als er aus Schottland zurückkam. Er hatte dort seine Güter zurückerhalten, die beschlagnahmt worden waren, weil er ein Anhänger von König Jakob gewesen war. Der König von Preußen hatte sich für seine Begnadigung eingesetzt. Nun lebte er in Berlin, ruhte sich auf seinen Lorbeeren aus und genoß seinen Frieden; er war beim König stets gern gesehen und mischte sich mit seinen achtzig Jahren in nichts mehr ein.

Einfach in seinem Gehaben, wie er immer gewesen war, sagte er mir, er freue sich über das Wiedersehen mit mir, und fragte mich sogleich, ob ich nur auf der Durchreise in Berlin sei oder längere Zeit hier zu bleiben gedenke. Da ihm meine Lage teilweise bekannt war, erwiderte ich, ich würde mich gern hier niederlassen, wenn der König mir eine meinen geringen Talenten angemessene Stellung geben und mich hierbehalten wolle. Aber als ich ihn um seine Vermittlung bat, erklärte er, es würde mir mehr schaden als nützen, wenn er mit dem König über meinen Wunsch rede. Dieser schmeichle sich, eine bessere Menschenkenntnis zu haben als jeder andere, und verlasse sich lieber auf das eigene Urteil; es komme häufig vor, daß er Vorzüge entdecke, wo sie niemand vermutet habe, und umgekehrt. Er meinte, ich solle ihm schreiben, daß ich nach der Ehre strebe, mit ihm zu sprechen.

»Wenn Sie mit ihm sprechen«, fügte Seine Lordschaft hinzu, »können Sie gesprächsweise erwähnen, daß Sie mich kennen; dann wird er mich wahrscheinlich über Sie befragen, und meine Antwort wird Ihnen bestimmt nicht schaden.«

»Ich, ein Unbekannter, soll an einen König schreiben, zu dem ich keinerlei Beziehung habe! Ich habe keine Ahnung, wie ich einen solchen Antrag stellen soll.«

»Sie wünschen ihn doch zu sprechen? Das ist Ihre Einführung. Ihr Brief sollte nichts anderes enthalten als Ihre Bitte.«

»Wird er mir antworten?«

»Ohne Zweifel, er antwortet jedem. Er wird Ihnen schreiben, wo und um welche Zeit es ihm genehm ist, Sie zu empfangen. Tun Sie es. Seine Majestät ist augenblicklich in Sanssouci. Ich bin neugierig, wie die Unterhaltung zwischen Ihnen und dem Monarchen verlaufen wird; sein Verhalten wird Ihnen beweisen, daß er keinen Mangel an Achtung befürchtet.«

Ich schrieb ihm unverzüglich noch am gleichen Tag in einfachster, wenn auch sehr ehrerbietiger Form. Ich fragte an, wann und wo ich Seiner Majestät meine Aufwartung machen könne, unterschrieb mich mit dem Zusatz Venezianer und gab im Brief den Gasthof an, in dem ich wohnte. Am übernächsten Tag erhielt ich einen Brief, der mit »Fédéric« unterzeichnet, jedoch von seinem Sekretär geschrieben war. Darin stand, daß der König meinen Brief erhalten und ihn beauftragt habe, mir mitzuteilen, daß Seine Majestät um vier Uhr im Garten von Sanssouci sein werde.

Ich ging, in Schwarz gekleidet, um drei Uhr hin. Durch ein kleines Tor gelangte ich in den Schloßhof und erblickte keine Menschenseele, keine Wache, keinen Pförtner, keinen Lakaien. Alles lag in tiefstem Schweigen. Ich ging eine kurze Treppe hinauf, öffnete eine Tür und fand mich in einer Gemäldegalerie. Ein Mann, offenbar der Kustos, bot mir seine

Dienste an; ich lehnte dankend ab und sagte, ich warte auf den König, der mir geschrieben habe, er werde im Garten sein.

»Er ist bei seinem kleinen Konzert«, erwiderte der Kustos, »bei dem er, wie jeden Tag nach dem Essen, Flöte spielt. Hat er Ihnen eine Stunde genannt?«

»Ja, vier Uhr. Er hat es vielleicht vergessen.«

»Der König vergißt nie etwas. Er wird um vier Uhr in den Garten hinuntergehen, und Sie werden gut daran tun, ihn dort zu erwarten.«

Ich ging hinaus, und kurze Zeit später erblickte ich ihn, gefolgt von seinem Vorleser Catt und einem hübschen Spaniel. Kaum hatte er mich bemerkt, kam er auf mich zu, lüftete mit spöttischer Miene seinen alten Hut, sprach mich mit meinem Namen an und fragte mich in abweisendem Ton, was ich von ihm wolle. Überrascht durch diesen Empfang stockte ich, blickte ihn an und wußte keine Antwort.

»Sprechen Sie doch! Haben Sie mir nicht geschrieben?«

»Ja, Majestät; aber ich besinne mich nicht mehr darauf. Ich habe geglaubt, der Glanz eines Königs würde mich nicht verwirren. Das soll mir kein zweites Mal zustoßen. Der Lordmarschall hätte mich warnen müssen.«

»Er kennt Sie also? Gehen wir ein wenig spazieren. Worüber wollten Sie mit mir sprechen? Was sagen Sie zu den Gärten?«

Kaum hatte er mich gefragt, worüber ich mit ihm sprechen wolle, befahl er mir, ihm meine Meinung über seine Gartenanlagen zu sagen. Einem anderen hätte ich geantwortet, ich verstände nichts von Gärten; aber wenn ein König mich schon für einen Kenner hielt, hätte meine Bemerkung so ausgesehen, als wolle ich das ableugnen. Ich nahm also die Gefahr in Kauf, einen schlechten Geschmack zu verraten, und antwortete ihm, ich fände die Anlagen prächtig.

»Aber die Gärten von Versailles sind doch weit schöner«, sagte er.

»Ohne Zweifel, Majestät; aber nur durch die Wasserspiele.«

»Das ist richtig; aber wenn ich hier keine habe, ist das nicht meine Schuld. Ich habe dreihunderttausend Taler vergebens aufgewendet, um Wasser hierhin zu führen.[1]

»Dreihunderttausend Taler? Wenn Eure Majestät diese Summe ausgegeben haben, müßte Wasser hier sein.«

»Ach, ich sehe, Sie verstehen sich auf den Wasserbau.«

Hätte ich sagen müssen, daß er sich täuschte? Ich hatte Sorge, mich unbeliebt zu machen. So senkte ich den Kopf, und das hieß weder ja noch nein. Aber dem König lag, Gott sei Dank, nichts daran, mit mir über diese Fachgebiete zu reden, dessen Grundlagen mir unbekannt waren. Ohne die geringste Pause fragte er mich, wie groß die Seestreitkräfte der Republik Venedig in Kriegszeiten seien.

»Zwanzig hochbordige Schiffe, Majestät, und eine große Zahl von Galeeren.«

»Und die Landtruppen?«

»Siebzigtausend Mann, Majestät, wenn die Republik je Dorf nur einen einzigen Mann einzieht.«

»Das stimmt nicht. Sie wollen mich offenbar mit Märchen zum Lachen bringen. Aber sicherlich sind Sie ein Finanzmann. Sagen Sie mir, was Sie von der Steuer halten.«

Das war mein erstes Gespräch mit einem König. Angesichts seiner Art, sich zu geben, seiner Herausforderungen, seiner plötzlichen Gedankensprünge, glaubte ich mich zu einer Stegreifszene in einer italienischen Komödie herausgefordert, bei der das Parkett den Schauspieler auspfeift, der ins Stocken gerät. Ich setzte also die dünkelhafte Miene eines Finanzmannes auf und antwortete dem selbstbewußten König, ich könne ihm einen Vortrag über die Theorie der Steuern halten.

»Eben das will ich, denn die Praxis geht Sie nichts an.«

»Es gibt in bezug auf die Auswirkungen drei Arten von Steuern; die eine ist schädlich, die zweite leider notwendig und die dritte stets ausgezeichnet.«

»Das gefällt mir sehr. Sprechen Sie weiter.«

»Schädlich ist die königliche Steuer, notwendig die militärische, ausgezeichnet die gemeinnützige.«

»Was soll das alles heißen?«

Ich mußte weitschweifig sein, denn ich phantasierte.

»Von königlicher Steuer, Majestät, spricht man, wenn der Monarch sie seinen Untertanen nur auferlegt, um seine Schatzkammern zu füllen.«

»Und sie ist immer schädlich, sagen Sie?«

»Ohne Zweifel, Majestät, denn sie stört den Geldumlauf, die Seele des Handels und die Grundlage des Staates.«

»Aber die militärische halten Sie für notwendig?«

»Ja, wenn auch mit Bedauern, denn der Krieg ist zweifellos ein Unglück.«

»Das mag sein. Und die gemeinnützige?«

»Stets ausgezeichnet, denn der König nimmt sie von seinen Untertanen mit der einen Hand und schüttet sie ihnen mit der anderen durch sehr nützliche Bauten und Maßnahmen, die ihr Glück vermehren, wieder in den Schoß.«

»Sie kennen sicherlich Calzabigi?«

»Ich muß ihn wohl kennen, Majestät. Wir haben gemeinsam vor sieben Jahren in Paris das genuesische Lotto eingeführt.«

»Und zu welcher Art rechnen Sie diese Steuer, denn Sie werden zugeben, daß es eine ist.«

»Ja, Majestät. Sie ist eine der ausgezeichneten Steuern, wenn der König den Gewinn daraus der Förderung einer nützlichen Einrichtung zuwendet.«

»Aber der König kann dabei verlieren.«

»Einmal unter zehn.«

»Ergibt sich das aus einer zuverlässigen Berechnung?«

»Ganz zuverlässig, Majestät, wie bei allen wirtschaftspolitischen Berechnungen.«

»Sie sind häufig unzuverlässig.«

»Ich bitte Eure Majestät um Verzeihung. Sie sind es nie, wenn Gott neutral ist.«

»Vielleicht denke ich wie Sie, was die moralische Rechtfertigung anlangt, aber Ihr genuesisches Lotto gefällt mir nicht. Ich betrachte es als Gaunerei und will nichts damit zu tun haben, selbst wenn ich die mathematische Gewißheit hätte, daß ich dabei verlieren kann.«

»Eure Majestät urteilen als Weiser, denn ohne ein trügerisches Vertrauen würde das unwissende Volk nicht spielen.«

Nach diesem Gespräch, das im Grunde dem Geist dieses erlauchten Monarchen nur Ehre machte, grollte er ein wenig; aber er fand mich nicht auf den Mund gefallen. Er trat in ein Peristyl[2] mit doppelter Säulenreihe, blieb vor mir stehen, musterte mich vom Kopf bis zu den Füßen und von den Füßen bis zum Kopf und sagte dann nach kurzem Nachdenken:

»Sie sind ein sehr schöner Mann.«

»Ist es möglich, daß Eure Majestät nach einem langen, rein sachlichen Vortrag an mir nur die geringste der Qualitäten entdecken, durch die sich Ihre Grenadiere auszeichnen?«

Nach einem leichten Lächeln erwiderte er, da Lordmarschall Keith mich kenne, werde er mit ihm über mich sprechen; dann verabschiedete er sich mit größter Leutseligkeit durch Lüften seines Hutes, was er bei niemandem unterließ, wer immer es war.

Drei oder vier Tage später brachte mir der Lordmarschall die gute Nachricht, daß der König an mir Gefallen gefunden und ihm gesagt habe, er gedenke, mich für irgend etwas anzustellen. Da ich sehr neugierig war, mit welcher Aufgabe er mich betrauen werde, und mich auch nichts zur Abreise drängte, entschloß ich mich zu warten. [...]

In Potsdam sahen wir den König bei der Parade; er kommandierte sein erstes Bataillon, dessen Soldaten alle in den Uhrtäschchen ihrer Hosen eine goldene Uhr hatten. So belohnte der König den Mut, den sie bewiesen hatten. [...]

Nachdem wir die Schönheit und die Eleganz der Räume des Schlosses bewundert hatten, sahen wir überrascht, wie er selbst wohnte. Wir erblickten in einer Ecke des Zimmers hinter einem Wandschirm ein schmales Bett; Hausrock und Pantoffeln waren nicht vorhanden. Der anwesende Diener zeigte uns eine Nachtmütze, die der König aufsetzte, wenn er erkältet war; sonst behielt er seinen Hut auf, was recht unbequem sein mußte. In dem Zimmer stand außerdem vor einem Sofa ein Tisch, auf dem alles Nötige zum Schreiben und halbverbrannte Hefte lagen.[3] Der Diener sagte uns, das sei das Manuskript der Geschichte des letzten Krieges; doch habe das unglückliche Vorkommnis, bei dem die Hefte Feuer gefangen hätten, seine Majestät so verärgert, daß er die Arbeit daran aufgegeben hätte. Aber später muß er sie wiederaufgenommen haben, denn bei seinem Tode wurde sie veröffentlicht; man schätzte sie nicht sehr hoch ein.

Fünf oder sechs Wochen nach meiner kurzen Unterredung mit dem berühmten König teilte mir der Lordmarschall mit, seine Majestät biete mir eine Stelle als Erzieher in einer neuen Kadettenschule für pommersche Junker[4] an, die er gerade eröffnet habe. Die Zahl der Kadetten war auf fünfzehn festgesetzt, denen er fünf Erzieher beigeben wollte. So hätte jeder Erzieher drei Schüler zu betreuen; dafür sollte er sechshundert Taler Jahresgehalt und das Essen mit seinen Zöglingen erhalten. Die sechshundert Taler benötigte der glückliche Erzieher also nur für seine Kleidung. Seine einzige Pflicht bestand darin, seine Zöglinge ständig zu begleiten, auch, allerdings in einem betreßten Rock, an Festtagen bei Hof. Ich sollte mich sobald als möglich entschließen, denn vier waren bereits bestellt, und der König liebte es nicht zu warten. Ich fragte Seine Lordschaft, wo die Schule sei, um mir die Örtlichkeit anzusehen, und versprach eine Antwort spätestens für den übernächsten Tag.

Ich hatte eine Beherrschung nötig, die meiner Natur nicht entsprach, um bei diesem ausgefallenen Vorschlag eines sonst doch so vernünftigen Mannes nicht laut herauszulachen. Aber meine Überraschung war noch viel größer, als ich die Behausung dieser fünfzehn Junker aus dem reichen Pommern erblickte. Ich fand drei oder vier Säle fast ohne Möbel und mehrere Zimmer, in denen nur ein elendes Bett, ein Tisch und zwei Holzstühle standen; die jungen Kadetten waren zwölf oder dreizehn Jahre alt, schlecht gekämmt, steckten in häßlichen Uniformen und sahen wie Bauern aus. Mitten unter ihnen erblickte ich die Erzieher, die mir wie ihre Diener vorkamen und die mich aufmerksam musterten, ohne die Vermutung zu wagen, ich könnte ihr erwarteter Gefährte sein. Gerade als ich wieder gehen wollte, blickte einer der Erzieher zum Fenster hinaus und sagte:

»Da kommt der König zu Pferd.«

Seine Majestät kam mit seinem Freund Q. Icilius[5] herauf und inspizierte alles. Er sah mich wohl, sprach mich jedoch nicht an. Ich trug das funkelnde Kreuz meines Ordens am Halsband und einen eleganten Taftrock. Aber mir verschlug es die Sprache, als ich sah, wie der große Friedrich in einem Anfall von Zorn einen Nachttopf beanstandete, der neben dem Bett eines Kadetten stand und dem Neugierigen den Anblick eines übelriechenden Bodensatzes bot.

»Wem gehört dieses Bett?« fragte der König.

»Mir, Majestät«, antwortete ein Kadett.

»Nun gut, aber nicht Ihnen mache ich einen Vorwurf. Wo ist Ihr Erzieher?«

Da meldete sich der beglückte Erzieher, woraufhin ihn der Monarch einen Lümmel nannte und ihm gewaltig den Kopf wusch. Immerhin sagte er ihm großzügigerweise, dazu sei doch ein Diener da; seine Pflicht aber sei es, für Sauberkeit zu sorgen.

Nach dieser unerquicklichen Szene zog ich mich auf Zehenspitzen zurück und ging zum Lordmarschall, um ihm schleunigst für das große Glück zu danken, das der Himmel mir durch seine Vermittlung bescherte. Er mußte lachen, als ich ihm das Ganze in allen Einzelheiten erzählte, und mir recht geben, daß ich eine solche Anstellung verschmähte; doch sagte er gleich darauf, ich müsse mich vor meiner Abreise aus Berlin beim König bedanken. Seiner Majestät wollte er selbst mitteilen, daß mir der Posten nicht zusagte. Ich erzählte Seiner Lordschaft, daß ich nach Rußland zu reisen beabsichtigte, und begann ernsthaft Vorbereitungen für diese Reise zu treffen. Der Baron Treyden ermunterte mich dazu und versprach mir einen Empfehlungsbrief an seine Schwester, die Herzogin von Kurland; ich bat sogleich Signor Bragadin um eine Empfehlung an einen Bankier in Petersburg, der mir jeden Monat den Betrag auszahlen sollte, den ich für ein angenehmes Leben nötig haben würde.

[…]

Mit dem Baron Bodissoni, der aus Venedig kam und dem König ein Gemälde von Andrea del Sarto[6] verkaufen wollte, fuhr ich nach Potsdam, um mich auch bei Seiner Majestät blicken zu lassen, wie der Lordmarschall mir geraten hatte.

Ich traf ihn zu Fuß bei der Parade. Kaum hatte er mich erblickt, kam er auf mich zu und fragte mich, wann ich nach Petersburg abreisen wolle.

»In fünf oder sechs Tagen, wenn Eure Majestät es mir gestatten.«

»Gute Reise. Aber was erhoffen Sie sich in diesem Land?«

»Was ich mir hier erhoffte, Majestät, nämlich seinem Herrscher zu gefallen.«

»Sind Sie der Zarin empfohlen?«

»Nein, Majestät. Ich bin nur an einen Bankier empfohlen.«

»Das ist tatsächlich viel besser. Wenn Sie auf Ihrer Rückreise Berlin berühren, werde ich mir von Ihnen gerne das Neueste aus diesem Land erzählen lassen. Adieu.«

Das waren meine beiden Gespräche mit dem großen König, den ich nicht wiedergesehen habe. […]

## *Petersburg und Moskau 1764*

[...]

Ich gelangte nach Petersburg, als die ersten Sonnenstrahlen den Horizont vergoldeten. Da wir gerade Wintersonnenwende hatten und sich die Sonne genau um neun Uhr vierundzwanzig Minuten am Rande einer ungeheuren Ebene zeigte, kann ich meinen Lesern versichern, daß die längste Nacht in diesen Breitengraden achtzehndreiviertel Stunden dauert.

Ich quartierte mich in einer großen, schönen Straße ein, die man Millionaja[1] nennt. Man gab mir für wenig Geld zwei hübsche Zimmer, in denen ich kleine Möbel erblickte; aber man brachte sogleich zwei Betten, vier Sessel und zwei kleine Tische. Die Öfen waren von ungeheurer Größe; ich glaubte erst, man würde zum Heizen eine große Menge Holz benötigen, aber das war keineswegs der Fall. Nur in Rußland versteht man es, Öfen zu bauen, so wie man es in Venedig versteht, Zisternen oder Tiefbrunnen anzulegen. Ich untersuchte zur Sommerzeit das Innere eines viereckigen Ofens, der in der Ecke eines großen Saales stand und zwölf Fuß hoch und sechs Fuß breit war; ich besichtigte ihn von der Feuerstelle bis oben hinauf, wo das Rohr mündete, durch das der Rauch in den Schornstein geleitet wurde, und sah die zahlreichen, schräg ansteigenden Rauchkanäle. Wenn diese Öfen angeheizt sind, halten sie ein Zimmer vierundzwanzig Stunden lang warm; oben am Ende des großen Rohres haben sie eine Klappe, die der Diener mit Hilfe eines kleinen Seils schließt, sobald der ganze Rauch des Holzes mit Sicherheit abgezogen ist. Wenn er durch das kleine Fenster, das sich unten am Ofen befindet, das ganze Holz glühen sieht, schließt er den Ofen oben und unten. Nur sehr selten heizt man einen Ofen zweimal am Tag, außer bei großen Herren, bei denen es den Dienern verboten ist, die Öfen oben zu schließen. Der Grund für dieses Verbot ist sehr berechtigt.

Wenn nämlich der Hausherr müde von der Jagd oder von einer Reise heimkommt und sich schlafen legen möchte, befiehlt er seinem Diener, den Ofen zu heizen; wenn dann der Diener aus Unachtsamkeit, oder um schneller fertig zu werden, den Ofen schließt, bevor der ganze Rauch abgezogen ist, erwacht der Mann nicht mehr aus seinem Schlaf. Er gibt nach drei oder vier Stunden stöhnend und ohne die Augen zu öffnen seinen Geist auf. Man kommt am Morgen in sein Zimmer, findet die Luft erstickend und den Mann tot; man öffnet die Ofentüre, eine Rauchwolke füllt im Augenblick das ganze Zimmer, man öffnet Fenster und Türen, aber der Mann erwacht nicht mehr. Vergeblich sucht man den Diener, der geflüchtet ist, doch spürt man ihn erstaunlich schnell auf und hängt ihn unweigerlich, obgleich er schwört, daß er es nicht absichtlich getan hat. Das ist höchst zweckmäßig, denn ohne dieses weise Gesetz könnte jeder Diener ungestraft seinen Herrn vergiften.

Nachdem ich für Heizung und Essen meine Vereinbarungen getroffen und alles sehr billig gefunden hatte (was heute nicht mehr gilt, da dort alles ebenso teuer ist wie in London), kaufte ich eine Kommode und einen großen Tisch, um schreiben zu können und Papiere und Bücher unterzubringen.

Wie ich feststellte, beherrschte in Petersburg jedermann, das einfache Volk ausgenommen, die deutsche Sprache, die ich mit Mühe verstand, in der ich mich jedoch damals nicht viel besser ausdrücken konnte als heute. Der Wirt sagte mir sogleich nach dem Mittagessen, daß bei Hof ein Maskenball mit freiem Eintritt für fünftausend Personen abgehalten werde. Der Ball sollte sechzig Stunden dauern. Es war Samstag. Der Wirt gab mir die nötige Eintrittskarte, die jeder Maskierte am Tor des kaiserlichen Schlosses[2] vorweisen mußte. Ich entschloß mich, in dem Domino hinzugehen, den ich in Mitau gekauft hatte. Ich ließ mir eine Maske besorgen und mich in einer Sänfte an den Hof bringen. Dort erblickte ich eine große Menge von Leuten, die in mehreren Räumen tanzten, in denen Orchester spielten. Ich ging umher und sah die Erfrischungstische, an denen alle ihren Hunger und Durst stillen konnten. Überall herrschte Freude und Freizügigkeit, auch ein wahrer Luxus in Kerzen, die alle Räume, die ich durchwanderte, taghell erleuchteten. Ich fand das verständlicherweise großartig, prächtig und bewundernswert. Drei oder vier Stunden vergingen mir sehr rasch. Da hörte ich, wie ein Maskierter zu seinem Nachbarn sagte:

»Das ist sicher die Zarin; sie glaubt, daß niemand sie erkennen kann, aber du wirst gleich Gregor Gregorowitsch Orlow[3] erblicken. Er hat Befehl, ihr von weitem zu folgen, und trägt, genau wie sie, einen Domino, der keine zehn Kopeken[4] wert ist.«

Ich folgte ihm und überzeugte mich davon, denn ich hörte im Vorübergehen mehr als hundert Maskierte das gleiche sagen, obgleich alle taten, als wüßten sie nichts. Wer sie nicht kannte, stieß sie im Gedränge der Menge an, und ich konnte mir ihre Freude vorstellen, wenn sie darin die Bestätigung fand, daß man sie nicht erkannt hatte. Häufig sah ich sie in der Nähe von Leuten Platz nehmen, die unter sich russisch und vielleicht über sie sprachen. Sie setzte sich damit Unannehmlichkeiten aus, aber sie verschaffte sich das seltene Vergnügen, Wahrheiten zu hören, von denen sie wußte, daß sie sie niemals von den Leuten hören würde, die ihr unmaskiert den Hof machten. In gewisser Entfernung von ihr erblickte ich den Maskierten, den man Orlow genannt hatte und der sie nie aus den Augen verlor; doch ihn erkannte jedermann an seiner Körpergröße und an dem stets vorgereckten Kopf.

[…]

Als ich mit Zinowiow[5] vom Haus[6] etwa hundert Schritt entfernt war, machte ich ihn auf eine überraschend schöne junge Bäuerin aufmerksam. Er musterte sie, pflichtete mir bei, und wir gingen auf sie zu; doch sie flüchtete sich zu einer Hütte und verschwand darin. Wir gingen ebenfalls hinein und erblickten den Vater, die Mutter mit der ganzen Familie und die Schöne selbst in einer Ecke des Zimmers wie einen Hasen, der vor den Hunden Angst hat, die ihn zu zerreißen drohen.

Zinowiow, der übrigens zwanzig Jahre als kaiserlicher Gesandter in Madrid weilte, sprach lange russisch mit dem Vater; ich bemerkte, daß es sich um die Tochter handelte, denn der Vater rief sie, und sie kam gehorsam und unterwürfig herbei und blieb vor uns beiden stehen. Eine Viertelstunde später ging Zinowiow mit mir hinaus, nachdem ich dem guten Mann noch einen Rubel gegeben hatte, und berichtete mir, daß er den Vater gefragt habe, ob er mir das Mädchen als Dienerin geben wolle, und daß der Vater geantwortet habe, er sei einverstanden, wolle aber hundert Rubel, weil sie noch Jungfrau sei.«

»Sie sehen«, fügte er hinzu, »daß nichts zu machen ist.«

»Inwiefern nichts zu machen? Wenn ich nun bereit wäre, die hundert Rubel auszugeben?«

»Dann würde sie Ihre Dienerin, und es stünde Ihnen frei, mit ihr zu schlafen.«

»Und wenn sie sich weigert?«

»Oh, das kommt nie vor. Sie dürfen sie auch verprügeln.«

»Nehmen Sie einmal an, daß sie zufrieden wäre. Nun frage ich Sie, ob ich sie auch weiter bei mir behalten kann, wenn ich mich an ihr erfreut und sie nach meinem Geschmack gefunden habe.«

»Sie werden ihr Herr und können sie sogar verhaften lassen, wenn sie davonläuft, außer sie gibt Ihnen die hundert Rubel wieder, die Sie für ihren Besitz ausgelegt haben.«

»Und wenn ich sie bei mir behalte, wieviel muß ich ihr im Monat geben?«

»Nicht einen Groschen, nur Essen und Trinken, und am Samstag ein Bad, damit sie am Sonntag in die Kirche gehen kann.«

»Und wenn ich von Petersburg abreise, kann ich sie dann zwingen, mit mir zu kommen?«

»Nein, außer Sie erhalten die Erlaubnis und stellen Kaution. Das Mädchen wird zwar Ihre Sklavin, doch bleibt sie in erster Linie Untertanin der Zarin.«

»Ausgezeichnet. Erledigen Sie das für mich. Ich werde die hundert Rubel bezahlen und sie mit mir nehmen, und ich versichere Ihnen, daß ich sie nicht wie eine Sklavin behandeln werde; aber ich verlasse mich auf Sie, denn ich möchte nicht betrogen werden.«

»Ich werde selbst verhandeln, und mich betrügt man bestimmt nicht. Wollen wir das sofort tun?«

»Nein, morgen, denn ich möchte nicht, daß die Gesellschaft von der Sache erfährt. Morgen früh komme ich um neun Uhr zu Ihnen.«

Wir kehrten alle in einem offenen Wagen nach Petersburg zurück, und zur angegebenen Zeit war ich bei Zinowiow, der mir sehr gern diesen kleinen Dienst erwies. Er sagte mir unterwegs, wenn ich Lust hätte, würde er mir in wenigen Tagen einen Serail von so vielen Mädchen verschaffen, als ich mir wünschen könne. Ich gab ihm die hundert Rubel.

Das Mädchen war da, als wir zum Bauern kamen. Zinowiow erklärte ihm die Angelegenheit; der Bauer dankte dem heiligen Nikolaus[7] für seinen Beistand und sprach mit seiner Tochter. Ich sah, daß sie mich musterte, und hörte, daß sie zustimmte. Nun sagte mir Zinowiow, ich müsse mich vergewissern, daß sie Jungfrau sei, und schriftlich bestätigen, daß ich sie als solche zu meiner Bedienung gekauft hätte. Aufgrund meiner Erziehung war es mir höchst peinlich, sie durch eine Untersuchung kränken zu müssen; doch Zinowiow ermunterte mich dazu mit den Worten, für ihn wäre es ein Vergnügen, den Eltern in meinem Namen die Tatsache zu bestätigen. Nun setzte ich mich, nahm sie zwischen meine Beine, fühlte mit der Hand und fand sie unversehrt; aber ich hätte sie sicherlich auch nicht Lügen gestraft, wenn sie nicht mehr unberührt gewesen wäre. Zinowiow zählte dem Vater die hundert Rubel auf; dieser gab sie seiner Tochter, die sie ihrerseits ihrer Mutter in die Hand drückte. Schließlich kamen mein Diener und der Kutscher herein, um schriftlich zu bezeugen, was sie nicht wußten. Das Mädchen, das ich sogleich Zaira[8] nannte, stieg in den Wagen und kam, wie sie war, in grobes Tuch gekleidet und ohne Hemd, mit uns nach Petersburg. Nachdem ich mich bei Zinowiow bedankt hatte, blieb ich vier Tage zu Hause und ging erst wieder aus, als ich sie nach französischer Mode ohne Luxus, jedoch sehr schmuck eingekleidet hatte. Daß ich nicht russisch sprach, war mir eine Qual; doch sie lernte in weniger als drei Monaten Italienisch, zwar sehr schlecht, aber gut genug, um mir alles zu sagen, was ihr im Sinn lag. Sie begann, mich zu lieben, und wurde sogar eifersüchtig; einmal hätte sie mich beinahe umgebracht. [...]

Im Mai war Zaira schon so hübsch geworden, daß ich bei meiner geplanten Reise nach Moskau nicht den Mut hatte, sie in Petersburg zu lassen; ich nahm sie also mit und verzichtete auf einen Diener. Wenn ich sie venezianisch sprechen hörte, bereitete mir das ein unaussprechliches Vergnügen. Jeden Samstag ging ich in das russische Bad[9], um mit ihr in Gesellschaft von dreißig oder vierzig anderen ganz nackten Männern und Frauen zu baden; da niemand den anderen ansah, nahm jeder an, er werde auch nicht angesehen. Dieser Mangel an Scham hatte seine Quelle in der Einfältigkeit des Zwecks. Ich wunderte mich, daß niemand Zaira musterte, die mir wie das Original der Psychestatue in der Villa Borghese[10] erschien. Ihre Brust war noch nicht ausgereift, da sie erst dreizehn Jahre alt war. Nirgends zeigten sich an ihr ausgesprochene Pubertätserscheinungen. Sie war weiß wie Schnee, und ihr schwarzes Haar machte ihre Weiße noch leuchtender. Ohne ihre üble Eifersucht, die mich alle Tage zur Verzweiflung brachte, und ohne ihren blinden Glauben an die Karten, die sie alle Tage zu Rate zog, hätte ich sie nie verlassen.

[…]

Drei Dinge hatten hauptsächlich beigetragen, daß dieses Mädchen mich liebte. Einmal nahm ich sie häufig nach Katharinenhof zu ihrer Familie mit, der ich stets einen Rubel gab; außerdem ließ ich sie mit mir essen, wenn ich mittags Gäste hatte, und endlich hatte ich sie drei- oder viermal verprügelt, als sie mich am Fortgehen hindern wollte.

Es ist eigentümlich, daß man es als Mann in Rußland nötig hat, seine Dienerschaft bei entsprechendem Anlaß zu verprügeln! Worte sind wirkungslos, nur Schläge nutzen etwas. Hinterher sagte sich die Sklavenseele von einem Diener: Mein Herr hat mich nicht fortgejagt. Er hätte mich nicht geschlagen, wenn er mich nicht lieben würde; also muß ich ihm anhänglich sein.

Papanelopulo[11] hatte mich ausgelacht, als ich ihm zu Beginn meines Aufenthaltes in Petersburg gesagt hatte, mein französisch sprechender Kosak sei mir sympathisch; ich wolle ihn durch Freundlichkeit für mich gewinnen und nur mit Worten tadeln, wenn er sich mit Branntwein sinnlos betrinke.

»Wenn Sie ihn nicht verprügeln«, sagte er mir, »wird der Tag kommen, an dem er Sie schlägt.«

Und so geschah es auch. Eines Tages fand ich ihn vom Trinken in einem solchen Zustand, daß er seinen Dienst nicht tun konnte, schalt ihn mit groben Worten und bedrohte ihn nur mit erhobenem Stock. Sobald er ihn in der Luft erblickte, stürzte er auf mich zu und entriß ihn mir; hätte ich ihn nicht auf der Stelle zu Boden geworfen, wäre er sicherlich handgreiflich geworden. Ich setzte ihn sogleich vor die Tür. Es gibt auf der ganzen Welt keinen besseren Diener als den Russen. Er ist unermüdlich bei der Arbeit, schläft auf der Türschwelle des Schlafzimmers seines Herrn, um beim ersten Ruf zur Stelle zu sein, ist stets unterwürfig, widerspricht nur, wenn ihm allzu offensichtlich Unrecht geschieht, und ist eines Diebstahls nicht fähig; aber er wird zum Wüterich oder schwachsinnig, wenn er ein Glas starken Schnaps getrunken hat, und das ist das Nationallaster. Ein Kutscher, der häufig die ganze Nacht hindurch vor der Tür eines Hauses der bittersten Kälte ausgesetzt ist, weil er seine Pferde bewachen muß, kennt, um das auszuhalten, kein anderes Mittel als Branntwein. Es kommt vor, daß er nach zwei Gläsern im Schnee einschläft; manchmal erwacht er dann nicht mehr. Er stirbt steif gefroren. Das Unglück, ein Ohr, die Nase, ein Stück der Wange, eine Lippe zu verlieren, stößt einem leicht zu, wenn man sich nicht in acht nimmt. Als ich eines Tages mit dem Schlitten im Peterhof[12] ankam, bemerkte ein Russe, daß mir bei der sehr trockenen Kälte ein Ohr abzufrieren drohte. Er rieb es mir rasch mit einer Handvoll Schnee ein, bis der ganze gefährdete knorpelige Teil wieder durchblutet war. Als ich ihn fragte, woran er die Gefahr bemerkt habe, antwortete er, das sehe man leicht, weil der bedrohte Körperteil durch die Kälte ganz weiß werde. Zu meiner Überraschung, was ich noch heute kaum glauben kann, wächst der verlorene Teil manchmal nach. Prinz Karl von Kurland versicherte mir, er habe eines Tages in Sibirien die Nase eingebüßt, habe sie jedoch im Sommer wiedererlangt. Mehrere Muschiks[13] haben mir das gleiche Phänomen bestätigt.

[…]

Als alles für meine Reise nach Moskau bereit war, setzte ich mich mit Zaira in meinen Schlafwagen; einen russisch und deutsch sprechenden Diener ließ ich hinten aufsitzen. Für achtzig Rubel verpflichtete sich ein Iswoschtschik[14], mich mit sechs Pferden in sechs Tagen und sieben Nächten nach Moskau zu bringen. Das war billig, und da ich nicht mit der Post fuhr, konnte ich keine größere Geschwindigkeit erwarten, denn die Reise betrug zweiundsiebzig russische Poststrecken, was ungefähr fünfhundert italienischen Meilen entspricht.[15] Mir erschien das unmöglich, aber das war seine Sache. Wir fuhren los, als ein Kanonenschuß von der Zitadelle den Einbruch der Nacht ankündigte; es war Ende Mai, und dann bleibt es in Petersburg die ganze Nacht über hell. Ohne den Kanonenschuß, der den Sonnenuntergang ankündigt, würde ihn niemand zur Kenntnis nehmen. Man kann dort um Mitternacht einen Brief lesen, und der Mond macht die Nacht auch nicht heller. Das sei schön, sagt man; doch mir war es lästig. Es ist acht Wochen lang ununterbrochen Tag. Niemand zündet während dieser Zeit Kerzen an. In Moskau ist das anders. Da es viereinhalb Breitengrade südlicher liegt als Petersburg, braucht man um Mitternacht eine Kerze.

[…]

Wir kamen pünktlich in Moskau an, wie es unser Mann versprochen hatte. Wir hätten, stets mit den gleichen Pferden, unmöglich schneller dort sein können; doch mit der Post reist man schneller.

»Die Zarin Elisabeth«, sagte mir ein Mann dort, »hat die Reise in zweiundfünfzig Stunden gemacht.«

»Das glaube ich wohl«, bestätigte ein Russe vom alten Schlag; »sie hat einen Ukas[16] herausgegeben, in dem sie diese Zeit vorgeschrieben hat, und sie wäre noch schneller gereist, wenn sie eine kürzere Zeit vorgeschrieben hätte.«

Es ist Tatsache, daß man zu meiner Zeit an der Unfehlbarkeit eines Ukas nicht zweifeln durfte; wer es wagte, einen Ukas, wie man dort einen Erlaß nennt, für undurchführbar zu halten, wurde der Majestätsbeleidigung beschuldigt. Als ich in Petersburg mit Melissino, Papanelopulo und drei oder vier anderen über eine Holzbrücke ging und mich tadelnd über die Häßlichkeit der Brücke äußerte, sagte einer von ihnen, sie werde aus Stein erbaut und an einem bestimmten Tag, an dem die Kaiserin sie überschreiten müsse, der Öffentlichkeit übergeben.[17] Da nur noch drei Wochen bis zu diesem Tag fehlten, erwiderte ich, das sei nicht möglich; ein Russe sah mich scheel an und meinte, daran dürfe man nicht zweifeln, denn das sei durch Ukas festgesetzt. Ich wollte widersprechen, doch Papanelopulo preßte meine Hand und bedeutete mir zu schweigen. Die Brücke wurde wirklich nicht fertig; doch ich hatte trotzdem nicht recht, denn acht Tage vor dem Termin gab die Kaiserin einen zweiten Ukas heraus, in dem sie ihren gnädigsten Willen kundtat, daß die Brücke erst im folgenden Jahr gebaut werden solle.

[...]

Noch heute gibt man allen Beamten bei Hof einen militärischen Titel, als Beweis für die Art und Weise des Regierens. Der Leibkutscher und auch der Leibkoch der Kaiserin haben den Rang eines Obersten; der Kastrat Luini war Oberstleutnant, der Maler Torelli nur Hauptmann, da er nur achthundert Rubel im Jahr erhielt. Die Schildwachen an den Türen zu den inneren Gemächern der Kaiserin kreuzen ihre Gewehre und fragen jeden, der eintreten möchte, nach seinem Rang, denn davon hängt es ab, ob sie ihre Gewehre zurückziehen und ihn eintreten lassen; das Wort heißt »kotoi ran« (welcher Rang). Als man mir die Frage zum ersten Mal stellte und mir das Wort erklärte, war ich verdutzt; doch der anwesende Offizier fragte mich, wieviel Rente ich erhalte, und als ich antwortete, ich verfüge über dreitausend Rubel, gab er mir sogleich den Rang eines Generals und ließ mich ein. Im gleichen Zimmer sah ich einen Augenblick später, wie die Zarin hereinkam, an der Tür stehenblieb, ihre Handschuhe auszog und ihre schönen Hände den beiden Wachen zum Kuß reichte. Durch dieses leutselige Verhalten bindet sie diese Truppe an sich, die Gregor Gregorowitsch Orlow untersteht; von ihm hing die Sicherheit ihrer Person im Falle einer Revolution ab.

[...]

Wir stiegen in einem guten Gasthof ab, wo man mir zwei Zimmer gab und meinen Wagen einstellte. Nach dem Essen mietete ich einen zweisitzigen Wagen und nahm mir einen Lohndiener, der französisch sprach. Mein Wagen war vierspännig, denn Moskau besteht aus vier Städten[18] und man muß sehr weit über gar nicht oder schlecht gepflasterte Straßen fahren, wenn man viele Besuche zu machen hat. Ich wollte die fünf oder sechs Briefe, die ich hatte, selbst überbringen. [...]

Ich stellte also alle Briefe zu, die ich in Petersburg vom Hofjägermeister, vom Prinzen Repnin, von meinem Bankier Papanelopulo und vom Bruder Melissinos[19] erhalten hatte. Am nächsten Morgen erhielt ich Besuch von allen, an die ich empfohlen war. Alle luden mich mit dem Mädchen meines Herzens zum Mittagessen ein. Ich nahm die Einladung von Monsieur Demidow[20] an, der als erster gekommen war, und versprach den anderen, an den folgenden Tagen der Reihe nach bei ihnen zu essen. Als ich Zaira über die Rolle unterrichtete, die sie spielen sollte, war sie beglückt, mir zu beweisen, daß sie diese Auszeichnung verdiente. Hübsch wie ein kleiner Engel, entzückte sie überall, wohin ich sie mitnahm, die Gesellschaft, die sich nicht zu ergründen bemühte, ob sie meine Tochter, meine Geliebte oder meine Dienerin war. In dieser Hinsicht, wie in hundert anderen, sind die Russen sehr nachsichtig. Wer Moskau nicht gesehen hat, kann nicht behaupten, Rußland gesehen zu haben, und wer die Russen nur in Petersburg erlebt hat, kennt sie nicht; denn bei Hof sind sie ganz anders als von Natur aus. In Petersburg kann man sie als Ausländer betrachten. Die Einwohner von Moskau und besonders die Reichen bedauern alle Mitbürger, die infolge ihrer Stellung, ihrer Interessen oder aus Ehrgeiz »auswandern«; denn ihre Heimat ist Moskau, und sie sehen in Petersburg nur die Ursache ihres Unglücks. Ich weiß nicht, ob das wahr ist, sondern berichte nur, was sie gesagt haben.

Im Verlauf von acht Tagen sah ich alles: Fabriken, Kirchen, alte Monumente, naturgeschichtliche und andere Sammlungen, Bibliotheken, die mich nicht interessierten, und die berühmte Glocke[21]. Ich stellte auch fest, daß ihre Glocken nicht schwingend aufgehängt sind wie die unseren, sondern fest. Sie läuten sie mit Hilfe eines Seils, das am Ende des Klöppels befestigt ist. Ich fand die Frauen in Moskau hübscher als in Petersburg. Sie sind sehr sanft und leicht zugänglich, und um die Gunst eines Kusses auf die Lippen zu erhalten, genügt es, so zu tun, als wolle man ihnen die Hand küssen. Das Essen fand ich überreichlich und ohne besonderen Geschmack. Ihr Tisch ist für ihre Freunde stets gedeckt; ein Freund bringt zu einem Essen ohne Umstände fünf oder sechs Personen mit und kommt manchmal erst gegen Ende der Mahlzeit. Es gibt keinen Fall, in dem ein Russe sagen würde: »Wir haben gerade gespeist, Sie sind zu spät gekommen.« Sie haben einfach nicht das Herz, solche Worte auszusprechen. Der Koch muß eben darauf gefaßt sein, und das Mahl beginnt von neuem; der Herr oder die Herrin bewirten die Gäste. Sie haben ein köstliches Getränk[22], dessen Namen ich vergessen habe, aber es ist besser als der Scherbet[23], den man in Konstantinopel bei allen großen Herren trinkt. Ihrer sehr zahlreichen Dienerschaft geben sie kein Wasser zum Trinken, sondern ein nicht unangenehm schmeckendes, gesundes, nahrhaftes Getränk, das so billig ist, daß man für einen Rubel ein großes Faß davon herstellen kann. Mir fiel auch die große Verehrung auf, die alle dem heiligen Nikolaus entgegenbringen. Sie wenden sich an Gott nur auf dem Umweg über diesen Heiligen, dessen Bild in einer Ecke des Zimmers angebracht ist, in dem der Herr des Hauses die Besuche empfängt. Wer hereinkommt, verbeugt sich zuerst vor dem Bild und dann erst vor dem Hausherrn; wenn zufällig das Bild nicht da ist, blickt der Russe suchend im ganzen Zimmer herum, bleibt bestürzt stehen, weiß nicht mehr, was er sagen will und verliert den Kopf. Der Russe ist im allgemeinen abergläubischer als alle anderen Christen. Seine Sprache ist slawisch, aber seine Liturgie ist rein griechisch; das Volk versteht nichts davon, und die ebenfalls wenig gebildete Geistlichkeit ist erfreut, wenn es unwissend bleibt. […]

Zwölf oder vierzehn Werst von Petersburg entfernt fand damals eine große Infanterieparade statt; die Zarin war dort mit allen Damen des Hofes und ihrem Gefolge. Zwei oder drei benachbarte Dörfer hatten Häuser, doch so wenige, daß es sehr schwierig war, Unterkunft zu finden; dennoch wollte ich dabeisein, schon Zaira zu Gefallen, die sich so gern mit mir sehen ließ. Das Fest dauerte drei Tage; es gab dort von Melissino vorbereitete Feuerwerke, eine Mine zum Sprengen eines Forts und in einer ungeheuren Ebene eine Menge militärischer Aufmärsche, die einen sehr interessanten Anblick bieten mußten. Ich fuhr mit Zaira in meinem Schlafwagen hin, ohne daran zu zweifeln, daß ich die benötigte gute oder schlechte Unterkunft finden würde. Es war um die Zeit der Sommersonnenwende; so gab es keine Nacht.

Wir kamen um acht Uhr morgens hin, und an diesem ersten Tag fanden Aufmärsche statt, die bis Mittag dauerten; dann fuhren wir vor einem Wirtshaus vor und ließen uns das Essen in den Wagen bringen, denn das Haus war so voll, daß wir keinen Platz gefunden hätten. Nach dem Essen ging mein Kutscher überall herum, um eine Unterkunft zu suchen, fand jedoch keine. Ich ließ mich nicht beirren und entschloß mich, da ich nicht nach Petersburg zurückkehren wollte, in meinem Wagen zu wohnen. Das tat ich die ganzen drei Tage, und alle, die für sehr schlechte Unterkünfte sehr viel bezahlt hatten, fanden das ausgezeichnet. Melissino sagte mir, die Zarin habe meinen Ausweg sehr vernünftig gefunden. Auf diese Weise hatte ich ein fahrbares Haus und stellte mich überall dort auf, wo ich sicher und bequem die Aufmärsche an diesem Tag sehen konnte. Außerdem war mein Wagen eigens dafür gebaut, um sich mit einer Geliebten wohl zu fühlen, denn er enthielt ein Bett. Ich war der einzige, der bei dieser Parade einen solchen Wagen hatte; man machte mir Besuche, und Zaira als die Dame des Hauses glänzte in russischer Sprache, die ich zu meinem Leidwesen nicht verstand. [...]

Ich machte der Reihe nach Ausflüge nach Tsarskoe-Selo, Peterhof, Oranienbaum und Kronstadt[24]. Man muß sich alles ansehen, wenn man irgendwohin reist und sagen will, daß man dort war. Ich verfaßte Schriften über verschiedene Probleme, da ich eine Verwendung im Staatsdienst anstrebte, und reichte meine Entwürfe ein, die der Zarin vorgelegt wurden; aber meine Mühen waren vergeblich. In Rußland zählen nur Leute, die man ausdrücklich aufgefordert hat zu kommen. Wer aus eigener Initiative dort erscheint, wird nicht geschätzt. Vielleicht hat man recht.

Ich gedachte zu Beginn des Herbstes abzureisen, doch sowohl Monsieur Panin[25] wie Monsieur Alsuwioff[26] sagten mir stets, ich dürfe Rußland nicht verlassen, ohne sagen zu können, ich hätte mit der Zarin gesprochen. Ich antwortete ihnen, auch mir täte das leid, aber da ich niemanden gefunden hätte, der mich vorstellen wolle, könne ich mich nur überall über mein Mißgeschick beklagen.

Schließlich sagte mir Monsieur Panin, ich solle zu früher Stunde im Sommergarten[27], wo sie sich sehr häufig aufhalte, spazierengehen; wenn sie mich dort zufällig treffe, sei es wahrscheinlich, daß sie mich anspreche. Ich gab ihm zu verstehen, daß ich Ihre Majestät gern an einem Tag treffen würde, an dem er in ihrer Begleitung sei. Er nannte mir den Tag, und ich ging hin. Ich spazierte dort ganz allein herum und sah mir die Statuen an, die die Allee säumten und aus unedlem Stein und sehr schlecht gemacht waren, durch die eingravierten Namen jedoch recht komisch wirkten. Eine weinende Statue trug den Namen Demokrit, unter einer anderen lachenden stand Heraklit, ein Greis mit einem langen Bart hieß Sappho, und eine alte Frau mit einer schlaffen Brust war Avicenna[28]. Bei den anderen Statuen war es nicht anders. In diesem Augenblick kam mir in der Mitte der Allee die Herrscherin entgegen, vor ihr ging Graf Gregor Orlow, und hinter ihr folgten zwei Damen. Graf Panin ging zu ihrer Linken, und mit ihm sprach sie. Ich stellte mich auf die Seite, um sie vorüber zu lassen; sobald sie in meiner Nähe war, fragte sie mich lachend, ob die Schönheit dieser Statuen mein besonderes Interesse erweckt habe. Ich erwiderte, mich der Gruppe anschließend, nach meiner Meinung habe man sie dort aufgestellt, um Ungebildete zu beeindrucken oder jene zu erheitern, die ein wenig von Geschichte verständen.

»Ich weiß nur«, sagte sie darauf, »daß man meine gute Tante angeführt hat, die übrigens gar keinen Wert darauf legte, diese kleine Betrügereien aufzudecken[29]; doch hoffe ich, daß Ihnen alles andere, was Sie bei uns gesehen haben, nicht so lächerlich erschienen ist wie diese Statuen.«

Ich hätte gegen die Wahrheit und gegen die Höflichkeit verstoßen, wenn ich auf diese Äußerung einer so bedeutenden Dame hin ihr nicht dargelegt hätte, daß in Rußland die Dinge, die zu bewundern seien, die lächerlichen bei weitem überwiegen; daraufhin sprach ich mit ihr fast eine Stunde über alles, was ich in Petersburg an Bemerkenswertem aller Art gefunden hatte.

Als das Gespräch mir zufällig die Gelegenheit gab, erzählte ich vom preußischen König, rühmte ihn, verurteilte jedoch respektvoll die Gewohnheit dieses Monarchen, nie einen Menschen zu Ende sprechen zu lassen, wenn er auf eine gestellte Frage antworten wollte. Da lächelte sie gnädig und verlangte Bericht über die Unterredungen, die ich mit ihm gehabt hatte; ich erzählte ihr alles. Sie hatte die Güte, mir zu sagen, sie habe mich nie am Cour-Tag gesehen. Dieser Cour-Tag war ein Konzert mit Instrumentalisten und Sängern, das sie in ihrem Palast jeden Sonntag nach dem Mittagessen abhielt; jedermann konnte dort erscheinen. Sie ging dabei auf und ab und richtete das Wort an jene, denen sie die Ehre erweisen wollte. Ich erwiderte, ich sei nur ein einziges Mal dort gewesen, da ich zu meinem Unglück die Musik nicht liebe. Darauf sagte sie lachend und mit einem Blick auf Monsieur Panin, sie kenne jemanden, der das gleiche Unglück habe. Das war sie selbst. Dann wandte sie sich von mir ab und sprach mit Monsieur Betzkoi, der sich ihr näherte; da Monsieur Panin fortgegangen war, verließ auch ich den Garten, entzückt über die erlebte Ehre.

Die Fürstin war von mittlerer Größe, doch gut gebaut und von einer majestätischen Haltung; sie besaß die Gabe, alle für sich zu gewinnen, die sie an ihrer Bekanntschaft interessiert glaubte. Ohne schön zu sein, war sie sicher, durch ihre

Sanftmut, ihre Leutseligkeit und ihren Geist zu gefallen, deren sie sich sehr gut bediente, um von jedem Hochmut frei zu erscheinen. Wenn sie das in Wirklichkeit nicht war, mußte ihre Bescheidenheit heroisch sein, denn sie hätte mit sehr gutem Grund herrisch auftreten können.

Einige Tage später sagte mir Monsieur Panin, die Zarin habe ihn zweimal nach mir gefragt, und ich hätte ihr sicher gefallen. Er riet mir, Gelegenheiten zu einer weiteren Begegnung abzupassen, und versicherte mir, da sie an mir schon Geschmack gefunden habe, werde sie mir sagen lassen, ich solle mich ihr jedesmal nähern, wenn sie mit mir irgendwo zusammentreffe; wenn ich eine Verwendung anstrebe, würde sie vielleicht an mich denken.

Obwohl ich selbst nicht wußte, für welche Tätigkeit ich in einem Land geeignet sein könnte, das ich überdies nicht liebte, war ich doch sehr froh zu wissen, daß ich mir leicht Zugang zum Hof verschaffen konnte. Also ging ich jeden Morgen in den Garten. Hier in allen Einzelheiten meine zweite Unterredung mit ihr. Als sie mich von ferne erblickte, ließ sie mich durch einen jungen Offizier auffordern, näher zu kommen.

Da man überall von dem Turnier sprach, dessen Abhaltung das schlechte Wetter verhinderte, fragte sie mich, um ein Gespräch anzuknüpfen, ob man ein Fest dieser Art in Venedig veranstalten könne; ich erzählte ihr daraufhin vielerlei über Feste, die man dort nicht veranstalten, und über andere, die man nur dort und sonst nirgends veranstalten könne. Das unterhielt sie sehr; ich sagte ihr bei dieser Gelegenheit, das Klima meiner Heimat sei glücklicher als das russische, da die schönen Tage bei weitem überwiegen würden, während sie in Petersburg sehr selten seien, obgleich das Jahr, das die Fremden hier vorfänden, jünger sei als anderswo.

»Das ist richtig«, sagte sie, »denn bei Ihnen ist es elf Tage älter.«

»Wäre es nicht eine Eurer Majestät würdige Tat«, fuhr ich fort, »den gregorianischen Kalender einzuführen?[30] Alle protestantischen Länder haben sich ihm angepaßt, sogar England vor vierzehn Jahren, indem es die elf letzten Tage des Februars gestrichen hat, und es hat dabei schon Millionen gewonnen. Bei dieser allgemeinen Übereinstimmung wundert man sich in Europa, daß der alte Stil hier noch gilt, wo der Herrscher das irdische Oberhaupt seiner Kirche ist und wo es eine Akademie der Wissenschaften gibt. Man glaubt, Madame, daß der unvergängliche Peter gleichzeitig mit seinem Befehl, das Jahr solle am ersten Januar beginnen[31], auch die Rechnungsweise abgeschafft hätte, wäre er nicht der Meinung gewesen, er müsse sich nach England richten, das damals den ganzen Handel des ungeheuren russischen Reiches belebte.«

»Sie wissen doch«, sagte sie mit leutseliger und lächelnder Miene, »daß der große Peter kein Gelehrter war.«

»Ich glaube, Madame, daß er viel mehr war. Dieser Mensch war ein wahrhaft überragendes Genie. Anstelle der Gelehrsamkeit verfügte er über ein feines Gefühl, das ihn sehr richtig über alles urteilen ließ, was er sah und was er für geeignet hielt, das Wohl seiner Untertanen zu mehren. Dieses Genie ließ ihn auch nie einen Fehler begehen und gab ihm die Kraft und den Mut, Mißbräuche auszurotten.«

Die Zarin wollte antworten; da sah sie zwei Damen und ließ sie rufen.

»Ein anderes Mal werde ich Ihnen gern antworten«, sagte sie und wandte sich den Damen zu.

Zu diesem anderen Mal kam es acht oder zehn Tage später, als ich bereits glaubte, sie interessiere sich nicht mehr für ein Gespräch mit mir, denn sie hatte mich gesehen und nicht rufen lassen.

Sie begann mit den Worten, es sei bereits alles geschehen, von dem ich gewünscht hätte, sie solle es zum Ruhme Rußlands tun.

»Alle Briefe«, erklärte sie, »die wir in fremde Länder schreiben, und alle offiziellen Dokumente, die für die Geschichtsschreiber von Interesse sein können, versehen wir mit zwei Daten, eines unter dem anderen; und jedermann weiß, daß das um elf Tage spätere das moderne ist.«

[…]

Sie sagte in einfachen Formulierungen ihre Meinung, und ihr Geist schien ebenso unerschütterlich wie ihre gute Laune, deren Gleichmäßigkeit ihr lachendes Gesicht verkündete. Da sie sich das zur Gewohnheit gemacht hatte, kostete es sie wohl keine Mühe; aber diese Tatsache verringerte keineswegs ihr Verdienst an einer solchen Haltung, denn um sie ständig zu bewahren, benötigt man eine Kraft, die der gewöhnlichen Regungen der menschlichen Natur Herr wird. Das Verhalten dieser Herrscherin stand in krassem Gegensatz zu dem des preußischen Königs und deutete auf ein weit umfassenderes Genie als das dieses Fürsten. Ihr gütiges Gehaben, durch das sie ermutigte, sicherte ihr einen Gewinn, während sich der König mit seiner Barschheit der Gefahr aussetzte, selbst deren Opfer zu werden. Katharina konnte mit ihrer leutseligen Miene viel mehr fordern und erreichen. […]

## *Warschau 1765*

[…]

In Königsberg verkaufte ich meinen Schlafwagen, und da ich allein geblieben war, mietete ich einen Platz in einem viersitzigen Wagen, der nach Warschau fuhr. Meine drei Gefährten waren Polen, die nur deutsch sprachen; so langweilte ich mich sehr die ganzen sechs Tage, die ich für diese unangenehme Reise benötigte. […]

Am nächsten Tag mietete ich einen Lohndiener und einen monatlich zu bezahlenden Wagen, der in Warschau sehr nötig war, wo man unmöglich zu Fuß gehen konnte. Das war gegen Ende Oktober 1765.

[…]

Ich ließ mich vor die Tür des Prinzen Sulkowski fahren, der damals zum Gesandten bei Ludwig XV. ausersehen war. Dieser Prinz war der älteste von vier Brüdern und hatte einen tiefschürfenden Verstand und eine Menge sehr schöner Pläne. […]

Der Prinz Sulkowski hielt mich vier tödliche Stunden bei Tisch fest und befragte mich über alles außer über das, was ich wissen konnte. Seine Stärke war die Politik und der Handel, und da er mich hierin nicht beschlagen fand, glänzte er. Er schloß mich, glaube ich, gerade deshalb in sein Herz, weil er in mir ausschließlich einen Bewunderer fand.

Gegen neun Uhr, da ich nichts Besseres zu tun hatte, wie die Redewendung lautet, die alle großen polnischen Herren im Munde führen, ging ich zum Prinzen Adam[1], der mich zunächst vorstellte und mir dann die Namen aller anwesenden Personen nannte. [...] Eine Viertelstunde später sah ich einen schön gewachsenen Adeligen eintreten, und alle erhoben sich. Prinz Adam stellte mich vor und sagte mir gleich darauf in sehr kühlem Ton:

»Das ist der König.«[2]

Diese Art, einen Fremden mit einem Monarchen bekannt zu machen, ist sicher weder geeignet, ihm den Mut zu nehmen, noch ihn durch die Majestät zu blenden; doch sie enthält stets ein Überraschungsmoment und ist in ihrer Einfachheit allzu verwirrend. Ich verwarf sogleich den Gedanken, das könne eine Falle sein, und trat zwei Schritte vor: doch als ich das Knie beugen wollte, reichte mir Seine Majestät die Hand und ließ sie sich mit leutseliger Miene küssen. Gerade als er mir die üblichen Fragen stellen wollte, gab ihm Prinz Adam den langen Brief des anglikanischen Geistlichen, den er sehr gut kannte. Nachdem er ihn gelesen hatte, begann der liebenswürdige Fürst, noch immer im Stehen, Fragen an mich zu richten, die alle die Zarin und die wichtigen Persönlichkeiten an ihrem Hof betrafen, und ich berichtete ihm Einzelheiten, an denen er sich unendlich interessiert zeigte. Als eine Viertelstunde später angekündigt wurde, es sei serviert, führte mich der König in angeregtem Gespräch zum Tisch und wies mir den Platz zu seiner Rechten an. Der Tisch war rund. Alle aßen, mit Ausnahme des Königs, der wahrscheinlich keinen Appetit hatte, und mir, der ich ihn selbst dann nicht verspürt hätte, wäre ich nicht gerade vom Essen beim Prinzen Sulkowski gekommen, so sehr schmeichelte mir die Ehre, daß die ganze Gesellschaft ausschließlich meinen Worten lauschte.

Nach dem Essen äußerte sich der König in huldvoller und freundlichster Weise zu allem, was ich gesagt hatte. Als er sich zurückzog, sagte er mir, er werde mich stets mit großem Vergnügen bei Hof sehen. Bei meinem Abschied sagte mir Prinz Adam noch, wenn ich seinem Vater vorgestellt werden wolle, müsse ich nur am nächsten Tag um elf Uhr zu ihm kommen.

Der König von Polen war von mittlerer Größe, aber sehr gut gebaut. Sein Gesicht war nicht schön, aber durchgeistigt und interessant. Er war kurzsichtig, und wenn er nicht sprach, hätte man ihn für schwermütig halten können; aber wenn er sprach, tat er es mit glänzender Beredsamkeit und erheiterte bei entsprechenden Themen alle Zuhörer durch sehr feinsinnige Scherze.

Von meinem ersten Auftreten recht befriedigt, kehrte ich in meinen Gasthof zurück. [...]

Am nächsten Morgen suchte ich zur angegebenen Zeit den prachtliebenden Woiwoden von Rußland[3] auf. Der bedeutende Mann war noch im Schlafrock, umgeben von Edelleuten, alle in Nationaltracht, alle mit Stiefeln und Schnurrbärten, die Köpfe glattrasiert. Er stand zwischen ihnen und sprach mit leutseliger, jedoch ernster Miene bald mit dem einen, bald mit dem anderen. Sein Sohn hatte ihm von mir erzählt, und sobald er mich nun vorstellte, lächelte mir der Woiwode zu und bereitete mir einen Empfang, in dem ich weder Stolz noch Vertraulichkeit bemerkte. Ohne ein ausgesprochen schöner Mann zu sein, hatte er ein gutgeschnittenes Gesicht, ein sehr vornehmes Benehmen und eine gewandte Ausdrucksweise. Er schüchterte nicht ein, ermutigte aber auch nicht; so war er in der Lage, einen Menschen, dessen Bekanntschaft er wünschte, wirklich so kennenzulernen, wie er war. Als er erfuhr, daß ich in Rußland nichts anderes getan hatte, als mich zu unterhalten und am Hofleben teilzunehmen, schloß er daraus, daß ich zu dem gleichen Zweck nach Polen gekommen sei, und sagte mir, er werde mir Gelegenheit geben, jedermann kennenzulernen. Er fügte hinzu, er werde sich freuen, wenn ich als alleinstehender Junggeselle alle Tage abends und morgens an seinem Tisch essen würde, falls ich keine andere Verpflichtungen hätte.

Hinter einem Wandschirm ließ er sich ankleiden; dann erschien er in der Uniform seines Regiments, nach französischer Mode, dazu eine blonde Zopfperücke mit langen Koteletten, wie sich der verstorbene König August III.[4] gekleidet hatte. [...]

Zur Mittagszeit fand ich bei dem Woiwoden von Rußland drei Tafeln mit je dreißig bis vierzig Gedecken. Man sagte mir, das sei alle Tage so. Der Luxus bei Hof war nichts im Vergleich mit dem prächtigen Aufwand des Woiwoden von Rußland. Prinz Adam teilte mir mit, ich müsse mich alle Tage an den Tisch seines Vaters setzen. An diesem Tag stellte er mich auch seiner hübschen Schwester vor und mehreren Woiwoden und Starosten[5], denen ich an den folgenden Tagen meine Aufwartung machte und so in weniger als zwei Wochen in allen großen Häusern bekannt und demzufolge zu allen großen Galaessen und Bällen eingeladen wurde, die man fast jeden Tag bei dem einen oder anderen veranstaltete.

[...]

Ich führte ein musterhaftes Leben ohne Liebschaften und ohne Spiel; ich arbeitete für den König in der Hoffnung, sein Sekretär zu werden, ich machte der Woiwodna, die meine Gesellschaft schätzte, den Hof und spielte mit dem Woiwoden »Tressetti« gegen zwei andere, die der Zufall gerade an den Tisch brachte. Am vierten März, dem Vorabend des Festes des heiligen Kasimir[6], wie auch der ältere Bruder[7] und Großkämmerer des Königs hieß, gab es bei Hof ein großes Diner, und ich ging hin. Nach dem Essen fragte mich der König, ob ich am Abend ins Theater käme. Man wollte zum ersten Mal eine Komödie in polnischer Sprache aufführen. Diese Neuheit interessierte jedermann, doch mir lag nichts daran, weil ich die Sprache nicht verstand; ich sagte es dem König.

»Das macht nichts, kommen Sie nur. Kommen Sie in meine Loge.«

Bei diesen Worten verbeugte ich mich und gehorchte. Ich stand hinter seinem Sessel. Nach dem zweiten Akt gab es ein Ballett, in dem die Piemonteserin Casacci[8] so sehr nach dem Geschmack des Königs tanzte, daß er klatschte, eine außergewöhnliche Gunst. Ich kannte diese Tänzerin nur vom Sehen und hatte nie mit ihr gesprochen; sie war nicht ohne Reize und mit dem Grafen Poninski sehr befreundet, der mir jedesmal, wenn ich bei ihm zu Mittag aß, vorwarf, daß ich alle anderen Tänzerinnen besuche und die Casacci nie, bei der man sich doch recht wohl fühle. Mir kam der Gedanke, die Loge des Königs zu verlassen, zur Bühne zu gehen, die Casacci in ihrer kleinen Loge aufzusuchen und sie zu dem Beifall des Königs zu beglückwünschen. Die Loge der Binetti, an der ich vorüberging, stand offen, und ich blieb einen Augenblick bei ihr stehen; als Graf Branicki[9], der als ihr Liebhaber galt, hereinkam, verbeugte ich mich, ging hinaus und zur Casacci, die erstaunt war, mich zum ersten Mal bei sich zu sehen, und mir liebenswürdige Vorhaltungen machte. Ich beglückwünschte sie, versprach ihr, sie zu besuchen, und umarmte sie. Gerade während dieser Umarmung kam Graf Branicki herein; ich hatte ihn vor höchstens eine Minute bei der Binetti gelassen, und so war es ganz klar, daß er mir gefolgt war. Aber warum? Um mit mir Streit zu suchen; er war ärgerlich auf mich. Er war in Begleitung von Oberstleutnant Bisinski von seinem Regiment. Bei seinem Erscheinen erhob ich mich sowohl aus Höflichkeit, wie auch um zu gehen; aber er hielt mich mit den Worten zurück:

»Ich komme Ihnen wohl ungelegen, Monsieur; mir scheint, Sie lieben diese Dame.«

»Sicherlich; finden Eure Exzellenz sie nicht auch liebenswert?«

»Äußerst liebenswert; und ich will Ihnen auch sagen, daß ich sie liebe und nicht gewillt bin, Rivalen zu dulden.«

»Gut! Da ich das nun weiß, werde ich sie nicht mehr lieben.«

»Sie weichen mir also?«

»Unverzüglich. Jeder muß hinter einem Edelmann, wie Sie einer sind, zurückstehen.«

»Sehr gut. Aber ein Mann, der zurückweicht, ist ein Hasenfuß.«

»Das ist etwas stark.«

Bei diesen Worten blickte ich ihn an, zeigte ihm meinen Degengriff und ging hinaus; drei oder vier Offiziere waren Zeugen des ganzen Vorfalls. Ich war noch nicht vier Schritte von der Loge entfernt, als ich mit dem Titel »venezianischer Feigling« beehrt wurde; ich wandte mich mit den Worten um, vor dem Theater könne ein venezianischer Feigling wohl einen tapferen Polen töten, und stieg die große Treppe hinunter, die zur Tür und auf die Straße führte. Dort wartete ich eine Viertelstunde in der Hoffnung, ihn kommen zu sehen und ihn zum Ziehen seines Degens zu veranlassen, [...] aber da er nicht kam, rief ich starr vor Kälte meine Leute, stieg in meinen Wagen und ließ mich zum Woiwoden von Rußland fahren, wo der König, wie er mir gesagt hatte, zu Abend speisen wollte.

[...]

Ich sah klar, daß Branicki mir auf Verlangen der Binetti gefolgt war. [...] Ich hatte keine Ohrfeige erhalten, aber der Unterschied war nicht groß; drei Offiziere waren Zeugen, daß er mich zum Teufel geschickt hatte, und ich erkannte mich als entehrt. Ich war von Natur aus nicht fähig, einen solchen Makel auf mir sitzen zu lassen, und fühlte, daß ich einen Entschluß fassen mußte, wußte jedoch nicht welchen. Ich verlangte nach einer vollständigen Genugtuung und dachte nach, wie ich sie mir auf maßvollem Weg verschaffen sollte, ohne es mit jemandem zu verderben. [...]

Ich [...] stieg in meinen Wagen, fuhr nach Hause und ging zu Bett; meine gute Veranlagung verschaffte mir einen erquickenden Schlaf von sechs Stunden. Um fünf Uhr morgens setzte ich mich auf und dachte nach, wozu ich mich entschließen wollte. Alles oder nichts. Ich verwarf sogleich das »Nichts«. Demnach stand nur das »Alles« zur Wahl. Ich sah nur einen Weg: Branicki zu töten oder ihn zu zwingen, mich zu töten, wenn er mir die Ehre eines Duells zugestehen wollte, und falls er Ausflüchte machte und sich nicht schlagen wollte, ihn unter entsprechenden Vorsichtsmaßnahmen zu ermorden und sogar die Gefahr auf mich zu nehmen, den Kopf auf dem Schafott zu verlieren. Nachdem dieser Entschluß gefaßt war, mußte ich ihm zunächst ein Duell vier Meilen außerhalb von Warschau vorschlagen, da die Starostei[10] so weit reichte und in ihr Duelle unter Todesstrafe verboten waren; ich schrieb ihm folgenden Brief, dessen Entwurf ich heute noch besitze.

»Am 5. März 1766 um fünf Uhr morgens.

Monseigneur, gestern abend im Theater haben Eure Exzellenz mich mutwillig beleidigt, und zwar ohne jeden Grund und ohne das Recht, sich mir gegenüber so zu verhalten. Unter diesen Umständen muß ich annehmen, daß Sie, Monseigneur, mir feindlich gesinnt sind und mich aus der Reihe der Lebenden streichen wollen. Ich kann und will Eurer Exzellenz Genüge tun. Haben Sie die Güte, Monseigneur, mich in Ihrem Wagen mitzunehmen und an einen Ort zu führen, wo meine Niederlage Sie den polnischen Gesetzen gegenüber nicht schuldig machen kann und wo ich mich des gleichen Vorteils erfreue, wenn es mir mit Gottes Hilfe gelingt, Eure Exzellenz zu töten. Ich würde Ihnen, Monseigneur, diesen Vorschlag nicht machen, wäre ich nicht von Ihrer Hochherzigkeit überzeugt.

Ich bleibe Eurer Exzellenz untertänigster und sehr ergebener Diener Casanova.«

Diesen Brief schickte ich ihm durch meinen Lakaien eine Stunde vor Tagesanbruch in seine Wohnung im Schloß, die neben den Räumen des Königs lag. Ich sagte dem Diener, er solle ihn nur persönlich übergeben, und falls er schlafe, warten, bis er erwache und eine Antwort schreibe. Es dauerte nur eine halbe Stunde, dann erhielt ich folgenden Brief:

»Monsieur, ich nehme Ihren Vorschlag an; haben Sie jedoch die Güte, mir mitzuteilen, wann ich Ihren Besuch erwarten darf. Ich bin jederzeit Ihr untertänigster und sehr ergebener Diener Branicki Podstoli C. P.«[11]

Hocherfreut über mein Glück, antwortete ich augenblicklich, ich würde mich am nächsten Morgen um sechs Uhr bei ihm einfinden, um an einem sicheren Ort den Streit mit ihm auszutragen. [...]

Ich bestellte ein schmackhaftes Mittagessen und ließ vom Hof ausgezeichneten Burgunderwein holen; Campioni[12] speiste mit mir. Die beiden jungen Grafen Mniszek[13] kamen mit ihrem Erzieher, dem Schweizer Bertrand[14], zu einem Besuch zu mir, während ich bei Tisch saß, und waren Zeugen meines guten Appetits und meiner erstaunlichen Aufgeräumtheit. Um Viertel vor drei bat ich alle, mich allein zu lassen, und stellte mich ans Fenster, um zum Aufbruch bereit zu sein, sobald der Podstoli vor meiner Tür vorfuhr.

Ich sah ihn von weitem in einer sechsspännigen Berline[15] ankommen; voraus ritten zwei Stallknechte, die zwei gesattelte Pferde führten, zwei Husaren und zwei Adjutanten. Vier Diener standen hinten auf dem Wagen. Dieser hielt vor meiner Tür; ich ging rasch von meinem dritten Stock hinunter und sah, daß der Podstoli von einem Generalleutnant begleitet war und noch ein Leibjäger auf dem Vordersitz saß. Man öffnete den Schlag; der Generalleutnant trat mir seinen Platz ab und setzte sich auf den Vordersitz neben den Jäger. Mit einem Fuß auf dem Trittbrett des Wagens wandte ich mich zu meinen Dienern um und befahl ihnen, mir nicht zu folgen und zu Hause meine Anordnungen zu erwarten. [...]

Nach einer halbstündigen Fahrt hielt der Wagen vor dem Tor eines schönen Gartens. Wir stiegen aus und gingen, gefolgt von dem ganzen Hofstaat des Podstoli, in eine Laube, die am 5. März noch nicht grün war; in ihr stand an einem Ende ein Steintisch. Der Leibjäger legte auf diesen Tisch zwei eineinhalb Fuß lange Pistolen und zog einen Pulverbeutel und eine Waage aus der Tasche. Er entsicherte die Pistolen, wog Pulver und Kugeln, lud sie ein, sicherte sie und legte sie gekreuzt hin. Entschlossen forderte mich Branicki auf zu wählen. [...]

Ich warf meinen Pelz ab und griff nach der nächstgelegenen Pistole. Branicki nahm die andere und sagte, er bürge mir bei seiner Ehre, daß die Waffe in meiner Hand fehlerfrei sei. Ich erwiderte, ich würde sie an seinem Kopf erproben. Bei dieser schrecklichen Antwort erbleichte er, warf seinen Degen einem seiner Pagen zu und entblößte vor mir seine Brust. Ich sah mich gezwungen, das gleiche zu tun, wenn auch ungern, denn abgesehen von der Pistole war der Degen meine einzige Waffe. Ich entblößte auch meine Brust und ging wie der Podstoli fünf oder sechs Schritte zurück. Weiter konnten wir uns nicht voneinander entfernen. Als ich ihn gleich mir bereit sah, die Mündung der Pistole zur Erde gerichtet, lüftete ich mit der linken Hand meinen Hut, bat ihn um die Ehre, daß er als erster auf mich schießen würde, und deckte mich. Statt sogleich zu schießen, verlor der Podstoli zwei oder drei Sekunden, um sich schmal zu machen und seinen Kopf durch den Griff seiner Pistole zu decken; aber die Umstände nötigten mich nicht, auf diese Verzögerungen Rücksicht zu nehmen. Ich schoß auf ihn genau in dem Augenblick, als er auf mich schoß; das war unbestreitbar, denn alle Leute in den umliegenden Häusern sagten aus, sie hätten nur einen Schuß gehört. Als ich ihn fallen sah, steckte ich rasch meine anscheinend verletzte linke Hand in die Tasche, warf die Pistole weg und eilte auf ihn zu. Aber wie groß war meine Bestürzung, als ich drei erhobene blanke Säbel in den Händen von drei vornehmen Henkern erblickte; da ich mich neben dem Verwundeten auf die Knie geworfen hatte, wäre ich im nächsten Augenblick niedergehauen worden, hätte sie der Podstoli nicht mit donnernder Stimme zurückgescheucht: »Gesindel, rührt diesen Ehrenmann nicht an.«

Da zogen sie sich zurück, und ich half ihm, sich aufzurichten, indem ich ihm meine rechte Hand unter die Achsel schob, während ihn der General von der anderen Seite stützte. So führten wir ihn zu einem Gasthof, der hundert Schritte vom Garten entfernt lag. Der Podstoli ging schmerzverkrümmt und musterte mich aufmerksam von der Seite, weil er sich nicht erklären konnte, woher das Blut kam, das er über meine Hosen und über meine weißen Strümpfe tropfen sah.

Kaum waren wir im Gasthof, warf sich der Podstoli in einen großen Lehnstuhl; er streckte sich, man knöpfte den Rock auf, zog das Hemd über den Magen hoch, und er sah sich zu Tode verwundet. Meine Kugel war rechts bei der siebten echten Rippe in seinen Leib gedrungen und links unterhalb der letzten falschen Rippe ausgetreten. Die beiden Löcher waren zehn Zoll voneinander entfernt. Der Anblick war beunruhigend. Anscheinend waren die Eingeweide durchschossen und der Mann verloren. Der Podstoli blickte mich an und sagte:

»Sie haben mich getötet; retten Sie sich, sonst verlieren Sie Ihren Kopf auf dem Schafott. Sie sind in der Starostei, ich bin königlicher Offizier und trage das Ordensband vom weißen Adler. Fliehen Sie sogleich, und wenn Sie kein Geld haben, so nehmen Sie hier meine Börse.«

Die dicke Börse fällt zu Boden, ich stecke sie ihm in die Tasche, danke ihm und füge hinzu, ich hätte sie nicht nötig; denn wenn ich an seinem Tod schuld sei, würde ich augenblicklich mein Leben in die Hand des Königs legen. Ich sagte ihm, hoffentlich sei seine Verletzung nicht tödlich; ich sei untröstlich über das, wozu er mich gezwungen habe. Ich gebe ihm einen Kuß auf die Stirn, verlasse den Gasthof und erblikke weder Wagen noch Pferde, noch Diener. Alle waren fortgeeilt, um Ärzte, Priester, Verwandte und Freunde zu holen. Ich sehe mich allein und ohne Degen in einem schneebedeckten Land, blute und weiß nicht einmal den Weg nach Warschau. Da erblicke ich von fern einen Schlitten mit zwei Pferden, rufe laut, der Bauer hält, ich zeige ihm einen Dukaten und sage:

»Warschau.«

[...]

Am Ostersonntag ging ich erst zur Messe, dann zu Hof; dort reichte mir der König die Hand zum Kuß und ließ mich meinen Kniefall tun. Er fragte mich (wie abgemacht), warum ich meinen Arm in der Schlinge trage, und ich antwortete, wegen eines Rheumatismus; er sagte darauf, ich solle mich vor weiteren Anfällen in acht nehmen. Nachdem ich den König aufgesucht hatte, ließ ich mich von meinem Kutscher zum Tor des Palais fahren, in dem Graf Branicki wohnte. Ich glaubte, ihm einen Besuch schuldig zu sein. Er hatte alle Tage einen Lakaien geschickt, um sich nach meinem Befinden zu erkundigen; auch hatte er mir meinen Degen zurückgegeben, den ich auf dem Schlachtfeld gelassen hatte. Er war noch zu wenigstens sechs Wochen Bettruhe verurteilt. [...]

Branicki lag in einem goldschimmernden Schlafrock auf dem Bett, den Rücken durch Kopfkissen mit rosaroten Bändern gestützt. Bleich wie ein Leichnam lüftete er seine Kappe.

»Ich bin gekommen, um Eure Durchlaucht um Verzeihung zu bitten, daß ich eine kleine Beleidigung nicht einzustecken verstand, auf die ich vernünftigerweise nicht hätte achten sollen. Ich bin gekommen, um Ihnen zu sagen, daß die mir von Ihnen erwiesene Ehre die Beleidigung weit überwiegt, und bitte Sie für die Zukunft um Ihren Schutz gegen Ihre Freunde, die Ihre Großmut nicht kennen und glauben, meine Feinde sein zu müssen.«

»Ich gebe zu«, erwiderte er, »Sie beleidigt zu haben, doch werden auch Sie zugeben, daß ich dafür mit meiner Person vollauf bezahlt habe. Was meine Freunde angeht, so werde ich der erklärte Feind all jener sein, die Sie nicht achten. [...] Was meinen Schutz betrifft, so werden Sie ihn nicht nötig haben, denn der König schätzt Sie ebensosehr wie ich und alle jene, die die Gesetze der Ehre achten. Nehmen Sie Platz, und lassen Sie uns in Zukunft gute Freunde sein. Man bringe Monsieur eine Tasse Schokolade.

## *Wien 1767*

[…]

Wir[1] blieben vier Tage in Prag und kamen am Weihnachtstag in Wien an. Dort stiegen wir im Gasthof »Zum Roten Ochsen« ab, Mademoiselle Blasin als Modehändlerin in einem Zimmer, ich in einem anderen neben dem ihren; das hinderte mich jedoch nicht daran, mit ihr zu schlafen. Aber schon am nächsten Morgen um acht Uhr erschienen zwei Männer im Zimmer der Blasin, gerade als ich mit ihr Kaffee trank.

»Wer sind Sie, Madame?«

»Ich heiße Blasin.«

»Und wer ist dieser Herr?«

»Fragen Sie ihn selbst.«

»Was machen Sie in Wien?«

»Ich trinke Milchkaffee, wie Sie sehen.«

»Wenn der Herr nicht Ihr Gatte ist, werden Sie innerhalb von vierundzwanzig Stunden abreisen.«

»Der Herr ist nur mein Freund, und ich werde nur auf eigenen Wunsch abreisen, außer man schafft mich mit Gewalt fort.«

»Gut. Wir wissen, Monsieur, daß Sie ein anderes Zimmer haben, aber das ist gleichgültig.«

Einer der beiden Büttel ging nun in mein Zimmer, und ich folgte ihm. »Was wünschen Sie?«

»Ich sehe an Ihrem Bett, daß es gar nicht benutzt ist; Sie haben mit Ihrer Freundin geschlafen.«

»Was zum T...! Ich habe weder allein noch mit jemand anderem geschlafen. Was soll diese verdammte Spitzelei?«

Er kehrte in das Zimmer der Blasin zurück und wiederholte seinen Befehl, innerhalb von vierundzwanzig Stunden abzureisen; dann gingen beide fort. Nun sagte ich der Blasin, sie solle sich rasch anziehen und den ganzen Vorfall dem französischen Gesandten berichten; sie solle dabei bleiben, Blasin zu heißen, unverheiratet und eine Händlerin zu sein und auf eine Gelegenheit zu warten, um nach Straßburg zu fahren, von dort nach Lyon und von Lyon nach Montpellier. Während sie sich anzog, ließ ich einen Fiaker holen und nahm einen Lohndiener. Die Blasin fuhr zum Gesandten, erzählte ihm alles, wie ich es ihr gesagt hatte, und kam nach einer Stunde mit der Nachricht zurück, der Gesandte habe ihr geantwortet, sie solle sich ruhig verhalten und nicht daran denken, anders als auf eigenen Wunsch abzureisen. Ich zog mich an, führte sie in die Messe und aß mit ihr zu Mittag; da mir bei dem schlechten Wetter nichts daran lag auszugehen, verbrachte ich mit ihr den ganzen Tag am Kamin. Sie hatte sich bereits entschlossen, einen Platz in der Postkutsche zu belegen, die nach Straßburg fuhr.

Um acht Uhr kam der Wirt herauf und sagte, er habe Befehl erhalten, ihr ein anderes Zimmer zu geben, das nicht neben dem meinen liege, und er müsse gehorchen. Sie begann zu lachen und erwiderte, sie sei gern bereit. Ich fragte ihn, ob sie auch allein zu Abend speisen müsse, und er antwortete, darüber habe er keinen Befehl erhalten. Daraufhin sagte ich ihm, ich würde mit ihr soupieren. Die Postkutsche nach Straßburg fuhr am Dreißigsten ab; der Wirt übernahm es selbst, ihr einen Platz zu sichern. Trotz dieser unverschämten Polizei habe ich die ganzen vier Nächte, die sie noch in Wien blieb, mit ihr gegessen und geschlafen. Ich wollte ihr mit aller Gewalt fünfzig Louis aufdrängen, doch sie nahm nicht mehr als dreißig an und überzeugte mich, daß sie noch mit Geld in der Tasche in Montpellier ankommen werde. Sie schrieb mir aus Straßburg; dann hörte ich nichts mehr von ihr, bis ich sie in Montpellier selbst wiedersah. [...]

Ich aß zu Mittag; als ich gerade im Wagen ausfahren wollte, kam ein Polizist und lud mich zum Grafen Schrattenbach vor, der Statthalter war. Ich antwortete ihm, er solle meinem Kutscher angeben, wohin er mich fahren müsse, und machte mich auf der Stelle auf den Weg.

Ich trat in ein Zimmer und sah dort einen beleibten Mann stehen; etwas abseits standen mehrere andere, die anscheinend nur da waren, um seine Befehle auszuführen. Sobald er mich erblickte, hielt er mir eine Uhr vor die Augen und sagte mir, ich solle mir die Uhrzeit ansehen.

»Ich sehe sie.«

»Ausgezeichnet. Wenn Sie morgen um diese Stunde noch hier sind, werde ich Sie mit Gewalt aus Wien entfernen lassen.«

»Warum geben Sie mir den Befehl, der vollkommen ungerechtfertigt ist?«

»Erstens habe ich Ihnen darüber keine Rechenschaft zu geben; und zweitens kann ich Ihnen sagen, daß Sie diesen Befehl nicht erhalten würden, hätten Sie nicht die Gesetze Ihrer Majestät übertreten, die das Glücksspiel verbieten und Spitzbuben zur Zwangsarbeit verurteilen. Kennen Sie diese Börse, kennen Sie diese Karten?«

Ich wußte nicht, was das für Karten waren; aber ich erkannte meine Börse, die höchstens noch ein Viertel des Goldes enthielt, das darin war, als man sie mir fortnahm.[2] Ich war ganz benommen von dieser Verleumdung und gab ihm anstelle einer Antwort nur die Geschichte, die ich auf vier Seiten niedergeschrieben hatte. Der Unmensch las sie, begann zu lachen und sagte, mein Einfallsreichtum sie bekannt; man wisse, wer ich sei, und warum man mich aus Warschau ausgewiesen habe. Überhaupt sei die ganze Geschichte, die ich ihm zum Lesen gegeben hätte, seiner Ansicht nach nur ein Gewebe von Lügen, die der gesunde Menschenverstand ablehnen müsse, denn sie entbehrten jeder Wahrscheinlichkeit.

»Sie werden also innerhalb der von mir vorgeschriebenen Zeit abreisen«, wiederholte er; »außerdem will ich sogleich wissen, wohin Sie sich begeben werden.«

»Das werde ich Ihnen erst sagen, wenn ich mich zur Abreise entschlossen habe.«

»Was, Sie wagen mir zu sagen, daß Sie mir nicht gehorchen werden?«

»Sie selbst haben es mir freigestellt, als Sie mir sagten, daß Sie mich mit Gewalt entfernen werden, wenn ich nicht freiwillig abreise.«

»Ausgezeichnet. Man hat mir bereits gesagt, daß Sie schlagfertig sind; aber hier wird es Ihnen nichts nützen. Ich rate Ihnen, Gewaltmaßnahmen zu vermeiden und abzureisen.«

»Ich bitte Sie, mir mein Schriftstück zurückzugeben.«

»Ich gebe Ihnen nichts zurück. Gehen Sie.«

Das, mein lieber Leser, war einer der schrecklichsten Augenblicke in meinem Leben, und ich zittere noch jedesmal, wenn ich mich daran erinnere. Nur feige Liebe zum Leben konnte mich hindern, rasch meinen Degen zu ziehen und ihn dem dicken Schwein von Wiener Statthalter, der mich so abfertigte, durch den Leib zu rennen.

Auf dem Heimweg kam ich auf den Gedanken, den Prinzen Kaunitz[3] davon zu unterrichten, obgleich er mich nicht kannte. Ich fuhr zu ihm und betrat das Gebäude; ein Kammerdiener sagte mir, ich solle hier auf ihn warten. Er müsse auf dem Weg zum Mittagessen mit allen seinen Gästen hier vorbeikommen. Es war fünf Uhr.

Der Prinz erschien in Begleitung von Signor Polo Renier, dem Gesandten meiner Heimat, und fragte mich, was ich wünsche; ich erzählte ihm »coram omnibus« (in Gegenwart aller) mit lauter Stimme die ganze Geschichte.

»Ich habe den Befehl abzureisen, Durchlaucht, aber ich werde nicht gehorchen; ich flehe Eure Exzellenz um Beistand an, damit ich meinen gerechtfertigten Einspruch an die Stufen des Thrones bringen kann.«

»Verfassen Sie eine Bittschrift; ich werde sie der Kaiserin schicken. Aber ich rate Ihnen, sie nur um Aufschub des Befehls zu bitten, denn Sie würden sie verstimmen, wenn Sie erklären, daß Sie nicht gehorchen wollen.«

»Aber wenn der Gunstbeweis auf sich warten läßt, werde ich inzwischen der Gewalt weichen müssen.«

»Begeben Sie sich zum Gesandten Ihres Heimatlandes.«

»Leider, mein Prinz, habe ich keine Heimat mehr. Ein gesetzlicher, jedoch verfassungswidriger Übergriff beraubt mich meiner Rechte als Bürger und Mensch. Ich bin Venezianer und heiße Casanova.«

Nun warf der Prinz dem Gesandten einen erstaunten Blick zu, und dieser sprach mit seiner stets lächelnden Miene zehn Minuten leise mit ihm.

Schließlich sagte der Prinz, es sei ein Unglück für mich, daß ich nicht den Schutz eines Gesandten beanspruchen könne. Auf diese Worte hin erklärte ein sechs Fuß großer Edelmann, ich könne den seinen beanspruchen, denn meine ganze Familie stehe im Dienst seines Herrn und Königs, und ich hätte ihm auch selbst gedient.[4] Das entsprach den Tatsachen.

»Das ist Graf Vitzthum[5]«, sagte der Prinz; »schreiben Sie also gleich an die Kaiserin, und ich werde ihr die Eingabe auf der Stelle schicken; wenn die Antwort auf sich warten läßt, so ziehen Sie sich zu ihm zurück; Sie werden vor Gewalt geschützt sein, bis Sie auf eigenen Wunsch abzureisen beabsichtigen.«

Der Prinz gab noch den Befehl, mir Schreibzeug zu bringen; dann ging er zum Essen.

So lautete meine Bittschrift, die ich verfaßte und in zehn Minuten ins reine schrieb; der venezianische Gesandte schickte dem Senat von Venedig eine Abschrift in dem Glauben, ihm damit einen Gefallen zu tun:

»Madame,

ich bin überzeugt, daß Eure kaiserlich-königlich Majestät, wenn ein Insekt mit kläglicher Stimme sagt, daß Sie es zu zertreten drohen, den Fuß ein klein wenig zur Seite setzen werden, um dieses arme Geschöpf nicht des Lebens zu berauben.

Ich bin das Insekt, Madame, das die Bitte wagt, Sie mögen dem Herrn Statthalter Schrattenbach befehlen, er solle noch acht Tage warten, bevor er mich mit dem Pantoffel Eurer kaiserlich-königlichen Majestät zertritt. Es könnte sein, daß er mich nach dieser kurzen Zeit nicht nur verschont, sondern daß Sie seinen Händen auch den erlauchten Pantoffel entziehen werden, den Sie ihm nur anvertraut haben, um Spitzbuben zu zertreten, nicht aber einen Mann, der trotz seiner Flucht aus den Bleikammern Venezianer und den Gesetzen Eurer kaiserlich-königlichen Majestät zutiefst ergeben ist.

Am 21. Januar 1767 Casanova«

Nachdem ich diese Bittschrift in wohlgerundeten Buchstaben geschrieben hatte, bat ich den wartenden Kammerdiener, sie dem Prinzen zu bringen. Fünf oder sechs Minuten später kam er mit erheiterter Miene zurück, meine Bittschrift in den Händen, und bestellte mir von seiten des Prinzen, dieser werde sie sogleich der Kaiserin schicken, doch bitte er mich, ihm eine Abschrift zu geben.

»Sofort.«

Ich schrieb sie ab, gab dem Diener die beiden Exemplare und ging. Ich zitterte wie ein Paralytiker und wollte nicht bis zum Ende der Mahlzeit warten, denn ich loderte vor Zorn von Kopf bis Fuß und befürchtete einen Anfall, der mich vielleicht das Leben gekostet hätte. Ich fuhr nach Hause und machte mich daran, die gleiche Geschichte, die ich dem Unmenschen Schrattenbach überreicht, die er mir aber nicht hatte zurückgeben wollen, in Form eines Manifestes niederzuschreiben.

## *Madrid 1767*

[…]

Als wir gerade bei Tisch saßen, mein Bruder, meine Schwägerin und die Russen, die er bei sich beherbergte, um ihnen das Malen von Schlachtenbildern beizubringen, meldete man mir, ein Träger des Sankt-Ludwigs-Ordens warte im Vorzimmer, um mich zu sprechen. Ich ging zu ihm hinaus, und er übergab mir ohne weitere Einleitung ein Papier. Ich las es und sah die Unterschrift »Louis«. Der König befahl mir in diesem Brief, Paris innerhalb von vierundzwanzig Stunden und das Königreich innerhalb von drei Wochen zu verlassen; als Grund gab er an, das sei sein gnädigster Wille.[1]

»Nun gut, Monsieur (er hieß Buhot[2]), ich habe den Brief gelesen und werde versuchen, dem gnädigsten Willen Seiner Majestät so bald wie möglich zu entsprechen. Wenn ich jedoch innerhalb von vierundzwanzig Stunden nicht in der Lage sein sollte, abzureisen, möge der König so gnädig sein, mit mir zu tun, was er will.«

»Monsieur, vierundzwanzig Stunden sind Ihnen nur der Form halber vorgeschrieben; fügen Sie sich dem Befehl, geben Sie mir eine Quittung für die ›lettre de cachet‹ und reisen Sie ganz nach Ihrem Gutdünken ab. Ich bitte Sie nur um Ihr Ehrenwort, daß Sie nicht zu Fuß ins Theater gehen oder sich auf öffentlichen Promenaden zeigen.«

»Nun gut, Monsieur, ich gebe Ihnen mein Wort und danke Ihnen, daß Sie darauf vertrauen.«

Ich führte ihn in mein Zimmer und unterschrieb alles, worum er mich bat. [...]

Mein Paß, den ich vom Herzog von Choiseul zur Anforderung von Postpferden erhielt, ist vom Neunzehnten, und ich besitze ihn noch. Ich fuhr am Zwanzigsten ab, ganz allein, ohne Diener, [...] mit hundert Louis in meiner Börse und einem Kreditbrief über achttausend Francs auf Bordeaux. Ich erfreute mich einer vollkommenen Gesundheit und glaubte mich mit neuen Grundsätzen gewappnet. Ich fuhr in ein Land, wo ich sie hinsichtlich meines Verhaltens wie auch der Vorsicht bei meinen Äußerungen nötig haben würde. Außerdem hatte ich jeglichen Rückhalt eingebüßt[3]; der Tod hatte mich ganz auf mich allein gestellt. Ich begann mir bewußt zu werden, daß ich in dem gewissen Alter war, dem die Glücksgöttin nicht hold ist und dem die Frauen kein großes Interesse entgegenbringen. [...]

Ach, mein geliebtes Frankreich, wie ging doch damals alles so gut, trotz der »lettres de cachet«, trotz des Frondienstes und des Elends der Bauern und trotz der Eigenmächtigkeiten des Königs und der Minister! Und was ist heute aus dir geworden? Dein König ist das Volk, das roheste, verrückteste, unbändigste, nichtswürdigste, wankelmütigste und ungebildetste aller Völker. Aber vielleicht kehrt die alte Ordnung wieder, bevor ich die Niederschrift dieser Erinnerungen beende; bis dahin möge Gott mich von diesem Lande fernhalten, das von seinem Bannstrahl getroffen worden ist.

[...]

Ich verlängerte meine Reise um zwei kleine Meilen und fuhr gleich bis Angoulême. Ich hoffte, dort Noël, den Koch des preußischen Königs, zu treffen, mit dem ich drei- oder viermal in Berlin bei der Rufin gespeist hatte. Aber ich traf nur seinen Vater an, der mich sehr gut bewirtete. Ich fand ihn außerordentlich geschickt im Pastetenbacken. Der Mann sagte mir mit einer sehr überzeugenden Beredsamkeit, er verpflichtete sich, von mir bestellte Pasteten in ganz Europa in den Häusern der Leute abliefern zu lassen, an die ich sie schicken wolle.

»Wie? Auch nach Venedig, nach London, nach Warschau und Petersburg?«

»Überallhin; Sie müssen mir nur die Adressen aufschreiben. Damit Sie die Sicherheit haben, daß ich Sie nicht betrügen will, werden Sie sie mir erst bezahlen, wenn Sie die Nachricht erhalten haben, daß die Pasteten in die Hände der Leute gelangt sind, denen Sie sie schicken wollten.«

Ich schickte welche, die ich auch bezahlte, nach Venedig, nach Warschau und nach Turin, und erhielt Dankesbriefe. Mit diesem Handel war der Mann reich geworden. Er erzählte mir, er schicke sie bis Amerika. Es waren mit Trüffeln gefüllte Rebhuhn- oder Truthahnpasteten. Sie hielten sich unverdorben bis zum Sommer. Am übernächsten Tag gelangte ich nach Bordeaux und bliebt dort acht Tage. Nach Paris ist das die größte Stadt von ganz Frankreich. Ich nahm für meine achttausend Francs einen Kreditbrief auf einen Genuesen in Madrid; dann reiste ich weiter und fuhr durch die Landes[4] nach St. Jean d'Angély[5], wo ich meine Postkutsche verkaufte. Nach Pamplona gelangte ich, über die Pyrenäen auf einem Maultier reitend, in Gesellschaft eines zweiten, das meine Koffer trug. Dieses Gebirge erschien mir viel mächtiger als die Alpen.

In Pamplona lud der Fuhrmann Andrea Capello mich und mein Gepäck auf, und wir machten uns auf den Weg nach Madrid. [...]

Señor Andrea trug Sorge, für mich die wohnlichsten Quartiere auszusuchen, und nachdem er alles Nötige für seine Maultiere getan hatte, ging er in das Dorf, um mir etwas zu essen zu holen. Der Besitzer des elenden Hauses, in dem wir haltmachten, rührte sich nicht; er zeigte mir ein Zimmer und sagte, dort könne ich schlafen und mir im Kamin ein Feuer machen, wenn ich mir das Holz selbst hole, und auch kochen, wenn ich etwas essen wolle. Er betrachtete es nicht einmal als seine Aufgabe, mich zu unterrichten, wohin ich gehen konnte, um mir etwas für mein Geld zu besorgen. Am Morgen vor der Abreise bezahlte ich ihm das wenige, das er für das Quartier verlangte, dazu eine »Peseta por el ruido«, ein kleines Geldstück für den Lärm. Er rauchte eine Zigarette, und seine Armut galt ihm als Reichtum, wenn der Fremde beim Aufbruch nur nicht sagen konnte, er habe sich im geringsten bemüht, ihn zu bedienen. Das ist das Ergebnis einer mit Stolz gemischten Faulheit; man ist Kastilianer und darf sich nicht soweit erniedrigen, einen »Gabacho«[6] zu bedienen. Mit diesem Titel bezeichnet die ganze spanische Nation einen Fremden. Das Wort »Gabacho« ist noch viel beleidigender als die Bezeichnung Hund, mit der die Türken uns beehren, und »French dog«, wie das englische Volk alle Fremden nennt. Wohlverstanden, der Adel und die durch Reisen und Erziehung gebildeten Leute denken nicht so. Der Fremde, der gute Empfehlungen hat und sich angemessen aufführt, findet verständige Leute in England ebenso gut wie in Spanien und in der Türkei.

Die zweite Nacht schlief ich in Agreda. Man bezeichnete es als Stadt. Es ist ein Ausbund von Häßlichkeit und Trübsinn. [...]

Die Tür des Zimmers, das der Wirt mir gab, hatte außen einen Riegel, aber innen nichts, womit ich die Tür verschließen konnte, wenn ich schlafen ging. Die Tür ließ sich nur mit diesem Riegel öffnen und schließen. In der ersten und zweiten Nacht sagte ich nichts; aber in der dritten Nacht sagte ich meinem Kutscher, ich wolle das nicht dulden. Er antwortete mir, in Spanien müsse ich das dulden; damit die heilige Inquisition[7] stets in der Lage sei, nachforschen zu lassen, was die Fremden vielleicht in der Nacht in einem Zimmer trieben, dürften diese Fremden nicht die Möglichkeit haben, sich einzuschließen.

»Auf was kann Ihre verdammte heilige Inquisition neugierig sein?«

»Auf alles. Sie will sehen, ob Sie an einem Fasttag Fleisch essen. Sie will sehen, ob in einem Zimmer mehrere Personen beiderlei Geschlechts sind, ob die Frauen allein oder mit Männern schlafen; sie will wissen, ob diejenigen, die mit Männern schlafen, ihre rechtmäßigen Frauen sind, und sie will sie in Gewahrsam nehmen können, wenn der Trauschein nicht zu ihren Gunsten spricht. Die heilige Inquisition, Señor Don Jaime[8], wacht in unserem Land unablässig über unser ewiges Heil.«

[...]

Als ich durch die Puerta de Alacalá[9] in Madrid einfuhr, visitierte man mich, und da sich das Hauptaugenmerk der Beamten auf die Bücher richtete, war man unbefriedigt, als man bei mir nur die »Ilias« auf griechisch fand. Man nahm sie mir fort und brachte sie mir drei Tage später in die Calle de la Cruz ins Café, in dem ich abgestiegen war, obwohl mich Señor Andrea in ein anderes Haus hatte bringen wollen. Ein wackerer Mann in Bordeaux hatte mir diese Adresse gegeben. Eine Amtshandlung, die ich an der Puerta de Alcalá erlebte, ärgerte mich besonders. Ein Beamter bat mich um eine Prise Tabak. Ich gab sie ihm; es war richtiger Schnupftabak.

»Señor, dieser Tabak ist in Spanien mit Bann belegt.«

Mit diesen Worten schüttete er meinen ganzen Tabak in den Schmutz und gab mir meine Tabaksdose leer zurück.

[...]

Ich war gut untergebracht, mir fehlte nur die Heizung; trotz der Lage auf dem vierzigsten Breitengrad war die Kälte trockener und beißender als in Paris. Das liegt daran, daß Madrid die höchste Stadt von ganz Europa ist. Wer aus irgendeiner Hafenstadt dorthin reist, steigt unmerklich bis zu einer Höhe von, glaube ich, tausend Klaftern an. Außerdem ist die Stadt in weitem Umkreis von Bergen und in der Nähe von Hügeln umgeben, was zur Folge hat, daß jeder aufkommende Wind eisig ist. Für alle Fremden ist die Luft in Madrid schlecht, weil sie rein und dünn ist; gut ist sie nur für die Spanier, die alle mager, ja schmächtig und so kälteempfindlich sind, daß sie sich selbst im August beim geringsten Wind bis zu den Augen in einen weiten Tuchmantel hüllen. Der Geist der Männer dieses Landes ist von einer Unzahl von Vorurteilen eingeengt, der der Frauen im allgemeinen recht frei; die einen wie die anderen sind Leidenschaften und Begierden unterworfen, die ebenso heftig sind wie die Luft, die sie atmen. Dem Fremden sind sie alle feindlich gesonnen, dabei nicht in der Lage, hierfür einen vernünftigen Grund anzugeben, denn ihre Ablehnung entspringt einem angeborenen Haß; zu diesem Haß kommt noch eine Geringschätzung, die sicher nur darauf beruhen kann, daß der Fremde kein Spanier ist. Die Frauen, die die Ungerechtigkeit dieses Hasses und diese Geringschätzung einsehen, rächen uns, indem sie uns lieben, aber mit großen Vorsichtsmaßnahmen; denn der von Natur aus eifersüchtige Spanier sucht stets nach einem Anlaß. Seine Ehre wird seiner Auffassung nach vom geringsten Seitensprung der Frau verletzt, die ihm gehört. [...]

Die Männer dieses Landes sind im allgemeinen eher häßlich als schön; aber die Frauen sind sehr hübsch, glühen vor Verlangen und sind alle bereit, bei Ränken mitzuwirken, die auf Täuschung derer abzielen, die ihnen auflauern, um ihre Kniffe auszuspionieren. Sie ziehen den Geliebten, der kühn alle Gefahren auf sich nimmt und ihnen trotzt, den Schüchternen, Achtungsvollen und Beherrschten vor. Aus Koketterie wollen sie sich deren Verehrung bewahren, verachten sie aber im Grunde. Auf den Promenaden, in den Kirchen und im Theater werfen sie allen, die ihnen gefallen, Blicke zu und beherrschen diese verführerische Sprache der Augen bis zur Vollkommenheit. Wenn der Mann, der dafür nicht unempfänglich ist, die Gelegenheit zu ergreifen und sie sich zunutze zu machen weiß, gelangt er sicher zu seinem Glück und stößt nicht auf den geringsten Widerstand; versäumt er die Gelegenheit oder nutzt er sie nicht, so wird sie ihm nicht mehr geboten.

Da ich ein gut geheiztes Zimmer benötigte, das Kohlenbecken mir Kopfweh verursachte und es keinen Kamin gab, verlangte ich einen Ofen. Mit großer Mühe fand ich einen intelligenten Mann, der unter meiner Anleitung einen aus grobem Weißblech mit einem langen Rohr baute, das durch eines meiner Fenster nach außen ging und dort in ein weiteres, sehr langes Rohr mündete, das bis zur Dachrinne des Hauses hinaufreichte. Stolz auf den Erfolg, ließ mich der Handwerker sein Probestück sehr teuer bezahlen. In den ersten Tagen, bis mein Ofen fertig war, belehrte man mich, wohin ich gehen müsse, um mich am Vormittag bis zur Mittagessenszeit zu erwärmen; das war ein Platz, den man die »Puerta del Sol« nannte. [...]

Ich überbrachte alle meine Briefe, als ersten den der Prinzessin Lubomirska[10], der mich beim Grafen von Aranda einführte. Der Graf war damals in Madrid mächtiger als der König selbst. Er hatte an einem einzigen Tag alle Jesuiten aus ganz Spanien vertreiben lassen[11] und es fertiggebracht, die Schlapphüte und knöchellangen Mäntel zu verbieten[12]; er war Präsident des Königlichen Rates von Kastilien[13] und ging stets nur in Begleitung eines königlichen Leibgardisten aus, der auch an seinem Tisch aß. Wie zu erwarten, haßte ihn das ganze Volk, aber das war ihm gleich. Er war ein hochbegabter Mann, ein großer Politiker, furchtlos, entschlossen und klar denkend, dabei ein großer Epikuräer, der aber den Schein wahrte und nur in seinem Haus alles tat, was er den anderen verbot, ohne sich darum zu kümmern, was man sagen mochte. Dieser recht häßliche Edelmann, der außerdem noch beträchtlich schielte, empfing mich ziemlich kühl.

»Was haben Sie in Spanien vor?«

»Ich möchte die Sitten und Gebräuche einer achtenswerten Nation studieren, die ich noch nicht kenne; außerdem möchte ich meine bescheidenen Talente anbieten, wenn ich mich in der Regierung nützlich machen kann.«

»Um hier gut und ruhig zu leben, haben Sie mich nicht nötig, denn solange Sie sich an die Vorschriften der Stadtpolizei halten, wird niemand Ihren Frieden stören. Was Ihr Anerbieten betrifft, mit Hilfe Ihrer eigenen Talente Ihr Glück zu machen, so wenden Sie sich an den Gesandten Ihrer Republik[14], er wird Sie einführen, dann mögen Sie zeigen, was Sie können.«

»Der venezianische Gesandte wird mir nichts Böses, doch noch weniger etwas Gutes tun, denn ich bin bei den Staatsinquisitoren in Ungnade. Sicher wird er mich gar nicht empfangen.«

»In diesem Fall haben Sie bei Hof nichts zu erwarten, denn der König wird zuerst Ihren Gesandten über Sie befragen. Wenn der Gesandte Sie nicht einführt, rate ich Ihnen, nur an Ihr Vergnügen zu denken.«

[…]

Zu dieser Zeit befaßte sich das spanische Kabinett mit einem schönen Plan. Man hatte aus verschiedenen Kantonen der Schweiz tausend Familien kommen lassen und sie in dem schönen, aber verlassenen Gebiet angesiedelt, das man Sierra Morena nennt, ein in Europa berühmter und wohlbekannter Name bei allen, die das Meisterwerk von Cervantes gelesen haben, den herrlichen Roman von den Abenteuern des Don Quijote. Diese Gegend hatte von der Natur alle Gaben erhalten, die sie wohnlich machten, ein ausgezeichnetes Klima, fruchtbare Erde, reines Wasser und eine sehr glückliche Lage, denn die Sierras, was »Berge« bedeutet, bilden die Grenze zwischen den Königreichen Andalusien und Granada; trotz der Schönheit des Landes war dieses große und einladende Gebiet verlassen. Der König von Spanien entschloß sich, für eine begrenzte Zeit die Nutzung des Bodens ohne Abgaben Siedlern zu überlassen, sie zum Kommen einzuladen und ihnen die Reise zu bezahlen; sie kamen, zogen dorthin, und die Regierung stürzte sich in Unkosten, um Häuser für sie zu schaffen und sie einer guten irdischen wie geistlichen Verwaltung zu unterstellen. Dieses Unternehmen wurde von Don Olavides gefördert, einem gescheiten Mann, der auch als Schriftsteller einige Lorbeeren erntete. Er verhandelte mit den Ministern in Madrid, um alles für diese Leute zu regeln, ihnen Richter zu beschaffen, die unverzüglich Recht sprachen, Priester, denn die Schweizer waren natürlich alle katholisch, einen Gouverneur und alle nötigen Handwerker, die dort Häuser, Kirchen und besonders ein Theater oder eine Arena für die Stierkämpfe bauen sollten, die bevorzugte Unterhaltung der Spanier, die so schön, so menschlich, so natürlich und so vernünftig ist, daß die denkenden Menschen dieses Landes nicht begreifen, wie es auf dieser Erde Völker geben kann, die darauf verzichten. So fanden also die guten Auswanderer aus der Schweiz in der Sierra Morena ein ungeheures rundes Amphitheater vor, damit sie an gewissen Tagen dieses köstliche Schauspiel genießen konnten.

In den Denkschriften, die Don Pablo Olavides zum größten Nutzen dieser schönen Kolonie vorgelegt hatte, stand geschrieben, man müsse jede Niederlassung von Mönchen unterbinden; er gab auch sehr gute Gründe dafür an. Aber selbst wenn er mit dem Kompaß in der Hand die unbedingte Richtigkeit bewiesen hätte, genügte das vollauf, um ihm alle Mönchen Spaniens zu Feinden zu machen, sogar den Bischof, zu dessen Diözese die Morena gehörte. Die spanischen Priester sagten zwar, er habe recht, aber die Mönche nannten es eine Gottlosigkeit; die Verfolgungen begannen bereits, und darauf kam das Gespräch an der Tafel des Gesandten.

Nachdem ich sie lange hatte reden lassen, sagte ich so bescheiden, als ich konnte, die Kolonie werde sich in wenigen Jahren wegen verschiedener physischer und moralischer Gründe auflösen. Als wesentlichen Punkt führte ich an, daß der Schweizer sich von allen anderen Sterblichen unterscheide.

»Er ist ein Gewächs«, sagte ich ihnen, »das abstirbt, wenn man es in ein anderes Land verpflanzt. Die Schweizer werden von einer Krankheit befallen, die man Heimweh nennt; sie wollen zurück, die Griechen nannten das ›Nostalgie‹. Wenn sie fern von ihrem Land leben, befällt sie nach einer gewissen Zeit diese Krankheit, und das einzige Heilmittel ist die Rückkehr in ihr Vaterland; wenn sie sich nicht dazu entschließen, sterben sie.«

[...]

Innerhalb von drei Wochen, während ich bei Mengs[15] wohnte und häufig beim Gesandten speiste, machte ich eine Reihe von erfreulichen Bekanntschaften. Ich dachte daran, mich in Spanien niederzulassen. [...]

Der Gesandte stellte mich dem Marchese Grimaldi[16] vor, mit dem ich Besprechungen wegen der schlechten Entwicklung der Siedlung in der Sierra Morena hatte. Die schweizerischen Familien konnten dort nicht gedeihen. Ich gab ihm ein Projekt, das ihm klarmachen sollte, daß die Kolonie aus spanischen Familien zusammengesetzt werden müsse.

»Spanien ist überall dünn besiedelt«, sagte er; »man müßte also eine Gegend entvölkern, um eine andere volkreicher zu machen.«

»Keineswegs, denn zehn Auswanderer, die in Asturien wegen ihrer Armut jung sterben, würden in der Sierra Morena erst sterben, nachdem sie fünfzig Kinder in die Welt gesetzt hätten; diese fünfzig würden in der folgenden Generation zweihundert zeugen, diese tausend, und alles ginge gut.«

Mein Projekt wurde geprüft, und der Marchese Grimaldi versicherte mir, falls es verwirklicht werde, solle ich zum Gouverneur ernannt werden.

[...]

Ich unterhielt mich in Aranjuez und besuchte häufig Don Domingo Varnier, den Kammerdiener des Königs, der heute regiert, und eine Zofe der Prinzessin, die hochverehrt war, da sie es verstanden hatte, eine Reihe von lästigen Gepflogenheiten abzuschaffen und die schwerfällige und ernsthafte Etikette durch freundliche Leutseligkeit aufzulockern. Gern sah ich auch Seiner Katholischen Majestät jeden Tag um elf Uhr beim Mittagessen zu; der König aß stets das gleiche, ging dann mit seinem Bruder um die gleiche Zeit auf die Jagd und kehrte vollkommen erschöpft zurück.[17] Er war sehr häßlich, aber schön im Vergleich mit seinem Bruder[18], dessen Gesicht tatsächlich Angst einflößen konnte. Der Bruder des Königs reiste nie ohne ein Bild der Heiligen Jungfrau, das Mengs für ihn gemalt hatte. Es war ein Gemälde von zwei

Fuß Höhe und dreieinhalb Fuß Breite. Die Heilige Jungfrau saß im Gras und hatte die nackten Füße nach maurischer Art gekreuzt; man sah ihre hochheiligen Beine bis zur Mitte der Waden. Das Bild begeisterte die Seele auf dem Umweg über die Sinne. Der Infant war in es verliebt und hielt für ein frommes Gefühl, was doch nur der sündigste aller wollüstigen Triebe war; denn er konnte dieses Bild unmöglich betrachten, ohne vor Verlangen zu verbrennen, die auf der Leinwand dargestellt Gottesmutter warm und lebendig in den Armen zu halten. Aber der Infant war sich dessen gar nicht bewußt. Er war entzückt, in die Mutter seines Gottes verliebt zu sein. Diese Liebe verbürgte ihm sein ewiges Heil. So sind die Spanier. Was sie interessieren soll, muß einprägsam sein, und sie legen alles nur in dem Sinn der sie beherrschenden Leidenschaft aus.

[...]

Als ich mich Ende August entschlossen hatte, meine reizende Doña Ignacia und Madrid für immer zu verlassen, erbat ich einen Paß vom Grafen von Aranda; dieser antwortete mir, er müsse sich an die Gepflogenheiten halten und könne ihn mir nur ausstellen, wenn ich mir zuvor einen Paß vom venezianischen Gesandten beschaffe, den dieser mir, wie er sagte, nicht verweigern könne. Mit diesem Bescheid zufrieden, ging ich zum Haus des Gesandten, Signor Querini, der damals in San Ildefonso[19] war. Ich sagte dem Pförtner, ich müsse den Gesandtschaftssekretär Signor Olivieri sprechen; er meldete mich an, doch dieser Narr spielte sich auf und empfing mich nicht. Am nächsten Tag schrieb ich ihm, ich sei nicht deshalb zum Palais des Signor Querini gekommen, um ihm, dem Sekretär, meine Aufwartung zu machen, sondern um einen Paß zu beantragen, den er mir nicht verweigern könne. Ich gab ihm meinen Namen und meinen höchst bescheidenen Titel als Doktor der Rechte an, den er nicht bestreiten konnte, und bat ihn, den Paß beim Pförtner zu hinterlegen, wo ich ihn am nächsten Tag abholen würde. Als ich hinkam, richtete mir der Pförtner aus, der Gesandte habe Anweisung gegeben, man solle mir keinen Paß ausstellen.

Nun schrieb ich an den Marchese Grimaldi in San Ildefonso und gleichzeitig an den Herzog von Losada und bat sie, dem venezianischen Gesandten zu sagen, er möge mir einen Paß schicken; andernfalls würde ich die schändlichen Gründe veröffentlichen, die sein Onkel und Vorgänger gehabt habe, mir seine Gunst zu entziehen.[20] Ich weiß nicht, ob der Herzog und der Marchese dem Gesandten Querini meine Briefe zeigten; jedenfalls weiß ich, daß mir der Sekretär Olivieri den Paß schickte, den mir Doña Ignacia aushändigte. Ich las den Paß und fand meinen Namen ohne den geringsten Titel, und das wird in Spanien sehr beachtet; nur einem Diener verweigert man den »Don«, wie bei uns den »Signor« und bei den Franzosen den »Monsieur«; man hatte sich auf »Sieur« beschränkt. Kochend vor Zorn über dieses Zeichen von Geringschätzung schrieb ich einen Brief an Don Domingo Varnier, der damals bei Hof einen Auftrag hatte, und schickte ihm mein Diplom als Protonotar, in dem ich als Ritter vom goldenen Sporn und Doktor der Rechte bezeichnet war. Außerdem fügte ich den ehrenrührigen Paß bei und bat ihn, meinen Brief und meine Beschwerden dem Marchese Grimaldi zukommen zu lassen, falls der Gesandte sich weiterhin beleidigend verhalte. Drei Tage später schickte er mir mein Diplom zurück und schrieb dazu, es sei nicht nötig gewesen, mit dem Minister zu sprechen, denn der Gesandte habe sich angesichts meiner Titel, die er vorher nicht kannte, sogleich überzeugen lassen. Am Schluß seines Briefes schrieb er, der Gesandtschaftssekretär werde mir den Paß so schicken, wie ich ihn zu Recht verlange, und mit diesem könne ich dann auf Wunsch über das Ministerium für auswärtige Angelegenheiten einen vom König erhalten. Am nächsten Tag ging mir der Paß zu, so wie ich ihn wollte; ich sandte ihn nach San Ildefonso an Don Varnier, der ihn mir mit einem vom Marches Grimaldo de' Grimaldi unterzeichneten Paß des Königs zurückschickte. Aufgrund dessen erhielt ich einen vom Grafen von Aranda, den die Erzählung dieser Geschichte sehr erheiterte.

[...]

# *Anmerkungen*

## *Vorrede*

1 Von Casanova unvollständig zitiert nach Cicero, »Episteln«, VII, 6 (an Trebatius).

2 Die Schule der Stoa, 308 v. Chr. in Athen von Zenon gegründet.

3 Plinius d. J. an Tacitus, »Episteln«, VI, 16. (Von Casanova frei verändert und französisch zitiert.)

4 Von Casanova wohl ironisch gemeint; England hat für das Schleifen von Diamanten nie Bedeutung gehabt. Zentren dieses Handwerks waren seit dem 15. Jh. Antwerpen, seit dem 16. Jh. Amsterdam.

5 Kein Zitat.

6 Cicero, »Tusculanae« V, 38, III.

7 Spanisches Gericht (»olla podrida«), Eintopf aus verschiedenen Fleischarten mit Gemüsezutaten und Gewürzen.

8 In den »Tusculanae Disputationes«, die Cicero nach dem Tod seiner Tochter Tulliola verfaßt hat.

9 Bezieht sich auf die alte, schon bei Aristoteles nachzulesende Legende, daß der Salamander unverbrennbar sei.

10 Wahrscheinlich nach Seneca.

## *Padua 1737*

1 Anna Iwanowna (1693–1740), Nichte des Zaren Peter des Großen, seit 1730 Zarin.

2 Typengestalt der »Commedia dell'arte«, ein schlauer Diener aus Bergamo. Carlo Antonio Bertinazzi (1710–1783), bekannter italienischer Schauspieler, Freund von D'Alembert und von Papst Clemens XIV.

3 Antonio Maria Gozzi (1709–1783), Doktor beider Rechte, Abate in Padua, Giacomo Casanovas Lehrer und Erzieher während seiner Schul- und Studentenzeit. C. wohnte bei Dr. Gozzi.

4 Bettina, die damals dreizehnjährige Schwester des Dr. Gozzi, war Casanovas erste Liebe, die er niemals vergaß. Casanova war zugegen, als sie 1776 mit 57 Jahren starb.

5 Casanova wurde am 28.11.1737 an der Universität Padua immatrikuliert, also als Zwölfjähriger. Im damaligen Bildungssystem gehörte auch die Grundausbildung, die heute von den höheren Schulen gegeben wird, zur Aufgabe der Universität. Die Abschlußprüfung (»laurea«) konnte nach vierjährigem Studium abgelegt werden. Vergleiche mit dem modernen Bildungssystem sind nur in sehr begrenztem Maße möglich.

6 Beiname der Universität Padua, deren Hauptgebäude von 1494–1552 an der Stelle einer bekannten Herberge »Il Bue« oder »Il Bo« (Zum Ochsen) errichtet wurde.

7 Padua gehörte von 1406–1797 zum Herrschaftsbereich der Republik Venedig.

8 Die Verfassung der Universität Padua sah vor, daß die richterliche Gewalt in den Händen des Bürgermeisters (»podestà«) lag, dem der Rektor und zwei von den Studenten aus dem Kreis der Professoren gewählte Vertreter (»sindachi«) zur Seite standen. Ein »sindaco« vertrat die juristische, der andere die Artisten-Fakultät.

9 Sbirre (italienisch »sbirro«, auch »birro«), Vertreter der öffentlichen Gewalt in Italien (Jusitz- und Polizeidiener).

10 Venezianische Studenten konnten einen Teil des Studiums mit einer praktischen Ausbildung bei einem Rechtsanwalt verbinden.

*Venedig 1739*

1 Es handelt sich um die kleine Kirche San Samuele Profeta in der Nähe des Palazzo Malipiero, in der Casanova 1725 getauft wurde und am 14. 2. 1740 die Tonsur empfing. Der Priester war Giovanni Tosello (1697–1757), der später Kanonikus bei San Marco wurde.

2 Am 22.1.1741 von Monsignore Antonio Francesco Correr (1676–1741).

3 Giorgio Baffo (1694–1768), einer alten venezianischen Patrizierfamilie entstammend, wurde durch seine erotischen Dialektgedichte bekannt. Er war ein Bekannter von Casanovas Mutter, Giovanna (Zanetta) Maria Farussi.

4 Abate Biagio Schiavo (1676–1750), ein damals bekannter Literat.

5 In der Calle della Commedia, heute Calle del Teatro; die Geschwister lebten in der Calle delle Monache.

6 Abate Alvise Grimani, der Casanovas Vormund wurde. Er war der Bruder von Casanovas vermutlichem Vater, Michele Grimani.

7 Der Senat der Republik Venedig, der die Staatsangelegenheiten zu beraten hatte, bestand aus 120 gewählten Senatoren aus Patrizierfamilien und einer noch größeren Zahl hoher Beamter. Hier handelt es sich um den Patrizier und Senator Alvise-Gasparo Malipiero (1664–1745).

8 Giuseppe Imer (†1758), bekannter Schauspieler und Theaterleiter aus Genua, Freund von C. Goldoni. Seine Tochter Teresa debütierte als Sängerin 1742 in Venedig und trat dann in mehreren europäischen Städten auf, wurde Theaterdirektorin in den österreichischen Niederlanden und eröffnete 1760 in London ein Ballhaus, das »Carlisle House«, das sie unter dem Namen Mrs. Cornelys leitete.

9 Pierre Gassendi (1592–1655), französischer Mathematiker und Philosoph, vertrat gegen den scholastischen Aristotelismus eine mechanistische Naturauffassung.

10 Peripathetisch = aristotelisch.

11 Catterina Manzoni geb. Capozzi oder Capocci (1706–1787), später die mütterliche Freundin Casanovas, die ihm während des Exils seine Papiere aufbewahrte.

12 Mehrere Konzile haben Vorschriften in diesem Sinne formuliert.

13 Francesco Casanova, (1727–1803) Casanovas jüngerer Bruder, der als Schlachtenmaler berühmt wurde.

14 In Venedig begann die Theatersaison und gleichzeitig das Recht, Masken zu tragen, im Monat Oktober, später im November, und reichte, abgesehen von einer neuntägigen Pause vor Weihnachten, bis zum Ende des Karnevals.

15 Dieses »estragiudiziale« war ein Brief des Klägers an seinen Gegner mit der Aufforderung zur gütlichen Einigung, um es nicht zu einem gerichtlichen Prozeß kommen zu lassen. Dieser Brief mußte allerdings bei einem Notar registriert werden.

16 Die Bruderschaften vom Heiligen Sakrament, Vereinigungen frommer Laien, erfuhren seit dem 16. Jh. einen solchen Aufschwung, daß in Italien bald jede Pfarrkirche eine eigene Bruderschaft besaß.

17 Horaz, »Episteln«, II, I, V. 9.

18 Marzia Farussi starb am 18. März 1743.

19 Ursula-Maria Gardela (1730–1793 oder 94), Tochter des Gondoliere Antonio Gardela, trat als Tänzerin auch in Straßburg, Stutt-

gart und München auf. Sie heiratete den Ballettmeister Michele dall'Agata (1722–1794).

20 Herzog Karl Eugen von Württemberg (1737–1793).

*Rom 1743*

1 Lelio Caraffa, Marchese d'Arienzo, aus berühmtem neapolitanischem Geschlecht, den Casanova in Neapel kennenlernte.

2 Antonio Agostino Giorgi (1711–1797), Oberer des Augustinerordens und Leiter der Biblioteca Angelica in Rom.

3. Troyano Francisco Acquaviva d'Aragona (1696–1747), Kardinal, Gesandter Spaniens und des Königreichs Neapel in Rom.

4 Name der päpstlichen Verordnungen.

5 Die »lettres de cachet« waren zuerst allgemein königliche Geheimbriefe; vor allem in den Jahrzehnten vor der großen Revolution bezeichnete man damit ausschließlich geheime Verhaftungsbefehle.

6 Don Antonio Casanova, Namensvetter von Casanova in Neapel.

7 Marchese Gaspare Vivaldi (1699–1767).

8 Der Palazzo di Spagna, das Gebäude der spanischen Gesandtschaft am gleichnamigen Platz.

9 Giovanni Patrizio da Gama de Silveira (1704 oder 1705–1774), gebürtiger Portugiese aus Lissabon, erwarb um 1735 das römische Bürgerrecht, war Sekretär bei Kirchenfürsten und Gesandten, von 1743–1747 bei Kardinal Acquaviva.

10 Der »scudo« war eine Silbermünze des Kirchenstaates im Werte von zehn »paoli« oder hundert »baiocchi«.

11 Die Bekanntschaft mit dem Advokaten Castelli und seiner Frau Lucrezia, die Casanova in »die Mysterien der Liebe« einweihte.

12 Nach Horaz, »Episteln«, I, 2, V. 62–63.

13 Leicht verändert nach Horaz, »Episteln«, I, 2, V. 63.

14 Donna Cecilia: Mutter von Lucrezia.

15 Villa Medici, 1544 errichteter Palast auf dem Monte Pincio mit berühmten Gärten; seit 1803 Sitz der »Académie de France«.

16 Natale Salicetti (1714–1789), Arzt und Professor an der Universität Rom.

17 Die mehr oder weniger ungewöhnlichen Gelüste schwangerer Frauen.

18 Wahrscheinlich die Marchesa Caterina Gabrielli, geb. Trotti, aus Ferrara; ihr Verehrer war Kardinal Prospero Sciarra Colonna.

1 1744 kehrte Casanova, der Venedig als Abate verlassen hatte, in der Uniform eines spanischen Offiziers zurück, ohne Offizier zu sein. »Ich hatte den Einfall, mich in einen Offizier zu verwandeln.« (II, 3) 1745 kaufte Casanova ein Fähnrichs-Patent und trat in den Dienst Venedigs.

2 Ein Zweig der alten venezianischen Patrizierfamilie der Cornaro hatte sich den Beinamen »della Regina« gegeben, weil eine Vorfahrin, Caterina Cornaro (1454–1510), Königin von Zypern gewesen war.

3 Der Palazzo Soranzo liegt am Campo S. Polo und ist mit Fresken von Giorgione ausgeschmückt.

4 Die venezianischen Patrizier trugen sowohl im Amt wie auf der Straße die Toga, deren Farbe je nach dem Stande genau festgelegt war; die Senatoren trugen Rot.

5 Es handelt sich um den Palazzo Bragadin. Der Senator Matteo Giovanni Bragadin (1689–1767) wurde der Beschützer Casanovas.

6 Daniele Bragadin (1683–1755), Prokurator von San Marco seit 1735.

7 Marco Dandolo (1704–1779) entstammte einer der berühmtesten Patrizierfamilien Venedigs. Er wird ein Gönner Casanovas.

8 Marco Barbaro (1688–1771). Auch er bedachte Casanova in seinem Testament.

9 Nach einem anonymen Werk der magischen Kunst, das die Macht über Elementargeister und Vertreter der Hölle lehrt, zuerst in hebräischer Sprache gedruckt, dann in lateinischer als »Clavicula Salomonis«. Im Mittelalter galt Salomon als der erste Nekromant.

10 Der Monte Carpegna ist ein mächtiger, isoliert aufragender Berg im nördlichen Apennin (südwestlich von San Marino).

11 Ein bevorzugtes Thema der Kabbalisten war die Möglichkeit, Zahlen durch Buchstaben darzustellen und umgekehrt. Da die 22 Buchstaben des hebräischen Alphabets sowohl Buchstaben wie Zahlen ausdrücken, war es möglich, zwei verschiedene »arcana« (von lat. »arcanum« = Geheimnis) in Pyramidenform anzuordnen, das »große arcanum« mit den 22 Buchstaben und das kleine mit den Zahlen von 1 bis 9. Aus dem Orient gelangten diese »arcana« zu den mittelalterlichen Magiern und Alchimisten, und von diesen übernahmen sie die Rosenkreuzer in ihre Schriften. Agrippa von Nettesheim (1486 bis 1535), dem Casanova einen großen Teil seiner kabbalistischen Kenntnisse verdankt, beschäftigte sich in

seinem Werk »De occulta philosophia« (1510 u. ö.) ganz besonders mit diesem Thema.

12 Gegen vier Uhr morgens. In Italien wurden die 24 Stunden eines Tages laufend gezählt, beginnend mit dem Einbruch der Nacht, so daß zum Beispiel die moderne Zeitangabe 20 Uhr als die erste Stunde galt; der Beginn der Zählung wechselte mit den Jahreszeiten. Da sich das berichtete Ereignis wohl im März abgespielt hat, wäre die erste Stunde 19 Uhr, die sechste Stunde Mitternacht, die zehnte vier Uhr morgens. Die Uhren der Kirchtürme schlugen nur von 1 bis 12, und zwar in der Nacht und am Tage. (Vgl. Goethe, »Italienische Reise«, Eintragung vom 17. 9. 1786 mit einem von Goethe selbst entwickelten System der Zeitvergleichung.) In der Folge werden die Stundenangaben um der besseren Lesbarkeit willen in der heute üblichen Weise wiedergegeben.

13 Der Hierophant war der höchste Priester bei den Mysterien in Eleusis; sein Amt war es, die heiligen Symbole zu zeigen.

14 Die »Panazee« (nach Panakeia, der Tochter Äskulaps, der man die Fähigkeit zuschrieb, alle Krankheiten zu heilen), das »aurum potabile«, das trinkbare Gold der Alchimisten, verlängert das Leben und heilt die Krankheiten.

15 Die Elementargeister sind nach Auffassung der Kabbalisten Geistwesen feinster Stofflichkeit, die über die Elemente herrschen; die Gnome (Erde), die Undinen oder Nixen (Wasser), die Sylphiden (Luft) und die Salamander (Feuer).

16 Die Weiße oder Hohe Magie wandte sich an die himmlischen Kräfte und lehrte die Geheimnisse, Unglück zu verhüten, Heilungen zu erzielen und übernatürliche Wirkungen auszulösen; die Schwarze oder Niedere Magie rief die bösen Geister an.

### *Paris 1750*

1 François de La Rochefoucauld, Marquis de Rochebaron (1677–1766), Generalleutnant in Lyon.

2 In Lyon gab es damals drei Freimaurerlogen (»Grande Loge Ecossaise«, »Amitié« und »Amis choisis«.) Bei Casanovas Aufnahme wird Balletti, selbst Freimaurer wie alle französischen Schauspieler der Zeit, gewiß beteiligt gewesen sein.

3 Die drei Grade in den französischen Logen waren: Apprenti (Lehrling), Compagnon (Geselle), Maître écoussé, auch écossais (schottischer Meister, doch ohne jede Beziehung zu Schottland). In der zweiten Fassung fügt Casanova hinzu, er sei Geselle in der Loge des

Herzogs von Clermont geworden; dieser war der Großmeister aller französischen Logen.

4 Die Diligence von Lyon nach Paris, die den Weg im Sommer in fünf, im Winter in sechs Tagen bewältigte, galt als die bequemste Postkutschenverbindung in Frankreich.

5 Lucius Sergius Catilina (etwa 108–62 v. Chr.), Haupt einer Verschwörung, um als Konsul an die Macht zu gelangen. Von Cicero entlarvt. In seinen Reden gegen Catilina findet sich die von Casanova angedeutete Formulierung nicht.

6 »Lettres de cachet«, Geheimbriefe des Königs, vor allem Verhaftungsbefehle, mit denen zur Zeit des Ancien Régime Mißbrauch getrieben wurde. 1789 wurden sie abgeschafft.

7 Anspielung auf die Schrecken der Volksherrschaft in der Französischen Revolution. Dieser Teil der Memoiren muß also 1793–1794 niedergeschrieben worden sein, da Robespierre im Juli 1794 gestürzt wurde.

8 Rosa-Giovanna Balletti, geb. Benozzi, genannt Silvia (1701–1758), Schauspielerin an der Comédie Italienne in Paris, spielte stets die Rolle der zweiten Liebhaberin.

9 In der Rue Mauconseil in der Nähe der Comédie Italienne bei einer Madame Quinson.

10 Giuseppe-Antonio Balletti, genannt Mario (1692–1762), Schauspieler an der Comédie Italienne in Paris, spielte stets die Rolle des zweiten Liebhabers. Verheiratet mit Silvia.

11 Von Kardinal Richelieu 1629–1634 errichteter Palast, den er nach seinem Tode dem König vermachte, daher Palais Royal; der Garten war der Öffentlichkeit zugänglich, beliebt für Spaziergänge und Begegnungen.

12 Pierre Carlet de Chamblain de Marivaux (1688–1703), berühmter Autor von Bühnenstücken und Romanen.

13 Es handelt sich um »Le Jeu de l'Amour et du Hasard« (1730) von Marivaux.

14 Alte Pfarrkirche aus dem 13. Jh. im 2. Arrondissement.

15 Die Kirche verwehrte in Frankreich noch im 18. Jh. den Schauspielern die christliche Trauung und die Bestattung in geweihter Erde. Noch Voltaire hat flammend gegen diese Härte protestiert.

16 Das Palais Royal, 1629–1639 für Kardinal Richelieu erbaut und von diesem dem König vermacht. Seither Residenz von Mitgliedern der Königsfamilie. Die großen anschließenden Gärten waren schon seit dem 17. Jh. der Öffentlichkeit zugänglich und als Promenade sehr beliebt. Das heutige Aussehen hat das Palais Royal erst seit 1781, als sich durch große Anbauten, die den Garten ein-

schlossen und die an Läden vermietet wurden, der Charakter völlig änderte.

17 Bavaroise, ein Getränk, das bayrische Fürsten im 18. Jh. in Paris eingeführt haben sollen. Es bestand aus starkem Tee mit Rohrzukker gesüßt, dazu ein Eigelb, Milch und Kirschwasser.

18 Patu, der Freund Casanovas, war Advokat am Parlament von Paris.

19 Berühmter Tabakladen des 18. Jh.; lag damals gegenüber dem Café de la Régence in der Nähe des Palais Royal.

20 Louise-Henriette, Herzogin von Chartres (1726–1759), seit 1743 Herzogin von Orléans.

21 Neuilly, früher kleiner Fischerhafen an der Seine mit einer Fähre; 1606 erste Holzbrücke. Der heutige Pont de Neuilly wurde 1768–1772 erbaut.

22 Sehr süßer Fruchtlikör, der im 18. Jh. als Heilmittel gegen Magenstörungen beliebt war. Die Herkunft des Wortes Ratafia ist wahrscheinlich kreolisch.

23 Philosoph im Sinne des 18. Jh., d. h. ein Mensch mit kritischem Verstand; hier eindeutig ironisch gemeint.

24 Die Marquise de Pompadour.

25 In den »Etats Généraux« war der dritte Stand, also das Volk, nur mit der gleichen Zahl von Mitgliedern vertreten wie der Klerus und der Adel, so daß die beiden privilegierten Stände gemeinsam stets die doppelte Stimmenzahl besaßen.

26 Claude-Pierre Patu (1729–1758), Advokat am Pariser Parlament und Literat.

27 Prosper Jolyot de Crébillon, genannt der »ältere Crébillon« (1674–1762), dramatischer Autor und königlicher Zensor. In der eigenen Zeit berühmt, hat ihn bald sein Sohn Claude, genannt Crébillon der Jüngere, als Erzähler in den Schatten gestellt.

28 »Rhadamiste de Zénobie«, Tragödie des älteren Crébillon (1711).

29 Der »Marais« war damals ein altes aristokratisches Stadtviertel am nördlichen Ufer der Seine.

30 Demnach wäre Crébillon 1,95 m und Casanova 1,87 m groß gewesen.

31 Die Zensur, die seit dem Mittelalter von der theologischen Fakultät der Sorbonne ausgeübt wurde, erfolgte vor allem seit Richelieu auch durch den Staat; aber erst seit 1741 wurden königliche Zensoren auf Dauer ernannt, insgesamt 79, davon 35 für die schöngeistige Literatur.

32 Titus Livius (59 v. Chr.–17 n. Chr.), berühmter römischer Geschichtsschreiber; stammte aus Padua und wurde wegen dialektaler Ausdrücke in seinen Schriften kritisiert.

33 Das »Je ne sais quoi« (Ich weiß nicht was) ist ein seit dem 17. Jh. in Frankreich außerordentlich häufig verwandter Ausdruck, um ein »gewisses Etwas« zu kennzeichnen.

34 Das Stück wurde am 25. Juni 1750 nicht in der Comédie Italienne, sondern im Théâtre Français aufgeführt.

35 Françoise de Graffigny (1695–1758), Schriftstellerin.

36 Das Theater in Frankreich besaß damals folgende Plätze: »théâtre« (auf der Bühne selbst), »parterre« (Stehplätze im heutigen Parkett), »amphithéâtre« (heute erster Rang), sowie Logen im ersten, zweiten und dritten Rang.

37 Offenbar ein von Casanova erfundener Name, da ein »receveur général des finances« dieses Namens in jener Epoche nicht nachweisbar ist.

38 »Les Fêtes vénitiennes«, Ballett-Oper mit der Musik von Campra (1660–1744) und Balletten von Danchet. Erstaufführung 1710, Wiederaufnahme 1750.

39 Alter, langsamer Tanz; im Französischen »passacaille«, aus dem Spanischen »pasacalle« (Tanz auf der Straße).

40 Louis Dupré (1697–1774), berühmter Tänzer der Zeit, gab 1751 seine Bühnenlaufbahn auf.

41 Marie Anne Cupis de Camargo (1710–1770), Tänzerin spanischer Herkunft, seit 1726 in Paris, zog sich 1751 von der Bühne zurück.

42 Schneller Tanz, meistens Halbpirouette; kennzeichnete im Ballett des 18. Jh. stets das Eindringen von Dämonen oder Stürmen.

43 Die »Comédie Française«, auch »Théâtre Français«, wurde 1680 gegründet. Sie spielte zu Casanovas Zeit in einem Ballspielhaus in der Rue des Fossés-Saint-Germain, der heutigen Rue de l'Ancienne Comédie im 6. Arrondissement. Der jetzige Bau am Palais Royal ist erst 1786–1790 entstanden.

44 »Le Misanthrope« (Der Menschenfeind) und »L'Avare« (Der Geizige) von Moliére; »Le Joueur« (Der Spieler) von Jean-François Regnard; »Le Glorieux« (Der Ruhmreiche) von Philippe Néricault-Destouches.

45 Von Madame de La Caillerie ist nur bekannt, daß sie in Zusammenarbeit mit dem Schauspieler Gangini einen Entwurf für eine Stegreifkomödie geschrieben hat. Carlo Antonio Bertinazzi, genannt Carlino (1710–1783), heiratete 1760 Françoise-Suzanne Foulquier aus Nantes.

46 Der berühmteste Darsteller des Pantalone (Typengestalt der Stegreifkomödie) war damals in Paris Carlo Veronese (1702 bis 1762). Seine Töchter Anna Maria, gennant Coralina, und Giacoma An-

tonia, genannt Camilla, trugen die Namen ihrer Liebhaberinnenrollen in der »commedia dell'arte.«

47 Vornehmes, vierrädriges Kabriolett, an den Seiten offen, aber überdacht.

48 Im Original »garenne«, Gehege, in dem man ursprünglich alles jagdbare Getier aufzog, im 18. Jh. vor allem Gehege für Wildkaninchen. Vielleicht meint Casanova die Anlage, nach der der Pariser Vorort Clichy-La Garenne seinen Namen hat.

49 Paris besaß bis 1859 insgesamt 60 solcher Schranken an den Ausfallstraßen; dort wurde ein Stadtzoll für bestimmte eingebrachte Verbrauchsgüter erhoben. Vaugirard, kleines Dorf, das später dem 15. Arrondissement seinen Namen gab.

50 Seit Ludwig XIII. war Fontainebleau bevorzugte Residenz der französischen Könige. Ludwig XV. hielt sich 1750 dort vom 7. Oktober bis 17. November auf.

51 Francesco Il Lorenzo Morosini (1714–1793), venezianischer Patrizier, von 1748–1751 Gesandter der Republik in Paris, seit 1755 Prokurator von San Marco.

52 Giovanni Battista Lulli (1632–1687) aus Florenz. Komponist und Direktor der Pariser Oper (»Académie Royale de Musique«).

53 Jeanne-Antoinette Poisson (1721–1764), seit 1741 mit Charles-Guillaume Le Normand d'Etioles verheiratet, als Mätresse Ludwigs XV. seit 1745 Marquise de Pompadour, seit 1754 Herzogin.

54 Catherine-Nicole Lemaure oder Le Maure (1703–1786), französische Opernsängerin.

55 Der Orden war 1578 von König Heinrich III. von Frankreich zu Ehren seiner Thronbesteigung und seiner Erhebung zum König von Polen gegründet worden; beide Ereignisse fanden am Pfingsttage statt, daher der Name des Ordens. 1789 aufgehoben, unter den Bourbonen wiederhergestellt, 1830 endgültig abgeschafft. Kennzeichen: blaues Ordensband. Der von Casanova als »cordon bleu« Gekennzeichnete ist der Herzog von Richelieu.

56 Louis-François-Armand Herzog von Richelieu und von Fronsac (1696–1788), seit 1747 Marschall von Frankreich.

57 Im Deutschen nicht wiederzugebendes Wortspiel. Casanova sagt nicht, wie es richtig hieße, »calfeutré«, sondern »calfoutré«; das als besonders unanständig geltende Verbum »foutre« (meist f... geschrieben) wird oft durch »ficher« ersetzt; es bedeutet u.a. auch den Geschlechtsverkehr.

58 Ebenfalls im Deutschen nicht wiederzugebendes Wortspiel. Casanova verwendet das Verbum »écarter«, das sowohl »außer acht lassen«, wie auch »auseinanderspreizen« heißen kann.

59 George Keith, 10th Earl Marischal of Scotland (1693–1778), lebte seit 1745 in Berlin, war von 1751–1754 preußischer Minister in Paris. Casanova behauptet, ihm 1745 in Konstantinopel begegnet zu sein.

60 Etwa 16 cm hoch.

61 Marc Pierre de Voyer de Paulmy, Graf von Weil-d'Argenson (1696–1764), seit 1720 Generalleutnant der Polizei, seit 1742 Kriegsminister.

62 Ludwig XV. (1710–1774), Urenkel Ludwigs XIV., galt als sehr schöner Mann und wurde auch vom Volk »le bien aimé« (der Vielgeliebte) genannt. Zahlreiche Bilder der Zeit bestätigen sein gutes Aussehen.

63 Maria Leszczyńska, seit 1725 Gattin Ludwigs XV.

64 Ulrik-Frederik-Volmar Freiherr von Lowendal (1700–1755), seit 1738 russischer Graf, seit 1747 Marschall von Frankreich.

65 Lowendal leitete 1747 die berühmte Eroberung der Festung Bergen-op-Zoom in Brabant (Österreichischer Erbfolgekrieg).

66 Abel-François Poisson (1725–1781), Bruder der Marquise de Pompadour; seit 1746 Seigneur de Vandières, seit 1754 Marquis de Marigny, seit 1747 Directeur et Ordonnateur des Bâtiments, Jardins, Arts et Manufactures du Roi.

67 Marcantonio Niccoló Prinz Borghese (1730–1800) und Giovanni Battista Francesço Prinz Borghese (*1733).

68 Im Französischen »Knèze« als Titel der Fürsten von Montenegro.

69 Casanova irrt sich. Charles Chevalier d'Eon de Beaumont (1728–1810), französischer Diplomat, seit 1755 Geheimagent Ludwigs XV., lebte von 1777–1785 in Paris als Frau, starb in England.

70 Im Paris des 18. Jh. gab es 48 Polizeikommissare, die zu je zweien oder dreien auf die 21 Stadtviertel verteilt waren; sie amtierten zugleich als Untersuchungsrichter.

71 Im Französischen »Lieutenant-général de la Police«; das Amt war eines der bedeutendsten im Ancien Régime. Von 1747 bis 1757 hatte es Nicolas-René Berryer de Renouville (1703–1762) inne.

72 Das größte Krankenhaus in Paris; ursprünglich ein Frauenkloster, aber bereits seit dem 9. Jh. Hospital. Casanova meint hier zweifellos das Haus für Findelkinder (Hôpital des Enfants Trouvés), das sich seit 1670 gegenüber dem Hôtel Dieu befand.

73 Noch zu Beginn des 18. Jh. war es Theatern außer der Oper und der Comédie Française verboten, ganze Stücke zu spielen. So spielte man auf den Theatern der Jahrmärkte nur Pantominen, Einzelszenen und Vaudeville-Stücke. Später durften Lustspiele mit einge-

legten volkstümlichen Liedern aufgeführt werden. Daraus entstand die Opéra Comique, die 1762 mit der Comédie Italienne vereinigt wurde. Jean Monnet war von 1743–1758 mit Unterbrechungen Direktor der Opéra Comique.

74 Die »Foire de St.-Laurent« fand jährlich während der Monate Juli und August auf dem Platz des heutigen Ostbahnhofs (Gare de l'Est) statt.

75 Johann Adolf Graf vom Loss (1690–1759) war 1741–1753 sächsischer Gesandter in Paris.

76 Friedrich August II., Kurfürst von Sachsen, König von Polen unter dem Namen August III. (1733–1763).

77 Das Libretto der Oper (Musik von J. Ph. Rameau) stammte von Louis de Cahusac (1700–1759), Advokat in Toulouse. Erstaufführung 1794 in Paris. Casanovas italienische Bearbeitung mit der Musik von Johann Adam, der Teile von Rameau übernahm, ist am 7. Februar 1752 in Dresden aufgeführt worden.

78 Antoinette-Louise Soleri de Vesian (um 1737–1804) aus Parma trat von 1753–1755 unter dem Namen Camille Gabriac an der Comédie Italienne in Paris auf, seit 1756 an der Oper unter ihrem richtigen Namen. Ihr Bruder war Antonio Francesco Soleri de Vesian.

79 Kriegsminister von 1742–1757 war Monsieur d'Argenson.

80 Offenbar hatte Casanova nach der Auseinandersetzung mit Madame Quinson die Wohnung gewechselt. Es handelt sich hier nicht um das Theater gleichen Namens, sondern um ein Hotel.

81 Cécile-Thérèse Guinot de Monconseil (1707–1775), seit 1725 mit dem Generalleutnant der französischen Armee verheiratet.

82 Wahrscheinlich handelt es sich um Jean-François Comte de Narbonne-Lara (†1806).

83 Name eines Ausflugsortes auf dem linken Seine-Ufer mit zahlreichen Gaststätten, wurde dann Vorort von Paris und ist heute Teil des 7. Arrondissement.

84 Jean-Barthélmy Lany (1718–1786), Tänzer und Ballettmeister in Paris.

85 Es handelt sich um Jacques-Robert d'Héricy, Marquis d'Etréhan; wurde 1748 Generalleutnant; mit der Vesian lebte er nur bis 1767 zusammen.

86 Anna Piccinelli, Sängerin an der Comédie Italienne in Paris, heiratete 1762 Antoine-François Vézian.

87 Victoire Morphy (* etwa 1734), Schauspielerin an der Komischen Oper in Paris. Sie war Tochter des Iren Daniel Morphy, hatte aber in Flandern Theater gespielt.

88 Münze im Wert von 3 francs oder livres; der große Taler oder »écu de six francs« hatte also den doppelten Wert des kleinen.

89 Casanova nennt sie Helena wegen ihrer Schönheit. Ihr richtiger Name ist Marie-Louise Morphy, genannt Louison (1737 oder 1738–1815). Von 1752–1755 Geliebte Ludwigs XV.

90 Es handelt sich wahrscheinlich um den schwedischen Maler Gustaf Lundberg (1695–1786), vielleicht aber auch um Johann Anton Peters (1725–1795), 1763 durch Ludwig XV. in den Adelsstand erhoben; lebte von 1745 bis nach 1787 in Paris und kopierte hauptsächlich Bilder von Boucher.

91 Neugriechisch ομορφη = schön (weiblich).

92 Kammerdiener Ludwigs XV.

93 Der große Taler zeigte das Porträt Ludwigs XV.

94 Ein Doppel-Louisdor, Goldmünze im Wert von 48 francs; 500 Louisdors waren also 24000 francs wert.

95 Der »Parc aux Cerfs« war ursprünglich ein von Ludwig XIII. in Versailles angelegtes Wildgehege. Seit Ende des 17. Jh. wurde aus diesem Gelände ein Wohngebiet, das den alten Namen beibehielt.

96 Der Knabe wurde wahrscheinlich im Sommer 1753 geboren.

97 Jacques de Beaufranchet, Graf von Ayat (†1757), aus der Auvergne.

98 Marie-Christine-Chrétienne Grimaldi, Comtesse de Valentinois, geb. de Rouvroi de Saint-Simon de Ruffec (1728–1774).

99 Marie, Königin von Frankreich (1703–1768), Tochter des Königs von Polen Stanislaus Leszczyński, seit 1725 mit Ludwig XV. verheiratet.

100 Louise-Henriette, geborene Prinzessin von Bourbon-Conti (1726–1759), heiratete 1743 Louis-Philippe, Herzog von Chartres, der 1752 Herzog von Orléans wurde. Sie war Präsidentin der weiblichen Freimaurerlogen in Frankreich.

101 Marie, Marquise de Polignac, geborene Rioult de Courzay (†1784).

102 Der Wegerich wurde im 18. Jh. in vielfältiger Form in der Medizin verwandt. Man nimmt an, daß der Ausschlag der Herzogin eine Geschlechtskrankheit zur Ursache hatte.

103 Es handelt sich wahrscheinlich um den Abbé Marcel de Brosses, gegen den das Parlament von Paris 1761 einen Haftbefehl erließ.

104 Louis-Philippe II., Herzog von Montpensier, seit 1785 Herzog von Orléans, bekannt als Bürgerkönig unter dem Namen Philippe Egalité (1747–1793).

105 Mimi Le Riche de la Poulinière (Popelinière), geb. Boutinon des Hayes, früher Schauspielerin mit dem Künstlernamen Mimi Dan-

court (etwa 1713–1756), seit 1737 mit dem Generalpächter Alexandre-Jean-Joseph Le Riche de la P. verheiratet.

106 Richelieu hatte im Nebenhaus eine Wohnung gemietet, von der aus er durch eine Öffnung im Kamin Zugang zum Schlafzimmer der Madame de la Pouplinière hatte. Ihr Mann entdeckte diesen Durchgang und verstieß seine Frau. Sie soll tatsächlich an Krebs gestorben sein.

*Wien 1753*

1 Damals noch in dem von Maria Theresia 1741 erbauten Burgtheater; das Kärntnertor-Theater, das seit 1708 bestand, wurde erst 1763, nach dem Brand von 1761, zur Oper.

2 Die »Keuschheits-Kommission« als eine Sittenpolizei wurde 1751 eingerichtet, 1753 unmittelbar der Regierung unterstellt, aber unter Kaiser Franz II. (1792–1866) wieder abgeschafft.

3 Stockhaus, alte Bezeichnung für das Gefängnis. Hier ist wohl das »Zucht- und Arbeitshaus« oder »Spinnhaus« gemeint, in dem die »Schüblinge« bis zum nächsten Transport nach Temesvar eingesperrt wurden.

4 Gottlieb von Weiß (†1757), Oberstleutnant im österreichischen Heer.

5 Antonio Testagrossa, auch Grossatesta (†1761), Abate und Diplomat im Dienste des Herzogs von Modena; war 1752 bis 1753 in Wien, um die Heirat des Erzherzogs Leopold mit Prinzessin Maria Beatrice d'Este zu vermitteln. Die Heirat ist nicht zustande gekommen.

6 Maria Riccarda Beatrice d'Este, Herzogin von Massa und Cararra (1750–1829), Erbin des Herzogtums Modena, heiratete 1771 den Erzherzog Ferdinand (*1754), Sohn Maria Theresias.

7 Ernst Graf von Roggendorf (1714–1790).

8 Graf Sarotin, wahrscheinlich von Casanova falsch geschrieben; es wird sich um einen Angehörigen der Familie Sarentein (Sarentheim) oder der Familie Zierotin handeln.

9 Von Casanova »fraile« geschrieben, offenbar nur aufgrund des Hörens. Die Anrede »Fräulein« galt den jungen Damen von Stand und hatte damals keineswegs eine herabwürdigende Bedeutung.

10 Giacomo Tramontini (etwa 1705–1785), Gatte der italienischen Sängerin Vittoria Tesi-Tramontini (etwa 1690–1775).

11 Die spanische Kleidung, schwarz mit weißer Halskrause, galt in Wien noch im 18. Jh. als besonders vornehm.

12 Österreichische Goldmünze im Werte von vier Gulden; sie wurde im Kremnitz, einem Ort der Slowakei, geprägt.

13 Giacomo Graf Durazzo (†1794), aus genuesischer Patrizierfamilie, war von 1749 bis 1752 Gesandter der Republik Genua in Wien.

14 Antoine-Alexandre Marolles (†1751 oder 1752), französischer Zeichner und Illustrator.

15 Das Hospice des Quinze-Vingts war 1260 als Blindenhaus von Ludwig dem Heiligen in der Rue Saint-Honoré erbaut worden und konnte 300 Arme aufnehmen; daher der Name.

*Venedig 1753*

1 Laura: Die Botin, die den Briefwechsel zwischen Casanova und seiner Geliebten C. C. besorgte. Sie war von ihrem Vater in ein Kloster auf der Insel Murano eingesperrt worden.

2 Die Maske des Pierrot ist die des Pagliaccio aus der Stegreifkomödie (commedia dell'arte); er Pagliaccio, ein bäurisch-listiger Typ, war weiß gekleidet und puderte sein Gesicht mit Mehl. Die in der Folge genannten Typen Pulcinella, Scaramuccia, Pantalone und Arlecchino stammten ebenfalls aus der »commedia dell'arte«.

3 Die Furlana war ein lebhafter Tanz aus der Landschaft Friaul; wurde stets von einem Paar getanzt.

4 Ridotto: das venezianische Spielkasino im Stadtviertel San Moisè, ein weitläufiges Gebäude, wo Patrizier in Amtstracht und unmaskiert an 60 bis 80 Tischen die Bank hielten. Die Spieler trugen Masken. Der Redotto bestand seit 1676 und wurde 1774 geschlossen.

5 Im 18. Jh. gab es in Venedig bereits bestimmte Anlegestellen (traghetti), die ständig mit Gondeln besetzt sein mußten, um den Personenverkehr Tag und Nacht aufrechtzuerhalten.

6 Der »Filippo« war ursprünglich eine in Mailand geprägte Silbermünze nach spanischem Vorbild.

7 Kleine Insel zwischen Murano und Venedig, gehörte ursprünglich dem Kamaldulenser-Orden; wurde 1810 der Friedhof von Venedig.

8 Der Rio dei Gesuiti ist ein breiterer Kanal im Norden Venedigs bei den Fondamenta Nuove.

9 Im Original »felce«, auch »felze« (wahrscheinlich nach dem deutschen »Filz«), ursprünglich Tuch zum Bedecken der Gondelkabine, dann auch Bezeichnung für diese selbst.

10 In der antiken Mythologie ist Äolos der Gott der Winde, der auf den Äolischen Inseln (nördlich von Sizilien) residierte.

11 Der Rio dei Mendicanti ist ein Kanal im Norden Venedigs, der etwa 400 m östlich des Rio dei Gesuiti an den Fondamenta Nuove in die Lagune mündete.

12 Santa Marina, alte Pfarrkirche im Stadtviertel Castello, seit 1818 geschlossen und als Weinlager benutzt; im nördlichen Teil Venedigs.

13 Der Jansenismus ist eine innerkatholische Reformbewegung, die sich nach dem Bischof Cornelius Jansen (1585–1638) benennt und in der bewußten Rückkehr auf die Lehren des Augustinus eine verinnerlichte, allem Weltlichen radikal abgewandte und deshalb äußerst rigorose Religiosität fordert. Der Jansenismus wurde im 17. Jh. vor allem in Frankreich eine sehr einflußreiche Strömung; ihre Anhänger standen in schärfstem Gegensatz zu der recht großzügigen Morallehre der Jesuiten.

14 Die Republik Venedig untersagte aus Furcht vor Spionage jedem Patrizier den geringsten Kontakt mit Ausländern, insbesondere mit Diplomaten anderer Staaten. Obwohl Casanova als Nichtpatrizier den strengen Gesetzen nicht im gleichen Maße unterworfen war, dürfte seine Bekanntschaft mit dem französischen Gesandten de Bernis der entscheidende Grund für seine Verurteilung zum Kerker unter den Bleidächern gewesen sein.

15 Marie-Louise O'Morphy, auch Murphy, genannt Louison (um 1737–1815), war von 1752–1755 Mätresse König Ludwigs XV.

16 Der »Parc aux Cerfs«, ursprünglich ein Wildpark in Versailles, wurde seit Ende des 17. Jh. zu einem Wohnviertel ausgebaut, wo Ludwig XV. seine Konkubinen unterzubringen pflegte.

17 Sie brachte 1754 eine Tochter zur Welt, die im Kloster unter dem Namen Demoiselle de Saint-Antoine de Saint-André gelebt hat.

18 Marcantonio Zorzi (1703–1787), venezianischer Patrizier, Diplomat und Dichter.

19 Pietro Chiari (1711–1785), lebte als Schriftsteller in Venedig, leitete 1761–1762 die »Gazetta Veneta«, wurde später Hofdichter in Parma. Er wurde zum erklärten Feind Casanovas und nannte ihn »Vanesio«, einen eitlen Aufgeblasenen.

20 Das Teatro di S. Angelo bestand seit 1676 am Canal Grande, wurde zu Beginn des 19. Jh. aufgegeben und als Lagerhaus benutzt. Seit 1753 war Chiari als Nachfolger Goldonis Theaterdichter des Hauses.

21 P. Jacopo Martelli (1665–1727) verwandte als erster zur Imitation des französischen Alexandriners den 14silbigen Vers, der nach ihm den Namen »verso martelliano« erhielt.

22 Antonio Condulmer (1701 bis nach 1755), venezianischer Patrizier, 1755 Consigliere und Staatsinquisitor.

23 In Venedig waren dem Dogen sechs Consiglieri beigeordnet; einer der drei Staatsinquisitoren wurde aus diesem Gremium gewählt, die beiden anderen aus dem Rat der Zehn.

24 Giovanni Battista Manuzzi († nach 1774), Edelsteinhändler, von etwa 1740–1774 Spion (confidente) der venezianischen Inquisitoren.

25 Nach den Lehren der Kabbala die den vier Elementen zugeordneten Geister.

26 Lucia Memmo, seit 1719 mit dem Patrizier Pietro Memmo verheiratet. Ihre Söhne wurden hohe Beamte der Republik; Andrea Memmo war ein Freund Casanovas.

27 Alvise-Antonio Mocenigo (*1667), venezianischer Patrizier, Ritter der »Stola d'Oro«, Bruder der Gattin Chiara des Andrea Bragadin.

28 Das Heilige Offizium, 1542 von Papst Paul III. als Kardinalskongregation der Inquisition eingerichtet, war das höchste kirchliche Gericht für Vergehen gegen den Glauben; 1808 von Napoleon aufgehoben, aber erst 1859 endgültig beseitigt.

29 Der vom Rat des Dogen abgeordnete Staatsinquisitor trug eine rote Toga. Das Tribunal bestand aus drei Inquisitoren.

30 Dosen mit Bildnissen im Inneren waren seit dem 17. Jh. große Mode; im 18. Jh. handelte es sich vor allem um Tabatieren, die ein beliebter Geschenkgegenstand waren. Casanova erhielt Tabatieren von hochgestellten Persönlichkeiten, deren eingelegte Bildnisse den Charakter einer Widmung hatten. Die Dosen wurden etwa bei Tische herumgereicht und dienten dem Beschenkten als Empfehlung.

31 Der hl. Jacobus, im Italienischen Giacomo, wurde als erster Märtyer im Abendland hoch verehrt. Sein Grab in Santiago de Compostela in Nordspanien war und ist berühmter Wallfahrtsort. Er wird am 25. Juli gefeiert.

32 Die »Erberia«, der Gemüse- und Obstmarkt Venedigs seit dem 12. Jh., auf einem Platz unmittelbar bei der Rialtobrücke.

33 Titel des venezianischen Polizeichefs.

34 Die »Clavicula Salomonis« ist ein Buch der magischen Wissenschaft; wurde zuerst in hebräischer Sprache gedruckt, dann ins Lateinische und schließlich in die neueren Sprachen übersetzt. König Salomo galt schon im Orient und dann auch im christlichen Mittelalter als großer Zauberer.

35 Der »Zecor-ben«, auch »Zohar« genannt, in der älteren Literatur auch als »Midrasch-Na-Zohar« erscheinend, behauptete, göttliche Offenbarungen eines Rabbi Ben Yohai an seine Schüler zu enthal-

ten. Das Werk ist in hebräischer und zum Teil in aramäischer Sprache geschrieben; zum ersten Male im 13. Jh. in Spanien von Moses de León veröffentlicht, in Italien 1558 gedruckt. Galt als ein Schlüsselwerk der Kabbala.

36 Geheimnisvolles Manuskript des Mittelalters; befindet sich in der »Bibliothèque de l'Arsenal« in Paris. Enthielt Vorschriften zur Beschwörung des Teufels; wird bereits von Rabelais im 3. Buch des »Pantagruel«, Kap. 23, erwähnt.

37 Im 18. Jh. gab es zahlreiche Bücher über die Planeten, die Anweisungen zum Beschwören der Elementargeister und zum Wahrsagen enthielten.

38 Ein Manuskript, das 1768 in London von Jacques-André Naigeon veröffentlicht wurde unter dem Titel »Le Militaire philosophe ou difficultés sur la Religion proposées au R. P. Malebranche prêtre de l'Oratoire par un ancien officier«; Werk eindeutig antireligiösen Charakters.

39 Der Name Mathilde taucht hier zum erstenmal auf. Es könnte sich um den wahren Namen von M. M. handeln; wahrscheinlich aber ist, daß Casanova auch hier den tatsächlichen Namen verschleiern will. Im Originalmanuskript hat der Autor gestrichen: »le petit livre des postures lubriques de l'Arétin«, das Mathilde ihm gegeben habe.

40 Vielleicht Clotilda Cornelia Dal Pozzo, Tochter der Witwe, bei der Casanova damals wohnte.

41 Griechisches Sprichwort aufgrund des Kampfes des Herakles gegen die Hydra von Lerna; zitiert von Platon im »Phaidon«, Kap. 38.

42 Im Original »pousse-cu«, richtiger »pousse-culs«, wörtlich soviel wie »Hintern-Stoßer«, vulgärer Name für Polizisten.

43 Die »Campana di Terza« war eine der Glocken des Campanile von San Marco; sie schlug nur, um die Magistratsmitglieder an jedem Nachmittag zur regelmäßigen Sitzung zusammenzurufen. Die Stunde schwankte je nach der Jahreszeit zwischen 12 und 17 Uhr.

44 Das Gefängnis war seit 1561 unter dem mit Bleiplatten bedeckten Dach des Dogenpalastes untergebracht. Nach Casanovas Darstellung waren nur 7 Zellen vorhanden, nach anderen Quellen sogar nur vier. Die Zellen sind im 19. Jh. verschwunden.

45 Casanova schreibt »Quai des prisons«; das würde den »Fondamenta delle Prigioni« entsprechen, die sich am Rialto bei dem im Palazzo dei Camerlenghi untergebrachten Schuldgefängnis befanden. Er kann hier nur den »Rio delle Prigioni«, offiziell »Rio del-Palazzo«, beim Dogenpalast meinen.

46 Der berühmte »Ponte dei Sospiri (Seufzerbrücke), der den Dogen-

palast mit dem eigentlichen Gefängnisgebäude verband; Brücke und »Prigioni Nouve« wurden 1589 erbaut.

47 Auch »Rio delle Prigioni« genannt (vgl. Anm. 43).

48 Im Manuskript in italienischer Sprache: è quello; mettetelo in deposito.«

49 Titel der Sekretäre des Senats und des Rates der Zehn; bedeutet der »Kluge«, der »Umsichtige.«

50 Ein Klafter entspricht etwa 1,95 m. Der Raum war also 11,70 m lang und 3,90 m breit.

51 Die Tür war etwa 1,10 hoch; die runde Öffnung hatte einen Durchmesser von etwa 22 cm.

52 Das entspricht einer Größe von 1,87 m.

53 Die Zelle war demnach etwa 3,90 x 3,90 m groß. Ein Viertel davon entfiel auf den Alkoven. Der Raum war etwa 1,80 m hoch; er erhielt Licht nur durch ein 65 cm im Quadrat großes Gitter zum Dachboden hin. Der gewaltige Dachbalken war fast 50 cm dick.

54 Lorenzo Basadonna, seit 1755 Gefängniswärter. Wurde nach Casanovas Flucht eingekerkert und 1757 wegen eines Mordes zu zehn Jahren Zuchthaus verurteilt.

55 »La mistica ciudad de Dios«, zum erstenmal 1670 in Madrid veröffentlicht, ist von der Nonne Maria de Agreda, mit bürgerlichem Namen Maria Coronel (†1665), verfaßt worden.

56 Die »Gazette de Leyde«, nach dem Druckort Leyden (Holland), trug den Untertitel »Nouvelles extraordinaires de divers endroits« und erschien regelmäßig seit 1680.

57 Anicius Manlius Severinus Boethius (480–524), Minister Theoderichs des Großen, schrieb im Gefängnis den berühmten Traktat »De consolatione philosophiae«.

58 Die drei Inquisitoren, die Casanova verurteilten, waren Andrea Diedo, Antonio Condulmer und Antonio da Mula. Am 1. Oktober 1755 übernahmen das Amt Alvise Barbarigo, Lorenzo Grimani und Francesco Sagredo, der Casanova 1774 auch begnadigt hat.

59 Casanova ist tatsächlich am 12. September 1755 wegen Atheismus zu 5 Jahren Gefängnis unter den Bleidächern verurteilt worden.

60 Das große Erdbeben in Lissabon ereignete sich am 1. November 1755.

61 Die quadratischen Platten maßen demnach 96 cm an jeder Seite und waren 2,3 mm stark.

62 Name des Vorzimmers des Rates der Zehn und der Staatsinquisitoren.

63 Im Manuskript erklärt Casanova am Rande: »Das Wort bedeutet

Balken. Es handelte sich um den ungeheuren Balken, dessen Schatten die Zelle des Lichts beraubte.«

64 Patrizierfamilie aus Vicenza.

65 Etwa 49 cm lang.

66 Die »Quattro« waren vier Kerker im Dogenpalast, die den Staatsinquisitoren zur Verfügung standen; den gleichen Namen trugen auch Kerker im sogenannten Neuen Gefängnis, das durch die Seufzerbrücke mit dem Dogenpalast verbunden war.

67 Das Marmorstück war etwa 16 x 8 cm groß und 2,7 cm dick.

68 Frei nach Horaz, »Episteln«, I, 2, Vers 58–59.

69 Casanova verwendet das französische Wort »esponton«, das eine Art von Pike, später ein Kurzgewehr, bedeutet, im Sinn des italienischen »spuntone«, zugespitzte Waffe, Spieß.

70 Öl aus Lucca galt als besonders gut.

71 Flaminio Corner, auch Cornaro (1692–1779), venezianischer Patrizier, Senator und Schriftsteller.

72 Santiago ist der spanische Name des heiligen Jakobus, dessen Grab in Compostela im Mittelalter zu einem der berühmtesten Wallfahrtsorte Europas wurde. Die italienische Form des Namens ist Giacomo.

73 Das Fest des heiligen Georg ist der 23. April.

74 Casanova meint den jüngeren Jakobus, dessen Fest mit dem des heiligen Philippus am 1. Mai begangen wird.

75 Das Fest des heiligen Antonius ist der 13. Juni.

76 Die Bretter waren 27 cm breit.

77 Casanova will damit offenbar sagen, daß er den zwölften Teil eines Kreises ausgehöhlt hatte. Da zehn Zoll nur 27 cm entsprechen, ist wahrscheinlich nicht der Durchmesser, sondern der Radius gemeint. Ein so kräftiger Mann wie Casanova hätte gewiß nicht durch ein so enges Loch schlüpfen können.

78 Boden aus mosaikartig angeordneten kleinen Marmorstücken.

79 Nach Titus Livius, XXI, Kap. 37.

80 Casanovas Hypothese trifft nicht zu. Bei Titus Livius heißt es tatsächlich »infuso aceto« (nachdem Essig hineingegossen worden war).

81 Das Fest des heiligen Augustinus wird am 28. August begangen.

82 Es handelt sich um das Werk »Rationarium temporum« (Verzeichnis der Zeitrechnungen) des Denis Pétau, genannt Petavius (1583–1652); erschienen Paris 1633.

83 Christian Reichsfreiherr von Wolff, auch Wolf (1679–1754), deutscher Philosoph der Aufklärung. Da eine Gesamtausgabe seiner Werke nicht bestand, läßt sich nicht angeben, um welche seiner

Schriften es sich handelt; vielleicht um das zuletzt erschienene Werk »Philosophia moralis sive ethica«, 5 Bde., Halle 1750–1753.

84 Nach Seneca, »Episteln«, XCVIII.

85 Marin Balbi (1719–1783), venezianischer Patrizier und Mönch des Somasker-Ordens (1532 gegründet und 1540 von Papst Paul IV. bestätigt; nur in Italien verbreitet).

86 Alvise Priuli (1718 bis nach 1763), venezianischer Patrizier; im August 1755 zu den »piombi« verurteilt. Der Spitzname »Gran Can« vielleicht nach dem berühmten Vertreter der Scaliger-Familie aus Verona, Can Grande della Scala (1292–1329).

87 Die »Vulgata« ist der offizielle lateinische Bibeltext der katholischen Kirche, zum großen Teil vom heiligen Hieronymus (um 347–420) angefertigt. Es existiert tatsächlich eine ungewöhnlich großformatige Bibelausgabe einer venezianischen Druckerei aus dieser Zeit; sie ist fast 49 cm hoch.

88 Die »Septuaginta« ist eine griechische Übersetzung des Alten Testaments, die auf Anordnung des Königs Ptolemaios Philadelphos um 283 v. Chr. von 72 ägyptischen jüdischen Gelehrten (daher der Name Septuaginta = Siebzig) angefertigt wurde.

89 Das Fest des heiligen Michael ist der 29. September.

90 Damals bezeichnete man mit Makkaroni in Italien nicht die langen Nudeln wie heute, sondern eine Speise, die heute den Namen »gnocchi« trägt (eine Art kleiner Knödel aus Grieß).

91 Da die Bibel als Folioausgabe etwa 33 cm breit war, muß es sich um eine Schüssel von beachtlichem Ausmaß gehandelt haben.

92 Das »Officium parvum«, ein Gebetbuch zur Verehrung der Jungfrau Maria, in der katholischen Kirche seit dem 11. Jh. in Gebrauch.

93 Die ersten Tage des Novembers galten in Venedig als offizielle Ferien, die zahlreiche Patrizier in ihren Landhäusern auf der »terra ferma« (von der Republik Venedig beherrschte Gebiete auf dem Festland) verbrachten, insbesondere in den berühmten Villen entlang der Brenta zwischen Venedig und Padua.

94 Casanova verwendet den französischen Maßbegriff »brasse« (Klafter), meint aber offenbar das venezianische Längenmaß des »braccio« (Armlänge), etwa 65 cm. Demnach wären die Seile insgesamt etwa 65 m lang gewesen.

95 Typ den Scheinheiligen nach der berühmten Komödie »Tartuffe« von Moliére (1622–1673).

96 Der in Venedig seit dem 16. Jh. geprägte »scudo« (Taler) aus Gold hatte den Wert von 8 lire oder 160 soldi. 100 scudi waren rund 46 Zechinen wert.

97 Schlußvers des Inferno (Gesang XXXIV, Vers 139) aus Dantes »Commedia«.

98 Die Insel San Giorgio Maggiore mit der Kuppelkirche gleichen Namens (von Palladio 1565 begonnen, aber erst 1610 von V. Scamozzi zu Ende geführt), liegt südlich der Piazzetta, etwa 450 m vom Dogenpalast entfernt.

99 Straße unmittelbar nördlich der Markuskirche. Dort wohnten die Kanoniker der Kirche, daher der Name.

100 Der jeweilige Doge wohnte mit seiner Familie im Palazzo Ducale; zur Berichtszeit war es von 1752–1764 Francesco Loredan.

101 Länge etwa 0,97 m; Breite etwa 0,49 m.

102 Die Cancelleria ducale umfaßte die vor allem archivarischen Zwecken dienenden Räume; dort wurden die Gesetze, Dekrete und Verordnungen aufbewahrt.

103 Die Republik Venedig, die römische Kurie und der Großmeister des Deutschen Ordens hatten damals in Europa das Privileg, mit Blei zu siegeln; im allgemeinen erfolgte das Siegeln mit Wachs.

104 Der »Provveditor General di Mar« war praktisch der Oberbefehlshaber der venezianischen Seestreitkräfte; er residierte in Korfu.

105 Etwa 1,60 m hoch.

106 Der »Savio alla Scrittura« läßt sich am ehesten mit dem Kriegsminister anderer Staaten vergleichen.

107 Die »Scala dei Giganti« hat ihren Namen von den großen Statuen des Mars und des Neptun von J. Sansovino (1554). Auf dem obersten Absatz der Treppe wurden die Dogen gekrönt. Sie führt an der Nordseite des Innenhofes zu dem Wandelgang des ersten Stockwerks des Palazzo Ducale.

108 Die »Sala delle quattro porte« liegt im zweiten Stockwerk und hat ihren Namen nach vier symmetrisch angeordneten Türen. Casanovas Ortsbeschreibung ist nicht unbedingt zuverlässig.

109 Votivtafel.

110 Sein Name war Andreoli. Er berichtete, wie die Prozeßakten verraten, die beiden Flüchtenden hätten ihn zu Boden geworfen.

111 Die »Porta della Carta« ist der offizielle Eingang zum Dogenpalast von der Piazetta aus (unmittelbar neben der Markuskirche); dieses Portal, 1438–1443 erbaut, hat seinen Namen von der Gewohnheit der venezianischen Regierung, dort alle Gesetze und Verordnungen anschlagen zu lassen.

112 Die »Dogana da Mare«, die venezianische Zollbehörde, hat ihren Sitz an der Spitze des südlichen Stadtteils, wo der Canal Grande sich vom Canal della Giudecca trennt, unmittelbar neben der Kirche S. Maria della Salute.

1 Maria-Magdalena, genannt Manon, Balletti (1740–1776), wurde am 4. April 1740 getauft, war aber zur Berichtszeit fast 17 Jahre alt.

2 Obwohl de Bernis bereits am 2. Januar 1757 zum Minister ernannt worden war, legte er erst am 29. Juni 1757 den Eid auf den König als Staatssekretär für Auswärtige Angelegenheiten ab.

3 Der Pont Royal, 1685–1689 nach Plänen von Mansart erbaut, verbindet die Tuilerien mit dem Quai d'Orsay. Auf dem linken Seine-Ufer befand sich damals dort das Mietbüro für Wagen nach Versailles.

4 Häufig verwendete Kutsche; wörtlich übersetzt »Nachttopf«.

5 Robert-François Damiens (1715–1757); das Attentat erfolgte am 5. Januar 1757 gegen 6 Uhr nachmittags.

6 Germain Pichault de la Martinière (1697–1783), war seit 1747 erster Chirurg König Ludwigs XV.

7 Das Pariser Wappen zeigt tatsächlich im unteren Teil ein Schiff mit vollen Segeln auf den Wogen.

8 Marquise de Pompadour.

9 Etienne Françoise Graf von Stainville, seit 1758 Herzog von Choiseul (1719–1785), französischer Gesandter in Rom und Wien, 1758–1761 und 1766–1770 Minister des Auswärtigen, 1761–1766 Marineminister, 1761–1770 Kriegsminister.

10 Jean de Boulogne, auch Boullogne, Graf von Nogent (1690–1769), Generalkontrolleur 1757–1759. Der Titel eines »contrôleur général« bestand seit 1547; seit 1661 wurde dieses Amt in den Ministerrang erhoben. Der Generalkontrolleur stand an der Spitze der gesamten französischen Verwaltung im Bereich der Landwirtschaft, des Handels, der Finanzen und der inneren Angelegenheiten.

11 Die »Cancelleria Ducale«, die Kanzlei der Dogen, war das Archiv aller Gesetze und Erlasse der Republik.

12 Joseph de Pâris-Duverney (1684–1770), einfacher Herkunft; erzielte große Gewinne durch Heereslieferungen, um 1720 in den Adelsstand erhoben, seit 1751 erster Intendant der Ecole Militaire; enger Freund von de Bernis.

13 Die Ecole Royale Militaire auf dem Champ de Mars war 1751 gegründet worden; dort wurden 500 junge Adlige im Alter von acht bis elf Jahren vier Jahre lang ausgebildet. Die Schüler erhielten nach Abschluß das Patent eines Leutnants (sous-lieutenant) oder Fahnenjunkers (cornette).

14 Name des Schlosses, das Pâris-Duverney in dem Ort Neuilly-Plaisance östlich von Paris erbauen ließ.

15 Jean Pâris de Montmartel, Graf von Sampigny (1690–1760), Staatsrat, Hofbankier und Generalkontrolleur.

16 Charles-François-Paul Le Normand de Tournehem, Generalsteuerpächter; um 1720 Liebhaber der Louise Madelaine Poisson, der Mutter der späteren Marquise de Pompadour.

17 John Law of Lauriston (1671–1729), gebürtiger Schotte, Finanzmann; erhielt 1715 in Frankreich die Erlaubnis, eine Notenbank zu gründen. Seine Theorie beruhte auf der Konzeption, Papiergeld auszugeben, das durch den Grund und Boden des französischen Kolonialbesitzes in Amerika gedeckt wäre. Die 1717 gegründete »Compagnie d'Occident«, später »Compagnie des Indes«, gab unter seiner Leitung Aktien aus, die bald zu maßlosen Spekulationen führten. Die übersteigerte Ausgabe von Aktien und Banknoten führte 1720 zu einer Inflation und zu einer schweren Wirtschaftskrise Frankreichs. Law mußte das Land verlassen und starb in Venedig.

18 Im 18. Jh. gab es in Frankreich im allgemeinen sechs »intendants de finances«, die, unmittelbar unter dem Minister stehend, die Finanzverwaltung des Landes leiteten.

19 Harpokrates ist der griechische Name einer ägyptischen Gottheit, Sohn der Isis und des sterbenden Osiris; galt, obwohl wahrscheinlich unzutreffend, als Gottheit des Schweigens.

20 Bernard Le Bovier de Fontenelle (1657–1757), berühmter französischer Autor, gilt als Vorläufer der Aufklärung.

21 Charles de Rohan, Prince de Soubise (1715–1787), Marschall von Frankreich. Das französisch-österreichische Heer unter seiner Führung wurde in der Schlacht bei Roßbach in Thüringen 1757 von Friedrich II. geschlagen. (Siebenjähriger Krieg 1756–1763.)

22 Giovanni Antonio Calzabigi (* um 1714), Sekretär des Gesandten des Königreichs beider Sizilien in Paris seit 1750; Mitorganisator der Lotterie der Ecole Militaire 1757, um 1760 Finanzberater in Berlin.

23 Casanova spricht von Lotterie, die in Frankreich seit langem in verschiedenen Formen bekannt war, meint aber das sogenannte genuesische Lotto, das in der Grundkonzeption dem modernen Zahlenlotto durchaus verwandt ist. Das Spiel geht zurück auf die Wahl des Großen Rates der Republik Genua, bei der von 90 aufgezeichneten Namen fünf ausgelost werden und bei der die Bevölkerung Wetten abschloß. Seit 1620 wurde das Lotto mit 90 Zahlen in Genua offiziell eingeführt; man konnte auf eine Zahl, auf zwei (Ambe), drei (Terne), vier (Quaterne), fünf (Quinterne) setzen.

24 Im 18. Jh. gab es bereits Versicherungsgesellschaften, allerdings nur für den Seehandel.

25 Castelletto bedeutet im Italienischen das Register einer Bank, in dem die Kreditverhältnisse der Wechselgläubiger verzeichnet werden; kann auch allgemein den Kredit bezeichnen, den jemand bei der Bank besitzt.

26 Der Rat der Ecole Militaire bestand damals aus dem Kriegsminister, dem Oberintendanten, dem Oberkommandierenden des Heeres und aus dem Intendanten Pâris-Duverney.

27 »Wenn die übrigen Umstände die gleichen bleiben.«

28 Jacques-Dominique de Barberie, Marquis de Courteuil (1697–1768), französischer Staatsmann, seit 1752 Intendant der Finanzen.

29 Ranieri Calzabigi (1714–1795), Mitorganisator der Lotterie der Ecole Militaire 1757, seit 1761 hoher Finanzbeamter in Wien; war auch Librettist, schrieb die Texte von »Orpheus« und »Alceste« für J. Chr. W. Gluck.

30 Paul-François de Galucci, Sieur de l'Hôpital (1697–1776), außerordentlicher französischer Gesandter in Neapel (1740–1750) und St. Petersburg (1756–1761).

31 Die »Kalendac« waren in der römischen Zeitrechnung jeweils der erste Tag eines Monats und damit der Tag, an dem die Zinsen bezahlt werden mußten. Da die griechische Zeitrechnung nicht mit der römischen übereinstimmte, bedeutete die Redensart »ad Kalendas Graecas« soviel wie etwas nie bezahlen oder erledigen.

32 Simone Calzabigi (†1767), genannt »la générale La Mothe« nach ihrem ersten Mann Antoine Duru de La Mothe, der General gewesen war (†1735). Von ihm hatte sie das Privileg zur alleinigen Herstellung der als Medizin sehr beliebten »gouttes d'or« geerbt.

33 Die »petits appartements« des Schlosses in Versailles waren die eigentlichen Wohnräume der königlichen Familie. Die Zimmerflucht Ludwigs XV. war durch eine Treppe mit der von der Marquise de Pompadour bewohnten verbunden.

34 Anspielung auf ein Wortspiel bei der ersten Begegnung Casanovas mit Madame de Pompadour; gemeint sind die venezianischen Staatsinquisitoren.

35 Jean Le Rond d'Alembert (1717–1783), berühmter Mathematiker und Mitherausgeber der Enzyklopädie.

36 Der Franc wurde als Silbermünze seit 1575 geprägt und war im 18. Jh. gleichbedeutend mit der Münze des Livre (= 20 Sous).

37 Ambe hieß das Setzen auf zwei Zahlen. Die Gewinner erhielten den 240fachen Einsatz.

38 Antonia de Silvestre (1683 bis nach 1757), Frau des Malers Louis

de Silvestre (1675–1760), Direktor der Dresdner Akademie (1727–1748), seit 1752 Direktor der Académie Royale de Peinture, Sculpture et Gravure in Paris.

39 Die Dresdner Galerie, 1722 gegründet.

40 Catterina Manzoni geb. Capozzi (1706–1787), seit 1729 verheiratet mit dem venezianischen Notar Giovanni Maria Manzoni (1702–1786); mütterliche Freundin Casanovas in Venedig.

41 Graf Edoardo Tiretta (1734 bis etwa 1809), floh 1757 von Treviso nach Paris; wurde später Gouverneur in Bengalen (Indien).

42 »Monte di Pietà«, Bezeichnung für staatliche Pfandleihanstalten in Italien. Das Pfandleihhaus in Treviso, das im Bereich der Republik Venedig lag, wurde von mehreren »Conservatori del Monte« geleitet.

43 Wegen des Attentates auf den König trugen damals zahlreiche Pariser Trauerkleidung.

44 Das Verpachten der Steuereinziehung gegen eine entsprechende Abfindung an den König war eine im vorrevolutionären Frankreich selbstverständliche Praxis. Als eigene Institution bildete sich die »Ferme Générale« erst 1726 in Paris.

45 Französisches Glücksspiel mit 36 Karten bei zwei bis sechs Teilnehmern.

46 Zwei Zoll = 5,4 cm.

47 Kleine Stadt an der Seine, etwa 45 km südöstlich von Paris.

48 Die Parlamente waren im Frankreich des Ancien Régime die höchsten richterlichen Instanzen. Neben dem von Paris gab es die Provinzial-Parlamente, unter denen das von Rouen nicht nur als besonders groß hervorragte, sondern auch wegen seiner häufigen Opposition der Krone gegenüber bekannt war.

49 Da der Vater von Mlle de la M-re Parlamentsrat in Rouen gewesen sein soll, ist anzunehmen, daß er zur »noblesse de robe«, zum Beamtenadel gehörte. Da dieser Adel allerdings im allgemeinen beim Kauf einer höheren Stelle miterworben wurde, galt er in den alten aristokratischen Familien nicht viel. Einen reichen Kaufmann zu heiraten galt im 18. Jh. in Frankreich auch für manche Adlige nicht mehr als Mißheirat.

50 Auf der »Place de Grève«, heute »Place de l'Hôtel de Ville«, fanden die Hinrichtungen öffentlich statt.

51 Das Pikettspiel wurde mit 32 Karten zu zwei Personen gespielt; hier handelt es sich um ein »piquet à écrire« mit abweichender Punktzählung.

52 Kompliziertes Kartenspiel, in Frankreich erst in der Regierungszeit Ludwigs XV. entstanden.

53 Nicolas-René Berryer de Renonville (1703–1762), seit 1747 Generalleutnant der Polizei, wurde 1757 Staatsrat und 1758 Marineminister; Günstling der Marquise de Pompadour.

54 Gemeint ist Meißener Porzellan; die dortige Manufaktur, die erste in Europa, wurde 1710 von Friedrich-August II. gegründet.

55 Eines der zahlreichen Kartenspiele der Zeit.

56 Jacques-Marie de Caritat de Condorcet (1703–1783), Bischof von Auxerre seit 1754, Gegner des Jansenismus, Onkel des berühmten Philosophen Condorcet.

57 Anhänger einer innerkatholischen Reformbewegung des 17. Jh. Im 18. Jh. bezeichnete das Wort Jansenist im allgemeinen nur noch den Vertreter einer rigorosen Sittenstrenge.

58 Grammatisch unmögliche lateinische Konstruktion.

59 Casanova vermerkt am Rande des Manuskriptes: »D'Alembert wagte, ihn zu korrigieren. Ich hätte es auch getan. Weshalb muß ein König auch lateinisch sprechen, wenn er es nicht gelernt hat.« In der erhaltenen Korrespondenz von D'Alembert mit Friedrich II. fehlt irgendein entsprechender Hinweis.

60 Das Hôtel d'Espagne, Sitz des spanischen Gesandten, befand sich in der Rue Guénégaud im 6. Arrondissement.

61 La Villette, Gemeinde nordöstlich des alten Paris; wurde erst 1860 eingemeindet; ist heute das 19. Arrondissement.

62 Die Comédie Italienne befand sich im Hôtel de Bourgogne, Ecke Rue Mauconseil und Rue Française in der Nähe der Kirche St.-Eustache.

63 Jeannette-Françoise Quinault (1699–1783), berühmte Schauspielerin an der Comédie Française von 1718–1741; vielleicht auch ihre ältere Schwester Mlle Quinault l'Aînée (1695–1791), Favoritin des Regenten (1715–1723).

64 Marie-Justine Favart, geb. Cabaret du Ronceray, genannt »la Chantilly« (1727–1792), Tänzerin, trat seit 1745 in Paris auf.

65 Claude-Henri de Fusée de Voisenon (1708–1775), Abbé, französischer Autor der leichten Muse.

66 Mademoiselle Amelin (um 1715 bis nach 1766), heiratete 1766 ihren Liebhaber, den Polizeioffizier de Chalabre, von dem sie zwei Kinder hatte.

67 Das Amt eines »gentilhomme de la chambre du Roi« wurde 1545 von König Franz I. geschaffen. Seit der Regierung Ludwigs XIV. gab es vier Würdenträger mit diesem Titel, die sich in ihrem Amt abwechselten. Ihr Aufgabenbereich stand in engstem Zusammenhang mit dem des »Intendant des Menus Plaisirs«.

68 François-Jacques Potier, Herzog von Gesvres (1692–1757), war

seit 1743 für drei Jahre »Intendant des Menus Plaisirs«, dann Kammerherr des Königs und Gouverneur von Paris.

69 Alte Kernprovinz Frankreichs mit Paris als Hauptstadt. Die Namen der früheren Provinzen sind noch heute lebendig, obwohl Frankreich seit 1791 in Verwaltungsbezirke (départements) eingeteilt ist, die mit den alten Provinzgrenzen nicht zusammenfallen.

70 Die »conciergerie« war im allgemeinen das Amt und die Wohnung eines Vogtes oder Kastellans; in Paris Name des Gefängnisses beim Justizpalast. Hier handelt es sich offenbar um ein offizielles Gebäude in Dünkirchen, dem ein Gasthof angeschlossen war.

71 Die Redensart »il cazzo non vuol pensieri«, der P… mag keine Sorgen, wurde im 18. Jh. in Italien häufig verwandt.

72 Ort etwa 70 km südlich von Dünkirchen in der Landschaft Artois.

73 Ein aus Spanien kommendes Kartenspiel, auch »trick« genannt, das drei Teilnehmer verlangt.

74 Stadt etwa 50 km südlich von Dünkirchen zwischen Lille und Calais.

75 Offenbar Anspielung auf die sehr rigorosen Gesetzesergänzungen, die Antoine-Raymond de Sartine, Graf von Alby (1729–1801) erlassen hatte; sein Vater war Intendant von Katalonien. Die spanische Veröffentlichung dieser Ergänzungen erfolgte 1759 durch Berni Català; Casanova kann diese »katalanischen Gesetze« 1757 noch gar nicht gekannt haben.

76 Der »commissaire de guerre« entspricht am ehesten dem heutigen Inspekteur des Heeres.

77 Casanova schreibt Monsieur de Britard; gemeint ist wohl der Generalsteuerpächter (1754–1763), Auguste-Louis-Simon Brissard.

78 Eine der Zollschranken, deren es sechzig im Umkreis von Paris gab. Dort wurde ein Stadtzoll für bestimmte eingebrachte Verbrauchsgüter erhoben. Die »barrière blanche« auf dem rechten Ufer der Seine erhielt ihren Namen von einem Schild mit einem weißen Kreuz.

79 Johanna Elisabeth, Prinzessin von Anhalt-Zerbst (1712–1760), Mutter der späteren Zarin Katharina II., lebte seit Juli 1758 unter dem Namen einer Comtesse d'Oldenbourg in Paris. Casanova hat die berichteten Ereignisse durch einen Erinnerungsfehler vorverlegt.

80 Im Original »ligne«, als Längenmaß der zwölfte Teil eines Zolls, also etwas mehr als 2 mm.

81 Der Talisman oder besser das Siegel Salomonis war der fünfzackige Stern, der in der abendländischen Kabbala als Mittel gegen böse Dämonen galt.

02 Jeanne Marquise d'Urfé, geb. Camus de Pontcarré, seit 1724 ver-

heiratet mit Louis-Christophe de Larochefoucauld de Lascaris, Marquis d'Urfé et de Langeac, Graf von Sommerive (1704–1734).

83 Anne de Lascaris d'Urfé (1555–1621), französischer Dichter, nach 1598 Priester und Graf von Lyon. Casanova denkt aber wahrscheinlich an dessen jüngeren Bruder Honoré de Lascaris d'Urfé (1568–1625), der als Autor des pastoralen Romans »Astrée« (5 Bde., 1607–1627) große Berühmtheit auch außerhalb Frankreichs gewann. Der Hauptheld Céladon (auch Seladon) ist seither zum Urtyp des schmachtenden Liebhabers geworden.

84 Louise-Henriette, geb. Prinzessin von Bourbon-Conti (1726–1759), heiratete 1743 Louis-Philippe Herzog von Chartres, der 1752 Herzog von Orléans wurde.

85 André-Louis-Hector Graf von Drummond-Melfort (1722 bis 1788), schottischer Herkunft; Offizier im französischen Heer und Freimaurer.

86 Der Quai des Théatins heißt seit 1791 Quai Voltaire. Das Hôtel de Bouillon befindet sich Nr. 17 des heutigen Quai Malaquais.

87 Nach dem Tode Ludwigs XIV. übernahm Philipp Herzog von Orléans von 1715–1723 die Regentschaft für den noch unmündigen Ludwig XV. In dieser Zeit der »Régence« löste man sich von der erstarrten und rigorosen Hofetikette.

88 Das »Große Werk« (opus alchemicum), auch der »Stein der Weisen« genannt, war das höchste Ziel der Alchimisten, nämlich die Verwandlung aller Metalle in Gold.

89 Die Bibliothek der d'Urfé war berühmt wegen ihres Reichtums; wurde 1770 verkauft und ging später in den Besitz der Bibliothèque Nationale und der Bibliothèque de l'Arsenal über.

90 Claude d'Urfé, Baron von Châteauneuf (1501–1558), Oberintendant des Hofstaates; 1547 französischer Gesandter beim Konzil von Trient.

91 Philippus Aureolus Theophrastus Paracelsus (1493–1541) mit dem wahren Namen Theophrast (Bombast) von Hohenheim aus Einsiedeln (Schweiz); berühmter Arzt und Philosoph, Vater der sogenannten hermetischen Medizin.

92 Diese Universalmedizin nannten die Alchimisten »Panacea« nach der mythologischen Panakeia, der Tochter des Äskulap, der die Fähigkeit zugeschrieben worden war, alle Krankheiten zu heilen. Sie erscheint auch unter dem Namen »aurum potabile«.

93 Synonym von Kryptographie = Geheimschrift.

94 Nach dem Glauben der Alchimisten ein Pulver, das – während des Schmelzprozesses auf Metalle gestreut – diese in Gold verwandelte.

95 Der Baum der Diana ist eine künstliche Art Vegetationsform, die

beim Mischen zweier Metalle und eines Lösemittels wie der Salpetersäure entsteht. Die geeignetsten Metalle sind Silber und Blei.

96 Philipp Herzog von Orléans, Regent von Frankreich von 1715–1723 für den noch unmündigen Ludwig XV., war eifriger Anhänger der Alchimie.

97 Egeria, Gestalt der antiken Mythologie, Quellennymphe; nach der römischen Sage besaß sie die Kräfte der Weissagung, war Gemahlin des Königs Numa Pompillius, dem sie Ratschläge gab.

98 Raimundus Lullus, Ramón Llull (1235–1316), katalanischer Mystiker, Dichter, Philosoph und Missionar (Franziskaner), Verfasser zahlreicher Werke. Die Echtheit der ihm zugeschriebenen alchimistischen Schriften ist zweifelhaft.

99 Arnauld de Villeneuve, auch Arnoldo Bachuone (um 1240–1313), Arzt und Alchimist aus Katalonien oder aus der Provence. Die Echtheit seiner alchimistischen Schriften ist angezweifelt worden.

100 Roger Bacon (um 1219–1294), englischer Gelehrter, Franziskaner; verfaßte eine Fülle von philosophischen, theologischen und naturwissenschaftlichen Schriften; genannt »Doctor mirabilis«.

101 Europäisierter Name des arabischen oder persischen Arztes und Naturwissenschaftlers Gabir Ibn Haijan (8. oder 9. Jh.), galt im Mittelalter als höchste Autorität im Bereich der Alchimie.

102 Rio Pinto, Fluß in Peru. Das Platin, 1743 zum ersten Mal nach Europa gebracht, galt im Anfang als eine Art Silber und wurde erst 1752 als eigenes Metall anerkannt.

103 Charles Wood fand 1741 Platin und brachte das neue Metall 1743 zum ersten Mal nach London.

104 Mischung von Salz- und Salpetersäure.

105 Hohlspiegel zur Konzentrierung der Sonnenstrahlen auf einen Punkt.

106 In der Alchimie bezeichnete man so die sechs minderwertigen Metalle Silber, Quecksilber, Blei, Kupfer, Eisen und Zink.

107 In der alchimistischen Lehre des Paracelsus gab es drei Grundsubstanzen, Salz, Schwefel und Quecksilber. Als Salz wurde oft der Harn verwandt.

108 Das Pentagramm, das »Fünfwinkelzeichen«, Stern mit fünf Zakken, in Deutschland seit dem Mittelalter auch Drudenfuß genannt, galt von der Spätantike bis zur Neuzeit als besonders wirkungsvolles Zeichen zur Beschwörung böser Geister.

109 Die Kabbala, die das ptolemäische Weltsystem übernahm, ordnete den Planeten jeweils einen Genius zu, dem Saturn Aratron, dem Jupiter Bethor, dem Mars Phal, der Sonne Och, der Venus Hagith, dem Merkur Ophiel, dem Mond Phul.

110 Cornelius Heinrich Agrippa von Nettesheim (1486–1535), deutscher Arzt, Philosoph und Astrologe; seine Werke über Magie, insbesondere »De occulta philosophia«, galten den Alchimisten als Autorität.

111 Wahrscheinlich ist ein Abraham B. Gershon Treves gemeint, ein französischer Kabbalist, der einer jüdischen Familie aus Trier entstammte und in der zweiten Hälfte des 18. Jh. als Verfasser einiger okkulter Traktate bekannt wurde; war aber nicht Graf.

112 Der allegorisierende Roman »Hypnerotomachia Polyphili«, um 1467 von Francesco Colonna verfaßt, erschien 1499 in einer prunkvollen, reichillustrierten Ausgabe in Venedig, die als das schönste Buch der italienischen Renaissance gilt.

113 Casanova meint wohl die Namen der bösen Geister, die aufzuschreiben oder auszusprechen als gefährlich galt.

114 Jede Stunde hat in der Astrologie einen kabbalistischen Namen und wird von den Planeten und den ihnen zugeordneten Geistwesen regiert.

115 Der Engel Anael regiert den Freitag unter der Herrschaft der Venus, deren Genius Hagith, auch Hagioh, hieß.

116 Zoroaster, auch Zarathustra, Reformator der alten iranischen Religion (7.–6. Jh. v. Chr.), wurde später als Erfinder der Magie angesehen.

117 Artephius, latinisierter Name eines jüdischen oder arabischen Philosophen, der um 1130 gelebt hat. Sein »Traité de la pierre philosophale« ist bereits 1612 von Pierre Arnauld ins Französische übersetzt worden.

118 Sandivonius, latinisierter Name eines deutschen Arztes aus dem 17. Jh.

119 Geheime Bruderschaften, die sich seit dem 17. Jh. in Europa bildeten und vor allem im 18. Jh. mit Alchimisten identifiziert wurden.

120 Offenbar Anspielung auf das 1. Buch Moses, Kap. 24, Vers 9: »Da legte der Knecht seine Hand unter die Hüfte Abrahams, seines Herrn, und schwur ...« (Im Text der Vulgata deutlicher »sub femere« = »Oberschenkel« auch »männliches Glied«).

121 Gemeint ist der männliche Samen.

122 Electrum nannten die Alchimisten eine Legierung von drei Teilen Gold und einem Teil Silber.

123 »L'Esprit des Lois« von Charles de Secondat Baron de Montesquieu (1689–1755), 1748 zum ersten Mal gedruckt, ist eines der bedeutendsten, vor allem staatsrechtlichen Werke des 18. Jh.

124 Wahrscheinlich Joseph-Charles-Luc-Costin Camus, Graf von Arginy (†1779); war hoher Offizier bei der Kavallerie.

125 Um die Mitte des 17. Jh. nannte man die Adligen, die an den Aufständen der Fronde gegen die Macht des Königs beteiligt waren, die Partei der kleinen Herren (parti des petits maîtres), weil sie die Herren im Staat sein wollten; im 18. Jh. wurde der Begriff »petit maître« gleichbedeutend mit jungen Stutzern.

126 Ein Parlamentsrat dieses Namens ist nicht nachzuweisen. Vielleicht handelt es sich um Elie Bochart de Saron, der dieses Amt innehatte.

127 »La Grand' Chambre« war in jedem Parlament die höchste Kammer, vor der die Rechtssachen des alten Adels, Fälle von Majestätsbeleidigung u. ä. verhandelt wurden.

128 Marquise Adélaîde-Marie-Thérèse Du Châtelet-Fresnières, geb. d'Urfé (1717 bis nach 1776); sie klagte ihre Mutter, Madame d'Urfé, an, ihr zustehende große Summen zurückzuhalten. Die Mutter erreichte, daß ihre Tochter unter Kuratel gestellt wurde, und enterbte sie.

129 Anspielung auf die Käuflichkeit der hohen Staatsmänner, auch der richterlichen, seit dem 16. Jh. in Frankreich.

130 Nicolas-Elie-Pierre Camus de Viarmes, seit 1752 Rat am Parlament in Rouen.

131 Die französischen Parlamente hatten das Recht erwirkt, daß alle Erlasse des Königs erst durch die Registrierung beim Parlament von Paris Gesetzeskraft erhielten; das gleiche galt für Erlasse der Gouverneure bei den Provinzialparlamenten. Die Registrierung konnte verweigert werden; dann erschien der König und hielt ein »lit de justicê« ab (nach dem Thron unter einem Baldachin), um die Eintragung durchzusetzen. Die Parlamente begnügten sich jedoch nicht mit der Verweigerung, sondern formulierten in den »remontrances« ihren Widerspruch. Der König konnte auch diese im »lit de justice« zurückweisen; doch besaßen die Parlamente durch diese Möglichkeiten in der öffentlichen Meinung hohe Autorität.

132 Comte de Saint-Germain, auch Graf Tzarogy, Fürst Racoczy, General Soltikoff, Marquis de Montferrat usw. (um 1696–1784), großer Abenteurer, dessen wahre Herkunft ungeklärt ist. Casanova behauptet 1784 im »Soliloque d'un penseur« (Prag, 1784), der Graf sei niemand anderer als ein italienischer Geigenspieler mit Namen Catalani.

133 Nach der Auffassung der Kabbala sind den vier Elementen bestimmte Elementargeister zugeordnet, der Erde die Gnomen, dem Wasser die Undinen, der Luft die Sylphen, dem Feuer die Salamander.

134 Der Name bezeichnet zunächst den Schutzengel von Casanova

und seinen drei Patrizier-Freunden Bragadin, Dandolo und Barbaro in Venedig; wird dann von Casanova als Name seines eigenen Genius verwandt.

135 Vereinigung der göttlichen und menschlichen Natur in einer Person.

136 Elementargeister, von der Kabbala dem Feuer zugeordnet.

137 Die Bezeichnung »Holland« wurde seit dem 17. Jh. den sieben vereinigten Provinzen der Niederlande gegeben.

138 Etienne Françoise Graf von Stainville (1719–1775) wurde 1758 zum Herzog von Choiseul erhoben.

139 Louis-Auguste Graf d'Affry (1710–1793), aus Schweizer Familie, seit 1755 französischer Gesandter, seit 1759 französischer Botschafter in Den Haag.

140 Auf Befehl Ludwigs XIV. wurde 1670–1674 das »Hôtel Royal des Invalides« als Wohnung für entlassene und invalide Soldaten gebaut (7. Arrondissement).

141 Der Friedensvertrag als Abschluß des Siebenjährigen Krieges kam erst 1763 zustande.

142 Mattheus (Matthys) Lestevenon, Heer van Berkenrode en Strijen (1715–1797), war von 1749–1792 Botschafter der Vereinigten Niederlande in Paris.

143 Die Schwedische Ostindische Kompagnie, gegründet 1731, hatte ihren Sitz in Göteborg bis 1814.

144 Das Bankhaus Tourton & Baur, von dem Schweizer Christophe-Jean Baur 1740 gegründet, bestand seit 1754 in einem Gebäude an der Place des Victoires (an der Grenze zwischen 1. und 2. Arrondisement).

*Amsterdam 1758*

1 Der Gulden wurde als Silbermünze in den Vereinigten Niederlanden seit 1679 geprägt und war bis 1838 im Umlauf. Ein Gulden (guilder, florin) = 20 Stüber (stuiver).

2 Der berühmte Gasthof »Het Parlament van Engeland« wurde nach 1814 unter dem Namen »Wapen van Engeland« weitergeführt; lag in der Nähe der »Korte Poten« im Zentrum der Stadt.

3 In der christlichen Kirche wurde seit dem 4. Jh. am 1. August das Gedächtnis der Märtyrertode der Makkabäer und ihrer Mutter gefeiert; in neuerer Zeit abgeschafft. Hier handelt es sich um das jüdische Fest Hanukkah, auch Fest der Makkabäer genannt, das vom 25. Dezember an eine Woche lang gefeiert wurde.

4 Der niederländische Dukaten wurde als Goldmünze seit 1586 geprägt.

5 Die Bank von Amsterdam, 1609 gegründet, war das älteste Geldinstitut Nordeuropas.

6 Die französische Münze des Franc oder des Livre wurde seit dem 13. Jh. in der Stadt Tours (daher der Name), dann von der königlichen Münze in Paris geprägt; seit 1667 offizielle Münze für ganz Frankreich.

7 Das Bankhaus Andries Pels & Zoonen in Amsterdam, gegründet von Andries Pels (1655–1731). Im Jahre 1758 war der Leiter des Hauses Henrick Bicker (1722–1783), den Casanova irrtümlich Mijnheer Pels nennt.

8 Joachim Frederik Preis (1666–1759), seit 1719 Resident, seit 1725 schwedischer Botschafter in Den Haag.

9 Die Buchstaben D. O. neben anderen, aber gestrichenen Schreibungen wie Op oder O. p. hat Casanova offenbar für die Familie Hope gewählt. Gemeint ist wahrscheinlich Thomas Hope (1704–1779), der um 1726 in Amsterdam ein Bankhaus gründete.

10 Johannes der Täufer war ursprünglich der einzige Schutzheilige der Freimaurer; sein Fest war der 24. Juni. Später wurde auch der Apostel Johannes zum Patron der Logen erhoben; man feierte ihn am 27. Dezember. In Holland feierte man am gleichen Tage, dem 27. 12., die Gründung der Großloge von Holland.

11 Im 18. Jh. gab es in den meisten europäischen Ländern strenge Vorschriften, die den Postkutschen stets den Vorrang sicherten.

12 Man führte schon im 18. Jh. Weine aus Südafrika, insbesondere vom Kap der Guten Hoffnung, ein.

13 Esther D. O., fiktiver Name, wahrscheinl. Lucia Hope (1741–1765).

14 Teresa Imer (1723–1797), italienische Sängerin, seit 1745 mit dem Tänzer Angelo Pompeati verheiratet.

15 Das Rezitativ ist unbekannt; zwei Übersetzungen sind möglich: »Endlich bist du gekommen, unglückliche Frau!« oder »Nun bist du an deinem Ende angelangt, Unglückliche!«

16 Thédore-Camille Marquis de Montperny (†1753), seit 1746 Kammerherr am markgräflichen Hof in Bayreuth.

17 Karl Alexander Prinz von Lothringen (1712–1780), Bruder des Kaisers Franz I. Stephan; seit 1746 österreichischer Feldmarschall; 1748–1756 Gouverneur der österreichischen Niederlande (Flandern, Brabant, Hennegau, Namur und Luxemburg).

18 Das prunkvolle, 1611 eingeweihte Gebäude der Amsterdamer Börse (De Beurs) war die bedeutendste Institution dieser Art im Europa des 18. Jh.; der Börsensaal faßte 6000 Personen.

19 Die englische Meile entspricht etwa einer Strecke von 1,6 km. Die Geschwindigkeit des Gefährtes betrug also etwa 25 km in der Stunde.

20 Medea, Gestalt der griechischen Sage, Gattin des Königs Jason und Zauberin. Um sich an Jason wegen seiner ehelichen Untreue zu rächen, tötete sie ihre beiden Kinder.

21 Ein Louis oder Louisdor hatte den Wert von 24 Francs.

22 Finanztechnischer Ausdruck = Aufgeld.

23 Jan Cornelis Rigerboos, offenbar vertrauter Freund von Teresa Imer. Es wäre möglich, daß der tatsächliche Name Jan Rijgerboos Cornelis war und daß Teresa Imer sich auf der Reise nach London den Namen Cornelys zugelegt hat.

24 Die Generalstaaten, »De Staten Generaal«, wurde das Parlament der Sieben Vereinigten Provinzen genannt, das in Den Haag tagte und aus sechzig Abgeordneten bestand.

25 Lucia, Tochter des Pförtners des Grafen von Montereale.

26 Das Pfund Sterling = 20 Shillinge = 240 Pence; nach den Angaben Casanovas entsprach der Wert eines Pfundes Sterling damals 11 Gulden.

27 Die »Compagnie des Indes Orientales«, 1642 von Richelieu gegründet, wurde 1719 mit der von John Law neu geschaffenen »Compagnie des Indes« vereinigt und blieb unter dem ursprünglichen Namen nach dem Bankrott Laws bestehen. Die Holländische Ostindische Kompagnie bestand seit 1602, war im 17. Jh. sehr mächtig, verlor aber durch den wachsenden englischen Einfluß in Indien immer mehr an Bedeutung und wurde 1795 aufgelöst.

28 Es handelt sich um den Anteil von 10 % = 300000 Gulden, den Mijnheer D. O. Casanova aufgrund des Ankaufs des verlorengeglaubten Schiffes versprochen hatte.

29 Jean Pâris de Montmartel (1690–1760), Generalkontrolleur und Bankier des französischen Hofes.

30 Feiner Baumwollstoff aus der Stadt Masulipatam in Südindien (Koromandel-Küste).

31 Die Rue Montorgueil liegt im 1. und 2. Arrondissement.

*Paris 1759*

1 Abbé de Bernis fiel im Dezember 1758 in Ungnade und lebte seither auf Schloß Vic-sur-Aisne bei Soissons. Casanova kann ihm also im Januar 1759 keinen Besuch in seinem Amtssitz, dem Hôtel Bourbon, gemacht haben.

2 Niccolo Erizzo (1722–1806), war von 1754–1760 venezianischer Gesandter in Paris.

3 Die Ernennung zum »gentilhomme ordinaire« war mit der Verleihung des Adelspatents verbunden. Das Dokument, das Voltaire zu Monsieur de Voltaire machte, trug das Datum des 8. Juni 1758.

4 Wahrscheinlich ist ein gewisser Monsieur Viard gemeint, der in zeitgenössischen Quellen als »permissionnaire« erscheint, d. h. als Lehrer, der bis zu zwanzig Schülern in Pension nehmen konnte und sie auch unterrichtete.

5 Rosa-Giovanna Balletti, genannt Silvia.

6 Es handelt sich um Lady Anna Wynne, geb. Gazzini (1713 bis nach 1780); sie stammte von der Insel Leukas im Jonischen Meer, war von 1739–1751 mit Sir Richard Wynne verheiratet, dessen Mätresse sie vorher gewesen war, und reiste nach dessen Tode mehrmals zwischen Venedig und London hin und her, um ihre Kinder katholisch erziehen zu lassen, ihnen aber gleichzeitig die Erbschaft in England zu sichern.

7 Alexandre-Jean-Joseph Le Riche de la Pouplinière, auch Popelinière (1692–1762), seit 1718 Generalsteuerpächter.

8 Antonio-Stefano Balletti (1724–1789), Tänzer und Schauspieler, großer Freund Casanovas.

9 Luigi-Giuseppe Balletti (*1730), seit 1751 Tänzer an der Comédie Italienne, seit 1757 Ballettmeister in Stuttgart; auch Tanzmeister an der Karlsschule, wo Friedrich Schiller zu seinen Schülern zählte. Der jüngste Sohn der Ballettis, Guglielmo-Luigi (*1736) muß schon vor 1757 gestorben sein.

10 Anspielung auf die venezianischen Staatsinquisitoren.

11 Das Konzil von Trient, das am Beginn der Epoche der Gegenreformation stand, fand von 1545–1563 statt.

12 Zur Erhaltung des Magnetismus verband man die Pole des Magneten durch ein Stück weiches Eisen.

13 Gruppe von Häusern außerhalb des damaligen Stadtbereichs, wahrscheinlich in der nähe der »Barrière de la Pologne«, einer der Zollschranken von Paris; die Häuser lagen in der Nähe des heutigen Bahnhofs St-Lazare.

14 Diese Zollschranke, die wahrscheinlich mit der »de la Pologne« identisch ist, bestand von 1720–1787 als eine der 60 Schranken, an denen Zoll für bestimmte eingeführte Waren erhoben wurde.

15 Wahrscheinlich Name einer der zahlreichen Schenken, die es in »Petite Pologne« gab.

16 Antoine Antonin Herzog von Gramont (1722–1799); der Garten

seines Landhauses lag zwischen den heutigen Rue de Clichy und Rue St-Lazare (9. Arrondissement).

17 Das Landhaus Casanovas hieß »Cracovie-en-bel air«, also »Krakau in der guten Luft«, und nicht Varsovie, also Warschau.

18 Marin Le Roy (*1764), Gemüse- und Butterhändler, genannt »Roi de Beurre«; wohnte an der Place Vendôme und besaß mehrere Häuser und einen Laden in »Petite Pologne«.

19 Schnelle hitzige Pferde, die nur mit Heu gefüttert wurden; man konnte in Paris »enragés« mieten, um so schnell wie möglich nach Versailles zu kommen.

20 Bis März Monsieur de Boulogne.

21 Monsieur de Boulogne; er trug als Generalkontrolleur nicht den Titel eines Ministers, obwohl seine Macht als Leiter der gesamten Staatsverwaltung durchaus der eines Ministers entsprach.

22 Etienne de Silhouette (1709–1767), Generalkontrolleur der Finanzen von März bis November 1759.

23 Benedikt XIV. war bereits am 3. Mai 1758 gestorben. Sein Nachfolger Clemens XIII. wurde am 7. Juli 1758 gewählt. Casanova täuscht sich mehrfach in der Chronologie.

24 Carlo Rezzonico (1693–1769), seit 1743 Kardinal, seit 1758 Papst unter dem Namen Clemens XIII.

25 Die Zeremonie der Kardinalshut-Verleihung fand am 30. November 1758 statt; der Brief des Königs mit dem Verbannungsbefehl für Kardinal de Bernis trägt das Datum des 13. Dezember 1758.

26 Papst Clemens XIII. (Carlo Rezzonico) starb 1769.

27 Kardinal de Bernis war französischer Gesandter in Rom von 1769–1791.

28 Jean-Jacques Rousseau (1712–1778).

29 Rousseau lebte von 1756–1762 in Montmorency nördlich von Paris, von Mai bis August 1759 als Gast des Maréchal de Luxembourg in dessen kleinem Schloß im gleichen Ort.

30 Marie-Thérèse Levasseur (1721–1801), stammte aus Orléans, Dienstmädchen; Mätresse, seit 1768 Ehefrau von J.-J. Rousseau.

31 Der Maraschino aus der Stadt Zara (heute Zadar) in Dalmatien galt im 18. Jh. als besonders gut.

32 Der Bezirk des »Temple« gehörte früher dem Templerorden; die dort wohnenden Kaufleute waren von gewissen Abgaben befreit und genossen auch andere Privilegien. Zur Zeit Casanovas gehörte der Bezirk dem Prinzen von Bourbon-Conti als dem Groß-Prior des Ordens in Frankreich.

33 Wollstoff mit Seidenfäden durchwebt.

34 Der Siebenjährige Krieg (1756–1763).

35 Im 1. und 2. Arrondissement. Casanova hätte im »Enclos du Temple«, wo seine Manufaktur untergebracht war, wegen der dort geltenden Immunität nicht verhaftet werden können. Die Verhaftung erfolgte am 23. August 1759, und zwar unter der Anklage, Wechsel gefälscht zu haben.

36 Staatsgefängnis vor allem für Schuldner und Schauspieler. Das Gebäude wurde 1783 abgerissen.

37 Paris erhob einen Stadtzoll (octroi) auf bestimmte eingeführte Verbrauchsgüter; dieses Zollrecht konnte käuflich erworben werden.

38 Der Herzog von Choiseul war im November 1758 nach der Verbannung des Kardinals de Bernis Außenminister geworden.

*Rom 1760*

1 Die »Dogana di Terra« befand sich seit Ende des 17. Jh. an der Piazza di Pietra (in der Nähe der Piazza Colonna); alle zu Land anreisenden Fremden mußten sich, von einem Zollbeamten begleitet, sofort dorthin begeben. Alle Bücher und Manuskripte mußten abgeliefert werden und wurden erst nach Prüfung durch einen Vertreter der Kirche zurückgegeben.

2 Der von Carlo Roland geführte Gasthof an der Piazza di Spagna hieß Albergo di Londra. Roland eröffnete jedoch 1770 einen zweiten Gasthof, genannt »Ville de Paris« an der Piazza Caetani, heute Piazetta dei Trinitari, in der Nähe des heutigen Corso. Casanova wohnte 1771 im Gasthof »Ville de Paris«; daher der verständliche Irrtum.

3 Teresa Roland (1744–1779), Tochter des Hoteliers Carlo Roland (†1785), aus Avignon stammend; heiratete 1764 Casanovas Bruder Giovanni.

4 Giovanni Casanova wohnte seit 1752 im gleichen Hause wie Raphael Mengs, Via Vittoria 54, in der Nähe der Piazza di Spagna.

5 Gräfin Francesca Cherufini, geb. Gherardi (1709–1778), Freundin des Kardinals Alessandro Albani; sie hielt im heutigen Palazzo Frascara, Piazza Pilotta 3, Salonabende im französischen Stil ab, die zu den gesellschaftlichen Ereignissen des damaligen Rom zählten.

6 Johann Joachim Winckelmann (1717–1768), berühmter deutscher Archäologe, studierte in Halle protestantische Theologie, konvertierte 1754 zum Katholizismus, ging 1755 mit einem Stipendium nach Rom, wurde 1757 Bibliothekar des Kardinalstaats-

sekretärs Archinto, nach dessen Tod 1758 des Kardinals Albani, wurde 1763 Präsident der Altertümer und Scriptor der Vatikanischen Bibliothek. Obwohl Winckelmann nie die niederen Weihen erhalten hat, kleidete er sich seit 1757 als Weltgeistlicher.

7 Winckelmann wurde bereits 1768, also acht Jahre nach der Berichtszeit, Opfer eines Raubmordes in einem Gasthof in Triest.

8 Alessandro Albani (1692–1779), Kardinal seit 1721, kaiserlicher Minister in Rom seit 1746; Bibliothekar an der Vaticana.

9 Ein päpstlicher Befehl.

10 Die Villa Albani, seit 1866 Villa Torlonia, befindet sich außerhalb der alten Stadtmauern etwa 500 m nördlich der Porta Salaria; 1743–1763 von Carlo Marchionni für Kardinal Alessandro Albani erbaut, der dort mit Hilfe des Freundes und Gelehrten Winckelmann eine kostbare Sammlung antiker Skulpturen anlegte.

11 Giovanni (Zuane) Cornaro, auch Corner (1720–1789), venezianischer Patrizier; seit 1758 Auditor der Rota, wurde 1776 Gouverneur von Rom und 1778 Kardinal.

12 Die »Sacra Romana Rota« ist das ordentliche päpstliche Gericht für Berufungen in kirchlichen Prozessen. Die 16 Richter (seit 1955) tragen den Titel »Auditor«.

13 Domenico Passionei (1682–1761), von 1731–1738 Nuntius in Wien, 1738 zum Kardinal erhoben und Sekretär der päpstlichen »brevia«, seit 1755 Bibliothekar an der Vaticana, war ein ausgesprochener Feind der Jesuiten und Briefpartner von Voltaire.

14 Kardinal Passionei war als Benediktiner ein scharfer Gegner der Jesuiten, die Papst Clemens XIII. begünstigte.

15 Coglione: Hode, verbreitetes Schimpfwort.

16 Die »Pandectes«, auch »Digestes« sind eine Sammlung von alten römischen Rechtsentscheidungen, die auf Anordnung des oströmischen Kaisers Justinian im 6. Jh. als »Corpus iuris« entstand.

17 Der »Palazzo di Monte Cavallo« auf dem Quirinal war die Sommerresidenz der Päpste.

18 Im Venezianischen heißen manche Stadtpaläste Cà von »casa« = Haus. Die Cà Rezzonico gehörte der Patrizierfamilie gleichen Namens, aus der auch Papst Clemens XIII. (Carlo Rezzonico) stammte.

19 Titel der Angestellten, deren Aufgabe es war, die Räume des Papstes zu kehren und zu reinigen.

20 Kirche und Kloster des Ordens der Minimen auf dem Monte Pincio, oberhalb der spanischen Treppe.

21 Die berühmte »Biblioteca Apostolica Vaticana«, fast immer kurz »Vaticana« genannt, wurde 1417 von Papst Martin V. gegründet.

22 Aus 90 Zahlen wurden 5 gezogen. Die Spieler konnten auf eine Zahl, auf zwei, drei, vier oder fünf setzen. Wer nicht nur auf eine einzige Zahl setzte, sondern auch auf die Reihenfolge der Ziehung der Zahlen, wie es Casanova tat, gewann im zutreffenden Falle ein Vielfaches des Einsatzes.

23 Nach Horaz, »Sermones«, II, 3, Vers 325.

24 Batyllos ist der Name eines schönen Knaben, den der griechische Dichter Anakreon liebte.

25 Alvise V. Sebastiano Mocenigo (1725–1780), venezianischer Patrizier, war 1760–1761 Gesandter der Republik Venedigs in Rom.

26 Der Sekretär des »Rates der Zehn« war eine der mächtigsten Persönlichkeiten der venezianischen Regierung.

27 Der römische »scudo« war eine Silbermünze im Wert von 10 »paoli« oder 100 »baiocchi«.

28 Praxiteles, berühmter griechischer Bildhauer (4. Jh. v. Chr.).

29 Es handelt sich um die römische Zechine, eine Goldmünze im Wert von ungefähr zwei Scudi; zuerst unter Papst Benedikt XIII. geprägt (1724–1730).

30 Das »Teatro Aliberti« oder »Teatro delle Dame«, von Antonio Aliberti 1717 erbaut, befand sich an der Ecke der Via Margutta in der Nähe der Via Babuino; wurde um die Mitte des 19. Jh. abgerissen.

31 Der Orden wurde 1559 von Papst Pius IV. geschaffen, um verdiente katholische Persönlichkeiten der Wissenschaft und Kunst auszuzeichnen. Im 16. Jh. hochgeschätzt, verlor der Orden bald an Wert, weil er in allzu großzügiger Weise verliehen wurde.

32 Der Titel des päpstlichen Protonotars bestand seit dem 14. Jh. und wurde von allen Notaren im Dienst des Heiligen Stuhls getragen; die Bezeichnung »extra urbem« = außerhalb Roms besteht nicht mehr.

33 Nach der Vulgata, Brief an die Ebräer IX, 22.

34 Nach den Regeln durfte der Orden mit einem schmalen roten Band nur im Knopfloch getragen werden.

35 Die Ritter des Ordens vom Goldenen Sporn trugen den Titel »Aureatae Militiae Equites«, aber auch »Comites Palatini Lateranenses« nach dem früheren Sitz des Papstes, dem Lateran, bzw. nach der dortigen Kirche San Giovanni in Laterano.

## *Augsburg 1761*

1 Das Somasker-Seminar San Cipriano befand sich auf der Insel Murano im Norden von Venedig;

2 Straßburgerin: Ein Mitglied der Theatertruppe.

3 Dulcinea ist der Name der von Don Quijóte verehrten schönen Dame, in Wirklichkeit einer Bauernmagd, in dem Roman von Cervantes.

4 Carli: Casanovas Bankier in Augsburg.

## *Mailand 1763*

1 Sechs Zoll entsprechen etwa 15 cm; nach den Angaben Casanovas über seine eigene Größe, die in den Memoiren mehrfach auftauchen, waren die jungen Marquisen 1,68 m groß.

2 Ein damals vor allem in Marseille hergestelltes Gewebe, bei dem der Hauptfaden aus Seide, der Rest aus Seidenabfällen bestand.

3 Ursprünglich Typengestalt der italienischen »commedia dell'arte« als Pagliaccio; von den Franzosen übernommen und umgeformt. Der Pierrot war der Typ des Bäuerisch-Listigen, mit einem weiten, in die Hosen übergehenden weißen Gewand mit großen Knöpfen; das Gesicht wurde mit Mehl geweißt. Die Gestalt entspricht bis zu einem gewissen Grade dem deutschen Hanswurst oder dem Clown.

4 Casanova spielt auf den Karnevalsball im Vorraum des Nonnenklosters in Murano mit C. C. und M. M. an.

5 Teresa: Wahrscheinlich die Sängerin Angiola Calori, eine Jugendliebe Casanovas.

6 Im italienischen Lotto oder Zahlenlotterie konnte man aus den Zahlen 1–90 eine oder mehrere, aber höchstens fünf, auswählen und darauf wetten, daß sie gezogen wurden. Das Setzen auf zwei Zahlen hieß Ambe, auf drei Terne, auf vier Quaterne, auf fünf Quinterne.

## *London 1763*

1 Im Original »pag-bot« nach dem englischen »packet-boat«, ein Schiff, das zum Transport von Post und Reisenden bestimmt war.

2 Die »guinea«, Goldmünze im Wert von 21 Shillingen, wurde seit 1662 geprägt. Gerechnet wurde mit dem Pfund Sterling (als Goldmünze seit 1489 »sovereign« genannt) im Wert von 20 Shillingen.

3 Der junge Giuseppe Pompeati, in Paris Graf Aranda genannt, wird nun in London zum Sir Joseph Cornelys.

4 Wie in Frankreich spielten im 18. Jh. auch in England die Cafés (»coffee-houses«) eine große Rolle als Treffpunkte zu literarischem und politischem Gespräch. Das »Prince of Orange Coffee-House« war beliebter Aufenthaltsort der Künstler, die in der Oper am Haymarket auftraten. Das Café »Zum Prinzen von Oranien«, meist abgekürzt »Orange« genannt, lag dem Opernhaus gegenüber.

5 Vincenzo Martinelli (1702–1785), italienischer Schriftsteller, lebte seit 1748 in London und kehrte erst 1772 nach Italien zurück.

6 Ranieri de'Calzabigi (1714–1795), organisierte mit seinem Bruder Giovanni Antonio und mit Casanova 1757 die »Loterie de l'Ecole Militaire« in Paris.

7 Decameron: Martinelli arbeitete an einer kritischen Ausgabe von Boccaccios berühmter Novellensammlung.

8 Juvenal, »Satiren«, X, Vers 22.

9 John Spencer, Viscount of Althorp (1734–1783), Besitzer einer berühmten Bibliothek, der »Althorp Library«; Gönner von V. Martinelli

10 Nach Horaz, »Oden«, II, 18, Verse 11/12; im Original: »nihil supra deos lacesso«.

11 In Italien galt seit Beginn des 16. Jh. das Toskanische florentinischer Prägung offiziell als die hohe Literatursprache.

12 Um die Mitte des 18. Jh. gab es in London bereits 53 Zeitungen; die verbreiteste war der »Public Advertiser«, die diesen Namen seit 1752 trug. Daneben gab es auch einen »Daily Advertiser«.

13 Teresa Imer-Pompeati war Casanova Ende 1758 in Holland begegnet. Der Abschied von der völlig verarmten Frau erfolgte in Rotterdam, nicht in Den Haag. Damals hatte Casanova ihren Sohn Giuseppe mit nach Paris genommen.

14 François-Claude Marquis de Chauvelin (1716–1773), französischer Offizier und Staatsmann. Casanovas Freundschaft mit ihm datiert vor allem von den Begegnungen in Turin; der Marquis war dort französischer Botschafter von 1754 bis 1765. Im Manuskript hat Casanova an dieser Stelle einen überraschenden Satz gestrichen: »qui en vertu de ma naturalisation m'annonçait pour Français… « (der mich auf Grund meiner Naturalisierung als Franzosen vorstellte . . .). Da Casanova im Folgenden eine entsprechende Formulierung gestrichen hat, läßt sich als sicher annehmen, daß er tatsächlich französischer Staatsbürger geworden ist. Wahrscheinlich legte Casanova nach den Ereignissen der Französischen Revolution keinen Wert mehr darauf, als Franzose zu gelten; daher die

nachträglichen Streichungen. Es wäre möglich, daß seine Naturalisierung mit dem Verleihen des Titels eines Chevalier de Seingalt verbunden war, daß der Name also keine reine Phantasieschöpfung Casanovas ist. Es ist auffällig, daß alle französischen Freunde Casanovas, auch die aus dem hohen Adel, ihn stets in ihren Briefen als de Seingalt bezeichnen, und das in keinem Fall in negativer oder abwertender Weise.

15 Der St. James's Palace wurde unter Henrich VIII. von 1532–1533 erbaut und blieb königliche Residenz bis 1809; in diesem Jahr wurde der Palast durch Feuer weitgehend zerstört.

16 Das Vorstellen am Hof erfolgte tatsächlich an jedem Sonntag nach dem Gottesdienst in der Chapel Royal.

17 Charles, Chevalier d'Eon de Beaumont (1728–1810), französischer Diplomat, seit 1755 Geheimagent König Ludwigs XV. Die Persönlichkeit galt in seiner Zeit als Rätsel, da er von 1777 bis 1785 in Paris als Frau lebte.

18 Das »Covent Garden Theatre« heute auch »The Royal Opera House«, war das berühmteste Londoner Theater der Zeit; gegen Ende des 17. Jh. erbaut, wurde das Gebäude 1808 durch Feuer zerstört. Der heutige Bau ist 1858 entstanden.

19 Das »Drury Lane Theatre« in der Straße gleichen Namens bestand seit 1672. Man spielte dort im 18. Jh. ausschließlich Theater. 1809 fiel der Bau einem Feuer zum Opfer. Das heutige Gebäude stammt aus dem Jahre 1812.

20 Die Börse (Royal Exchange) in der Londoner City, zuerst 1566 erbaut, 1666 durch Feuer zerstört. Das Gebäude, das Casanova besuchte, bestand seit 1670. Im Erdgeschoß gab es Plätze (»walks«) für die verschiedenen Nationen und Zünfte; im ersten Stockwerk residierte der »Lord Mayor« (Bürgermeister), im zweiten der Leiter der Versicherungsabteilung (»Royal Exchange Insurance Office«).

21 Samuel Bosanquet, wahrscheinlich aus französisch-protestantischer Familie stammend, war seit 1755 einer der Direktoren des »Royal Exchange Insurance Office«.

22 Georg III. William Frederick (1738–1820), seit 1760 König von England; dritter englischer Herrscher aus dem Hause Hannover.

23 Im Original hat Casanova hier gestrichen: »n'était Français que pour m'être naturalisé« (da ich Franzose nur deshalb war, weil ich mich hatte naturalisieren lassen).

24 Auch hier im Original gestrichen: »[par quelle raison] je m' étais fait Français« (warum ich mich zum Franzosen hatte machen lassen).

25 Den Namen Jarbe hat wohl Casanova seinem Diener gegeben. Wahrscheinlich Anspielung auf Jarbas, eine legendäre Gestalt aus der »Aeneis« von Vergil (Gesang IV, Verse 36, 196, 326).

26 Der St. James' Park schloß sich an die königliche Residenz an. Das Wohnviertel, das den Park umgab, war Sitz vornehmer Familien, insbesondere der hohen königlichen Beamten. Der Bezirk unterstand nur der königlichen Gerichtsbarkeit.

27 Caroline Stanhope, Gräfin von Harrington (†1784), geb. Fitzroy, seit 1746 mit William Stanhope, Viscount Petersham und 1756 Earl Harrington, verheiratet.

28 Den Brief des Prokurators Morosini.

29 Der »rubber« ist ein Teil des Whist- und auch des Bridge-Spiels.

30 Das Museum, damals im Montague House im Stadtteil Bloomsbury untergebracht, war 1753 durch Parlamentserlaß gegründet worden; heute als das »British Museum« (1823–1856 erbaut) eines der reichsten Museen der Welt mit der berühmten Bibliothek, die heute weit über 6 Millionen Bände besitzt.

31 Gemeint sind England, Schottland und Wales.

32 David Garrick (1717–1779), englischer Schauspieler, der weit über die Grenzen Englands berühmt wurde. Garrick war Besitzer des Drury Lane-Theaters. Die Zerstörungen des Theaters durch das Publikum, die »Drury Lane riots«, fanden am 25. Januar und am 24. Februar 1763 statt.

33 Die berühmte »Westminster Abbey«. In dieser Kirche sind zahlreiche berühmte Engländer begraben. Garricks Grab befindet sich in der berühmten »Poets' Corner« (Dichter-Ecke).

34 Quintus Roscius Gallus († 63 v. Chr.) war ein berühmter römischer Schauspieler.

35 Der Green Park zwischen dem St. James's Park und dem Hyde Park.

36 Laurence Shirley, Earl Ferrers geb. 1720, wurde am 5. Mai 1760 in Tyburn, der Hinrichtungsstätte Londons, gehängt, weil er seinen Haushofmeister Johnson erschlagen hatte. Der Bruder, mit dem Casanova spricht, ist wahrscheinlich Washington Shirley, der nach 1760 die Earl-Würde erhielt.

37 George Montagu Dunk, Earl Halifax (1716–1771), seit 1757 Staatssekretär.

38 Während des Siebenjährigen Krieges eroberte England Gebiete in Westindien, 1762 auch Havanna als Hauptstadt von Kuba. Nach Sicherstellung einer Beute von 30 Millionen Gulden gab man die Stadt am 6. Juli 1763 an Spanien zurück, in dessen Besitz Kuba bis 1898 blieb.

39 Im 18. Jh. gab es in London die »chop-houses«, einfache Gastwirtschaften, in denen man billig aß, und die teureren »taverns«, in denen man auch ein »Séparé« haben konnte. Neben durchaus seriösen Restaurants dieser Art gab es auch andere, in denen die Kellner Straßenmädchen verschafften.

40 Henry Herbert, Earl Pembroke (1734–1794), seit 1756 mit Lady Elizabeth Spencer, Tochter des Herzogs von Marlborough, verheiratet. Lord Pembroke galt als großer Libertin.

41 »Ranelagh House« war damals ein berühmter Vergnügungsplatz im Stadtteil Chelsea mit großem Garten. Die Anlage stammte von Lord Ranelagh. Sir Thomas Robinson kaufte sie und machte sie 1742 der Öffentlichkeit zugänglich, nachdem er einen Rundbau, die »Ranelagh Rotunda«, mit einem Durchmesser von etwa 50 m hatte errichten lassen. In dessen Mitte spielte ein Orchester für die Tanzenden. In 50 Logen am Rande konnte man soupieren. Die Rotunde wurde 1805 abgerissen.

42 Berühmter englischer Badeort mit Heilquellen

43 Anna Binetti, geb. Ramon (†1784), italienische Sängerin, seit 1751 mit dem französischen Tänzer und Theaterdirektor Georges Binet verheiratet. Sie hatt 1760 in Stuttgart Casanova zur Flucht vor den Häschern des Herzogs von Württemberg verholfen.

44 Neben dem Kings Theatre am Haymarket gab es auch das »Little Theatre« seit 1720, in dem Komödien, aber auch Pantomimen, Tänze und Akrobatennummern aufgeführt wurden.

45 »Doyen« französischer Begriff, aus lateinisch »decanus«, Vorsteher von zehn Mann; später auch in der Bedeutung von Dechant und Dekan; heute Titel des dienstältesten Diplomaten in einem diplomatischen Corps.

46 Das englische Rechtswesen ist durch die Jh. hindurch in einer ununterbrochenen Kette einzelner gerichtlicher Entscheidungen festgelegt worden; es beruht also nicht auf einem kodifizierten Gesetzbuch wie in anderen Ländern.

47 »Pair« in Frankreich, »Peer« in England, im Mittelalter Bezeichnung für einen politisch bevorrechteten Kreis von Hochadligen. In England bilden die »Peers« seit dem 14. Jh. das Oberhaus des Parlaments; sie führen den Titel »Lord«.

48 Wahrscheinlich die in London damals bekannte Kurtisane Polly Kennedy.

49 So nannte man damals vereinfachend den St. James's Park.

50 Der »Vauxhall-Garden« war der älteste und bekannteste Vergnügungsplatz in London.

51 In England erhielten die Katholiken erst 1829 die offizielle Freiheit

der Religionsausübung; zu Casanovas Zeit bekannten sich nur 0,8 % der Bevölkerung als Katholiken. Die Messe wurde nur in den Kapellen der Gesandtschaften katholischer Länder gelesen.

52 Name des Schuld-Gefängnisses; das Gebäude war erst 1758 errichtet worden und besaß eine recht großzügige Ordnung; es gab dort Cafés und Restaurants, hin und wieder auch Theateraufführungen; wurde dann Militärgefängnis, 1880 abgerissen.

53 Anspielung auf den berühmten König der Hunnen im 5. Jahrhundert.

54 St. Alban's ist eine kleine Stadt mit einer berühmten Kathedrale, etwa 40 km nordwestlich vom Londoner Zentrum.

55 Ordenszeichen der Malteserritter. In den Orden wurden als ordentliche Ritter nur solche aufgenommen, die sechzehn adlige Ahnen nachweisen konnten.

56 Heinrich Bogislav Detlev Friedrich, Graf von Schwerin (nach 1738 bis etwa 1800), verlor als Spieler große Summen, wurde Abenteurer und 1767 auf Veranlassung der Familie in Hamburg verhaftet; lebte nach seiner Freilassung (1786) auf seinem Gut Schwerinsburg.

57 Kurt Christoph, Graf von Schwerin (1684–1757), Onkel des in Anm. 56 Genannten; Offizier in preußischen Diensten, Berater Friedrichs des Großen während des ersten Schlesischen Krieges; fiel als Generalfeldmarschall 1757 bei der Schlacht um Prag.

58 John Beckwith (†1787), englischer General während des Siebenjährigen Krieges.

59 Dieser Orden, von König Friedrich I. im Jahre 1701 aus Anlaß seiner Krönung gestiftet, galt als der vornehmste preußische Orden; im 18. Jh. umfaßte er nur dreißig Ritter. Im 19. Jh. wurde die Zahl nicht mehr begrenzt; der Orden bestand bis 1918.

60 Hier Friedrich der Große.

61 Graf Castel-Bajac und Graf von Schwerin.

62 Der Croupier hatte seinen Platz beim Pharaospiel hinter dem Bankhalter, um ihm behilflich zu sein.

63 Den Titel des »alderman« im Sinne von »weiser alter Mann« gab es in England bereits im Mittelalter. Seit 1394 nannte man so die auf Lebenszeit bestimmten Friedensrichter. In London gab es für jeden Distrikt der Stadt einen »alderman«, insgesamt 25 »aldermen«.

64 Newgate hieß das älteste, seit dem 12. Jh. bestehende Gefängnis Londons; dort wurden Diebe, Mörder und Fälscher eingekerkert. Das Gebäude wurde 1902 abgerissen.

*Berlin 1764*

1 Den Fontänen und Wasserspielen des Parkes von Sanssouci galt tatsächlich die besondere Sorge Friedrichs des Großen; vor allem die Springbrunnen funktionierten wegen des mangelnden Druckes nicht. Erst 1842 gelang es durch Einbau einer Dampfmaschine, die Wasserspiele in Gang zu setzen.

2 Ein Peristyl ist ein von Säulen umgebener Raum, seit hellenischer Zeit vor allem ein Säulenhof in Wohnhäusern. In neuerer Zeit auch als dekoratives Element in Parkanlagen errichtet; nach Friedrich des Großen Tod wurde das Peristyl von Sanssouci abgebrochen.

3 Tatsächlich entstand am 1. Oktober 1763 ein Brand im Arbeitszimmer des Königs.

4 Casanovas Darstellung trifft nicht ganz zu. Die neue Kadettenschule sollte eine aristokratische Elite-Institution werden, in der die 15 begabtesten Kadetten von bekannten Gelehrten unterrichtet werden sollten; das Angebot Friedrich des Großen war also keineswegs demütigend für Casanova. Da diese Adels-Akademie erst am 1. März 1765 eingeweiht wurde, mußten die Schüler provisorisch im Königlichen Marstall im oberen Stockwerk untergebracht werden. Der Besuch des Königs fand am 19. August 1764 statt. Die von Casanova ausgeschlagene Stelle wurde mit einem Schweizer namens de Meirolles besetzt.

5 Carl Gottlieb Guichard, auch Guischardt (1724–1775), mit Gelehrtennamen Quintus Icilius, Sohn französischer Hugenotten, Berater und Freund des Königs.

6 Andrea del Sarto (1486–1531), berühmter italienischer Maler der Renaissancezeit.

*Petersburg und Moskau 1764*

1 Noch im heutigen St. Petersburg berühmte Straße, die vom Winterpalast ausgeht.

2 Der sogenannte Winterpalast, Residenz des Zaren, 1753–1762 von dem italienischen Baumeister Rastrelli im Barockstil erbaut; am Ufer der Newa gelegen.

3 Gregor Gregorotwitsch Orlow (1734–1783), seit 1762 Graf, seit 1772 kaiserlicher Prinz; Günstling der Zarin Katharina II. von 1762–1777.

4 Die Kopeke (»coupick« geschrieben) war eine Kupfermünze; 100 Kopeken = 1 Rubel.

5 Stepan Stepanowitsch Zinowiow (1740–1794), russischer Offizier und Diplomat; wurde 1773 russischer Gesandter in Madrid.

6 Der Katharinenhof, ein beliebter Ausflugsort, wo Casanova in der Gesellschaft von italienischen Theaterleuten gespeist hatte.

7 Nationalheiliger der Russen, dessen Fest am 6. Dezember begangen wird.

8 Nach der Tragödie »Zaîre« von Voltaire. Wie die Christin Zaîre Sklavin des Sultans von Jerusalem wird, so wird die russische Schöne Sklavin Casanovas.

9 Ein Schwitzbad in der Art der finnischen Sauna.

10 Die Villa Borghese wurde 1615 von Kardinal Scipione Borghese auf dem Monte Pincio in Rom erbaut. Der großzügige Park ist seit 1902 eine der berühmtesten öffentlichen Grünanlagen der Stadt; die Villa selbst ist Museum. Es befand sich eine Psyche in den Kunstsammlungen auf dem Kapitol. Vielleicht verwechselt Casanova seine Eindrücke.

11 Demetrio Papanelopulo, griechischer Bankier in Petersburg.

12 Peterhof oder Petrow wurde 1720 von dem französischen Architekten Leblond als Landsitz für Peter den Großen etwa 40 km von Petersburg entfernt am Südufer des Finnischen Meerbusens erbaut; wurde dann Lustschloß des Zaren.

13 Russisches Wort für einen einfachen Menschen oder Bauern.

14 Russischer Name für Kutscher.

15 Eine italienische Meile entsprach damals 1,86 km.

16 Russische Bezeichnung für einen kaiserlichen Erlaß, der vom Zaren persönlich ausgegeben wurde.

17 Katharina II. ließ unter der Leitung von Betzkoi während ihrer Regierungszeit dreißig Brücken aus Granit erbauen.

18 Moskau umfaßte damals tatsächlich vier Einzelstädte, den Kreml, ferner Kitai-gorod (Chinesenstadt), Beloi-gorod (Weißen-Stadt) und Semlijanoi-gorod (Landstadt); alle vier Stadtgebiete waren mit Mauern und Gräben umgeben.

19 Peter Iwanowitsch Melissino (1726–1797 oder 1803), von der Insel Kephalonia; stand als Offizier (General der Artillerie) in russischen Diensten. Sein Bruder Iwan war russischer Hofrat, später Kanzler und Kurator der Universität Moskau.

20 Damals lebten zwei Brüder Demidow in Moskau, die Casanova wohl beide kennen gelernt hat. Nikita Akiufewitsch (1724 bis 1789) und Grigori Akiufewitsch (1710–1786). Der jüngere Bruder war ein großer Verehrer der Künste und Wissenschaften und korrespondierte mit Voltaire.

21 Die auf Befehl der Zarin Anna 1735 gegossene Glocke mit Na-

men »Anna Iwanowana« war noch im 19. Jh. die größte der Welt (Durchmesser 6,50 m; Höhe 6,17 m; Gewicht mehr als zwei Tonnen). Bei einem Brand stürzte sie 1737 herab und bohrte sich in die Erde. Napoleon versuchte vergeblich, sie nach Paris überführen zu lassen. Sie blieb als Kuriosität zu Füßen des Glockenturms liegen.

22 Vielleicht »Kwas«, ein vergorenes Getränk aus Brotresten, Hefe, Zucker, Rosinen und Wasser. Möglicherweise meint Casanova auch ein damals beliebtes Getränk auf der Basis von Erdbeeren und mehreren Gewürzzusätzen.

23 Arabisches Getränk, das aus den Früchten des Granatapfelbaumes hergestellt wird.

24 Die vier genannten Orte befinden sich in der Umgebung von Petersburg und waren bis auf die Festung Kronstadt kaiserliche Lustschlösser.

25 Nikita Iwanowitsch Panin (1718–1783), seit 1767 Graf, seit 1762 Leiter des Kollegiums für Auswärtige Angelegenheiten.

26 Alsuwioff. Staatssekretär, einer der engsten Mitarbeiter der Zarin.

27 Berühmte Gartenanlage, die sich vom linken Ufer der Newa bis zum Palais Michailow hinzog.

28 Demokrit und Heraklit waren berühmte griechische Philosophen, Sappho die größte griechische Dichterin, Avicenna ein großer arabischer Philosoph und Aristoteliker des 11. Jh.

29 Die Zarin Elisabeth, Tante des Zaren Peter III., war bekanntermaßen künstlerisch ganz uninteressiert.

30 Der von Julius Caesar im Jahre 46 v. Chr. eingeführte Julianische Kalender, der durch den Einbau von Schalttagen das Jahr mit 365,25 Tagen festlegte, blieb während des ganzen Mittelalters gültig. Da das Jahr nach dieser Einteilung um ein Geringes vom tatsächlichen Sonnenjahr (die Umlaufzeit der Erde um die Sonne beträgt 365,2422 Tage) abwich, andererseits das Osterdatum durch das Konzil von Nicäa (325 n. Chr.) festgelegt worden war, ergab sich im Lauf der Jh. eine Verschiebung gegenüber dem Sonnenjahr, die im 16. Jh. auf zehn Tage angewachsen war. Deshalb ordnete Papst Gregor XIII. 1582 eine Reform des Kalenders an, die durch neue Regelung der Schaltjahre zu einer durchschnittlichen Jahreslänge von 365,2425 Tagen führte. Nach dem Gregorianischen Kalender weicht erst nach 3000 Jahren das Kalenderjahr um einen Tag vom Sonnenjahr ab. Alle katholischen Länder nahmen diese Reform sofort an, während die protestantischen Länder erst viel später folgten (England 1751). Die Länder mit griechisch-or-

thodoxer Religion führten 1923 einen neuen, dem gregorianischen ähnlichen Kalender ein, da die Abweichung inzwischen auf dreizehn Tage angewachsen war.

31 Peter der Große befahl diese Änderung im Jahre 1700. Im vorjulianischen Kalender begann das Jahr am 1. März. Unsere Monatsnamen September bis Dezember lassen das noch erkennen.

*Warschau 1765*

1 Prinz Adam Czartoryski, Gouverneur von Podolien, der polnischen Provinz, die 1772 bei der ersten Teilung Polens unter Rußland und Österreich aufgeteilt wurde.

2 König Stanislaus August Poniatowski, (1732–1798) ehemaliger Günstling und Geliebter Katharina der Großen. Weitgereist, hochgebildet und Anhänger der Aufklärung. Vom katholischen Hochadel Polens verachtet.

3 Prinz August-Alexander Czartoryski (1697–1782), Woiwode (Pfalzgraf) von Rot-Rußland.

4 August III. (1696–1763), seit 1733 König von Polen und als Friedrich August II. Kurfürst von Sachsen.

5 Starost war der Titel eines hohen Staatsbeamten in Polen, der unter dem Woiwoden stand, aber in dem von ihm verwalteten Bezirk die Rechtsprechung ausübte und die Steuern für die königliche Kasse eintrieb.

6 Der heilige Kasimir (*1458) war der Schutzpatron Polens und Litauens; sein Fest wurde am 4. März begangen.

7 Prinz Kasimierz Poniatowski (1721–1780), seit 1764 Prinz und Großkämmerer des Königs.

8 Teresa Casacci (auch Casazzi und Casassi), italienische Tänzerin aus Turin, trat, nachweislich seit 1762 zuerst in Venedig auf.

9 Franciszek Ksawery Branicki (†1819), vom König zum Kammerherrn (Podstoli) und Grafen ernannt, prorussisch und bei seinen Landsleuten verhaßt.

10 Gebiet, das von einem Starosten verwaltet wurde, ursprünglich Lehengüter, die vom König an Edelleute verteilt wurden, später Gemeindebezirke.

11 Die Abkürzung bedeutet »Podstoli Coronae Poloniae«, Kammerherr der polnischen Krone.

12 Antonio (Vincenzo) Campioni, berühmter italienischer Tänzer und Ballettmeister.

13 Offenbar die Grafen Vandalin-Mniszek; Winckelmann berichtet von den Brüdern 1767, als sie Rom verließen, um nach Venedig zu reisen.

14 Elie de Bertrand (1713–1797), Theologe und Naturforscher, war 1744–1765 Pastor der französischen Kirche in Bern, von 1765 bis 1768 in Polen, wo er in den Adelsstand erhoben wurde.

15 Große geschlossene Kutsche auf vier Rädern.

## *Wien 1767*

1 Casanovas Begleiterin war Madame de Castel-Bajac, die er in London kennengelernt hatte. Ihr angeblicher Mann, ein Berufsspieler, hatte sie verlassen. Sie nannte sich in Wien »Blasin«.

2 Casanova war in die Wohnung des italienischen Abenteurers Antonio Pocchini gelockt worden, der ihm in Gegenwart zweier bewaffneter Slawonier die Börse entriß.

3 Prinz Kaunitz, seit 1765 »Geheimer Hof- und Staatskanzler«, war der engste Vertraute der Kaiserin Maria-Theresia, zugleich Förderer und Freund der Künste und Künstler.

4 Es handelt sich um den sächsischen Gesandten am Hof in Wien. Casanovas Mutter, sein Bruder Giovanni und sein Schwager Peter August standen im Dienste des sächsischen Hofes in Dresden. Casanova selbst hatte während seines ersten Aufenthaltes dort zwei Stücke für das Hoftheater geschrieben.

5 Graf Ludwig Siegfried Vitzthum von Eckstädt (1716–1777), sächsischer Diplomat; von 1765 bis 1768 Gesandter in Wien.

## *Madrid 1767*

1 Nur in königlichen Ernennungsbriefen lautete die Schlußformel »car tel est notre plaisir«. Casanova hat zweifellos eine »lettre de cachet« erhalten, einen versiegelten, vom König selbst unterschriebenen Geheimbrief, der fast stets einen Verhaftungs- oder Ausweisungsbefehl enthielt. Dessen Schlußformel lautete: »Sur ce je prie Dieu qu'il vous ait dans sa sainte et divine garde« (Deshalb bitte ich Gott, er möge Sie in seinen heiligen und himmlischen Schutz nehmen).

2 Es handelt sich um Pierre-Etienne Buhot, königlicher Rat und Inspektor des Stadtviertels Saint-Germain-des-Prés.

3 Casanovas Pariser Gönnerin Madame D'Urfé und auch sein vene-

zianischer Beschützer, der mächtige Patrizier und Senator Bragadin waren gestorben.

4 Berühmte Landschaft südlich von Bordeaux, die sich als riesige Kiefernwaldungen entlang des Golfes von Biscaya fast bis zu den Pyrenäen hinzieht.

5 Irrtum Casanovas. St.-Jean d'Angély liegt nördlich von Bordeaux. Möglicherweise meint Casanova Saint-Jean de Luz oder mit größerer Wahrscheinlichkeit Saint-Jean-Pied-de-Port, das an der Straße nach Pamplona liegt.

6 Wörtliche Bedeutung »schmutziger, gemeiner Kerl«; man nannte die Dorfbewohner der Pyrenäen so, übertrug dann die Bezeichnung allgemein auf die Franzosen.

7 Die Inquisition, obwohl keineswegs auf Spanien beschränkt, hat dort aber eine besonders große Rolle gespielt und stets weitgehend in das Privatleben der Bürger eingegriffen. Noch 1781 sprach sie ihr letztes Todesurteil aus und wurde erst 1834 abgeschafft.

8 Jaime ist die hispanisierte Form des Namens Giacomo.

9 Die »Puerta de Alcalá« war eines der fünfzehn alten Stadttore von Madrid.

10 Lubomirska, Zabela (Elisabeth) Helene Anna, Fürstin, geb. Prinzessin Czartoryska, Gattin von Fürst Stanislaus Lubomirska, Großmarschall der polnischen Krone.

11 Die Vertreibung der Jesuiten aus Spanien erfolgte in der Nacht vom 31. März zum 1. April 1767. Spanien folgte damit Portugal (1759) und Frankreich (1764).

12 Sie dienten fragwürdigen Elementen, um nicht erkannt zu werden. Squillace hatte das Verbot im März 1766 erlassen; die Folge war der »motin«, ein Volksaufstand, der den König veranlaßte, den Minister zu entlassen. Sein Nachfolger, Graf von Aranda, hob das Verbot sofort auf, führte es aber bald in geschickter Form wieder ein, und zwar durch einen Erlaß, daß der König die echten Spanier an ihren Dreispitz-Hüten erkennen würde. Daraufhin verschwanden bald sowohl die Schlapphüte wie die langen Mäntel.

13 Der Präsident des Königlichen Höchsten Rates war nach dem König die mächtigste Persönlichkeit in Spanien. Der Rat bestand aus etwa dreißig hohen Magistraten, die nicht nur Gesetze ausarbeiteten, sondern auch in Fragen der Ämterbesetzung entschieden und letzte richterliche Instanz waren.

14 Alvise Sebastiano Mocenigo (1725–1780), venezianischer Gesandter in Rom und von 1762–1768 in Madrid.

15 Anton Raphael Mengs (1728–1779), deutscher Maler, seit 1762

Hofmaler des spanischen Königs Carlos III. Casanova kannte Mengs aus Rom und wohnte in Madrid zeitweilig bei ihm.

16 Don Pablo Jeronimo Grimaldi (1720–1786), stammte aus der bekannten genuesischen Patrizierfamilie, trat früh in den spanischen diplomatischen Dienst, war von 1763 bis 1777 Minister für Auswärtige Angelegenheiten, dann spanischer Gesandter in Rom bis 1783.

17 Carlos III. ging tatsächlich, abgesehen von den höchsten christlichen Festen, jeden Tag zur Jagd, oft bei Fackelschein bis in die Nacht.

18 Der Infant Don Luis Antonio Jaime, genannt Don Luis (1727–1785), war Erzbischof von Sevilla und Toledo, seit 1735 Kardinal; verzichtete 1754 auf alle geistlichen Würden und heiratete 1776 Gräfin Maria Teresa Vallabriga y Rozas. Nicht er, sondern der König selbst soll mit von Mengs gemalten Bildern der Heiligen Jungfrau und anderer Heiligen gereist sein.

19 Gemeint ist das königliche Schloß »La Granja« bei dem Ort San Ildefonso, südlich von Segovia.

20 Casanova hatte eine Indiskretion begangen, die ihn aus der Madrider Gesellschaft ausschloß und die er sich nie verzieh. Er hatte in Umlauf gebracht, daß Graf Manucci, der Geliebte des Gesandten Mocenigo (Querinis Onkel), den Grafentitel zu unrecht führe.

# *Nachwort*

## Casanova in den Metropolen
## Abenteurer, Zeitzeuge und sozialer Typus

Weltberühmt wurde Giacomo Casanova (2. 4. 1725–4. 6. 1798) erst nach seinem Tode: als Frauenheld, Abenteurer und schließlich als Zeitzeuge. Doch vielleicht war er mehr als der zur Bezeichnung einer Männersorte avancierte Name besagt: Ist er Vorläufer eines sozialen Typus? Zu Lebzeiten erntete er Ruhm durch zwei Begebenheiten: den tollkühnen Ausbruch aus den Bleikammern des venezianischen Dogenpalastes, einem der sichersten Gefängnisse der Welt mit hasengroßen Ratten, dem nie zuvor ein Häftling entwichen war, und durch das sensationelle Duell mit einem Kammerherrn des Königs von Polen, dem Grafen Branicki, der dem Emporkömmling wider Erwarten Satisfaktion gewährte. (Voltaire, der den Chevalier de Rohan wegen einer Beleidigung gefordert hatte, war auf dessen Geheiß noch verprügelt worden.) Beide Großtaten hat Casanova zum Vergnügen seiner Zuhörer an den Höfen und in den Salons zum besten gegeben und dann 1788 bzw. 1780 publiziert. Sogar den Heiligen Vater brachte er zum Lachen. Die Flucht und das Duell sind Ausdruck zweier starker Motive, die Casanovas Leben bestimmten: unbändige Freiheitsliebe zum einen und der Wunsch nach gesellschaftlicher Anerkennung zum anderen, sich beliebt zu machen und dabei unabhängig zu bleiben, dazuzugehören, ohne sich zu binden. Casanova versuchte beide, einander widerstreitende Orientierungen (eine Ausprägung des stets problematischen Verhältnisses von Individuum und Gesellschaft) auszuleben. Das gelang ihm nur durch fortwährenden Ortswechsel. Solange er jung war, behielt die radikal-individualistische Haltung die Oberhand, älter geworden, bat Casanova den Preußenkönig Friedrich II., Katharina die Große, König Stanislaus August Poniatowski von Polen und sogar die venezianische Staatsinquisition, die ihn eingekerkert hate, um eine Anstellung, die seinen Fähigkeiten angemessen war. Er wollte sich endlich etablieren. Doch alle Stellen, die er anstrebte, waren dem Adel vorbehalten. So blieb er, was er war: ein Außenseiter, der sich nicht einfügen und unterordnen konnte.

Alle bisherigen Auswahlen aus Casanovas 12bändigen Lebenserinnerungen sowie die unzähligen Raub- und Nachdrucke haben die Amouren bevorzugt. Casanova hatte seine Memoiren 1790 auf französisch, in der Weltsprache des 18. Jahrhunderts, im böhmischen Dux begonnen, wo er als alter Mann bis zu seinem Tod im Jahre 1798 ein vereinsamtes Leben als Bibliothekar des Grafen Waldstein führte, verspottet von dessen Domestiken. Auch die zuletzt erschienene Auswahl (1989) beschränkt sich auf die Liebesverhältnisse. So erfuhr man immer wieder, daß Casanova ein großer »Casanova«war. Das 19. Jahrhundert hängte dem Mann, der vom Geiger bis zum Lotteriedirektor in der Rolle aller nur denkbaren Berufe aufgetreten war, die Schelle eines »Frauenhelden« an, zweifellos, weil das Verhältnis zu den Frauen das große Thema der Memoiren ist, aber auch, weil die Kürzungen und Verfälschungen des Übersetzers Jean Laforgue dieses Thema überbetonten. Doch faktisch sind Casanovas Affären eher die Begleiterscheinungen des Abenteuerlebens, das ihn in alle Metropolen des alten Europas führte. Der Venezianer war kein vagabundierender Frauenverführer, wohl aber ein Abenteurer, der ohne Frauen nicht leben konnte. Die Memoiren gelten der Wissenschaft inzwischen längst als unerschöpfliches und zuverlässiges Quellenwerk. Casanova schildert scharf, detailliert, doch unkritisch gegenüber den sozialen Verhältnissen, was er bei Hofe und in den unterschiedlichsten Milieus beobachtete. Die Aktualität Casanovas sehe ich darin, daß er Züge eines – mit dem »Frauenheld« nicht identischen-sozialen Typus vorwegnimmt, der sich in der postindustriellen, durch Globalisierung, Mobilität und Urbanität gekennzeichneten Spätphase des Kapitalismus herauskristallisiert. Daher beschränkt sich die vorliegende Auswahl auf die Aufenthalte in den Metropolen (in welchen der soziale Typus sich entfaltet), Casanovas Flucht aus dem venezianischen Gefängnis und das Duell mit Branicki. Außerdem wurden einige Abschnitte aus den Beschreibungen der Jugendjahre in Venedig aufgenommen, die zum Verständnis seines Charakters beitragen. Des weiteren jene Passagen, die Kenntnis von seinen Gönnern geben, welche ihm den Zugang zu den ersten Kreisen der Gesellschaft eröffneten und ihm finanziellen Rückhalt gewährten. Um den in dieser Auswahl vernachlässigten Aspekt der Amouren nicht gänzlich zu unterdrücken, gehe ich im folgenden relativ ausführlich darauf ein.

## *Der Liebhaber*

*»Ich fühlte mich immer für das andere Geschlecht geboren.«*

Zu Anfang des vorigen Jahrhunderts wurden Casanovas posthum veröffentlichten Lebenserinnerungen mit größter Empörung aufgenommen, von den Zensurbehörden verfolgt und auf den Index gesetzt. Ende des 18. Jahrhunderts geschrieben und erst ein Vierteljahrhundert später publiziert, trafen Casanovas Memoiren im Biedermeier und zu Beginn der Romantik auf ein grundlegend gewandeltes Lebensgefühl. Die freimütigen Bekenntnisse und Lebensmaximen eines libertinen Rokokomenschen, eines Weltmannes des feudalistischen Ancien régime, in welchem verheiratete Frauen große Freiheiten genossen und Eifersucht verpönt war, widersprachen allen Vorstellungen des sich etablierenden Bürgertums, das sein Selbstbewußtsein auf Erwerb, Familie und Innerlichkeit gründete. Die Bearbeitung des französisch geschriebenen Orginaltextes durch Jean Laforgue, der Casanovas klare Diktion ins Schwülstige aufblies, paßte die erotischen Passagen den verklemmten Vorstellungen des 19. Jahrhunderts an und trug wesentlich zur Fehlbeurteilung des Textes bei.

Noch Stefan Zweig (1928) und Hermann Kesten (1952) sehen in Casanova den unersättlichen Triebmenschen. Beide Schriftsteller sind von der Anzahl der Amouren so fasziniert wie die Kritiker des vorigen Jahrhunderts, die Casanova darum für einen Lügner hielten und seine Lebenserinnerungen für erdichtet. Was bleibe, fragt Zweig, von den vielen Frauennamen anderes zurück »als ein fleischfarbenes Gelee warmer, wollüstiger Frauenkörper?« Das Individuum habe Casanova nie gereizt.

Demgegenüber weist der renommierte Casanova-Forscher J. Rives Childs darauf hin, daß »die Liebe im 18. Jahrhundert ein Spiel ohne jenen Ernst war, der ihr später von der Romantik verliehen wurde«. Heinz von Sauter, der den vorliegenden Text übersetzte, moniert zurecht, man habe Casanovas Memoiren schon immer »als hervorragende Schilderung der Rokokozeit bezeichnet, aber noch nie die Konsequenz daraus gezogen, sein Verhalten an dem seiner Zeit zu messen«. Stets wurde er nach den Moralbegriffen seiner Kritiker beurteilt. Fest steht, daß Casanova in seiner Einstellung zu den Frauen sich von seinen Zeitgenossen erheblich unterschied. Nicht nur zeichnete er sich durch Ritterlichkeit aus, mit der er vielen Mädchen und Frauen in Not beigestanden hat, sondern es gelang ihm auch, sich Frauen zu wirklichen Freunden zu machen, die ihn noch Jahre später freudig begrüßten oder mit ihm korrespondierten. Er behandelte das weibliche Geschlecht nicht als inferior, wenn er auch mit leichten Mädchen nicht anders umging als üblich. Unbestritten ist, daß er viele Frauen glücklich gemacht und nur selten Opfer hinterlassen hat. Viele seiner Geliebten waren einfache Mädchen aus dem Volk oder vom Theater. Mit den Damen des Adels ließ er sich nur ein, wenn er sicher war, nicht abgewiesen zu werden. Ebenbürtige Partnerinnen fand er selten. Seine großen Lieben beschreibt er mit Wärme und Bewunderung. Seine Gefühle hinderten Casanova nicht, vermittels der Frauen Zugang zu den vornehmen Kreisen zu finden, und es ist nicht zu leugnen, daß er die Liebe hier und da als einen Handel betrachtete. Doch selten hat er wie andere Verführer die Frauen planmäßig instrumentalisiert. Nie leistete er Zuhälterdienste, eine sogar von Adligen oft gespielte Rolle. Casanova war keineswegs ein Sexist, sondern ein – allerdings recht selbstverliebter – Mann (»Ich gefiel mir selbst zum Entzücken«), der in der Frau den anderen Entwurf des Menschen bewunderte. Roberto Gervaso (1977) geht soweit, Casanova einen Feministen zu nennen.

Casanovas Bemerkungen über das Gesicht einer Frau sprechen gegen das Bild vom triebhaften Frauenvielfraß: »Ich verliebte mich immer in das Gesicht, und ich fühlte mich stets bereit, beim übrigen großzügig zu sein.« So war es doch die individuelle Besonderheit, die ihn anzog. Frauen, die er liebte, waren für ihn immer neu und einmalig. So gesehen, ist Casanovas angebliche Wahllosigkeit gegenüber Frauen anders zu interpretieren: Er ging nicht »brünstig« (Zweig) mit jeder Frau ins Bett, sei sie nun jung oder alt, hübsch oder häßlich, sondern er interessierte sich offenbar auch für aparte Ausprägungen des anderen Geschlechts, die der gängige Geschmack verwarf. Genau dies machte ihn zum »Frauenkenner«. Seine Bemerkung: »Ihr schönes Gesicht fesselte meine Aufmerksamkeit, weil es von sprechender Lebendigkeit war und Lust machte zu hören, was sie sagte« faßt das, was ihn wohl an den Frauen anzog, in einen paradigmatischen Satz, der Stefan Zweigs üble Metapher vom Gelee aus Frauenfleisch widerlegt. Denn Schönheit sieht Casanova hier fortschrittlicher als seine Zeitgenossen nicht als passives Objekt der Anschauung, sondern als Lebendigkeit, als Ausdruck aktiven Lebens. Ist Lebendigkeit, zu der ja auch das soziale Vermögen des Sprechens zählt (mit Kitty, der schönsten Kurtisane Londons, konnte Casanova nichts anfangen, weil er ihre Sprache nicht verstand), ein Kriterium der Schönheit, können auch alte und sogenannte häßliche Menschen schön sein. »Ohne Worte verliert die Liebe mindestens zwei Drittel ihres Reizes.« Doch ausgerechnet das, was Casanova zum homme à femme kultiviert, wird ihm übel vermerkt: er sei »buchstäblich unfähig, eine stumme Frau zu begehren«. (Abirached).

Gelegentlich wurde bemerkt, Casanova habe sich den Frauen gegenüber wie ein Spieler verhalten. Das lag an seinem Abenteuererleben. Doch ist die Liebe ein Spiel, so spielen die Frauen jedenfalls mit und sind mindestens insofern Partnerinnen. Daß Casanova sich von der literarischen Figur des frauenfeindlichen Don Juan grundsätzlich unterscheidet, kann nicht oft genug wiederholt werden. Die große Anziehungskraft, die er auf Frauen ausübte, lag gewiß weniger in seiner athletischen, fast 1,90 m großen Gestalt, mit der er die meisten Herren überragte, in der pfauenartigen Ausstaffierung und seinen pompösen Auftritten mit Equipage und Lakaien, sondern eher in seiner Art zu reden. Wie kein anderer war Casanova ein Mann der Rede, der mit Humor und Schlagfertigkeit, anzüglich, liebenswürdig oder boshaft ganze Tafelrunden unterhalten hat. Er deklamierte aus dem Stegreif. Childs nennt ihn den »bedeutendsten Kopf der europäischen Salons«. Die Kunst zu flirten, wobei er seine Partnerinnen zur Zerstreuung moralischer Skrupel häufig in naturrechtliche Argumentationen verwickelte, verstand er wie kein anderer. Was ihn wohl von den meisten Männern unterschied, war die Fähigkeit zur Hingabe. Wenn er auch hier und da ein frivoles Verführungsrezept zum besten gibt, so war er doch kein professioneller Verführer und in der Liebe kein Techniker, sondern ein Künstler, kein Mann der Standardlösungen, sondern der einfallsreichen Spontaneität. Seine schnelle und überzeugende Verliebtheit erklärt sich vielleicht aus der autosuggestiven Einbildungskraft des geborenen Schauspielers. Casanova wartete, bis die Frauen ihm ein Zeichen gaben. Nie habe er, versichert er stolz, eine Frau ohne deren Einverständnis geliebt. »Ich wollte geliebt werden, das war meine fixe Idee.«

Casanova verabscheute Gewalt in der Liebe, wenn er auch einige Fälle von Gewaltanwendung selbstkritisch eingesteht. In seiner Ritterlichkeit »schonte« er oft seine häufig sehr jungen Geliebten, indem er auf ihre Entjungferung verzichtete, um ihnen Schande zu ersparen. Die Großzügigkeit, mit der er sie beschenkte, war gewiß auch Mittel der Betörung. Sie demonstrierte das Ausmaß seiner Zuneigung, war jedoch zugleich Ausdruck der Verschwendung, die er dem Adel nachahmte, dem er nicht angehörte. Für seine Qualitäten als Liebhaber spricht, daß er nur glücklich war, wenn es ihm gelang, auch die Geliebte zu beglücken. »Ich hatte immer die Schwäche, vier Fünftel meines eigenen Genusses in der Wonne zu finden, die ich dem reizenden Wesen verschaffte, dem ich mein Glück verdankte.« Sogenannte Perversionen waren ihm fremd. Die Schilderung der Liebesszenen, die er im Alter schrieb, während sein geliebtes Hündchen auf dem Schreibtisch saß, sind nie pornografisch. Die Namen vieler Damen sind verschlüsselt. Casanova schrieb, um sich die Langeweile zu vertreiben: »Indem ich mir die genossenen Freuden ins Gedächtnis zurückrufe, erneuere ich sie und genieße ihrer zum zweiten Mal.« An einer Veröffentlichung dachte er zunächst nicht. Das erklärte seine verblüffende, mitunter exhibitionistisch anmutende, selbstironische Aufrichtigkeit.

## *Der Abenteurer*

*»Das einzige System, das ich hatte, bestand darin, mich von Wind und Wellen treiben zu lassen.«*
*»Leben und Spielen waren dasselbe.«*
*»Es kommt nur darauf an, Mut zu haben.«*

Casanova, der das Griechische und das Lateinische beherrschte, die Ilias übersetzte, den Horaz und den Ariost auswendig wußte, alle Bücher seiner Zeit kannte und im Bo, der altehrwürdigen Universität zu Padua, mit 16 Jahren zum Doktor beider Rechte promoviert worden war, durchschritt alle Niederungen, in welche diejenigen gerieten, die in der Fremde ungerufen und ohne feste Anstellung auf angenehme Weise ihr Brot verdienen wollten. Er kam ins Gefängnis, er wurde ausgewiesen, er floh. Doch unterschied er sich von den gewöhnlichen Abenteurern, die von Stadt zu Stadt zogen, um die verschwenderischen Adligen auszunehmen, nicht allein durch seine unbändige Wißbegier, seine außergewöhnliche Bildung und großen Talente. Wo jene alles taten, um einen Platz an den Fleischtrögen zu ergattern, brachte ihn der oben angedeutete Konflikt zwischen dem hochgespannten Anspruch auf unbedingte Unabhängigkeit und dem Wunsch nach gesellschaftlicher Anerkennung immer wieder in größte Schwierigkeiten. Casanova konnte als Sproß einer, wenn auch angesehenen Schauspielerfamilie, nicht beanspruchen, der guten Gesellschaft anzugehören, so glänzend er in ihr auch verkehrte. Sowohl Souveränität als auch gesellschaftliche Zugehörigkeit, wie Casanova sie ersehnte, konnte damals nur ein begüterter Adliger wie etwa sein spöttischer Freund Fürst Charles Joseph de Ligne genießen, ein Kosmopolit, Literat und hochdekorierter Militär, dem er seine Manuskripte vorlas.

Die natürliche Weltläufigkeit der Hochadligen von der Art des Fürsten, die in allen Ländern Verwandte und Besitztümer hatten, selbstverständlich mehrere Sprachen beherrschten und Adelstitel der verschiedensten Länder trugen, besaß Casanova nicht. Er war unbehütet aufgewachsen, mußte sich Fähigkeiten antrainieren und Privilegien durch Dienste erwerben. Er war kein gewachsener Weltmann wie de Ligne, sondern ein selbstgemachter, ein Selfmademan im Sinne des Wortes. Wer es verstand, die anspruchsvollen, gebildeten Aristokraten zu unterhalten, die nichts mehr fürchteten als die Langeweile, fand nicht nur in Venedig leicht Zugang, wo Hoch- und Niedriggeborene recht ungezwungen miteinander verkehrten. Die Internationalität der aristokratischen Klasse, die über alle Landesgrenzen hinweg versippt und universell war in Sprache, Geschmack, Etikette und Ehrenkodex, stellt eine Hauptbedingung für die Existenzmöglichkeit nomadisiereder »aventuriers« dar. Vermutlich wäre Casanova nicht so hartnäckig und auftrumpfend in die vornehme Gesellschaft vorgedrungen, hätte er nicht die begründete Hoffnung gehabt, von Stande zu sein: seine Mutter, die am Dresdner Hof gefeierte Schauspielerin Zanetta Farussi, hatte mit dem venezianischen Nobile Michele Grimani ein Verhältnis gehabt, dem Casanova wahrscheinlich entstammt.

Einerseits war Casanova dem Ancien régime verhaftet, das er zornig gegen die Jakobiner verteidigte, andererseits aber mußte er im bürgerlichen Sinne etwas leisten, um anerkannt zu werden, denn ein speichelleckerischer Parasit war er nicht. Er suchte durch Leistungen einen Status zu erwerben, der ihm, wie er insgeheim glaubte, von Geblüt her zustand. Diese sozusagen schwankende gesellschaftliche Lage macht ihn zu einem Grenzgänger zwischen der zu Ende gehenden feudalistischen und der aufkommenden bürgerlichen Epoche. Er war ein Mann, »der zwischen den Ständen und Epochen steht« (Hartmut Scheible).

Die Statusunsicherheit – hier die nicht eindeutige Zurechenbarkeit zu Klasse (Bürgertum/Adel), Stand (Handwerker, Kaufmann, Militär) und Prestige (Wertschätzung nach Kriterien wie Akademiker, Weltmann, Personal, Aufwand) ließ Casanova bei aller Weltläufigkeit oft überempfindlich hochfahrend, ja rachsüchtig werden, besonders dann, wenn er sich der Lächerlichkeit ausgesetzt sah. »Eine Lächerlichkeit entehrt«, schrieb er. Der Verlust seines prekären sozialen Status hätte damals auch den materiellen Ruin bedeutet. Trotz seiner unverwüstlichen Heiterkeit, trotz seiner Gutmütigkeit gegenüber Schwächeren war Casanova alles andere als ein gelassener Charakter. Er wird als herrisch und rechthaberisch beschrieben. Im Aufwand maß er sich mit Fürsten und in Esprit und Bildung mit allen Intellektuellen seiner Zeit. Seine kommunikative und soziale Kompetenz war enorm. Da er sich mit Worten zu wehren verstand, benutzte er seinen Degen nur ausnahmsweise, doch nicht weniger treffend. Gewalt widerstrebte ihm. Jagd und Stierkampf waren ihm kein Vergnügen. Er tat alles, um nicht mit den gewöhnlichen Abenteurern in einem Atemzug genannt zu werden. Gegen Cagliostro schrieb er eine Polemik, den Grafen Saint-Germain, in vieler Hinsicht sein überlegener Konkurrent, suchte er als Hochstapler zu entlarven. Besonders falsche Adelstitel brachten ihn auf, die angemaßte soziale Überlegenheit.

Casanova war das genaue Gegenteil der bürgerlichen Menschen: wo diese sparten, verschwendete er ohne Maß, wo diese einem einzigen Beruf nachgingen, übte der hochbegabte Dilettant deren viele aus, wo diese vor Ort ihr Glück zu machen suchten, reiste er von einem Ort zum anderen, wo diese zunehmend in nationalistischen Kategorien dachten, war Casanova ein erklärter Europäer. Wo sich das Leben des Bürgers um die tagtägliche Arbeit drehte, war es für den Leichtsinnigen ein Spiel, dessen Risiko er liebte, eine Haltung, die er mit den Adligen teilte. Arbeit war für die hedonistischen Aristokraten allenfalls Beschäftigung zum Zeitvertreib. Der Kitzel des Spiels bot Ausgleich für die Langeweile des müßigen Lebens und die Monotonie der Etikette bei Hofe. Das volle Risiko genoß und erlitt nur der Wurzellose. »Erregt zu existieren« (Roger Willemsen) war Casanovas

Art zu leben. Er war ein Glücksspieler, wenn er sich auch nicht davon ernährte, wie lange fälschlicherweise behauptet wurde. Vielmehr diente ihm das Glücksspiel dazu, durch ruhmreiche Verschwendung die Unabhängigkeit des großen Herrn vorzustellen. »Übrigens hatte ich viel Geld und brannte darauf, es auszugeben, um eine glänzende Rolle zu spielen.« Mit seiner Freiheit meinte er es ernst, er lebte sie praktisch (noch vor der Französischen Revolution), wie sein Ausbruch aus den »Piombi«, seine Reisen durch Europa, aber auch die immer wieder im allerletzten Augenblick aufgegebenen Heiratspläne und seine freimütigen Reden bezeugen, die ein Grund seiner Kerkerhaft waren. Stolz bekennt er sich zur Freiheit des Willens und zur eigenen Verantwortung. Und mit Verachtung bedenkt er jene, die stets die eigene Schuld bei anderen suchen. Beschränkt war diese Freiheit durch den Ehrenkodex. Wollte Casanova als Ehrenmann gelten, hatte er keine Wahl: er mußte seine Ehre mit der Waffe verteidigen, wodurch er – wie im Falle Branicki – an sozialem Prestige gewinnen konnte.

Während der Bürger am Ort sein Leben methodisch zu gestalten suchte, ließ Casanova sich planlos treiben. Diese riskante Hingabe an die Gelegenheit des Augenblicks, dieses Sicheinlassen in unbekannte Situationen, welches die Geistes- und Gefühlsgegenwärtigkeit erfordert, die wir heute »Präsenz« nennen, also die seltene, in der Liebe so überzeugende Fähigkeit, ganz da zu sein, läßt Casanovas Leben formlos, nur als Kette von Ereignissen erscheinen, denen er unterworfen war. In der Tat hat Casanova nicht versucht, seinem Leben eine Gestalt zu geben. Ausdauer gehörte nicht zu seinen Fähigkeiten. Sein denkwürdiger Freiheitsdrang ging soweit, sich willentlich von den eigenen Vorgaben zu befreien und sich dem Zufall zu überlassen. Nicht einmal den eigenen Plänen wollte er sich fügen. »Diese plötzlichen Entschlüsse waren meine Marotte.« Casanova war, soweit das möglich ist, vorurteilslos. Den Ideen der Aufklärung entlehnte er, was ihm paßte, und nannte sich Philosoph. Das einseitige und zersetzende Verstandesdenken der Aufklärer und den exzessiven Antiklerikalismus Voltaires lehnte er ab, weil er ein sinnlicher Mensch war und in der Religion die Stütze der sozialen Ordnung achtete, die ihn ernährte.

Besonders in Venedig, das während des Karnevals Tausende von Besuchern aller Art anzog, verschmolz das Leben der Müßigen mit dem gespielten Leben auf der Bühne, wo die Verwechslung der Klassen und des Geschlechtes fester Bestandteil der Komödie war. Venedig hatte sieben, stets ausverkaufte Theater. Ein halbes Jahr ging man maskiert. Im Schutze der Anonymität, die alle Klassenschranken überspielte, ließen sich Beziehungen, Liebschaften und Intrigen einfädeln, die nicht verantwortet werden mußten wie im »wirklichen« Leben. Die Müßigen lebten in einer abgehobenen Welt des Scheins. »Dieses Theaterkind«, schreibt Hermann Kesten über Casanova, »lebte immer wie auf der Bühne.« Zur Inszenierung der Situationen, in denen er als Verliebter, als Unterhaltungskünstler, als Finanzmann oder Projektmacher die erste Rolle spielte, brauchte er Publikum. Im Milieu der umherziehenden italienischen Schauspieler, Sänger und Tänzer fühlte sich Casanova auch in der Fremde zu Hause. An den Spieltischen, der Table d'hôte und in den Theaterfoyers, wo die Vornehmen sich ihr Monatsliebchen auszusuchen pflegten, fand der Parvenü Gelegenheit, mit den Großen in Kontakt zu kommen und sich durch Liebenswürdigkeit und schlagfertigen Witz hervorzutun. »Wer in dieser Welt glücklich sein will, muß es verstehen, sich beliebt zu machen.«

Wiewohl in vielen Rollen auftretend, blieb Casanova doch er selbst. Mut war eine der Eigenschaften, auf die er baute. Zudem konnte sich der Müßiggänger auf seine enorme geistige und körperliche Leistungsfähigkeit verlassen, die ihm im Nu zu Gebote stand, solange er jung war. (Casanova fürchtete das Alter und haßte den Tod.) Darin kann er durchaus als Nachfahre des idealen Renaissancemenschen gelten, wie ihn einst Leone Battista Alberti verkörperte.

»Unabhängigkeit von einer bestimmten Methode«, d. h. der Verzicht auf Techniken und Standardlösungen, macht Casanova dafür verantwortlich, daß er in so viele Wechselfälle geriet. Die Fähigkeit zur Hingabe, die ihn in der Liebe auszeichnet, das Sicheinlassen, die unvorbereitete Bewältigung neuer Situationen, die Improvisation, waren die Stärke und die Lust des charismatischen Abenteurers, der sein Ich immer neu erprobte, indem er es kaltblütig aufs Spiel setzte. Als Schauspieler und vergnügter Dilettant verlor Casanova sich keineswegs in den verschiedenen Berufen, die er ausübte, um seine Fähigkeiten unter Beweis zu stellen. Auch schuf er sich, getrieben von der peinlichen Statusunsicherheit, die ihn noch in Dux eine »Halbstellung zwischen Herr und Diener« (Kesten) erleiden ließ, eine stabile soziale Identität nach eigenem Belieben: er beförderte sich zum »Chevalier de Seingalt«. »Chevalier« durfte er sich aufgrund des Ordens vom Goldenen Sporn nennen, den Papst Clemens XIII. ihm verliehen hatte. »Ich hängte mir das Kreuz sofort an einem breiten karmesinroten Band um den Hals.« Ohne das »von« war im 18. Jahrhundert niemand ein Herr. Seinen Namen hatte er sich nach Gutdünken aus dem Alphabet zusammengesetzt, das, so argumentiert er, jedermanns Eigentum sei. Im Unterschied zu anderen Abenteurern, die aus einsichtigen Gründen ihre angemaßten Titel wechselten wie das Hemd, behielt Casanova den seinen bei und war bereit, sein selbstgeschaffenes soziales Ich wie ein echter Ehrenmann mit der Waffe zu verteidigen. Der stolze Einzelgänger, der wenige, doch dauerhafte Freundschaften mit bedeutenden Männern unterhielt, verließ sich letztlich nur auf sich selbst, wenn er auch im Europa des 18. Jahrhunderts, das Freizügigkeit noch nicht kannte, ausschließlich mit Hilfe von Pässen und Empfehlungen der Hochwohlgeborenen sich umherbewegen konnte, Papiere, die ihm an jedem neuen Ort sogleich wieder Zugang zu den ersten Kreisen ermöglichten.

Die Erwähnung Tausender von historischen Persönlichkeiten mögen in den Memoiren als »name dropping« erscheinen. Doch bilden sie das Beziehungsgeflecht, dessen einer bedurfte, der zwischen Klassen und Ständen balancierte. Nie verzieh dem Abenteurer das in Doppelmoral und Heuchelei so befangene 19. Jahrhundert die Aufrichtigkeit, mit der er bekannte, seine arglosen Gönner ausgenutzt zu haben, wenn diese ihn auch aus freien Stücken unterstützten. Der abergläubische venezianische Senator Bragadin, dem Casanova das Leben gerettet hatte, behandelte ihn als Sohn und schickte ihm Geld, wann immer er es brauchte, desgleichen Mme d'Urfé, eine steinreiche, überspannte Dame aus höchstem französischem Adel, die in Casanova einen Himmelsboten zu erkennen glaubte, der die Macht besäße, sie in einen jungen Mann zu verwandeln. Beide hatte Casanova nicht nur durch seine medizinischen Fähigkeiten beeindruckt. Viemehr fesselte er sie durch die Aura des Geheimnisvollen und mit seinen Kenntnissen der Kabbala, und er tat nichts, um seinen Gönnern den Aberglauben zu nehmen, dem sie – wie viele hochgestellte Personen im Zeitalter der Aufklärung – hartnäckig anhingen. Sie hätten ihm nicht geglaubt, sagt er, sondern ihn bloß für undankbar gehalten und wohlmöglich durch einen Gauner ersetzt. Casanova gehörte nicht zum Heer der Schmarotzer, welche den Herrschenden nach dem Munde redeten. Die Wohltaten, die man ihm erwies, erhielt er nicht umsonst. Seine Gönner drängten ihn, sein Zahlenorakel zu befragen und festigten so seinen Ruf, ein Magier bzw. Scharlatan zu sein. Aufgrund seines Auftretens wurde er nicht selten überschätzt. Er wuchs in die Rollen hinein, die zu spielen man von ihm erwartete.

Auch der galante Abbé de Bernis, französischer Botschafter in Venedig, dann Außenminister und Kardinal, schenkte Casanova seine Gunst nicht uneigennützig. Casanova hat als Mitbegründer und Einnehmer der französischen Staatslotterie, als Börsenmakler, Gutachter und Geheimagent in Diensten des französischen Staates auf durchaus legale Weise große Summen verdient, die ihm während seiner besten Zeit einen aufwendigen Lebensstil erlaubten. Einige Forscher glauben, Casanova sei als bezahlter Agent der Freimauer umhergereist, dem damals fortschrittlichen Geheimbund, welchem auch Friedrich der Große, Voltaire, Mozart, Lessing, der Fürst de Ligne und viele hochgestellte Persönlichkeiten angehörten. Casanova verdiente seinen Lebensunterhalt auf bedenklich geschickte Weise stets am Rande der Kriminalität, doch war er nach den Maßstäben seiner Zeit, in der jeder Aristokrat sich ohne Absicht der Rückzahlung verschuldete, kein Betrüger. »Einen Dummkopf zu betrügen, ist wohl eines klugen Mannes würdig«, schrieb er, der sich allen überlegen fühlen wollte, um seinen unsicheren sozialen Status durch Scharfsinn, Unverschämtheit und Findigkeit zu überspielen. Sein Selbstbewußtsein war gewaltig.

## *Der Zeitzeuge*

*»Ich möchte die Sitten und Gebräuche einer achtenswerten Nation studieren, die ich noch nicht kenne; außerdem möchte ich meine bescheidenen Talente anbieten.«*

Solange Casanovas Amouren als skandalös empfunden wurden, verdeckten sie seine außerordentlichen Fähigkeiten als Augenzeuge, der sich in den höchsten wie den niedrigsten Kreisen sicher bewegte. Seine Sittenschilderungen, welche die Jahre 1733 bis 1774 umfassen, sind für ihre Breite und Lebendigkeit berühmt. »Es ist, als ob man in der Gesellschaft herumkletterte wie in den Etagen eines Hauses«, bemerkten rund hundert Jahre später die Gebrüder Goncourt, zu deren literarischem Konzept es gehörte, in allen sozialen Milieus zu verkehren. Die Unzahl der in den Memoiren aufgeführten Personen gibt den Historikern wichtige Aufschlüsse auf Zusammenhänge der Gesellschaft des Ancien régime. Doch galt »Die Geschichte meines Lebens« lange wenigstens partienweise als fiktiv. Heute ist erwiesen, daß Casanovas Lebenserinnerungen bis auf manche Details, Jahreszahlen und Verwechslungen der Wahrheit entsprechen. Sein Gedächtnis war außergewönlich. Die seiner »Lebensbeichte« zugestandene Literaturqualität stellt die Glaubwürdigkeit als Quelle nicht in Frage. Casanova beschreibt ausschließlich die Gesellschaft, nie die Natur. Eine empfindsame Ausdrucksweise für die Naturschönheiten schuf erst die Romantik. Casanovas »Landschaft ist die Stadt«, bemerkt Friedrich Georg Jünger. Seine Schilderungen von Menschen und ihren Beziehungen sind noch ohne psychologische Dimension.

Am vorteilhaftesten konnte Casanova als »Intellektueller« (Kesten) und Meister des Wortes an den Höfen und in den Salons der Metropolen brillieren, wo der Esprit alle Türen öffnete, doch ein Ausgleiten den sozialen Tod bedeutete. »Für ihn heißen Welt einzig die Städte mit ihren Galerien und Promenaden.« (Zweig) Der Abenteurer, den an Orten und Liebschaften das Neue reizt – »Casanova war nicht nur in Mädchen, sondern auch in große Städte verliebt« (Kesten) –, gerät in alle Situationen als Fremder. Als solcher wird er, der stets neugierig war, selbst Gegenstand der Neugier. Er berichtet Neuigkeiten, überbringt Briefe und Grüße. Der Auftritt war Casanovas Stärke, die Improvisation des Anfangs. Als wenn auch zu Lebzeiten erfolgloser Literat, der unzählige Texte zu unzähligen Themen verfaßte – zu theologischen ebenso wie zu mathematischen Problemen –, betrachtete er alles, als sähe er es zum ersten Mal. Er besaß den genauen Blick des neugierigen Fremden, der sich seiner Fremdheit bewußt ist. Als Außenseiter, der auf seine Unabhängigkeit bedacht war, gleichwohl aber dazugehören wollte, wurde Casanova zum teilnehmenden Beobachter.

Die Teilnahme unterscheidet ihn vom flanierenden Voyeur, aber auch von den Reisenden des 18. Jahrhunderts, die oft das Exotische der notierten Merkwürdigkeiten genossen. Fraglos wäre Casanova bei einem entwickelten Zeitungswesen unter den Auslandskorrespondenten ein Star gewesen. Seine Beobachtungen sind gewiß nicht objektiv und seine

Urteile durch persönliche Interessen geprägt. Als Parvenü, der dem Adel zugerechnet werden wollte, hatte er für das unübersehbare Elend des Volkes keinen Blick, um so weniger, als er selbst stets befürchten mußte, die Balance zu verlieren. Doch gerade die subjektive Sicht des Beteiligten hält seine Beobachtungen so frisch, als seien sie gerade erlebt und nicht erst 30 Jahre später niedergeschrieben.

Seine Beschreibungen sind oft sehr komisch. »Überall witterte dieser leidenschaftliche Komödienbesucher die Comédie humaine«, bemerkt Kesten, der in Casanova den Humoristen erkennt. Trotz seiner – eingestanden – großen Eitelkeit beschreibt Casanova sich selbst mit Ironie. Gezwungen, sich seine Stellung in der Gesellschaft täglich neu zu erobern, war er ständig wachsam. Die Beobachtungsgabe, die Casanova zum Geheimagenten, zum Gutachter und zuletzt gar zum Spion der venezianischen Staatsinquisition befähigten, entsprang (auch) der Notwendigkeit, sich in neuen Situationen als Fremder zurechtzufinden, ohne sich in Gefahr zu bringen. Anfangs, in Paris, fiel er durch seinen Akzent, seine Sprachschnitzer, seine Kleidung als Neuling auf und entkam dem Spott nur durch Charme und Schlagfertigkeit. »Solange man in Rom ist, muß man auf römische Art leben«, bemerkt Casanova. Die Fähigkeiten eines zuverlässigen Augenzeugen erwarb er als Exilierter, der sich überall vorsehen und gegen Verleumdungen wehren mußte. Daß er seine Erlebnisse aus der Perspektive des alten Mannes schreibt, stellt diese praktische Dimension seiner Beobachtungsgabe nicht in Frage. Sein Blick ist trainiert. Um zur guten Gesellschaft dazuzugehören, mußte er die Regeln kennen. Das unterscheidet seine Beobachtungsfähigkeit von der des unbeteiligten Voyers.

## *Casanova als Vorläufer eines sozialen Typus*

*»Ich fühlte mich zu allem fähig.«*

*»Der Kultus der Sinneslust war mir immer die Hauptsache.«*

Alle bisherigen Auswahlen aus Casanovas Memoiren drehen sich um seine Amouren. Aktueller scheint mir, Casanova als Vorläufer eines postindustriellen Typus aufzufassen, der ausdrücklich nicht mit dem Typus des »Frauenhelden« identisch ist.

Trotz grundlegender ökonomischer und politischer Unterschiede zwischen dem demokratisch verfaßten Spätkapitalismus des ausgehenden 20. Jahrhunderts und der feudalistischen Manufakturperiode läßt sich zwischen Casanovas Zeit und der unsrigen mit gebotener Vorsicht eine Ähnlichkeit feststellen, deren kategoriale Bestimmung dahingestellt sein mag: das Rokoko markiert das Ende einer Epoche; Anzeichen dafür, daß auch die unsrige zu Ende geht, gibt es genug. Heute erleben wir zwar keineswegs das Ende des Kapitalismus, aber einen augenfälligen Wandel seiner Erscheinungsform: die Auflösung der Arbeitsgesellschaft. Infolge permanenter technischer Innovationen und kostensenkender Rationalisierungen nehmen die Lohnarbeitsplätze unaufhaltsam ab. »Hunderte Millionen Arbeitnehmer werden durch die Globalisierung und Automation zum Müßiggang verurteilt.« (Jeremy Rifkin, 1997)

Sowohl Bourgeoisie wie Proletariat definierten ihr Klassenbewußtsein durch Arbeit. In der Spätmoderne verliert das Arbeitsethos seine Überzeugungskraft. Wechselnde Jobs ohne Anspruch ernsthafter Professionalität und erzwungener oder freiwilliger Müßiggang sind kaum geeignet, Arbeits- und Leistungsideologien zu stützen. Ähnlich wie im Rokoko, das Arbeit geringschätzte, entscheidet heute, ob man sich leisten kann, was up to date ist, woher die Mittel dazu auch kommen mögen. Zunehmende Verschuldung zur Führung eines guten Lebens und abnehmende Zahlungsmoral erinnern an die Gebräuche des Rokoko. Viele Jobs werden eher spielerisch verrichtet, immer häufiger von Dilettanten. War der Dilettant im Rokoko einer wie Casanova, der die verschiedensten Berufe zum Vergnügen spielte und nach Belieben wechselte, so treffen wir auch heute auf Menschen, die sich aufgrund der in vielen Jobs erworbenen Flexibilität und ihrer Jugend »zu allem fähig fühlen«. Ihr Selbstvertrauen ist nicht von Qualitätsskrupeln belastet. Alles zu können ist der Stolz des Dilettanten. Casanova war ein großer Projektmacher. Er unterbreitete Vorschläge zur Errichtung von Fabriken, zur Besiedlung, zur Lösung finanzpolitischer (Wucher) und mathematischer Probleme (Verdoppelung des Würfels). Eine Sache am besten zu können ist dagegen der Stolz des Professionellen, d. h. des bürgerlichen Menschen (und übrigens auch des Künstlers). Die von Casanova vorgelebten Fähigkeiten sind die des Generalisten oder, paradox formuliert, die des professionellen Dilettanten.

Die aristokratische Verachtung der Professionalität, d. h. des Bürgertums, teilt er mit dem Dandy, dessen Muster Beau Brummell (1778–1840) wurde. Weder als »Fachmann« der Liebe (Manes Sperber) noch als »Fachmann auf hundert Feldern« (Kesten) hätte Casanova wohl gelten wollen. Einige weitere Merkmale des Dandy (Gustav Koehler, 1911) nimmt Casanova vorweg: die spielerische Haltung zum Leben, die siegesbewußte Unverschämtheit, den ironischen Esprit, den Wunsch zu verblüffen. Indessen sind Dandys keine Abenteurer und lieben die Frauen nicht. Ihre Lebensstrategie ist der Ich-Kult in den »Grenzen der Konvenienz« (Baudelaire), ihre Haltung das »nil mirari« und der »ennui«. Casanova dagegen war neugierig, unersättlich und lebensfroh. Am Dandy gemessen, fehlte es ihm an Stil.

»Risikogesellschaft« (Ulrich Beck, 1986) und »Erlebnisgesellschaft« (Gerhard Schulze, 1996) sind zwei stark beachtete soziologische Untersuchungen, welche die Zunahme von Freiräumen und die Ästhetisierung des Alltags herausstellen.

Die sogenannte Individualisierungsthese besagt etwa, daß in zunehmend unsicheren Situationen immer mehr Menschen gezwungen sind, Entscheidungen zu fällen, die zuvor durch Klasse, Schicht, Geschlechterrollen, Milieu, Familie usw. traditionell vorgegeben waren. Einerseits bedeutet dies eine Verminderung von Zwängen, andererseits die Anforderung, selbständig zu handeln. Die Individuen müssen nun Chancen und Gefahren selbst wahrnehmen, interpretieren und bearbeiten. Denn fast alles wird entscheidbar (bis hin zum Geschlecht). Dabei ist die Verselbständigung der Individuen teils Ursache, teils Folge des Auflösungsprozesses. Da die Handlungsmöglichkeiten zunehmen, gewinne »die Handlungsform des Wählens gegenüber der Handlungsform des Einwirkens (also der Arbeit im weitesten Sinne B. B.) an Boden«, schreibt Schulze, und die »objektive Lebenssituation zwingt uns dazu, ständig Unterscheidungen nach ästhetischen Kriterien vorzunehmen. Erleben wird vom Nebeneffekt zur Lebensaufgabe.« Das heißt, bei der Wahl zwischen Gütern und Dienstleistungen gleicher Zweckbestimmung, entscheidet das Gefallen.

Für die meisten geht es heute nicht mehr wie noch in der Armutsgesellschaft um das »Was«, sondern um das »Wie«. Dieses Phänomen wird etwa durch die Aufwertung des Designs belegt. Zur Ästhetisierung des Lebens gibt es, allgemein gesehen, zwei Möglichkeiten: die methodische Lebensgestaltung zu einem schönen Ganzen oder die Anhäufung lustvoller Erlebnisse. Casanova, der sich treiben ließ, lebte die zweite Alternative. Zum Ästheten fehlte ihm die Konsequenz des Dandy. »Das historische Neue besteht darin, daß das, was früher wenigen zugemutet wurde – ein eigenes Leben zu führen –, nun mehr und mehr Menschen, im Grenzfall allen abverlangt wird.« (Beck) Die Vornehmen des Rokoko hatten die Freiheit der Wahl schon immer, wenn auch im Rahmen von Ehrenkodex und Etikette. Schon immer ging es den erklärten Hedonisten darum, sich das kurze Leben so schön wie möglich zu machen.

Die Postmoderne hat die Dimension des Scheins, des Theatralischen, des Als-ob wiederentdeckt, die im Rokoko eine so große Rolle spielte, besonders in Venedig mit seinen sieben, stets ausverkauften Theatern, wo man das halbe Jahr maskiert war. Solange es in unserer Massengesellschaft um die Versorgung mit dem Notwendigsten ging, nahm die materiale Realität, in welcher wir unser Leben reproduzieren, die erste Stelle ein. Nun aber bekommen gedachte, gefühlte und gespielte Realitäten mehr Gewicht und mischen sich in die faktische Realität, ähnlich wie im Rokoko das Theater machtvoll ins Alltagsleben hineinspielte. Daß dies den Realitätsinn tangiert, versteht sich. Casanova, begabt mit persuasiver Einbildungskraft, war ein Meister der Inszenierung von Situationen jeder Art. Die Fähigkeit zu schauspielern sieht der New Yorker Soziologe Richard Sennett durchaus positiv: als Möglichkeit nämlich, sozial zu agieren durch Distanz zu sich selbst, verglichen mit der Barbarei formloser Emotionalität (Intimität) eine Kunst. Die Überlagerung ökonomisch bestimmter Klassen und Schichten durch Milieus pluraler Lebensstile erschwert die Orientierung in der Gesellschaft. Dies um so mehr, wenn die Globalisierung und Arbeitslosigkeit die Individuen motivieren, Orte und Milieus zu wechseln. Casanova reiste fortwährend zwischen den Metropolen Europas und verkehrte dort in einer internationalen, französisch sprechenden Gesellschaft, d. h., er war mobil, urban, und europäisch. Außer diesen allgemeinen Qualifikationen wird das Problem, das Casanovas abenteuerliche Existenz bewegte, bald für mehr Menschen wichtig werden: zugleich unabhängig zu sein und einer sozialrelevanten Gruppierung anzugehören. Hohe Anforderungen werden an die Flexibilität anspruchsvoller Menschen gestellt: sie müssen jung, generalistischqualifiziert, ortsungebunden, familienunabhängig (Singles), entschlußfreudig und kommunikativ sein. Sie müssen die Fähigkeit besitzen, selbständig zu denken und in immer wieder neuen Situationen aus dem Stand zu improvisieren und andere zu überzeugen (und zu blenden), um alle Chancen zu erkennen und zu nutzen, die ihnen Vorteil und Lebenslust versprechen.

Selbstinszenierung wird eine notwendige Kunst, um Aufmerksamkeit und Anerkennung zu erringen, und Beziehungen zu knüpfen und abzubrechen will gelernt sein. Die genußorientierten Individuen entwickeln Stile, durch die sie sich in Geschmack und Auftreten sichtbar unterscheiden, die es aber zulassen, Milieus zu wechseln und sich anzupassen. Um sich in die verschiedensten Situationen hineinzufinden, ist soziale Kompetenz und Beobachtungsgabe erforderlich, doch auch Oberflächlichkeit, verstanden als Gegenteil der tiefgründigen Verwurzelung in Orten, Sachen, Themen, Berufen und Personen. Alle diese postindustriellen Anforderungen, die sich heute herausbilden, kreieren einen, selbstredend nie rein auftretenden, sozialen Typus, der Eigenschaften des hedonistischen Abenteurers aufweist – eben Eigenschaften eines brillanten Abenteurers und Spielers vom Schlage Casanovas. Die Auflösung bzw. Verundeutlichung der Klassenschranken wird zu einer verstärkten Statusorientiertheit führen. Sie wird ein Merkmal des sozialen Typus sein. Immer abenteuerlicher wird das Leben für die meisten, auch für die weniger Ehrgeizigen, weniger Anspruchsvollen, weniger Qualifizierten. Um ihr Leben hier und jetzt zu leben, gehen sie Risiken ein: Sie stürzen sich in Schulden und immer neue Beziehungen. Jugendideologien stützen diese Tendenzen. Die Individualisierungsthese besagt, daß die einzelnen mehr denn je auf sich selbst gestellt sind. Wenn der Staat durch die Globalisierungstendenz Steuerungs- und Betreuungsmöglichkeiten einbüßt, nimmt der Entscheidungsdruck auf die Individuen zu, die in der Obhut des Staates vielfach nicht gelernt haben, eigene Entschlüsse zu fassen, geschweige denn ihr Leben selbst in die Hand zu nehmen.

Der Casanova ähnliche Typus sucht zwar die Nähe von Macht und Reichtum, auch liebt er das Risiko. Er findet Spaß am Mitmischen, aber an der Machtausübung selbst hat er keinen Gefallen, zum einen, weil sie ihn die Unabhängigkeit, die Freiheit kostet, die er über alles stellt, zum anderen, weil er aus Herrschaft und Unterdrückung ebensowenig Lust beziehen kann wie Casanova (was diesen als Liebhaber unbedingt anziehend machen mußte). Der soziale Abenteurer, von dem ich spreche, lebt und wirkt auf hohem und niedrigem Niveau dort, wo die Welt am komplexesten ist: in den Metropolen. Individualisierung und Urbanisierung hängen nach Beck zusammen. Die großen Städte werden nach Ansicht der Fachleute das 21. Jahrhundert bestimmen. Gefeiertes und verdammtes Beispiel ist New York.

Gerhart Hauptmann
**Wanda**
Ullstein TB 23941

*Gerhart Hauptmann*
*Prosa*

**Atlantis**
Ullstein TB 23610

**Bahnwärter Thiel**
Ullstein TB 23755

**Im Wirbel der Berufung**
Ullstein TB 23353

**Der Ketzer von Soana**
Ullstein TB 23942

**Das Meerwunder/Die Spitzhacke**
Ullstein TB 24037

**Der Narr in Christo Emanuel Quint**
Ullstein TB 23446

**Phantom**
Ullstein TB 23940

**Der Schuß im Park/ Die Hochzeit auf Buchenhorst**
Ullstein TB 23968

**Die Insel der Großen Mutter oder Das Wunder von Île des Dames**
Ullstein TB 30333

*Ullstein Taschenbuch*

Gerhart Hauptmann
**Vor Sonnenaufgang**
Ullstein TB 23564

*Gerhart Hauptmann*
*Dramen*

**Einsame Menschen**
Ullstein TB 23939

**Fuhrmann Henschel**
Ullstein TB 23555

**Gabriel Schillings Flucht**
Ullstein TB 23959

**Rose Bernd**
Ullstein TB 23958

**Vor Sonnenuntergang**
Ullstein TB 23565

**Der Biberpelz**
Ullstein TB 23426

**Die Ratten**
Ullstein TB 23563

**Und Pippa tanzt!**
Ullstein TB 23943

**Die versunkene Glocke**
Ullstein TB 23765

**Die Weber**
Ullstein TB 24047

*Ullstein Taschenbuch*

# *Fontane im Ullstein Taschenbuchverlag*

»›Dem Mutigen gehört die Welt‹,
ich sage - dem Humor.«

*Theodor Fontane*

**Der Stechlin**
Roman
512 Seiten
Ullstein TB 23411

**Effi Briest**
Roman
368 Seiten
Ullstein TB 23417

**Irrungen, Wirrungen**
Roman
208 Seiten
Ullstein TB 23423

**Stine**
Roman
128 Seiten
Ullstein TB 23424

**Frau Jenny Treibel**
Roman
240 Seiten
Ullstein TB 23425

**Unterm Birnbaum**
Roman
144 Seiten
Ullstein TB 23754

**Cécile**
Roman
264 Seiten
Ullstein TB 24036

**L'Adultera**
Roman
192 Seiten
Ullstein TB 24046

**Graf Petöfy**
Roman
224 Seiten
Ullstein TB 24164

**Grete Minde**
Roman
128 Seiten
Ullstein TB 24165

**Ein Sommer in London**
Roman
272 Seiten
Ullstein TB 23594

**Wanderungen durch die Mark Brandenburg**
Erster Teil:
Die Grafschaft Ruppin
736 Seiten
Ullstein TB 23901

**Wanderungen durch die Mark Brandenburg**
Zweiter Teil:
Das Oderland
608 Seiten
Ullstein TB 23432

**Wanderungen durch die Mark Brandenburg**
Dritter Teil:
Havelland
640 Seiten
Ullstein TB 23903

*Ullstein Taschenbuch*